宁夏统计年鉴 2013

NINGXIA STATISTICAL YEARBOOK

宁夏回族自治区统计局
国家统计局宁夏调查总队 编

Compiled by Ningxia Provinsial of Statistics
NBS Survey Office in Ningxia

中国统计出版社
China Statistics Press

图书在版编目(CIP)数据

宁夏统计年鉴. 2013 : 汉英对照 / 宁夏回族自治区统计局, 国家统计局宁夏调查总队编. -- 北京 : 中国统计出版社, 2013.8
ISBN 978-7-5037-6899-6

Ⅰ. ①宁… Ⅱ. ①宁… ②国… Ⅲ. ①统计资料-宁夏-2013-年鉴-汉、英 Ⅳ. ①C832.43-54

中国版本图书馆 CIP 数据核字(2013)第 184283 号

宁夏统计年鉴-2013

作　　者/ 宁夏回族自治区统计局　　国家统计局宁夏调查总队
责任编辑/ 佘竞雄
装帧设计/ 祖海宁
出版发行/ 中国统计出版社
地　　址/ 北京市丰台区西三环南路甲 6 号　　邮政编码/100073
电　　话/ 邮购(010)63376909　书店(010)68783171
网　　址/ http://csp.stats.gov.cn
印　　刷/ 银川市昊博彩色印刷有限公司
经　　销/ 新华书店
开　　本/ 890mm×1240mm　1/16
字　　数/ 1700 千字
印　　张/ 37.25　　彩插　0.75
版　　别/ 2013 年 8 月第 1 版
版　　次/ 2013 年 8 月第 1 次印刷
定　　价/ 380.00 元

本书附同版本 CD-ROM 一张,光盘内容以书面文字为准。
如有印装差错,由本社发行部调换。

地区生产总值（亿元）
GDP of Ningxia (100 million yuan)

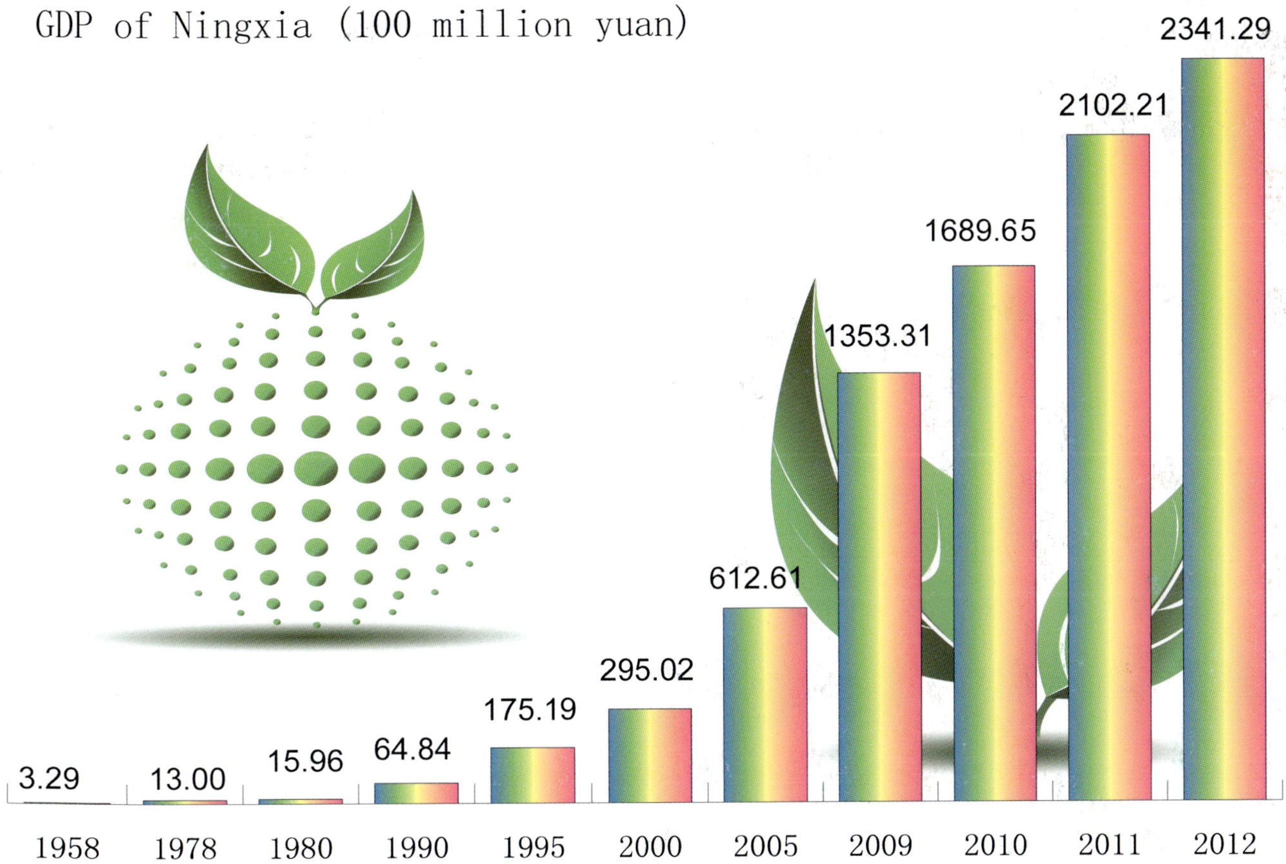

地区生产总值增速（%）
GDP Growth Rate (%)

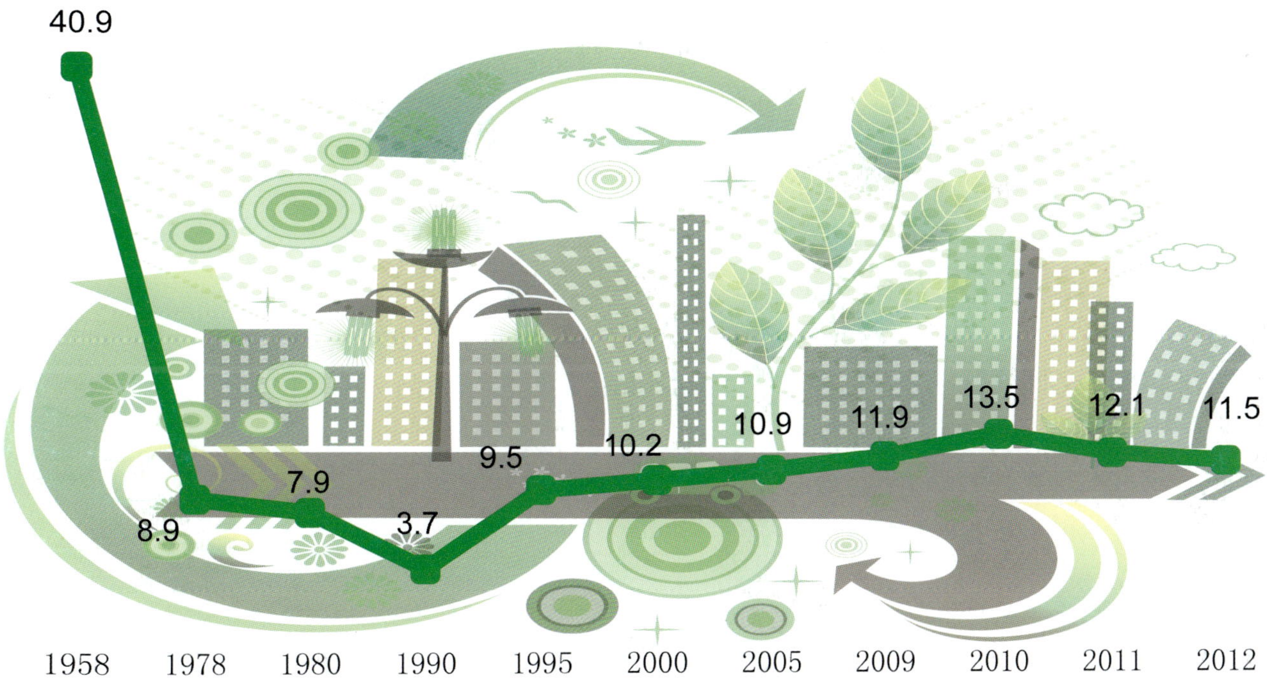

人均地区生产总值（元/人）
Per Capita Gross Domestic Product (yuan/person)

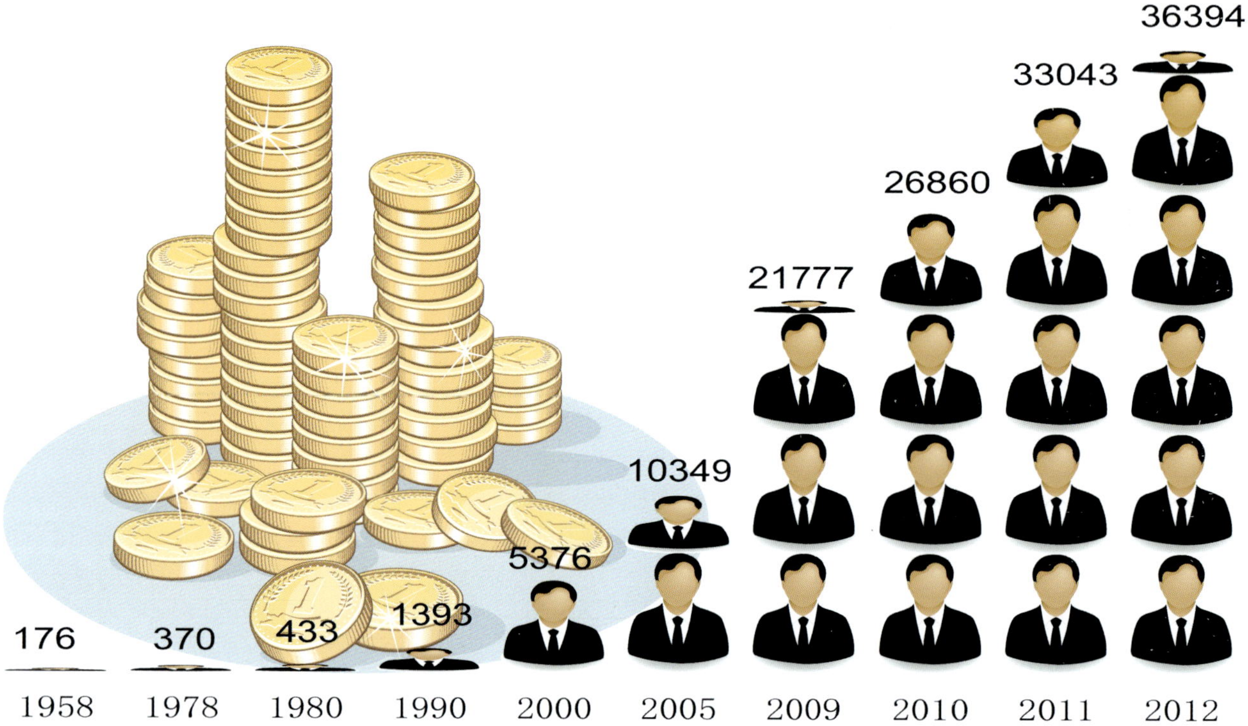

地区生产总值构成（%）
Composition of Gross Domestic Product (%)

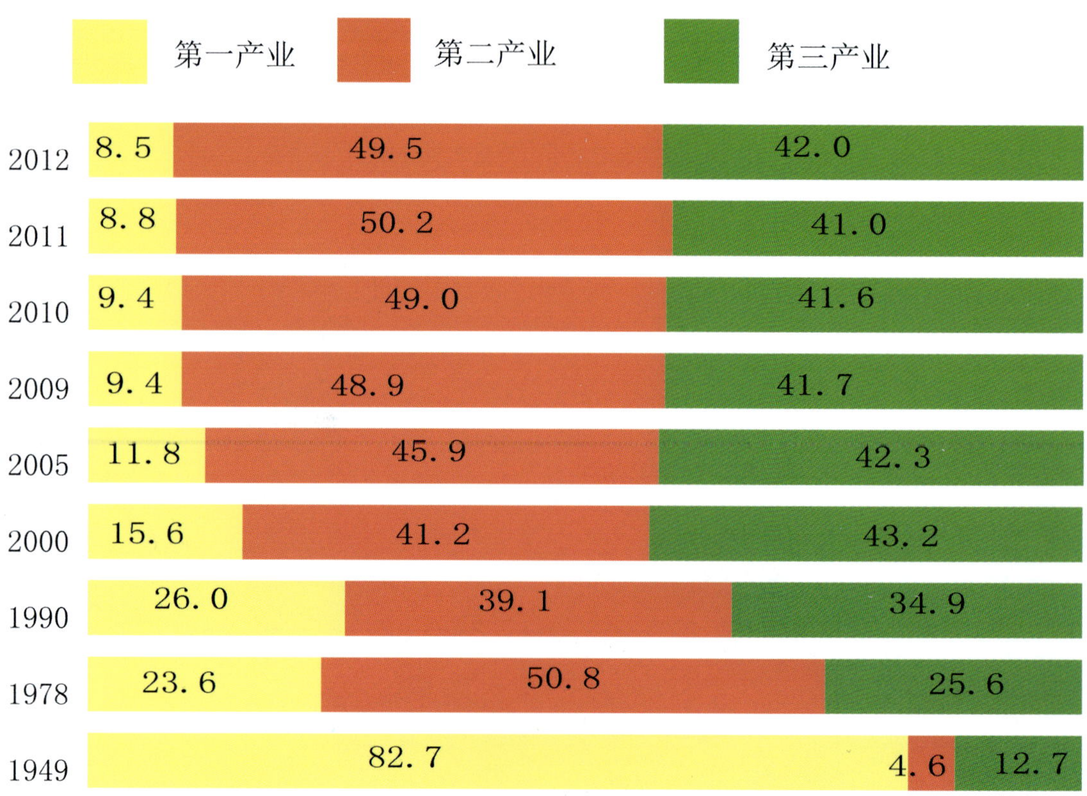

全社会固定资产投资占GDP比重（%）
Total Investment In Fixed Assets to GDP(%)

能源生产及消费（万吨标准煤）
Total Production and Consumption of Energy (10 000 tons of SCE)

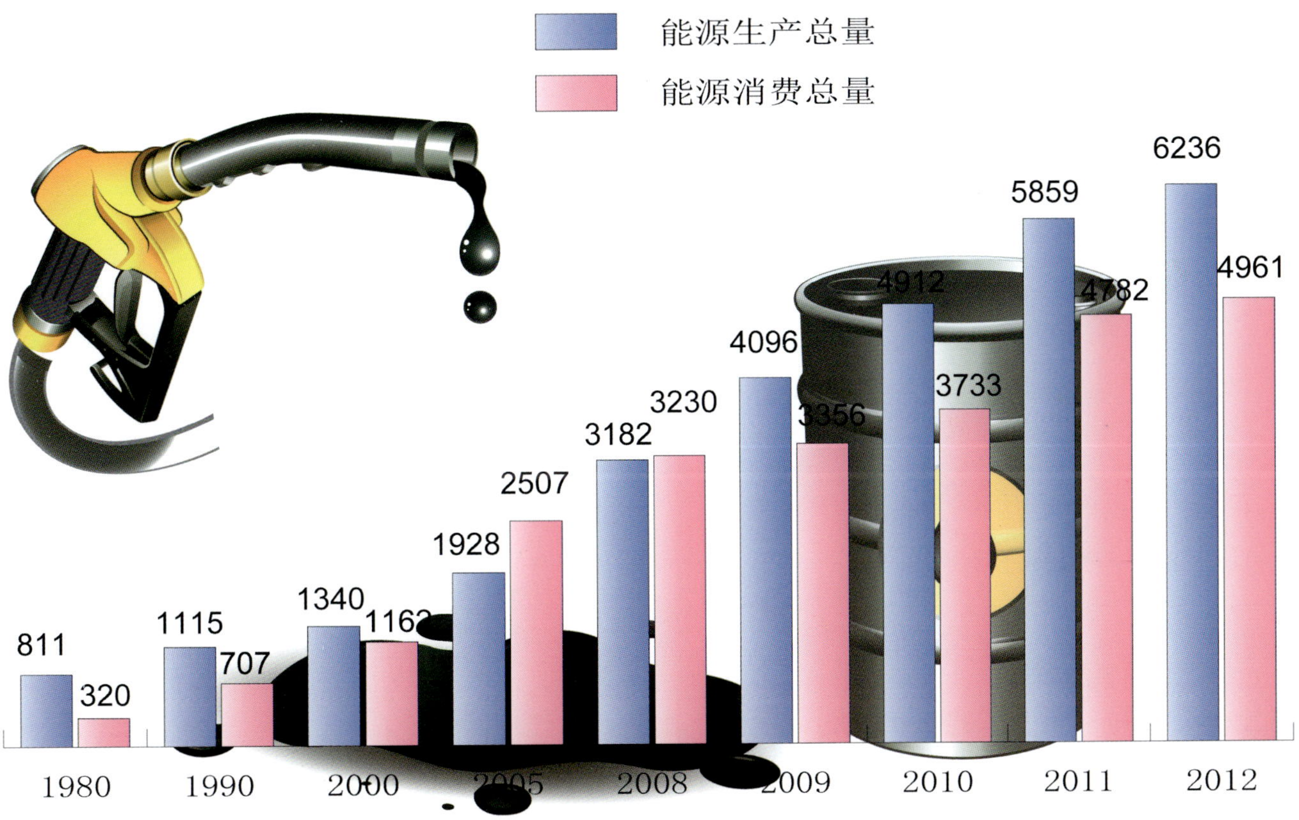

财政收入与支出（亿元）
Local Public Revenue and Expenditure(100 million yuan)

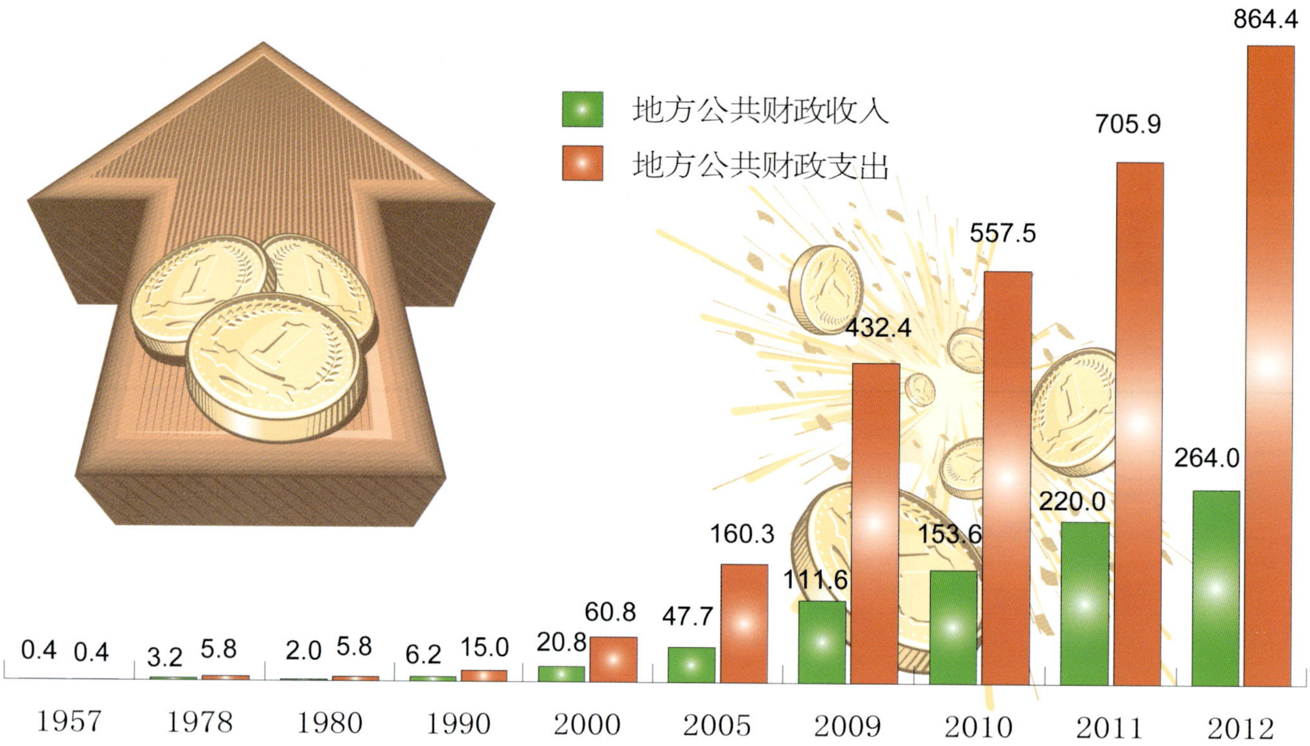

人民生活（元）
People's Livelihood (yuan)

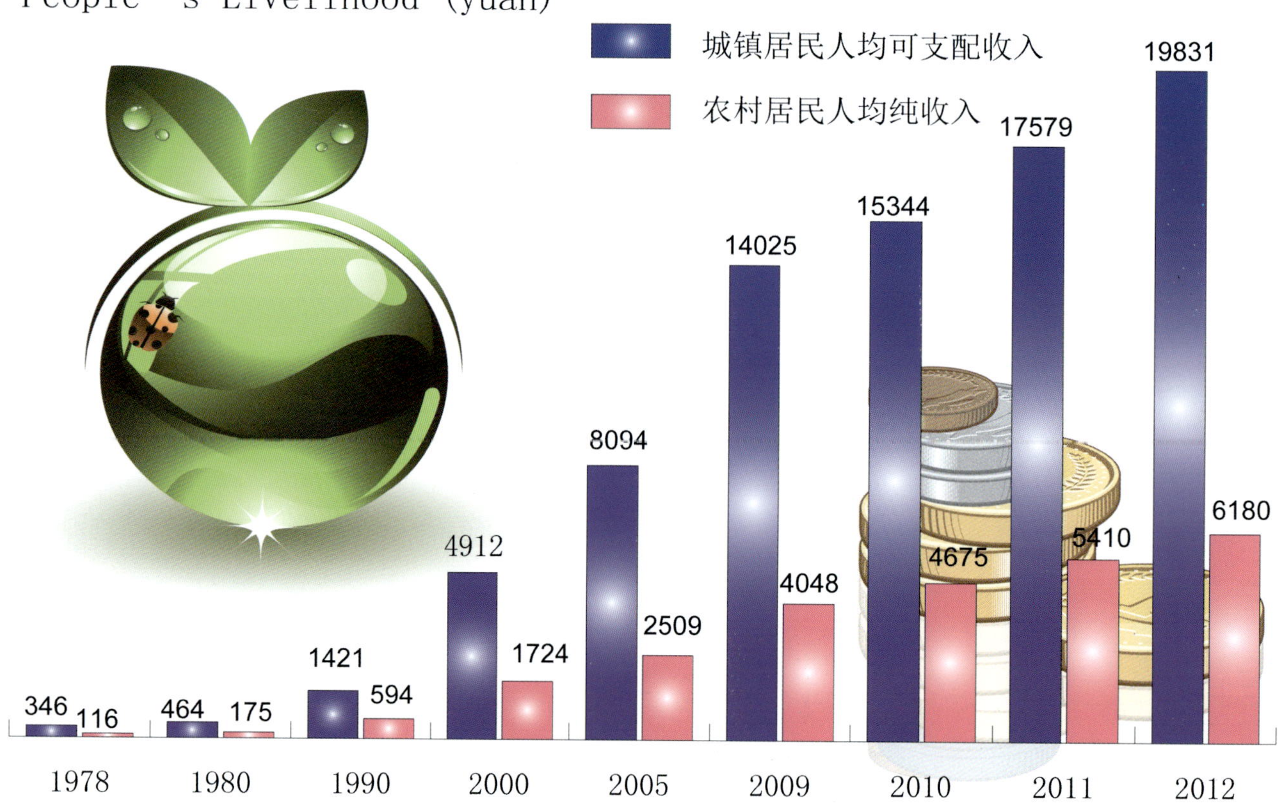

城乡居民储蓄存款余额（亿元）
Balance of Saving Deposit (100 million yuan)

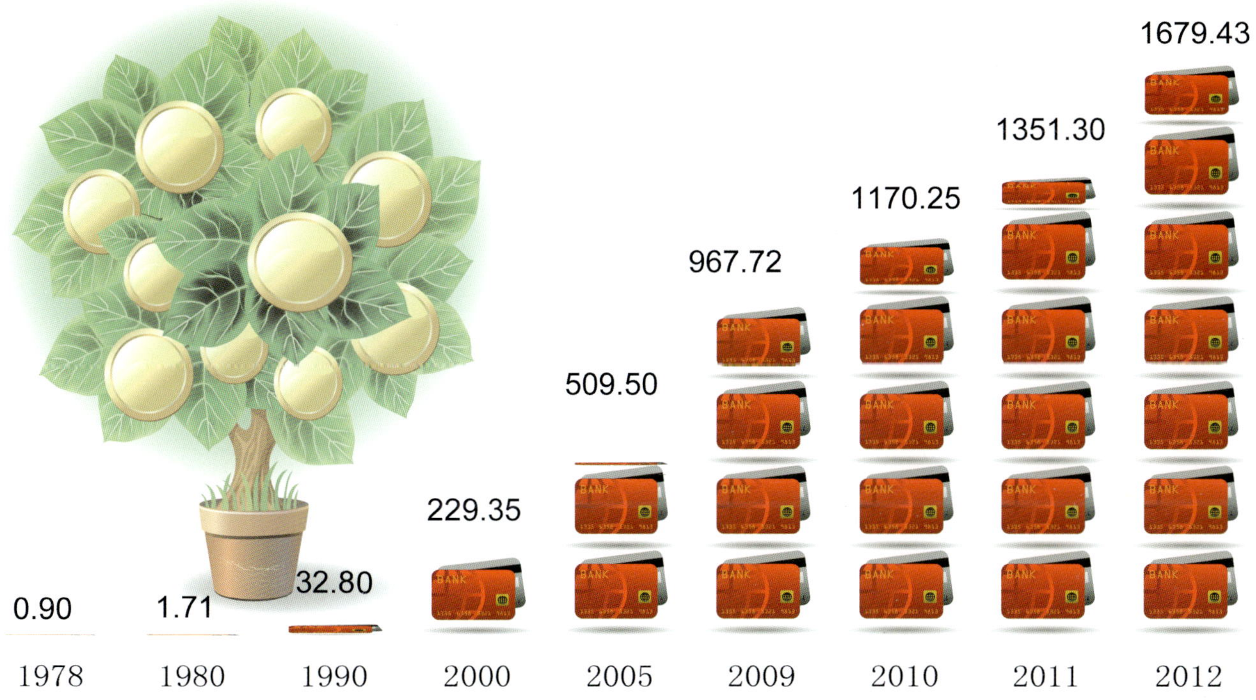

城镇化率（%）
Urbanication (%)

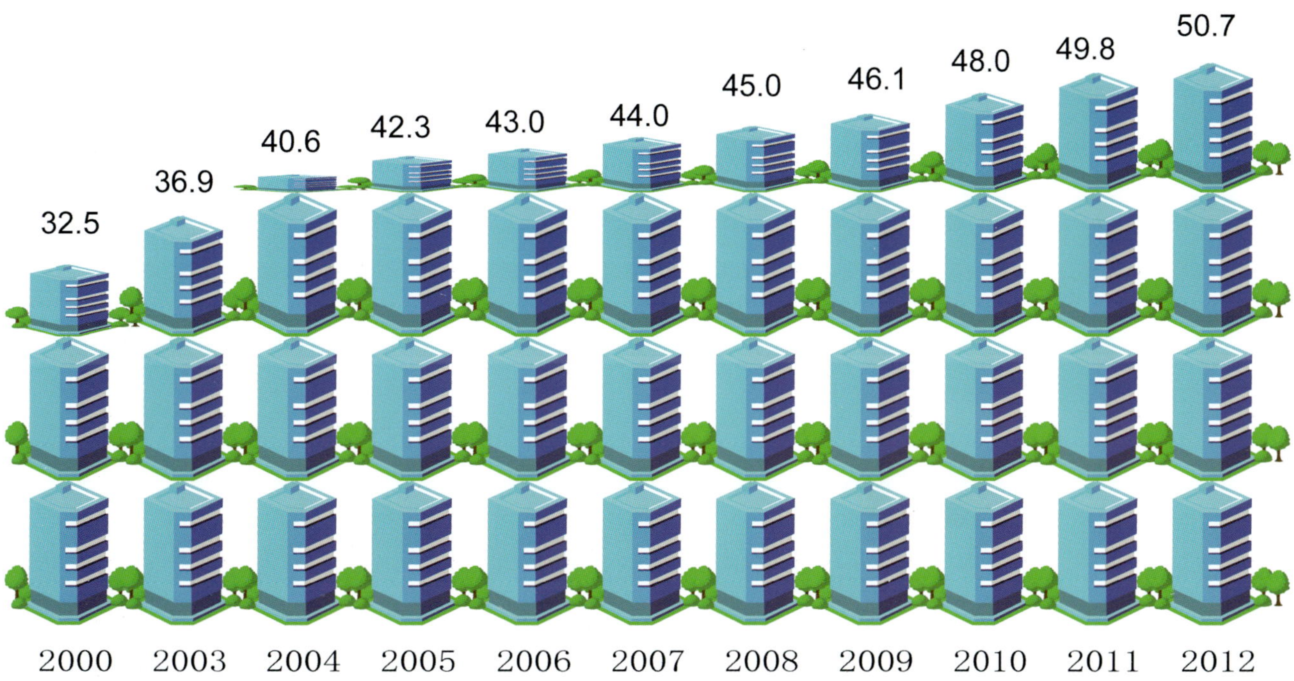

就业人员结构（%）
Composition of Employment (%)

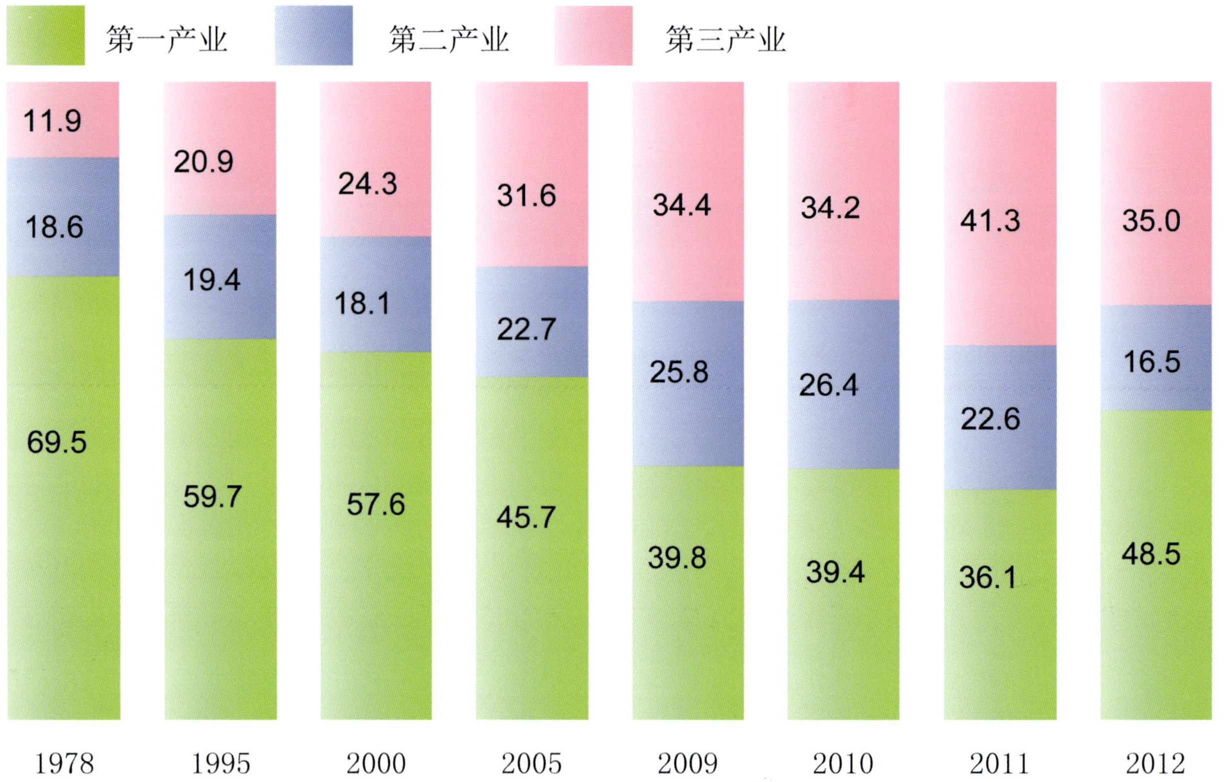

全社会固定资产投资额（亿元）
Total Investment In Fixed Assets (100 million yuan)

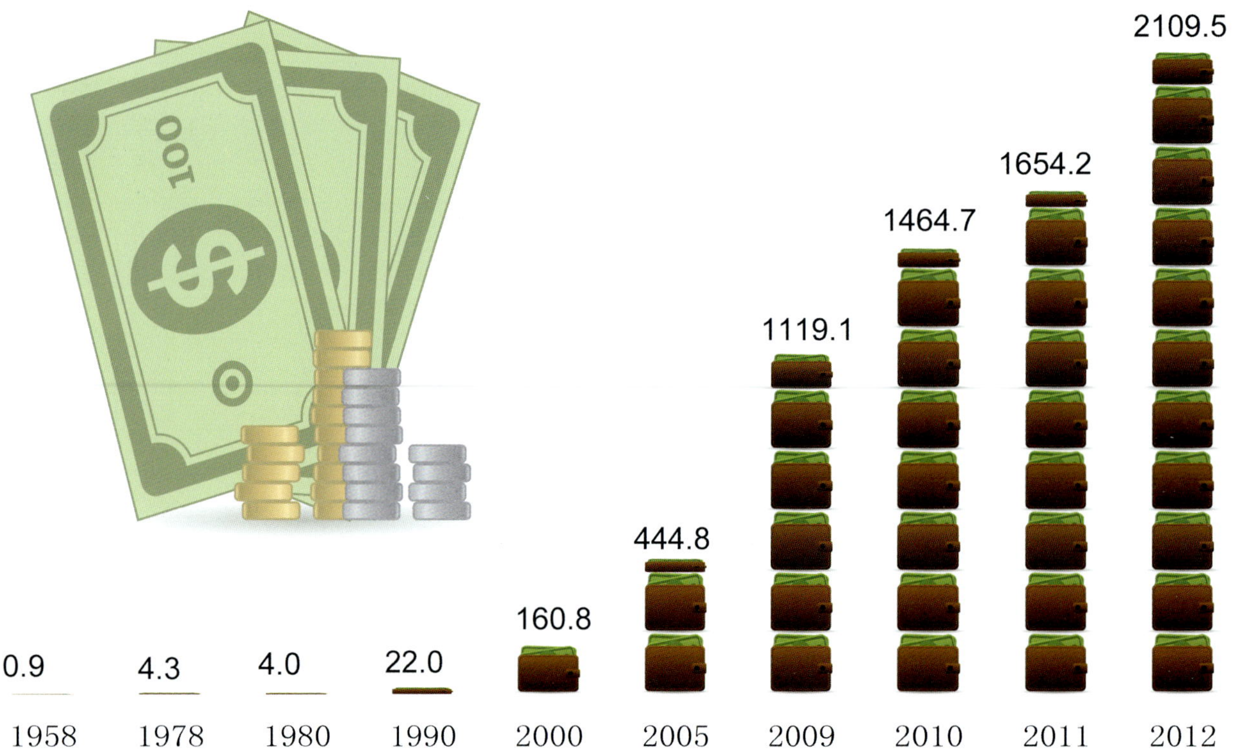

粮食产量（万吨）
Total Yield of Grain (10 000 tons)

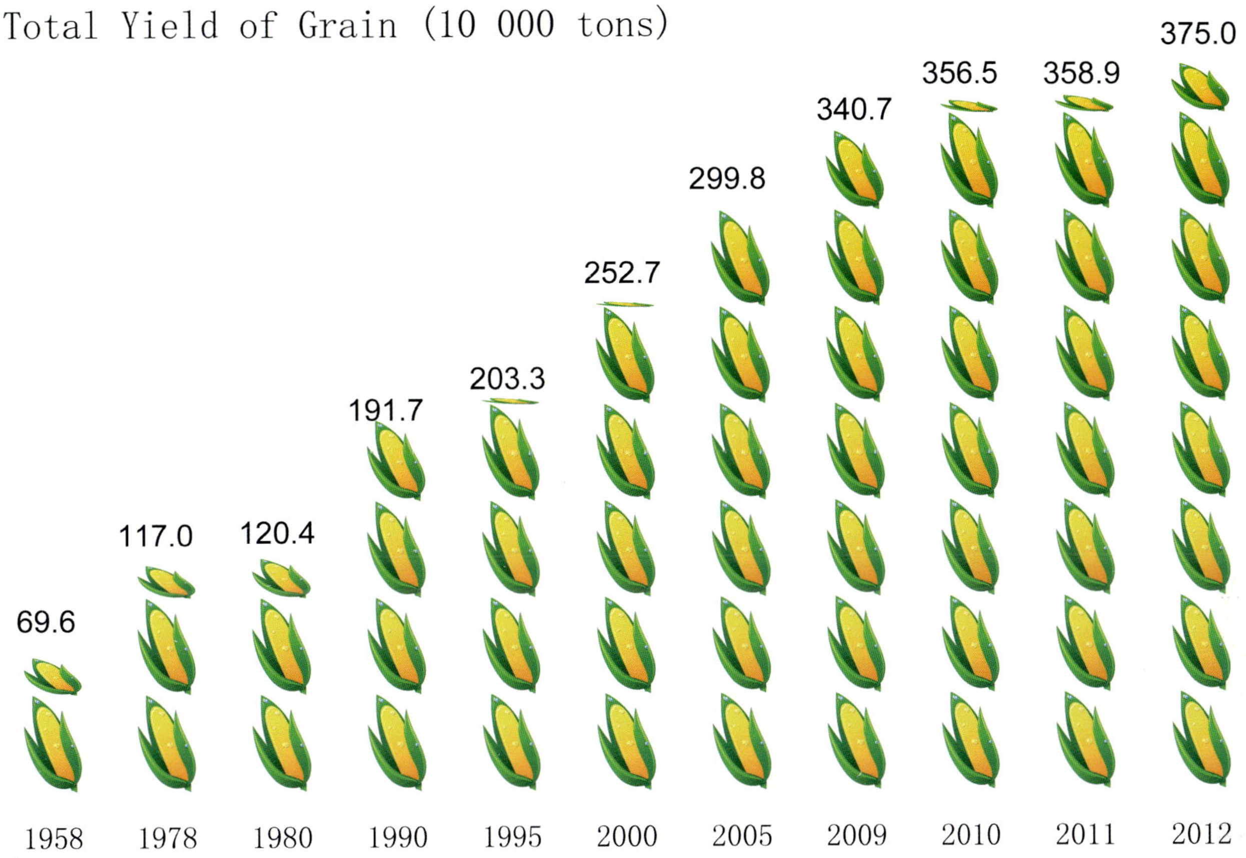

工业增加值（亿元）
Value-added of Industry (100 million yuan)

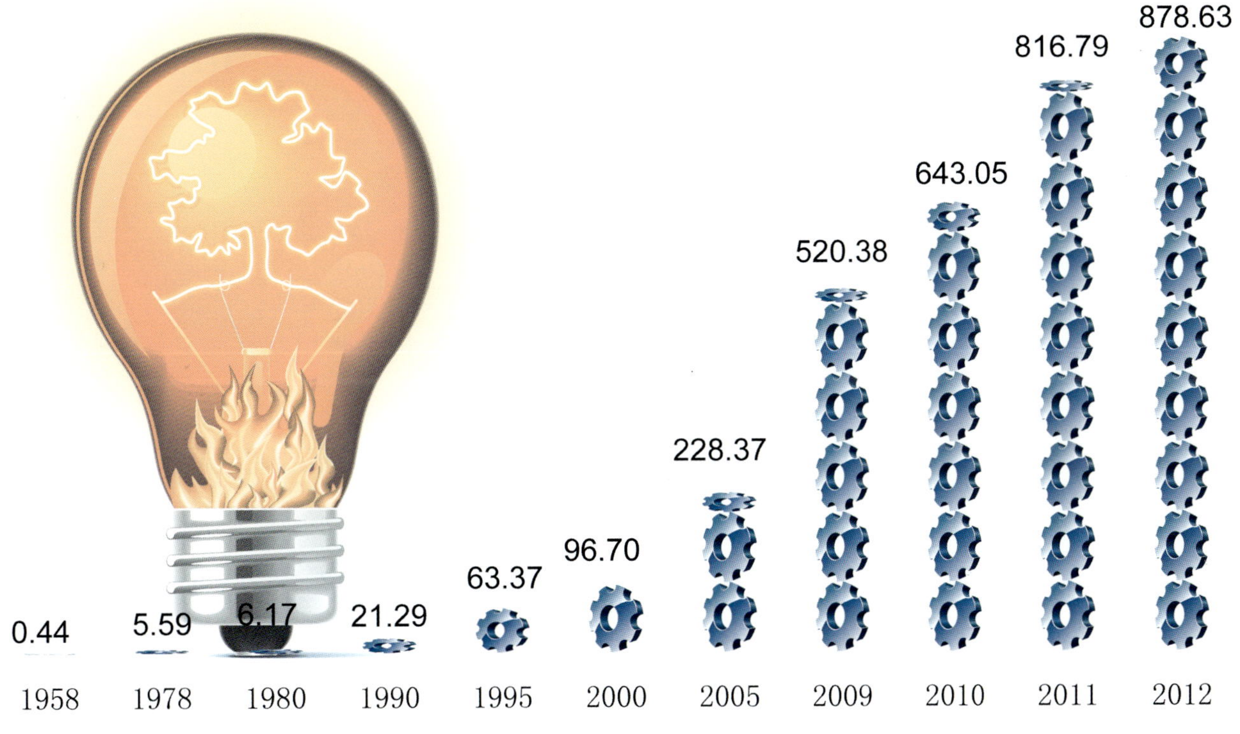

公路通车里程（公里）
Highway Operating Length (km)

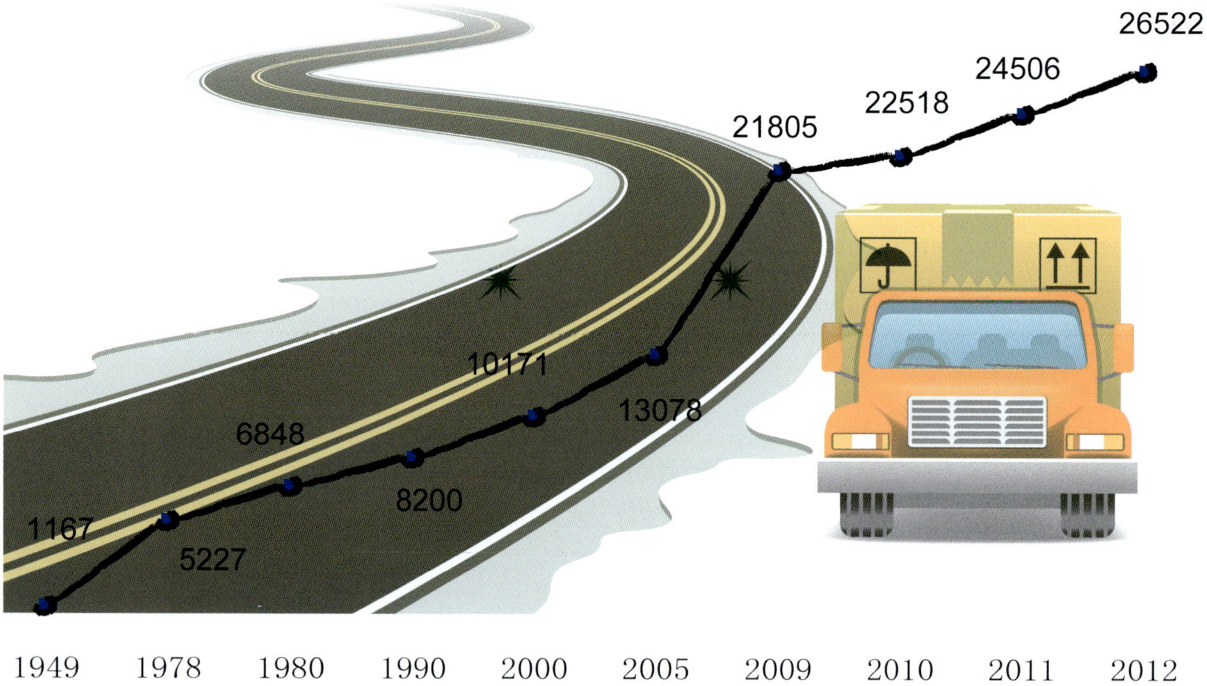

社会消费品零售总额（亿元）
Retail Sales of Consumer Goods (100 million yuan)

进出口总额（亿美元）

Total Value of Imports and Exports (USD 100 million)

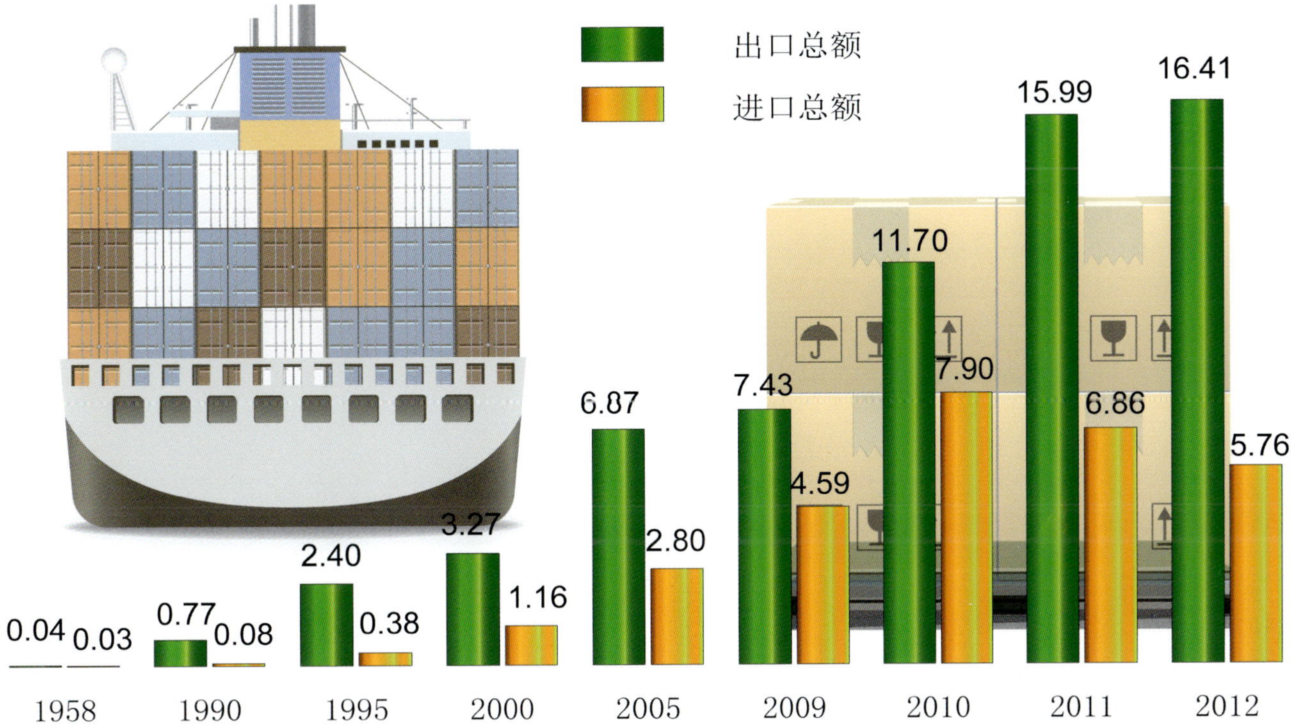

各类学校在校学生数（万人）

Enrolled Students in Various Schools(10 000 persons)

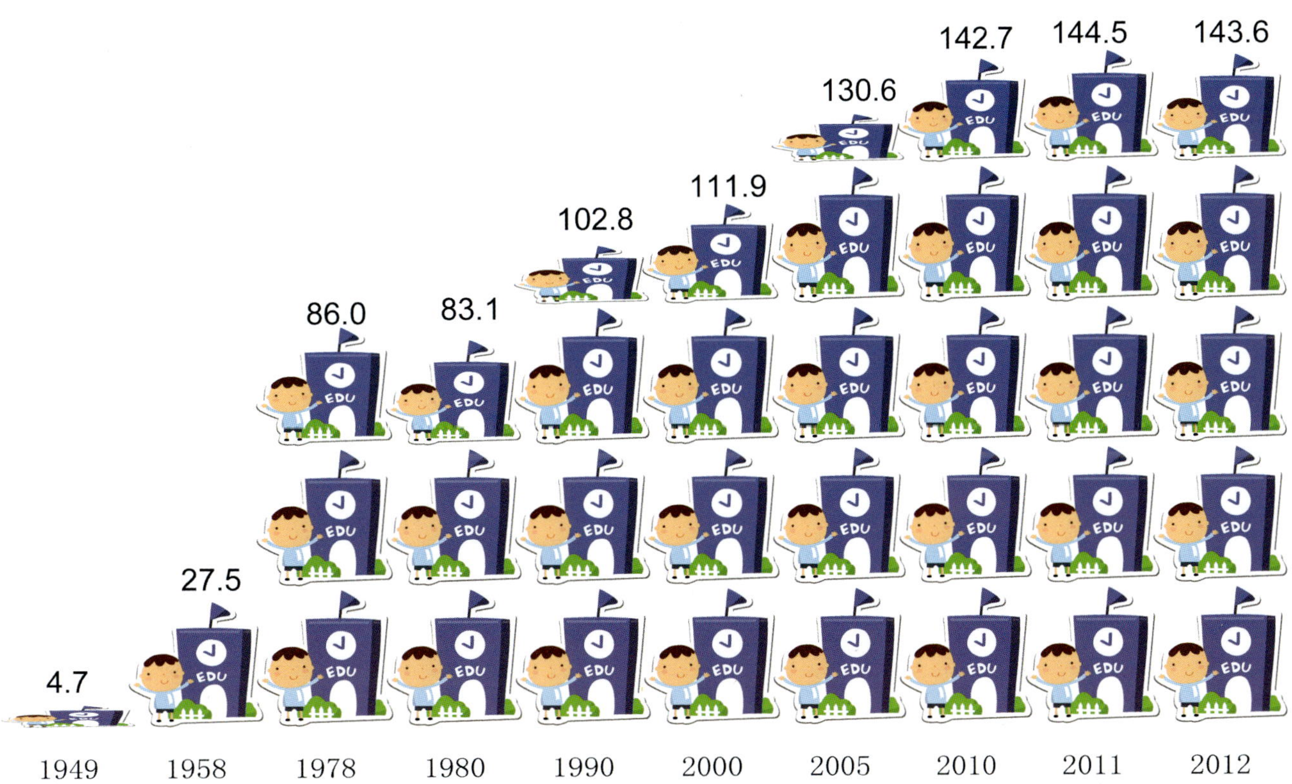

R&D经费支出占GDP比重（%）
Expenditures on Research and Development to GDP (%)

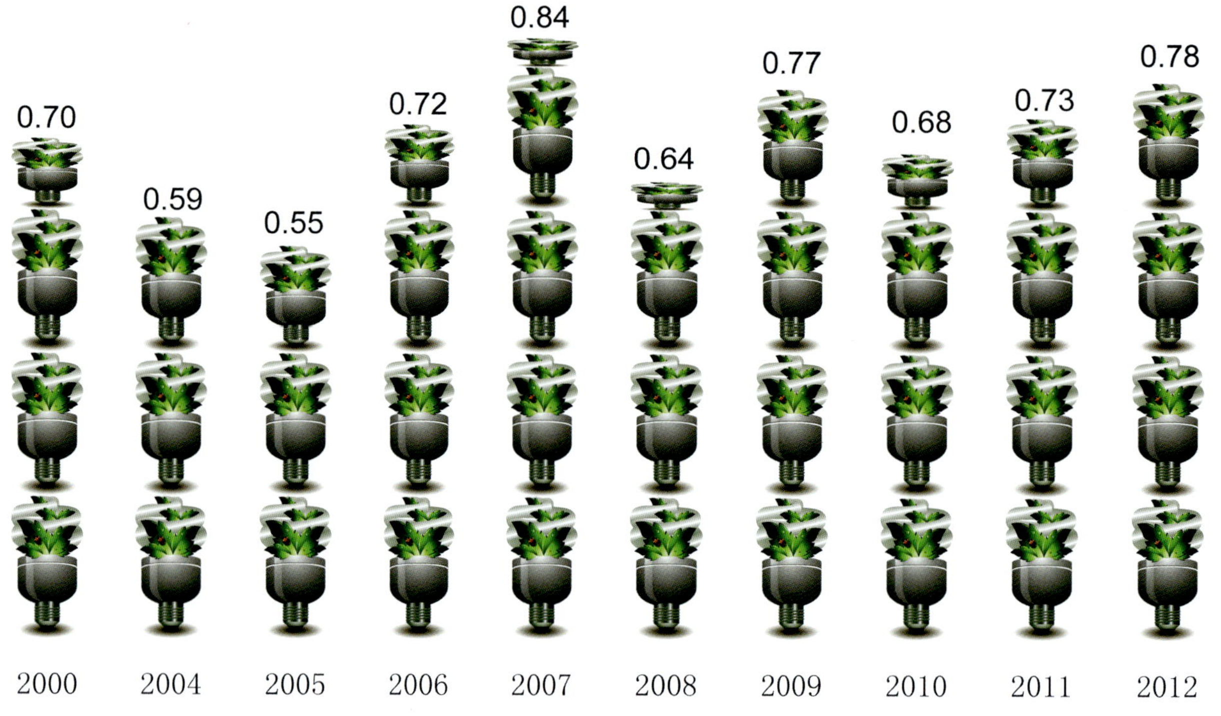

卫生机构数（个）
Health Care Institutions (unit)

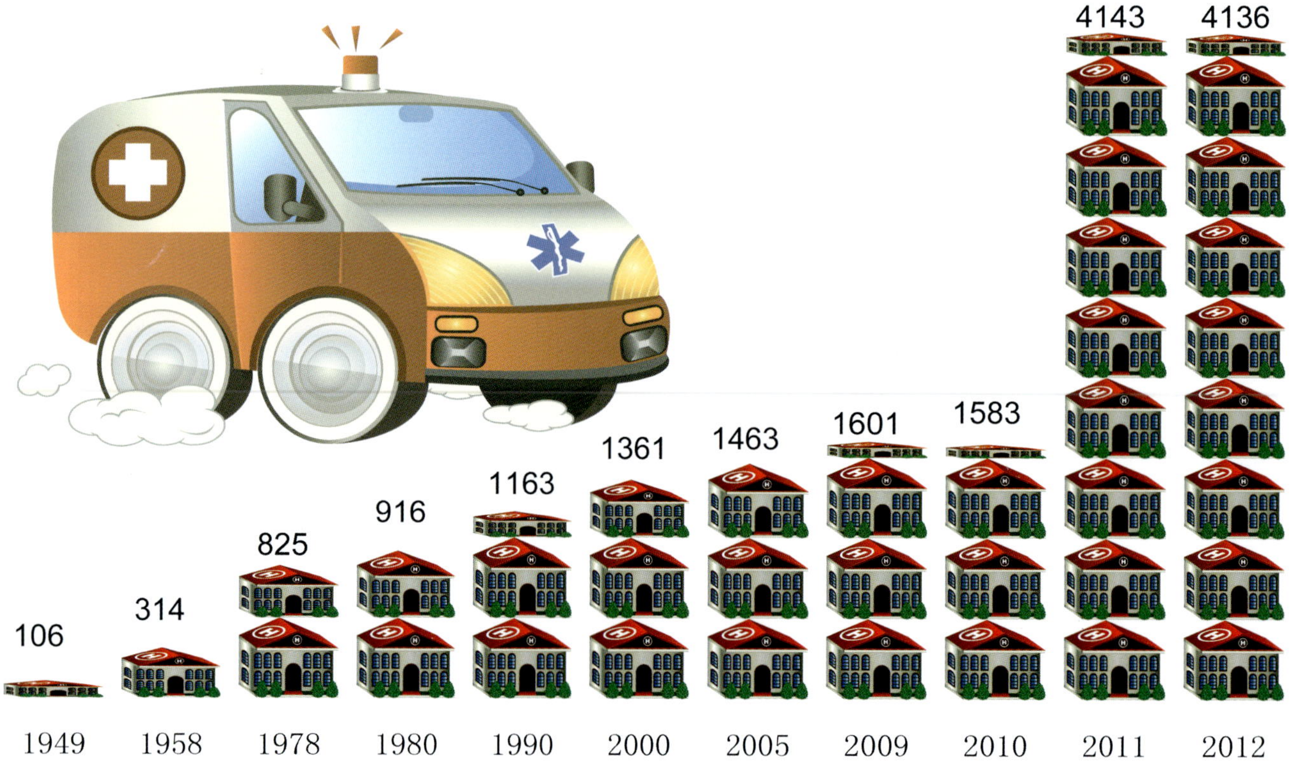

《宁夏统计年鉴-2013》

编辑委员会、编辑部

编辑委员会

编　辑　部

NINGXIA STATISTICAL YEARBOOK-2013
EDITORIAL BOARD AND EDITORIAL STAFF

Editorial Board

Editorial Staff

编辑说明

一、《宁夏统计年鉴-2013》是由宁夏回族自治区统计局、国家统计局宁夏调查总队联合编制，中国统计出版社公开出版发行的一部全面、系统、客观反映宁夏经济和社会发展的资料性年刊，是研究宁夏区情、交流社会信息、制定政策、指导工作不可缺少的重要工具，也是国内外各界认识宁夏的主要窗口。本《年鉴》收录了宁夏历史重要年份和2012年经济和社会各方面的统计数据，各市、县(区)主要统计数据，以及全国和各省(市、区)主要统计数据。

二、本《年鉴》内容分特载和统计资料两大部分。特载包括政府工作报告和统计公报两部分。统计资料共分为二十二部分：1.行政区划与自然资源；2.综合；3.国民经济核算；4.人口；5.劳动力资源与工资；6.固定资产投资；7.能源；8.财政金融保险；9.物价指数；10.居民生活；11.农业；12.工业；13.建筑业；14.运输邮电；15.批发零售贸易和住宿餐饮业；16.对外经济贸易和旅游业；17.教育科技文化；18.体育卫生民政司法；19.环境保护；20.重点服务业企业调查主要数据；21.宁夏农垦经济社会发展主要指标；22.各省市区主要经济指标。为便于读者使用，第三部分至第二十部分都附有主要统计指标解释。

三、本《年鉴》统计资料大部分来源于统计年报，部分来源于抽样调查，全国各省市区主要经济指标资料来源于中国统计出版社当年编印的《中国统计摘要》。

四、本《年鉴》对过去的统计年鉴资料重新进行了核实，对有的统计数据按新的口径作了调整，凡与本年鉴有出入的，均以本年鉴为准。

五、本《年鉴》出版发行工作，得到各级领导、有关部门和社会各界的大力支持，谨致谢意。由于我们编辑水平有限，不足之处在所难免，诚恳期望各界读者提出宝贵意见，以便进一步改进和提高我们的工作水平。

目　　录
Contents

特　　载
Special Issue

统计资料
Statistics

第一篇　行政区划与自然资源
Administrative Division and Natural Resources

第二篇　综　合
Ceneral Survey

第四篇 人 口

Population

第五篇 劳动力资源与工资

Labor Force and Wages

第六篇 固定资产投资

Investment in Fixed Assets

第七篇 能 源

Energy

第八篇 财政金融保险

Covernment Finance, Financial Intermediation and Insurance

第九篇　物价指数

Price Indices

第十篇　居民生活

People's Living Conditions

第十二篇　工　业

Industry

第十三篇 建筑业

Construction

第十四篇 运输邮电

Transport, Postal and Telecommunication Services

第十五篇　批发零售贸易和住宿餐饮业

Wholesale, Retail, Housing and Catering

第十六篇 对外经济贸易和旅游业

Foreign Trade Economic Cooperation and Tourism

第十七篇 教育科技文化

Education,Science and Technology Culture

第十九篇　环境保护
Environment Protection

第二十篇　重点服务业企业调查主要数据
Main Service Enterprise Survey

第二十一篇　宁夏农垦经济社会发展主要指标
Economic and Social Development of Agricultural Cultivation in Ningxia

第二十二篇　各省市区主要经济指标
Main Economic Indicators by Region

特载

Special Issue

2013年宁夏回族自治区人民政府工作报告

——在宁夏回族自治区第十一届人民代表大会第一次会议上

宁夏回族自治区主席　　王正伟

（2013年1月23日）

各位代表：

我代表自治区人民政府向大会作政府工作报告，请予审议，并请自治区政协各位委员和其他列席人员提出意见。

一、五年工作回顾

自治区十届人大一次会议以来的五年，是我区经济社会科学发展、阔步前进的五年。五年来，在党中央、国务院的亲切关怀和自治区党委的正确领导下，我们抢抓机遇，攻坚克难，夺取了保增长、调结构、促发展、惠民生的重大胜利，实现了本届政府2008年初提出的“一年一个新台阶、五年实现新跨越”的奋斗目标。

这是综合实力大提升的五年。全区生产总值先后突破1000亿和2000亿大关，由919亿元提高到2327亿元，是2007年的2.5倍，年均增长12.3%。地方公共财政预算收入连续跨上100亿和200亿大台阶，由80亿元提高到264亿元，是2007年的3.3倍，年均增长27%。全社会固定资产投资由621.8亿元提高到2110亿元，是2007年的3.4倍，年均增长31.5%。工业增加值由376.7亿元提高到879亿元，是2007年的2.3倍，年均增长14.5%。全区生产总值、地方公共财政预算收入、全社会固定资产投资和工业增加值均提前一年实现翻番。

这是发展方式大转变的五年。“一优三高”引领农业升级。规划建设了现代农业“三大示范区”，突出抓了120个示范基地，全面完成了“三个百万亩”设施农业工程，粮食产量实现“九连增”，重点培育的13个特色产业规模和效益年均两位数增长，占农业总产值的83%以上，农产品加工转化率达56%。农业增加值达200亿元，是2007年的2倍。“五优一新”助推工业转型。实施了“三大千亿”投资计划，煤炭产量、煤化工产能分别达8600万吨、1700万吨，均是2007年的2.2倍；火电、风电装机容量分别达1640万千瓦、265万千瓦，是2007年的2.2倍、10.5倍；光伏发电从无到有，装机容量达70万千瓦；建成±660千伏直流输电工程，外送电实现历史性突破，“五优一新”产业增加值占比达72%。六大高耗能行业在规模以上工业增加值的比重下降1.7个百分点。建成世界首套煤制烯烃装置和首台100万千瓦超超临界空冷火电机组，巨型水电叶片铸造技术、超重型综采成套输送装备和数字矿山集成应用达到世界一流。严格执行节能减排十大铁律，发展循环经济，淘汰落后产能，万元GDP综合能耗五年降低16.86%。“四大体系”提升服务业水平。建成了“三大口岸”和“九大物流园”，覆盖全区、辐射周边的现代物流体系基本形成。大力发展特色旅游，接待国内外游客和旅游总收入分别达1341万人次和103亿元，是2007年的1.8倍和3.3倍。完善金融体系，4家农村商业银行完成改制，22家金融机构落户我区，小贷公司、村镇银行和融资担保机构快速发展。扎实推进“双百”、“万村千乡”等市场工程，城乡消费持续活跃。深入实施名牌战略，新增中国驰名商标30件。社会消费品零售总额达549亿元，是2007年的2.4倍。

这是城乡面貌大变化的五年。按照把宁夏作为一个大城市来规划建设的理念，统筹推进城乡山川共同发展。提出打造黄河金岸的构想，编制实施沿黄城市带建设发展规划，全线贯通了402公里黄河标准化堤防和508公里滨河大道，建成一批标志性建筑，沿黄两岸新增生态绿地75万亩、耕地9万亩，恢复湖泊湿地20万亩，“一堤六线”格局基本形成。着力推进宁南区域中心城市和大县城建设，实施重点项目300多个，完成投资200多亿元。全区城镇化率达50.7%，比2007年提高6.7个百分点。大力发展县域经济，18个县市生产总值翻番，18个县市地方公共财政预算收入翻番，6个县市进入西部百强县。

这是发展后劲大增强的五年。累计完成全社会固定资产投资7206亿元，是自治区成立50年总投资的1.9倍。建成任家庄、清水营等大型矿井和水洞沟、马莲台等现代化电厂，中石油宁夏石化500万吨炼油、神华宁煤煤制烯烃一期等重大产业项目投产见效。完成太中银铁路、银川火车新站、同沿高速等交通项目，铁路运营和公路、高速公路通车里程分别达1029公里和2.65万公里、1324公里。建成河东机场二期、中卫沙坡头和固原六盘山支线机场，旅客吞吐量达391万人次。推进中北部土地开发整理、扬黄灌区节水改造等农林水项目，改造中低产田350万亩，建设高标准农田288万亩，治理水土流失805万亩、沙化土地239万亩。完成“六个百万亩”生态林业工程，五年造林636万亩，森林覆盖率达12.8%，比2007年提高3个百分点。银川平原跻身“全国十大新天府”之列，宁夏应对气候变化及反贫困经验受到联合国关注和好评。

这是改革开放大突破的五年。成功举办了三届中阿经贸论坛；启动实施了中阿经贸论坛永久性会址、阅海湾中央商务区和惠农陆路口岸等一批服务开放的重点项目，开通了到迪拜、首尔的国际航线，对阿合作“三大基地”、“五大中心”建设取得积极进展。连续四年举办“六大节会”，圆满组织光彩事业、世界侨商宁夏行等重大活动，招商引资到位资金累计4369亿元。先后与19个国外省州市建立友城关系，与130多个国家和地区开展贸易往来，实际利用外资和对外贸易额分别以年均36.7%和7%的速度增长。政府机构改革取得阶段性成果，区直管县、事业单位改革稳步推进。土地流转、集体林权、水权转换、农垦企业化等改革取得实效。全区统一的公共资源交易平台基本建立。区直5家经营性文化事业单位转企改制。教育、医药卫生体制等改革有序开展。引进中粮、国电、中铝、中电投等27家央企参与战略重组，地方国有企业资产总额达4167.9亿元、利润130.3亿元，分别是2007年的4.4倍、10.3倍。非公有制经济占到全区生产总值的48%。

这是社会事业大发展的五年。教育事业上，“两基”攻坚通过国家验收，义务教育实现初步均衡发展，在西部首先基本普及高中阶段教育；在全国率先启动中小学校舍安全工程，新建、改造校舍415万平方米；在全国率先实施的“营养早午餐工程”惠及37万山区农村学生，家庭困难学生资助政策使非义务教育阶段学生120万人次受益；建成西部规模最大的职教园区和实验实训基地，中职招生增速全国第一；宁夏大学进入“211工程”行列，医科大学实现“申博创大”目标，国家重点学科建设实现“零突破”，民办高等教育快速发展；化解高校债务22.9亿元；学前教育、民族教育、特殊教育稳步推进。科技人才上，建设国家和自治区级重点实验室17个、工程技术研究中心32个，实施重大科技专项11个，取得科技成果870项，获得国家科技进步奖8项，授权专利4051件，科技信息服务体系走在全国前列，科技进步贡献率达48%；柔性引进院士80人、知名专家181人，全职引进博士244人。医疗卫生上，城乡医疗卫生服务体系进一步完善，建成宁夏人民医院新院等重点项目4个，新建、改扩建市县乡卫生院202个，床位数达2.6万张，建成标准化村卫生室1483个，在全国率先实行药品采购“三统一”政策，有效缓解了群众“看病难、看病贵”问题；中医药、回医药快速发展。妇幼卫生“四免一救助”扩大为“六免一救助”，惠及82万妇女儿童。人口和计划生育工作扎实推进，“少生快富”工程取得实效，人口自然增长率控制到8.93‰。文化体育上，建成贺兰山体育场、宁夏大剧院等文体工程30个，基本实现了文化信息资源全覆盖、直播卫星户户通、农村电影放映无盲点、公共文化场所全免费；文学艺术、哲学社会科学和广播影视、新闻出版事业健康发展；电影《画皮》和舞剧《花儿》、《月上贺兰》等荣获国家级大奖；竞技体育取得突破，在中西部率先实现农民健身工程全覆盖。社会管理上，干部下基层主动倾听社情民意，政府“一站式”服务利民惠民，治安形势总体平稳，食品药品监管有力，安全生产管理有效，民族团结经验全国推广。统计审计、国土资源、地质勘查、文史参事、防震减灾、外事侨务、妇女儿童、红十字等工作取得新成效。民主法制上，五年办理全国和自治区人大代表建议1062件、政协委员提案2613件，向人大常委会提交地方性法规和决定议案48件，公布政府规章52件，取消和调整行政审批事项371项。全面完成“五五”普法，启动开展“六五”普法。反腐倡廉力度进一步加大，城乡基层民主政治建设深入推进。

这是人民生活大改善的五年。连续五年实施民生计划，总投入2100亿元，占财政总支出的72.6%。城镇居民人均可支配收入由10859元提高到19831元，农民人均纯收入由3181元提高到6180元，分别是2007年的1.8倍和1.9倍，年均分别增长12.8%和14.2%。实施35万生态移民工程，启动百万贫困人口扶贫攻坚战略。累计投入85.6亿元，建成移民住房8.1万套，搬迁安置28.2万人。提前一年实现农村人饮安全规划目标，220万群众喝上放心水。倾力打造“黄河善谷”，成功举办国家级慈善博览会，六大慈善园区招善引资74亿元，慈善事业和产业扶贫融合发展。率先在全国以地方立法推进全民创业，累计建立孵化创业基地221个，创办小企业1.5万个，创造新岗位19万个，城镇登记失业率控制在4.4%以内。提前10年实现新农保制度全覆盖；在全国率先建立统筹城乡居民基本医疗保险和社会养老保险制度，财政补助逐年提高，参保率分别达96.7%和83.4%；率先建立高龄老人生活和孤儿养育津贴、城乡大病医疗救助、重度残疾人生活补贴以及医疗保障制度；妥善解决了27.8万名企业职工、离退休人员、老工伤人员的养老、医疗、工伤保险等历史遗留问题；两次提高城乡低保补助标准，四次提高最低工资和离退休人员生活补助标准，五次提高企业退休人员基本养老金。首创廉租房配建制度，建设各类保障性住房28.3万套，解决了15.7万户城市低收入群体的住房困难；实施塞上农民新居和危窑危房改造工程，建设新村193个，整治旧村1501个，改造危窑危房20.6万户，100万群众喜迁新居。

五年来，我们集中力量办成了一系列打基础、谋长远、促发展的大事，解决了一系列解民忧、惠民生、促和谐的难事，为构建和谐富裕新宁夏打下了坚实基础。我们有效应对百年不遇的国际金融危机，实现了经济的平稳回升；我们成功举办自治区成立50周年大庆活动，向国内外展示了宁夏民族团结、经济繁荣、社会进步、奋力跨越的新形象；我们争取国务院出台了《关于进一步促进宁夏经济社会发展的若干意见》，为宁夏长远发展进一步指明了方向；我们积极推动沿黄经济区跻身全国18个重点开发区，宁东基地纳入国家主体功能区规划并成为“能源金三角”核心区之一，六盘山集中连片特困地区列入国家新一轮扶贫开发重点区域；我们提前一年完成“十一五”规划，制定并顺利实施“十二五”规划；我们积极推动中阿经贸论坛升格为中阿博览会，为向西开放创造了更加有利的条件；我们争取国家批准设立宁夏内陆开放型经济试验区和银川综合保税区，全面提升了我区在国家发展大局和对外开放格局中的战略地位，极大地增强了全区人民建设全面小康社会的信心和决心！

各位代表，回首过去五年，我们付出了艰辛，实现了跨越，每个宁夏人都为之振奋和自豪。这是党中央、国务院亲切关怀和自治区党委正确领导的结果，是广大干部群众拼搏奋斗的结果。在此，我代表自治区人民政府，向辛勤奋战在全区各条战线的广大干部群众，向给予政府工作大力支持的人大代表、政协委员、各民主党派、工商联和各界人士，向中央驻宁单位、驻宁部队和武警官兵致以崇高的敬意！向所有关心支持宁夏发展的国家部委、兄弟省市区，港澳同胞、台湾同胞、海外侨胞和国际友人表示衷心的感谢！

在总结成绩的同时，我们也清醒地看到，宁夏的发展差距依然很大，还存在着不少困难和问题。一是经济总量小，整体实力弱，城乡山川区域发展不协调，资源和生态环境约束加剧，经济持续快速发展的难度加大；二是自主创新能力不强，产业结构不合理，农业基础薄弱，新型工业化、现代服务业水平不高，非公有制经济发展不够，调结构、转方式的压力较大；三是城乡居民收入偏低，基本公共服务水平不高，扶贫攻坚和改善民生的任务繁重；四是社会建设和管理相对滞后，就业、医疗、社保、住房、物价等关系群众切身利益的问题较多，促进社会和谐稳定的任务还很艰巨；五是政府自身建设和反腐倡廉工作仍需加强，一些干部思想解放不够、工作作风不实、领导发展的能力不强。对此，我们一定要深刻认识，在今后工作中切实加以解决。

二、奋力夺取与全国同步进入全面小康社会的新胜利

今后五年，是建设和谐富裕新宁夏、与全国同步进入全面小康社会的关键时期。当今世界政治经济新秩序处于孕育当中，新一轮技术革命正在兴起，为我们发展带来了崭新机遇。当代中国正处于快速上升期和深刻转型期，经济社会发展基本面长期趋好，市场经济体制不断完善，科技创新能力日益增强，党的十八大凝聚了科学发展共识，为我区持续健康发展创造了有利条件。当前宁夏正处于加快发展的黄金期，自我发展能力增强，特别是国家实行差别化政策，批准设立宁夏内陆开放型经济试验区和银川综合保税区，为我区发展带来了重大机遇。机不可失，时不我待。我们必须抢抓机遇，加快发展，努力在解放思想中实现新突破，在务实苦干中再创新辉煌。

政府工作的总体要求是：高举中国特色社会主义伟大旗帜，以邓小平理论、"三个代表"重要思想和科学发展观为指导，深入贯彻落实党的十八大和自治区第十一次党代会精神，大力实施沿黄经济区发展战略和中南部地区百万贫困人口扶贫攻坚战略，转变方式，深化改革，扩大开放，力促创新，全面建设内陆开放型经济试验区，保障改善民生，促进社会和谐，扎实推进社会主义经济建设、政治建设、文化建设、社会建设和生态文明建设，为建设和谐富裕新宁夏、与全国同步进入全面小康社会而努力奋斗。

主要预期目标是：到2017年，力争实现"四个翻番"、"两个倍增"。"四个翻番"是：全区生产总值、地方公共财政预算收入、全社会固定资产投资和社会消费品零售总额在2012年的基础上力争实现翻番，分别达到4700亿元、530亿元、4200亿元和1100亿元。"两个倍增"是：城镇居民人均可支配收入、农民人均纯收入在2012年的基础上力争实现倍增，早日突破35000元和10000元大关。在此基础上，到2020年，与全国同步实现建成全面小康社会的宏伟目标。届时，一个更富庶、更开放、更美丽、更智慧、更幸福、更平安的和谐富裕新宁夏将全面展现在世人面前！

（一）以转变发展方式为主线，优化经济结构，建设富庶宁夏。

调整优化经济结构是一项长期的战略任务。必须统筹推进现代农业、新型工业和服务业发展，加快构建特色突出、优势明显、适应未来发展需求的现代产业体系。

提质增效，发展现代农业。坚持"一优三高"引领，进一步提升"三大示范区"建设水平，不断提高农业的土地产出率、资源利用率、劳动生产率和市场竞争力。实施特色优势产业推进计划。在确保粮食稳产增产的前提下，理顺粮食等农产品价格，让种粮务农有效益、得实惠。按照产业关联紧密、专业分工合理的要求，高标准建设贺兰山东麓百万亩葡萄文化长廊，培育壮大十大"百亿元"特色产业集群，引领现代农业上水平、增效益，特色农业占比达到85%。实施生产经营体制创新计划。扶持发展种养大户、专业合作社等新型经营主体，发展规模经营，农户入社率达到65%，主要农产品加工转化率达到70%。完善农产品市场流通网络，发展连锁经营和冷链物流，加大名优品牌培育，让更多的"宁"字号绿色农产品进入高端市场。实施基础装备改善计划。严守耕地保护红线，大兴农田水利建设，大规模改造中低产田，高标准建设旱涝保收田。加快农机更新换代，优化装备结构，主要农作物综合机械化水平达到75%。实施质量安全提升计划。健全区市县乡四级农产品质量安全监管网络，推行"三品一标"认证体系；开展国家农业标准化示范县（场）建设，集中创建一批园艺作物标准园、畜禽和水产养殖示范场。加强动植物疫病防控，搞好农业生态建设，从源头上确保农产品质量安全。

转型升级，发展新型工业。加快实施"三大千亿"投资计划，做优产业，做大园区，做强企业。推进产业集群发展。扩大总量、提升质量和优化结构并重，做好产业上下游、左右链、中高端的延伸文章，做大做强能源、化工、冶金、建材、新材料、装备制造、生物产业和特色农产品加工等优势产业集群，实现主导产业高端化、传统产业现代化、新兴产业规模化，形成国家重要的能源加工转化基地、西部重要的战略性新兴产业集聚区和特色农产品加工优势区。推进园区集约发展。以国家和自治区级园区为载体，明确功能定位，完善基础设施，促进各类园区优化整合，着力建设一批特色鲜明、功能完善的产业园区。创新"飞地经济"、"一区多园"等发展模式，新上产业项目一律进入园区。到2017年，形成产值过100亿元的现代工业园区15个。推进企业集聚发展。加大矿产资源勘查开发和科学利用力度，促进优质生产要素向优势企业聚集，支持神华宁煤、中石油宁夏石化、中电投宁夏能源铝业等企业通过资本运作、产业重组、技术改造，实现超常规发展，打造年销售收入过300亿元的重点企业6个、100亿元的17个、50亿元的22个。深入实施"百家成长千家培育"工程，支持中小微企业向"专、精、特、新"方向发展，增强为大企业协作配套的能力。

提质提速，发展现代服务业。加强规划引领，拓展开放领域，实现服务业发展提速、比重提高、水平提升。以金融、商务服务等为重点，注重服务业与生产环节的配套，打造面向西部大开发的综合服务基地。以旅游、餐饮、娱乐等为重点，注重服务业与消费者的衔接，打造西部独具特色的国际旅游目的地。以交通物流、批发零售等为重点，注重服务业与网络化的结合，打造全国重要的区域性物流中心。以文化教育、回医回药、健康养老等为重点，注重服务业与社会需求的对接，打造富有穆斯林特色、辐射周边地区的宜居休闲地，力争服务业对经济增长的贡献率保持在30%以上，全面构建结构优化、特色鲜明的服务业发展新格局。

（二）以"两区"建设为统领，推进改革开放，建设开放宁夏。

建设宁夏内陆开放型经济试验区和银川综合保税区，是国家战略、宁夏使命。要把中阿所需、宁夏所能有机结合，以更大的勇气和智慧推进改革创新、先行先试，把我区打造成国家向西开放的战略高地。

构筑开放平台。高质量办好“六大节会”，推进会展经济规模化、市场化、品牌化，特别要办好中阿博览会，打造一流的国际性展会。高标准规划建设银川综合保税区，大力引进品牌企业，使其成为集保税物流、加工服务和口岸作业为一体的综合性基地。用国际化视野谋划银川滨河新区，聚集特色产业，建好产城融合发展示范区。加快建设宁夏清真产品暨国际大宗商品交易所，形成西部地区大宗商品定价中心、交易中心。全面建成对阿合作“三大基地”、“五大中心”，构筑汇集全球资源和生产要素的“宁夏平台”。

完善便捷通道。积极争取航权开放，开辟更多的国际客货运航线，争取国际旅客落地免签和120小时口岸签证，开展离境退税和免税试点，把银川打造成区域性航空枢纽。建设银川至西安、宝中复线等快速铁路，完善“五纵三横”铁路网；实施京藏高速石嘴山至中宁段改扩建等公路项目，提高“三纵九横”公路网等级，增强内进外出通达能力。提升现有口岸功能，发展“公铁联运”、“铁海联运”，提高货物吞吐能力，形成综合立体、高效运营的现代化、低成本物流通道。

培育要素市场。推动成立由阿拉伯国家银行参股的综合性试点银行，吸引海合会国家金融机构来宁设立分支机构，建立中阿合作产业发展和风险投资基金，推进资本项目定额定向开放。发展现代融资租赁业，引导私募股权基金来宁投资，设立宁夏中阿国际股权交易所，搭建股权、产权、债券交易平台。打造人民币离岸中心、中阿贸易结算中心，鼓励中阿双边贸易使用人民币计价和结算，努力形成面向中东阿拉伯国家、服务全国的要素聚集宝地。

推进合作共赢。加强与环渤海、长三角、珠三角等东中部地区的合作，深化能源化工“金三角”、呼包银榆经济区和陕甘宁革命老区联合发展机制，强化与周边省区在资源、旅游等领域的开发合作。探索建立高级别的中阿多边交流协商和互助合作机制。巩固欧美日韩等传统市场，开拓中东、非洲、南美等新兴市场，扩大对外贸易规模。加大“走出去、请进来”力度，吸引国内外500强企业来宁投资。鼓励有条件的企业赴外投资和承包工程，拓展国际劳务输出和对外技术合作。

创新体制机制。放宽基础设施等重点领域市场准入。深化国有企业改革，大力发展非公有制经济。加快财税金融改革，完善预算管理和转移支付，加大对服务业和战略性新兴产业的税收优惠。坚持和完善农村基本经营制度，培育新型经营主体，深化农村产权、征地、户籍、社保等改革。加快水、电、气价格和收费改革。推进教育、文化、医药卫生等改革。完善涉外公共管理和服务体系，全面构建促进内陆开放的政策机制。

经过改革开放30多年的探索实践，宁夏这个西部欠发达民族自治区终于站到了国家开放发展、试验创新的前沿。我们一定要引全国之才，举全区之力，集全民之智，解放思想，大胆创新，努力把我区建成政策优、体制新、机制活的新型试验区，走出一条内陆地区改革开放、跨越发展的成功之路！

（三）以“两大战略”为抓手，统筹城乡发展，建设美丽宁夏。

把宁夏作为一个大城市规划建设，全面推进沿黄经济区发展和中南部地区扶贫攻坚，坚持生态文明、环保优先理念，统筹宁夏山川城乡协调发展、绿色发展。

大力推进沿黄经济区建设。打造“四带一高地”，使沿黄经济区成为西部大开发的新引擎。培育壮大阅海湾中央商务区等一批新兴经济区，推动县域经济发展，增强城市聚集功能。打破行政区划束缚，加快毗邻市县相向发展，实现各地间的能源、交通、通信、生态等配套设施同体共建，金融、教育、医疗等社会服务同城共享。完善滨河大道综合功能，新建一批沿黄标志性建筑和特色文化旅游景点，形成千里沿黄生态文化景观长廊。

深入开展中南部扶贫攻坚。实施六盘山片区区域发展与扶贫攻坚规划，继续推进生态、教育和劳务三大移民，积极构筑专项、行业和社会扶贫大格局。建设六盘山国家生态补偿示范区和旅游扶贫开发试验区。依托“黄河善谷”，加大招商招善力度，办好六大慈善园区。建设一批扶贫产业示范基地，不断增强贫困地区和贫困人口的自我发展能力，让35万移民搬得出、稳得住、逐步能致富，让65万群众脱贫有保障、发展有项目、致富有产业，使100万贫困人口早日摆脱贫困，与全区人民一道跨入全面小康社会。

全面加快城乡一体化进程。把城市与农村、市民与农民统筹谋划，坚持集约、绿色、低碳、智能理念，加快沿黄城市带、宁南区域中心城市和大县城建设，构筑以沿黄经济区和固原市为中心、各县市为基础、重点镇和中心村为补充的新型城乡发展格局。启动城市扩容提质工程，加快建设新城区，稳步改造老城区，全面消除“城中村”，彻底整治城乡接合部。实施集镇改造工程，坚持政府投入与社会投资互动、基础设施改造与产业培育同步，建设100个交通节点型、旅游度假型、加工制造型、资源开发型、商贸流通型重点镇。实施幸福村庄计划，改造建设1000个特色新村，实现道路、供排水、清洁能源、垃圾处理和优美环境“五到农家”，推动自然村向大村庄、小城镇集中，努力建成设施配套、产业支撑、规模适度、生态优美的新农村。

坚持不懈建设生态文明。优化国土空间开发格局，加快构建集约高效的生产空间、宜居舒适的生活空间、自然和谐的生态空间，努力实现循环发展、低碳发展。坚定不移地推进节能减排，加快淘汰落后产能，支持宁东、石嘴山等循环经济示范基地建设，形成低消耗、高效益的节约型发展方式。深化“优美环境、清洁城乡”行动，以治脏治乱治差、绿化亮化净化为重点，全面开展农村环境综合整治，营造天蓝地绿、水净气清、宜居宜业的生产生活环境。实施封山禁牧、退耕还林（草）、防沙治沙、湿地保护、绿化美化五大生态工程。全力打造沿黄景观林、贺兰山东麓百万亩葡萄、中部干旱带防风固沙林和六盘山水源涵养林四大绿色长廊。千方百计保护好、建设好赖以生存的秀美山川、美好家园，让青山常在、绿水长流！

（四）以创新驱动为引领，加速信息化进程，建设智慧宁夏。

建设智慧宁夏，基础在教育、关键靠科技、标志是信息化。要把教育发展、科技创新和信息化提升作为抢占发展制高点、提升竞争力的重大战略来抓。

强化智力支撑。深入实施《宁夏中长期教育改革和发展规划纲要》，全力推进素质教育，扩大学前教育覆盖面，均衡发展义务教育，全面普及高中阶段教育。发展面向市场的现代职业教育，推动高等教育内涵式发展。加强师资队伍建设，提升教学质量和教育管理水平，提高群众对教育的满意度。加强人才队伍建设，创新人才培养、引进、使用和激励政策，用好用活本土人才，重点引进一批急需紧缺的高层次人才，充分激发各类人才的创新创业活力。

推进科技创新。进一步加强部区、省际、高校、科研院所合作，强化企业技术创新主体地位，紧盯特色优势产业发展，加快科技创新平台建设，培育一批科技创新团队，形成一个产业一个研发平台的科技服务模式。注重技术转移和成果转化，实施一批重大科技专项，推广一批技术水平高、带动能力强、产出见效快的共性关键技术和科技成果。深化科技特派员创业行动，加大农业科技创新和推广，实现主要农产品名优品种、实用技术全覆盖，打造西部制种优势产区。到 2017 年，基本建成较为完善的科技创新体系，全社会研发投入占到全区生产总值的 1.8%以上，科技对经济增长的贡献率超过 53%。

提升信息化水平。把信息化应用在经济社会发展的各个方面。实施全民上网计划。加快有线和无线宽带网络平台升级换代，推动三网融合发展，开展 4G 建设试点，构建全区信息高速公路，实现所有机关、学校、社区、企业和 80%以上的自然村宽带网络全覆盖，让全民享有随时、随地、随身的信息网络服务。完善政务信息体系。以提供政务与公共服务信息为重点，建设以公众为中心的服务型电子政务平台，把所有政府机构能够提供的政务信息全部送上互联网，全天候 24 小时在线提供服务，构建满足市场监管、社会管理、公共服务的电子政务体系。建设民生智慧平台。围绕就业、理财、旅游等居民工作生活需求，加快智慧医疗、智慧教育、智慧旅游、智慧家政、智慧社保等重点行业平台建设，为群众创造更便捷、更环保的网络生活方式。推动教育、医疗、文化、就业、社保等基本公共信息服务向农村延伸，全面缩小城乡数字鸿沟。发挥信息化助推作用。用信息化带动工业化、推进城镇化、提升农业现代化。利用新一代技术，改造特色产业、发展新兴产业，实现 50%以上的企业研发设计信息化、生产过程智能化、经营管理网络化；在县级以上城市建设区域性平台，实现交通、治安、抗灾救灾等智能化管理；通过物联网技术，改造传统农业、装备现代农业、发展精准农业，实现四化同步发展。

（五）以提高“两大收入”为核心，切实改善民生，建设幸福宁夏。

增加居民收入、提高人民生活是发展之本、幸福之源。要丰富民生计划内容，发展各项民生事业，使发展成果更好地惠及全区人民。

就业是民生之本。实施更加积极的创业就业政策，加大财税、金融扶持和培训服务力度，多渠道开发就业岗位，重点解决高校毕业生、农村富余劳动力、城镇就业困难人员、退役军人的就业问题。突出抓好失业人员就业培训和再就业服务工作，确保每个有劳动能力和意愿的人都能充分就业。

增收是民生之源。建立健全工资正常增长机制，合理调整收入分配格局，使收入分配水平与经济发展相适应。千方百计增加城乡居民财产性和经营性收入，突出做好中低收入者和困难家庭增收工作，实现农民收入增幅高于城镇居民收入增幅、职工最低工资标准增幅高于全区生产总值增幅、低收入者收入增幅高于平均收入增幅，努力缩小城乡收入差距，促进共同富裕。

社保是民生之基。按照“全覆盖、保基本、多层次、可持续”的方针，全面做好社会保险、救助、福利和慈善等工作，扩大覆盖范围，提高保障水平，建成统筹城乡、保障有力、层次清晰、惠及全民的社会保障体系。大力发展老龄服务事业和产业，真正实现老有所养。加强保障性住房建设和管理，加快城市危旧房、棚户区改造，建立满足不同需求的住房供应体系，让城乡困难群众住有所居。

健康是民生之福。加强公共卫生服务能力和基层医疗机构建设，新增医疗卫生资源重点向农村、社区倾斜。大力培养全科医生，充实基层医疗队伍，健全城乡一体化的公共医疗卫生服务网络。加强医德医风、和谐医患关系建设，为群众提供更加安全、优质、方便、价廉的医疗卫生服务。广泛开展爱国卫生运动和健康宁夏行动，保障人民群众身心健康。加强人口控制与服务管理，提高出生人口素质。

文化是民生之需。大力弘扬社会主义道德风尚，扎实开展民风建设。面向基层、贴近群众、服务大众，繁荣文学艺术和哲学社会科学，发展民族特色文化事业，保护文化遗产，传承优秀文化，提高文化产品质量，构建内容丰富、覆盖城乡、惠及全民的公共文化服务体系。突出地方文化特色和旅游资源优势，推动文化科技嫁接、文化旅游交融、相关产业联动发展，力争文化产业增加值占到全区生产总值的 4%。深入开展全民健身活动，促进群众体育和竞技体育全面发展。

民生连着民心，民心凝聚民力。更加注重改善民生，责任重于泰山。我们一定要把群众的安危冷暖时刻放在心上，在群众期盼上赢民心，在群众急难上见真情，从自身做起，从点滴做起，勤勉务实，夙夜在公，办好关系群众切身利益的每一件事，让全区人民的日子越过越红火、生活越来越幸福！

（六）以民族团结进步为基础，创新社会管理，建设平安宁夏。

民族团结和谐是宁夏的靓丽名片。要进一步加强和创新社会管理，不断巩固发展人际和谐、民族和睦、宗教和顺的大好局面，着力建设民族团结进步和谐区。

保障群众合法权益。落实领导干部信访责任制，健全群众权益维护机制，畅通公众诉求表达渠道，完善人民调解、行政调解、司法调解联动机制，有效化解各类矛盾纠纷。加强物价调控监管，稳定物价总体水平。强化劳动保障监察和争议调解仲裁，构建和谐劳动关系，维护职工合法权益。

加强创新社会管理。推进城乡社区建设，全面提高基层组织社会管理服务能力。加强社会工作者队伍建设，夯实群众参与社会管理的基础。支持工会、共青团、妇联和行业协会、社会组织开展工作，发挥联系群众的桥梁纽带作用。创新流动人口、特殊人群管理和服务。加强信息网络建设管理，提高虚拟社会管理水平。深入开展双拥共建，支持部队和国防建设，巩固发展军政军民团结。

有效维护社会安定。完善社会治安防控体系，强化社会治安综合治理，加强重点行业、地区和场所的监管，依法严厉打击各类违法犯罪,进一步增强百姓的安全感。做好国家安全工作。坚持安全第一、生命至上,加快构建公共安全体系,落实企业安全生产主体责任,严格食品药品监管,保障群众的生命财产安全。加强预知、预警、预防和应急处置能力建设,提高应对自然灾害、事故灾难和公共卫生、社会安全等突发事件的能力。

深入推进民族团结进步。认真执行民族区域自治制度,牢牢把握各民族共同团结奋斗、共同繁荣发展的主题,深入开展民族团结进步创建和宣传教育"七进"活动,不断巩固和发展平等、团结、互助、和谐的社会主义民族关系。全面贯彻党的宗教政策,依法加强宗教事务管理,充分发挥宗教工作在全面建设小康社会中的积极作用。

全区各族人民要同心同德,互帮互学,继续发扬互助友爱的优良传统,像爱护自己的眼睛一样珍视和维护各民族间兄弟般的团结,让仁义诚信、安康和睦的阳光洒满每个角落,让民族团结进步之花开遍宁夏大地!

三、扎实抓好开局之年的各项工作

刚刚过去的一年,面对复杂多变的国内外经济形势,我们牢牢把握"稳中求进"的总基调,沉着应对挑战,创造性地开展工作,完成和超额完成了预期目标和主要任务,全区生产总值增长 11.5%,全社会固定资产投资增长 27.5%,地方公共财政预算收入增长 20%,城镇居民人均可支配收入和农民人均纯收入分别增长 12.8%和 14.2%,社会消费品零售总额增长 14.9%,居民消费价格总水平涨幅控制在 2%以内,万元 GDP 综合能耗下降 5%,保持了经济社会平稳较快发展的好势头。

今年是贯彻党的十八大和自治区第十一次党代会精神的关键之年,也是新一届政府的开局之年。全区经济社会发展的主要预期目标是:全区生产总值达到 2700 亿元,增长 12%左右;地方公共财政预算收入 300 亿元,增长 15%;全社会固定资产投资 2531 亿元,增长 20%以上;社会消费品零售总额 637 亿元,增长 16%;城镇居民人均可支配收入 22211 元,农民人均纯收入 6922 元,分别增长 12%左右;居民消费价格总水平涨幅控制在 3.5%左右。

为此,必须重点抓好以下九个方面的工作:

一是着力抓好 50 个重点建设项目。以大项目带动大投资,推动大发展,重点推进神华宁煤煤制油、宁东至浙江±800 千伏特高压直流输电等 22 个工业项目,完成投资 343 亿元;加快推进青兰高速东山坡至毛家沟段、河东机场三期扩建等 12 个交通物流项目,完成投资 67 亿元;切实抓好中南部城乡饮水安全水源及配套工程、大型灌区续建配套和节水改造等 7 个农林水项目,完成投资 70 亿元;全力实施宁夏儿童医院、保障性住房等 9 个社会事业项目,完成投资 60 亿元。力争中铝固原 100 万吨电解铝、国道 309 线固原过境段、包兰铁路银川至兰州复线、世界穆斯林文化城等 26 个重点预备项目全部开工。加快项目核准,实施项目建设大会战,掀起项目建设热潮。

二是加快推进新型工业化。建立工业经济运行风险调控专项资金,做好稳定工业增长各项政策措施的接续工作,狠抓重点项目建设和重点行业技术进步,完善园区考评体系,加快推进"五大十特"园区聚集发展。新增煤炭、煤化工产能 1000 万吨和 950 万吨,新增火电、风电、光伏发电装机容量 66 万千瓦、40 万千瓦和 10 万千瓦。实现工业增加值 1000 亿元,增长 14%以上。

三是发展壮大特色优势农业。稳定粮食播种面积和产量,突出抓好特色优势农业发展和产业化经营,确保主要农产品有效供给。新增高效节水灌溉 40 万亩,建设高标准基本农田 60 万亩,改造中低产田 35 万亩。新增设施农业有效面积 10 万亩,推广覆膜 200 万亩;新建奶牛、肉羊规模养殖场各 100 个,肉牛养殖专业村 50 个,发展适水产业 4 万亩;新增葡萄 6 万亩,培育葡萄酒庄品牌 10 个;新增枸杞、红枣等经济林 14 万亩。巩固提升 120 个示范基地建设水平,辐射带动良种推广率 90%以上;农民专业合作社发展到 3000 家,创建国家和自治区级示范合作社 60 家,推动现代农业再上新台阶。

四是有效扩大消费需求。建设完善一批城乡综合商业区、商贸物流区和特色商业街,扩大农超对接和社区直销规模,畅通农产品进城、工业品下乡渠道,活跃城乡消费市场。加快发展咨询评估、会展设计、养老服务等新兴服务业,满足群众多样化消费需求。完善融资担保体系,发展金融租赁业务,支持金融企业跨区域经营。提升景区基础设施配套功能,打造精品旅游线路,激活旅游消费大市场,全年接待国内外游客突破 1500 万人次,旅游总收入超过 125 亿元。落实宏观调控政策,促进房地产市场健康发展。

五是统筹推进城乡山川发展。狠抓沿黄城市扩容提质,推进宁东基地、银川滨河新区、石嘴山环星海湖开发区、吴忠 CBD 商务中心、固原西南新区、中卫(甘塘)能源化工基地等城市经济区建设,加快旧城改造,完善基础设施,增强城市带动力和区域辐射力。按照"一定五年不变"政策,加快推进宁南区域中心城市和大县城建设。每个县市建设 1 至 2 个特色小城镇、4 个特色新农村。抓好生态移民,搬迁安置移民 8 万人。启动 500 个贫困村整村推进、对口帮扶工作。

六是进一步扩大内陆开放。办好中阿博览会等节会活动,争取中阿合作论坛高官会议、中阿艺术节等活动在宁举办。建成银川综合保税区并封关运营,跟踪国内外 500 强企业入区落户。启动宁夏清真产品暨国际大宗商品交易所建设,推动制定清真产业国家标准,开展哈俩里协议国际互认。成立宁夏货运航空公司。建设宁夏国际葡萄酒交易博览中心。扩大对外贸易规模,进出口总额突破 24 亿美元,增长 8%。开展招商引资"五项行动",力争到位资金超过 1400 亿元。

七是加强生态建设和保护。扎实抓好封山禁牧等五大生态工程建设,完成造林 150 万亩,治理荒漠化土地 52 万亩,补播改良天然草原 95 万亩,森林覆盖率达到 13.8%。加大城乡绿化美化、环境综合治理,突出抓好城中村、城乡结合部等重点区域整治。强化节能减排监察执法,做好企业节能环保改造,力促清洁生产、减量排放。

八是掀起文化发展新高潮。实施文化事业惠民工程,抓好文化惠民、文化乐民、文化扶贫等项目,加快市县文化场馆和乡村文化站标准化建设,推进公共文化服务均等化;创排一批优秀文艺精品力作,培育具有宁夏特色的文化品牌,推动文化成果共享。实施文化产业壮大工程,建设中阿文化产业园、宁夏文化创意示范园等基地,发展数字出版、移动媒体、动漫游戏等新兴文化业态,建立知识产权公共服务和交易平台，抓好文化市场建设，力争文化产业增加值增长20%以上。办好黄河金岸国际马拉松赛等重大赛事，积极备战第十二届全运会。

九是把十项民生计划落得更实、办得更好。以全民创业带动就业，以职业培训提升就业，创造新岗位3万个，新增城镇就业7.2万人，农村劳动力转移就业70万人，城镇登记失业率控制在4.5%以内。开展城乡居民大病保险试点，实现人人持有社保卡。提高城乡救助水平，保障老人、孤儿、残疾人等困难群体生活。解决30.5万人的饮水安全问题。新改建农村公路2000公里。实施保障性安居工程4.72万套，改造棚户区1.65万户。推进各级各类学校均衡发展，突出抓好学前教育，新改建幼儿园48所；抓好"营养改善计划"，完善教育资助体系，保障进城务工人员随迁子女、农村留守儿童、残疾孩子等特殊群体受到良好教育。改革公立医院，提高公共医疗卫生服务水平。

启动新一轮健康宁夏行动计划，新建标准化村卫生室689个、城市社区卫生服务站30所，定向培养大专学历村医1000名。稳定低生育水平，人口自然增长率控制在9‰以内。着力化解矛盾纠纷，依法依规解决群众合理诉求。开展公共安全隐患治理，严惩各种违法犯罪活动，营造更加安全、和谐、稳定的发展环境。

四、建设人民满意的政府

五年来，我们认真践行执政为民宗旨，认真履行依法行政、高效施政义务，实施效能目标考核，完善区市县乡四级政务服务体系，营造风清气正发展环境，社会满意度、公众认可度逐年提升。新一届政府受命于全面建设小康社会的关键时期，必须倍加珍惜来之不易的大好局面，倍加珍重全区人民的真诚信赖，倍加珍视已经创造的基本经验，以高度的责任感奋发进取，全面完成时代和人民赋予的历史使命。

创新管理，建设效能政府。我们深深感受到，效能建设没有最好、只有更好，必须作为永不竣工的民心工程，持之以恒，常抓不懈。要健全重大事项集体决策、专家咨询、社会公示、听证评估等制度，使政府决策更科学、更透明、更有效。进一步完善提升各级政务服务中心功能，继续推进公共资源交易平台建设，大力发展电子政务，合理下放审批权限，科学简化审批程序，加速构建高效便捷的政务服务体系。奖优、治庸、罚劣相结合，完善绩效考评体系，建立任务定责、行政督责、失职追责的问责体系。切实加强执行力建设，在执行上比精神，在执行上比速度，在执行上见高低。

依法行政，建设法治政府。我们深深认识到，依法行政是依法治国的基本要求，必须贯穿于政府决策、执行、监督的全过程。要主动接受人大的依法监督和政协的民主监督，认真办理人大代表建议和政协委员提案，虚心倾听各民主党派、工商联、无党派人士和人民团体意见，高度重视社会和新闻媒体监督。进一步推进政企分开、政资分开、政事分开，严格按照法定权限和程序履职尽责，自觉运用法律手段管理经济和社会事务，畅通行政复议渠道，化解行政争议，解决行政越位、错位、缺位问题，确保一切行政行为依法、规范、公正、文明。

转变作风，建设务实政府。我们深深体会到，再好的思路、政策和措施，如果作风不实，就等于白抓白干。要牢固树立实干兴邦的理念，认真贯彻落实中央改进工作作风、密切联系群众的八项规定，开展群众路线教育实践活动，做好干部"下基层、解民忧、帮发展、促和谐"工作，问政于民，问需于民，问计于民。切实抓好政务信息公开，把与人民群众利益密切相关的各类信息全部公开。进一步加强政风行风建设，讲实话、办实事、求实效，让实干者有位，让空谈者靠边，用实干推动发展，用实干造福人民。

惩防并举，建设廉洁政府。我们深深领悟到，只有干部清正、政府清廉、政治清明，干事才有底气，群众才能服气。要认真落实党风廉政建设责任制，强化行政监察和审计监督，建立健全重大项目、重点部门和大额资金使用保廉制度，加大对窗口单位、关键环节和重点岗位的监督，坚决纠正不正不廉行为，严厉查处违纪违法行为。厉行节约、精打细算，坚决反对和制止各种奢侈浪费。进一步压缩会议费、招待费等一般性支出，降低行政成本，集中财力办大事、办实事、办好事。各级政府和广大公职人员要时刻做到自重、自省、自警、自励，以为民务实清廉的良好形象，创造无愧于党、无愧于人民、无愧于时代的崭新业绩！

各位代表，成功源于拼搏，实干成就伟业。让我们高举中国特色社会主义伟大旗帜，紧密团结在以习近平同志为总书记的党中央周围，在自治区党委的坚强领导下，开拓创新，拼搏实干，为建设和谐富裕新宁夏、与全国同步进入全面小康社会而努力奋斗！

宁夏回族自治区 2012 年国民经济和社会发展统计公报

宁夏回族自治区统计局　国家统计局宁夏调查总队

（2013 年 3 月 18 日）

2012 年，面对复杂严峻的国内外经济形势，自治区党委、自治区政府带领全区人民，紧扣科学发展主题和加快转变经济发展方式主线，坚持稳中求进的工作总基调，着力推进稳增长、控物价、调结构、惠民生、抓改革、保稳定的各项工作，把稳增长放在更加重要的位置，采取一系列行之有效的举措加大对经济运行的调节，全区经济继续朝着宏观调控的预期方向发展，经济筑底回升，呈现出经济发展、民生改善的良好局面，各项社会事业全面进步。

一、综合

初步核算，全区实现生产总值 2326.64 亿元，按可比价格计算，比上年增长 11.5%。其中，第一产业增加值 200.16 亿元，增长 5.6%；第二产业增加值 1158.58 亿元，增长 13.8%；第三产业增加值 967.90 亿元，增长 9.7%。按常住人口计算，全区人均生产总值 36166 元，增长 10.3%。

三次产业增加值构成由 2011 年的 8.8:50.2:41.0 调整为 2012 年的 8.6:49.8:41.6。2012 年，三次产业对经济增长的贡献率分别由 2011 年的 3.9%、71.2%和 24.9%转变为 2012 年的 4.3%、62.0%和 33.7%。

图 1　2007－2012 年全区生产总值及其增长速度

单位：亿元、%

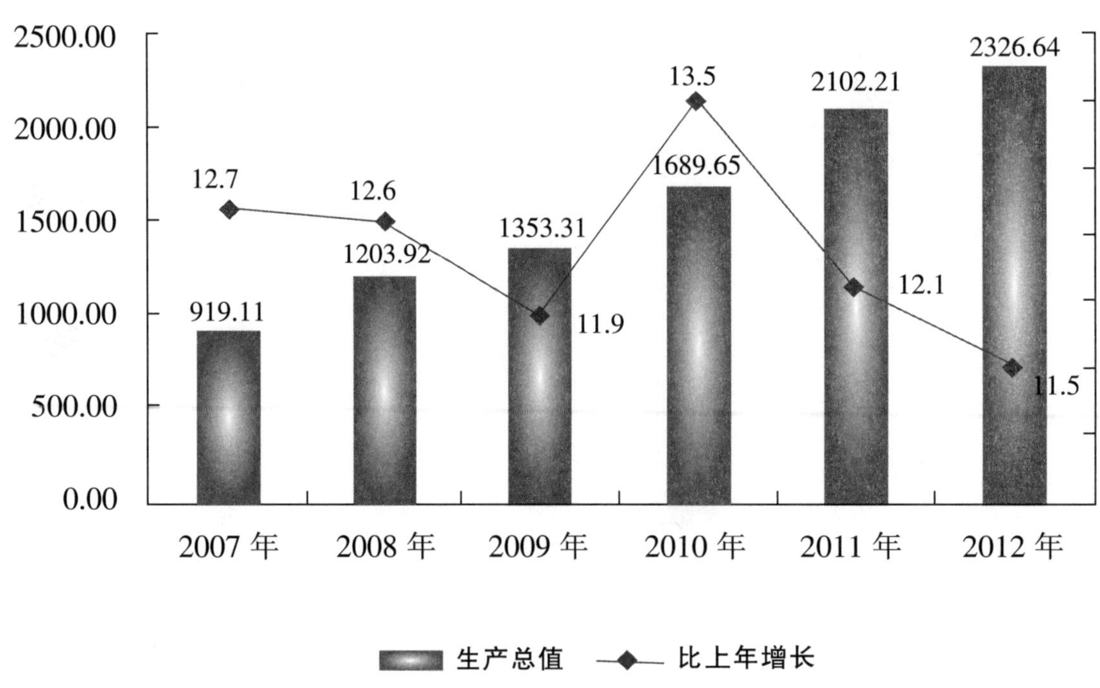

表 1　2012 年全区生产总值及增长速度

指　　标	绝对值(亿元)	比上年增长(%)
全区生产总值	2326.64	11.5
第一产业	200.16	5.6
第二产业	1158.58	13.8
工业	878.64	13.5
建筑业	279.94	14.8
第三产业	967.90	9.7
交通运输、仓储和邮政业	195.48	8.7
批发和零售业	124.34	11.6
住宿和餐饮业	42.39	5.9
金融业	165.34	21.1
房地产业	83.10	3.2
其他服务业	357.25	7.4

2012 年，全区居民消费价格总水平比上年上涨 2.0%。其中，城市、农村分别上涨 2.2%和 1.7%。

全年服务项目价格上涨 2.0%；商品零售价格上涨 1.0%。

全年工业生产者出厂价格下降 2.6%；工业生产者购进价格下降 0.5%；农业生产资料价格上涨 7.6%。

图 2　2012 年全区居民消费价格月度同比涨跌幅度

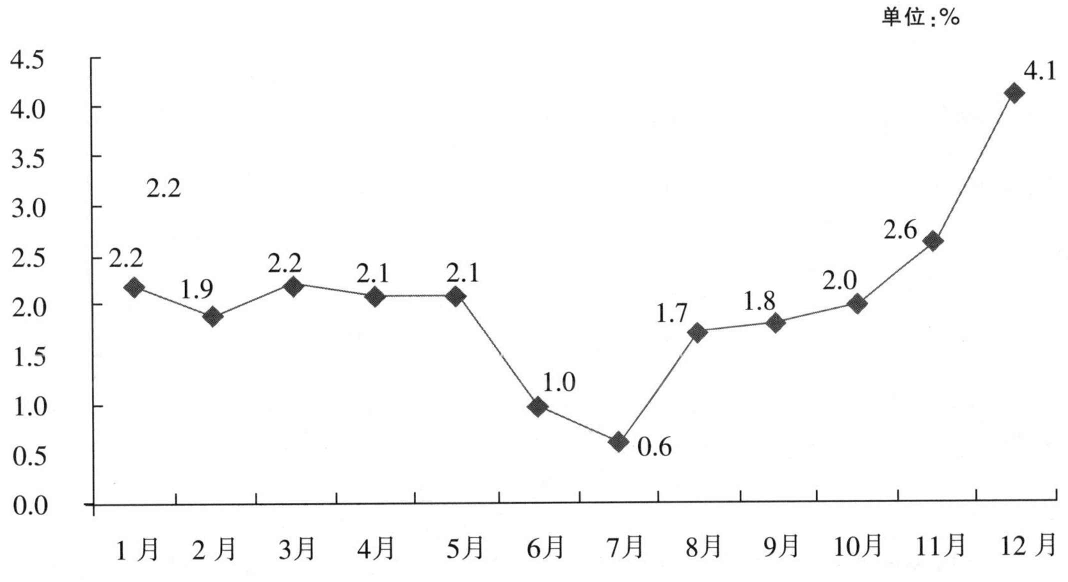

图 3 2007-2012 年全区居民消费价格涨跌幅度

单位:%

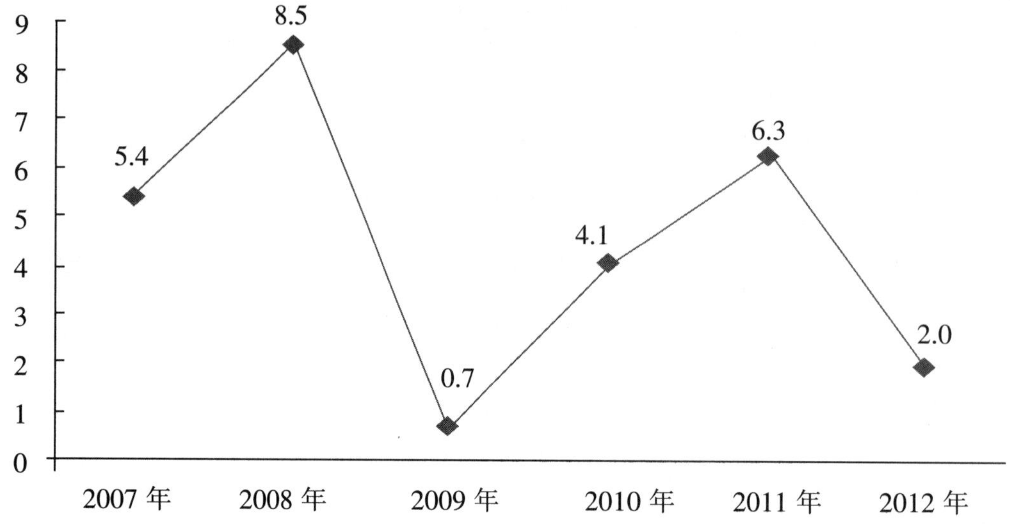

表 2 2012 年全区居民消费价格指数(上年 =100)

指 标	全 区		
		城 市	农 村
居民消费价格总指数	102.0	102.2	101.7
食 品	104.5	104.9	103.7
其中:粮食	101.0	101.8	100.0
烟酒及用品	101.5	101.3	101.8
衣着	103.0	102.7	104.1
家庭设备用品及服务	100.2	99.9	101.0
医疗保健及个人用品	101.6	101.6	101.7
交通和通信	99.5	99.5	99.5
娱乐教育文化用品及服务	98.6	98.0	100.3
居住	100.8	101.8	98.8

二、农业

全年完成农业总产值 385.9 亿元,比上年增长 5.7%。其中,种植业产值 241.9 亿元,增长 5.0%;林业产值 10.0 亿元,增长 6.9%;畜牧业产值 105.5 亿元,增长 5.9%;渔业产值 12.6 亿元,增长 9.7%;农林牧渔服务业产值 15.9 亿元,增长 11.9%。

全年粮食播种面积 1242.41 万亩, 比上年减少 2.8%,粮食总产量 375.03 万吨,增长 4.5%,实现连续九年增产,总产再创历史新高。油料播种面积 132.57 万亩,减少 0.3%。蔬菜播种面积 167.36 万亩,增长 4.0%。

图 4 2007-2012 年全区粮食产量

单位:万吨

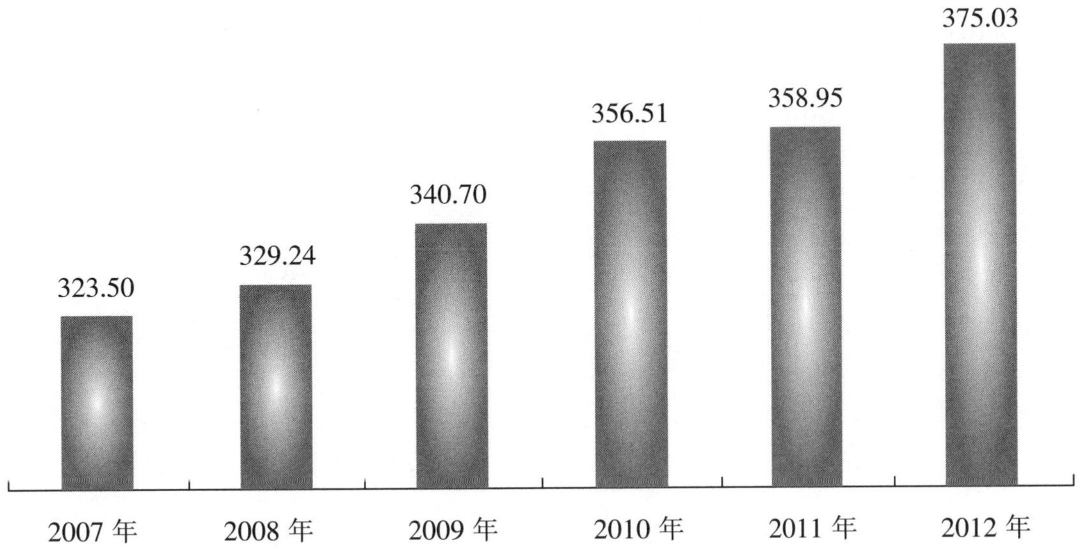

表 3 2012 年全区主要农林牧渔产品产量

指 标	单位	产量	比上年增长(%)
粮食	万吨	375.03	4.5
小麦	万吨	62.04	-1.5
水稻	万吨	71.33	0.8
玉米	万吨	191.18	10.9
油料	万吨	18.03	-2.1
蔬菜	万吨	471.11	7.4
猪牛羊禽肉产量	万吨	26.12	5.6
禽蛋	万吨	6.18	-15.2
牛奶	万吨	103.49	7.8
水产品	万吨	12.35	17.2

2012 年末全区育苗面积 42.47 万亩,比上年增长 19.5%。其中,本年新育苗面积 12.18 万亩。2012 年末实有封山(沙)育林面积 439.46 万亩,比上年增长 15.3%;完成人工造林 80.15 万亩。

2012 年末全区农业机械总动力 811.29 万千瓦,比上年增长 5.5%。机耕、机播和机收面积分别达到 1376.86 万亩、1085.42 万亩和 776.31 万亩,分别增长 4.5%、4.1%和 13.0%。

三、工业和建筑业

全年全部工业增加值 878.64 亿元,比上年增长 13.5%。全年规模以上工业实现工业增加值 818.24 亿元,比上年增长 14.0%。在规模以上工业增加值中,轻工业增加值 98.45 亿元,增长 8.6%;重工业增加值 719.79 亿元,增长 14.8%。

图 5　2007-2012 年全区规模以上工业增加值增长速度

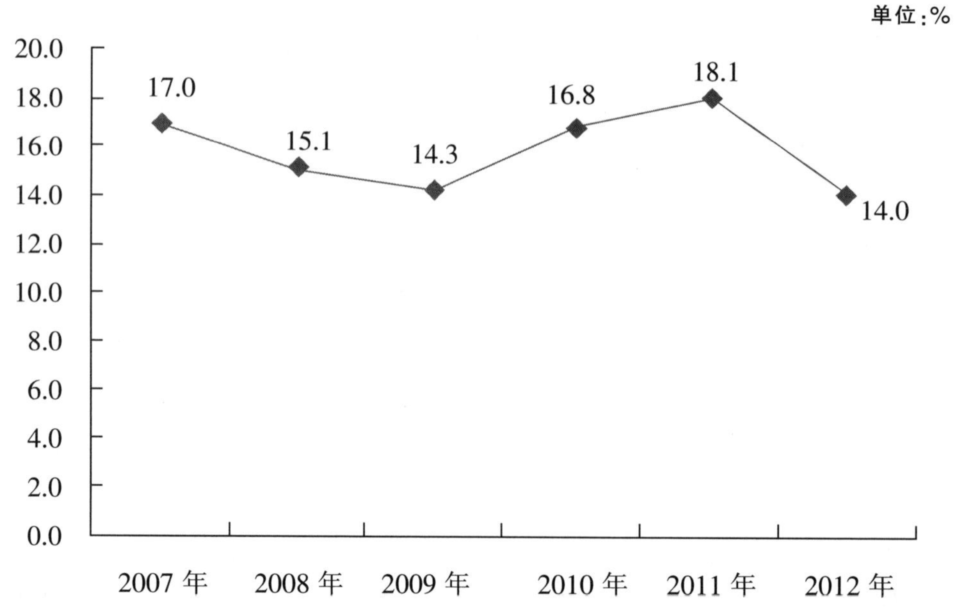

全年规模以上工业企业实现销售产值 2940.31 亿元，比上年增长 24.7%，工业产品销售率为 97.5%；工业品出口交货值 65.62 亿元，下降 1.6%。在全区重点监测考核的 46 种工业产品中，有 30 种产品产量增长，增长面达 65.2%。

表 4　2012 年全区主要工业产品产量及增长速度

指　标	单 位	产　量	比上年增长(%)
发电量	亿千瓦时	1005.91	3.4
焦　炭	万吨	492.58	12.6
原　铝	万吨	152.35	28.7
橡胶轮胎外胎	万条	141.91	-24.7
农用化肥(折纯)	万吨	87.99	-0.7
烧碱(氢氧化钠)	万吨	44.42	4.5
电石(碳化钙)	万吨	309.48	14.3
水　泥	万吨	1605.29	8.5
铁合金	万吨	198.13	10.1
乳制品	万吨	56.56	76.5
饮料酒	千升	196226	-1.4
白　酒	千升	16669	468.7
啤　酒	千升	153746	-5.2
葡萄酒	千升	16527	-34.4
金属切削机床	台	3739	-41.1
轴承	万套	401	76.5

全年规模以上工业企业经济效益综合指数达到255.74，比上年提高8.46个百分点；实现主营业务收入2972.55亿元，比上年增长24.6%；盈亏相抵后实现利润106.98亿元，比上年下降22.3%。实现税金总额153.32亿元，比上年增长58.0%。

全区具有资质的总承包和专业承包建筑业企业541家，全年完成建筑业总产值461.93亿元，比上年增长10.8%。按建筑业总产值计算的劳动生产率24.9万元/人，同比增加9.3万元/人。建筑业企业房屋施工面积3753.07万平方米，比上年增长12.1%；房屋竣工面积1491.64万平方米，增长17.1%。

四、固定资产投资

全年全社会完成固定资产投资2109.52亿元，比上年增长27.5%。其中，基本建设投资1361.49亿元，增长28.8%；更新改造投资238.18亿元，增长26.3%；房地产开发投资429.15亿元，增长27.6%。分投资主体看，国有及国有经济控股完成投资876.21亿元，增长4.6%；非国有经济完成投资1233.31亿元，增长51.1%，其中，民间投资1194.33亿元，增长51.2%。

从投资结构看，第一产业投资71.81亿元，增长50.3%。第二产业投资1049.34亿元，增长27.0%。其中，工业投资1018.03亿元，增长27.6%。第三产业投资988.37亿元，增长26.7%。

图6 2007-2012年全区全社会固定资产投资总额及增长速度

单位：亿元、%

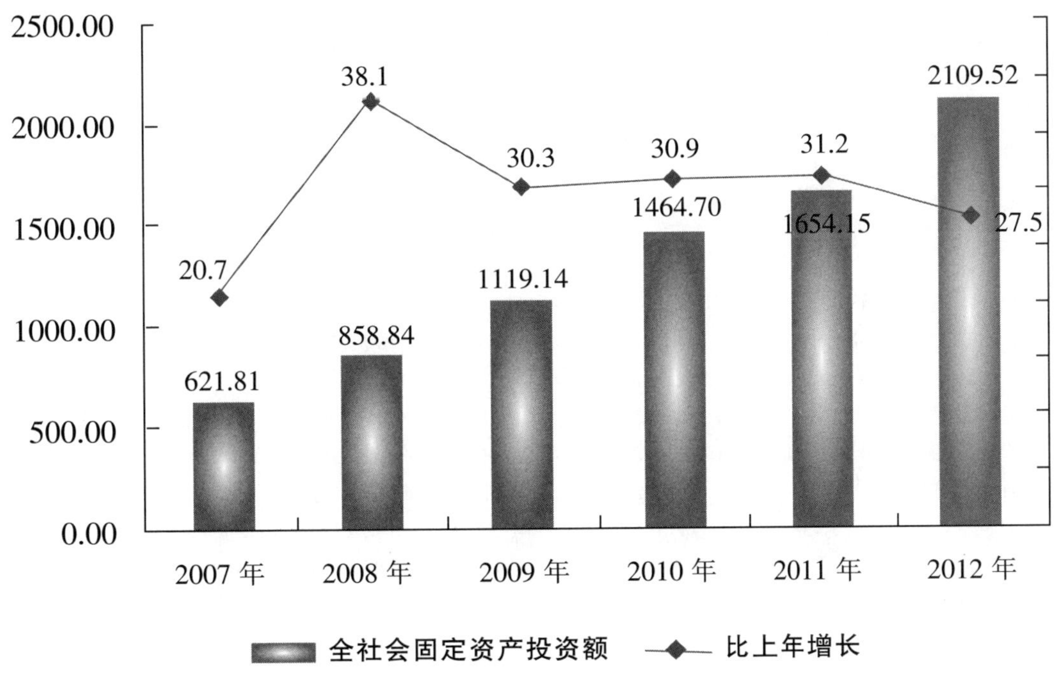

全年固定资产投资施工项目2965个，增长18.6%，施工

表5 2012年全区分行业全社会固定资产投资

指　标	绝对量(亿元)	比上年增长(%)
全社会固定资产投资	2109.52	27.5
采矿业	163.62	21.9
制造业	628.10	47.9
电力、热力、燃气及水的生产和供应业	226.30	-5.4
建筑业	31.31	11.3
批发和零售业	53.55	28.8
交通运输、仓储和邮政业	113.78	7.8

表 5 续表

指　　标	绝对量(亿元)	比上年增长(%)
住宿和餐饮业	13.17	18.6
信息传输、软件和信息技术服务业	11.47	–29.7
金融业	0.69	–74.1
房地产业	597.17	43.4
租赁和商务服务业	8.03	969.1
科学研究和技术服务业	0.99	–21.7
水利、环境和公共设施管理业	108.29	11.9
居民服务和其他服务业	9.97	300.4
教育	29.15	7.5
卫生和社会工作	11.09	65.0
文化、体育和娱乐业	8.03	–27.4
公共管理和社会组织	23.02	–42.9

项目计划总投资 7675.11 亿元,增长 24.6%。全区亿元以上项目完成固定资产投资 1223.91 亿元,同比增长 29.4%。

全年房地产开发投资 429.15 亿元，比上年增长 27.6%。其中,住宅投资 279.49 亿元,增长 16.7%;办公楼完成投资 10.84 亿元,增长 27.3%;商业营业用房投资 83.01 亿元,增长 66.8%。房屋施工面积 5033.26 万平方米,比上年增长 23.4%,竣工面积 1151.97 万平方米,增长 19.1%。

全年商品房销售面积为 804.43 万平方米，比上年下降 5.0%。其中,住宅销售面积 707.57 万平方米,增长 0.3%;商品房销售额 317.58 亿元，增长 0.5%。其中，商品住宅销售额 256.19 亿元,增长 7.2%。

五、国内贸易

全年实现社会消费品零售总额 548.83 亿元,比上年增长 14.9%。扣除价格因素,实际增长 13.8%。按经营地统计,城镇消费品零售额 502.31 亿元,增长 15.0%;乡村消费品零售额 46.52 亿元,增长 13.7%。按消费形态统计,商品零售额 466.93 亿元,增长 13.8%;餐饮收入额 81.90 亿元,增长 21.6%。

在限额以上企业(单位)商品零售额中,基本生活类消费

图 7　2007–2012 年全区社会消费品零售总额及增长速度

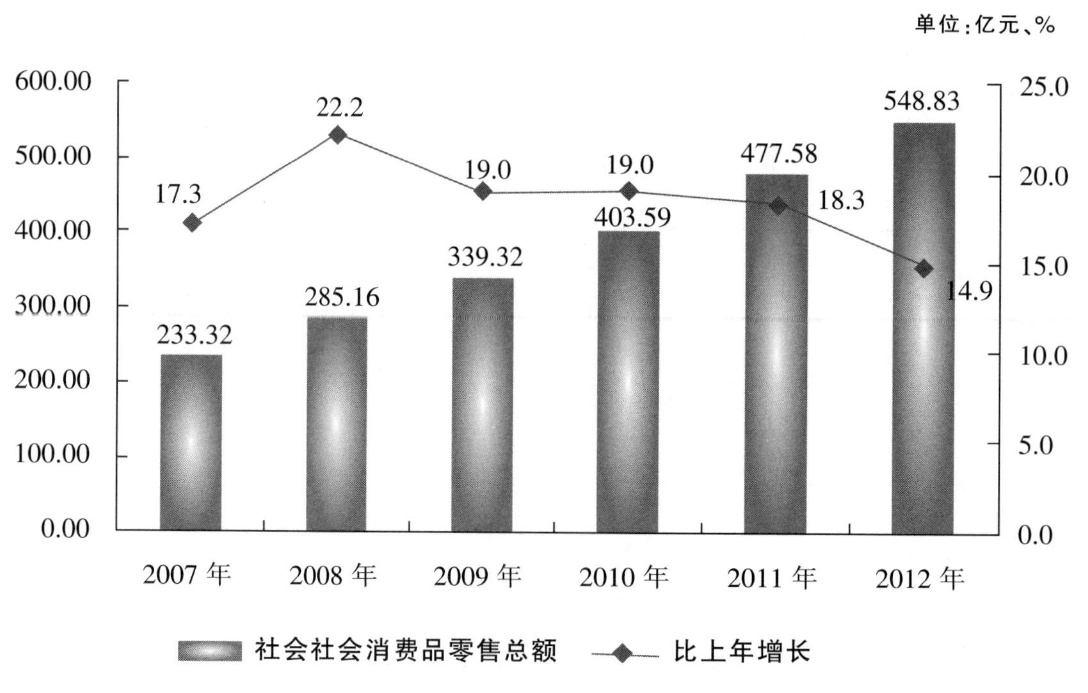

品增长较快，主要集中在粮油食品类和日用品类，分别增长21.0%和20.1%，肉禽蛋类增幅达到26.4%。中西药品类增长29.5%，电子出版物及音像制品类增长20.6%，金银珠宝类增长18.1%，化妆品类增长17.4%。建筑及装潢材料类下降34.0%，机电产品及设备类下降31.9%，家用电器和音像器材类下降1.2%。

六、对外经济

据海关统计，全年实现进出口总额22.17亿美元，比上年下降3.0%。其中，出口总额16.41亿美元，增长2.6%；进口总额5.76亿美元，下降16.2%。全年累计实现贸易顺差10.65亿美元。

全年高新技术产品出口4.23亿美元，比上年下降15.4%。机电产品出口额增长31.1%，纺织品出口增长44.1%，碳化硅出口下降56.3%，钽铌铍及制品出口下降28.9%，机床及铸件出口增长10.7%，羊绒纱线出口增长97.1%，铁合金出口下降45.9%，金属镁出口下降73.8%，轮胎出口下降84.5%。

全年实际利用外资3.48亿美元，比上年增长1.7%。其中，实际利用外商直接投资2.18亿美元，增长8.0%。2012年全区新批准外商直接投资项目11个，合同外资金额4.03亿美元。其中，制造业签订利用外商直接投资项目4个，合同额2.88亿美元。2012年底，全区注册登记外商投资法人企业累计达到150家。其中，中外合资企业占30.7%。

七、交通、邮电和旅游

年末铁路营业里程1029.3公里。公路通车里程26522公里，增长8.2%。高速公路里程1323.6公里，比上年增长1.3%。全年各种运输方式完成货物周转量1101.99亿吨公里，增长14.6%；完成旅客周转量144.10亿人公里，增长7.6%；机场旅客吞吐量380.96万人，增长12.8%。

年末全区民用汽车拥有量达到72.93万辆，比上年末增长20.9%，其中私人汽车保有量59.41万辆，增长24.5%。民用轿车拥有量30.84万辆，增长26.8%，其中私人轿车27.67万辆，增长29.4%。

表6　2012年全区各种运输方式完成运输量及增长速度

运输方式	货物				旅客			
	运输总量		运输周转量		运输总量		运输周转量	
	绝对数（万吨）	比上年增长（%）	绝对数（亿吨公里）	比上年增长（%）	绝对数（万人）	比上年增长（%）	绝对数（亿人公里）	比上年增长（%）
总计	42246.8	11.0	1102.0	14.6	16389	8.2	144.1	7.6
铁路	8458.6	7.8	364.6	13.1	535	–1.5	40.9	–0.5
公路	32646	12.5	700.1	15.1	15666	8.5	79.7	10.1
航空	0.9	6.6	0.1	–3.3	187.9	16.4	23.5	14.9
管道	1141.4	–5.0	37.1	18.0	–	–	–	–

全年完成邮电业务总量70.79亿元，比上年增长22.4%。其中，电信业务总量60.98亿元，增长14.2%；邮政业务总量4.55亿元，增长55.0%；快递业务总量5.27亿元，增长249.7%。年末全区固定电话用户达104.96万户，比上年下降3.3%；本地局用交换机容量125.36万门，下降43.2%。每百人拥有固定电话16.32部，净减0.78部。新增移动电话用户80.64万户，年末达到605.44万户，其中3G移动电话用户109.94万户。每百人拥有移动电话94.11部，净增11.21部。计算机互联网用户数60.91万户，互联网普及率达到31.0%。

全年接待国内外游客1340.89万人次，比上年增长14.6%。其中，国内游客1338.99万人次，增长14.7%；过夜入境旅游者18994人次，下降2.5%。其中，外国人14300人次。接待过夜国内游客734.19万人次，增长17.2%。实现旅游总收入103.39亿元，增长22.8%。其中，国内旅游收入103.05亿元，增长23.0%。全区实现旅游外汇收入545.10万美元。

全区有旅行社119家，比上年增加9家。其中出境组团社12家，国内社107家。全区共有旅游星级饭店82家。其中，五星级酒店1家，四星级25家，三星级45家，二星级11家。

八、财政、金融、证券和保险

全年完成公共财政预算总收入460.14亿元，比上年增长23.9%，完成地方公共财政预算收入264.04亿元，增长20.0%。其中：增值税、营业税、企业所得税和个人所得税等主体税种分别实现26.25亿元、92.48亿元、25.39亿元和6.68亿元，分别增长7.6%、15.4%、5.1%和下降10.9%。

全年公共财政预算支出872.19亿元，比上年增长

图 8　2007-2012 年全区地方公共财政预算收入及增长速度

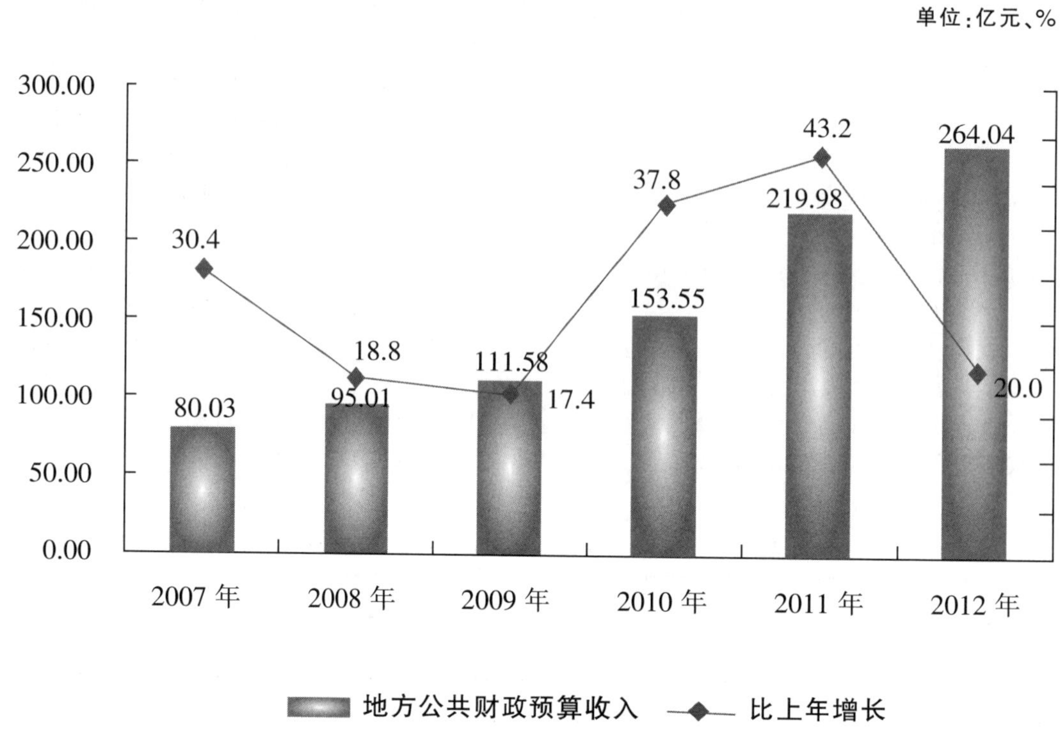

22.7%。其中，教育支出 106.91 亿元，增长 1.2%；农林水事务支出 132.16 亿元，增长 16.5%；社会保障和就业支出 89.45 亿元，增长 28.4%；医疗卫生支出 45.80 亿元，增长 11.3%；住房保障支出 56.40 亿元，增长 67.3%；城乡社区事务支出 112.72 亿元，增长 33.6%。

2012 年末，全区金融机构本外币各项存款余额 3507.16 亿元，比年初增加 534.48 亿元，同比多增 143.20 亿元。其中，人民币各项存款余额 3495.41 亿元，外汇存款余额 1.87 亿美元。金融机构本外币各项贷款余额 3372.12 亿元，比年初增加 465.01 亿元，同比少增 22.65 亿元，其中，人民币各项贷款余额 3339.58 亿元，外汇贷款余额 5.18 亿美元。

年末上市公司 12 家，总股本 44.60 亿股，总市值 381.72

表 7　2012 年末金融机构存贷款余额

指　　标	年末数(亿元)	比年初增减(亿元)	比上年末(±%)
本外币存款余额	3507.16	534.48	17.8
人民币存款余额	3495.41	534.26	17.8
# 单位存款	1672.39	263.46	18.2
个人存款	1688.05	334.10	24.6
本外币贷款余额	3372.12	465.01	16.0
人民币贷款余额	3339.58	479.14	16.8
# 短期贷款	1281.67	337.97	35.7
中长期贷款	1949.42	147.95	8.3

图 9　2007-2012 年城乡居民人民币储蓄存款余额及增长速度

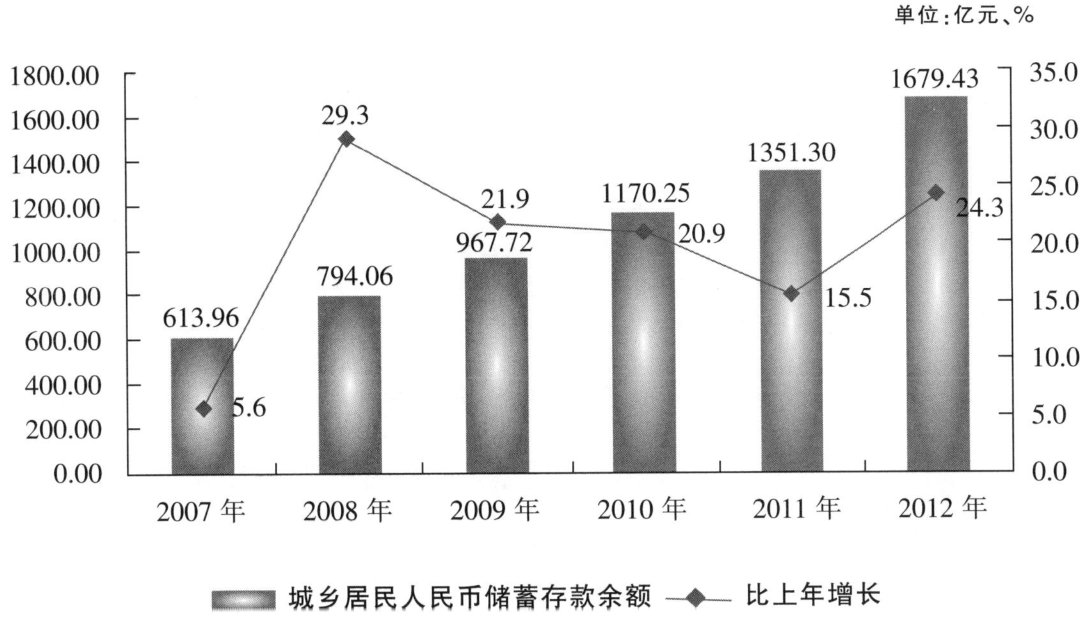

亿元,比上年下降 0.06%。其中,流通市值 328.69 亿元,比上年下降 1.8%。全区有 2 家证券分公司、24 家证券营业部。全年证券交易额 101.69 亿元,比上年增长 113.1%。

全区营业性保险分公司 16 家,保险从业人员 1.61 万人,比上年下降 0.65%。全年保险公司实现保费收入 62.69 亿元,比上年增长 13.3%。其中,财产险收入 26.47 亿元,增长 21.0%;寿险收入 28.71 亿元,增长 7.5%;健康险收入 5.83 亿元,增长 15.1%;意外伤害险收入 1.68 亿元,下降 0.9%。全年支付各项赔款和给付 19.99 亿元,增长 35.5%。其中,财产险赔款 13.16 亿元,增长 46.2%;寿险给付 4.64 亿元,增长 20.7%;健康险给付 1.70 亿元,增长 16.6%;意外伤害险赔款 0.48 亿元,增长 9.6%。

九、教育与科技

年末全区各级各类学校 2796 所,教职工 91297 人。其中,各类普通高校 16 所,中等职业教育学校 34 所,普通中学 314 所,初中阶段毛入学率 100.94%,普通小学 1896 所,小学学龄儿童入学率 99.68%,特殊学校 8 所。全区共有幼儿园 527 所,在园幼儿 160254 人。

表 8　2012 年各级教育招生、在校、毕业生人数

类　　别	招生数(人)	在校学生数(人)	毕业学生数(人)
普通高等学校	32536	100188	21832
# 研究生	1201	3356	1017
中等职业教育学校	36055	104757	32461
普通中等学校	154675	450195	142708
高 中	54814	157521	47693
初 中	99861	292674	95015
普通小学	104818	618140	107655
特殊教育学校	358	1985	84

全年登记自治区级科技成果 234 项,比上年增长 21.2%。其中,基础理论成果 41 项,应用技术成果 151 项,软科学成果 42 项。全年申请专利量 1985 件。其中,发明专利 846 件,增长 91.4%。专利授权量 842 件,增长 37.4%。其中,发明专利授权量 141 件,增长 36.9%。

年末全区拥有国家级工程研究中心 3 个,自治区级工程研究中心 25 个;国家重点实验室 4 个,省部共建国家重点实验室培育基地 4 个,自治区级重点实验室 8 个;国家级企业(集团)技术中心 10 个,自治区级企业(集团)技术中心 51 个。

十、文化、卫生和体育

年末全区共有博物馆 6 个，公共图书馆 27 个，文化馆 28 个，各类艺术表演团体 37 个。全年地方出版报纸 24 种，出版杂志 36 种，出版图书 1760 种。广播综合人口覆盖率 95.2%，有线电视数字用户 83.21 万户，电视综合人口覆盖率 98.9%。

年末全区共有医疗卫生机构 4136 个，其中：医院 141 个，卫生院 228 个，疗养院（所）1 个，门诊部（所）21 个，疾病预防控制中心 25 个，妇幼保健机构 22 个，卫生监督所 25 个，村卫生室 2431 个。床位 27393 张；卫生技术人员 34265 人。其中，执业（助理）医师 13011 人，护师、护士 12504 人。

2012 年举办县级以上全民健身活动 130 次，举办青少年单项比赛 13 项，参加活动的人数总计达到 100 万人次。全区运动员在世界比赛中取得金牌 4 枚、银牌 2 枚。在全国比赛取得金牌 12 枚、银牌 15 枚、铜牌 13 枚；全年有 36 人达国家一级运动员等级标准，265 人达国家二级运动员等级标准，78 人获得国家一级裁判员等级称号。

十一、人口、人民生活和社会保障

年末全区常住人口 647.19 万人。其中，城镇人口 327.96 万人，占常住人口比重 50.67%，比上年提高 0.85 个百分点。人口出生率为 13.26‰，比上年下降 0.39 个千分点；死亡率为 4.33‰，比上年下降 0.35 个千分点；人口自然增长率为 8.93‰，比上年下降 0.04 个千分点。

表 7　2012 年末金融机构存贷款余额

指　标	年末数（万人）	比重（%）
年末总人口	647.19	100.00
其中：城镇	327.96	50.67
乡村	319.23	49.33
其中：男性	328.58	50.77
女性	318.61	49.23
其中：0–14 岁	134.10	20.72
15–59 岁	442.03	68.30
60 岁及以上	71.06	10.98
其中：65 岁及以上	46.60	7.20

全年农民人均纯收入 6180 元，比上年增加 770 元，增长 14.2%，扣除价格因素实际增长 12.3%。农村居民家庭恩格尔系数为 35.3%。农村居民人均居住面积 26.16 平方米，比上年增加 0.3 平方米。

图 10　2007–2012 年全区农民人均纯收入及增长速度

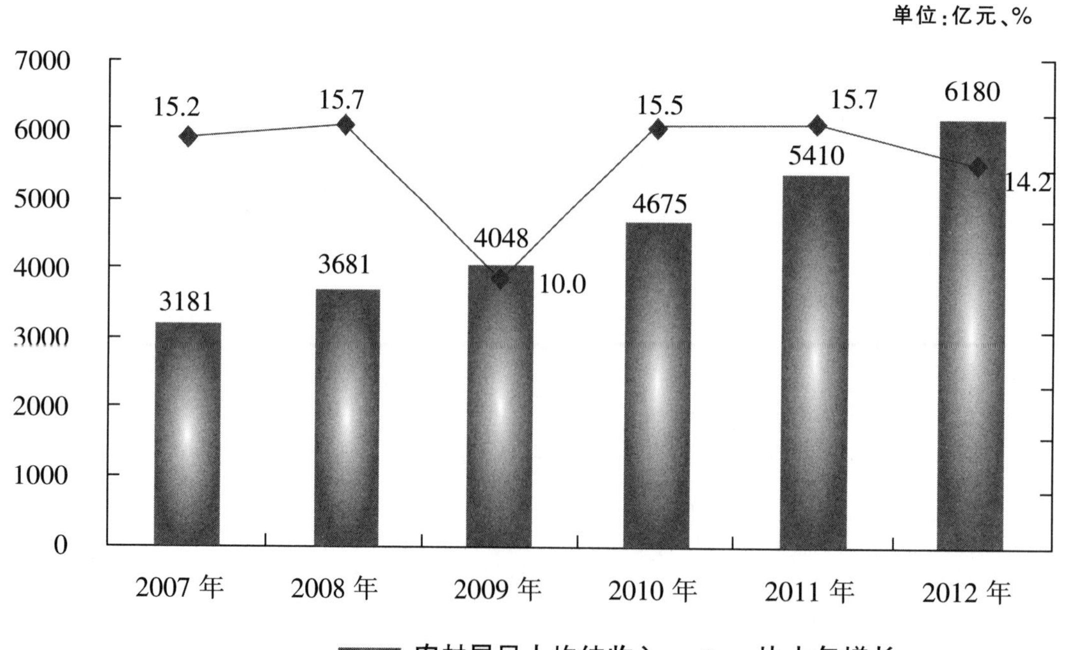

全年城镇居民人均可支配收入19831元，比上年增加2253元，增长12.8%，扣除价格因素实际增长10.4%。城镇居民家庭恩格尔系数为33.9%。城镇居民人均居住建筑面积30.3平方米。

2012年末全区参加基本养老保险人数为131.23万人，比上年增长8.4%，其中参保职工91.23万人，参保离退休人员40万人。离退休人员养老金社会化发放率继续保持在100%。参加失业保险人数64万人，增长6.1%。参加基本医疗保险人数558.39万人，其中，参加城镇职工基本医疗保险105.2万人，参加城乡居民基本医疗保险453.19万人。2012年末，全区养老保险、失业保险、医疗保险、工伤保险和生育保险五项保险基金收入127.9亿元。年末五项社保基金累计结余204.1亿元，较上年末增加13.76亿元，增长7.2%。到2012年底，全区享受低保救济的困难群众达54.04万人。其中，城镇17.78万人，农村36.27万人。

年末全区共有各类收养性社会福利单位数80个，床位数7831张，收养各类人员4996人。全区共发行销售福利彩票8.7亿元，筹集公益资金2.64亿元。

十二、能源、环境与安全生产

初步核算，2012年全区能源消费量为4560.2万吨标准煤，增长5.7%，单位地区生产总值能耗下降5.2%。

全年水资源总量11.5亿立方米，比上年增长31.0%。年降水量334毫米，比上年增长17.6%。

年末全区环境保护系统人员986人，各级环境监测站16个，环境监测人员228人。全区自然保护区13个，面积54.7万公顷。国家级自然保护区6个。

全年各类事故死亡人数488人，比上年下降13.58%。亿元地区生产总值生产安全事故死亡率为0.251，比上年下降24.39%；煤矿百万吨死亡率为0.10，比上年下降54.55%；道路交通万车死亡率为2.7，比上年下降26.0%。

注：

1. 本公报中数据为初步统计数，正式数据以《宁夏统计年鉴-2013》为准。个别数据因四舍五入的原因，存在着与分项合计不等的情况。

2. 全区生产总值及各产业和各行业增加值指标绝对数按现价计算，增长速度按可比价格计算。

3. 2007年至2011年数据为公共财政收入决算数，2012年为执行数。

4. 邮电业务总量按2010年不变价格计算。

5. 限额以上批发业包括年主营业务收入在2000万元及以上的批发业企业及个体户；限额以上零售业包括年主营业务收入在500万元及以上的零售业企业及个体户；限额以上住宿、餐饮业包括年主营业务收入在200万元及以上的住宿、餐饮业企业及个体户。

6.城镇职工基本医疗保险人数包括参保职工和参保退休人员。城镇居民基本医疗保险的参保对象是不属于城镇职工基本医疗保险覆盖范围的城镇非从业人员。

7. 医疗卫生机构包括村卫生室。

第一篇 Chapter1

行政区划与自然资源

Administrative Division and Naturae Resources

责任编辑：蔡川生　聂一平　马宏德

资料整理：蔡川生　聂一平　马宏德　袁　红　王增沈　王丹玥　陈　婷　季　翔　焦　霙　惠　越

Coordinator：Cai Chuansheng　Nie Yiping　Ma Hongde

Data Compilation：Cai Chuansheng　Nie Yiping　Ma Hongde　Yuan Hong　Wang Zengshen　Wang Danyue　Chen Ting　Ji Xiang　Jiao Ying　Xi Yue

1-1 全区行政区划(2012年)
Administrative Divisions(2012)

地 区	Region	乡数(个) Townships (unit)	镇数(个) Town (unit)	街道办事处(个) Urban Subdistrict Office (unit)	居委会(个) Neighbourhood Committees (unit)	村委会(个) Village Committees (unit)	土地面积(平方千米) Land Area (sq.km)
总 计	**Total**	**91**	**101**	**44**	**462**	**2289**	**66399.73**
银川市	**Yinchuan**	**6**	**21**	**23**	**201**	**267**	**8874.36**
兴庆区	Xingqing	2	2	11	72	32	828.37
西夏区	Xixia		2	6	48	16	1129.72
金凤区	Jinfeng		2	5	42	19	345.46
永宁县	Yongning	1	5		15	67	1193.91
贺兰县	Helan	1	4		9	59	1530.73
灵武市	Lingwu	2	6	1	15	74	3846.16
石嘴山市	**Shizuishan**	**9**	**11**	**16**	**121**	**192**	**5207.98**
大武口区	Dawukou		1	10	51	12	1214.15
惠农区	Huinong	3	3	6	42	38	1361.01
平罗县	Pingluo	6	7		28	142	2632.82
吴忠市	**Wuzhong**	**14**	**29**	**1**	**58**	**514**	**21419.55**
利通区	Litong	4	8		21	105	1414.54
红寺堡区	Hongsipu	2	2		2	60	3522.99
盐池县	Yanchi	4	4		11	96	8377.06
同心县	Tongxin	4	7		4	171	5666.70
青铜峡市	Qingtongxia		8	1	20	82	2438.26
固原市	**Guyuan**	**43**	**19**	**4**	**54**	**868**	**13450.23**
原州区	Yuanzhou	4	7	3	40	179	3501.01
西吉县	Xiji	16	3		4	306	4000.00
隆德县	Longde	10	3	1	4	118	1268.24
泾源县	Jingyuan	4	3		2	109	1442.67
彭阳县	Pengyang	9	3		4	156	3238.31
中卫市	**Zhongwei**	**19**	**21**		**28**	**448**	**17447.61**
沙坡头区	Shapotou	2	10		12	160	6877.25
中宁县	Zhongning	5	6		12	120	4192.72
海原县	Haiyuan	12	5		4	168	6377.64

注:本表数据来源于自治区民政厅。

a)Data in this table come from the Department of Civil Affairs.

1-2 自然资源状况
Natural Resources

指　标	Item	单　位	Unit	2012
自然状况	**Natural Conditions**			
国土面积	**Area of Territory**	**平方公里**	**sq.km**	**51954.34**
自然资源	**Natural Resources**			
耕　地	**Cultivated Area**	**万亩**	**10 000 mu**	**1655.23**
灌溉水田	Paddy Fields	万亩	10 000 mu	60.70
水浇地	Irrigable land	万亩	10 000 mu	554.85
旱地	Dry Fields	万亩	10 000 mu	1039.68
园　地	**Area of Garden Plot**	**万亩**	**10 000 mu**	**49.88**
果园	Orchards	万亩	10 000 mu	44.73
其它园地	Others	万亩	10 000 mu	5.15
林　地	**Woodland Area**	**万亩**	**10 000 mu**	**905.33**
有林地	Woodland Area	万亩	10 000 mu	181.88
灌木林	Bushes	万亩	10 000 mu	154.62
其他林地	Others	万亩	10 000 mu	568.83
牧草地	**Area of Grassland**	**万亩**	**10 000 mu**	**3496.29**
天然草地	Native Grassland	万亩	10 000 mu	3266.98
人工草地	Artificial Grassland	万亩	10 000 mu	112.34
其他草地	Others	万亩	11 000 mu	116.97
交通运输用地	**Traffic Land**	**万亩**	**10 000 mu**	**70.99**
铁路	Railway	万亩	10 000 mu	5.81
公路	Highway	万亩	10 000 mu	29.62
农村道路	Rural Road	万亩	10 000 mu	34.77
机场	Civil Airport	万亩	10 000 mu	0.78

注:本表数据来源于自治区国土资源厅。

a)Data in this table come from the Land and Resources Department.

1-2 续表 1 continued

指　标	Item	单 位	Unit	2012
城镇村及工矿用地	**Residential Settlements and Industry and Mining**	**万亩**	**10 000 mu**	**317.48**
城市	Cities	万亩	10 000 mu	33.05
建制镇	Organic Towns	万亩	10 000 mu	28.66
村庄	Country Residential Areas	万亩	10 000 mu	177.55
采矿用地	Mining Sites	万亩	10 000 mu	49.96
风景名胜及特殊用地	Special Use Areas	万亩	10 000 mu	28.25
水域及水利设施用地	**Water Conservancy Facilities Land**	**万亩**	**10 000 mu**	**228.28**
河流水面	River	万亩	10 000 mu	59.15
湖泊水面	Lake	万亩	10 000 mu	14.02
水库水面	Reservoir	万亩	10 000 mu	8.47
坑塘水面	Swag Surface	万亩	10 000 mu	20.11
内陆滩涂	Inland Mudflat	万亩	10 000 mu	47.78
沟渠	Ditch	万亩	10 000 mu	74.99
水工建筑物	Hydraulic Structure	万亩	10 000 mu	3.77
其他土地	**Other Land**	**万亩**	**10 000 mu**	**1069.66**
设施农用地	Facility Agriculture	万亩	10 000 mu	13.51
田坎	Raised Path Through Fields	万亩	10 000 mu	103.87
盐碱地	Saline-alkali Soil	万亩	10 000 mu	89.50
沼泽地	Swampland	万亩	10 000 mu	5.19
沙地	Sand	万亩	10 000 mu	220.27
裸地	Bare Earth	万亩	10 000 mu	637.33

1-3 各市县土地利用情况(2012年)
Land Use by City and Country(2012)

单位:万公顷 (10 000 hectares)

地 区	Region	土地调查面积 Area under Land Survey	农用地 Land for Agriculture Use	耕地 Cultivated Land	园地 Garden Land	林地 Woodland	牧草地 Grazing and Pasture Land	其他农用地 Others
总 计	**Total**	**467.63**	**363.89**	**110.35**	**3.33**	**60.36**	**225.29**	**16.48**
银川市	**Yinchuan**	**74.71**	**54.27**	**12.88**	**0.95**	**4.70**	**32.74**	**3.00**
银川市	District	18.00	10.71	3.43	0.21	1.17	4.99	0.91
永宁县	Yongning	9.26	6.51	3.30	0.23	0.38	1.89	0.72
贺兰县	Helan	12.00	8.54	3.73	0.18	0.95	2.89	0.80
灵武市	Lingwu	35.44	28.50	2.42	0.33	2.20	22.98	0.57
石嘴山市	**Shizuishan**	**41.14**	**23.39**	**7.84**	**0.23**	**0.88**	**12.79**	**1.65**
大武口区	Dawukou	9.41	3.98	0.46	0.06	0.07	3.19	0.20
惠农区	Huinong	10.86	7.26	1.87	0.08	0.07	4.81	0.43
平罗县	Pingluo	20.86	12.14	5.51	0.08	0.74	4.79	1.02
吴忠市	**Wuzhong**	**104.27**	**83.98**	**31.20**	**0.93**	**13.44**	**87.74**	**2.58**
利通区	Litong	10.45	8.16	2.79	0.19	0.02	4.39	0.77
红寺堡区	Hongsipu							
盐池县	Yanchi	67.78	61.25	9.01	0.04	8.53	43.23	0.43
同心县	Tongxin	8.69		16.13	0.12	4.62	30.56	0.49
青铜峡市	Qingtongxia	17.35	14.57	3.26	0.59	0.26	9.55	0.89
固原市	**Guyuan**	**112.86**	**95.50**	**35.50**	**0.51**	**30.59**	**22.14**	**6.75**
原州区	Yuanzhou	35.06	28.11	12.35	0.07	5.18	9.26	1.25
西吉县	Xiji	31.30	27.49	11.54	0.01	9.17	5.03	1.74
隆德县	Longde	9.91	8.79	3.09	0.01	3.38	0.93	1.38
泾源县	Jingyuan	11.31	10.17	1.73	0.13	5.94	1.75	0.61
彭阳县	Pengyang	25.29	20.95	6.80	0.29	6.92	5.16	1.77
中卫市	**Zhongwei**	**134.65**	**106.76**	**22.93**	**0.70**	**10.75**	**69.88**	**2.50**
沙坡头区	Shapotou	45.99	33.08	4.24	0.33	1.61	26.21	0.69
中宁县	Zhongning	33.77	26.43	3.94	0.34	0.43	21.12	0.59
海原县	Haiyuan	54.89	47.25	14.74	0.03	8.70	22.55	1.23

注:本表数据来源于自治区国土资源厅。

a)Data in this table come from the Land and Resources Department.

1-3 续表 1 continued

单位:万公顷　　(10 000 hectares)

地　区	Region	建设用地 Land for Construction	居民点及工矿用地 Land for Inhabitation, Mining and Manufacturing	交通运输用地 Land for Transport Facilities	水利设施用地 Land for Water Conservancy Facilities	未利用地 Unused Land
总　计	**Total**	**24.40**	**21.17**	**2.41**	**0.82**	**79.35**
银川市	**Yinchuan**	**6.12**	**5.10**	**0.74**	**0.27**	**14.32**
银川市	District	2.47	2.17	0.24	0.06	4.82
永宁县	Yongning	0.95	0.77	0.12	0.06	1.80
贺兰县	Helan	0.97	0.89	0.08		2.49
灵武市	Lingwu	1.74	1.28	0.31	0.15	5.20
石嘴山市	**Shizuishan**	**3.22**	**2.87**	**0.29**	**0.06**	**14.53**
大武口区	Dawukou	0.88	0.80	0.07	0.01	4.55
惠农区	Huinong	0.95	0.80	0.13	0.03	2.65
平罗县	Pingluo	1.39	1.27	0.09	0.03	7.33
吴忠市	**Wuzhong**	**6.44**	**5.87**	**0.53**	**0.05**	**13.85**
利通区	Litong	1.18	1.04	0.14		1.12
红寺堡区	Hongsipu					
盐池县	Yanchi	1.67	1.49	0.18	0.01	4.86
同心县	Tongxin	2.01	1.87	0.11	0.03	6.68
青铜峡市	Qingtongxia	1.58	1.47	0.10	0.01	1.20
固原市	**Guyuan**	**4.85**	**4.16**	**0.37**	**0.32**	**12.52**
原州区	Yuanzhou	1.63	1.35	0.18	0.09	5.32
西吉县	Xiji	1.23	1.02	0.06	0.14	2.59
隆德县	Longde	0.47	0.40	0.03	0.03	0.65
泾源县	Jingyuan	0.30	0.26	0.04		0.84
彭阳县	Pengyang	1.22	1.12	0.06	0.05	3.12
中卫市	**Zhongwei**	**3.77**	**3.17**	**0.48**	**0.12**	**24.12**
沙坡头区	Shapotou	1.14	0.93	0.20	0.01	11.77
中宁县	Zhongning	1.22	1.07	0.15	0.01	6.11
海原县	Haiyuan	1.40	1.17	0.13	0.10	6.24

1-4 主要矿产资源储量(2012 年)
Reserves of Major Minerals(2012)

矿产名称	Item	单位	Unit	查明资源储量 Resources Explored	资源保有量 Resources Inventory
能源矿产	**Reserves of Energy**				
煤 炭	Coal	亿吨	100 million tons	339.97	330.08
金属矿产	**Reserves of Metals**				
铁 矿(矿石)	Iron(Ore)	万吨	10 000 tons	354.25	206.33
铜 矿(铜)	Copper(Metal)	吨	ton	23521.74	19144.95
铅 矿(铅)	Lead(Metal)	吨	ton	3570.00	3570.00
锌 矿(锌)	Zinc(Metal)	吨	ton	1965.60	1965.60
镁 矿(矿石)	Magnesium(Ore)	万吨	10 000 tons	7283.99	6846.36
金 矿(金)	Gold(Metal)	千克	kg	1131.53	1069.44
银 矿(银)	Silver(Metal)	吨	ton	24.80	19.32
冶金辅助原料非金属矿产	**Reserves of Non-metallic (Metallurgical Ancillary Materials)**				
熔剂用灰岩(矿石)	Solvent Limestone(Ore)	万吨	10 000 tons	2484.10	2430.40
冶金用白云岩(矿石)	Metallurgical Dolostone(Ore)	万吨	10 000 tons	13576.40	13576.40
冶金用石英岩(矿石)	Metallurgical Quartzite(Ore)	万吨	10 000 tons	4431.63	3877.84
冶金用砂岩(矿石)	Metallurgical Sandstone(Ore)	万吨	10 000 tons	450.40	371.16
铸型用砂(矿石)	Casting Sand(Ore)	万吨	10 000 tons	107.80	78.60
耐火粘土(矿石)	Chamotte(Ore)	万吨	10 000 tons	505.70	461.30
化工原料非金属矿	**Reserves of Non-metallic (Chemical Materials)**				
硫铁矿(矿石)	Sulfurous Iron Ore(Ore)	万吨	10 000 tons	5.35	5.20
芒 硝(矿石)	Mirabilite(Ore)	万吨	10 000 tons	12900.00	12900.00
电石用灰岩(矿石)	Calcium Carbide Limestone(Ore)	万吨	10 000 tons	18245.50	18089.26
制碱用灰岩(矿石)	Limestone for Alkali Making(Ore)	万吨	10 000 tons	1924.88	1924.88
盐 矿(矿石)	Sodium Salt NaCl(Ore)	万吨	10 000 tons	117800.00	117800.00
磷 矿(矿石)	Phosphorite(Ore)	万吨	10 000 tons	1376.98	1268.12
建材和其它非金属矿产	**Building Materials and Other Non-metallic Minerals**				
石 膏(矿石)	Plaster(Ore)	万吨	10 000 tons	285072.22	283742.00
水泥用灰岩(矿石)	Cement Limestone(Ore)	万吨	10 000 tons	134049.48	126021.19
制灰用石灰岩(矿石)	Limestone for Lime Making(Ore)	万吨	10 000 tons	79.01	76.11
玻璃用白云岩(矿石)	Glass Dolostone(Ore)	万吨	10 000 tons	143.00	116.00
玻璃用砂岩(矿石)	Glass Sandstone(Ore)	万吨	10 000 tons	1907.24	1675.60
水泥配料用砂岩(矿石)	Cement Batching Sandstone(Ore)	万吨	10 000 tons	755.00	674.80
玻璃用砂(矿石)	Glass Sand(Ore)	万吨	10 000 tons	117.00	80.70
陶瓷土(矿石)	Ceramic Clay(Ore)	万吨	10 000 tons	137.50	128.40
砖瓦用粘土(矿石)	Tile Clay(Ore)	万立方米	10 000 cu.m	993.10	776.16
水泥配料用粘土(矿石)	Cement Batching Clay(Ore)	万吨	10 000 tons	3613.00	3305.07
建筑用辉绿岩(矿石)	Diabase for Building(Ore)	万立方米	10 000 cu.m	253.00	253.00
饰面用大理岩(矿石)	Griotte for Veneer(Ore)	万立方米	10 000 cu.m	208.00	208.00
水泥配料用板岩(矿石)	Cement Batching Slate(Ore)	万吨	10 000 tons	1314.00	1292.00
砚石(矿石)	Inkstones(Ore)	万吨	10 000 tons	15350.56	15350.54

注:本表数据来源于自治区国土资源厅。

a)Data in this table come from the Land and Resources Department.

1-5 主要年份气象资料

Meteorology in Main Years

年份 Year	降水量(毫米) Precipitation(mm)		无霜期(天) Frost Free Period(day)		初霜日(日/月) Primary Frost Day(day/month)	
	引黄灌区 Yellow River Irrigation Areas	干旱山区 Arid Mountain Areas	引黄灌区 Yellow River Irrigation Areas	干旱山区 Arid Mountain Areas	引黄灌区 Yellow River Irrigation Areas	干旱山区 Arid Mountain Areas
1952	214.4		164		26/9	
1957	122.3	160.3	166	152	25/9	25/9
1965	115.9	178.7	123	189	6/9	14/10
1970	208.0	260.0	158	199	29/9	29/9
1975	172.4	188.6	166	177	4/10	29/10
1978	283.6	384.6	164	188	18/9	27/10
1985	252.5	477.8	180	208	1/10	20/10
1990	252.8	386.7	161	173	13/10	24/10
1995	203.7	317.8	142	212	24/9	25/9
2000	110.0	214.0	181	181	15/10	1/11
2001	202.1	298.0	165	180	4/10	9/10
2002	259.3	280.0	169	223	5/10	23/10
2003	203.0	281.7	197	185	14/10	5/10
2004	122.3	194.5	150	169	1/10	21/10
2005	83.4	119.4	207	226	8/10	14/10
2006	168.4	224.3	192	191	8/10	14/10
2007	207.9	307.2	193	207	14/10	19/10
2008	189.1	191.7	168	181	10/10	23/10
2009	181.5	176.9	196	216	17/10	17/10
2010	168.9	202.9	196	194	26/10	25/10
2011	188.7	218.0	236	208	14/10	15/10
2012	295.1	285.7	190	188	17/10	17/11

注:1)引黄灌区以永宁县为代表,干旱山区以同心县为代表;

2)本表数据来源于自治区气象局。

a)Data of Yellow River Irrigation Areas refers to County Yongning,while Arid Mountain Areas refers to County Tongxin;

b)Data in this table come from the Meteorological Bureau.

1-6 各市县主要气象资料(2012 年)

Meteorology by City and Country(2012)

地区	Region	气温(℃) Temperature(℃)			降水量(毫米) Precipitation (mm)	日照时数(小时) Hours of Sunshine (hours)	风速(0.1 米/秒) Wind Speed (0.1m/second)	
		平均 Average	最高 Highest	最低 Lowest			平均 Average	最大 Maximum
银川市	Yinchuan	9.8	34.8	-20.1	292.7	2725.3	1.7	10.4
永宁县	Yongning	10.0	35.9	-19.1	295.1	3019.7	1.5	11.4
贺兰县	Helan	9.0	36.2	-21.1	312.5	2968.8	1.0	8.8
灵武市	Lingwu	9.0	34.6	-21.4	341.1	2896.1	2.3	13.6
石嘴山市	Shizuishan	8.6	35.2	-24.1	228.0	2881.2	1.5	15.3
惠农区	Huinong	9.5	34.6	-21.2	185.8	3102.6	2.0	15.3
平罗县	Pingluo	8.6	34.4	-21.8	243.4	2993.3	2.2	15.4
吴忠市	Wuzhong	10.5	37.0	-18.4	244.6	2999.7	1.5	6.9
青铜峡市	Qingtongxia	9.5	35.3	-19.6	321.0	3142.9	1.9	13.2
盐池县	Yanchi	8.1	33.9	-23.7	308.0	2908.3	1.9	10.2
同心县	Tongxin	9.0	34.9	-25.7	285.7	2942.0	3.0	16.2
固原市	Guyuan	7.1	30.1	-22.5	449.6	2481.1	2.4	12.7
西吉县	Xiji	5.8	29.9	-24.0	377.9	2139.9	1.6	10.8
隆德县	Longde	5.4	25.9	-21.2	482.0	2116.9	1.4	8.8
泾源县	Jingyuan	6.0	28.0	-23.0	639.0	2157.7	2.0	10.7
彭阳县	Pengyang	7.4	32.1	-23.7	457.2	2437.0	2.0	12.9
中卫市	Zhongwei	9.4	35.0	-24.8	252.5	3109.7	2.2	13.7
中宁县	Zhongning	10.5	35.5	-20.9	243.5	2975.6	1.9	11.0
海原县	Haiyuan	7.2	31.9	-21.6	430.7	2790.7	1.9	15.7

注:本表数据来源于自治区气象局。

a)Data in this table come from the Meteorological Bureau.

1-7 各市县分月度平均气温(2012 年)

Monthly Average Temperature by City and Country(2012)

单位:摄氏度 (℃)

地 区	Region	1月 Jan.	2月 Feb.	3月 Mar.	4月 Apr.	5月 May	6月 June	7月 July	8月 Aug.	9月 Sept.	10月 Oct.	11月 Nov.	12月 Dec.	年平均 Annual Average
银川市	Yinchuan	-8.5	-4.7	4.5	13.4	19.3	23.1	24.8	23.7	16.3	10.1	0.8	-5.2	9.8
永宁县	Yongning	-8.2	-4.5	4.6	13.8	19.6	23.5	25.0	23.6	16.2	10.5	1.0	-5.0	10.0
贺兰县	Helan	-9.0	-5.8	4.0	13.2	18.5	22.5	24.1	22.4	15.0	9.0	-0.3	-6.0	9.0
灵武市	Lingwu	-9.3	-5.4	4.1	13.1	18.6	22.4	23.8	22.9	14.9	8.4	-0.1	-5.7	9.0
石嘴山市	Shizuishan	-10.4	-6.6	3.4	13.0	18.7	22.7	24.4	22.8	14.9	9.0	-1.1	-7.2	8.6
惠农区	Huinong	-8.6	-5.3	3.8	13.0	19.4	23.1	24.8	23.6	16.0	9.9	0.0	-6.1	9.5
平罗县	Pingluo	-9.4	-6.3	3.2	12.1	18.6	22.0	23.6	22.4	15.1	8.9	-0.3	-6.5	8.6
吴忠市	Wuzhong	-7.3	-3.6	5.3	14.2	19.7	23.8	25.2	24.1	16.8	10.9	1.5	-4.4	10.5
青铜峡市	Qingtongxia	-7.8	-4.7	4.5	13.3	18.5	22.5	24.0	22.7	15.3	9.6	0.8	-5.2	9.5
盐池县	Yanchi	-9.6	-6.1	2.6	11.6	17.0	21.0	22.9	21.8	13.9	8.7	-0.8	-6.2	8.1
同心县	Tongxin	-9.3	-4.3	4.0	12.6	17.4	21.7	23.5	22.4	15.1	9.5	0.6	-4.9	9.0
固原市	Guyuan	-8.4	-5.5	2.4	10.0	14.3	18.8	20.3	19.0	12.4	8.1	-0.1	-5.7	7.1
西吉县	Xiji	-9.0	-6.4	1.5	8.3	12.8	17.2	18.7	18.3	11.4	6.4	-2.3	-7.2	5.8
隆德县	Longde	-8.2	-6.0	1.1	7.8	11.9	15.8	17.5	17.0	10.8	6.0	-2.0	-6.6	5.4
泾源县	Jingyuan	-7.9	-5.8	1.0	8.6	12.3	16.6	18.1	16.8	11.1	7.0	-0.5	-5.2	6.0
彭阳县	Pengyang	-8.0	-4.7	2.9	10.2	14.8	19.1	21.0	19.5	12.9	7.9	-0.5	-6.2	7.4
中卫市	Zhongwei	-9.5	-4.8	4.6	13.2	18.3	22.7	23.9	23.0	15.6	9.8	0.6	-5.1	9.4
中宁县	Zhongning	-7.8	-3.4	5.4	14.3	19.5	23.7	24.8	24.3	16.7	11.0	1.7	-4.1	10.5
海原县	Haiyuan	-9.0	-5.8	2.1	10.1	14.5	19.1	20.4	19.5	12.5	7.8	-0.2	-5.3	7.2

注:本表数据来源于自治区气象局。

a)Data in this table come from the Meteorological Bureau.

1-8 各市县分月度降水量(2012 年)

Monthly Precipitation by City and Country(2012)

单位:毫米 (mm)

地 区	Region	1 月 Jan.	2 月 Feb.	3 月 Mar.	4 月 Apr.	5 月 May	6 月 June	7 月 July	8 月 Aug.	9 月 Sept.	10 月 Oct.	11 月 Nov.	12 月 Dec.	全年 Annual Total
银川市	Yinchuan	2.3	0.0	2.0	25.9	10.0	48.9	143.4	23.8	34.2	2.2	0.0	0.0	292.7
永宁县	Yongning	2.7	0.0	1.2	28.2	12.4	42.9	137.1	21.0	44.0	4.8	0.5	0.3	295.1
贺兰县	Helan	2.8	0.0	1.3	20.7	13.1	45.3	160.9	4.7	57.9	4.9	0.8	0.1	312.5
灵武市	Lingwu	2.2	0.0	3.4	16.2	8.6	45.5	78.3	22.9	57.7	5.4	0.3	0.6	241.1
石嘴山市	Shizuishan	1.6	0.0	2.5	5.7	22.6	37.8	122.2	5.0	26.3	2.9	1.3	0.1	228.0
惠农区	Huinong	0.2	0.0	2.7	4.7	24.7	28.7	74.1	2.8	44.0	3.1	0.0	0.8	185.8
平罗县	Pingluo	0.3	0.0	1.7	4.7	16.3	39.7	135.4	12.2	31.1	2.0	0.0	0.0	243.4
吴忠市	Wuzhong	2.8	0.0	5.6	20.5	7.0	54.5	75.6	32.3	42.1	3.4	0.8	0.0	244.6
青铜峡市	Qingtongxia	3.9	0.0	4.0	20.6	6.2	52.5	122.0	67.9	37.2	6.1	0.6	0.0	321.0
盐池县	Yanchi	1.6	0.0	9.7	18.1	22.6	55.3	75.2	39.5	67.8	12.9	3.9	1.4	308.0
同心县	Tongxin	2.4	0.6	4.4	26.6	37.4	67.0	31.6	42.4	63.1	9.5	0.2	0.5	285.7
固原市	Guyuan	10.2	2.7	15.0	31.8	29.0	82.5	33.4	133.8	95.7	9.2	2.8	3.5	449.6
西吉县	Xiji	1.6	2.8	17.0	17.3	46.1	73.6	60.4	71.7	70.7	8.1	5.2	3.4	377.9
隆德县	Longde	6.7	4.9	16.4	36.5	38.1	85.8	80.7	101.8	76.6	17.8	13.4	3.3	482.0
泾源县	Jingyuan	8.8	4.2	28.7	49.2	79.3	89.8	82.5	164.3	99.7	22.5	8.5	1.5	639.0
彭阳县	Pengyang	8.4	3.4	16.0	30.2	48.0	86.0	59.8	117.8	73.0	12.3	1.4	0.9	457.2
中卫市	Zhongwei	4.0	0.0	1.0	14.8	25.6	51.5	92.1	10.7	51.7	0.7	0.2	0.2	252.5
中宁县	Zhongning	5.3	0.0	1.6	25.5	19.4	67.0	58.5	16.0	47.9	1.8	0.0	0.5	243.5
海原县	Haiyuan	4.4	1.4	8.3	22.8	65.6	70.9	91.6	53.1	72.8	30.3	6.2	3.3	430.7

注:本表数据来源于自治区气象局。

a)Data in this table come from the Meteorological Bureau.

1-9 各市县分月度日照时数(2012 年)

Monthly Sunshine Hours by City and Country(2012)

单位:小时 (hour)

地　区	Region	1 月 Jan.	2 月 Feb.	3 月 Mar.	4 月 Apr.	5 月 May	6 月 June	7 月 July	8 月 Aug.	9 月 Sept.	10 月 Oct.	11 月 Nov.	12 月 Dec.	全年 Annual Total
银川市	Yinchuan	140.2	173.8	219.7	261.1	285.3	311.6	270.6	272.0	248.8	234.0	179.3	128.8	2725.2
永宁县	Yongning	179.5	199.9	232.3	289.4	304.9	331.3	297.5	283.0	269.7	255.3	215.4	161.5	3019.7
贺兰县	Helan	190.5	199.7	227.9	272.2	294.5	328.3	293.9	279.9	266.8	254.0	203.5	157.8	2969.0
灵武市	Lingwu	190.1	209.0	232.5	270.3	275.8	316.5	256.6	254.4	250.5	245.9	215.6	178.9	2896.1
石嘴山市	Shizuishan	170.4	221.5	253.2	281.8	312.1	311.5	271.9	249.7	242.0	229.8	195.6	141.7	2881.2
惠农区	Huinong	221.0	243.4	256.7	284.4	329.9	310.5	281.2	276.9	250.0	250.2	219.0	179.4	3102.6
平罗县	Pingluo	206.0	224.5	235.3	268.4	289.2	310.0	255.7	273.9	268.8	258.6	227.5	175.5	2993.4
吴忠市	Wuzhong	188.8	206.7	229.8	282.8	295.6	327.8	291.6	275.2	262.6	246.1	219.4	173.3	2999.7
青铜峡市	Qingtongxia	206.0	211.2	246.5	293.5	307.1	333.6	293.4	283.8	268.8	271.4	239.4	188.3	3143.0
盐池县	Yanchi	197.5	200.4	215.8	289.2	285.0	308.7	267.1	257.6	238.4	248.3	223.3	176.9	2908.2
同心县	Tongxin	202.4	195.7	199.8	259.5	275.6	317.1	278.4	281.6	269.6	241.7	223.4	197.2	2942.0
固原市	Guyuan	194.6	166.3	184.1	238.5	239.0	256.9	184.7	225.8	185.5	186.8	225.5	193.4	2481.1
西吉县	Xiji	177.2	145.2	168.9	232.9	202.2	247.6	137.1	195.4	147.4	162.7	176.3	147.1	2140.0
隆德县	Longde	163.0	127.2	172.9	234.3	204.9	232.4	140.3	186.3	156.2	176.4	160.2	163.0	2117.1
泾源县	Jingyuan	172.9	144.7	160.5	221.9	186.5	246.1	148.3	148.0	158.2	179.5	195.8	195.2	2157.6
彭阳县	Pengyang	200.8	164.7	172.5	228.7	219.7	275.1	196.4	193.1	174.2	207.2	213.1	191.4	2436.9
中卫市	Zhongwei	203.5	205.3	230.4	288.6	285.3	337.9	303.5	301.8	285.2	265.8	224.2	178.3	3109.8
中宁县	Zhongning	191.9	202.8	223.4	275.5	294.8	320.3	282.1	279.3	267.2	250.8	212.6	175.0	2975.7
海原县	Haiyuan	213.5	212.7	212.8	265.0	264.8	295.0	241.5	240.0	222.5	230.2	213.0	179.7	2790.7

注:本表数据来源于自治区气象局。

a)Data in this table come from the Meteorological Bureau.

第二篇 综合

Chapter2 General Survey

责任编辑：蔡川生　王金贵

资料整理：蔡川生　王金贵　袁　红　王丹玥　陈　婷　季　翔　焦　霙　周军锋

Coordinator: Cai Chuansheng　Wang Jingui

Data Compilation: Cai Chuansheng　Wang Jingui　Yuan Hong　Wang Danyue　Chen Ting　Ji Xiang　Jiao Ying　Zhou Junfeng

2-1 各部门机构单位数(2012年)

Grass-roots Units in Various Sectors(2012)

单位:个 (unit)

项目	Item	法人单位 Judicial Entities	企业法人 Enterprises	事业法人 Institutions
合　计	**Total**	**43817**	**28799**	**2842**
按登记注册类型分组	**Grouped by Registration Status**	**43817**	**28799**	**2842**
内资企业	**Domestic Funded Enterprises**	**43680**	**28665**	**2842**
国有	State-owned	5401	728	2763
集体	Collective-owned	603	362	32
股份合作	Cooperative	157	148	
联营企业	Joint Ownership	48	29	5
国有联营	State Joint Ownership	15	10	3
集体联营	Collective Joint Ownership	11	8	1
国有与集体联营	Joint State-Collective Ownership	10	4	
其他联营	Other Joint Ownership	12	7	1
有限责任公司	Limited Liability Corporations	3581	3551	
国有独资公司	State Sole Funded Corporations	129	129	
其他有限责任公司	Other Limited Liability Corporations	3452	3422	
股份有限公司	Share-holding Corporations Ltd.	427	421	
私营企业	Private Enterprises	22311	21929	
私营独资	Private-funded Enterprises	4710	4503	
私营合伙	Private Partnership Enterprises	799	745	
私营有限责任公司	Private Limited Liability Corporations	16008	15907	
私营股份有限公司	Private Share-holding Corporations Ltd.	794	774	
其他内资	Other Domestic Funded	11152	1497	42
港、澳、台商投资企业	**Enterprises with Funds from Hong Kong, Macao and Taiwan**	**47**	**46**	
与港澳台商合资经营	Joint-ventures	14	14	
与港澳台商合作经营	Cooperative	4	4	
港澳台商独资	Enterprises with Sole Investment	17	16	
港澳台商投资股份有限公司	Share-holding Corporations Ltd.	11	11	
其他港、澳、台商投资	Others	1	1	
外商投资企业	**Foreign Funded Enterprises**	**90**	**88**	
中外合资经营	Joint-ventures	48	48	
中外合作经营	Cooperation	4	3	

2-1 续表 1 continued

单位:个 (unit)

项目	Item	机关法人 Government Agencies and Organizations	社团法人 Mass Organiza-tions	其他法人 Others	产业活动单位 Establish-ments
合　计	**Total**	**1490**	**2300**	**8386**	**51994**
按登记注册类型分组	**Grouped by Registration Status**	**1490**	**2300**	**8386**	**51994**
内资企业	**Domestic Funded Enterprises**	**1490**	**2300**	**8383**	**51740**
国有	State-owned	1490	340	80	11030
集体	Collective-owned		32	177	788
股份合作	Cooperative		3	6	405
联营企业	Joint Ownership		6	8	94
国有联营	State Joint Ownership			2	15
集体联营	Collective Joint Ownership		2		11
国有与集体联营	Joint State-Collective Ownership		4	2	13
其他联营	Other Joint Ownership			4	55
有限责任公司	Limited Liability Corporations		1	29	4044
国有独资公司	State Sole Funded Corporations				172
其他有限责任公司	Other Limited Liability Corporations		1	29	3872
股份有限公司	Share-holding Corporations Ltd.			6	1045
私营企业	Private Enterprises		22	360	22993
私营独资	Private-funded Enterprises		10	197	4808
私营合伙	Private Partnership Enterprises		10	44	831
私营有限责任公司	Private Limited Liability Corporations			101	16518
私营股份有限公司	Private Share-holding Corporations Ltd.		2	18	836
其他内资	Other Domestic Funded		1896	7717	11341
港、澳、台商投资企业	**Enterprises with Funds from Hong Kong, Macao and Taiwan**			**1**	**80**
与港澳台商合资经营	Joint-ventures				15
与港澳台商合作经营	Cooperative				4
港澳台商独资	Enterprises with Sole Investment			1	19
港澳台商投资股份有限公司	Share-holding Corporations Ltd.				42
其他港、澳、台商投资	Others				
外商投资企业	**Foreign Funded Enterprises**			**2**	**174**
中外合资经营	Joint-ventures				59
中外合作经营	Cooperation			1	9

2-1 续表 2continued

单位:个 (unit)

项目	Item	法人单位 Judicial Entities	企业法人 Enterprises	事业法人 Institutions
外资企业	Enterprises with Sole Funds	34	33	
外商投资股份有限公司	Share-holding Corporations Ltd.	4	4	
按国民经济行业分组	**Grouped by Sector**			
农、林、牧、渔业	**Agriculture, Forestry, Animal Husbandry and Fishery**	**2485**	**1727**	**59**
农 业	Agriculture	867	602	9
林 业	Forestry	333	234	26
畜牧业	Animal Husbandry	881	618	2
渔 业	Fishery	80	58	1
农、林、牧、渔服务业	Services in Support of Agriculture	324	215	21
采矿业	**Mining**	**681**	**681**	
煤炭开采和洗选业	Mining and Washing of Coal	340	340	
石油和天然气开采业	Extraction of Petroleum and Natural Gas	43	43	
黑色金属矿采选业	Mining and Processing of Ferrous Metal Ores	14	14	
有色金属矿采选业	Mining and Processing of Non-ferrous Metal Ores	2	2	
非金属矿采选业	Mining and Processing of Nonmetal Ores	266	266	
开采辅助活动	Non-mining Activities	8	8	
其他采矿业	Mining of Other Ores	8	8	
制造业	**Manufacturing**	**5558**	**5558**	
农副食品加工业	Processing of Food from Agricultural Products	770	770	
食品制造业	Manufacture of Foods	256	256	
酒、饮料和精制茶制造业	Manufacture of Wine, Beverages and Refined Tea	135	135	
烟草制品业	Manufacture of Tobacco	3	3	
纺织业	Manufacture of Textile	217	217	
纺织服装、服饰业	Manufacture of Textile Wearing Apparel	52	52	
皮革、毛皮、羽毛及其制品和制鞋业	Manufacture of Leather, Fur, Feather with Related Products and Footwear	139	139	
木材加工及木、竹、藤、棕、草制品业	Processing of Timber, Manufacture of Wood, Bamboo, Rattan, Palm and Straw Products	59	59	
家具制造业	Manufacture of Furniture	79	79	
造纸及纸制品业	Manufacture of Paper and Paper Products	93	93	
印刷和记录媒介复制业	Printing, Reproduction of Recording Media	209	209	
文教、工美、体育和娱乐用品制造业	Manufacture of Articles For Culture, Education and Sport Activities	42	42	

2-1 续表 3 continued

单位:个 (unit)

项目	Item	机关法人 Government Agencies and Organizations	社团法人 Mass Organi-zations	其他法人 Others	产业活动单位 Establish-ments
外资企业	Enterprises with Sole Funds			1	94
外商投资股份有限公司	Share-holding Corporations Ltd.				12
按国民经济行业分组	**Grouped by Sector**				
农、林、牧、渔业	**Agriculture, Forestry, Animal Husbandry and Fishery**			**699**	**2642**
农　业	Agriculture			256	900
林　业	Forestry			73	357
畜牧业	Animal Husbandry			261	890
渔　业	Fishery			21	83
农、林、牧、渔服务业	Services in Support of Agriculture			88	412
采矿业	**Mining**				**711**
煤炭开采和洗选业	Mining and Washing of Coal				361
石油和天然气开采业	Extraction of Petroleum and Natural Gas				43
黑色金属矿采选业	Mining and Processing of Ferrous Metal Ores				15
有色金属矿采选业	Mining and Processing of Non-ferrous Metal Ores				2
非金属矿采选业	Mining and Processing of Nonmetal Ores				274
开采辅助活动	Non-mining Activities				9
其他采矿业	Mining of Other Ores				7
制造业	**Manufacturing**				**5664**
农副食品加工业	Processing of Food from Agricultural Products				791
食品制造业	Manufacture of Foods				270
酒、饮料和精制茶制造业	Manufacture of Wine, Beverages and Refined Tea				137
烟草制品业	Manufacture of Tobacco				3
纺织业	Manufacture of Textile				222
纺织服装、服饰业	Manufacture of Textile Wearing Apparel				53
皮革、毛皮、羽毛及其制品和制鞋业	Manufacture of Leather, Fur, Feather with Related Products and Footware				140
木材加工及木、竹、藤、棕、草制品业	Processing of Timber, Manufacture of Wood, Bamboo, Rattan, Palm and Straw Products				59
家具制造业	Manufacture of Furniture				79
造纸及纸制品业	Manufacture of Paper and Paper Products				94
印刷和记录媒介复制业	Printing, Reproduction of Recording Media				216
文教、工美、体育和娱乐用品制造业	Manufacture of Articles For Culture, Education and Sport Activities				46

2-1 续表 4 continued

单位:个 (unit)

项 目	Item	法人单位 Judicial Entities	企业法人 Enterprises	事业法人 Institutions
石油加工、炼焦和核燃料加工业	Processing of Petroleum, Coking and Nuclear Fuel	66	66	
化学原料和化学制品制造业	Manufacture of Raw Chemical Materials and Chemical Products	442	442	
医药制造业	Manufacture of Medicines	49	49	
化学纤维制造业	Manufacture of Chemical Fibres	2	2	
橡胶和塑料制品业	Manufacture of Rubber and Plastics	247	247	
非金属矿物制品业	Manufacture of Non-metallic Mineral Products	1276	1276	
黑色金属冶炼和压延加工业	Smelting and Pressing of Ferrous Metals	240	240	
有色金属冶炼和压延加工业	Smelting and Pressing of Non-ferrous Metals	73	73	
金属制品业	Manufacture of Metal Products	366	366	
通用设备制造业	Manufacture of General Purpose Machinery	239	239	
专用设备制造业	Manufacture of Special purpose Machinery	172	172	
汽车制造业	Manufacture of Automotive	30	30	
铁路、船舶、航空航天和其他运输设备制造业	Manufacture of Railways, Shipbuilding, Aerospace and Other Transportation Equipment	9	9	
电气机械和器材制造业	Manufacture of Electrical Machinery and Equipment	126	126	
计算机、通信和其他电子设备制造业	Manufacture of Computers, Communication Equipment and Other Electronic Equipment	12	12	
仪器仪表及文化、办公用机械制造业	Manufacture of Measuring Instruments and Machinery for Cultural Activity and Office Work	40	40	
其他制造业	Other Manufacturing	67	67	
废弃资源综合利用业	Recycling and Disposal of Waste	19	19	
金属制品、机械和设备修理业	Repairing of Metal products, Machinery and Equipment	29	29	
电力、煤气及水的生产和供应业	**Production and Supply of Electricity, Gas and Water**	**274**	**269**	**3**
电力、热力的生产和供应业	Production and Supply of Electric Power and Heat Power	175	174	
燃气生产和供应业	Production and Supply of Gas	39	39	
水的生产和供应业	Production and Supply of Water	60	56	3
建筑业	**Construction**	**1502**	**1502**	
房屋建筑业	Construction of Buildings	432	432	
土木工程建筑业	Consturction of Civil Engineering	270	270	
建筑安装业	Building Installation	242	242	
建筑装饰和其他建筑业	Building Decoration and Other Construction	558	558	
批发和零售业	**Wholesale and Retail Trades**	**11300**	**11300**	
批发业	Wholesale Trade	6023	6023	
零售业	Retail Trade	5277	5277	

2-1 续表 5 continued

单位：个 (unit)

项目	Item	机关法人 Government Agencies and Organizations	社团法人 Mass Organizations	其他法人 Others	产业活动单位 Establishments
石油加工、炼焦和核燃料加工业	Processing of Petroleum, Coking and Nuclear Fuel				65
化学原料和化学制品制造业	Manufacture of Raw Chemical Materials and Chemical Products				449
医药制造业	Manufacture of Medicines				52
化学纤维制造业	Manufacture of Chemical Fibres				2
橡胶和塑料制品业	Manufacture of Rubber and Plastics				247
非金属矿物制品业	Manufacture of Non-metallic Mineral Products				1300
黑色金属冶炼和压延加工业	Smelting and Pressing of Ferrous Metals				242
有色金属冶炼和压延加工业	Smelting and Pressing of Non-ferrous Metals				78
金属制品业	Manufacture of Metal Products				368
通用设备制造业	Manufacture of General Purpose Machinery				241
专用设备制造业	Manufacture of Special purpose Machinery				173
汽车制造业	Manufacture of Automotive				30
铁路、船舶、航空航天和其他运输设备制造业	Manufacture of Railways, Shipbuilding, Aerospace and Other Transportation Equipment				9
电气机械和器材制造业	Manufacture of Electrical Machinery and Equipment				127
计算机、通信和其他电子设备制造业	Manufacture of Computers, Communication Equipment and Other Electronic Equipment				14
仪器仪表及文化、办公用机械制造业	Manufacture of Measuring Instruments and Machinery for Cultural Activity and Office Work				40
其他制造业	Other Manufacturing				69
废弃资源综合利用业	Recycling and Disposal of Waste				19
金属制品、机械和设备修理业	Repairing of Metal products, Machinery and Equipment				29
电力、煤气及水的生产和供应业	**Production and Supply of Electricity, Gas and Water**			**2**	**336**
电力、热力的生产和供应业	Production and Supply of Electric Power and Heat Power			1	224
燃气生产和供应业	Production and Supply of Gas				42
水的生产和供应业	Production and Supply of Water			1	70
建筑业	**Construction**				**1791**
房屋建筑业	Construction of Buildings				645
土木工程建筑业	Consturction of Civil Engineering				312
建筑安装业	Building Installation				260
建筑装饰和其他建筑业	Building Decoration and Other Construction				574
批发和零售业	**Wholesale and Retail Trades**				**12329**
批发业	Wholesale Trade				6372
零售业	Retail Trade				5957

2-1 续表 6 continued

单位:个 (unit)

项 目	Item	法人单位 Judicial Entities	企业法人 Enterprises	事业法人 Institutions
交通运输、仓储和邮政业	**Transport, Storage and Post**	**783**	**737**	**30**
铁路运输业	Railway Transport	4	4	
道路运输业	Road Transport	531	496	27
水上运输业	Water Transport	7	7	
航空运输业	Air Transport	9	8	1
管道运输业	Transport Via Pipelines	1	1	
装卸搬运和运输代理业	Loading, Unloading and Transportation Agency	108	105	
仓储业	Storage	67	64	2
邮政业	Post	56	52	
住宿和餐饮业	**Hotels and Catering Services**	**756**	**720**	**3**
住宿业	Hotels	360	351	1
餐饮业	Catering Services	396	369	2
信息传输、软件和信息技术服务业	**Information Transmission, Software and IT Services**	**401**	**375**	**16**
电信、广播电视和卫星传输服务	Telecommunications, Broadcasting and Transmission Services	67	57	9
互联网和相关服务	Internet and Related Services	135	127	4
软件和信息技术服务业	Software and IT Services	199	191	3
金融业	**Financial Intermediation**	**422**	**395**	**10**
货币金融服务	Monetary and Financial Services	218	204	6
资本市场服务	Capital Services	38	35	1
保险业	Insurance	66	63	1
其他金融业	Other Financial Activities	100	93	2
房地产业	**Real Estate**	**1300**	**1264**	**4**
房地产业	Real Estate	1300	1264	4
租赁和商务服务业	**Leasing and Business Serveces**	**2371**	**2121**	**94**
租赁业	Leasing	298	292	
商务服务业	Business Services	2073	1829	94
科学研究和技术服务业	**Scientific Research and Technical Service**	**870**	**554**	**271**
研究与试验发展	Research and Experimental Development	53	26	20
专业技术服务业	Professional Technical Services	589	431	144
科技推广和应用服务业	Services of Science and Technology Promotion and Applications	228	97	107

2-1 续表 7 continued

单位:个 (unit)

项 目	Item	机关法人 Government Agencies and Organizations	社团法人 Mass Organizations	其他法人 Others	产业活动单位 Establishments
交通运输、仓储和邮政业	**Transport, Storage and Post**			**16**	**1011**
铁路运输业	Railway Transport				4
道路运输业	Road Transport			8	658
水上运输业	Water Transport				8
航空运输业	Air Transport				9
管道运输业	Transport Via Pipelines				1
装卸搬运和运输代理业	Loading, Unloading and Transportation Agency			3	108
仓储业	Storage			1	78
邮政业	Post			4	145
住宿和餐饮业	**Hotels and Catering Services**			**33**	**809**
住宿业	Hotels			8	381
餐饮业	Catering Services			25	428
信息传输、软件和信息技术服务业	**Information Transmission, Software and IT Services**			**10**	**557**
电信、广播电视和卫星传输服务	Telecommunications, Broadcasting and Transmission Services			1	215
互联网和相关服务	Internet and Related Services			4	137
软件和信息技术服务业	Software and IT Services			5	205
金融业	**Financial Intermediation**	**4**		**13**	**1535**
货币金融服务	Monetary and Financial Services	4		4	1174
资本市场服务	Capital Services			2	38
保险业	Insurance			2	220
其他金融业	Other Financial Activities			5	103
房地产业	**Real Estate**			**32**	**1332**
房地产业	Real Estate			32	1332
租赁和商务服务业	**Leasing and Business Serveces**			**156**	**2479**
租赁业	Leasing			6	313
商务服务业	Business Services			150	2166
科学研究和技术服务业	**Scientific Research and Technical Service**			**45**	**1218**
研究与试验发展	Research and Experimental Development			7	54
专业技术服务业	Professional Technical Services			14	707
科技推广和应用服务业	Services of Science and Technology Promotion and Applications			24	457

2-1 续表 8 continued

单位：个 (unit)

项目	Item	法人单位 Judicial Entities	企业法人 Enterprises	事业法人 Institutions
水利、环境和公共设施管理业	**Management of Water Conservancy, Environment and Public Facilities**	**312**	**149**	**152**
水利管理业	Management of Water Conservancy	97	12	80
生态保护和环境治理业	Ecological Protection and Environmental Management	36	9	24
公共设施管理业	Management of Public Facilities	179	128	48
居民服务、修理和其他服务业	**Services to Households, Repair and Other Services**	**789**	**729**	**9**
居民服务业	Services to Households	207	175	6
机动车、电子产品和日用产品修理业	Repairing of Motor Vehicles, Electronics and Households	376	366	
其他服务业	Others	206	188	3
教育	**Education**	**1424**	**92**	**977**
教育	Education	1424	92	977
卫生和社会工作	**Health and Social Works**	**794**	**95**	**387**
卫生	Health	746	95	361
社会工作	Social Security	48		26
文化、体育和娱乐业	**Culture, Sports and Entertainment**	**769**	**531**	**169**
新闻和出版业	Journalism and Publishing Activities	31	9	19
广播、电视、电影和影视录音制作业	Broadcasting, Movies, Television and Audiovisual Activities	53	32	21
文化艺术业	Cultural and Art Activities	145	20	109
体育	Sports Activities	59	15	17
娱乐业	Entertainment	481	455	3
公共管理、社会保障和社会组织	**Public Management, Social Security and Social Organization**	**11026**		**658**
中国共产党机关	Organs of Communist Party of China	188		4
国家机构	Government Agencies	1840		605
人民政协、民主党派	People's Political Consultative Conference and Democratic Parties	67		1
社会保障	Social Security	45		44
群众团体、社会团体和其他成员组织	Non-governmental Organizations, Social Organizations and Other Organizations	6167		4
基层群众自治组织	Grass Roots Self-governing Organizations	2719		

2-1 续表 9 continued

单位:个 (unit)

项 目	Item	机关法人 Government Agencies and Organizations	社团法人 Mass Organizations	其他法人 Others	产业活动单位 Establishments
水利、环境和公共设施管理业	**Management of Water Conservancy, Environment and Public Facilities**		**1**	**10**	**527**
水利管理业	Management of Water Conservancy			5	280
生态保护和环境治理业	Ecological Protection and Environmental Management		1	2	38
公共设施管理业	Management of Public Facilities			3	209
居民服务、修理和其他服务业	**Services to Households, Repair and Other Services**			**51**	**822**
居民服务业	Services to Households			26	228
机动车、电子产品和日用产品修理业	Repairing of Motor Vehicles, Electronics and Households			10	385
其他服务业	Others			15	209
教 育	**Education**			**355**	**3058**
教育	Education			355	3058
卫生和社会工作	**Health and Social Works**		**3**	**309**	**1114**
卫生	Health			290	1042
社会工作	Social Security		3	19	72
文化、体育和娱乐业	**Culture, Sports and Entertainment**	**1**	**15**	**53**	**960**
新闻和出版业	Journalism and Publishing Activities			3	34
广播、电视、电影和影视录音制作业	Broadcasting, Movies, Television and Audiovisual Activities				72
文化艺术业	Cultural and Art Activities			16	301
体育	Sports Activities		15	12	64
娱乐业	Entertainment	1		22	489
公共管理、社会保障和社会组织	**Public Management, Social Security and Social Organization**	**1485**	**2281**	**6602**	**13099**
中国共产党机关	Organs of Communist Party of China	184			220
国家机构	Government Agencies	1235			3707
人民政协、民主党派	People's Political Consultative Conference and Democratic Parties	66			82
社会保障	Social Security			1	83
群众团体、社会团体和其他成员组织	Non-governmental Organizations, Social Organizations and Other Organizations		2281	3882	6287
基层群众自治组织	Grass Roots Self-governing Organizations			2719	2720

2-1 续表 10 continued

单位:个 (unit)

项 目	Item	法人单位 Judicial Entities	企业法人 Enterprises	事业法人 Institutions	机关法人 Government Agencies and Organizations	社团法人 Mass Organizations	其他法人 Others	产业活动单位 Establishments
按地区分组	**Grouped by Region**	**43817**	**28799**	**2842**	**1490**	**2300**	**8386**	**51994**
银川市	**Yinchuan**	**18516**	**14785**	**903**	**448**	**920**	**1460**	**20726**
兴庆区	Xingqing	8491	7359	395	138	265	334	9289
西夏区	Xiaxia	1682	1280	111	36	96	159	1910
金凤区	Jinfeng	2854	2291	153	128	49	233	3081
永宁县	Yongning	1568	1078	79	52	208	151	1925
贺兰县	Helan	2267	1644	83	48	170	322	2540
灵武市	Lingwu	1654	1133	82	46	132	261	1981
石嘴山市	**Shizuishan**	**5384**	**3801**	**383**	**223**	**256**	**721**	**6234**
大武口区	Dawukou	2330	1739	168	121	150	152	2538
惠农区	Huinong	1235	881	93	44	48	169	1565
平罗县	Pingluo	1819	1181	122	58	58	400	2131
吴忠市	**Wuzhong**	**7411**	**4381**	**536**	**297**	**422**	**1775**	**9189**
利通区	Litong	3017	2034	122	100	199	562	3602
红寺堡	Hongsipu	350	200	28	39	12	71	508
盐池县	Yanchi	911	592	112	48	29	130	1139
同心县	Tongxin	1615	587	173	54	16	785	1955
青铜峡市	Qingtongxia	1518	968	101	56	166	227	1985
固原市	**Guyuan**	**5874**	**2326**	**537**	**325**	**268**	**2418**	**7918**
原州区	Yuanzhou	1945	944	181	111	42	667	2391
西吉县	Xiji	1538	504	116	60	21	837	2126
隆德县	Longde	684	290	86	50	72	186	1066
泾源县	Jingyuan	685	219	74	47	24	321	913
彭阳县	Pengyang	1022	369	80	57	109	407	1422
中卫市	**Zhongwei**	**6632**	**3506**	**483**	**197**	**434**	**2012**	**7927**
沙坡头区	Shapotou	3196	2113	206	84	184	609	3540
中宁县	Zhongning	1817	972	178	62	110	495	2165
海原县	Haiyuan	1619	421	99	51	140	908	2222

注:本表资料根据基本单位名录库2012年年报结果加工整理。

a) Data in this table have been arranged according to the basic units directory 2012.

2-2 全区企业家信心指数(2012 年)
Index of Confidence on Macro Economy by Enterprisers(2012)

指标	Item	一季度 First Quarter	二季度 Second Quarter	三季度 Third Quarter	四季度 Fourth Quarter
全　　区	**Total**	**117.4**	**115.5**	**107.5**	**115.4**
按行业门类分	**Grouped by Sector**				
工　业	Industry	100.4	98.1	81.4	96.6
建筑业	Construction	125.0	103.0	114.0	117.0
交通运输、仓储和邮政业	Transport,Storage and Post	148.0	178.8	136.2	155.0
批发和零售业	Wholesale and Retail Trades	119.2	95.8	123.3	108.3
房地产业	Real Estate	97.2	111.4	88.5	78.5
社会服务业	Social Services	134.0	136.0	148.0	144.0
信息传输、计算机服务和软件业	Information Transmission,Computer Services and Software	170.0	160.0	160.0	166.0
住宿和餐饮业	Hotels and Catering Services	125.0	125.7	120.0	142.5
按企业登记注册类型分	**Grouped by Registration Status**				
国有企业	State-owned Enterprises	131.5	122.9	122.9	122.5
股份合作企业	Cooperative Enterprise				200.0
有限责任公司	Limited Liability Corporations	112.4	106.4	105.1	99.4
股份有限公司	Share-holding Corporations Ltd.	114.1	129.6	121.6	107.0
私营企业	Private Enterprses	103.9	112.9	101.8	105.2
外商及港、澳、台投资企业	Enterprises with Funds from Foreign,Hongkong,Macao and Taiwan	104.0	150.0	116.7	115.0
按企业规模分	**Grouped By Size of Enterprise**				
大　型	Large	114.5	117.4	95.7	102.3
中　型	Medium	106.6	111.0	107.4	105.4
小　型	Small	126.4	125.8	125.7	108.7

2-3 全区企业景气指数(2012 年)

Prosperity Index on Enterprises(2012)

指 标	Item	一季度 First Quarter	二季度 Second Quarter	三季度 Third Quarter	四季度 Fourth Quarter
全　　区	**Total**	**115.8**	**120.1**	**110.1**	**113.9**
按行业门类分	**Grouped by Sector**				
工　业	Industry	100.4	107.9	91.6	101.6
建筑业	Construction	114.0	124.0	103.0	112.0
交通运输、仓储和邮政业	Transport, Storage and Post	144.0	141.3	131.3	137.5
批发和零售业	Wholesale and Retail Trades	124.8	103.3	115.9	120.0
房地产业	Real Estate	124.3	122.9	111.4	97.1
社会服务业	Social Services	125.9	132.0	142.0	128.0
信息传输、计算机服务和软件业	Information Transmission, Computer Services and Software	170.0	166.0	172.0	164.0
住宿和餐饮业	Hotels and Catering Services	122.5	140.0	107.5	115.0
按企业登记注册类型分	**Grouped by Registration Status**				
国有企业	State-owned Enterprises	125.5	143.6	132.9	127.0
股份合作企业	Cooperative Enterprise				
有限责任公司	Limited Liability Corporations	113.6	100.4	98.0	100.4
股份有限公司	Share-holding Corporations Ltd.	114.6	136.8	120.8	104.0
私营企业	Private Enterprses	103.2	122.9	114.7	108.8
外商及港、澳、台投资企业	Enterprises with Funds from Foreign, Hongkong, Macao and Taiwan	122.7	133.3	116.7	131.3
按企业规模分	**Grouped By Size of Enterprise**				
大　型	Large	119.3	124.3	112.2	100.3
中　型	Medium	108.4	116.2	107.7	108.5
小　型	Small	121.1	129.2	122.4	113.2

2-4 主要年份平均每天主要社会经济活动

指　　标	Item	1952
每天创造的财富	**Daily Production**	
地区生产总值(万元)	Gross Domestic Product(10 000 yuan)	47.27
第一产业	Primary Industry	39.07
第二产业	Secondary Industry	2.19
工业	Industry	1.91
建筑业	Construction	0.27
第三产业	Tertiary Industry	6.01
交通运输仓储和邮电业	Transport,Storage and Post Services	1.09
批发和零售业、住宿和餐饮业	Wholesale ,Retail Trades,Hoteling and Catering Services	1.91
地方财政收入(万元)	Local Government Revenue(10 000 yuan)	7.57
粮食(吨)	Grain(ton)	1296.04
油料(吨)	Oil-bearing Crops(ton)	71.19
肉类(吨)	Meat(ton)	
水产品(吨)	Aquatic Products(ton)	
原煤(万吨)	Coal(10 000 tons)	0.02
发电量(万千瓦小时)	Electricity(10 000kwh)	0.19
钢材(吨)	Rolled Steel(ton)	
铝(吨)	Aluminum(ton)	
水泥(吨)	Cement(ton)	

Selected Indicators on Average Daily Social and Economic Activities in Main Years

1978	1990	2000	2010	2011	2012
356.06	1776.44	8060.63	46291.78	57594.79	63969.67
83.91	461.43	1257.65	4364.11	5044.93	5448.09
180.93	694.31	3317.82	22682.47	28935.62	31676.78
153.11	583.32	2642.19	17617.81	22377.81	24006.28
27.82	110.99	675.63	5064.66	6557.81	7670.49
91.21	620.69	3485.16	19245.21	23614.25	26844.81
18.19	95.61	807.36	5503.84	4769.86	5368.58
26.31	145.75	716.81	3301.37	4031.23	4571.86
86.58	170.70	570.53	4206.87	6026.76	7211.94
3204.96	5252.14	6905.52	9767.40	9834.17	10246.82
70.35	171.05	190.98	571.10	504.38	492.68
33.57	185.18	519.17	710.13	691.79	725.04
0.55	27.99	101.32	246.67	288.83	337.54
2.74	3.95	4.33	18.12	21.73	23.54
452.33	1533.15	3742.74	16049.86	25671.98	27483.88
76.16	130.14	153.15	904.93	2096.14	2981.97
50.14	164.66	320.27	2507.12	3242.72	4162.57
757.81	2623.01	7678.08	37190.41	39875.60	43860.38

2-4 续表 2

指标	Item	1952
每天消费量	**Daily Consumption**	
最终消费(万元)	Final Consumption Expenditure(10 000 yuan)	37.70
居民消费	Household Consumption Expenditure	35.79
农村居民	Rural Household	28.69
城镇居民	Urban Household	7.10
政府消费	Government Consumption Expenditure	1.91
能源消耗量(万吨标准煤)	Energy Consumption (10 000 tons of SCE)	
社会消费品零售总额(万元)	Total Retail Sales of Consumer Goods(10 000 yuan)	
每天其他经济活动	**Other Daily Economic Activities**	
资本形成总额(万元)	Gross Capital Formation (10 000 yuan)	
固定资产形成	Gross Fixed Capital Formation	
存货增加	Changes in Inventories	
旅客周转量(万人公里)	Passenger-kilometers(10 000 passenger-km)	4.05
货物周转量(万吨公里)	Freight Ton-kilometers(10 000 ton-km)	10.40
邮电业务总量(万元)	Business Volume of Postal and Telecommunication Services (10 000 yuan)	0.21
进出口总额(万美元)	Total Value of Imports and Exports(USD 10 000)	
出口总额	Total Export	
进口总额	Total Import	
实际利用外资(万美元)	Foreign Capital Actually Utilized(USD 10 000)	
接待海外旅游人数(人次)	Number of Overseas Visitor Arrivals(person-time)	
居民新增储蓄额(万元)	Newly Increased Saving Deposits(10 000 yuan)	
每天人口变动和婚姻	**Daily Population Changes and Marriages**	
出生(人)	Births(person)	187.88
死亡(人)	Deaths(person)	84.49
结婚(对)	Marriages(couples)	
离婚(对)	Divorces(couples)	

注:本表价值指标除邮电业务总量按不变价格计算外,其余均按当年价格计算。

continued

1978	1990	2000	2010	2011	2012
270.41	1311.51	5297.54	22600.27	27950.14	32350.00
208.49	928.22	3701.91	15497.26	19063.84	21306.01
133.15	490.68	1440.98	3556.44	4543.29	5211.20
75.34	437.53	2260.93	11940.82	14520.55	16094.81
61.92	383.29	1595.63	7103.01	8886.30	11043.99
	1.94	3.17	10.23	13.10	13.55
138.14	693.26	2747.04	11057.31	13084.42	14995.47
247.67	1019.73	4766.94	42829.04	48070.68	57017.76
217.81	697.81	4393.99	40820.82	45292.88	53748.09
29.86	321.92	372.95	2008.22	2777.81	3269.67
121.16	526.12	1572.67	3188.54	3669.64	3937.24
1540.33	2049.02	6061.82	23175.31	26354.96	29094.80
3.19	11.94	392.88	4278.82	1584.72	1794.21
8.12	23.26	121.35	537.12	626.23	605.65
6.22	21.04	89.69	320.62	438.20	448.40
1.89	2.22	31.66	216.50	188.03	157.24
	2.95	24.91	63.49	93.77	95.11
	5.34	21.39	49.29	53.37	51.90
3.60	244.78	484.92	5548.91	5099.86	8965.25
273.95	310.88	247.95	243.78	237.92	233.07
52.52	70.57	68.74	87.97	81.57	76.11
	100.39	97.57	165.01	168.49	165.85
	9.68	16.88	24.21	26.06	29.49

a) Figures in value terms in this table are calculated at current prices, except that on the business transaction of postal and telecommunication services.

2-5 国民经济与社会发展总量指标

指　　标	Item	单位	Unit
人口与就业	**Population and Employment**		
人口	**Population**		
年末总人口	Population at Year-end	万人	10 000 persons
回族人口	Hui Ethnic	万人	10 000 persons
城镇人口	Urban	万人	10 000 persons
乡村人口	Rural	万人	10 000 persons
男性人口	Male	万人	10 000 persons
女性人口	Female	万人	10 000 persons
出生率	Birth Rate	‰	‰
死亡率	Death Rate	‰	‰
自然增长率	Natural Growth Rate	‰	‰
就业	**Employment**		
年末就业人员数	Employment at Year-end	万人	10 000 persons
职工人数	Staff and Workers	万人	10 000 persons
城镇登记失业率	Registered Unemployment Rate in Urban Areas	%	%
宏观经济	**Macro Economy**		
国民经济核算	**National Accounting**		
地区生产总值	Gross Domestic Product	亿元	100 million yuan
第一产业	Primary Industry	亿元	100 million yuan
第二产业	Secondary Industry	亿元	100 million yuan
第三产业	Tertiary Industry	亿元	100 million yuan
人均生产总值	Per Capita GDP	元/人	yuan/person
固定资产投资	**Investment in Fixed Assets**		
全社会固定资产投资总额	Total Investment in Fixed Assets	亿元	100 million yuan
国有经济	State-owned Economy	亿元	100 million yuan
集体经济	Collective owned Economy	亿元	100 million yuan
私营个体经济	Private Economy	亿元	100 million yuan
全社会施工房屋面积	Floor Space of Buildings under Construction	万平方米	10 000 sq.m
全社会竣工房屋建筑面积	Floor Space of Buildings Completed	万平方米	10 000 sq.m
财政、金融	**Government Finance and Financial Intermediation**		
地方公共财政收入	Local Public Revenue	亿元	100 million yuan
地方公共财政支出	Local Public Expenditure	亿元	100 million yuan

Principal Aggregate Indicators on National Economic and Social Development

1978	1985	1990	2000	2010	2011	2012
355.58	414.62	465.68	554.32	632.96	639.45	647.19
109.47	133.76	153.89	191.01	219.18	228.67	230.12
73.03	146.45	192.40	180.39	303.57	318.56	327.96
282.55	268.17	273.28	373.94	329.39	320.90	319.23
184.17	213.73	239.69	283.96	324.33	326.84	328.58
171.41	200.89	225.99	270.36	308.62	312.61	318.61
28.48	17.18	24.34	16.49	14.14	13.65	13.26
5.46	3.88	5.52	4.57	5.10	4.68	4.33
23.02	13.30	18.82	11.92	9.04	8.97	8.93
135.6	177.4	211.1	275.5	326.0	339.6	344.5
43.3	55.8	67.4	63.8	54.7	56.5	62.8
4.94	3.10	5.44	4.60	4.40	4.24	4.18
13.00	30.27	64.84	295.02	1689.65	2102.21	2341.29
3.06	8.90	16.84	46.03	159.29	184.14	199.40
6.60	12.12	25.34	121.43	827.91	1056.15	1159.37
3.34	9.25	22.66	127.56	702.45	861.92	982.52
370	737	1393	5376	26860	33043	36394
4.27	13.63	21.96	160.82	1464.70	1654.15	2109.52
4.22	11.29	17.51	101.17	610.18	718.52	716.51
0.05	1.00	1.26	5.70	3.40	2.34	4.91
	1.34	3.19	22.63	373.07	507.77	873.88
116	764	539	1019	4800	6323	7544
67	577	459	1069	1494	1658	1780
3.16	2.91	6.23	20.82	153.55	219.98	263.96
5.78	9.85	14.96	60.84	557.53	705.91	864.36

2-5 续表 1

指　　标	Item	单位	Unit
全区金融机构存款余额	Deposits of Financial Institutions	亿元	100 million yuan
全区金融机构贷款余额	Loans of Financial Institutions	亿元	100 million yuan
保险公司保费	Insurance Premium of Insurance Companies	亿元	100 million yuan
保险公司赔款及给付	Indemnity Expenditure and Payment of Insurance Companies	亿元	100 million yuan
物价总指数(以上年为 100)	**Price Indices(preceding year=100)**		
居民消费价格指数	Consumer Price Index	%	%
商品零售价格指数	Retail Price Index	%	%
农业生产资料价格指数	Agricultural Production Index	%	%
工业生产者出厂价格指数	Producer Price Index for Manufactured Goods	%	%
原材料、燃料、动力购进价格指数	Purchasing Price Index for Raw Material, Fuel and Power	%	%
固定资产投资价格指数	Price Index for Investment in Fixed Assets	%	%
能源生产与消耗	**Production and Consumption of Energy**		
一次能源生产量	Primary Energy Production	万吨标准煤	10 000 tons of SCE
能源消耗总量	Total Energy Consumption	万吨标准煤	10 000 tons of SCE
产　　业	**Industry**		
农 业	**Agriculture**		
耕地面积	Area of Cultivated Land	万公顷	10 000 hectares
乡村从业人员	Rural Employed Persons	万人	10 000 persons
农林牧渔业总产值	Gross Output Value of Agriculture, Forestry, Animal Husbandry and Fishery	亿元	100 million yuan
主要农产品产量	Output of Major Farm Products		
粮 食	Grain	万吨	10 000 tons
油 料	Oil-bearing Crops	万吨	10 000 tons
肉类总产量	Meat	万吨	10 000 tons
猪牛羊肉	Pork, Beef and Mutton	万吨	10 000 tons
羊 毛	Wool	吨	ton
羊 绒	Cashmere	吨	ton
水产品产量	Aquatic Products	万吨	10 000 tons
水 果	Fruits	万吨	10 000 tons
工 业	**Industry**		
工业总产值	Gross Output Value of Industry	亿元	100 million yuan
轻工业	Light Industry	亿元	100 million yuan
重工业	Heavy Industry	亿元	100 million yuan

continued

1978	1985	1990	2000	2010	2011	2012
5.49	19.12	55.78	396.49	2573.64	2966.87	3495.41
7.18	22.59	76.66	383.23	2398.70	2860.58	3339.58
	0.08	0.41	5.05	52.75	55.34	62.69
	0.02	0.13	1.02	11.68	14.75	19.99
100.6	108.6	107.1	99.6	104.1	106.3	102.0
100.0	107.8	104.2	97.6	103.2	105.3	101.0
	103.8	105.6	96.0	104.4	114.0	107.6
			103.6	109.1	109.5	97.4
			105.8	114.1	112.8	101.3
			104.5	104.2	107.5	101.5
806.40	973.10	1115.20	1362.70	4912.38	5859.01	6235.68
	420.40	707.30	1162.00	3732.77	4782.14	4960.84
89.1	79.5	79.6	129.3	113.5	113.3	110.4
92.36	120.48	140.93	197.91	218.03	218.57	214.29
4.81	12.02	24.69	77.75	305.94	354.68	385.15
116.98	139.53	191.70	252.74	356.51	358.95	375.03
2.57	5.34	6.24	6.99	20.85	18.41	18.03
1.23	3.49	6.76	19.00	25.70	25.25	26.54
1.23	3.36	6.28	15.94	23.36	22.66	24.09
2106	3443	4070	5418	7424	8235	9113
129	88	158	364	378	448	450
0.02	0.21	1.02	3.70	9.00	10.54	12.35
1.83	3.54	5.52	19.32	64.92	72.47	80.47
13.85	24.30	64.74	293.94	1924.39	2491.44	3024.00
3.45	7.27	17.96	68.37	315.31	358.09	424.35
10.40	17.03	46.79	225.57	1609.08	2133.36	2599.65

2-5 续表 2

指　　标	Item	单位	Unit
主要工业产品产量	**Output of Major Industrial Products**		
原　煤	Coal	万吨	10 000 tons
发电量	Electricity	亿千瓦小时	10 000 million kwh
钢　材	Rolled Steel	万吨	10 000 tons
铝	Aluminum	万吨	10 000 tons
轮胎外胎	Tires	万条	10 000 tires
合成氨	Synthetic Ammonia	万吨	10 000 tons
农用化肥(折纯)	Chemical Fertilizers	万吨	10 000 tons
水　泥	Cement	万吨	10 000 tons
建筑业	**Construction**		
建筑业企业从业人员	Number of Employed Persons	人	person
建筑业总产值	Gross Output Value	亿元	100 million yuan
交通运输业	**Transportation**		
货物周转量	Freight Ton-kilometers	百万吨公里	million ton-km
铁　路	Railways	百万吨公里	million ton-km
公　路	Highways	百万吨公里	million ton-km
旅客周转量	Passenger-kilometers	万人公里	10 000 passenger-km
铁　路	Railways	万人公里	10 000 passenger-km
公　路	Highways	万人公里	10 000 passenger-km
邮电通讯业	**Postal and Telecommunication Services**		
邮电业务总量	Business Volume of Postal and Telecommunication Services	万元	10 000 yuan
函件	Number of Letters Delivered	万件	10 000 pcs
报刊期发数	Number of Newspapers and Magazines Distributed	万件	10 000 pcs
本地电话年末用户	Number of Telephone Subscribers at Year-end	万户	10 000 subscribers
移动电话用户	Mobile Telephone	万户	10 000 subscribers
国际互联网络用户	Number of Internet Subscribers	万户	10 000 subscribers

continued

1978	1985	1990	2000	2010	2011	2012
999.00	1213.69	1443.10	1581.00	6613.61	7932.29	8597.66
16.51	24.14	55.96	136.61	585.82	937.03	1005.91
2.78	3.88	4.75	5.59	33.03	76.51	109.14
1.83	2.92	6.01	11.69	91.51	118.36	152.35
30.09	34.34	63.50	193.32	210.44	188.38	141.91
6.77	9.20	34.32	73.49	100.74	115.89	115.79
5.30	6.71	27.74	59.52	95.17	92.66	87.99
27.66	61.62	95.74	280.25	1357.45	1455.46	1605.29
	53422	54367	83980	98258	102535	91235
1.32	3.94	7.16	56.24	343.37	428.94	468.04
5622	6197	7479	22186	84590	96196	106487
5349	5192	5980	15945	27664	32227	36774
273	796	1259	5686	53827	60812	70012
44223	121000	192033	575597	1163818	1339417	1441031
23208	45392	46810	244662	330502	411057	411493
21015	75608	145223	313768	653115	723666	796893
1165	1908	4358	143401	1561770	578421	656680
1169	1792	2054	2021	2088	1411	1146
45.0	125.1	85.4	61.7	54.9	52.8	59.0
0.68	2.73	5.11	90.45	562.70	633.30	710.40
			20.44	450.80	524.80	605.44
			3.44	48.80	53.94	60.91

2-5 续表 3

指　　标	Item	单位	Unit
批发零售贸易餐饮业	**Wholesale and Retail Trade and Catering Services**		
社会消费品零售总额	Total Retail Sales of Consumer Goods	亿元	100 million yuan
对外贸易	**Foreign Trade**		
进出口总额	Total Value of Imports and Exports	万美元	USD 10 000
出口额	Exports	万美元	USD 10 000
进口额	Imports	万美元	USD 10 000
旅游业	**Tourism**		
接待海外旅游人数	Number of Oversea Visitors	人	person
旅游外汇总收入	Foreign Exchange Earnings from International Tourism	万元	10 000 yuan
利用外资	**Utilization of Foreign Capital**		
签订利用外资协议额	Total Amount of Agreements and Contracts	万美元	USD 10 000
实际利用外资额	Foreign Investment Actually Utilized	万美元	USD 10 000
教育、科技、文化、卫生	**Education, Science and Technology, Culture and Health Care**		
教　育	**Education**		
高等学校在校学生数	Students Enrollment of Higher Education	人	person
中等职业教育在校学生数	Students Enrollment of Specialized Secondary Schools	人	person
普通中学在校学生数	Students Enrollment of Regular Junior Secondary Schools	万人	10 000 persons
小学在校学生数	Students Enrollment of Primary Schools	万人	10 000 persons
科　技	**Science and Teconology**		
研究与试验发展人员全时当量	Number of Scientists and Engineers	人年	man-year
研究与试验发展经费内部支出	Expenditures on Research and Development	万元	10 000 yuan
文　化	**Culture**		
图书出版数量	Number of Books Published	万册	10 000 copies
报纸出版数	Number of Newspaper Published	万份	10 000 copies
卫　生	**Health Care**		
医疗卫生机构数	Number of Health Care Institutions	个	unit
医院病床数	Beds in Health Care Institutions	张	bed
卫生技术人员	Medical Technical Personnel	人	person
家庭、生活、环境	**Family, People's Living Conditions and Environment**		
家　庭	**Family**		
家庭总户数	Number of Family Household	万户	household
平均每户家庭人口	Average Family Size	人	person

注：医疗卫生机构数2000年数据不包括诊所、医务室、社区服务站，2011年数据包括村卫生室。

continued

1978	1985	1990	2000	2010	2011	2012
5.04	13.15	25.30	100.54	403.59	477.58	548.83
2962	5426	8491	44292	196049	228573	221667
2271	3416	7679	32736	117026	159943	164116
691	2010	812	11556	79023	68630	57551
		1950	7807	17990	19479	18994
		175	2252	4067	4026	3443
	344	268	11067	55210	38687	43601
	99	1077	9091	23175	34226	34809
2890	6425	7992	17163	83415	91383	100188
5198	19845	23257	32862	102659	112500	104757
23.29	23.79	28.44	31.83	44.91	44.74	45.03
61.30	65.42	66.73	65.74	65.37	64.33	61.81
			2519	6378	7359	8073
			17335	115101	153184	182304
1136	2206	1890	1649	1906	2082	2737
	3855	4561	6136	10806	10045	8878
825	1057	1163	1361	1583	4143	4136
6962	8640	10045	13229	20258	22114	23509
10913	15528	19175	19171	29744	32054	34265
66.80	80.83	100.91	140.60	195.48	197.41	196.71
5.52	5.13	4.61	3.98	3.28	3.24	3.29

a) Data of health care institutions in 2000, do not include clinics, health centers and community health service centers.

2-5 续表 4

指　　标	Item	单位	Unit
婚 姻	**Marriages and Divorces**		
结婚登记总数	Registered Number of Marriages	对	couple
离婚总数	Number of Divorces	对	couple
生 活	**People's Living Conditions**		
城镇职工工资总额	Total Wages Bill of Staff and Workers in Urban Area	亿元	100 million yuan
城镇职工年平均工资	Annual Average Wage of Staff and Workers in Urban Area	元	yuan
城镇居民人均可支配收入	Annual Per Capita Disposable Income of Urban Households	元	yuan
城镇居民人均消费支出	Annual Per Capital Consumption Expenditure of Urban Households	元	yuan
农民人均纯收入	Annual Per Capital Net Income of Rural Households	元	yuan
农民人均生活消费支出	Annual Per Capita Living Expenditure of Rural Households	元	yuan
城乡居民储蓄存款余额	Per Capita Balance of Saving Deposit	亿元	100 million yuan
居 住	**Housing**		
城镇人均建筑面积	Per Capita Gross Living Space in Urban Areas	平方米	sq.m
农村人均居住面积	Per Capita Net Income of Rural Residents	平方米	sq.m
市政建设	**Municipal Works**		
自来水供应量	Annual Supply of Tap Water	万吨	10 000 tons
下水道长度	Length of Sewer Pipelines	公里	km
城市液化气供应量	Volume of Liquefied Gas Supply in Cities	万吨	10 000 tons
城市天然气供应量	Volume of Natural Gas Supply in Cities	万立方米	10 000 cu.m
年末公交车运营车数	Number of Public Vehicles under Operation at Year-end	辆	unit
出租车数	Number of Taxis	辆	unit
铺装道路面积	Areas of Paved Roads	万平方米	10 000 sq.m
绿地面积	Areas of Green Land	公顷	hectare
环境、灾害	**Environment and Disaster**		
当年施工污染治理项目数	Number of Projects for Pollution Treatment	个	unit
治污项目本年完成投资额	Total Investment in the Treatment of Environmental Pollution	万元	10 000 yuan
火灾发生数	Number of Fire Disasters	起	unit
火灾损失	Fire Loss	万元	10 000 yuan
交通事故发生数	Number of Traffic Accidents	起	unit
交通事故损失	Loss of Traffic Accidents	万元	10 000 yuan

注：市政建设部分统计数据来源于宁夏回族自治区建设厅。

continued

1978	1985	1990	2000	2010	2011	2012
	34476	36644	35711	60229	61500	60700
	2166	3533	6161	8836	9513	10794
3.08	6.56	14.66	56.33	216.50	258.05	335.99
726	1206	2202	8681	39144	44574	48961
346	735	1421	4912	15344	17579	19831
300	645	1212	4201	11334	12896	14067
116	326	594	1724	4675	5410	6180
91	265	486	1417	4013	4727	5633
0.90	8.04	32.80	229.35	1170.25	1351.30	1679.43
		18.40	24.80	28.91	30.18	30.28
7.80	11.80	13.60	18.00	24.89	24.38	25.86
			25471	38945	36152	31634
			480	2102	2297	2080
			1.82	2.19	2.06	2.52
			56	115902	138923	194965
			719	2992	3052	3528
				15673	15492	15854
			911	5798	6392	7220
			3316	20366	21786	23477
			112	21	112	60
		1774	18541	40896	46091	69160
		276	2893	3447	3256	3291
		180	688	1338	220	418
		2072	11200	2050	1729	1769
		332	2083	659	752	708

a)The data of “Municipal Works” come from Department of Construction of Ningxia Hui Autonomous Region.

2-6 国民经济与社会发展总量速度指标

Growth Rate of Principal Aggregate Indicators on National Economic and Social Development

指　　标	Item	2012年为以下各年% 2012 as Percentage of the Following Years				平均每年增长% Average Annual Growth Rate	
		1978	1990	2000	2011	1979-2012	2001-2012
人　口	**Population**						
年末总人口	Population at Year-end	182.0	139.0	116.8	101.2	1.8	1.3
回族人口	Hui Ethnic	210.2	149.5	120.5	100.6	2.2	1.6
从业人数	**Employment**						
年末从业人数	Employment at Year-end	254.1	163.2	125.0	101.4	2.8	1.9
职工人数	Staff and Workers	145.0	93.2	98.4	111.0	1.1	-0.1
地区生产总值	**Gross Domestic Product**	2553.0	886.2	382.9	111.5	10.0	11.8
第一产业	Primary Industry	664.5	286.2	193.0	105.8	5.7	5.6
第二产业	Secondary Industry	3648.6	1421.3	543.5	113.8	11.2	15.2
第三产业	Tertiary Industry	3534.0	865.5	311.5	109.7	11.1	9.9
固定资产投资	**Investment in Fixed Assets**						
全社会固定资产投资总额	Total Investment in Fixed Assets	49381.3	9606.1	1311.7	127.5	20.0	23.9
国有单位	State-owned Unit	16960.31	4091.4	708.2	99.7	16.3	17.7
财　政	**Government Finance**						
地方财政收入	Local Government Revenue	8352.3	4236.4	1267.5	120.0	13.9	23.6
地方财政支出	Local Government Expenditure	14966.0	5777.2	1420.8	122.4	15.9	24.8
农　业	**Agriculture**						
年末耕地面积	Area of Cultivated Land	123.8	138.6	85.3	97.4	0.6	-1.3
主要农产品产量	Output of Major Farm Products						
粮　食	Grain	320.6	195.6	148.4	104.5	3.5	3.3
油　料	Oil-bearing Crops	702.2	288.8	258.0	97.9	5.9	8.2
猪牛羊肉	Pork,Beaf and Mutton	1958.4	383.6	151.1	106.3	9.1	3.5
水产品	Aquatic Products	61769.0	1211.2	333.9	117.2	20.8	10.6
工　业	**Industry**						
全部工业增加值	Gross Industrial Value-added	3560.9	1397.0	547.3	113.5	11.0	15.2
主要工业产品产量	Output of Major Industrial Products						
原　煤	Coal	860.6	595.8	543.8	108.4	6.5	15.2
发电量	Electricity	6092.7	1797.6	736.3	107.4	12.8	18.1

2-6 续表 1 continued

指　标	Item	2012 年为以下各年% 2012 as Percentage of the Following Years				平均每年增长% Average Annual Growth Rate	
		1978	1990	2000	2011	1979-2012	2001-2012
钢　材	Rolled Steel	3925.9	2297.7	1952.4	142.6	11.4	28.1
铝	Aluminum	8325.1	2534.9	1303.3	128.7	13.9	23.9
水　泥	Cement	5803.7	1676.7	572.8	110.3	12.7	15.7
运输、邮电	**Transport and Postal**						
货物周转量	Freight Ton-kilometers	1894.0	1423.8	480.0	110.7	9.0	14.0
旅客周转量	Passenger-kilometers	3258.6	750.4	250.4	107.6	10.8	7.9
批发零售贸易餐饮业	**Wholesale and Retail Trade and Catering Services**						
社会消费品零售总额	Retail Sales of Consumer Goods	10885.0	2169.0	545.9	114.9	14.8	15.2
对外贸易	**Foreign Trade**						
进出口总额	Total Value of Imports and Exports	7483.7	2610.6	500.5	97.0	13.5	14.4
出口额	Exports	7226.6	2137.2	501.3	102.6	13.4	14.4
进口额	Imports	8328.7	7087.6	498.0	83.9	13.9	14.3
文化、教育、卫生	**Culture, Education and Health Care**						
高等院校在校学生数	Students Enrollment of Higher Education	3466.7	1253.6	583.7	109.6	11.0	15.8
中等职业教育在校学生数	Students Enrollment of Secondary Vocational Schools	2015.3	450.4	318.8	93.1	9.2	10.1
普通中学在校学生数	Students Enrollment of Regular Junior Secondary Schools	193.3	158.3	141.5	100.6	2.0	2.9
小学在校学生数	Students Enrollment of Primary Schools	100.8	92.6	94.0	96.1	0.02	-0.5
报纸出版数	Number of Newspaper Published		194.7	144.7	88.4		3.1
医疗卫生机构数	Number of Health Care Institutions	501.3	355.6	303.9	99.8	4.9	9.7
医院病床数	Beds in Health Care Institutions	337.7	234.0	177.7	106.3	3.6	4.9
卫生技术人员	Medical Technical Personnel	314.0	178.7	178.7	106.9	3.4	5.0
人民生活	**People's Living Conditions**						
农民人均纯收入	Annual Per Capita Net Income of Rural Households	5332.2	1039.9	358.4	114.2	12.4	11.2
农民家庭人均生活消费支出	Annual Per Capita Living Expenditure of Rural Households	6210.6	1158.3	397.5	119.2	12.9	12.2
城镇居民人均可支配收入	Annual Per Capita Disposable Income of Urban Households	5729.8	1395.4	403.7	112.8	12.6	12.3
城镇居民人均消费支出	Annual Per Capita Consumption Expenditure of Urban Households	4689.0	1160.8	334.9	109.1	12.0	10.6
职工年工资总额	Total Wages Bill of Staff and Workers	10908.9	2291.2	596.4	130.2	14.8	16.0
职工年平均工资	Annual Average Wages of Staff and Workers	6743.9	2223.5	564.0	109.8	13.2	15.5
居民储蓄存款余额	Balance of Saving Deposit			732.3	124.3		18.0

2-7 国民经济主要比例关系

单位:%

指　　标	Item
地区生产总值中三次产业比例	**Proportion of Three Industry on GDP**
第一产业	Primary Industry
第二产业	Secondary Industry
第三产业	Tertiary Industry
从业人员中三次产业比例	**Proportion of Three Industry on Employment**
第一产业	Primary Industry
第二产业	Secondary Industry
第三产业	Tertiary Industry
农业总产值中农、林、牧、渔业比例	**Proportion of Gross Output Value of Agriculture**
农　业	Farming
林　业	Forestry
牧　业	Animal Husbandary
渔　业	Fishery
农林牧渔服务业	Services for Agriculture
工业总产值中轻、重工业比例	**Proportion of Gross Output Value of Industry**
轻工业	Light Industry
重工业	Heavy Industry
工业总产值中大中小型企业比例	**Proportion of Gross Output Value of Industry**
大型企业	Large Enterprises
中型企业	Medium-sized Enterprises
小型企业	Small Enterprises
微型企业	Macro-enterprises
财政收入占地区生产总值的比例	**Proportion of Government Revenue to GDP**
科教文卫支出占财政支出的比例	**Proportion of Science, Education, Culture and Health Care to Government Expenditure**

注:按全国核算制度规定,2005 年起,农林牧渔服务业包括在第一产业中,2004 年及之前包括在第三产业中。

Major Indicators on Proportions in National Economic

(%)

1978	1980	1990	2000	2010	2011	2012
100.0	**100.0**	**100.0**	**100.0**	**100.0**	**100.0**	**100.0**
23.6	26.7	26.0	15.6	9.4	8.8	8.5
50.8	45.6	39.1	41.2	49.0	50.2	49.5
25.6	27.7	34.9	43.2	41.6	41.0	42.0
100.0	**100.0**	**100.0**	**100.0**	**100.0**	**100.0**	**100.0**
69.5	70.0	62.2	57.6	49.7	48.9	48.5
18.6	17.7	18.2	18.1	16.5	16.3	16.5
11.9	12.3	19.6	24.3	33.8	34.8	35.0
100.0	**100.0**	**100.0**	**100.0**	**100.0**	**100.0**	**100.0**
78.7	82.5	70.9	60.5	63.8	63.0	62.4
3.1	3.8	5.3	4.0	2.8	2.6	2.5
18.1	13.6	21.9	33.1	26.8	27.5	27.5
0.1	0.1	1.9	2.4	2.6	2.9	3.5
				3.9	3.9	4.1
100.0	**100.0**	**100.0**	**100.0**	**100.0**	**100.0**	**100.0**
24.9	27.0	27.7	23.3	16.4	14.4	14.0
75.1	73.0	72.3	76.7	83.6	85.6	86.0
100.0	**100.0**	**100.0**	**100.0**	**100.0**	**100.0**	**100.0**
21.9	23.2	31.6	43.4	39.6	58.9	59.3
27.6	29.6	19.6	16.5	35.6	20.4	21.2
50.5	47.2	48.8	40.2	24.8	20.3	19.0
					0.5	0.5
24.3	**12.8**	**9.6**	**7.8**	**9.1**	**10.5**	**11.3**
13.5	**13.1**	**22.5**	**20.9**	**24.7**	**23.5**	**20.4**

a) According to the national accounting system, from 2005, the output value of services of farming, forestry, animal husbandry and fishery were included in the first industry, whice included in the tertiery industry before 2004.

2-8 按人口平均的主要经济指标

指　标	Item	单位	Unit
地区生产总值	**Gross Domestic Product**	**元**	**yuan**
农　业	**Agriculture**		
农林牧渔业总产值	Gross Output Value of Agriculture, Forestry, Animal Husbandary and Fishery	元	yuan
耕地面积	Area of Cultivated Land	亩	mu
粮食产量	Output of Grain	千克	kg
油料产量	Output of Oil-bearing Crops	千克	kg
猪牛羊肉产量	Output of Pork, Beaf and Mutton	千克	kg
水产品产量	Output of Aquatic Products	千克	kg
工　业	**Industry**		
工业总产值	Gross Output Value of Industry	元	yuan
原　煤	Coal	千克	kg
发电量	Electricity	千瓦时	kwh
钢　材	Rolled Steel	千克	kg
铝	Aluminum	千克	kg
农用化肥	Chemical Fertilizer	千克	kg
水　泥	Cement	千克	kg
财　政	**Government Finance**		
地方财政收入	Local Financial Revenue	元	yuan
地方财政支出	Local Financial Expenditure	元	yuan
全社会固定资产投资	**Total Investment in Fixed Assets**	**元**	**yuan**
社会消费品零售额	**Total Retail Sales of Consumer Goods**	**元**	**yuan**
人民生活	**People's Living Conditions**		
职工平均工资	Annual Average Wages of Staff and Workers	元	yuan
农民人均纯收入	Annual Per Capita Net Income of Rural Residents	元	yuan
农民人均生活消费支出	Annual Per Capita Living Expenditure of Rural Households	元	yuan
城镇居民人均可支配收入	Annual Per Capita Disposable Income of Urban Households	元	yuan
城镇居民人均消费支出	Annual Per Capita Consumption Expenditure of Urban Households	元	yuan

注:本表价值指标均按当年价格计算。

Per Capita Main Indicators on Economy

1978	1980	1990	2000	2010	2011	2012
370	**433**	**1393**	**5376**	**26860**	**33043**	**36394**
137.1	173.9	530.3	1416.8	4863.3	5574.9	5986.9
3.8	3.6	2.6	3.5	2.7	2.7	2.6
333.2	326.3	411.8	460.5	566.7	564.2	583.0
7.3	9.8	13.4	12.7	33.1	28.9	28.0
3.5	5.2	13.5	29.0	37.1	35.6	37.4
0.1	0.1	2.2	6.7	14.3	16.6	19.2
394.4	377.3	1390.6	5356.0	30590.6	39161.0	47005.9
2845.0	2632.0	3099.8	2880.8	10513.2	12468.1	13394.6
470.2	526.7	1202.0	2489.2	9312.3	14728.4	15636.2
7.9	11.2	10.2	10.2	52.5	120.3	169.7
5.2	6.1	12.9	21.3	145.5	186.0	236.8
15.1	15.1	59.6	108.5	151.3	145.7	136.8
78.8	79.3	205.7	510.7	2157.8	2287.7	2495.3
90.0	55.2	133.8	379.4	2440.9	3457.6	4103.0
164.5	155.9	321.4	1108.6	8862.9	11095.6	13435.9
121.7	**107.8**	**471.7**	**2930.3**	**23283.8**	**26000.3**	**32791.0**
143.6	**182.8**	**543.5**	**1832.0**	**6415.6**	**7506.7**	**8531.2**
726	863	2202	8681	39144	44574	48961
115.9	175.1	594.3	1724.3	4674.9	5410.0	6180.0
90.7	135.5	486.3	1417.1	4013.2	4726.6	5633.0
346.1	464.2	1421.2	4912.5	15344.5	17578.9	19831.0
300.0	403.3	1211.8	4200.5	11334.4	12896.0	14067.0

a)Figures in value terms in this table are calculated at current prices.

2-9 各市县国民经济主要指标及位次(2012 年)

Major Indicators on National Economic and Ranking by City and Country (2012)

地　区	Region	年平均人口(人) Average Population (person)	人口出生率(‰) Birth Rate(‰)		人口自然增长率(‰) Natural Growth Rate(‰)	
			绝对值 Rate	位次 Rank	绝对值 Rate	位次 Rank
全区总计	**Total**	**6433229**	**13.26**		**8.93**	
兴庆区	Xingqing	693694	9.87	2	7.28	7
西夏区	Xixia	336391	8.67	1	5.92	3
金凤区	Jinfeng	289935	10.28	4	6.53	5
永宁县	Yongning	221781	10.75	6	5.86	2
贺兰县	Helan	227424	12.55	11	6.02	4
灵武市	Lingwu	266818	13.65	13	8.51	12
大武口区	Dawukou	292121	10.08	3	6.60	6
惠农区	Huinong	188781	10.73	5	5.53	1
平罗县	Pingluo	256927	11.60	8	8.20	11
利通区	Litong	386858	14.08	15	9.50	15
红寺堡区	Hongsipu	170130	16.18	18	13.45	22
盐池县	Yanchi	148672	13.90	14	8.52	13
同心县	Tongxin	328773	17.66	22	12.63	21
青铜峡市	Qingtongxia	269196	11.52	7	7.37	8
原州区	Yuanzhou	421480	15.84	17	10.08	16
西吉县	Xiji	363927	17.36	20	11.65	18
隆德县	Longde	163121	12.44	10	7.51	9
泾源县	Jingyuan	103101	16.73	19	11.91	19
彭阳县	Pengyang	204044	15.02	16	10.51	17
沙坡头区	Shapotou	385096	12.28	9	7.51	9
中宁县	Zhongning	317792	13.15	12	8.99	14
海原县	Haiyuan	397173	17.46	21	12.58	20

2-9 续表 1 continued

地　区	Region	地区生产总值比上年增长(%) Growth Rate of GDP(%)		人均地区生产总值比上年增长(%) Growth Rate of Per Capita GDP (%)		人均农林牧渔业总产值(元) Per Capita of Gross Output Value of Agriculture, Forestry, Animal Husbandry and Fishery (yuan)	
		绝对值 Rate	位次 Rank	绝对值 Rate	位次 Rank	绝对值 Level	位次 Rank
全区总计	**Total**	**11.5**		**10.3**		**5986.87**	
银 川 市	Yinchuan	11.7	15	10.3	9	2316.27	19
永 宁 县	Yongning	13.0	6	10.5	1	9993.74	3
贺 兰 县	Helan	14.4	2	10.4	4	11113.84	2
灵 武 市	Lingwu	14.1	4	10.3	9	6432.08	10
石嘴山市	Shizuishan	12.3	8	10.4	4	2456.55	18
平 罗 县	Pingluo	11.5	17	10.4	4	11725.75	1
利 通 区	Litong	15.0	1	10.2	12	7341.30	9
红寺堡区	Hongsipu	11.3	18	10.0	18	4116.92	17
盐 池 县	Yanchi	14.2	3	10.5	1	7375.44	8
同 心 县	Tongxin	13.0	6	10.1	14	5824.77	12
青铜峡市	Qingtongxia	13.1	5	10.4	4	9651.79	5
原 州 区	Yuanzhou	12.1	12	10.0	18	5464.53	14
西 吉 县	Xiji	12.1	12	10.1	14	5969.61	11
隆 德 县	Longde	12.3	8	10.5	1	5366.89	15
泾 源 县	Jingyuan	10.9	19	10.1	14	5605.13	13
彭 阳 县	Pengyang	11.8	14	10.2	12	9812.24	4
沙坡头区	Shapotou	12.2	10	10.3	9	8263.15	7
中 宁 县	Zhongning	12.2	10	10.4	4	8802.60	6
海 原 县	Haiyuan	11.7	15	10.1	14	4386.74	16

2-9 **续表** 2 continued

地　区	Region	人均耕地面积(亩) Per Capita Cultivated Area (mu)		人均粮食产量(千克) Per Capita Output of Grain(kg)		人均油料产量(千克) Per Capita Oil-bearing Crops (kg)	
		绝对值 Level	位次 Rank	绝对值 Level	位次 Rank	绝对值 Level	位次 Rank
全区总计	**Total**	**2.57**		**582.96**		**28.03**	
银川市	Yinchuan	0.39	18	170.19	19	0.92	19
永宁县	Yongning	2.23	11	1118.50	2	3.43	18
贺兰县	Helan	2.46	10	1082.80	3	7.22	15
灵武市	Lingwu	1.36	15	627.30	10	10.73	14
石嘴山市	Shizuishan	0.73	17	185.46	18	13.39	12
平罗县	Pingluo	3.22	7	1424.24	1	70.39	3
利通区	Litong	1.08	16	477.66	14	6.35	16
红寺堡区	Hongsipu			628.77	9	44.87	8
盐池县	Yanchi	9.09	1	598.39	11	93.47	1
同心县	Tongxin	7.36	2	845.00	7	68.06	4
青铜峡市	Qingtongxia	1.82	13	1040.06	5	5.19	17
原州区	Yuanzhou	4.39	6	438.38	15	88.14	2
西吉县	Xiji	4.76	5	750.63	8	45.15	7
隆德县	Longde	2.84	8	583.00	12	45.18	6
泾源县	Jingyuan	2.52	9	289.13	17	17.42	10
彭阳县	Pengyang	5.00	4	1080.25	4	19.90	9
沙坡头区	Shapotou	1.65	14	391.34	16	12.33	13
中宁县	Zhongning	1.86	12	939.17	6	17.18	11
海原县	Haiyuan	5.57	3	548.69	13	61.80	5

2-9 续表 3 continued

地 区	Region	人均猪牛羊肉产量(千克) Per Capita Output of Pork, Beaf and Mutton(kg)		人均水产品产量(千克) Per Capita Output of Aquatic Products(kg)		人均地方财政收入(元) Per Capita Local Financial Revenue(yuan)	
		绝对值 Level	位次 Rank	绝对值 Level	位次 Rank	绝对值 Level	位次 Rank
全区总计	**Total**	**37.44**		**19.20**		**4103.02**	
银川市	Yinchuan	6.51	19	11.14	8	1852.74	9
永宁县	Yongning	48.44	9	39.69	4	4107.70	3
贺兰县	Helan	27.98	15	148.62	1	4956.82	2
灵武市	Lingwu	65.94	6	11.32	7	5160.93	1
石嘴山市	Shizuishan	10.41	18	21.48	6	1320.77	10
平罗县	Pingluo	47.27	10	105.75	2	2980.15	5
利通区	Litong	26.04	17	6.07	10	719.82	12
红寺堡区	Hongsipu	31.76	14			641.10	13
盐池县	Yanchi	107.01	1	0.47	12	3898.25	4
同心县	Tongxin	56.35	7			517.50	14
青铜峡市	Qingtongxia	68.15	5	43.22	3	2938.45	6
原州区	Yuanzhou	34.27	12			478.53	15
西吉县	Xiji	43.10	11	0.60	11	261.18	18
隆德县	Longde	54.51	8			391.00	17
泾源县	Jingyuan	85.24	2			445.87	16
彭阳县	Pengyang	78.04	3			993.36	11
沙坡头区	Shapotou	26.10	16	22.07	5	1906.90	8
中宁县	Zhongning	74.81	4	9.09	9	2058.58	7
海原县	Haiyuan	33.14	13	0.13	13	216.05	19

2-9 续表 4continued

地区	Region	人均财政支出(元) Per Capita Local Financial Expenditure(yuan)		人均固定资产投资(元) Per Capita Investment in Fixed Assets(yuan)		人均社会消费品零售额(元) Per Capita Retail Sales of Consumer Goods(yuan)	
		绝对值 Level	位次 Rank	绝对值 Level	位次 Rank	绝对值 Level	位次 Rank
全区总计	**Total**	**13435.89**		**31798.78**		**8531.24**	
银川市	Yinchuan	3324.71	18	27847.48	10	16649.19	2
永宁县	Yongning	9291.96	10	45513.55	4	5723.21	7
贺兰县	Helan	9911.84	7	45148.45	5	32055.85	1
灵武市	Lingwu	12853.89	2	119438.08	1	3993.10	12
石嘴山市	Shizuishan	3962.72	17	48143.95	2	12337.42	3
平罗县	Pingluo	8840.88	12	39104.96	6	6931.36	5
利通区	Litong	2646.81	19	36728.23	7	8960.99	4
红寺堡区	Hongsipu	8347.38	14	22502.15	12	1800.61	18
盐池县	Yanchi	14073.93	1	45699.66	3	5632.94	8
同心县	Tongxin	9141.78	11	11522.17	17	2477.66	16
青铜峡市	Qingtongxia	9644.53	9	29295.01	9	5265.56	9
原州区	Yuanzhou	5404.17	16	15521.26	13	4990.62	10
西吉县	Xiji	8693.25	13	5969.00	19	2834.02	13
隆德县	Longde	10542.30	4	13314.53	16	2447.89	17
泾源县	Jingyuan	11354.01	3	15099.95	14	2590.37	14
彭阳县	Pengyang	10486.41	5	14541.03	15	2569.53	15
沙坡头区	Shapotou	10238.75	6	25440.67	11	6210.78	6
中宁县	Zhongning	9843.01	8	34856.35	8	4282.35	11
海原县	Haiyuan	7587.30	15	8391.94	18	1627.97	19

2-9 续表 5 continued

地 区	Region	城镇非私营单位在岗职工平均工资(元) Average Wage of Fully Employed Staff and Workers(yuan)		农民人均纯收入(元) Per Capita Net Income of Rural Residents(yuan)		农民人均生活消费支出(元) Annual Per Capita Living Expenditure of Rural Households(yuan)	
		绝对值 Level	位次 Rank	绝对值 Level	位次 Rank	绝对值 Level	位次 Rank
全区总计	**Total**	**48961**		**6184**		**5633**	
银川市	Yinchuan	54679	1				
永宁县	Yongning	34968	18	7764	6	6392	6
贺兰县	Helan	39649	15	8202	4	8147	1
灵武市	Lingwu	50981	3	8618	3	6561	5
石嘴山市	Shizuishan	42905	10				
平罗县	Pingluo	34646	19	8167	5	7389	2
利通区	Litong	41400	12	8804	1	6274	8
红寺堡区	Hongsipu	41627	11	4616	14	5699	9
盐池县	Yanchi	45895	8	4793	10	5122	10
同心县	Tongxin	41083	14	4533	15	4347	14
青铜峡市	Qingtongxia	50008	4	8656	2	6330	7
原州区	Yuanzhou	48242	6	4793	10	4209	15
西吉县	Xiji	49111	5	4658	13	3869	16
隆德县	Longde	46341	7	4672	12	4384	13
泾源县	Jingyuan	45502	9	4315	16	4982	11
彭阳县	Pengyang	52243	2	4798	9	4549	12
沙坡头区	Shapotou	39475	16	7000	7	7035	3
中宁县	Zhongning	41148	13	6957	8	6574	4
海原县	Haiyuan	38883	17	4225	17	3797	17

第三篇 Chapter3

国民经济核算 National Economic Accounting

责任编辑：张学武

资料整理：张学武　马　潇　万自梅　圣希明　杨　柳　阎丽芬

Coordinator：Zhang Xuewu

Data Compilation：Zhang Xuewu　Ma Xiao　Wan Zimei　Sheng Ximing　Yang Liu　Yan Lifen

3-1 主要年份地区生产总值

Gross Domestic Product

单位:亿元　　(按当年价格计算 Caculated at constant prices)　　(100 million yuan)

年份 Year	地区生产总值 Gross Domestic Product	第一产业 Primary Industry	第二产业 Secondary Industry	工业 Industry	建筑业 Construction	第三产业 Tertiary Industry
1978	13.00	3.06	6.60	5.59	1.02	3.33
1979	14.36	3.41	7.36	6.37	0.99	3.58
1980	15.96	4.26	7.27	6.17	1.10	4.43
1985	30.27	8.90	12.12	9.32	2.80	9.25
1990	64.84	16.84	25.34	21.29	4.05	22.66
1995	175.19	35.41	74.67	63.37	11.30	65.10
1996	202.90	43.28	80.54	68.97	11.57	79.09
1997	224.59	44.87	88.67	74.99	13.68	91.05
1998	245.44	48.75	95.11	78.33	16.78	101.58
1999	264.58	48.08	103.82	83.51	20.32	112.67
2000	295.02	46.03	121.43	96.70	24.73	127.56
2001	337.44	49.67	135.89	106.82	29.06	151.89
2002	377.16	52.95	153.06	120.54	32.52	171.14
2003	445.36	55.63	194.27	151.22	43.05	195.46
2004	537.11	65.33	244.05	197.54	46.50	227.73
2005	612.61	72.07	281.05	228.37	52.68	259.49
2006	725.90	79.54	351.58	287.55	64.03	294.78
2007	919.11	97.89	455.04	376.71	78.33	366.18
2008	1203.92	118.94	609.98	506.98	103.00	475.00
2009	1353.31	127.25	662.32	520.38	141.94	563.74
2010	1689.65	159.29	827.91	643.05	184.86	702.45
2011	2102.21	184.14	1056.15	816.79	239.36	861.92
2012	2341.29	199.40	1159.37	878.63	280.74	982.52

注:按全国核算制度规定,2005年起,农林牧渔服务业包括在第一产业中,2004年及之前包括在第三产业中。

a) According to the national accounting system, from 2005, the output value of services of farming, forestry, animal husbandry and fishery were included in the first industry, which included in the tertiery industry before 2004.

3-1 续表 1 continued

单位:亿元 (100 million yuan)

年份 Year	第三产业 Tertiary Industry					人均地区生产总值(元/人) Per Capita Gross Domestic Product (yuan/person)
	交通运输、仓储和邮政业 Transport, Storage and Post Service	批发和零售业、住宿和餐饮业 Wholesale, Retail Trade, Hoteling and Catering Services	金融业 Finance and Insurance	房地产业 Real Estate	其他服务业 Other Services	
1978	0.66	0.96	0.43	0.08	1.20	370
1979	0.65	0.97	0.53	0.09	1.35	399
1980	0.82	1.12	0.73	0.10	1.65	433
1985	1.75	1.87	1.98	0.22	3.43	737
1990	3.49	5.32	5.57	0.50	7.78	1393
1995	9.84	15.36	19.32	2.15	18.44	3448
1996	14.46	18.77	20.76	2.82	22.28	3926
1997	18.69	20.87	21.96	3.94	25.59	4277
1998	22.17	22.72	21.18	5.15	30.37	4607
1999	26.16	24.33	20.47	7.01	34.70	4900
2000	29.55	26.24	21.57	8.86	41.34	5376
2001	37.04	29.18	21.37	13.19	51.11	6039
2002	43.54	32.25	21.45	13.46	60.44	6647
2003	49.97	36.53	24.80	16.85	67.30	7734
2004	56.83	44.53	27.94	20.78	77.65	9199
2005	47.53	52.19	32.25	22.97	104.55	10349
2006	56.23	57.21	36.99	25.53	118.82	12099
2007	67.53	71.76	51.05	29.49	146.35	15142
2008	93.29	92.89	64.80	38.85	185.17	19609
2009	114.77	100.11	75.54	47.56	225.76	21777
2010	145.17	120.50	97.87	60.53	278.38	26860
2011	174.10	147.14	134.18	79.01	327.49	33043
2012	196.49	167.33	167.48	87.51	363.71	36394

注:由于国民经济行业的调整,2004 年以前的交通运输、仓储和邮政业中包括电信和其他信息传输服务业,2005 年以后,行业更名为"交通运输、仓储和邮政业"。

3-2 地区生产总值构成
Composition of Gross Domestic Product

单位:%　　（按当年价格计算　Caculated at constant prices）　　(%)

年份 Year	地区生产总值 Gross Domestic Product	第一产业 Primary Industry	第二产业 Secondary Industry	工业 Industry	建筑业 Construction	第三产业 Tertiary Industry	交通运输、仓储和邮政业 Transport, Storage and Post Service	批发和零售业、住宿和餐饮业 Wholesale, Retail Trade, Hoteling and Catering Services
1978	100.0	23.6	50.8	43.0	7.8	25.6	5.1	7.4
1979	100.0	23.7	51.3	44.4	6.9	25.0	4.5	6.7
1980	100.0	26.7	45.6	38.7	6.9	27.8	5.1	7.0
1985	100.0	29.4	40.0	30.8	9.3	30.5	5.8	6.2
1990	100.0	26.0	39.1	32.8	6.2	34.9	5.4	8.2
1995	100.0	20.2	42.6	36.2	6.5	37.2	5.6	8.8
1996	100.0	21.3	39.7	34.0	5.7	39.0	7.1	9.2
1997	100.0	20.0	39.5	33.4	6.1	40.5	8.3	9.3
1998	100.0	19.9	38.7	31.9	6.8	41.4	9.0	9.3
1999	100.0	18.2	39.2	31.6	7.7	42.6	9.9	9.2
2000	100.0	15.6	41.2	32.8	8.4	43.2	10.0	8.9
2001	100.0	14.7	40.3	31.7	8.6	45.0	11.0	8.6
2002	100.0	14.0	40.6	32.0	8.6	45.4	11.5	8.6
2003	100.0	12.5	43.6	34.0	9.7	43.9	11.2	8.2
2004	100.0	12.2	45.4	36.8	8.7	42.4	10.6	8.3
2005	100.0	11.8	45.9	37.3	8.6	42.3	7.8	8.5
2006	100.0	11.0	48.4	39.6	8.8	40.6	7.7	7.9
2007	100.0	10.7	49.5	41.0	8.5	39.8	7.3	7.8
2008	100.0	9.9	50.7	42.1	8.6	39.5	7.7	7.7
2009	100.0	9.4	48.9	38.5	10.5	41.7	8.5	7.4
2010	100.0	9.4	49.0	38.1	10.9	41.6	8.6	7.1
2011	100.0	8.8	50.2	38.8	11.4	41.0	8.3	7.0
2012	100.0	8.5	49.5	37.5	12.0	42.0	8.4	7.1

3-3 地区生产总值指数

Indices of Gross Domestic Product

单位:%　　　　(1978 年=100)　　　　(%)

年份 Year	地区生产总值 Gross Domestic Product	第一产业 Primary Industry	第二产业 Secondary Industry	工业 Industry	建筑业 Construction	第三产业 Tertiary Industry	交通运输、仓储和邮政业 Transport, Storage and Post Service	批发和零售业、住宿和餐饮业 Wholesale, Retail Trade, Hoteling and Catering Services
1979	106.4	91.3	112.8	115.3	99.9	107.0	104.5	102.2
1980	114.8	107.5	115.5	115.9	114.5	120.5	122.4	108.1
1985	196.9	197.7	171.0	155.4	259.2	245.4	263.3	159.0
1990	288.1	232.2	256.7	254.9	269.9	408.3	384.8	354.7
1995	426.3	251.0	416.9	411.3	436.1	669.4	673.1	629.7
1996	472.6	296.5	455.6	457.1	420.9	722.0	825.2	704.0
1997	510.1	306.4	493.8	492.9	474.9	810.2	977.1	755.4
1998	554.9	336.5	532.8	525.1	561.9	895.9	1127.5	823.4
1999	605.1	351.0	585.0	568.8	673.1	1017.0	1338.4	881.9
2000	666.8	344.2	671.3	650.6	787.6	1134.7	1540.5	953.3
2001	734.2	366.1	746.9	717.3	907.5	1251.9	1713.0	1035.3
2002	809.4	388.4	841.8	814.5	994.4	1369.1	1939.1	1132.6
2003	911.8	397.7	998.7	951.5	1249.6	1511.1	2131.1	1257.2
2004	1014.0	412.9	1146.6	1129.2	1260.5	1658.6	2280.3	1389.2
2005	1124.5	426.1	1322.0	1323.5	1355.0	1806.2	2444.5	1549.0
2006	1267.3	453.4	1542.8	1552.4	1543.3	1990.5	2686.5	1663.6
2007	1428.3	482.9	1792.7	1811.7	1759.4	2195.5	2877.2	1788.4
2008	1608.2	518.6	2054.5	2067.2	2055.0	2448.0	3170.7	1931.5
2009	1799.6	556.4	2350.3	2337.9	2470.1	2692.8	3265.8	2103.3
2010	2042.5	597.6	2726.4	2674.6	3035.8	3005.1	3549.9	2311.6
2011	2289.7	628.1	3206.2	3137.3	3603.4	3221.5	3883.6	2482.6
2012	2553.0	664.5	3648.6	3560.9	4136.8	3534.0	4221.5	2735.9

3-3 续表 1 continued

单位:% （上年=100） (%)

年份 Year	地区生产总值 Gross Domestic Product	第一产业 Primary Industry	第二产业 Secondary Industry	工业 Industry	建筑业 Construction	第三产业 Tertiary Industry	交通运输、仓储和邮政业 Transport, Storage and Post Service	批发和零售业、住宿和餐饮业 Wholesale, Retail Trade, Hotel and Catering Services
1978	108.9	106.0	110.1	108.8	118.2	109.0	109.3	103.1
1980	107.9	117.7	102.4	100.5	114.6	112.6	117.1	105.8
1985	117.8	108.0	122.6	119.6	133.8	120.8	126.8	111.4
1990	103.7	103.4	102.5	100.4	115.0	105.3	97.6	108.6
1995	109.5	101.1	113.3	114.4	106.7	111.0	115.5	105.8
1996	110.9	118.1	109.3	111.1	96.5	107.9	122.6	111.8
1997	107.9	103.3	108.4	107.8	112.8	112.2	118.4	107.3
1998	108.8	109.8	107.9	106.5	118.3	110.6	115.4	109.0
1999	109.1	104.3	109.8	108.3	119.8	113.5	118.7	107.1
2000	110.2	98.1	114.8	114.4	117.0	111.6	115.1	108.1
2001	110.1	106.4	111.3	110.2	115.2	110.3	111.2	108.6
2002	110.2	106.1	112.7	113.5	109.6	109.4	113.2	109.4
2003	112.7	102.4	118.6	116.8	125.7	110.4	109.9	111.0
2004	111.2	103.8	114.8	118.7	100.9	109.8	107.0	110.5
2005	110.9	103.2	115.3	117.2	107.5	108.9	107.2	111.5
2006	112.7	106.4	116.7	117.3	113.9	110.2	109.9	107.4
2007	112.7	106.5	116.2	116.7	114.0	110.3	107.1	107.5
2008	112.6	107.4	114.6	114.1	116.8	111.5	110.2	108.0
2009	111.9	107.3	114.4	113.1	120.2	110.0	103.0	108.9
2010	113.5	107.4	116.0	114.4	122.9	111.6	108.7	109.9
2011	112.1	105.1	117.6	117.3	118.7	107.2	109.4	107.4
2012	111.5	105.8	113.8	113.5	114.8	109.7	108.7	110.2

3-4 分行业增加值及构成

Value-added by Sector and Composition

行　业	Sector	增加值(亿元) Added Valve(100 million yuan)			增加值构成(%) Composition(%)		
		2010	2011	2012	2010	2011	2012
总　计	**Total**	**1689.65**	**2102.21**	**2341.29**	**100.0**	**100.0**	**100.0**
第一产业	**Primary Industry**	**159.29**	**184.14**	**199.40**	**9.4**	**8.8**	**8.5**
农林牧渔业	Agriculture, Forestry, Animal Husbandry and Fishery	159.29	184.14	199.40	9.4	8.8	8.5
第二产业	**Secondary Industry**	**827.91**	**1056.15**	**1159.37**	**49.0**	**50.2**	**49.5**
工业	Industry	643.05	816.79	878.63	38.1	38.9	37.5
采矿业	Mining	173.32	224.79	256.67	10.3	10.7	11.0
制造业	Manufacturing	339.81	428.71	458.80	20.1	20.4	19.6
电力、燃气及水的生产和供应业	Production and Supply of Electricity, Gas and Water	129.92	163.29	163.16	7.7	7.8	7.0
建筑业	Construction	184.86	239.36	280.74	10.9	11.4	12.0
第三产业	**Tertiary Industry**	**702.45**	**861.92**	**982.52**	**41.6**	**41.0**	**42.0**
交通运输、仓储和邮政业	Transport, Storage and Post	145.17	174.10	196.49	8.6	8.3	8.4
信息传输、计算机服务和软件业	Information Transmission, Computer Services and Software	57.38	66.08	68.95	3.4	3.1	2.9
批发和零售业	Wholesale and Retail Trades	89.50	109.99	124.66	5.3	5.2	5.3
住宿和餐饮业	Hotels and Catering Services	31.00	37.15	42.67	1.8	1.8	1.8
金融业	Financial Intermediation	97.87	134.18	167.48	5.8	6.4	7.2
房地产业	Real Estate	60.53	79.01	87.51	3.6	3.8	3.7
租赁和商务服务业	Leasing and Business Services	13.30	19.74	22.37	0.8	0.9	1.0
科学研究、技术服务和地质勘查业	Scientific Research, Technical Services and Geologic Prospecting	12.06	15.55	18.39	0.7	0.7	0.8
水利、环境和公共设施管理业	Management of Water Conservancy, Environment and Public Facilities	7.82	10.32	12.27	0.5	0.5	0.5
居民服务和其他服务业	Services to Households and Other Services	27.86	37.41	42.06	1.6	1.8	1.8
教育	Education	49.27	58.20	65.02	2.9	2.8	2.8
卫生、社会保障和社会福利业	Health, Social Security and Social Welfare	24.59	29.00	31.98	1.5	1.4	1.4
文化、体育和娱乐业	Culture, Sports and Entertainment	7.18	8.27	7.63	0.4	0.4	0.3
公共管理和社会组织	Public Management and Social Organizations	78.92	82.92	95.04	4.7	3.9	4.1

注:本表按当年价格计算。

a)Data in this table are calculated at current prices.

3-5 主要年份支出法地区生产总值

Gross Domestic Product by Expenditure Approach in Main Years

年份 Year	地区生产总值（亿元）Gross Demestic Product (100 million yuan)	最终消费 Final Consumption	资本形成总额 Gross Capital Formation	货物和服务净出口 Net Exports of Goods and Services	最终消费率（消费率）(%) Final Consumption Rate(%)	资本形成率（投资率）(%) Capital Formation Rate (%)
1978	13.00	9.87	9.04	-5.91	75.9	69.5
1979	14.36	10.90	9.37	-5.91	75.9	65.3
1980	15.96	12.81	8.07	-4.92	80.3	50.6
1985	30.27	25.72	19.12	-14.57	85.0	63.2
1990	64.84	47.87	37.22	-20.25	73.8	57.4
1995	175.19	114.82	86.16	-25.79	65.5	49.2
1996	202.90	126.78	105.07	-28.95	62.5	51.8
1997	224.59	133.78	112.61	-21.80	59.6	50.1
1998	245.44	145.54	140.56	-40.66	59.3	57.3
1999	264.58	159.16	152.37	-46.95	60.2	57.6
2000	295.02	193.89	174.47	-73.34	65.7	59.1
2001	337.44	231.99	221.96	-116.51	68.8	65.8
2002	377.16	260.38	265.40	-148.62	69.0	70.4
2003	445.36	291.69	324.03	-170.36	65.5	72.8
2004	537.11	338.66	412.13	-213.68	63.1	76.7
2005	612.61	401.11	505.73	-294.23	65.5	82.6
2006	725.90	460.41	588.83	-323.34	63.4	81.1
2007	919.11	538.50	688.58	-307.97	58.6	74.9
2008	1203.92	652.95	968.45	-417.48	54.2	80.4
2009	1353.31	656.05	1308.83	-611.57	48.5	96.7
2010	1689.65	824.91	1563.26	-698.52	48.8	92.5
2011	2102.21	1020.18	1754.58	-672.55	48.5	83.5
2012	2341.29	1184.01	2086.85	-929.57	50.6	89.1

注：本表按当年价格计算。

a) Data in this table are calculated at current prices.

3-6 主要年份最终消费及构成
Final Consumption Expenditure and Its Composition in Main Years

年份 Year	绝对数(亿元) Level(100 million yuan)					构成(%) Composition(%)			
						最终消费=100 Final Consumption=100		居民消费=100 Household Consumption=100	
	最终消费 Final Consumption	居民消费 Household Consumption	农村居民 Rural Household	城镇居民 Urban Household	政府消费 Government Consumption	居民消费 Household Consumption	政府消费 Government Consumption	农村居民 Rural Household	城镇居民 Urban Household
1978	9.87	7.61	4.86	2.75	2.26	77.1	22.9	63.9	36.1
1979	10.90	8.11	4.63	3.48	2.79	74.4	25.6	57.1	42.9
1980	12.81	9.78	5.44	4.34	3.03	76.3	23.7	55.6	44.4
1985	25.72	17.67	10.60	7.07	8.05	68.7	31.3	60.0	40.0
1990	47.87	33.88	17.91	15.97	13.99	70.8	29.2	52.9	47.1
1995	114.82	85.79	40.50	45.29	29.03	74.7	25.3	47.2	52.8
1996	126.78	95.51	45.64	49.87	31.27	75.3	24.7	47.8	52.2
1997	133.78	100.97	46.29	54.68	32.81	75.5	24.5	45.8	54.2
1998	145.54	109.00	48.20	60.80	36.54	74.9	25.1	44.2	55.8
1999	159.16	115.57	48.63	66.94	43.59	72.6	27.4	42.1	57.9
2000	193.89	135.49	52.74	82.75	58.40	69.9	30.1	38.9	61.1
2001	231.99	145.90	51.89	94.01	86.09	62.9	37.1	35.6	64.4
2002	260.38	163.02	53.99	109.03	97.36	62.6	37.4	33.1	66.9
2003	291.69	189.37	63.49	125.88	102.32	64.9	35.1	33.5	66.5
2004	338.66	226.17	72.84	153.33	112.49	66.8	33.2	32.2	67.8
2005	401.11	264.57	80.50	184.07	136.54	66.0	34.0	30.4	69.6
2006	460.41	304.18	84.94	219.24	156.23	66.1	33.9	27.9	72.1
2007	538.50	348.58	96.31	252.27	189.92	64.7	35.3	27.6	72.4
2008	652.95	436.43	112.60	323.83	216.52	66.8	33.2	25.8	74.2
2009	656.05	492.05	119.85	372.20	164.00	75.0	25.0	24.4	75.6
2010	824.91	565.65	129.81	435.84	259.26	68.6	31.4	23.0	77.1
2011	1020.18	695.83	165.83	530.00	324.35	68.2	31.8	23.8	76.2
2012	1184.01	779.80	190.73	589.07	404.21	65.9	34.1	24.5	75.5

3-7 主要年份资本形成总额及构成

Gross Capital Formation and Its Composition in Main Years

年份 Year	资本形成总额 Gross Capital Formation				
	绝对数(亿元) Level (100 million yuan)			构成(%) Composition(%)	
		固定资本形成总额 Gross Fixed Capital Formation	存货增加 Change in Inventories	固定资本形成总额 Gross Fixed Capital Formation	存货增加 Change in Inventories
1978	9.04	7.95	1.09	87.9	12.1
1979	9.37	8.78	0.59	93.7	6.3
1980	8.07	7.48	0.59	92.7	7.3
1985	19.12	17.05	2.07	89.2	10.8
1990	37.22	25.47	11.75	68.4	31.6
1995	86.16	70.12	16.04	81.4	18.6
1996	105.07	77.32	27.75	73.6	26.4
1997	112.61	88.10	24.51	78.2	21.8
1998	140.56	108.65	31.91	77.3	22.7
1999	152.37	130.61	21.76	85.7	14.3
2000	174.47	160.82	13.65	92.2	7.8
2001	221.96	195.81	26.15	88.2	11.8
2002	265.40	230.83	34.57	87.0	13.0
2003	324.03	318.21	5.82	98.2	1.8
2004	412.13	379.72	32.41	92.1	7.9
2005	505.73	469.62	36.11	92.9	7.1
2006	588.83	574.59	14.24	97.6	2.4
2007	688.58	652.20	36.38	94.7	5.3
2008	968.45	898.25	70.20	92.8	7.2
2009	1308.83	1185.35	123.48	90.6	9.4
2010	1563.26	1489.96	73.30	95.3	4.7
2011	1754.58	1653.19	101.39	94.2	5.8
2012	2086.85	1967.18	119.67	94.3	5.7

3-8 按支出法计算的地区生产总值

Gross Domestic Product by Expenditure Approach

指标	Item	绝对数(亿元) Level (100 million yuan)		构成(%) Composition (%)	
		2011	2012	2011	2012
地区生产总值	**Gross Demestic Product**	**2102.21**	**2341.29**	**100.0**	**100.0**
最终消费	**Final Consumption**	**1020.18**	**1184.01**	**48.5**	**50.6**
居民消费	Household Consumption	695.83	779.80	33.1	33.3
农村居民	Rural Household	165.83	190.73	7.9	8.2
城镇居民	Urban Household	530.00	589.07	25.2	25.2
政府消费	Government Consumption	324.35	404.21	15.4	17.3
资本形成总额	**Gross Capital Formation**	**1754.58**	**2086.85**	**83.5**	**89.1**
固定资本形成总额	Gross Fixed Capital	1653.19	1967.18	78.6	84.0
存货增加	Change in Inventories	101.39	119.67	4.8	5.1
货物和服务净出口	**Net Exports of Goods and Services**	**-672.55**	**-929.57**	**-32.0**	**-39.7**

注:本表按当年价格计算。

a)Data in this table are calculated at current prices.

3-9 按消费类型划分的最终消费(2012年)
Final Consumption Expenditure by Patterns(2012)

指　标	Item	绝对数(亿元) Level (100million yuan)	构成(%) Composition (%)
最终消费支出	**Final Consumption Expenditures**	**1184.01**	**100.0**
居民消费支出	**Household Consumption**	**779.80**	**65.9**
农村居民	**Rural Household**	**190.73**	**16.1**
食品类支出	Food	63.73	5.4
衣着类支出	Clothing	15.61	1.3
居住类支出	Residence	14.94	1.3
家庭设备、用品及服务类支出	Household Facilities, Articles and Services	10.28	0.9
医疗保健类支出	Health Care and Personal Articles	18.13	1.5
交通和通信类支出	Transportation and Communications	20.92	1.8
文教娱乐用品及服务类支出	Recreation, Education and Culture Articles	12.58	1.1
银行中介服务消费支出	Financial Service	12.89	1.1
保险服务消费支出	Insurance Service	2.68	0.2
自有住房服务虚拟支出	Imaginary Expenditure of Freeform Resident Services	13.17	1.1
其他商品和服务类支出	Other Goods and Services	5.80	0.5
城镇居民	**Urban Household**	**589.07**	**49.8**
食品类支出	Food	154.16	13.0
衣着类支出	Clothing	60.63	5.1
居住类支出	Residence	38.58	3.3
家庭设备、用品及服务类支出	Household Facilities, Articles and Services	30.03	2.5
医疗保健类支出	Health Care and Personal Articles	56.96	4.8
交通和通信类支出	Transportation and Communications	68.22	5.8
文教娱乐用品及服务类支出	Recreation, Education and Culture Articles	49.00	4.1
银行中介服务消费支出	Financial Service	43.70	3.7
保险服务消费支出	Insurance Service	9.62	0.8
自有住房服务虚拟支出	Imaginary Expenditure of Freeform Resident Services	42.51	3.6
实物消费支出	Reality Consumption	15.92	1.3
其他商品和服务类支出	Other Goods and Services	19.74	1.7
政府消费支出	**Government Consumption**	**404.21**	**34.1**

注:本表按当年价格计算。

a)Data in this table are calculated at current prices.

3-10 按行业划分的资本形成总额(2012年)
Gross Capital Formation by Sector(2012)

指　　标	Item	绝对数(亿元) Level (100million yuan)	构成(%) Composition (%)
固定资本形成总额	**Gross Fixed Capital Formation**	**1967.18**	**100.0**
住宅	Residence	212.71	10.8
非住宅建筑物	Non-residential Buildings	1263.26	64.2
机器和设备	Machinery and Equipment	464.27	23.6
土地改良支出	Land Improvement Expenditure	21.71	1.1
矿藏勘探费	Mineral Exploration Costs	2.96	0.2
计算机软件	Computer Software	2.27	0.1
存货增加	**Change in Inventories**	**119.67**	**100.0**
第一产业	Primary Industry	-1.67	-1.4
农林牧渔业	Agriculture, Forestry, Animal Husbandary and Fishery	-1.67	-1.4
第二产业	Secondary Industry	106.45	89.0
工业	Industry	94.62	79.1
建筑业	Construction	11.83	9.9
第三产业	Tertiary Industry	14.89	12.4
交通运输、仓储和邮政业	Transport, Storage and Post	5.05	4.2
批发和零售业	Wholesales and Retail Trades	3.08	2.6
住宿和餐饮业	Hotels and Catering Services	-3.96	-3.3
房地产业	Real Estate	10.96	9.2
其他行业	Others	-0.24	-0.2

注:本表按当年价格计算。

a)Data in this table are calculated at current prices.

3-11 各市县地区生产总值(2012 年)

Gross Domestic Product by City and Country(2012)

单位:万元 (10 000 yuan)

地 区	Region	地区生产总值 Gross Domestic Product	第一产业 Primary Industry	第二产业 Secondary Industry			第三产业 Tertiary Industry
					工业 Industry	建筑业 Construction	
全区总计	**Total**	**23412900**	**1994000**	**11593700**	**8786300**	**2807400**	**9825200**
银川市	Yinchuan	7135115	169972	3047812	2067811	980002	3917331
永宁县	Yongning	942324	120003	516416	343311	173105	305905
贺兰县	Helan	927010	131524	489490	342598	146892	305996
灵武市	Lingwu	2504895	88019	2136783	1965452	171331	280093
石嘴山市	Shizuishan	2982162	61378	1992192	1711521	280671	928592
平罗县	Pingluo	1117526	162360	657276	576994	80282	297890
利通区	Litong	1022159	147860	516182	325430	190752	358118
红寺堡区	Hongsipu	110316	36679	44583	24121	20462	29054
盐池县	Yanchi	442104	52065	223643	145930	77713	166396
同心县	Tongxin	360657	90951	141038	91054	49984	128668
青铜峡市	Qingtongxia	1215045	141354	784630	651525	133105	289061
原州区	Yuanzhou	678402	111540	176872	99243	77629	389990
西吉县	Xiji	357554	106235	78816	29760	49056	172503
隆德县	Longde	145900	39540	38347	15524	22823	68013
泾源县	Jingyuan	95557	24454	28756	11361	17395	42347
彭阳县	Pengyang	307132	99440	100067	74278	25789	107625
沙坡头区	Shapotou	1183085	174645	479129	393029	86100	529311
中宁县	Zhongning	1029143	145395	573136	385749	187387	310612
海原县	Haiyuan	293652	90625	58304	16380	41924	144723

注:本表绝对数按当年价格计算,指数按可比价格计算。

a)Level data in this table are calculated at current prices, while indices at constant prices.

3-11 续表 1 continued

地 区	Region	构成(%) Conposition(%)			指数(上年=100) Indices(preceding year=100)				人均地区生产总值(元/人) Per Capita GDP (yuan/person)
		第一产业 Primary Industry	第二产业 Secondary Industry	第三产业 Tertiary Industry	地区生产总值 Gross Demestic Product	第一产业 Primary Industry	第二产业 Secondary Industry	第三产业 Tertiary Industry	
全区总计	**Total**	**8.5**	**49.5**	**42.0**	**111.5**	**105.8**	**113.8**	**109.7**	**36394**
银 川 市	Yinchuan	2.4	42.7	54.9	111.7	104.9	114.0	110.4	54053
永 宁 县	Yongning	12.7	54.8	32.5	113.0	106.7	115.8	109.9	42489
贺 兰 县	Helan	14.2	52.8	33.0	114.4	105.5	119.7	108.4	40761
灵 武 市	Lingwu	3.5	85.3	11.2	114.1	104.9	115.6	107.0	93880
石嘴山市	Shizuishan	2.1	66.8	31.1	112.3	103.5	113.9	109.7	62012
平 罗 县	Pingluo	14.5	58.8	26.7	111.5	105.2	115.5	106.5	43496
利 通 区	Litong	14.5	50.5	35.0	115.0	107.4	120.8	110.2	26422
红寺堡区	Hongsipu	33.2	40.4	26.3	111.3	105.4	123.6	106.6	6484
盐 池 县	Yanchi	11.8	50.6	37.6	114.2	105.4	119.7	110.1	29737
同 心 县	Tongxin	25.2	39.1	35.7	113.0	106.3	117.1	113.5	10970
青铜峡市	Qingtongxia	11.6	64.6	23.8	113.1	105.7	117.4	105.0	45136
原 州 区	Yuanzhou	16.4	26.1	57.5	112.1	107.6	121.9	109.3	16096
西 吉 县	Xiji	29.7	22.1	48.2	112.1	107.1	111.3	116.5	9825
隆 德 县	Longde	27.1	26.3	46.6	112.3	107.7	119.9	111.3	8944
泾 源 县	Jingyuan	25.6	30.1	44.3	110.9	105.8	118.2	109.3	9268
彭 阳 县	Pengyang	32.4	32.6	35.0	111.8	105.8	118.2	113.0	15052
沙坡头区	Shapotou	14.8	40.5	44.7	112.2	103.5	116.2	111.5	30722
中 宁 县	Zhongning	14.1	55.7	30.2	112.2	106.4	115.3	109.3	32384
海 原 县	Haiyuan	30.9	19.9	49.3	111.7	107.1	118.9	112.2	7394

注:本表绝对数按当年价格计算,指数按可比价格计算。

a)Level data in this table are calculated at current prices, while indices at constant prices.

主要统计指标解释

[国内生产总值] 国内生产总值代表一国或一个地区所有常住单位和个人在一定时期内全部生产活动(包括产品和劳务)的最终成果,是社会总产品价值扣除了中间投入价值后的余额,也就是当期新创造财富的价值总量。GDP是国内生产总值英文Gross Domestic Products的缩写,中文译名对国家来说叫做国内生产总值,对地区的中文名称用行政区的名字作定语,如“宁夏生产总值”,简称为“宁夏GDP”,依此类推“银川市生产总值”,简称为“银川市,GDP”等等。

国内生产总值核算有三种方法:

一是生产法,是从生产的角度衡量经济单位和个人在核算时期内新创造的价值。按三次产业划分,第一、二、三产业增加值的总和代表国内生产总值,各产业增加值的计算方法是各产业总产值减去中间消耗。计算公式为:增加值=总产出-中间消耗,。

二是收入法,是根据生产要素(资本、劳动力)在生产过程中应得的收入份额来反映最终成果的一种计算方法。从劳动者报酬、国家税收(含规费)、企业利润和固定资产折旧四者的总和进行核算。计算公式为:增加值=劳动者报酬+生产税净额+固定资产折旧+营业盈余。

三是支出法,是从使用的角度衡量核算期内生产的所有货物和服务的最终去向。由居民消费、政府消费、固定资本形成总额、存货增加、货物和服务的净出口(出口-进口)五项组成。计算公式为:国内生产总值=居民消费+政府消费+固定资本形成总额+存货增加+货物和服务的净出口。

从理论上讲,上述三种方法计算得到的国内生产总值应该是一致的,但在实际操作中,因为资料来源的不同以及基础数据质量上的差异,三种方法计算的国内生产总值之间存在着一定的计算误差。我国目前对外公布的国内生产总值是以生产法为准。

[当年价格] 指报告期的实际价格,如工厂的出厂价格,农产品的收购价格,商业的零售价格等。使用当年价格计算的数字,是为了使国民经济各项指标互相衔接,便于考察当年社会经济效益,便于对生产和流通、生产和分配、生产和消费进行经济核算和综合平衡。

按当年价格计算的价值指标,在不同年份之间进行对比时,因为包含有各年间价格变动的因素,不能确切地反映实物的增减变动。必须消除价格变动因素后,才能真实反映经济发展动态。因此,在计算增长速度时都按可比价格计算。

[可比价格] 指在不同时期的价值指标对比时,扣除了价格变动的因素,以确切反映物量的变化。按可比价格计算有两种方法:一种是直接用产品产量乘某一年的不变价格计算;另一种是用价格指数换算。

[三次产业] 根据社会生产活动历史发展的顺序对产业结构的划分,产品直接取自自然界的部门称为第一产业,对初级产品进行再加工的部门称为第二产业,为生产和消费提供各种服务的部门称为第三产业。它是世界上通用的产业结构分类,但各国的划分不尽一致。我国的三次产业划分是:

第一产业:农业,(包括种植业、林业、牧业和渔业)。

第二产业:工业(包括采掘工业、制造业、自来水、电力、燃气、热水、煤气)和建筑业。

第三产业:除第一、第二产业以外的其他各业。

[劳动者报酬] 指劳动者因从事生产活动所获得的全部报酬。包括劳动者获得的各种形式的工资、奖金和津贴,既包括货币形式的,也包括实物形式的,还包括劳动者所享受的公费医疗和医药卫生费、上下班交通补贴、单位支付的社会保险费、住房公积金等。对于个体经济来说,其所有者获得的劳动报酬

和经营利润不易区分，这两部分统一作为劳动报酬处理。

[**生产税净额**] 指生产税减生产补贴后的余额。生产税指政府对生产单位从事生产、销售和经营活动以及因从事生产活动使用某些生产要素（如固定资产、土地、劳动力）所征收的各种税、附加费和规费。生产补贴与生产税相反，指政府对生产单位的单方面转移支出，因此视为负生产税，包括政策亏损补贴、价格补贴等。

[**固定资产折旧**] 指一定时期内为弥补固定资产损耗按一定的固定资产折旧率提取的固定资产折旧，或按国民经济核算统一规定的折旧率虚拟计算的固定资产折旧。它反映了固定资产在当期生产中的转移价值。各类企业和企业化管理的事业单位的固定资产折旧是指实际计提的折旧费；不计提折旧的政府机关、非企业化管理的事业单位和居民住房的固定资产折旧是按照统一规定的折旧率和固定资产原值计算的虚拟折旧。原则上，固定资产折旧应按固定资产的重置价值计算，但是目前我国尚不具备对全社会固定资产进行重估价的基础，所以暂时只能采用上述办法。

[**营业盈余**] 指常住单位创造的增加值扣除劳动者报酬、生产税净额和固定资产折旧后的余额。它相当于企业的营业利润加上生产补贴，但要扣除从利润中开支的工资和福利等。

[**最终消费**] 指常住单位为满足物质、文化和精神生活的需要，从本国经济领土和国外购买的货物和服务的支出。它不包括非常住单位在本国经济领土内的消费支出。最终消费分为居民消费和政府消费。

[**居民消费**] 指常住住户在一定时期内对于货物和服务的全部最终消费支出。居民消费除了直接以货币形式购买的货物和服务的消费支出外，还包括以其他方式获得的货物和服务的消费支出，即所谓的虚拟消费支出。居民虚拟消费支出包括如下几种类型：单位以实物报酬及实物转移的形式提供给劳动者的货物和服务；住户生产并由本住户消费了的货物和服务，其中的服务仅指住户的自有住房服务和付酬的家庭雇员提供的家庭和个人服务；金融机构提供的金融媒介服务；保险公司提供的保险服务。

[**政府消费**] 指政府部门为全社会提供的公共服务的消费支出和免费或以较低的价格向居民住户提供的货物和服务的净支出，前者等于政府服务的产出价值减去政府单位所获得的经营收人的价值，后者等于政府部门免费或以较低价格向居民住户提供的货物和服务的市场价值减去向住户收取的价值。

[**资本形成总额**] 指常住单位在一定时期内获得减去处置的固定资产和存货的净额，包括固定资本形成总额和存货增加两部分。

[**固定资本形成总额**] 指生产者在一定时期内获得的固定资产减处置的固定资产的价值总额。固定资产是通过生产活动生产出来的，且其使用年限在一年以上、单位价值在规定标准以上的资产，不包括自然资产。可分为有形固定资本形成总额和无形固定资本形成总额。有形固定资本形成总额包括一定时期内完成的建筑工捏、安装工程和设备工器具购置(减处置)价值，以及土地改良、新增役、种、奶、毛、娱乐用牲畜和新增经济林木价值。无形固定资本形成总额包括矿藏的勘探、计算机软件等获得减处置。

[**存货增加**] 指常住单位在一定时期内存货实物量变动的市场价值，即期末价值减期初价值的差额，再扣除当期由于价格变动而产生的持有收益。存货增加可以是正值，也可以是负值，正值表示存货上升，负值表示存货下降。存货包括生产单位购进的原材料·燃料和储备物资等存货，以及生产单位生产的产成品、在制品和半成品等存货。

[**货物和服务净出口**] 指货物和服务出口减货物和服务进口的差额。出口包括常住单位向非常住单位出售或无偿转让的各种货物和服务的价值；进口包括常住单位从非常住单位购买或无偿得到的各种货物和服务的价值。由于服务活动的提供与使用同时发生，一般把常住单位从非常住单位得到的服务作为进口，非常住单位从常住单位得到的服务作为出口。货物的出口和进口都按离岸价格计算。

第四篇 Chapter4

人口

Population

责任编辑：张雪艳

资料整理：张雪艳　李广东　贺惠英　管利民　白晓明　李峻岭

Coordinator：Zhang Xueyan

Data Compilation：Zhang Xueyan　Li Guangdong　He Huiying　Guan Limin　Bai Xiaoming　Li Junling

4-1 全区户数、人口数与性别比
Household, Population and Sex Ratio

年份 Year	总户数(户) Number of Households (household)	总人口数(人) Population(person)					平均每户人数(人/户) Average Family Size (person/household)	性别比(女=100) Sex Ratio (Female=100)
		合计 Total	男 Male		女 Female			
			人数 Population	比重(%) Percentage(%)	人数 Population	比重(%) Percentage(%)		
1950	224904	1259619	663298	52.66	596321	47.34	5.60	111.23
1953	279719	1510483	802139	53.10	708344	46.90	5.40	113.24
1958	334349	1935163	1034493	53.46	900670	46.54	5.90	114.86
1960	399445	2130316	1153050	54.13	977266	45.87	5.33	117.99
1965	441086	2267851	1191628	52.54	1076223	47.46	5.14	110.72
1970	519067	2773480	1442033	51.99	1331447	48.01	5.34	108.31
1975	613969	3279228	1703021	51.93	1576207	48.07	5.34	108.05
1978	667996	3555828	1841668	51.79	1714160	48.21	5.32	107.44
1980	699614	3737169	1930280	51.65	1806889	48.35	5.33	106.83
1985	808315	4146215	2137278	51.55	2008937	48.45	5.13	106.39
1990	1009078	4656774	2396934	51.47	2259840	48.53	4.61	106.07
1995	1195094	5123845	2632599	51.38	2491246	48.62	4.29	105.67
1996	1235188	5212099	2679993	51.42	2532106	48.58	4.22	105.84
1997	1271075	5289401	2717756	51.38	2571645	48.62	4.16	105.68
1998	1320085	5365666	2754769	51.34	2610897	48.66	4.06	105.51
1999	1354786	5432891	2784706	51.26	2648185	48.74	4.01	105.16
2000	1406024	5543214	2839607	51.23	2703607	48.77	3.94	105.10
2001	1442585	5632211	2889481	51.30	2742730	48.70	3.90	105.35
2002	1474654	5715376	2928132	51.23	2787244	48.77	3.88	105.05
2003	1521845	5801912	2976411	51.30	2825501	48.70	3.81	105.34
2004	1571951	5877142	3018099	51.35	2859043	48.65	3.74	105.56
2005	1672299	5962029	3056766	51.27	2905263	48.73	3.57	105.21
2006	1661191	6037305	3090722	51.19	2946583	48.81	3.63	104.89
2007	1784141	6102518	3117717	51.09	2984801	48.91	3.42	104.45
2008	1828332	6176939	3153651	51.06	3023288	48.94	3.38	104.31
2009	1881371	6252023	3186039	50.96	3065984	49.04	3.32	103.92
2010	1954859	6329550	3243333	51.24	3086217	48.76	3.24	105.09
2011	1974083	6394549	3268409	51.11	3126140	48.89	3.24	104.55
2012	1967107	6471908	3285843	50.77	3186065	49.23	3.29	103.13

注:2001年及以后数据为常住人口,按年度人口变动情况抽样调查数据推算。

a)From 2001,data in this table refers to resident population,which is estimated on the base of annual national sample survey on population changes.

4-2 农业、非农业与市镇、乡村人口

Population of Agriculture and Non-Agriculture, Urban and Rural

单位：人 (person)

年份 Year	农业人口 Agriculture Population	非农业人口 Non-agriculture Population	市、镇人口 Urban Population	乡村人口 Rural Population
1950	1165106	94513		
1953	1375430	135053		
1955	1515637	135481		
1958	1698952	236211		
1960	1721839	408477		
1965	1921985	345866		
1970	2323964	449516		
1975	2729220	550008		
1978	2945095	610733		
1980	3059028	678141		
1985	3313764	832451		
1990	3542939	1113835		
1995	3744295	1379550		
1996	3804257	1407842		
1997	3822377	1467024		
1998	3843507	1522159		
1999	3878930	1553961		
2000	3950946	1592268	1803855	3739359
2001	3992902	1639309	1876653	3755558
2002	4027547	1687829	1954659	3760717
2003	3817164	1984748	2142337	3659575
2004	3799685	2077457	2386120	3491022
2005	3819228	2142801	2520746	3441283
2006	3839178	2198127	2593626	3443679
2007	3864589	2237929	2686553	3415965
2008	3887666	2289273	2778230	3398709
2009	3924177	2327846	2882093	3369930
2010	3972837	2356713	3035652	3293898
2011	4001069	2393480	3185574	3208975
2012	4029410	2442498	3279637	3192271

注：2000年起城乡人口按人口变动抽样调查及相关人口统计资料推算。

a)The urban and rural population are calculated on the data of surveyed population variation and related data from 2000.

4-3 民族人口和构成

Population by Nationality and Its Composition

年份 Year	汉族 Han		回族 Hui		其他少数民族 Others	
	人口数（人） Population (person)	比重（%） Percentage (%)	人口数（人） Population (person)	比重（%） Percentage (%)	人口数（人） Population (person)	比重（%） Percentage (%)
1950	876725	69.60	381806	30.31	1088	0.09
1953	1009963	66.86	498783	33.02	1737	0.12
1955	1106765	67.03	542598	32.86	1755	0.11
1958	1303335	67.35	629797	32.54	2031	0.11
1960	1515958	71.16	612379	28.75	1979	0.09
1965	1569719	69.22	695061	30.65	3071	0.13
1970	1931177	69.63	839353	30.26	2950	0.11
1975	2280396	69.54	995202	30.35	3630	0.11
1978	2457551	69.11	1094660	30.78	3617	0.11
1980	2565593	68.65	1167257	31.23	4319	0.12
1985	2797427	67.47	1337561	32.26	11227	0.27
1990	3098093	66.53	1538925	33.05	19756	0.42
1995	3374813	65.86	1724148	33.65	24884	0.49
1996	3424762	65.71	1761876	33.80	25461	0.49
1997	3465287	65.51	1797247	33.98	26867	0.51
1998	3507446	65.37	1829700	34.10	28520	0.53
1999	3537134	65.11	1865903	34.34	29854	0.55
2000	3602104	64.98	1910101	34.46	31009	0.56
2001	3649994	64.81	1950424	34.63	31793	0.56
2002	3694928	64.65	1987129	34.77	33319	0.58
2003	3741161	64.48	2024723	34.90	36028	0.62
2004	3774150	64.22	2064854	35.13	38138	0.65
2005	3816891	64.02	2105192	35.31	39946	0.67
2006	3856020	63.87	2140903	35.46	40382	0.67
2007	3874218	63.49	2182260	35.76	46040	0.75
2008	3909502	63.29	2220417	35.95	47020	0.76
2009	3952260	63.22	2251503	36.01	48260	0.77
2010	4096692	64.72	2191810	34.63	41048	0.65
2011	4062457	63.53	2286692	35.76	45400	0.71
2012	4121574	63.68	2301225	35.56	49109	0.76

4-4 人口自然变动情况

Natural Change of Population

年份 Year	年平均人口（人） Annual Average Population (person)	出生 Birth		死亡 Death		自然增长 Natural Growth	
		人数（人） Population (person)	出生率（‰） Birth Rate (‰)	人数（人） Population (person)	死亡率（‰） Death Rate (‰)	人数（人） Population (person)	自然增长率（‰） Natural Growth Rate (‰)
1950	1228560	49536	40.32	25284	20.58	24252	19.74
1953	1467318	58707	40.01	28437	19.38	30270	20.63
1955	1617587	56450	34.90	16565	10.24	39885	24.66
1958	1864485	73316	39.32	27936	14.98	45380	24.34
1960	2109436	34970	16.58	29331	13.90	5639	2.68
1965	2208416	106191	48.08	20509	9.29	85682	38.79
1970	2711573	109191	40.27	17168	6.33	92023	33.94
1975	3225840	117747	36.50	25073	7.77	92674	28.73
1978	3511449	99991	28.48	19169	5.46	80822	23.02
1980	3689265	92069	24.96	17430	4.72	74639	20.24
1985	4107443	70552	17.18	15934	3.88	54618	13.30
1990	4655451	113470	24.34	25759	5.52	87711	18.82
1995	5081264	97967	19.28	27896	5.49	70071	13.79
1996	5167972	98347	19.03	27132	5.25	71215	13.78
1997	5250750	99239	18.90	28511	5.43	70728	13.47
1998	5327534	96908	18.19	27224	5.11	69684	13.08
1999	5399279	97025	17.97	30506	5.65	66519	12.32
2000	5488053	90501	16.49	25090	4.57	65411	11.92
2001	5587713	92476	16.55	27044	4.84	65432	11.71
2002	5673794	93164	16.42	27575	4.86	65589	11.56
2003	5758644	90296	15.68	27238	4.73	63057	10.95
2004	5839527	93257	15.97	27971	4.79	65286	11.18
2005	5919586	94299	15.93	29302	4.95	64997	10.98
2006	5999667	93175	15.53	29038	4.84	64137	10.69
2007	6069912	89835	14.80	30592	5.04	59243	9.76
2008	6139729	87860	14.31	28366	4.62	59494	9.69
2009	6214481	89364	14.38	29208	4.70	60156	9.68
2010	6290787	88981	14.14	32110	5.10	56871	9.04
2011	6362050	86842	13.65	29774	4.68	57068	8.97
2012	6433229	85305	13.26	27856	4.33	57449	8.93

4-5 六次人口普查人口基本情况

Basic Statistics on Population Census in 1953,1964,1982, 1990,2000 and 2010

指　　标	Item	1953.7.1	1964.7.1	1982.7.1	1990.7.1	2000.11.1	2010.11.1
总人口(万人)	**Total Population(10000 persons)**	**150.62**	**210.75**	**389.56**	**465.54**	**548.64**	**630.14**
男	Male	80.74	110.84	200.68	238.95	281.35	322.74
女	Female	69.88	99.91	188.87	226.60	267.29	307.40
性别比（以女性为100）	Sex Ratio(female=100)	115.55	110.95	106.25	105.45	105.26	104.99
家庭户规模(人/户)	**Average Family Household Size (person/household)**	**5.10**	**4.98**	**5.09**	**4.57**	**3.82**	**3.17**
各年龄组人口(万人)	**Population by Age Group (10000 persons)**						
0-14岁	0-14	61.27	91.39	160.71	157.07	155.67	134.80
15-64岁	15-64	84.84	114.56	216.39	292.13	368.42	455.05
65岁及以上	65 and Over	4.51	4.80	12.45	16.34	24.55	40.29
民族人口	**Population by Ethnicity**						
汉族(万人)	Han(10000 persons)	100.07	145.71	265.13	310.74	359.06	408.64
占总人口比重（%）	Percentage to Total Population（%）	66.43	69.14	68.06	66.75	65.45	64.85
回族(万人)	Hui（10000 persons）	50.37	64.70	123.52	152.44	186.24	217.38
占总人口比重（%）	Percentage to Total Population（%）	33.44	30.70	31.71	32.75	33.95	34.50
其他少数民族（万人）	Other Ethnic Minorities (10000 persons)	0.17	0.34	0.91	2.36	3.34	4.12
占总人口比重(%)	Percentage to Total Population（%）	0.13	0.16	0.23	0.50	0.60	0.65
每十万人拥有的各种受教育程度人口(人)	**Population with Various Education Attainments Per 100 000 Persons (Person)**						
大专及以上	Junior College and Above		380	659	1610	3690	9316
高中和中专	Senior Secondary School and Technical Secondary School		1250	5294	8010	10934	12580
初中	Junior Secondary School		4080	15542	20272	27859	33813
小学	Primary School		18730	25686	29424	31845	29656
文盲人口及文盲率	**Illiterate Population and Illiterate Rate**						
文盲人口(万人)	Illiterate Population (10000 persons)			105.01	103.27	61.77	41.92
文盲率(%)	Illiterate Rate(%)			45.89	33.48	15.72	6.65
城乡人口(万人)	**Population by Residence (10000 Persons)**						
城镇人口	Urban Population		24.94	75.58	119.75	180.39	302.20
乡村人口	Rural Population		185.81	313.98	345.79	368.25	327.04

4-6 人口计划生育状况

Family Planning

单位：人、%　　(person, %)

年份 Year	已婚育龄妇女人数 Number of Married Women of Child-bearing Age		采取各种节育措施人数 Number of Women Taking Various Birth Control Measures		节育率 Birth Control Rate		领取独生子女证人数 Number of Married Couples with One-child Certificate	
	合计 Total	少数民族 Ethnic Minorities	合计 Total	少数民族 Ethnic Minorities	合计 Total	少数民族 Ethnic Minorities	合计 Total	少数民族 Ethnic Minorities
1979	508985		235560		46.28			
1980	522377		274823		52.61		3249	
1985	642996	202714	502048	134011	78.08	66.11	34961	6204
1990	854353	273182	695877	200383	81.45	73.35	79400	6995
1995	986322	324715	890234	284327	90.26	89.56	124105	11128
1996	1019995	338682	933088	303927	91.48	89.74	129738	11294
1997	1045379	351026	952531	313232	91.12	89.23	130714	11732
1998	1070721	363660	968450	317290	90.45	87.25	135032	12218
1999	1090681	371306	979795	323070	89.83	87.01	135864	11514
2000	1101214	369538	993341	327596	90.20	88.65	135866	11867
2001	1119278	363471	1011630	334608	90.38	92.06	138694	10990
2002	1137026	344071	1022832	330093	89.96	95.94	141848	11814
2003	1151773	396789	1039803	349116	90.28	87.99	139662	12563
2004	1161088	404450	1053142	357673	90.70	88.43	126280	11456
2005	1173526	415211	1066291	368432	90.86	88.73	127570	11983
2006	1155239		1045821		90.53		114095	
2007	1192461		1082676		90.79		121201	
2008	1219697		1103869		90.50		118034	
2009	1249649		1132844		90.65		121836	
2010	1263078		1143429		90.53		122687	
2011	1276589		1167638		91.47		126842	
2012	1252766		1167043		93.16		120289	

注：本资料根据计划生育部门统计数据整理。

a) Data in this table are compiled on statistic of Family Planning Department.

4-7 各市县人口总数

Population by City and Country in Main Years

单位：人 (person)

地 区	Region	1958	1978	1980	1990	2000	2010	2011	2012
全区总计	**Total**	**1935163**	**3555828**	**3737169**	**4656774**	**5543214**	**6329550**	**6394549**	**6471908**
银川市	**Yinchuan**	**401035**	**786743**	**822542**	**1034520**	**1264588**	**2004456**	**2025741**	**2046341**
银川市	District	148237	325177	344540	480184	641723	1299129	1313371	1326667
兴庆区	Xingqing						683009	690023	697365
西夏区	Xixia						331138	334839	337942
金凤区	Jinfeng						284982	288509	291360
永宁县	Yongning	81971	146243	149157	168325	185213	218719	220765	222797
贺兰县	Helan	96125	152140	154492	166423	182500	224062	226363	228484
灵武市	Lingwu	74702	163183	174353	219588	255152	262546	265242	268393
石嘴山市	**Shizuishan**	**220670**	**506569**	**529873**	**613753**	**691677**	**727005**	**734071**	**741586**
石嘴山市	District	67618	269636	286591	346755	399687	473756	478621	483182
大武口区	Dawukou						287719	290674	293567
惠农区	Huinong						186037	187947	189615
平罗县	Pingluo	135562	219145	224699	245070	261481	253249	255450	258404
陶乐县	Taole	17490	17788	18583	21928	30509			
吴忠市	**Wuzhong**	**370840**	**660327**	**696769**	**892347**	**1067147**	**1282132**	**1294798**	**1312456**
利通区	Litong	115189	196266	205838	257959	306379	380278	384383	389332
红寺堡区	Hongsipu						166992	168707	171553
盐池县	Yanchi	52637	108157	114378	140038	152117	146786	147793	149550
同心县	Tongxin	88136	183156	197780	279103	363630	322841	326156	331389
青铜峡市	Qingtongxia	114878	172748	178773	215247	245021	265235	267759	270632
固原市	**Guyuan**	**588899**	**991027**	**1047927**	**1316834**	**1504288**	**1233200**	**1247063**	**1264281**
原州区	Yuanzhou	187682	328542	350155	442190	507874	412701	418662	424298
西吉县	Xiji	157564	274186	291842	377333	452477	357537	361209	366645
隆德县	Longde	104585	151025	155523	185327	216954	160986	162239	164002
泾源县	Jingyuan	46564	73414	77114	93538	81888	101279	102317	103884
彭阳县	Pengyang	92504	163860	173293	218446	245095	200697	202636	205452
中卫市	**Zhongwei**	**353719**	**611162**	**640058**	**799320**	**1015514**	**1082757**	**1092876**	**1107244**
沙坡头区	Shapotou	132403	234374	239966	289527	335374	379121	383014	387177
中宁县	Zhongning	111175	164986	172219	205960	315900	313619	315840	319744
海原县	Haiyuan	110141	211802	227873	303833	364240	390017	394022	400323

4-8 各市县户数、人口数(2012 年)

Household and Population by City and Country(2012)

地 区	Region	总户数(户) Number of Households (household)	总人口(人) Population(person)			平均家庭人口数 (人/户) Average Family Size (person/household)
			合 计 Total	男 性 Male	女 性 Female	
全区总计	**Total**	**1967107**	**6471908**	**3285843**	**3186065**	**3.29**
银川市	**Yinchuan**	**688828**	**2046341**	**1026805**	**1019536**	**2.97**
银川市	District	463197	1326667	659075	667592	2.86
兴庆区	Xingqing	244689	697365	350120	347245	2.85
西夏区	Xixia	117341	337942	163726	174216	2.88
金凤区	Jinfeng	101167	291360	145229	146131	2.88
永宁县	Yongning	68343	222797	113124	109673	3.26
贺兰县	Helan	76931	228484	116359	112125	2.97
灵武市	Lingwu	80357	268393	138247	130146	3.34
石嘴山市	**Shizuishan**	**256250**	**741586**	**375607**	**365979**	**2.89**
石嘴山市	District	170686	483182	244676	238506	2.83
大武口区	Dawukou	101230	293567	148852	144715	2.90
惠农区	Huinong	69456	189615	95824	93791	2.73
平罗县	Pingluo	85564	258404	130931	127473	3.02
吴忠市	**Wuzhong**	**373654**	**1312456**	**670752**	**641704**	**3.51**
利通区	Litong	114847	389332	198085	191247	3.39
红寺堡	Hongsipu	40082	171553	88267	83286	4.28
盐池县	Yanchi	49033	149550	77146	72404	3.05
同心县	Tongxin	81824	331389	170333	161056	4.05
青铜峡市	Qingtongxia	87868	270632	136921	133711	3.08
固原市	**Guyuan**	**343102**	**1264281**	**643313**	**620968**	**3.68**
原州区	Yuanzhou	127417	424298	217202	207096	3.33
西吉县	Xiji	86883	366645	186512	180133	4.22
隆德县	Longde	45304	164002	82482	81520	3.62
泾源县	Jingyuan	28857	103884	53441	50443	3.60
彭阳县	Pengyang	54641	205452	103676	101776	3.76
中卫市	**Zhongwei**	**305273**	**1107244**	**569366**	**537878**	**3.63**
沙坡头区	Shapotou	117326	387177	198973	188204	3.30
中宁县	Zhongning	90069	319744	163817	155927	3.55
海原县	Haiyuan	97878	400323	206576	193747	4.09

注:表中数据根据 2012 年人口抽样调查结果推算。

a)Data in this table are estimated on the Population Sample Survey in 2012.

4-9 各市县民族人口和构成(2012 年)

Population by Nationality in Cities and Countries(2012)

地 区	Region	汉 族 Han		回 族 Hui		其他少数民族 Others	
		人口数(人) Population (person)	比 重(%) Percentage (%)	人口数(人) Population (person)	比 重(%) Percentage (%)	人口数(人) Population (person)	比 重(%) Percentage (%)
全区总计	**Total**	**4121574**	**63.68**	**2301225**	**35.56**	**49109**	**0.76**
银 川 市	**Yinchuan**	**1528606**	**74.70**	**484276**	**23.67**	**33459**	**1.63**
银 川 市	District	1039617	78.36	257345	19.40	29705	2.24
兴 庆 区	Xingqing	555660	79.68	127778	18.32	13927	2.00
西 夏 区	Xixia	270103	79.93	58425	17.29	9414	2.79
金 凤 区	Jinfeng	213854	73.40	71142	24.42	6364	2.18
永 宁 县	Yongning	175892	78.95	45542	20.44	1363	0.61
贺 兰 县	Helan	173063	75.74	54265	23.75	1156	0.51
灵 武 市	Lingwu	140034	52.18	127124	47.36	1235	0.46
石嘴山市	**Shizuishan**	**583827**	**78.73**	**150276**	**20.26**	**7483**	**1.01**
石嘴山市	District	417968	86.50	58429	12.09	6785	1.40
大武口区	Dawukou	259145	88.28	29300	9.98	5122	1.74
惠 农 区	Huinong	158823	83.76	29129	15.36	1663	0.88
平 罗 县	Pingluo	165859	64.19	91847	35.54	698	0.27
吴 忠 市	**Wuzhong**	**616352**	**46.96**	**691849**	**52.72**	**4255**	**0.32**
利 通 区	Litong	150221	38.58	237581	61.03	1530	0.39
红 寺 堡	Hongsipu	68785	40.10	102487	59.74	281	0.16
盐 池 县	Yanchi	145981	97.61	3253	2.18	316	0.21
同 心 县	Tongxin	31843	9.61	299357	90.33	189	0.06
青铜峡市	Qingtongxia	219522	81.11	49171	18.17	1939	0.72
固 原 市	**Guyuan**	**685197**	**54.20**	**578214**	**45.73**	**870**	**0.07**
原 州 区	Yuanzhou	216779	51.09	206903	48.76	616	0.15
西 吉 县	Xiji	158425	43.21	208130	56.77	90	0.02
隆 德 县	Longde	144803	88.29	19128	11.67	71	0.04
泾 源 县	Jingyuan	23024	22.16	80838	77.82	22	0.02
彭 阳 县	Pengyang	142166	69.20	63215	30.77	71	0.03
中 卫 市	**Zhongwei**	**707592**	**63.91**	**396610**	**35.82**	**3042**	**0.27**
沙坡头区	Shapotou	361949	93.48	24125	6.24	1103	0.28
中 宁 县	Zhongning	241065	75.39	77937	24.38	742	0.23
海 原 县	Haiyuan	104578	26.12	294548	73.58	1197	0.30

4-10 各市县回族人口数

Population by the Hui Nationality by City and Country in Main Years

单位：人 (person)

地 区	Region	1958	1978	1980	1990	2000	2010	2011	2012
全区总计	**Total**	**629797**	**1094660**	**1214922**	**1538925**	**1910101**	**2191810**	**2286692**	**2301225**
银川市	**Yinchuan**	**116123**	**191204**	**200710**	**253987**	**331708**	**462090**	**481653**	**484276**
银川市	District	32040	60144	63495	85885	137059	241464	252442	257345
兴庆区	Xingqing						109555	114626	127778
西夏区	Xixia						60746	63310	58425
金凤区	Jinfeng						71163	74506	71142
永宁县	Yongning	16694	18484	18788	22343	24970	49755	51273	45542
贺兰县	Helan	22473	35614	36419	38351	45229	51072	52571	54265
灵武市	Lingwu	44916	76962	82008	107408	124450	119799	125367	127124
石嘴山市	**Shizuishan**	**46253**	**94450**	**99837**	**118499**	**139678**	**141704**	**148468**	**150276**
石嘴山市	District	23899	28423	30705	37767	47121	61338	64353	58429
大武口区	Dawukou						27293	28636	29300
惠农区	Huinong						34045	35717	29129
平罗县	Pingluo	21362	64193	67293	78645	84633	80366	84115	91847
陶乐县	Taole	992	1834	1839	2087	7924			
吴忠市	**Wuzhong**	**149851**	**274030**	**293313**	**401384**	**501731**	**665371**	**692656**	**691849**
利通区	Litong	68593	106376	112225	141700	165635	225098	236205	237581
红寺堡	Hongsipu						101469	105389	102487
盐池县	Yanchi	1348	2971	3170	3743	3825	4065	4016	3253
同心县	Tongxin	68964	142119	154163	225477	297440	286943	297500	299357
青铜峡市	Qingtongxia	10946	22564	23755	30464	34831	47796	49546	49171
固原市	**Guyuan**	**240744**	**388568**	**461671**	**547024**	**625774**	**547642**	**571187**	**578214**
原州区	Yuanzhou	76490	128357	185670	184838	215932	188608	196511	206903
西吉县	Xiji	84055	132627	141828	192304	239145	201244	209248	208130
隆德县	Longde	8314	11525	12057	15741	20015	17654	18511	19128
泾源县	Jingyuan	45243	70745	74451	90719	79461	81375	85289	80838
彭阳县	Pengyang	26642	45314	47665	63422	71221	58761	61628	63215
中卫市	**Zhongwei**	**76826**	**146408**	**159391**	**218031**	**311210**	**375003**	**392728**	**396610**
沙坡头区	Shapotou	1022	1681	1695	3492	4640	23182	23717	24125
中宁县	Zhongning	2635	4022	4281	4946	51588	77361	80742	77937
海原县	Haiyuan	73169	140705	153415	209593	254982	274460	288269	294548

4-11 各市县人口自然变动情况(2012 年)

Natural Changes on Population by City and Country(2012)

地 区	Region	年平均人口(人) Annual Average Population (person)	自然变动人数(人) Population of Natural Changes (person)			自然变动率(‰) Natural Rates of Change(‰)		
			出生人数 Birth	死亡人数 Death	自然增长人数 Natural Growth	出生率 Birth Rate	死亡率 Death Rate	自然增长率 Natural Growth Rate
全区总计	**Total**	**6433229**	**85305**	**27856**	**57449**	**13.26**	**4.33**	**8.93**
银 川 市	**Yinchuan**	**2036043**	**21419**	**6943**	**14476**	**10.52**	**3.41**	**7.11**
银 川 市	District	1320020	12744	3809	8935	9.65	2.89	6.77
兴 庆 区	Xingqing	693694	6847	1797	5050	9.87	2.59	7.28
西 夏 区	Xixia	336391	2917	925	1992	8.67	2.75	5.92
金 凤 区	Jinfeng	289935	2981	1087	1894	10.28	3.75	6.53
永 宁 县	Yongning	221781	2384	1085	1300	10.75	4.89	5.86
贺 兰 县	Helan	227424	2854	1485	1369	12.55	6.53	6.02
灵 武 市	Lingwu	266818	3642	1371	2271	13.65	5.14	8.51
石嘴山市	**Shizuishan**	**737829**	**7961**	**2833**	**5128**	**10.79**	**3.84**	**6.95**
石嘴山市	District	480902	4970	1998	2972	10.34	4.16	6.18
大武口区	Dawukou	292121	2945	1017	1928	10.08	3.48	6.60
惠 农 区	Huinong	188781	2026	982	1044	10.73	5.20	5.53
平 罗 县	Pingluo	256927	2980	874	2107	11.60	3.40	8.20
吴 忠 市	**Wuzhong**	**1303629**	**19385**	**5762**	**13623**	**14.87**	**4.42**	**10.45**
利 通 区	Litong	386858	5447	1772	3675	14.08	4.58	9.50
红 寺 堡	Hongsipu	170130	2753	464	2288	16.18	2.73	13.45
盐 池 县	Yanchi	148672	2067	800	1267	13.90	5.38	8.52
同 心 县	Tongxin	328773	5806	1654	4152	17.66	5.03	12.63
青铜峡市	Qingtongxia	269196	3101	1117	1984	11.52	4.15	7.37
固 原 市	**Guyuan**	**1255673**	**19802**	**7233**	**12569**	**15.77**	**5.76**	**10.01**
原 州 区	Yuanzhou	421480	6676	2428	4249	15.84	5.76	10.08
西 吉 县	Xiji	363927	6318	2078	4240	17.36	5.71	11.65
隆 德 县	Longde	163121	2029	804	1225	12.44	4.93	7.51
泾 源 县	Jingyuan	103101	1725	497	1228	16.73	4.82	11.91
彭 阳 县	Pengyang	204044	3065	920	2145	15.02	4.51	10.51
中 卫 市	**Zhongwei**	**1100061**	**16325**	**5126**	**11199**	**14.84**	**4.66**	**10.18**
沙坡头区	Shapotou	385096	4729	1837	2892	12.28	4.77	7.51
中 宁 县	Zhongning	317792	4179	1322	2857	13.15	4.16	8.99
海 原 县	Haiyuan	397173	6935	1938	4996	17.46	4.88	12.58

注:根据 2012 年人口变动情况抽样调查资料整理.受出生率和死亡率构成影响,各市县数据加总后不等于总计数。

主要统计指标解释

[总人口] 指在一定时点，一定地区范围内有生命的个人总和，包括有常住户口和未落常住户口的人，以及被注销户口的在押犯、劳改、劳教人员，但不包括军人及人民武装警察。

[总户数] 包括家庭户和集体户。

[市镇人口数] 指居住在市(包括县级市)、镇辖区内的全部人口。

[乡村人口数] 指县辖乡(不含县辖镇)的全部人口。

[性别比] 男性人数与女性人数之比(女=100)

$$性别比=\frac{男性人数}{女性人数}\times100\%$$

[年平均人口数] 指一年之中各个时点的平均生存人数。

$$年平均人口数=\frac{年初人口数+年末人口数}{2}$$

[出生人数] 指在一定时期内(通常为一年内)出生有生命现象(即有心跳和呼吸)婴儿数的总和。

[出生率] 指某个地区一定时期内的出生人数与同期平均人数之比。

$$出生率=\frac{年出生人数}{年平均人数}\times1000‰$$

[死亡率] 指某个地区一定时期内的死亡人数与同期平均人数之比。

$$死亡率=\frac{年死亡人数}{年平均人数}\times1000‰$$

第五篇 Chapter5

劳动力资源与工资 Labor Force and Wages

责任编辑：张雪艳

资料整理：张雪艳　李广东　贺惠英　管利民　白晓明　李峻岭

Coordinator：Zhang Xueyan

Data Compilation：Zhang Xueyan　Li Guangdong　He Huiying　Guan Limin　Bai Xiaoming　Li Junling

5-1 就业基本情况
Employment

指　标	Item	1995	2000	2005	2010	2011	2012
就业人员合计(万人)	**Total Number of Employed persons (10000 persons)**	**240.6**	**275.5**	**299.6**	**326.0**	**339.6**	**344.5**
第一产业	Primary Industry	143.5	158.6	160.8	162.0	166.2	167.1
第二产业	Secondary Industry	46.7	50.0	51.8	53.8	55.4	56.9
第三产业	Tertiary Industry	50.4	66.9	87.0	110.2	118.0	120.5
就业人员构成(合计=100)	**Composition of Employed Persons(total=100)**	**100.0**	**100.0**	**100.0**	**100.0**	**100.0**	**100.0**
第一产业	Primary Industry	59.7	57.6	53.7	49.7	48.9	48.5
第二产业	Secondary Industry	19.4	18.1	17.3	16.5	16.3	16.5
第三产业	Tertiary Industry	20.9	24.3	29.0	33.8	34.8	35.0
城镇就业人员(万人)	**Urban Employed Persons (10000 persons)**	**81.1**	**77.6**	**87.6**	**108.0**	**130.7**	**133.5**
国有单位	State-owned Units	62.9	52.0	38.5	37.2	37.9	41.0
集体单位	Collective-owned Units	9.9	5.0	1.4	0.8	0.8	0.8
股份合作单位	Cooperative Units		1.1	1.0	0.5	0.6	0.5
联营单位	Joint Ownership Units	0.2	0.1	0.1	0.1	0.1	0.1
有限责任公司	Limited Liability Corporations		4.0	13.0	15.8	16.1	19.0
股份有限公司	Share-holding Corporations Ltd.	0.5	1.7	4.0	3.3	3.5	3.8
港澳台商投资单位	Units of Funds from Hong Kong, Macao & Taiwan	0.5	0.3		0.1	0.1	0.2
外商投资单位	Foreign Funded Units	0.9	1.0	1.0	1.2	1.4	1.4
私营企业	Private Enterprises	1.9	4.8	14.0	20.0	39.2	28.3
个　体	Self-employed Individuals	4.3	7.7	14.0	28.6	31.0	38.5
在岗职工人数(万人)	**Number of Staff and Workers(10000 persons)**	**73.4**	**63.8**	**57.4**	**54.7**	**56.5**	**62.8**
国有单位	State-owned Units	61.5	51.0	37.4	34.0	34.8	38.1
城镇集体单位	Urban Collective-owned Units	9.9	4.8	1.3	0.7	0.7	0.7
其他单位	Units of Other Types of Ownership	2.0	8.0	18.8	20.0	21.0	24.0
城镇登记失业人数(万人)	**Number of Registered Umemployed Persons in Urban Areas (10000 persons)**	**4.4**	**3.8**	**4.4**	**4.8**	**5.2**	**4.6**
城镇登记失业率(%)	**Registered Unemployment Rate in Urban Areas (%)**	**5.5**	**4.6**	**4.5**	**4.4**	**4.2**	**4.2**

注:2006年以后在岗职工为城镇非私营单位在岗职工。

5-2 劳动力资源和就业人数

Labor Force and Number of Employed Persons

单位:万人、% (10000 persons,%)

年 份 Year	劳动力资源 Labor Force		就业人员 Employees		
	人 数 Population	占总人口比重 As Percentage of Total Population	人 数 Population	占总人口比重 As Percentage of Total Population	占劳动力资源比重 As Percentage of Labor Force
1950	57.6	45.71	47.2	37.50	82.07
1955	77.6	46.97	67.7	41.00	87.30
1960	99.5	46.77	96.6	45.32	94.17
1965	107.1	47.20	98.6	43.52	92.18
1970	130.2	46.94	112.5	40.56	86.43
1975	158.1	48.20	125.6	38.30	79.49
1980	194.3	51.20	146.5	39.20	75.40
1985	221.8	53.49	177.4	42.79	82.01
1990	259.6	55.73	211.1	45.35	81.36
1995	324.8	63.39	240.6	46.96	74.08
1996	337.4	64.74	245.4	47.08	72.73
1997	346.3	65.48	256.8	48.55	74.16
1998	355.5	66.25	254.8	49.49	71.69
1999	363.3	66.87	272.3	50.13	74.95
2000	380.9	68.71	275.5	49.70	72.13
2001	393.4	69.90	279.0	49.54	70.92
2002	399.9	70.00	282.4	49.40	70.62
2003	406.0	70.00	291.4	50.22	71.77
2004	411.7	70.10	298.8	50.84	72.58
2005	416.1	69.79	299.6	50.25	72.00
2006	422.6	70.00	308.1	51.00	72.90
2007	427.6	70.10	309.5	50.70	72.40
2008	432.3	69.99	303.9	49.20	70.30
2009	437.9	70.04	328.5	52.54	75.02
2010	473.6	74.84	326.0	51.50	68.82
2011	478.5	74.82	339.6	53.11	70.99
2012	487.9	75.39	344.5	53.23	70.61

5-3 全社会就业人数

Total Number of Employed Persons in the Whole Country

单位:万人 (10 000 persons)

年 份 Year	就业人员合计 Total Employed Persons	职 工 Staff and Workers	国有单位 State-owned Units	集体单位 Collective-owned Units	其他单位 Units of Other Types of Ownership	城镇私营企业及个体就业者 Urban Private and Individuals	乡村就业者 Rural Employed Persons	其他就业者 Other Employed Persons
1950	47.2	0.8	0.8			3.7	42.7	
1955	67.7	7.5	3.5	4.0		1.7	58.5	
1960	96.5	28.0	25.7	2.3			68.5	
1965	98.6	18.8	17.1	1.7			79.8	
1970	112.5	26.6	24.5	2.1			85.9	
1975	125.6	33.7	30.8	2.9			91.9	
1980	146.5	47.6	41.3	6.3		0.1	98.8	
1985	177.4	55.8	46.8	9.0		1.1	120.5	
1990	211.1	67.4	56.4	10.9	0.1	2.8	140.9	
1995	240.6	73.4	61.5	9.9	2.0	6.2	159.5	1.5
2000	275.5	63.8	51.0	4.8	8.0	12.5	197.9	1.4
2001	279.0	61.3	48.9	3.9	8.5	16.1	200.4	1.1
2002	282.4	60.6	44.1	3.3	13.2	17.4	203.2	1.2
2003	291.4	60.2	39.5	2.2	18.5	20.6	208.5	2.2
2004	298.1	58.5	37.2	1.8	19.5	27.7	209.9	1.9
2005	299.6	57.4	37.4	1.3	18.8	28.0	212.0	2.2
2006	308.1	56.7	35.5	1.1	20.1	37.4	212.0	1.9
2007	309.5	56.3	35.3	1.0	20.0	36.7	214.6	1.9
2008	303.9	54.7	34.3	0.8	19.6	28.1	218.7	2.4
2009	328.5	54.6	33.8	0.7	20.1	52.0	218.4	3.5
2010	326.0	54.7	34.0	0.7	20.0	48.6	218.0	4.7
2011	339.6	56.6	34.8	0.7	21.0	70.2	208.6	4.2
2012	344.5	62.8	38.1	0.7	24.0	66.8	210.3	4.6

注:1.1998 以后,职工为在岗职工,不再包括"离开本单位仍保留劳动关系"的职工;

2.2004 年以后数据不含长庆油田宁夏部分。

a)From 1998 to 2010, statistical criteria of employment has been adjusted, that data of "Staff and Workers Leaving Their Working Units While Keeping Their Labour Contract" is not included in "staff and workers".

b)From 2004, data in this table excluding Changqing oil field in Ningxia.

5-4 按国民经济行业划分的就业人数(2012年)

单位:人

指　标	Item	总　计 Total
全 区 总 计	**Total**	**3444738**
按国民经济行业分组	**Grouped by Sector**	
农、林、牧、渔业	Agriculture, Forestry, Animal Husbandry and Fishery	1670837
采矿业	Mining	85332
制造业	Manufacturing	244895
电力、热力、燃气及水的生产和供应业	Production and Distribution of Electricity, Heat, Gas and Water	51828
建筑业	Construction	187255
交通运输、仓储和邮政业	Transport, Storage and Post	102573
信息传输、软件和信息技术服务业	Information Transmission, Software and IT Services	19464
批发和零售业	Wholesale and Retail Trades	447601
住宿和餐饮业	Hotels and Catering Services	97434
金融业	Financial Intermediation	36114
房地产业	Real Estate	27025
租赁和商务服务业	Leasing and Business Services	57443
科学研究和技术服务业	Scientific Research and Technical Service	20625
水利、环境和公共设施管理业	Management of Water Conservancy, Environment and Public Facilities	26367
居民服务、修理和其他服务业	Services to Households , Repair and Other Services	77386
教育	Education	103384
卫生和社会工作	Health and Social Work	50060
文化、体育和娱乐业	Culture, Sports and Entertainment	16058
公共管理、社会保障和社会组织	Public Management, Social Security and Social Organization	109454
其他行业	Others	13603
按三次产业分组	**Grouped by Three State of Industry**	
第一产业	Primary Industry	1670837
第二产业	Secondary Industry	569310
第三产业	Tertiary Industry	1204591

Number of Employed Persons by Sector at Year-end(2012)

(person)

国有单位就业人员 State-owned Units	集体单位就业人员 Urban Collective-owned	其他单位就业人员 Units of Other Types of Ownership	城镇个体就业人员 Urban Self-employed Individuals	城镇私营企业就业人员 Urban Private Enterprises	乡村就业人员 Rural Employed Persons
409186	**7891**	**257145**	**385166**	**282410**	**2102940**
22780	7	1002	1611	5407	1640030
6556		59076	246	1661	17793
20792	338	86661	17739	35448	83917
29326		11800	24	1377	9301
15467	1655	26738	264	20664	122467
31185		4482	4046	8215	54645
4114		2190	1262	9185	2713
7441	434	19957	224805	130379	64585
1531	131	4546	58688	6959	25579
13143	3496	12989	8	3138	3340
2940	10	8442	802	11012	3819
2501	1147	13854	4645	29779	5517
10543	19	1302	1130	6674	957
19334	98	719	21	1396	4799
450	20		50240	7914	18762
81455	147	2750	40	424	18568
39924	289	163	1739	787	7158
7063		164	4479	1765	2587
92641	100	310			16403
			13377	226	
22780	7	1002	1611	5407	1640030
72141	1993	184275	18273	59150	233478
314265	5891	71868	365282	217853	229432

5-5 城镇非私营国有单位就业人数(2012年)

单位:人

指 标	Item	单位数(个) Number of Unit (unit)
全区总计	**Total**	**6485**
按隶属关系分组	**Grouped by Jurisdiction of Management**	**6485**
中 央	Central Authorities	279
省、自治区、直辖市	Provinces, Autonomous Regions and Municipalities	716
地 区	Region	1175
县及县以下	Country and Under Country Level	4298
其它	Others	17
按企、事业、机关分组	**Grouped by Enterprises, Institutions and Agencies**	**6485**
企 业	Enterprises	684
地 方	Local	480
事 业	Institutions	3823
地 方	Local	3795
机 关	Agencies & Organizations	1976
地 方	Local	1930
其 他	Others	2
按国民经济行业分组	**Grouped by Sector**	**6485**
农、林、牧、渔业	Agriculture, Forestry, Animal Husbandry and Fishery	308
采矿业	Mining	5
制造业	Manufacturing	30
电力、热力、燃气及水的生产和供应业	Production and Distribution of Electricity, Heat, Gas and Water	86
建筑业	Construction	52
交通运输、仓储和邮政业	Transport, Storage and Post	151
信息传输、软件和信息技术服务业	Information Transmission, Software and IT Services	42
批发和零售业	Wholesale and Retail Trades	129
住宿和餐饮业	Hotels and Catering Services	11
金融业	Financial Intermediation	169
房地产业	Real Estate	29
租赁和商务服务业	Leasing and Business Services	66
科学研究和技术服务业	Scientific Research and Technical Service	246
水利、环境和公共设施管理业	Management of Water Conservancy, Environment and Public Facilities	190
居民服务、修理和其他服务业	Services to Households, Repair and Other Services	16
教育	Education	2024
卫生和社会工作	Health and Social Work	445
文化、体育和娱乐业	Culture, Sports and Entertainment	194
公共管理、社会保障和社会组织	Public Management, Social Security and Social Organization	2292
国际组织	International Organizations	

Employed Persons in State-owned Units(2012)

(person)

单位就业人员 Number of Engaged Persons	在岗职工 Staff and Workers	其他就业人员 Other Engaged Persons
409186	**381367**	**27819**
409186	**381367**	**27819**
72702	69133	3569
105591	100795	4796
79631	73341	6290
149736	136692	13044
1526	1406	120
409186	**381367**	**27819**
143030	136332	6698
78359	74905	3454
186841	175071	11770
183286	171590	11696
78857	69506	9351
74769	65669	9100
458	458	
409186	**381367**	**27819**
22780	22453	327
6556	6183	373
20792	19956	836
29326	29055	271
15467	13009	2458
31185	30528	657
4114	4107	7
7441	7206	235
1531	1347	184
13143	11790	1353
2940	2571	369
2501	2406	95
10543	10086	457
19334	15470	3864
450	450	
81455	78057	3398
39924	36666	3258
7063	6392	671
92641	83635	9006

5-6 城镇非私营集体单位就业人数(2012年)

单位:人

指标	Item	单位数(个) Number of Unit (unit)
全区总计	**Total**	**241**
按企业、事业、机关分组	**Grouped by Enterprises, Institutions and Agencies**	**241**
企业	Enterprises	219
事业	Institutions	22
机关	Agencies & Organizations	
按国民经济行业分组	**Grouped by Sector**	**241**
农、林、牧、渔业	Agriculture, Forestry, Animal Husbandry and Fishery	1
采矿业	Mining	
制造业	Manufacturing	14
电力、热力、燃气及水的生产和供应业	Production and Distribution of Electricity, Heat, Gas and Water	
建筑业	Construction	31
交通运输、仓储和邮政业	Transport, Storage and Post	
信息传输、软件和信息技术服务业	Information Transmission, Software and IT Services	
批发和零售业	Wholesale and Retail Trades	58
住宿和餐饮业	Hotels and Catering Services	2
金融业	Financial Intermediation	87
房地产业	Real Estate	1
租赁和商务服务业	Leasing and Business Services	29
科学研究和技术服务业	Scientific Research and Technical Service	1
水利、环境和公共设施管理业	Management of Water Conservancy, Environment and Public Facilities	2
居民服务、修理和其他服务业	Services to Households, Repair and Other Services	1
教育	Education	2
卫生和社会工作	Health and Social Work	9
文化、体育和娱乐业	Culture, Sports and Entertainment	
公共管理、社会保障和社会组织	Public Management, Social Security and Social Organization	3
国际组织	International Organizations	

Employed Persons in Urban Collective-owned Units(2012)

(person)

单位就业人员 Number of Engaged Persons	在岗职工 Staff and Workers	其他就业人员 Other Engaged Persons
7891	**7187**	**704**
7891	**7187**	**704**
7164	6527	637
727	660	67
7891	**7187**	**704**
7	7	
338	322	16
1655	1499	156
434	342	92
131	131	
3496	3126	370
10	10	
1147	1145	2
19	17	2
98	88	10
20	20	
147	147	
289	258	31
100	75	25

5-7 城镇非私营单位女性就业人数(2012年)

单位:人

指　　标	Item	女性就业人员 Number of Female Employed Persons
全区总计	**Total**	**248292**
按企业、事业、机关分组	**Grouped by Enterprises, Institutions and Agencies**	**248292**
企　业	Enterprises	126426
事　业	Institutions	94532
机　关	Agencies & Organizations	26414
民间非盈利组织	Non-profit Organizations	555
其　他	Others	365
按国民经济行业分组	**Grouped by Sector**	**248292**
农、林、牧、渔业	Agriculture, Forestry, Animal Husbandry and Fishery	8918
采矿业	Mining	11142
制造业	Manufacturing	31529
电力、热力、燃气及水的生产和供应业	Production and Distribution of Electricity, Heat, Gas and Water	12068
建筑业	Construction	5671
交通运输、仓储和邮政业	Transport, Storage and Post	12686
信息传输、软件和信息技术服务业	Information Transmission, Software and IT Services	3221
批发和零售业	Wholesale and Retail Trades	16142
住宿和餐饮业	Hotels and Catering Services	3649
金融业	Financial Intermediation	16318
房地产业	Real Estate	4459
租赁和商务服务业	Leasing and Business Services	5494
科学研究和技术服务业	Scientific Research and Technical Service	3650
水利、环境和公共设施管理业	Management of Water Conservancy, Environment and Public Facilities	9525
居民服务、修理和其他服务业	Services to Households, Repair and Other Services	150
教育	Education	42962
卫生和社会工作	Health and Social Work	25277
文化、体育和娱乐业	Culture, Sports and Entertainment	3320
公共管理、社会保障和社会组织	Public Management, Social Security and Social Organization	32111
国际组织	International Organizations	

Number of Female Employed Persons in Urban Units(2012)

(person)

国有单位 State-owned Units	集体单位 Collective-owned Units	其他单位 Other Units
165072	**2704**	**80516**
165072	**2704**	**80516**
46412	2349	77665
92451	355	1726
26030		384
		555
179		186
165072	**2704**	**80516**
8490	1	427
592		10550
5803	110	25616
7877		4191
2260	197	3214
11083		1603
2216		1005
3192	176	12774
1011	99	2539
6644	1449	8225
1012	3	3444
1138	328	4028
3233	10	407
9023	31	471
142	8	
41231	56	1675
24946	211	120
3218		102
31961	25	125

5-8 全区个体就业人数(2012 年)

单位:户、人

指　　标	Item
全 区 总 计	**Total**
农、林、牧、渔业	Agriculture, Forestry, Animal Husbandry and Fishery
采矿业	Mining
制造业	Manufacturing
电力、热力、燃气及水的生产和供应业	Production and Distribution of Electricity, Heat, Gas and Water
建筑业	Construction
交通运输、仓储和邮政业	Transport, Storage and Post
信息传输、软件和信息技术服务业	Information Transmission, Software and IT Services
批发和零售业	Wholesale and Retail Trades
住宿和餐饮业	Hotels and Catering Services
金融业	Financial Intermediation
房地产业	Real Estate
租赁和商务服务业	Leasing and Business Services
科学研究和技术服务业	Scientific Research and Technical Service
水利、环境和公共设施管理业	Management of Water Conservancy, Environment and Public Facilities
居民服务、修理和其他服务业	Services to Households, Repair and Other Services
教育	Education
卫生和社会工作	Health and Social Work
文化、体育和娱乐业	Culture, Sports and Entertainment
其他行业	Others

Number of Self-employed Individuals(2012)

(household,person)

总 计 Total		城 镇 Urban		乡 村 Rural	
户数 Number of Households	就业人数 Number of Engaged Persons	户数 Number of Households	就业人数 Number of Engaged Persons	户数 Number of Households	就业人数 Number of Engaged Persons
225241	**564048**	**154909**	**385166**	**70332**	**178882**
3775	9898	551	1611	3224	8287
227	1246	79	246	148	1000
11282	33493	6668	17739	4614	15754
8	24	5	24	3	
203	761	71	264	132	497
2962	5058	2414	4046	548	1012
575	1842	397	1262	178	580
132464	308758	95583	224805	36881	83953
24631	78644	17942	58688	6689	19956
6	11	3	8	3	3
291	815	280	802	11	13
4379	8782	2042	4645	2337	4137
520	1514	356	1130	164	384
6	27	5	21	1	6
34503	86059	21750	50240	12753	35819
12	40	12	40		
764	2099	596	1739	168	360
1624	5372	1338	4479	286	893
7009	19605	4817	13377	2192	6228

5-9 全区私营企业就业人数(2012 年)

单位:户、人

指　　标	Item
全区总计	**Total**
农、林、牧、渔业	Agriculture, Forestry, Animal Husbandry and Fishery
采矿业	Mining
制造业	Manufacturing
电力、热力、燃气及水的生产和供应业	Production and Distribution of Electricity, Heat, Gas and Water
建筑业	Construction
交通运输、仓储和邮政业	Transport, Storage and Post
信息传输、软件和信息技术服务业	Information Transmission, Software and IT Services
批发和零售业	Wholesale and Retail Trades
住宿和餐饮业	Hotels and Catering Services
金融业	Financial Intermediation
房地产业	Real Estate
租赁和商务服务业	Leasing and Business Services
科学研究和技术服务业	Scientific Research and Technical Service
水利、环境和公共设施管理业	Management of Water Conservancy, Environment and Public Facilities
居民服务、修理和其他服务业	Services to Households, Repair and Other Services
教育	Education
卫生和社会工作	Health and Social Work
文化、体育和娱乐业	Culture, Sports and Entertainment
公共管理、社会保障和社会组织	Public Management, Social Security and Social Organization
其他行业	Others

Number of Engaged Persons in Private Enterprises(2012)

(household, person)

总 计 Total		城 镇 Urban		乡 村 Rural	
户数 Number of Enterprises	就业人数 Number of Engaged Persons	户数 Number of Enterprises	就业人数 Number of Engaged Persons	户数 Number of Enterprises	就业人数 Number of Engaged Persons
48339	**390807**	**39631**	**282410**	**8708**	**108397**
1848	14194	845	5407	1003	8787
451	3383	225	1661	226	1722
6300	68791	4098	35448	2202	33343
262	1949	188	1377	74	572
3049	25423	2723	20664	326	4759
1399	12378	1128	8215	271	4163
1631	11094	1473	9185	158	1909
22273	167189	19033	130379	3240	36810
818	8316	751	6959	67	1357
557	4408	456	3138	101	1270
1572	13610	1424	11012	148	2598
4860	35360	4446	29779	414	5581
1001	7520	882	6674	119	846
191	2023	153	1396	38	627
1618	10869	1373	7914	245	2955
69	714	53	424	16	290
99	1112	81	787	18	325
307	2192	276	1765	31	427
34	282	23	226	11	56

5-10 城镇登记失业人数及失业率

Registered Unemployed Persons and Unemployment Rate in Urban Area

单位:万人 (10 000 persons)

年份 Year	本年登记失业人员总数 Number of Registered Unemployed Persons This Year	本年登记失业人员就业人数 Employment among Registered Unemployed Persons This Year	年末尚有失业人数 Unemployed Persons among Registered at Year End	登记失业率(%) Registered Unemployment Rate(%)
1979	5.93	3.56	2.38	4.94
1980	4.83	3.02	1.80	3.64
1985	4.89	2.86	1.82	3.10
1990	7.29	2.96	4.04	5.44
1995	6.28	2.07	4.48	5.47
1996	6.12	1.99	3.42	4.35
1997	7.10	2.74	3.95	4.79
1998	7.60	3.65	3.91	4.71
1999	7.75	4.00	3.70	4.50
2000	7.37	3.64	3.80	4.60
2001	7.78	3.19	3.66	4.40
2002	7.19	3.65	3.54	4.40
2003	8.26	4.50	3.75	4.40
2004	8.92	4.85	4.07	4.51
2005	9.82	5.46	4.36	4.52
2006	10.50	6.28	4.22	4.31
2007	10.87	6.45	4.42	4.28
2008	11.36	6.59	4.77	4.35
2009	11.45	6.65	4.80	4.40
2010	11.65	6.90	4.77	4.35
2011	13.45	8.23	5.22	4.24
2012	16.11	11.50	4.61	4.18

注:本数据由自治区就业与创业服务局提供。

a)Data in this table are provided by Ningxia Provinsial Services Bureau of the Employment and Entrepreneurship.

5-11 在岗职工工资总额及指数

Total Wages Bill of Staff and Workers and Related Indices

年份 Year	绝对数(万元) Level(10 000 yuan)				指数(以上年为100) Indices(preceding year=100)			
	全部工资总额 Total Wages	国有单位 State-owned Units	集体单位 Collective-owned Units	其他单位 Other Units	全部工资总额 Total Wages	国有单位 State-owned Units	集体单位 Collective-owned Units	其他单位 Other Units
1950		236.8				549.4		
1955		1997.7				128.2		
1960		13031.0				137.8		
1965		10832.0				110.4		
1970		16283.5				109.0		
1975	23117.1	21650.5	1406.6			104.4		
1980	40350.0	36258.1	4091.9		117.0	114.8	140.0	
1985	65560.0	57209.9	8290.4	59.7	117.2	116.7	120.4	175.1
1990	146646.4	128897.9	17545.7	202.8	116.8	117.1	114.1	216.2
1995	371794.7	321097.4	38910.5	11786.8	121.2	119.9	121.5	166.8
1996	410323.2	357400.2	39093.0	13830.0	110.4	111.3	100.5	117.3
1997	449072.4	379507.9	44221.1	25343.4	109.4	106.2	113.1	183.2
1998	467398.5	378709.2	34207.3	54482.0	104.1	99.8	77.4	215.0
1999	502394.1	413666.4	31812.0	56915.7	107.5	109.2	92.9	104.5
2000	563326.8	463588.1	34906.7	64832.0	112.1	112.1	109.7	113.9
2001	657761.1	550966.8	32744.2	74050.1	116.8	118.8	93.8	114.2
2002	723503.4	555429.6	27774.4	140299.4	110.0	100.8	84.8	189.5
2003	808405.5	548730.2	20937.2	238738.4	111.7	98.8	75.4	170.2
2004	871455.4	566834.3	20918.3	283702.8	109.7	106.0	99.9	118.8
2005	1015504.5	668324.6	20337.0	326842.9	116.5	117.9	97.2	115.2
2006	1216118.5	749666.3	23001.1	443451.1	119.8	112.2	113.1	135.7
2007	1500242.9	931098.3	25973.2	543171.4	123.4	124.2	112.9	122.5
2008	1722131.3	1066225.5	28883.6	627022.2	114.8	114.5	111.2	115.4
2009	1891213.9	1149131.5	29296.2	712786.2	109.8	107.8	101.4	113.7
2010	2165027.1	1271874.5	33594.6	859558.0	114.5	110.7	114.7	120.6
2011	2580506.6	1515366.2	41869.0	1023271.4	119.2	119.1	124.6	119.0
2012	3359944.7	2004059.3	44017.3	1311868.1	130.2	132.2	105.1	128.2

注:1998年以后为在岗职工工资总额,2006年以后在岗职工工资总额为城镇非私营单位在岗职工工资总额,2004年以后数据不含长庆油田宁夏部分。

a)From 1998, data in this table refers to total wages bill of staff and workers, besides, from 2004, data of Changqing oil field in Ningxia is not included.

5-12 在岗职工平均工资及指数
Average Wage of Staff and Workers and Related Indices

年份 Year	平均工资(元) Average Wages(yuan)				指数(以上年为100) Indices(preceding year=100)			
	全部职工 Total Employees	国有单位职工 State-owned Units	集体单位职工 Collective-owned Units	其他单位职工 Other Units	全部职工 Total Employees	国有单位职工 State-owned Units	集体单位职工 Collective-owned Units	其他单位职工 Other Units
1950		343				100.9		
1955		586				103.5		
1960		552				96.2		
1965		696				99.0		
1970		684				101.9		
1975	708	725	532			99.7		
1980	863	892	666		111.1	109.4	128.8	
1985	1206	1252	963	1152	112.5	112.7	112.6	120.0
1990	2202	2313	1631	1814	113.3	113.5	111.9	104.4
1995	5079	5273	3782	5832	118.9	117.8	123.5	130.6
1996	5635	5819	4320	5888	101.0	101.0	114.2	101.0
1997	6073	6206	4831	6962	118.2	106.7	111.8	118.2
1998	6822	7020	5373	6643	112.3	113.1	111.2	95.4
1999	7550	7847	5568	7018	110.7	111.8	103.6	105.6
2000	8681	9022	6538	7943	115.0	115.0	117.4	113.2
2001	10521	11198	7166	8464	121.2	124.1	109.6	106.6
2002	11723	12465	7572	10400	111.4	111.3	105.7	122.9
2003	13056	13825	8924	12009	111.4	110.9	117.9	115.5
2004	14620	15212	10613	13926	112.7	111.0	119.0	116.0
2005	17211	17634	13630	16668	117.7	115.9	128.4	119.7
2006	21239	21370	19427	21123	123.4	121.2	142.5	126.7
2007	26210	26687	25362	25470	123.4	124.9	130.6	120.6
2008	30719	31111	31155	30054	117.2	116.6	122.8	118.0
2009	34082	33841	35182	34432	110.9	108.8	112.9	114.6
2010	39144	37377	40815	42014	114.9	110.4	116.0	122.0
2011	44574	43325	38635	46870	113.9	115.9	94.7	111.6
2012	48961	48714	44929	49494	109.8	112.4	116.3	105.6

注:1998年以后职工平均工资为在岗职工平均工资,2006年以后在岗职工平均工资为城镇非私营单位在岗职工平均工资,2004年以后数据不含长庆油田宁夏部分。

a)From 1998,data in this table refers to average wages of staff and workers,besides,from 2004,data of Changqing oil field in Ningxia is not included.

5-13 城镇非私营国有单位就业人员工资总额及平均工资(2012年)

Total Wages and Average Wage of Employed Persons in State-owned Units(2012)

单位:万元、元　　(10 000 yuan,yuan)

指　标	Item	就业人员 Employees 工资总额 Total Wages	平均工资 Average Wage
全区总计	**Total**	**2058680.6**	**46880**
按隶属关系分组	**Grouped by Jurisdiction of Management**		
中　央	Central Authorities	489744.3	62897
省、自治区、直辖市	Provinces,Autonomous Regions and Municipalities	597835.7	45381
地　区	Region	351878.0	44102
县及县以下	Country and Under Country Level	612687.9	41345
其　它	Others	6534.7	41889
按企业、事业、机关分组	**Grouped by Enterprises,Institutions and Agencies**		
企　业	Enterprises	894720.1	50969
地　方	Local	447908.6	42328
事　业	Institutions	809133.8	43752
地　方	Local	791022.2	43633
机　关	Agencies & Organizations	352666.3	45103
地　方	Local	329637.1	44487
其　他	Others	2160.4	46162
按国民经济行业分组	**Grouped by Sector**		
农、林、牧、渔业	Agriculture,Forestry,Animal Husbandry and Fishery	66614.0	28645
采矿业	Mining	39322.5	60163
制造业	Manufacturing	87043.0	41823
电力、热力、燃气及水的生产和供应业	Production and Distribution of Electricity,Heat,Gas and Water	229390.4	80145
建筑业	Construction	181664.3	37406
交通运输、仓储和邮政业	Transport,Storage and Post	160702.3	52394
信息传输、软件和信息技术服务业	Information Transmission,Software and IT Services	23249.2	56403
批发和零售业	Wholesale and Retail Trades	39261.2	52806
住宿和餐饮业	Hotels and Catering Services	5022.2	34141
金融业	Financial Intermediation	98269.0	74474
房地产业	Real Estate	13881.7	47265
租赁和商务服务业	Leasing and Business Services	7480.9	29804
科学研究和技术服务业	Scientific Research and Technical Service	49761.5	46918
水利、环境和公共设施管理业	Management of Water Conservancy,Environment and Public Facilities	65297.8	34995
居民服务、修理和其他服务业	Services to Households,Repair and Other Services	1698.5	37829
教育	Education	374767.9	46297
卫生和社会工作	Health and Social Work	172193.5	44150
文化、体育和娱乐业	Culture,Sports and Entertainment	33528.2	47932
公共管理、社会保障和社会组织	Public Management,Social Security and Social Organization	409532.5	44347
国际组织	International Organizations		

5-13 续表 1 continued

单位:万元、元 (10 000 yuan,yuan)

指　　标	Item	在岗职工 Staff and Workers	
		工资总额 Total Wages	平均工资 Average Wage
全 区 总 计	**Total**	**2004059.3**	**48714**
按隶属关系分组	**Grouped by Jurisdiction of Management**		
中　央	Central Authorities	480743.9	64732
省、自治区、直辖市	Provinces,Autonomous Regions and Municipalities	586604.2	46194
地　区	Region	338351.0	46447
县及县以下	Country and Under Country Level	592047.6	43580
其　它	Others	6312.6	43838
按企业、事业、机关分组	**Grouped by Enterprises,Institutions and Agencies**		
企　业	Enterprises	876347.6	52101
地 方	Local	437733.7	43041
事　业	Institutions	788976.9	45533
地 方	Local	771252.3	45435
机　关	Agencies & Organizations	336574.4	48465
地 方	Local	313961.0	47854
其　他	Others	2160.4	46162
按国民经济行业分组	**Grouped by Sector**		
农、林、牧、渔业	Agriculture,Forestry,Animal Husbandry and Fishery	65503.2	29101
采矿业	Mining	37409.1	60503
制造业	Manufacturing	85130.9	42519
电力、热力、燃气及水的生产和供应业	Production and Distribution of Electricity,Heat,Gas and Water	228933.9	80645
建筑业	Construction	175125.8	38184
交通运输、仓储和邮政业	Transport,Storage and Post	159749.0	53221
信息传输、软件和信息技术服务业	Information Transmission,Software and IT Services	23234.5	56463
批发和零售业	Wholesale and Retail Trades	38742.7	53854
住宿和餐饮业	Hotels and Catering Services	4755.5	36525
金融业	Financial Intermediation	94856.6	80034
房地产业	Real Estate	12321.2	48952
租赁和商务服务业	Leasing and Business Services	7290.4	30402
科学研究和技术服务业	Scientific Research and Technical Service	48342.9	48055
水利、环境和公共设施管理业	Management of Water Conservancy,Environment and Public Facilities	60140.3	39485
居民服务、修理和其他服务业	Services to Households,Repair and Other Services	1698.5	37829
教育	Education	369911.9	47641
卫生和社会工作	Health and Social Work	165116.6	46118
文化、体育和娱乐业	Culture,Sports and Entertainment	32394.3	51103
公共管理、社会保障和社会组织	Public Management,Social Security and Social Organization	393402.0	47111
国际组织	International Organizations		

5-13 续表 2 continued

单位:万元、元 (10 000 yuan,yuan)

指 标	Item	其他就业人员 Other Employees	
		工资总额 Total Wages	平均工资 Average Wage
全 区 总 计	**Total**	**54621.3**	**19687**
按隶属关系分组	**Grouped by Jurisdiction of Management**		
中 央	Central Authorities	9000.4	25022
省、自治区、直辖市	Provinces, Autonomous Regions and Municipalities	11231.5	23640
地 区	Region	13527.0	19489
县及县以下	Country and Under Country Level	20640.3	16732
其 它	Others	222.1	18508
按企业、事业、机关分组	**Grouped by Enterprises, Institutions and Agencies**		
企 业	Enterprises	18372.5	25031
地 方	Local	10174.9	24720
事 业	Institutions	20156.9	17287
地 方	Local	19769.9	17127
机 关	Agencies & Organizations	16091.9	18401
地 方	Local	15676.1	18466
其 他	Others		
按国民经济行业分组	**Grouped by Sector**		
农、林、牧、渔业	Agriculture, Forestry, Animal Husbandry and Fishery	1110.8	14890
采矿业	Mining	1913.4	54204
制造业	Manufacturing	1912.1	24204
电力、热力、燃气及水的生产和供应业	Production and Distribution of Electricity, Heat, Gas and Water	456.5	19509
建筑业	Construction	6538.5	24199
交通运输、仓储和邮政业	Transport, Storage and Post	953.3	14532
信息传输、软件和信息技术服务业	Information Transmission, and Software and IT Services	14.7	21000
批发和零售业	Wholesale and Retail Trades	518.5	21515
住宿和餐饮业	Hotels and Catering Services	266.7	15781
金融业	Financial Intermediation	3412.4	25409
房地产业	Real Estate	1560.5	37155
租赁和商务服务业	Leasing and Business Services	190.5	17009
科学研究和技术服务业	Scientific Research and Technical Service	1418.6	25982
水利、环境和公共设施管理业	Management of Water Conservancy, Environment and Public Facilities	5157.5	15045
居民服务、修理和其他服务业	Services to Households, Repair and Other Services		
教育	Education	4856.0	14706
卫生和社会工作	Health and Social Work	7076.9	22122
文化、体育和娱乐业	Culture, Sports and Entertainment	1133.9	17285
公共管理、社会保障和社会组织	Public Management, Social Security and Social Organization	16130.5	18245
国际组织	International Organizations		

5-14 城镇非私营集体单位就业人员工资总额及平均工资(2012年)

Total Wages and Average Wage of Employed Persons in Urban Collective-owned Units(2012)

单位:万元、元 (10 000 yuan,yuan)

指　　标	Item	就业人员 Employees	
		工资总额 Total Wages	平均工资 Average Wage
全区总计	**Total**	**47348.5**	**44330**
按企业、事业、机关分组	**Grouped by Enterprises, Institutions and Agencies**		
企　业	Enterprises	44713.2	44825
事　业	Institutions	2635.3	37327
机　关	Agencies & Organizations		
按国民经济行业分组	**Grouped by Sector**		
农、林、牧、渔业	Agriculture, Forestry, Animal Husbandry and Fishery	32.0	45714
采矿业	Mining		
制造业	Manufacturing	866.7	25949
电力、热力、燃气及水的生产和供应业	Production and Distribution of Electricity, Heat, Gas and Water		
建筑业	Construction	13079.9	29054
交通运输、仓储和邮政业	Transport, Storage and Post		
信息传输、软件和信息技术服务业	Information Transmission, Software and IT Services		
批发和零售业	Wholesale and Retail Trades	1153.5	27077
住宿和餐饮业	Hotels and Catering Services	511.3	39031
金融业	Financial Intermediation	27141.4	78015
房地产业	Real Estate	16.8	16800
租赁和商务服务业	Leasing and Business Services	2136.3	18956
科学研究和技术服务业	Scientific Research and Technical Service	103.8	54632
水利、环境和公共设施管理业	Management of Water Conservancy, Environment and Public Facilities	268.8	29538
居民服务、修理和其他服务业	Services to Households, Repair and Other Services	44.4	22200
教育	Education	626.8	42932
卫生和社会工作	Health and Social Work	880.7	30474
文化、体育和娱乐业	Culture, Sports and Entertainment		
公共管理、社会保障和社会组织	Public Management, Social Security and Social Organization	486.1	48610
国际组织	International Organizations		

5-14 续表 1 continued

单位:万元、元 (10 000 yuan,yuan)

指　　标	Item	在岗职工 Staff and Workers	
		工资总额 Total Wages	平均工资 Average Wage
全 区 总 计	**Total**	44017.3	44929
按企业、事业、机关分组	**Grouped by Enterprises, Institutions and Agencies**		
企 业	Enterprises	41525.0	45378
事 业	Institutions	2492.3	38580
机 关	Agencies & Organizations		
按国民经济行业分组	**Grouped by Sector**		
农、林、牧、渔业	Agriculture,Forestry,Animal Husbandry and Fishery	32.0	45714
采矿业	Mining		
制造业	Manufacturing	839.3	26476
电力、热力、燃气及水的生产和供应业	Production and Distribution of Electricity,Heat,Gas and Water		
建筑业	Construction	12297.5	29519
交通运输、仓储和邮政业	Transport,Storage and Post		
信息传输、软件和信息技术服务业	Information Transmission,Software and IT Services		
批发和零售业	Wholesale and Retail Trades	1112.0	33494
住宿和餐饮业	Hotels and Catering Services	511.3	39031
金融业	Financial Intermediation	24811.4	79908
房地产业	Real Estate	16.8	16800
租赁和商务服务业	Leasing and Business Services	2132.7	18957
科学研究和技术服务业	Scientific Research and Technical Service	100.0	58824
水利、环境和公共设施管理业	Management of Water Conservancy,Environment and Public Facilities	265.2	30136
居民服务、修理和其他服务业	Services to Households,Repair and Other Services	44.4	22200
教育	Education	626.8	42932
卫生和社会工作	Health and Social Work	804.5	31182
文化、体育和娱乐业	Culture,Sports and Entertainment		
公共管理、社会保障和社会组织	Public Management,Social Security and Social Organization	423.4	56453
国际组织	International Organizations		

5-14 续表 2 continued

单位:万元、元 (10 000 yuan,yuan)

指 标	Item	其他就业人员 Other Employees 工资总额 Total Wages	其他就业人员 Other Employees 平均工资 Average Wage
全 区 总 计	**Total**	3331.2	37683
按企业、事业、机关分组	**Grouped by Enterprises, Institutions and Agencies**		
企 业	Enterprises	3188.2	38692
事 业	Institutions	143.0	23833
机 关	Agencies & Organizations		
按国民经济行业分组	**Grouped by Sector**		
农、林、牧、渔业	Agriculture, Forestry, Animal Husbandry and Fishery		
采矿业	Mining		
制造业	Manufacturing	27.4	16118
电力、热力、燃气及水的生产和供应业	Production and Distribution of Electricity, Heat, Gas and Water		
建筑业	Construction	782.4	23286
交通运输、仓储和邮政业	Transport, Storage and Post		
信息传输、软件和信息技术服务业	Information Transmission, and Software and IT Services		
批发和零售业	Wholesale and Retail Trades	41.5	4415
住宿和餐饮业	Hotels and Catering Services		
金融业	Financial Intermediation	2330.0	62299
房地产业	Real Estate		
租赁和商务服务业	Leasing and Business Services	3.6	18000
科学研究和技术服务业	Scientific Research and Technical Service	3.8	19000
水利、环境和公共设施管理业	Management of Water Conservancy, Environment and Public Facilities	3.6	12000
居民服务、修理和其他服务业	Services to Households, Repair and Other Services		
教育	Education		
卫生和社会工作	Health and Social Work	76.2	24581
文化、体育和娱乐业	Culture, Sports and Entertainment		
公共管理、社会保障和社会组织	Public Management, Social Security and Social Organization	62.7	25080
国际组织	International Organizations		

5-15 城镇非私营其他单位就业人员工资总额及平均工资(2012年)

Total Wages and Average Wage of Employed Persons in Units of Other Types of Ownership(2012)

单位:万元、元 (10 000 yuan,yuan)

指　　标	Item	就业人员 Employees	
		工资总额 Total Wages	平均工资 Average Wage
全区总计	**Total**	**1391539.3**	**48400**
农、林、牧、渔业	Agriculture,Forestry,Animal Husbandry and Fishery	2914.6	28491
采矿业	Mining	478768.3	79470
制造业	Manufacturing	345487.7	39058
电力、热力、燃气及水的生产和供应业	Production and Distribution of Electricity,Heat,Gas and Water	55515.2	47163
建筑业	Construction	217978.7	39916
交通运输、仓储和邮政业	Transport,Storage and Post	17695.6	39376
信息传输、软件和信息技术服务业	Information Transmission,Software and IT Services	14565.7	64967
批发和零售业	Wholesale and Retail Trades	67132.9	34203
住宿和餐饮业	Hotels and Catering Services	12178.0	25966
金融业	Financial Intermediation	76173.5	60359
房地产业	Real Estate	35679.4	40884
租赁和商务服务业	Leasing and Business Services	45373.2	33395
科学研究和技术服务业	Scientific Research and Technical Service	8689.3	67359
水利、环境和公共设施管理业	Management of Water Conservancy,Environment and Public Facilities	1679.2	19390
居民服务、修理和其他服务业	Services to Households,Repair and Other Services		
教育	Education	9288.7	35494
卫生和社会工作	Health and Social Work	504.5	29503
文化、体育和娱乐业	Culture,Sports and Entertainment	676.2	42263
公共管理、社会保障和社会组织	Public Management,Social Security and Social Organization	1238.6	39955
国际组织	International Organizations		

5-15 续表 1 continued

单位:万元、元 (10 000 yuan,yuan)

指　　标	Item	在岗职工 Staff and Workers	
		工资总额 Total Wages	平均工资 Average Wage
全区总计	**Total**	**1311868.1**	**49494**
农、林、牧、渔业	Agriculture, Forestry, Animal Husbandry and Fishery	2623.4	35888
采矿业	Mining	478728.3	79485
制造业	Manufacturing	341052.0	39187
电力、热力、燃气及水的生产和供应业	Production and Distribution of Electricity, Heat, Gas and Water	54858.6	48042
建筑业	Construction	159249.9	38973
交通运输、仓储和邮政业	Transport, Storage and Post	17387.9	39798
信息传输、软件和信息技术服务业	Information Transmission, Software and IT Services	14515.3	65532
批发和零售业	Wholesale and Retail Trades	66634.3	34280
住宿和餐饮业	Hotels and Catering Services	11903.0	26428
金融业	Financial Intermediation	67534.0	79733
房地产业	Real Estate	34880.6	41431
租赁和商务服务业	Leasing and Business Services	42538.6	32537
科学研究和技术服务业	Scientific Research and Technical Service	8602.3	68164
水利、环境和公共设施管理业	Management of Water Conservancy, Environment and Public Facilities	826.5	31071
居民服务、修理和其他服务业	Services to Households, Repair and Other Services		
教育	Education	8241.2	37089
卫生和社会工作	Health and Social Work	504.5	29503
文化、体育和娱乐业	Culture, Sports and Entertainment	673.2	42608
公共管理、社会保障和社会组织	Public Management, Social Security and Social Organization	1114.5	51359
国际组织	International Organizations		

5-15 续表 2 continued

单位:万元、元 (10 000 yuan, yuan)

指 标	Item	其他就业人员 Other Employees	
		工资总额 Total Wages	平均工资 Average Wage
全区总计	**Total**	**79671.2**	**35491**
农、林、牧、渔业	Agriculture, Forestry, Animal Husbandry and Fishery	291.2	9973
采矿业	Mining	40.0	25000
制造业	Manufacturing	4435.7	31150
电力、热力、燃气及水的生产和供应业	Production and Distribution of Electricity, Heat, Gas and Water	656.6	18653
建筑业	Construction	58728.8	42721
交通运输、仓储和邮政业	Transport, Storage and Post	307.7	24616
信息传输、软件和信息技术服务业	Information Transmission, Software and IT Services	50.4	18667
批发和零售业	Wholesale and Retail Trades	498.6	26242
住宿和餐饮业	Hotels and Catering Services	275.0	14785
金融业	Financial Intermediation	8639.5	20818
房地产业	Real Estate	798.8	25935
租赁和商务服务业	Leasing and Business Services	2834.6	55255
科学研究和技术服务业	Scientific Research and Technical Service	87.0	31071
水利、环境和公共设施管理业	Management of Water Conservancy, Environment and Public Facilities	852.7	14212
居民服务、修理和其他服务业	Services to Households, Repair and Other Services		
教育	Education	1047.5	26519
卫生和社会工作	Health and Social Work		
文化、体育和娱乐业	Culture, Sports and Entertainment	3.0	15000
公共管理、社会保障和社会组织	Public Management, Social Security and Social Organization	124.1	13344
国际组织	International Organizations		

5-16 各市县就业人员数(2012 年)

Number of Employed Persons by City and Country(2012)

单位:人 (person)

地　区	Region	就业人员总计 Total Employment	城镇就业人员 Number of Employed Persons in Urban Units	国有单位 State-owned Units	集体单位 Collective-owned Units	其他单位 Units of Other Type of Ownership	私营和个体 Private and Individuals	乡村就业者 Rural Labor Force
全区总计	**Total**	**3444738**	**1341798**	**409186**	**7891**	**257145**	**667576**	**2102940**
银川市	**Yinchuan**	**1085915**	**742204**	**178408**	**2278**	**174202**	**387316**	**343711**
银川市	District	707426	616039	144956	402	150720	319961	91387
永宁县	Yongning	119501	30708	8307	519	10764	11118	88793
贺兰县	Helan	128737	50440	8821	555	10151	30913	78297
灵武市	Lingwu	130252	45017	16324	802	2567	25324	85235
石嘴山市	**Shizuishan**	**358042**	**193174**	**56257**	**1102**	**41761**	**94054**	**164868**
石嘴山市	District	192195	141873	43384	420	36339	61730	50322
平罗县	Pingluo	165847	51301	12873	682	5422	32324	114546
吴忠市	**Wuzhong**	**677283**	**173007**	**59550**	**2300**	**21069**	**90088**	**504276**
利通区	Litong	204462	63859	22732	939	7515	32673	140603
红寺堡区	Hongsipu	85464	12662	3984		363	8315	72802
盐池县	Yanchi	88905	28442	7648	226	101	20467	60463
同心县	Tongxin	158126	26133	9631	863	421	15218	131993
青铜峡市	Qingtongxia	140326	41911	15555	272	12669	13415	98415
固原市	**Guyuan**	**674665**	**112386**	**55478**	**1194**	**1948**	**53766**	**562279**
原州区	Yuanzhou	194787	51740	21503	354	244	29639	143047
西吉县	Xiji	216502	24055	11944	377	1271	10463	192447
隆德县	Longde	82070	12434	6839	124	80	5391	69636
泾源县	Jingyuan	52466	9052	4542	119	315	4076	43414
彭阳县	Pengyang	128839	15105	10650	220	38	4197	113734
中卫市	**Zhongwei**	**637408**	**109600**	**42923**	**1017**	**18165**	**42352**	**527808**
沙坡头区	Shapotou	239671	61633	17329	635	16451	27218	178038
中宁县	Zhongning	180658	26636	14167	221	1714	10534	154022
海原县	Haiyuan	211936	16188	11427	161		4600	195748

注:因铁路部门数据单列,故各市、县(区)数据加总不等于全区总计。

5-17 第六次全国人口普查就业人口产业构成

Employment Composition by Industry on Population Census in 2010

单位:%　　(%)

地　区	Region	第一产业 Primary Industry	第二产业 Secondary Industry	第三产业 Tertiary Industry
全区总计	**Total**	**51.12**	**18.70**	**30.18**
银川市	**Yinchuan**	**25.64**	**26.00**	**48.36**
银川市	District	12.09	25.03	62.87
永宁县	Yongning	60.92	17.52	21.56
贺兰县	Helan	51.52	20.36	28.12
灵武市	Lingwu	32.62	41.68	25.70
石嘴山市	**Shizuishan**	**32.89**	**33.22**	**33.89**
石嘴山市	District	13.08	45.10	41.82
平罗县	Pingluo	62.74	15.33	21.93
吴忠市	**Wuzhong**	**61.17**	**15.07**	**23.76**
利通区	Litong	39.07	22.41	38.52
红寺堡区	Hongsipu	80.01	8.75	11.25
盐池县	Yanchi	58.98	14.32	26.70
同心县	Tongxin	84.03	5.33	10.64
青铜峡市	Qingtongxia	54.88	20.45	24.68
固原市	**Guyuan**	**74.58**	**8.97**	**16.45**
原州区	Yuanzhou	61.10	11.28	27.62
西吉县	Xiji	87.72	3.40	8.88
隆德县	Longde	71.70	14.47	13.83
泾源县	Jingyuan	70.19	14.56	15.26
彭阳县	Pengyang	80.28	8.18	11.54
中卫市	**Zhongwei**	**69.53**	**11.64**	**18.83**
沙坡头区	Shapotou	53.07	19.39	27.54
中宁县	Zhongning	70.66	11.22	18.12
海原县	Haiyuan	86.07	3.75	10.18

5-18 各市县城镇非私营单位在岗职工人数(2012年)

Number of Fully Employed Staff and Workers in Urban Entities by City and Country(2012)

单位:人 (person)

地 区	Region	总计 Total	按经济类型分 Grouped by Economic Type			按三次产业分 Grouped Industry		
			国有单位 State-owned Units	集体单位 Urban Collective-owned Units	其他单位 Other Economic Type Units	第一产业 Primary Industry	第二产业 Secondary Industry	第三产业 Tertiary Industry
全区总计	**Total**	**628751**	**381367**	**7187**	**240197**	**23171**	**244391**	**361189**
银川市	**Yinchuan**	**331278**	**168374**	**1871**	**161033**	**11090**	**149556**	**170632**
银川市	District	277968	137953	394	139621	4631	131448	141889
永宁县	Yongning	19077	8075	423	10579	1128	8858	9091
贺兰县	Helan	15493	6475	522	8496	1517	5003	8973
灵武市	Lingwu	18740	15871	532	2337	3814	4247	10679
石嘴山市	**Shizuishan**	**89120**	**48399**	**1000**	**39721**	**662**	**48538**	**39920**
石嘴山市	District	71238	36470	395	34373	360	44499	26379
平罗县	Pingluo	17882	11929	605	5348	302	4039	13541
吴忠市	**Wuzhong**	**78455**	**55784**	**2281**	**20390**	**5146**	**23940**	**49369**
利通区	Litong	28113	20250	938	6925	2327	5835	19951
红寺堡区	Hongsipu	4281	3918		363		664	3617
盐池县	Yanchi	7743	7435	208	100	515	364	6864
同心县	Tongxin	10643	9442	863	338	105	1417	9121
青铜峡市	Qingtongxia	27675	14739	272	12664	2199	15660	9816
固原市	**Guyuan**	**54163**	**51718**	**1033**	**1412**	**2355**	**5014**	**46794**
原州区	Yuanzhou	21289	20696	349	244	1091	808	19390
西吉县	Xiji	11582	10626	221	735	558	667	10357
隆德县	Longde	6540	6336	124	80	126	222	6192
泾源县	Jingyuan	4606	4172	119	315	221	314	4071
彭阳县	Pengyang	10146	9888	220	38	359	3003	6784
中卫市	**Zhongwei**	**59444**	**40801**	**1002**	**17641**	**3918**	**17294**	**38232**
沙坡头区	Shapotou	33075	16386	620	16069	883	15571	16621
中宁县	Zhongning	14784	12991	221	1572	2254	1659	10871
海原县	Haiyuan	11585	11424	161		781	64	10740

注:因铁路部门数据单列,故各市、县(区)数据加总不等于全区总计。

5-19 主要年份各市县在岗职工人数(2012年)

Number of Fully Employed Staff and Workers by City and Country in Main Years(2012)

单位:人 (person)

地 区	Region	1978	1980	1990	2000	2010	2011	2012
全区总计	**Total**	**432755**	**475706**	**674115**	**637611**	**546532**	**566217**	**628751**
银川市	**Yinchuan**	**135594**	**179562**	**273270**	**254215**	**281902**	**295085**	**331278**
银川市	District	109514	139033	214303	194850	233055	244020	277968
永宁县	Yongning	6814	11984	15203	15886	18555	17842	19077
贺兰县	Helan	9564	12736	16037	14758	15347	17556	15493
灵武市	Lingwu	9702	15809	27727	28721	14945	15667	18740
石嘴山市	**Shizuishan**	**123313**	**139606**	**171790**	**136141**	**82994**	**81598**	**89120**
石嘴山市	District	103971	114699	143735	110175	67397	65259	71238
平罗县	Pingluo	17540	22844	25147	22960	15597	16339	17882
陶乐县	Taole	1802	2063	2908	3006			
吴忠市	**Wuzhong**	**47013**	**59427**	**92679**	**100702**	**70749**	**76272**	**78455**
利通区	Litong	21187	27885	39167	41976	27454	27842	28113
红寺堡区	Hongsipu				374	3069	3164	4281
盐池县	Yanchi	5081	6384	9544	9360	7141	7231	7743
同心县	Tongxin	3997	5090	10046	12333	9987	10133	10643
青铜峡市	Qingtongxia	16748	20068	33922	37033	23098	27902	27675
固原市	**Guyuan**	**27674**	**33453**	**51812**	**61937**	**50803**	**51953**	**54163**
原州区	Yuanzhou	15006	18326	22712	24472	19581	20096	21289
西吉县	Xiji	4995	5808	10091	15894	11525	11381	11582
隆德县	Longde	3664	4330	7916	9519	6654	6699	6540
泾源县	Jingyuan	2587	2977	4105	4032	4147	4522	4606
彭阳县	Pengyang	1422	2012	6988	8020	8896	9255	10146
中卫市	**Zhongwei**	**26971**	**36432**	**55432**	**54834**	**45418**	**46281**	**59444**
沙坡头区	Shapotou	9873	17073	24485	22408	22262	23584	33075
中宁县	Zhongning	12784	13526	21551	20986	14363	14313	14784
海原县	Haiyuan	4314	5833	9396	11440	8793	8384	11585

注:1.1998年以后为在岗职工人数,不包括"离开本单位仍保留劳动关系的职工",2006年以后为城镇非私营单位在岗职工;

2.因铁路部门数据单列,故各市、县(区)数据加总不等于全区总计。

a)Since 1998,data in this table refers to number of fully employed staff and workers.Number of "Staff and workers leaving their working units while keeping their labour contract" is not included.

5-20 各市县城镇非私营单位分行业在岗职工人数(2012年)

Number of Urban Entities Fully Employed Staff and Workers by Sector by City and Country(2012)

单位:人 (person)

地区	Region	总计 Total	农、林、牧、渔业 Agriculture, Forestry, Animal Husbandry and Fishery	采矿业 Mining	制造业 Manufacturing	电力、热力、燃气及水的生产和供应业 Production and Distribution of Electricity, Heat, Gas and Water	建筑业 Construction	交通运输、仓储和邮政业 Transport, Storage and Post
全区总计	**Total**	**628751**	**23171**	**65220**	**105318**	**40462**	**33391**	**34882**
银川市	**Yinchuan**	**331278**	**11090**	**55336**	**43965**	**28157**	**22098**	**12369**
银川市	District	277968	4631	55336	31165	25432	19515	9337
永宁县	Yongning	19077	1128		8298	100	460	146
贺兰县	Helan	15493	1517		4386	394	223	122
灵武市	Lingwu	18740	3814		116	2231	1900	2764
石嘴山市	**Shizuishan**	**89120**	**662**	**6421**	**31411**	**5120**	**5586**	**1920**
石嘴山市	District	71238	360	6421	28116	4799	5163	1811
平罗县	Pingluo	17882	302		3295	321	423	109
吴忠市	**Wuzhong**	**78455**	**5146**	**588**	**16905**	**4292**	**2155**	**1818**
利通区	Litong	28113	2327		4145	845	845	1349
红寺堡区	Hongsipu	4281		568		96		23
盐池县	Yanchi	7743	515		66	251	47	151
同心县	Tongxin	10643	105			196	1221	187
青铜峡市	Qingtongxia	27675	2199	20	12694	2904	42	108
固原市	**Guyuan**	**54163**	**2355**	**2875**	**781**	**398**	**960**	**2806**
原州区	Yuanzhou	21289	1091		222	159	427	2103
西吉县	Xiji	11582	558		272	50	345	186
隆德县	Longde	6540	126			40	182	228
泾源县	Jingyuan	4606	221		258	50	6	86
彭阳县	Pengyang	10146	359	2875	29	99		203
中卫市	**Zhongwei**	**59444**	**3918**		**12256**	**2495**	**2543**	**1994**
沙坡头区	Shapotou	33075	883		11611	1837	2123	1355
中宁县	Zhongning	14784	2254		645	594	420	434
海原县	Haiyuan	11585	781			64		205

注:因铁路部门数据单列,故各市、县(区)数据加总不等于全区总计。

5-20 续表 1 continued

单位：人 (person)

地　区	Region	信息传输、软件和信息技术服务业 Information Transmission, Software and IT Services	批发和零售业 Wholesale and Retail Trades	住宿和餐饮业 Hotels and Catering Services	金融业 Financial Intermediation	房地产业 Real Estate	租赁和商务服务业 Leasing and Business Services	科学研究和技术服务业 Scientific Research and Technical Service
全区总计	**Total**	**6269**	**27345**	**5869**	**23521**	**10698**	**16952**	**11377**
银川市	**Yinchuan**	**3484**	**18541**	**3469**	**14103**	**7400**	**11497**	**8650**
银川市	District	3479	14704	3121	12060	6722	11261	8050
永宁县	Yongning	5	919	317	687	199	69	228
贺兰县	Helan		2582	31	588	479	60	192
灵武市	Lingwu		336		768		107	180
石嘴山市	**Shizuishan**	**1095**	**3075**	**1114**	**2453**	**840**	**3407**	**630**
石嘴山市	District	1095	2301	1058	1685	722	1226	384
平罗县	Pingluo		774	56	768	118	2181	246
吴忠市	**Wuzhong**	**796**	**1827**	**502**	**3166**	**210**	**1126**	**924**
利通区	Litong	723	1314	217	1578		784	380
红寺堡区	Hongsipu		185		111			
盐池县	Yanchi		96	158	311	22	31	107
同心县	Tongxin	73	126	127	356	62	226	422
青铜峡市	Qingtongxia		106		810	126	85	15
固原市	**Guyuan**	**633**	**1406**	**189**	**1968**	**122**	**237**	**897**
原州区	Yuanzhou	532	845	136	966		145	351
西吉县	Xiji	49	193	5	389	90		282
隆德县	Longde	52	123		250	32	29	113
泾源县	Jingyuan		18	45	165		29	92
彭阳县	Pengyang		227	3	198		34	59
中卫市	**Zhongwei**	**261**	**2239**	**375**	**1831**	**384**	**685**	**254**
沙坡头区	Shapotou	261	1772	375	995	384	656	114
中宁县	Zhongning		446		601		4	114
海原县	Haiyuan		21		235		25	26

5-20 **续表** 2 continued

单位：人 (person)

地　区 Region		水利、环境和公共设施管理业 Management of Water Conservancy, Environment and Public Facilities	居民服务、修理和其他服务业 Services to Households, Repair and Other Services	教　育 Education	卫生和社会工作 Health and Social Work	文化、体育和娱乐业 Culture, Sports and Entertainment	公共管理、社会保障和社会组织 Public Management, Social Security and Social Organization
全区总计	**Total**	**15726**	**470**	**80512**	**37087**	**6554**	**83927**
银川市	**Yinchuan**	**6116**	**405**	**27428**	**16587**	**4302**	**36281**
银川市	District	5475	405	19314	14303	4033	29625
永宁县	Yongning	104		3286	791	98	2242
贺兰县	Helan	75		2557	469	84	1734
灵武市	Lingwu	462		2271	1024	87	2680
石嘴山市	**Shizuishan**	**1396**	**23**	**7654**	**5255**	**432**	**10626**
石嘴山市	District	541	23	5014	3689	369	6461
平罗县	Pingluo	855		2640	1566	63	4165
吴忠市	**Wuzhong**	**2654**	**17**	**15209**	**4251**	**491**	**16378**
利通区	Litong	1195		4289	1148	171	6803
红寺堡区	Hongsipu	223		1681	175	30	1189
盐池县	Yanchi	582		2230	728	51	2397
同心县	Tongxin	441	17	3845	986	183	2070
青铜峡市	Qingtongxia	213		3164	1214	56	3919
固原市	**Guyuan**	**2424**	**20**	**19072**	**4598**	**757**	**11665**
原州区	Yuanzhou	925	8	6017	2365	443	4554
西吉县	Xiji	412	12	5380	914	43	2402
隆德县	Longde	255		2748	558	162	1642
泾源县	Jingyuan	632		1206	275	40	1483
彭阳县	Pengyang	200		3721	486	69	1584
中卫市	**Zhongwei**	**3136**	**5**	**11149**	**6396**	**546**	**8977**
沙坡头区	Shapotou	1043	5	2250	4039	236	3136
中宁县	Zhongning	1706		3775	1184	143	2464
海原县	Haiyuan	387		5124	1173	167	3377

5-21 各市县城镇非私营单位在岗职工工资总额和指数(2012 年)

Total Wages of Fully Employed Staff and Workers by City and Country and Related Indices(2012)

地 区	Region	工资总额(万元) Total Wages(10 000 yuan)				指数(以上年为 100) Indices(preceding year=100)			
		总计 Total Wages	国有单位 State-owned Units	集体单位 Collective-owned Units	其他单位 Other Units	总计 Total Wages	国有单位 State-owned Units	集体单位 Collective-owned Units	其他单位 Other Units
全区总计	**Total**	**3359944.7**	**2004059.3**	**44017.3**	**1311868.1**	**130.2**	**132.2**	**105.1**	**128.2**
银川市	**Yinchuan**	**1978987.4**	**995915.4**	**12624.1**	**970447.9**	**134.3**	**139.3**	**102.3**	**130.0**
银川市	District	1746149.7	855721.1	1486.4	888942.2	135.0	136.9	70.1	133.4
永宁县	Yongning	66814.2	26406.5	2733.9	37673.8	122.9	140.5	105.4	114.3
贺兰县	Helan	66757.5	29365.3	3837.4	33554.8	106.9	122.1	109.3	96.2
灵武市	Lingwu	99266.0	84422.5	4566.4	10277.1	157.2	180.7	111.0	83.5
石嘴山市	**Shizuishan**	**403713.9**	**227804.6**	**6783.9**	**169125.4**	**121.9**	**138.1**	**102.0**	**106.0**
石嘴山市	District	332491.7	181502.5	1535.1	149454.1	122.9	143.1	95.8	105.2
平罗县	Pingluo	71222.2	46302.1	5248.8	19671.3	117.6	121.5	103.9	112.9
吴忠市	**Wuzhong**	**361220.4**	**252713.5**	**11211.9**	**97295.0**	**119.4**	**119.2**	**100.8**	**122.7**
利通区	Litong	119694.7	83941.3	1782.9	33970.5	114.6	108.5	122.4	132.6
红寺堡区	Hongsipu	17579.2	15818.6		1760.6	175.6	166.9		327.4
盐池县	Yanchi	35495.4	33613.5	1680.5	201.4	125.6	126.0	116.9	134.9
同心县	Tongxin	49237.9	42048.2	6239.9	949.8	124.5	126.2	119.2	96.0
青铜峡市	Qingtongxia	139213.2	77291.9	1508.6	60412.7	115.9	118.6	50.5	116.2
固原市	**Guyuan**	**269266.5**	**254743.3**	**7177.3**	**7345.9**	**123.6**	**121.4**	**141.8**	**249.6**
原州区	Yuanzhou	102132.5	99801.7	2043.3	287.5	125.0	125.4	125.6	60.2
西吉县	Xiji	62056.2	54579.4	2663.5	4813.3	125.1	117.7	146.4	340.3
隆德县	Longde	31956.9	29959.4	767.5	1230.0	126.3	122.2	129.2	618.1
泾源县	Jingyuan	20967.2	19274.2	753.6	939.4	111.3	110.3	148.2	110.3
彭阳县	Pengyang	52153.7	51128.6	949.4	75.7	123.1	122.1	185.7	
中卫市	**Zhongwei**	**244226.0**	**170352.0**	**6220.1**	**67653.9**	**139.4**	**127.6**	**92.9**	**193.5**
沙坡头区	Shapotou	137813.4	75387.1	4061.3	58365.0	152.8	135.2	91.2	194.8
中宁县	Zhongning	61487.7	50956.7	1242.1	9288.9	118.1	111.8	83.8	185.2
海原县	Haiyuan	44924.9	44008.2	916.7		136.5	136.8	120.6	

注:因铁路部门数据单列,故各市、县(区)数据加总不等于全区总计。

5-22 主要年份各市县在岗职工工资总额

Total Wages of Fully Employed Staff and Workers by City and Country in Main Years

单位:万元　　　　(10 000 yuan)

地 区	Region	1978	1980	1990	2000	2010	2011	2012
全区总计	**Total**	**30825.8**	**40350.0**	**146646.4**	**563326.8**	**2165027.1**	**2580506.6**	**3359944.7**
银川市	**Yinchuan**	**9714.4**	**14818.9**	**54492.9**	**227581.4**	**1237079.7**	**1473755.9**	**1978987.4**
银川市	District	8054.5	11902.2	43866.7	186211.9	1093289.1	1293842.8	1746149.7
永宁县	Yongning	405.1	818.8	2513.5	11781.6	46870.7	54345.6	66814.2
贺兰县	Helan	634.8	909.9	2908.6	10338.5	42718.2	62431.0	66757.5
灵武市	Lingwu	620.0	1188.0	5204.1	19249.4	54201.7	63136.5	99266.0
石嘴山市	**Shizuishan**	**9804.1**	**12836.2**	**43282.5**	**124404.0**	**287718.5**	**331151.9**	**403713.9**
石嘴山市	District	8457.0	10963.8	37584.8	104721.9	240688.4	270580.3	332491.7
平罗县	Pingluo	1249.1	1741.7	5195.9	17594.5	47030.1	60571.6	71222.2
陶乐县	Taole	98.0	130.7	501.8	2087.6			
吴忠市	**Wuzhong**	**2981.5**	**4425.9**	**18518.3**	**83102.7**	**240741.9**	**302426.2**	**361220.4**
利通区	Litong	1364.6	2061.7	7573.5	30476.1	83216.1	104451.7	119694.7
红寺堡区	Hongsipu				344.6	8507.4	10013.5	17579.2
盐池县	Yanchi	309.0	451.9	1836.9	7211.7	24391.5	28269.1	35495.4
同心县	Tongxin	256.5	364.8	1870.5	8464.6	31470.2	39555.7	49237.9
青铜峡市	Qingtongxia	1051.4	1547.5	7237.4	36605.7	93156.7	120136.2	139213.2
固原市	**Guyuan**	**1796.5**	**2577.1**	**10268.3**	**48461.5**	**187773.1**	**217809.4**	**269266.5**
原州区	Yuanzhou	992.1	1426.2	4587.2	20018.5	73911.7	81690.1	102132.5
西吉县	Xiji	313.9	444.8	2039.4	11751.1	42900.6	49609.0	62056.2
隆德县	Longde	223.3	321.1	1483.3	7279.8	21853.2	25304.7	31956.9
泾源县	Jingyuan	157.4	222.6	834.2	3063.2	14555.3	18832.4	20967.2
彭阳县	Pengyang	109.8	162.4	1324.2	6348.9	34552.3	42373.2	52153.7
中卫市	**Zhongwei**	**1667.0**	**2596.2**	**10343.0**	**37742.1**	**142247.6**	**175140.2**	**244226.0**
沙坡头区	Shapotou	885.8	1145.1	4652.7	15076.1	68899	90164.6	137813.4
中宁县	Zhongning	512.6	1021.5	3992.9	13760.5	45223.8	52056.0	61487.7
海原县	Haiyuan	268.6	429.6	1697.4	8905.5	28124.8	32919.6	44924.9

注:1.1998 年以后为在岗职工工资总额;

2.2004 年以后数据不含长庆油田宁夏部分;

3. 因铁路部门数据单列,故各市、县(区)数据加总不等于全区总计。

a)Since 1998, data in this table refers to total wages of fully employed staff and workers.

5-23 各市县城镇非私营单位在岗职工平均工资和指数(2012 年)

Average Wages of Fully Employed Staff and Workers by City and Country and Related Indices(2012)

地　　区	Region	平均工资(元) Average Wages(yuan)				指数(以上年为 100) Indices(preceding year = 100)			
		总计 Total	国有单位 State-owned Units	集体单位 Collective-owned Units	其他单位 Other Units	总计 Total Wages	国有单位 State-owned Units	集体单位 Collective-owned Units	其他单位 Other Units
全区总计	**Total**	**48961**	**48714**	**44929**	**49494**	**109.84**	**112.44**	**116.29**	**105.60**
银川市	**Yinchuan**	**52807**	**51483**	**55248**	**54206**	**107.55**	**110.34**	**110.41**	**104.91**
银川市	District	54679	52579	38809	56905	103.90	107.44	119.59	100.26
永宁县	Yongning	34968	32938	65404	35302	112.93	116.59	106.90	112.21
贺兰县	Helan	39649	45240	73373	34159	122.43	117.94	104.66	122.53
灵武市	Lingwu	50981	52151	47517	44260	141.21	139.63	102.56	147.19
石嘴山市	**Shizuishan**	**41174**	**41994**	**39649**	**40179**	**104.72**	**105.35**	**118.54**	**102.89**
石嘴山市	District	42905	43352	35535	42465	103.46	104.94	131.67	101.43
平罗县	Pingluo	34646	37401	41038	28517	108.54	104.78	113.37	113.06
吴忠市	**Wuzhong**	**44765**	**45439**	**31327**	**45260**	**117.30**	**118.52**	**108.30**	**114.74**
利通区	Litong	41400	41666	19007	43396	116.89	118.03	132.59	111.05
红寺堡区	Hongsipu	41627	40970		48635	129.00	130.53	#DIV/0!	75.96
盐池县	Yanchi	45895	45265	80793	20140	117.45	117.36	116.90	141.64
同心县	Tongxin	41083	44472	28875	25740	122.37	118.42	129.91	118.37
青铜峡市	Qingtongxia	50008	52480	55463	47058	115.13	117.35	49.00	116.76
固原市	**Guyuan**	**48697**	**49558**	**69750**	**25667**	**116.91**	**116.52**	**136.17**	**172.15**
原州区	Yuanzhou	48242	48483	59746	11783	119.98	119.94	119.32	74.75
西吉县	Xiji	49111	51422	119439	26755	119.24	117.44	126.68	238.50
隆德县	Longde	46341	47540	61895	26170	121.67	123.37	138.61	197.26
泾源县	Jingyuan	45502	46144	62800	30206	104.81	104.59	145.70	92.19
彭阳县	Pengyang	52243	52574	43155	19921	110.32	109.63	184.88	
中卫市	**Zhongwei**	**39770**	**41916**	**52138**	**34561**	**109.70**	**112.60**	**120.67**	**107.75**
沙坡头区	Shapotou	39475	46004	66579	32579	107.74	115.22	130.16	106.29
中宁县	Zhongning	41148	39621	29434	55957	115.51	112.68	104.49	126.05
海原县	Haiyuan	38883	38627	56938		107.33	107.31	114.61	

注:因铁路部门数据单列,故各市、县(区)数据加总不等于全区总计。

5-24 各市县城镇非私营单位分行业在岗职工工资总额(2012 年)

Total Wages of Fully Employed Staff and Workers in Sector by City and Country(2012)

单位:万元 (10 000 yuan)

地 区	Region	总计 Total	农、林、牧、渔业 Agriculture, Forestry, Animal Husbandry and Fishery	采矿业 Mining	制造业 Manufacturing	电力、热力、燃气及水的生产和供应业 Production and Supply of Electricity, Heat, Gas and Water	建筑业 Construction	交通运输、仓储和邮政业 Transport, Storage and Post
全区总计	**Total**	**3359945**	**68159**	**516137**	**427022**	**283792**	**346673**	**177137**
银川市	**Yinchuan**	**1978987**	**30491**	**468893**	**177350**	**218377**	**258990**	**51782**
银川市	District	1746150	14369	468893	129933	197739	244707	36807
永宁县	Yongning	66814	2132		29335	290	1635	442
贺兰县	Helan	66758	3732		17821	1129	1107	418
灵武市	Lingwu	99266	10258		261	19219	11541	14115
石嘴山市	**Shizuishan**	**403714**	**2275**	**22767**	**129577**	**25883**	**52155**	**8133**
石嘴山市	District	332492	1296	22767	120383	24919	42694	7728
平罗县	Pingluo	71222	979		9194	964	9462	406
吴忠市	**Wuzhong**	**361220**	**11968**	**4835**	**75092**	**27930**	**16121**	**7062**
利通区	Litong	119695	2623		14396	2594	7878	5188
红寺堡区	Hongsipu	17579		4661		245		42
盐池县	Yanchi	35495	2440		173	1077	183	576
同心县	Tongxin	49238	479			496	7953	737
青铜峡市	Qingtongxia	139213	6425	175	60524	23518	107	518
固原市	**Guyuan**	**269267**	**11787**	**19642**	**2036**	**1458**	**5513**	**11142**
原州区	Yuanzhou	102133	5297		163	795	659	8278
西吉县	Xiji	62056	2987		859	150	3388	856
隆德县	Longde	31957	662			73	1456	1055
泾源县	Jingyuan	20967	1010		871	62	9	251
彭阳县	Pengyang	52154	1831	19642	143	378		702
中卫市	**Zhongwei**	**244226**	**11638**		**42968**	**10144**	**13594**	**8444**
沙坡头区	Shapotou	137813	3920		38968	6435	11912	5936
中宁县	Zhongning	61488	4031		3999	3626	1682	1478
海原县	Haiyuan	44925	3687			83		1031

注:因铁路部门数据单列,故各市、县(区)数据加总不等于全区总计。

5-24 续表 1 continued

单位:万元 (10 000 yuan)

地　区	Region	信息传输、软件和信息技术服务业 Information Transmission, Software and IT Services	批发和零售业 Wholesale and Retail Trades	住宿和餐饮业 Hotels and Catering Services	金融业 Financial Intermedia-tion	房地产业 Real Estate	租赁和商务服务业 Leasing and Business Services	科学研究和技术服务业 Scientific Research and Technical Service
全区总计	**Total**	**37750**	**106489**	**17170**	**187202**	**47219**	**51962**	**57045**
银 川 市	**Yinchuan**	**24190**	**70003**	**11216**	**120647**	**31788**	**38560**	**43914**
银 川 市	District	24177	55485	10371	104632	28733	37850	41127
永 宁 县	Yongning	13	3493	788	4435	782	225	656
贺 兰 县	Helan		9718	57	5196	2273	283	1001
灵 武 市	Lingwu		1307		6384		201	1131
石嘴山市	**Shizuishan**	**5906**	**12511**	**2672**	**14360**	**4086**	**7606**	**2883**
石嘴山市	District	5906	9390	2534	10678	3009	2857	1839
平 罗 县	Pingluo		3121	137	3682	1077	4749	1044
吴 忠 市	**Wuzhong**	**3829**	**7480**	**1119**	**24087**	**1105**	**2474**	**4148**
利 通 区	Litong	3501	6169	445	13749		1446	1786
红寺堡区	Hongsipu		188		605			
盐 池 县	Yanchi		251	480	2570	87	69	508
同 心 县	Tongxin	328	424	195	1779	123	789	1759
青铜峡市	Qingtongxia		448		5383	895	171	95
固 原 市	**Guyuan**	**2700**	**6529**	**351**	**13971**	**399**	**996**	**4703**
原 州 区	Yuanzhou	2314	4854	244	6458		640	1886
西 吉 县	Xiji	138	642	55	3648	313		1491
隆 德 县	Longde	249	432		1519	86	154	583
泾 源 县	Jingyuan		41	48	1165		76	461
彭 阳 县	Pengyang		560	4	1182		127	283
中 卫 市	**Zhongwei**	**1126**	**8177**	**1028**	**14138**	**1346**	**2327**	**1188**
沙坡头区	Shapotou	1125	6798	1028	8751	1346	2207	520
中 宁 县	Zhongning		1307		3971		20	577
海 原 县	Haiyuan		72		1416		100	91

5-24 续表 2 continued

单位：万元 (10 000 yuan)

地 区	Region	水利、环境和公共设施管理业 Management of Water Conservancy, Environment and Public Facilities	居民服务、修理和其他服务业 Services to Households, Repair and Other Services	教育 Education	卫生和社会工作 Health and Social Work	文化、体育和娱乐业 Culture, Sports and Entertainment	公共管理、社会保障和社会组织 Public Management, Social Security and Social Organization
全区总计	**Total**	**61232**	**1743**	**378780**	**166426**	**33067**	**394940**
银 川 市	**Yinchuan**	**20619**	**1456**	**131656**	**77347**	**22585**	**179127**
银 川 市	District	18168	1456	95195	67552	21522	147435
永 宁 县	Yongning	299		12064	2789	285	7152
贺 兰 县	Helan	409		12415	1853	419	8926
灵 武 市	Lingwu	1743		11983	5153	358	15613
石嘴山市	**Shizuishan**	**5564**	**63**	**37422**	**22467**	**1859**	**45525**
石嘴山市	District	2233	63	25200	16876	1652	30468
平 罗 县	Pingluo	3330		12223	5591	208	15057
吴 忠 市	**Wuzhong**	**10861**	**79**	**68052**	**19149**	**2311**	**73520**
利 通 区	Litong	5405		18476	6425	853	28761
红寺堡区	Hongsipu	371		5815	584	76	4994
盐 池 县	Yanchi	1991		12289	2565	252	9986
同 心 县	Tongxin	2062	79	17378	3658	873	10126
青铜峡市	Qingtongxia	1032		14094	5917	258	19653
固 原 市	**Guyuan**	**11686**	**121**	**91737**	**22375**	**4050**	**58071**
原 州 区	Yuanzhou	4265	49	30391	11046	2401	22392
西 吉 县	Xiji	1933	72	27396	5063	248	12817
隆 德 县	Longde	942		13080	2621	867	8178
泾 源 县	Jingyuan	3328		5310	1318	191	6827
彭 阳 县	Pengyang	1219		15559	2327	343	7856
中 卫 市	**Zhongwei**	**12502**	**25**	**49912**	**25087**	**2112**	**38471**
沙坡头区	Shapotou	3812	25	11365	17475	1066	15124
中 宁 县	Zhongning	7118		18304	4542	422	10410
海 原 县	Haiyuan	1573		20243	3071	624	12937

5-25 各市县城镇非私营单位分行业在岗职工平均工资(2012年)

Average Wages of Fully Employed Staff and Workers in Sector by City and Country(2012)

单位:元 (yuan)

地区	Region	总计 Total	农、林、牧、渔业 Agriculture, Forestry, Animal Husbandry and Fishery	采矿业 Mining	制造业 Manufacturing	电力、热力、燃气及水的生产和供应业 Production and Supply of Electricity, Heat, Gas and Water	建筑业 Construction	交通运输、仓储和邮政业 Transport, Storage and Post
全区总计	**Total**	**48961**	**29319**	**77717**	**39771**	**71292**	**38141**	**51516**
银川市	**Yinchuan**	**52807**	**27151**	**82978**	**38980**	**78919**	**39694**	**20026**
银川市	District	54679	30696	82978	41438	78894	39412	40644
永宁县	Yongning	34968	18487		35386	34118	35241	29685
贺兰县	Helan	39649	24048		31020	32527	35358	34221
灵武市	Lingwu	50981	26686		24623	88363	48512	51290
石嘴山市	**Shizuishan**	**41174**	**34264**	**35342**	**40783**	**51223**	**37105**	**30587**
石嘴山市	District	42905	36003	35342	42222	52638	38246	42415
平罗县	Pingluo	34646	32204		28202	30232	32705	37202
吴忠市	**Wuzhong**	**44765**	**23789**	**82368**	**44402**	**65487**	**35611**	**21039**
利通区	Litong	41400	11859		36189	30811	41440	38460
红寺堡区	Hongsipu	41627		82196		28430		18391
盐池县	Yanchi	45895	47386		26152	42904	39021	38113
同心县	Tongxin	41083	45648			27871	31297	39000
青铜峡市	Qingtongxia	50008	29218	87250	47035	80875	28263	47991
固原市	**Guyuan**	**48697**	**50007**	**68321**	**26202**	**36916**	**23125**	**9627**
原州区	Yuanzhou	48242	48553		7551	50025	15371	39512
西吉县	Xiji	49111	53532		31585	30000	24534	45312
隆德县	Longde	46341	52540			18175	25634	46070
泾源县	Jingyuan	45502	45692		33488	12480	15667	29198
彭阳县	Pengyang	52243	50709	68321	49310	39344		34058
中卫市	**Zhongwei**	**39770**	**29352**		**34615**	**41866**	**29342**	**5676**
沙坡头区	Shapotou	39475	43170		33392	36379	30411	44332
中宁县	Zhongning	41148	17713		53826	61458	23490	33817
海原县	Haiyuan	38883	47206			12922		50268

注:因铁路部门数据单列,故各市、县(区)数据加总不等于全区总计。

5-25 续表 1 continued

单位:元 (yuan)

地　区	Region	信息传输、软件和信息技术服务业 Information Transmission, Software and IT Services	批发和零售业 Wholesale and Retail Trades	住宿和餐饮业 Hotels and Catering Services	金融业 Financial Intermediation	房地产业 Real Estate	租赁和商务服务业 Leasing and Business Services	科学研究和技术服务业 Scientific Research and Technical Service
全区总计	**Total**	**59636**	**39493**	**28920**	**79909**	**43138**	**31308**	**50309**
银川市	**Yinchuan**	**31576**	**28452**	**199496**	**85900**	**43173**	**34539**	**50944**
银川市	District	68161	38803	33038	87135	42853	34607	51312
永宁县	Yongning	26000	34348	23233	64740	39307	33103	28768
贺兰县	Helan		38124	18516	88669	49527	47983	52109
灵武市	Lingwu		39021		83338		20120	61124
石嘴山市	**Shizuishan**	**24622**	**26773**	**109456**	**59436**	**34135**	**22396**	**45322**
石嘴山市	District	54436	41475	23314	64913	41624	23300	47885
平罗县	Pingluo		40322	24518	47751	22711	21885	41417
吴忠市	**Wuzhong**	**13716**	**39605**	**142196**	**76031**	**52595**	**21950**	**44792**
利通区	Litong	47120	47200	18835	87295		18441	46640
红寺堡区	Hongsipu		12294		54505			
盐池县	Yanchi		26094	30380	82643	39500	22129	47449
同心县	Tongxin	44945	35050	14750	49425	19839	34744	41774
青铜峡市	Qingtongxia		42245		66375	71000	20082	63333
固原市	**Guyuan**	**5650**	**79245**	**307948**	**70848**	**32472**	**42034**	**52370**
原州区	Yuanzhou	44496	57441	17919	66995		44166	53735
西吉县	Xiji	28061	33280	16788	92812	34811		52671
隆德县	Longde	46981	35114		60502	26091	52966	51602
泾源县	Jingyuan		22611	12000	70618		26034	50054
彭阳县	Pengyang		24661	14333	59377		37265	47881
中卫市	**Zhongwei**	**40325**	**37216**	**233626**	**77425**	**36381**	**34569**	**50110**
沙坡头区	Shapotou	44098	37746	29380	87954	36381	34276	53567
中宁县	Zhongning		29237		66626		49000	50588
海原县	Haiyuan		34238		60234		39800	35115

5-25 续表 2 continued

单位:元 (yuan)

地　区	Region	水利、环境和公共设施管理业 Management of Water Conservancy, Environment and Public Facilities	居民服务、修理和其他服务业 Services to Households, Repair and Other Services	教育 Education	卫生和社会工作 Health and Social Work	文化、体育和娱乐业 Culture, Sports and Entertainment	公共管理、社会保障和社会组织 Public Management, Social Security and Social Organization
全区总计	**Total**	**39289**	**37162**	**47339**	**45933**	**50897**	**47130**
银 川 市	**Yinchuan**	**35054**	**36035**	**48557**	**48603**	**52953**	**49077**
银 川 市	District	34481	36035	49426	49529	53739	50208
永 宁 县	Yongning	28712		38116	35212	31330	31466
贺 兰 县	Helan	57634		49091	39858	51146	51448
灵 武 市	Lingwu	39790		55476	50614	41126	49945
石嘴山市	**Shizuishan**	**39825**	**27478**	**48330**	**43090**	**43237**	**43711**
石嘴山市	District	41511	27478	50440	45934	45003	47244
平 罗 县	Pingluo	38769		44495	36307	32952	37965
吴 忠 市	**Wuzhong**	**40754**	**46235**	**44668**	**45334**	**46980**	**44936**
利 通 区	Litong	44929		43168	55772	49883	42320
红寺堡区	Hongsipu	16712		34590	32809	25167	42608
盐 池 县	Yanchi	34211		54936	36018	49412	41660
同 心 县	Tongxin	46330	46235	44870	37793	47457	48473
青铜峡市	Qingtongxia	48460		44545	48743	46018	50302
固 原 市	**Guyuan**	**48152**	**60350**	**48602**	**49513**	**53423**	**49923**
原 州 区	Yuanzhou	46109	60750	50618	47511	54192	49594
西 吉 县	Xiji	46908	60083	50922	56383	57581	53405
隆 德 县	Longde	36957		47896	48090	53531	49927
泾 源 县	Jingyuan	52650		43812	47924	47825	46067
彭 阳 县	Pengyang	60039		43854	48880	48957	49193
中 卫 市	**Zhongwei**	**38900**	**49200**	**45182**	**39439**	**40160**	**43416**
沙坡头区	Shapotou	33791	49200	50265	43233	45573	48366
中 宁 县	Zhongning	41895		51144	38823	33776	42543
海 原 县	Haiyuan	40638		38877	26723	37353	39357

5-26 各市县分行业城镇私营单位就业人员平均工资(2012年)

Average Wage of Employed Persons in Urban Private Units by Sector and Region (2012)

单位:元 (yuan)

地　区	Region	总计 Total	农、林、牧、渔业 Agriculture, Forestry, Animal Husbandry and Fishery	采矿业 Mining	制造业 Manufacturing	电力、热力、燃气及水的生产和供应业 Production and Supply of Electricity, Heat, Gas and Water	建筑业 Construction	交通运输、仓储和邮政业 Transport, Storage and Post
全区总计	**Total**	**25734**	**18442**	**30835**	**27413**	**22627**	**27830**	**21092**
银 川 市	**Yinchuan**	**26352**	**19736**	**32948**	**32999**	**22313**	**26458**	**22537**
银 川 市	District	24713	20133	28797	29844	21765	26371	21862
永 宁 县	Yongning	17726	14384	11481	18964	17933	21782	12313
贺 兰 县	Helan	29685	21409	45667	31986	21554	26922	30372
灵 武 市	Lingwu	36315	27790	34971	41663	57000	28376	25532
石嘴山市	**Shizuishan**	**25641**	**17241**	**25816**	**25857**	**26397**	**28952**	**20607**
石嘴山市	District	27284	23404	28859	27689	32547	29136	21386
平 罗 县	Pingluo	23433	15333	22186	24152	19440	16663	18701
吴 忠 市	**Wuzhong**	**26514**	**15278**	**45293**	**25289**	**24760**	**30086**	**18092**
利 通 区	Litong	26138	13909	23274	25482	20778	32407	18997
红寺堡区	Hongsipu	22109	11991		33667	9712	22779	16292
盐 池 县	Yanchi	29878	20713	47454	22320	41255	28991	18726
同 心 县	Tongxin	20013	13978	20938	19023	14333	24266	14123
青铜峡市	Qingtongxia	26721	19054	23252	27699	19500	29146	16799
固 原 市	**Guyuan**	**19089**	**12041**	**17352**	**15153**	**18009**	**26077**	**14431**
原 州 区	Yuanzhou	21181	12600	14378	20080	17806	25124	15205
西 吉 县	Xiji	15481	11328	11127	13368	14333	11471	13434
隆 德 县	Longde	17005	10542	13160	11583	19810	26878	14757
泾 源 县	Jingyuan	21020	8143	23832	13654		29766	9025
彭 阳 县	Pengyang	19432	25091	16485	19292	16667	24240	15372
中 卫 市	**Zhongwei**	**25795**	**21618**	**22939**	**26552**	**25434**	**31407**	**18645**
沙坡头区	Shapotou	26152	22714	22046	30093	28384	30509	18036
中 宁 县	Zhongning	27034	22472	49333	26451	32727	32128	22228
海 原 县	Haiyuan	17360	11089	18053	18040	15622	11231	14105

5-26 续表 1 continued

单位：元 (yuan)

地区	Region	信息传输、软件和信息技术服务业 Information Transmission, Software and IT Services	批发和零售业 Wholesale and Retail Trades	住宿和餐饮业 Hotels and Catering Services	金融业 Financial Intermediation	房地产业 Real Estate	租赁和商务服务业 Leasing and Business Services	科学研究和技术服务业 Scientific Research and Technical Service
全区总计	**Total**	**20839**	**19310**	**20880**	**23392**	**27830**	**20812**	**24422**
银川市	**Yinchuan**	**20168**	**18775**	**21530**	**22270**	**29064**	**21251**	**26022**
银川市	District	22562	18136	21064	22447	30367	21809	26158
永宁县	Yongning	15806	10024	13333	14954	19772	12430	18506
贺兰县	Helan	21245	27546	33859	18593	30776	29024	36708
灵武市	Lingwu	13901	22302	17880	28365	29473	15560	22891
石嘴山市	**Shizuishan**	**25578**	**19378**	**22308**	**37989**	**31571**	**23763**	**12353**
石嘴山市	District	26388	20479	24400	42959	31746	28315	9769
平罗县	Pingluo	15656	16519	21000	26327	30792	16021	20750
吴忠市	**Wuzhong**	**18791**	**23549**	**16991**	**21807**	**27572**	**19397**	**19835**
利通区	Litong	19030	24837	14744	18049	26926	20469	12455
红寺堡区	Hongsipu	28000	15591	19235		37689	18607	
盐池县	Yanchi	16678	19950	16222	24157	31017	18595	25136
同心县	Tongxin	18392	32293	16000	18333	22200	17063	26290
青铜峡市	Qingtongxia	17624	18842	17428		28210	20955	16784
固原市	**Guyuan**	**19275**	**17311**	**19000**	**19395**	**20086**	**15165**	**21208**
原州区	Yuanzhou	22250	18056	18313	19000	21610	15194	21587
西吉县	Xiji	24578	12367	16000	14529	16671	15202	14500
隆德县	Longde	19597	16253	17333	19222	14321	12333	
泾源县	Jingyuan	11122	8438	19333	21000	18642	9875	20200
彭阳县	Pengyang	14901	19011	20909	24474	22870	21000	22000
中卫市	**Zhongwei**	**24194**	**18442**	**19512**	**25750**	**22432**	**18660**	**21560**
沙坡头区	Shapotou	27500	18267	20864	29658	22622	19254	20497
中宁县	Zhongning	28885	20208	23000	27188	23199	19574	27897
海原县	Haiyuan	18855	13477	15409	20136	9600	11963	21036

5-26 续表 2 continued

单位:元 (yuan)

地　区	Region	水利、环境和公共设施管理业 Management of Water Conservancy, Environment and Public Facilities	居民服务、修理和其他服务业 Services to Households, Repair and Other Services	教育 Education	卫生和社会工作 Health and Social Work	文化、体育和娱乐业 Culture, Sports and Entertainment	公共管理、社会保障和社会组织 Public Management, Social Security and Social Organization
全区总计	**Total**	**28715**	**19353**	**23280**	**24749**	**18183**	**14470**
银川市	**Yinchuan**	**30027**	**19677**	**24647**	**27528**	**19302**	**7818**
银川市	District	34334	19430	24240	27850	19820	
永宁县	Yongning	14759	13545	17645	11000	15073	7818
贺兰县	Helan	23722	21687	33581	41250	11913	
灵武市	Lingwu	13903	23266	31046	18243	13333	
石嘴山市	**Shizuishan**	**17122**	**25088**	**21552**	**16536**	**17693**	**15197**
石嘴山市	District		26071	24411	16351	16489	15197
平罗县	Pingluo	17122	15450	14356	16858	18478	
吴忠市	**Wuzhong**	**20125**	**18139**	**19044**	**24423**	**13722**	
利通区	Litong	20125	16929	16201	24040	11362	
红寺堡区	Hongsipu		14273		33887		
盐池县	Yanchi		24041			12722	
同心县	Tongxin		10969	22463	22300	16855	
青铜峡市	Qingtongxia		18817	21897	20169	16746	
固原市	**Guyuan**	**14000**	**15714**	**20875**	**26032**	**12929**	**6250**
原州区	Yuanzhou		12730	20563	28610	10468	
西吉县	Xiji	14000	17353	31190	14462	15450	
隆德县	Longde		15353	19074	18235	11125	
泾源县	Jingyuan		20333			10667	6250
彭阳县	Pengyang		16333	20057		25286	
中卫市	**Zhongwei**	**23898**	**18479**	**23205**	**15672**	**17746**	**20500**
沙坡头区	Shapotou	23526	20318	19142	15673	18672	20500
中宁县	Zhongning	26800	19651	53361	15667	15956	
海原县	Haiyuan		15973	20245			

主要统计指标解释

[就业人员] 指从事一定社会劳动并取得劳动报酬或经营收入的人员。就业人员包括:(1) 职工;(2)再就业的离退休人员;(3)私营业主;(4)个体户主;(5)私营企业和个体就业人员;(6)乡镇企业就业人员;(7)农村就业人员;(8)其他就业人员(包括现役军人)。

[单位就业人员] 指在各级国家机关、政党机关、社会团体及企业、事业单位中工作,取得工资或其他形式劳动报酬的全部人员。包括:在岗职工、再就业的离退休人员、民办教师以及在各单位中工作的外方人员和港澳台方人员、兼职人员、借用的外单位人员和第二职业者。不包括离开本单位仍保留劳动关系的职工。

[在岗职工] 指在本单位工作并由单位支付工资的人员,以及有工作岗位,但由于学习、病伤产假等原因暂未工作仍由单位支付工资的人员。

[其他就业人员] 各单位其他就业人员是指劳动统计制度规定不作职工统计,但实际参加各单位生产或工作并取得劳动报酬的人员。包括:再就业的离退休人员、民办教师以及在各单位中工作的外方人员和港、澳、台方人员。但不包括在各单位中工作并领取劳动报酬的在校学生。单位其他就业人员与在岗职工之和为该单位全部单位就业人员。

[在岗职工工资总额] 指各单位在一定时期内直接支付给本单位全部在岗职工人员的劳动报酬总额。包括计时工资、计件工资、奖金、津贴和补贴、加班加点工资、特殊情况下支付的工资。

职工工资总额是计算国内生产总值的基础指标,也是研究分配政策、居民购买力的主要依据。

[平均工资] 指企业、事业、机关等单位的就业人员在一定时期内平均每人所得的货币工资额。计算公式为:

$$平均工资=\frac{报告期实际支付的全部就业人员工资总额}{报告期全部就业人员平均人数}$$

[城镇登记失业人员] 是指有非农业户口,在劳动年龄(16周岁至退休年龄)内,有劳动能力,无业而要求就业,并在当地就业服务机构进行求职登记的人员。不包括:(1)正在就读的学生和等待就学的人员;(2)已经达到国家规定的退休年龄或虽未达到国家规定的退休年龄但已经办理了退休(含离休)、退职手续的人员;(3)其他不符合失业定义的人员。

[城镇失业率] 指城镇失业人数同城镇就业人数、城镇失业人数之和的比。计算公式为:

$$城镇失业率=\frac{城镇失业人数}{城镇就业人数+城镇失业人数}\times 100\%$$

[城镇登记失业率] 城镇登记失业人员与城镇单位就业人员(扣除使用的农村劳动力、聘用的离退休人员、港澳台及外方人员)、城镇单位中的不在岗职工、城镇私营业主、个体户主、城镇私营企业和个体就业人员、城镇登记失业人员之和的比。计算公式为:

$$城镇登记失业率=\frac{城镇登记失业人数}{(城镇单位就业人员-使用的农村劳动力-聘用的离退休人员-聘用的港澳台及外方人员)+不在岗职工+城镇私营业主+城镇个体户主+城镇私营企业及个体就业人员+城镇登记失业人数}\times 100\%$$

第六篇 Chapter6

固定资产投资 Investment in Fixed Assets

责任编辑：崔　琳

资料整理：崔　琳　冯海江　黄　剑　刘晓龙　杨瑞博　马福燕

Coordinator: Cui Lin

Data Compilation: Cui Lin　Feng Haijiang　Huang Jian　Liu Xiaolong　Yang Ruibo　Ma Fuyan

6-1 全社会固定资产投资基本情况
Total Investment in Fixed Assets in the Whole Country

指 标	Item	1980	1990	2000
投资总额(万元)	**Total Investment (10 000 yuan)**	**39758**	**219603**	**1608204**
按隶属关系分	**Grouped by Jurisdiction of Management**			
中 央	Central Investment	9104	78568	281567
地 方	Local Investment	30654	141035	1326637
按经济类型分	**Grouped by Economic Types**			
国有经济	State-owned	39312	175126	1011732
房地产	Real Estate		2834	47471
集体经济	Collective-owned	446	12614	57002
房地产	Real Estate			17348
私营个体经济	Private		31863	226346
其他经济	Others			279970
本年资金来源小计	**Subtotal of Sources of Funds This Year**	**39758**	**219603**	**1608204**
国家预算内资金	State Budget	24497	40934	185722
国内贷款	Demestic Loans	2080	52510	490678
利用外资	Foreign Investment		4697	22497
自筹资金	Self-raising Funds			492953
其他资金	Others	13181	121422	416354
按构成分	**Grouped by Structure**			
建筑工程	Construction	24591	118868	952440
安装工程	Installation	5897	18513	159861
设备、工器具购置	Purchase of Equipment and Instruments	7289	63526	309988
其他费用	Others	1981	18696	185915
新增固定资产(万元)	**Newly Increased Fixed Assets(10 000 yuan)**	**26258**	**193282**	**1357643**
交付使用率(%)	**Rate of Projects of Fixed Assets Completed and Put into Use(%)**	**86.4**	**91.2**	**84.4**
本年施工房屋面积(万平方米)	**Floor Space under Construction This Year (10 000 sq.m)**	**212**	**539**	**1019**
住 宅	Residential Buildings	49	381	689
本年竣工房屋面积(万平方米)	**Floor Space Completed This Year(10 000 sq.m)**	**132**	**459**	**1069**
施工项目(个)	**Number of Project under Construction (unit)**	**609**	**934**	**1069**
新开工	Number of Project Started	263	499	774
投 产	Number of Project Put into Use	301	576	688

注:2011 年起,除房地产投资、农户投资外,固定资产投资统计起点由 50 万元提高到 500 万元。

6-1 续表 1 continued

指　标	Item	2010	2011	2012
投资总额(万元)	**Total Investment （10 000 yuan）**	**14646972**	**16541517**	**21095182**
按隶属关系分	**Grouped by Jurisdiction of Management**			
中　央	Central Investment	3927196	3049816	2510472
地　方	Local Investment	10719776	13491701	18584710
按经济类型分	**Grouped by Economic Types**			
国有经济	State-owned	6101779	7185170	7165054
房地产	Real Estate	282063	362197	450138
集体经济	Collective-owned	33982	23359	49131
房地产	Real Estate	6521	2810	14819
私营个体经济	Private	3730652	5077707	8738842
其他经济	Others	4780559	4255281	5142155
本年资金来源小计	**Subtotal of Sources of Funds This Year**	**14643866**	**16650559**	**20109351**
国家预算内资金	State Budget	890205	1327129	1769669
国内贷款	Demestic Loans	4191316	3576427	4658942
利用外资	Foreign Investment	41294	88561	50553
自筹资金	Self-raising Funds	7121225	8910642	10807214
其他资金	Others	2399826	2747800	2822973
按构成分	**Grouped by Structure**			
建筑工程	Construction	8734611	10208671	13013519
安装工程	Installation	1134879	1395533	1711473
设备、工器具购置	Purchase of Equipment and Instruments	3380840	3563165	4602432
其他费用	Others	1396642	1374148	1767758
新增固定资产(万元)	**Newly Increased Fixed Assets(10 000 yuan)**	**7046806**	**14224782**	**12795619**
交付使用率(%)	**Rate of Projects of Fixed Assets Completed and Put into Use(%)**	**48.1**	**86.0**	**60.7**
本年施工房屋面积(万平方米)	**Floor Space under Construction This Year (10 000 sq.m)**	**4800**	**6323**	**7544**
住　宅	Residential Buildings	2874	3750	4440
本年竣工房屋面积(万平方米)	**Floor Space Completed This Year(10 000 sq.m)**	**1494**	**1658**	**1780**
施工项目(个)	**Number of Project under Construction (unit)**	**2901**	**2499**	**2965**
新开工	Number of Project Started	2303	1674	2120
投　产	Number of Project Put into Use	1925	1598	1919

6-2 按国民经济行业分的全社会固定资产投资(2012年)

Total Investment in Fixed Assets Grouped by Sector(2012)

单位:万元 (10 000 yuan)

指标	Item	合计 Total	基本建设 Infrastructure	更新改造 Renovation and Reformation Investment
本年完成投资	**Total**	**21095182**	**13614930**	**2381825**
农、林、牧、渔业	Agriculture, Forestry, Animal Husbandry and Fishery	718063	563554	
采矿业	Mining	1636227	1199833	434774
制造业	Manufacturing	6281044	4389098	1825170
电力、热力、燃气及水的生产和供应业	Production and Distribution of Electricity, Gas and Water	2262991	2167091	93791
建筑业	Construction	313136	313136	
批发和零售业	Wholesale and Retail Trades	535534	535534	
交通运输、仓储和邮政业	Transport, Storage and Post	1137765	991118	
住宿和餐饮业	Hotels and Catering Services	131705	131705	
信息传输、软件和信息技术服务业	Information Transmission, Software and IT Services	114678	86588	28090
金融业	Financial Intermediation	6865	6865	
房地产业	Real Estate	5971652	1256511	
租赁和商务服务业	Leasing and Business Services	80293	79293	
科学研究和技术服务业	Scientific Research and Technical Services	9885	9345	
水利、环境和公共设施管理业	Management of Water Conservancy, Environment and Public Facilities	1082850	1080780	
居民服务、修理和其他服务业	Services to Households, Repair and Other Services	99659	98964	
教育	Education	291469	290819	
卫生和社会工作	Health and Social Work	110948	105633	
文化、体育和娱乐业	Culture, Sports and Entertainment	80261	78906	
公共管理、社会保障和社会组织	Public Management, Social Securities and Organizations	230157	230157	
国际组织	International Organizations			

6-2 续表 1 continued

指标	Item	其他投资 Other Investment	房地产 Real Estate	农户 Farm Households Investment
本年完成投资	**Total**	**168601**	**4291529**	**638297**
农、林、牧、渔业	Agriculture, Forestry, Animal Husbandry and Fishery	41936		112573
采矿业	Mining	1620		
制造业	Manufacturing	65554		1222
电力、热力、燃气及水的生产和供应业	Production and Distribution of Electricity, Gas and Water	2109		
建筑业	Construction			
批发和零售业	Wholesale and Retail Trades			
交通运输、仓储和邮政业	Transport, Storage and Post	4026		142621
住宿和餐饮业	Hotels and Catering Services			
信息传输、软件和信息技术服务业	Information Transmission, Software and IT Services			
金融业	Financial Intermediation			
房地产业	Real Estate	41731	4291529	381881
租赁和商务服务业	Leasing and Business Services	1000		
科学研究和技术服务业	Scientific Research and Technical Services	540		
水利、环境和公共设施管理业	Management of Water Conservancy, Environment and Public Facilities	2070		
居民服务、修理和其他服务业	Services to Households, Repair and Other Services	695		
教育	Education	650		
卫生和社会工作	Health and Social Work	5315		
文化、体育和娱乐业	Culture, Sports and Entertainment	1355		
公共管理、社会保障和社会组织	Public Management, Social Securities and Organizations			
国际组织	International Organizations			

6-3 主要年份全社会固定资产投资

Total Investment in Fixed Assets in the Whole Country in Main Years

单位:万元 (10 000 yuan)

年份 Year	全社会固定资产投资额 Total Investment in Fixed Assets	基本建设 Infrastructure	更新改造 Renovation and Reformation Investment	国有经济固定资产投资额 Investment in Fixed Assets of State-owned Economy	基本建设 Infrastructure	更新改造 Renovation and Reformation Investment
1952	502	502		502	502	
1955	1314	1314		1314	1314	
1957	1536	1536		1536	1536	
1958	9287	9287		9287	9287	
1960	24446	24446		24446	24446	
1965	14002	14002		14002	14002	
1970	24659	24659		24659	24659	
1975	24957	24957		24957	24957	
1978	42719	42246		42246	42246	
1980	39758	30409	8903	39312	30409	8903
1985	136346	79413	26493	112944	79413	26493
1990	219603	113336	52045	175126	113336	52045
1995	701237	336000	158960	514041	331107	149584
2000	1608204	888744	233621	1011732	805530	155822
2001	1958118	1053095	260815	1241374	1014378	167519
2002	2308269	1243615	263571	1335911	1160543	141495
2003	3182100	1646006	410646	1545791	1372117	141791
2004	3808465	1909048	531662	1513064	1168051	215759
2005	4448174	2355165	607118	2024100	1620235	349338
2006	5152753	2865707	768071	2657927	2069116	363814
2007	6218092	3459859	923769	3316282	2604356	300682
2008	8588368	5179075	1119381	5210136	4143600	397954
2009	11191392	6945483	1318126	6092634	4870545	466031
2010	14646972	8755326	1651175	6101779	4554443	490241
2011	16541517	10572647	1885913	7185170	6095485	658216
2012	21095182	13614930	2381825	7165054	6193674	481940

6-4 固定资产投资额(2012年)

单位:万元

指　标	Item	投资额 Investment
总计	**Total**	**20456885**
按经济类型分:	**Grouped by Economic Types**	
国有企业	State-owned Enterprises	5618992
集体企业	Collective-owned Enterprises	49131
股份合作企业	Share-holding Cooperative	
国有联营企业	State Joint Ownership	303
集体联营企业	Collective Joint Ownership	
国有与集体联营企业	Joint State-collective Enterprises	
其他联营企业	Other Joint Ownership Enterprises	2500
国有独资公司	State Sole Funded Corporations	1545759
其他有限责任公司	Other Limited Liability Corporations	3322149
股份有限公司	Share-holding Corporations Ltd	1289206
私营企业	Private Enterprises	8084789
其他企业	Other Enterprises	138529
合资经营企业(港或澳、台资)	Joint-ventures Enterprises(Hongkong,Macao or Taiwan)	169552
合作经营企业(港或澳、台资)	Cooperative Enterprises(Hongkong,Macao or Taiwan)	
独资企业(港或澳、台资)	Sole Funded Enterprises(Hongkong,Macao or Taiwan)	
港、澳、台商投资股份有限公司	Enterprises with Sole Investment from Hongkong,Macao and Taiwan	
中外合资经营企业	Joint-venture Enterprises	18127
中外合作经营企业	Cooperation Enterprises	
外资企业	Foreign Sole Funded Enterprises	202092
外商投资股份有限公司	Foreign Share-holding Corporations Ltd.	
个体户	Self-employment	14256
个人合伙	Individual Parternership	1500
按国民经济行业分:	**Grouped by Sector**	
农、林、牧、渔业	Agriculture,Forestry,Animal Husbandry and Fishery	605490
采矿业	Mining	1636227
制造业	Manufacturing	6279822
电力、热力、燃气及水生产和供应业	Production and Distribution of Electricity,Gas and Water	2262991
建筑业	Construction	313136
批发和零售业	Wholesale and Retail	535534
交通运输、仓储和邮政业	Trades Transport,Storage and Post	995144
住宿和餐饮业	Hotels and Catering Services	131705
信息传输、软件和信息技术服务业	Information Transmission,Software and IT Services	114678
金融业	Financial Intermediation	6865
房地产业	Real Estate	5589771
租赁和商务服务业	Leasing and Business Services	80293
科学研究和技术服务业	Scientific Research and Technical Services	9885
水利、环境和公共设施管理业	Management of Water Conservancy,Environment and Public Facilities	1082850
居民服务、修理和其他服务业	Services to Households and Other Services	99659
教育	Education	291469
卫生和社会工作	Health and Social Work	110948
文化、体育和娱乐业	Culture,Sports and Entertainment	80261
公共管理、社会保障和社会组织	Public Management,Social Securities and Social Organizations	230157

Investment in Fixed Assets (2012)

(10 000 yuan)

地 方 Local	按建设性质分 Grouped by Type of Construction		
	新 建 New Construction	扩 建 Expansion	改 建 Reconstruction
17946413	**11755426**	**2636774**	**1624763**
4702468	4303895	701550	488258
49131	32432	1880	
303			303
2500	2000	500	
358689	711695	66381	314716
3235866	2026417	194625	206042
1025211	905507	288192	71763
8084789	3499684	1346952	529043
138529	109256	24610	1460
169552	8000	1710	
18127	413	2946	10978
145492	143251	6748	
14256	11376	680	2200
1500	1500		
595269	463679	101774	31063
936246	774359	266841	531761
5634283	4052842	1515361	700097
1555135	2084481	90981	82849
307918	253260	36801	19862
524984	511090	18081	6363
988644	785926	104143	101355
131705	111933	13665	6107
15780	86588	5900	22190
5048	6865		
5343473	1188236	102281	1000
80293	70079	10214	
9885	9345		540
1007631	767719	226979	75799
99659	87530	1960	10169
291469	183122	75417	17686
110948	80314	19704	
80261	60444	11864	4780
227782	177614	34808	13142

6-4 续表 1

单位:万元

指　标	Item	建筑工程 Construction
总计	**Total**	**12625844**
按经济类型分:	**Grouped by Economic Types**	
国有	State-owned Enterprises	4269304
集体	Collective-owned Enterprises	47514
股份合作	Share-holding Cooperative	
国有联营企业	State Joint Ownership	
集体联营	Collective Joint Ownership	
国有与集体联营企业	Joint State-collective Enterprises	
其他联营	Others	2100
国有独资公司	State-funded Corporations	969192
其他有限责任公司	Other Limited Liability Corporations	1934644
股份有限公司	Share-holding Corporations Ltd	560356
私营	Private	4507933
其他企业	Other Enterprises	122317
合资经营企业(港或澳、台资)	Joint-ventures Enterprises(Hongkong,Macao or Taiwan)	74125
合作经营企业(港或澳、台资)	Cooperative Enterprises(Hongkong,Macao or Taiwan)	
独资企业(港或澳、台资)	Sole Funded Enterprises(Hongkong,Macao or Taiwan)	
港、澳、台商投资股份有限公司	Enterprises with Sole Investment from Hongkong,Macao and Taiwan	
中外合资经营企业	Joint-venture Enterprises	6904
中外合作经营企业	Cooperation Enterprises	
外资企业	Foreign Sole Funded Enterprises	120007
外商投资股份有限公司	Foreign Share-holding Corporations Ltd.	
个体户	Self-employment	10477
个人合伙	Individual Parternership	971
按国民经济行业分:	**Grouped by Sector**	
农、林、牧、渔业	Agriculture,Forestry,Animal Husbandry and Fishery	514164
采矿业	Mining	1018368
制造业	Manufacturing	2608614
电力、燃气及水的生产和供应业	Production and Distribution of Electricity,Gas and Water	581526
建筑业	Construction	281291
交通运输、仓储和邮政业	Transport,Storage and Post	394148
信息传输、软件和信息技术服务业	Information Transmission,Software and IT Services	876619
批发和零售业	Wholesale and Retail Trades	106702
住宿和餐饮业	Hotels and Catering Services	38334
金融业	Financial Intermediation	6023
房地产业	Real Estate	4407641
租赁和商务服务业	Leasing and Business Services	61642
科学研究和技术服务	Scientific Research and Technical Services	8240
水利、环境和公共设施管理业	Management of Water Conservancy,Environment and Public Facilities	981304
居民服务、修理和其他服务业	Services to Households, Repair and Other Services	88544
教育	Education	282869
卫生、社会保障和社会福利业	Health,Social Security and Social Welfare	91948
文化、体育和娱乐业	Culture,Sports and Entertainment	73841
公共管理、社会保障和社会组织	Public Management,Social Securities and Organizations	204026

continued

(10 000 yuan)

按构成分 Grouped by Use of Funds		
安装工程 Installation	设备工器具购置 Purchase of Equipment and Instruments	其他费用 Others
1711473	**4382488**	**1737080**
257264	901633	190791
80		1537
	303	
	400	
58339	275622	242606
249908	821397	316200
183063	467079	78708
898139	1874586	804131
3144	6742	6326
500	2510	92417
2765	8358	100
56616	22320	3149
1655	1204	920
	334	195
15940	45069	30317
151694	303848	162317
726688	2493935	450585
262732	1316937	101796
8456	17414	5975
35072	48119	58195
9134	41782	67609
4097	2868	18038
64994	8347	3003
		842
380795	32544	768791
3677	5820	9154
235	563	847
34193	43132	24221
1699	6404	3012
2143	2230	4227
2423	6226	10351
1290	4154	976
6211	3096	16824

6-4 续表 2

单位:万元

指　标	Item	国家预算内资金 State Budgetary Funds
总计	**Total**	**1769669**
按经济类型分:	**Grouped by Economic Types**	
国有	State-owned Enterprises	1638575
集体	Collective-owned Enterprises	700
股份合作	Share-holding Cooperative	
国有联营企业	State Joint Ownership	
集体联营	Collective Joint Ownership	
国有与集体联营企业	Joint State-collective Enterprises	
其他联营	Others	
国有独资公司	State-funded Corporations	37574
其他有限责任公司	Other Limited Liability Corporations	14254
股份有限公司	Share-holding Corporations Ltd	36060
私营	Private	38060
其他企业	Other Enterprises	4446
合资经营企业(港或澳、台资)	Joint-ventures Enterprises(Hongkong,Macao or Taiwan)	
合作经营企业(港或澳、台资)	Cooperative Enterprises(Hongkong,Macao or Taiwan)	
独资企业(港或澳、台资)	Sole Funded Enterprises(Hongkong,Macao or Taiwan)	
港、澳、台商投资股份有限公司	Enterprises with Sole Investment from Hongkong,Macao and Taiwan	
中外合资经营企业	Joint-venture Enterprises	
中外合作经营企业	Cooperation Enterprises	
外资企业	Foreign Sole Funded Enterprises	
外商投资股份有限公司	Foreign Share-holding Corporations Ltd.	
个体户	Self-employment	
个人合伙	Individual Parternership	
按国民经济行业分:	**Grouped by Sector**	
农、林、牧、渔业	Agriculture,Forestry,Animal Husbandry and Fishery	157906
采矿业	Mining	8000
制造业	Manufacturing	32552
电力、燃气及水的生产和供应业	Production and Distribution of Electricity,Gas and Water	40126
建筑业	Construction	163126
交通运输、仓储和邮政业	Transport,Storage and Post	20990
信息传输、软件和信息技术服务业	Information Transmission,Software and IT Services	97611
批发和零售业	Wholesale and Retail Trades	850
住宿和餐饮业	Hotels and Catering Services	
金融业	Financial Intermediation	
房地产业	Real Estate	358660
租赁和商务服务业	Leasing and Business Services	5716
科学研究和技术服务	Scientific Research and Technical Services	6502
水利、环境和公共设施管理业	Management of Water Conservancy,Environment and Public Facilities	483423
居民服务、修理和其他服务业	Services to Households, Repair and Other Services	8893
教育	Education	194135
卫生和社会工作	Health, and Social Work	25210
文化、体育和娱乐业	Culture,Sports and Entertainment	30143
公共管理、社会保障和社会组织	Public Management,Social and Securities	135826

continued

(10 000 yuan)

按资金来源分 Grouped by Capital Sources			
国内贷款 Domestic Loans	利用外资 Foreign Investment	自筹资金 Self-financed Capital	其他资金 Other Capital
4650152	**50553**	**10212894**	**2787786**
1351848	18553	1799076	185951
1700		34364	10871
100		203	
		2470	30
546970		745244	195165
566071		2022233	522947
390944		591875	40959
1776124	16500	4676463	1674066
7595		101855	23496
8600		75989	81945
		12061	7743
	15500	135865	44613
200		13696	
		1500	
32122	2653	329754	29691
566990		946687	65787
1626244	32000	3814329	47058
1134740		823645	2653
		146712	1274
78749		407947	9370
500922	15900	226111	92190
22023		87995	
8000		98632	
		4200	2000
636718		2637646	2482694
3000		60532	
		4652	
27322		347784	31639
		83710	8000
520		51397	2014
11957		54467	4534
845		27303	4360
		59391	4522

6-5 固定资产投资主要生产能力(2012 年)

名 称	Item	建设规模 Total Construction Size
原煤开采(万吨/年)	Coal Mining (10 000 tons/year)	9620
洗煤(万吨/年)	Washer Coal (10 000 tons/year)	1765
焦炭(万吨/年)	Coke (10 000 tons/year)	1130
石油加工:	Petroleum Refining:	
蒸馏设备能力(处理万吨/年)	Distillation Equipment Capacity(10 000 tons/year)	20
裂化设备能力(处理万吨/年)	Cracking Equipment Capacity(10 000 tons/year)	80
焦化设备能力(处理万吨/年)	Coking Equipment Capacity (10 000 tons/year)	80
生铁(万吨/年)	Pig Iron (10 000 tons/year)	300
铁合金(万吨/年)	Iron Alloy (10 000 tons/year)	48
铅冶炼(吨/年)	Plumbum Smelting(ton/year)	200
电解铝(吨/年)	Electrolytic Aluminum (ton/year)	270000
铝加工(吨/年)	Aluminium Processing (ton/year)	1041542
火力发电(万千瓦)	Fire Power (10 000 kw)	226
其他发电(万千瓦)	Other Power(10 000 kw)	30
输电线路长度(11 万伏及以上)(公里)	Transmission Line (110 000V)(km)	1024
水泥(万吨/年)	Cement (10 000 tons/year)	1020
石墨及炭素制品(吨/年)	Graphite and Carbon Products (ton/year)	83007
电石(吨/年)	Calcium Carbide (ton/year)	6000
氮肥(吨/年)	Nitrogen Fertilizers (ton/year)	1564000
磷肥(吨/年)	Phosphate Fertilizers(ton/year)	500
化学农药原药(吨/年)	Chemical Pesticides (ton/year)	21000
精甲醇(吨/年)	Methanol(ton/year)	500000
塑料树脂及共聚物(吨/年)	Plastic Colophony and Polymer(ton/year)	1011000
轮胎外胎(万条/年)	Tire(Cover) (10 000 units/year)	178
毛纺锭(锭)	Wool Spindles(unit)	12000
白酒(万吨/年)	Distilled Spirit(10 000 tons/year)	
其他酒(万吨/年)	Other Alcohols(10 000 tons/year)	2
新建铁路投产里程(公里)	Length of Newly-built and Operating Railway(km)	51
新建公路(公里)	Length of New Highways (km)	1079
高速公路(公里)	Expressway	569
一级公路(公里)	First Class Highway	268
二级公路(公里)	Second Class Highway	155
改建公路(公里)	Length of Reconstructed Highways (km)	1155
一级公路(公里)	First Class Highway	67
二级公路(公里)	Second Class Highway	391
新建独立公路桥梁(延长米)	Length of New Independent Roads and Bridges(m)	2371
新建独立公路桥梁(座)	Number of New Independent Roads and Bridges(set)	6
新(扩)建公路客、货运站(个)	Number of Bus Terminal New and Expanded(unit)	5
新(扩)建公路客、货运站(平方米)	Area of Bus Terminal New and Expanded(sq.m)	191238
城市自来水供水能力(万吨/日)	Capacity of City Tap Water Supply (10 000 tons/day)	26

Major Incremental Production Capacity(2012)

本年施工规模 Under Construction This Year	本年新开工能力 Capacity of Started This Year	累计新增生产能力 Accumulated Newly Increased Capacity	本年新增生产能力 Newly Increased Capacity This Year
9030	1330	829	455
1655	635	1379	1379
683	400	500	293
20			
80			
80			
300	300	180	180
45	31	38	28
200		200	200
270000		270000	270000
171500	151500	351542	151500
226	160		
15	15		
1024	603	472	472
875	485	385	185
81007	81006	82006	81006
6000	6000	6000	6000
1510000	800000	64000	10000
500	500	500	500
21000	21000	5000	5000
500000			
1010000		1000	
178			
12000			
2	1	1	1
51			
734	465	720	254
245	20	481	17
268	235	121	121
155	155	61	61
959	885	991	850
52	41	6	6
254	168	301	193
1621	1621	1734	984
6	6	3	3
5	4	2	2
164669	44669	6669	6669
26	1	24	21

6-6 房地产开发投资及财务主要指标
Investment in Real Estate Development and Its Main Financial Indicators

指　　标	Item	2000	2005	2010	2011	2012
企业个数(个)	**Number of Enterprises(unit)**	**139**	**304**	**360**	**436**	**480**
内资	Domestic Funded	132	301	357	432	476
国有	State-owned	33	17	12	12	15
集体	Collective-owned	17	3	3	3	4
私营个体	Private and Self-employed Individual Units	17	167	271	308	343
联营	Joint	1				
股份制经济	Share Holding	64	114	71	109	114
港澳台投资	Hong Kong, Macao and Taiwan Funded	4			1	1
外商投资	Foreign Funded	3	3	3	3	3
年末从业人数(人)	**Number of Employed Persons at the Year End(person)**	**5190**	**8263**	**10567**	**15124**	**15951**
内资	Domestic Funded	4915	7991	10477	14912	15743
国有	State-owned	1714	437	738	1264	1075
集体	Collective-owned	610	37	38	29	53
私营个体	Private and Self-employed Individual Units	484	4327	7785	10029	10845
联营	Joint	21				
股份制经济	Share Holding	2086	3190	1916	3590	3770
港澳台投资	Hong Kong, Macao and Taiwan Funded	100			100	120
外商投资	Foreign Funded	175	272	90	112	88
土地开发及购置(万平方米)	**Land Development and Purchase (10 000 sq.m)**					
本年土地开发面积	Land Space Developed This Year	8	35			
本年土地购置面积	Land Space Purchased This Year	72	246	549	555	426
本年完成投资额(万元)	**Investment Completed This Year (10 000 yuan)**	**155691**	**747766**	**2543715**	**3362289**	**4291529**
住宅	Residential Buildings	91735	475437	1872939	2395186	2794871
资金来源小计(万元)	**Sources of Funds (10 000 yuan)**	**158495**	**730428**	**3591354**	**4493133**	**4998029**
国内贷款	Domestic Loans	36332	104707	560709	519711	593984
利用外资	Foreign Investment			2500		
自筹资金	Self-raising Fund	42419	245388	1033182	1580144	1963181
定金和预收款	Advanced Deposit	51761	326490	1274481	1348144	1428385
房屋建筑面积(万平方米)	**Floor Space of Buildings (10 000 sq.m)**					
施工面积	Floor Space under Construction	259	1049	2941	4080	5033
竣工面积	Floor Space Completed	155	568	937	1989	1152
本年新开工面积	Floor Space Started This Year	172	581	1809	967	1843

6-6 续表 continued

指　　标	Item	2000	2005	2010	2011	2012
竣工房屋价值(万元)	Value of Buildings Completed (10 000 yuan)	107651	590867	1755147	2564285	2596364
竣工房屋造价(元/平方米)	Cost of Buildings Completed (yuan/sq.m)	692	1040	1873	2651	2254
商品房屋销售面积(万平方米)	**Floor Space of Commercialized Buildings Sold (10 000 sq.m)**	**104**	**378**	**936**	**846**	**804**
住　宅	Residential Buildings	91	319	817	705	708
商品房屋销售价格(元/平方米)	**Selling Price of Commercialized Buildings(yuan/sq.m)**	**1352**	**2235**	**3304**	**3732**	**3948**
住　宅	Residential Buildings	1145	1765	3107	3389	3621
实收资本合计(万元)	**Total Capital Held (10 000 yuan)**	**89467**	**424629**	**1101552**	**1524516**	**1995678**
年末资产负债情况(万元)	**Situation of Year-end Liabilities (10 000 yuan)**					
资产总计	Total Assets	448079	2091222	8370883	11783394	15614913
固定资产累计折旧	Accumulated Depreciation of Fixed Assets	7881	27246	55908	103979	103991
本年折旧	Depreciation of the Current Year	2057	6271	13594	21217	29964
负债总计	Total Liabilities	344569	1603373	6854150	9489851	12723086
所有者权益合计	Total Equity	103510	487849	1516732	2293543	2891828
损益情况(万元)	**Situation of Profit and Loss (10 000 yuan)**					
经营总收入	Total Revenue	143568	598769	1783476	2611584	2776060
土地转让收入	Land Transferred	250	2360	13426	7959	5013
商品房屋销售收入	Sales Income of Commercial Flat	138608	592315	1748783	2577193	2661308
房屋出租收入	Income of Renting House	747	3018	9450	21209	35066
其他收入	Other Income	3981	1076	11817	5222	74674
经营成本	Cost of Business	114263	503687	1407263	1990205	2175336
销售费用	Expenses of Sales	1141	8860	43498	72370	68900
经营税金及附加	Tax and Extra Charges on Business	7268	31532	120150	177468	174097
其他业务利润	Other Business Profits	2112	2241	7836	11921	18708
管理费用及财务费用	Expenses of both Management and Finance	14627	48510	136314	191816	226226
投资收益及营业外收入	Income of Investment Earnings and Extra-business	-298	5211	3622	26132	25633
营业外支出	Expenditure of Extra-business	1392	2647	14618	113006	17860
利润总额	Total Profits	6709	10985	77405	182139	166268

6-7 商品房屋竣工面积、价值及平均造价
Floor Space, Value and Average Cost of Commodity Buildings Completed

指　　标	Item	2000	2005	2010	2011	2012
房屋竣工面积（万平方米）	**Floor Space Completed（10 000 sq.m）**	**155.46**	**568.12**	**936.86**	**967.32**	**1151.97**
住宅	Residential Buildings	122.71	420.75	746.32	785.01	922.26
办公楼	Office Buildings	8.29	18.88	17.34	23.15	9.85
商业营业用房	Houses for Business Use	21.52	110.43	122.50	115.23	131.04
其他	Others	2.94	18.06	50.70	43.94	88.82
房屋竣工价值（万元）	**Value of Buildings Completed（10 000 yuan）**	**107651**	**590867**	**1755147**	**2564285**	**2596364**
住宅	Residential Buildings	80314	391988	1339116	2104787	2047874
办公楼	Office Buildings	7122	29455	48120	82784	35732
商业营业用房	Houses for Business Use	17362	147731	269011	284423	315240
其他	Others	2853	21693	98900	92291	197518
房屋竣工平均造价（元/平方米）	**Average Cost of Buildings Completed（yuan/sq.m）**	**692**	**1040**	**1873**	**2651**	**2254**
住宅	Residential Buildings	655	932	1794	2681	2220
办公楼	Office Buildings	860	1560	2776	3576	3628
商业营业用房	Houses for Business Use	807	1338	2196	2468	2406
其他	Others	696	1201	1951	2101	2224

6-8 商品房屋销售面积、销售额及平均销售价格
Floor Space Sold, Total Sales and Average Selling Price of Commercial Houses

指　　标	Item	2000	2005	2010	2011	2012
商品房销售面积（万平方米）	**Floor Space of Commercialized Buildings Sold（10 000 sq.m）**	**104.50**	**377.89**	**935.98**	**846.46**	**804.43**
住宅	Residential Buildings	90.61	319.16	816.79	705.13	707.57
办公楼	Office Buildings	2.23	8.65	15.40	9.27	6.82
商业营业用房	Houses for Business Use	11.12	48.09	89.94	114.71	82.92
其他	Others	0.54	1.99	13.86	17.35	7.12
商品房销售额（万元）	**Total Sale of Commercialized Buildings（10 000 yuan）**	**141306**	**844726**	**3092169**	**3159137**	**3175781**
住宅	Residential Buildings	103746	563186	2537646	2390002	2561936
办公楼	Office Buildings	4357	29660	81253	67252	34530
商业营业用房	Houses for Business Use	32626	247703	439656	646957	554355
其他	Others	577	4177	33614	54926	24960
商品房平均销售价格（元/平方米）	**Average Selling Price of Commercialized Buildings（yuan/sq.m）**	**1352**	**2235**	**3304**	**3732**	**3948**
住宅	Residential Buildings	1145	1765	3107	3389	3621
办公楼	Office Buildings	1958	3429	5278	7254	5065
商业营业用房	Houses for Business Use	2934	5151	4888	5640	6686
其他	Others	1074	2102	2426	3166	3503

6-9 商品房待售、出租面积

Floor Space of Untapped and Rented Marketable Buildings

单位：平方米 (sq.m)

指　标	Item	2000	2005	2010	2011	2012
商品房待售面积	**Floor Space of Untapped Marketable Buildings**	**620209**	**3424795**	**4015173**	**6060537**	**7271830**
住宅	Residential Buildings	430438	2116731	2457119	4231517	4904701
别墅、高档公寓	Villas, High-grade Apartments	2537	119223	44803	184960	121855
办公楼	Office Buildings	34636	113743	64019	118777	157227
商业营业用房	Houses for Business Use	130838	1082818	1341438	1440821	1722298
其他	Others	24297	111503	152597	269422	487604
商品房待售一年至三年面积	**Floor Space Untapped for One to Three Years of Commercialized Buildings**	**620209**	**1003079**	**1764470**	**2629789**	**3473533**
住宅	Residential Buildings	430438	524501	1026585	1710050	2303579
别墅、高档公寓	Villas, High-grade Apartments	2537	62553	19962	50079	65218
办公楼	Office Buildings	34636	37544	35934	101009	107640
商业营业用房	Houses for Business Use	130838	418633	642637	736642	891466
其他	Others	24297	22401	59314	82088	170848
商品房待售三年以上面积	**Floor Space Untapped above Three Years of Commercialized Buildings**		**57829**	**182221**	**172140**	**191555**
住宅	Residential Buildings		4617	26096	23686	33084
别墅、高档公寓	Villas, High-grade Apartments			752	917	4227
办公楼	Office Buildings		13477	10076	8890	5781
商业营业用房	Houses for Business Use		29283	145139	138985	142484
其他	Others		10452	910	579	10206
商品房出租面积	**Floor Space of Leased Marketable Buildings**	**58330**	**217197**	**413244**	**280979**	**310557**
住宅	Residential Buildings	12659	25467	14909	4059	17610
办公楼	Office Buildings	5347	10564	44082	63756	21810
商业营业用房	Houses for Business Use	39708	180391	341310	189888	261584
其他	Others	616	775	12943	23276	9553

6-10 各市县固定资产投资(2012 年)

Investment in Fixed Assets in Urban Area by City and Country(2012)

单位:万元 (10 000 yuan)

地 区	Region	计划总投资 Total Planned Investment	本年新开工项目计划投资 Planned Investment of New Projects This Year	本年完成投资 Investment Completed This Year	住 宅 Residential Buildings	本年新增固定资产 Newly Increased Fixed Assets This Year
全区总计	**Total**	**76112816**	**19640315**	**20456885**	**3225709**	**12184457**
银 川 市	**Yinchuan**	**38224379**	**6531363**	**8898934**	**1906062**	**3733547**
银 川 市	District	13490147	1860576	3675923	1395772	1936327
永 宁 县	Yongning	2829065	933508	1009404	155296	519594
贺 兰 县	Helan	3505965	723999	1026784	279836	565817
灵 武 市	Lingwu	18399202	3013280	3186823	75158	711809
石嘴山市	**Shizuishan**	**10853691**	**2945023**	**3319964**	**313521**	**2841309**
石嘴山市	District	6706122	1579280	2315252	258471	2214429
平 罗 县	Pingluo	4147569	1365743	1004712	55050	626880
吴 忠 市	**Wuzhong**	**8967325**	**4158478**	**3650544**	**416524**	**2344545**
利 通 区	Litong	3438795	1400688	1420861	146568	636791
红寺堡区	Hongsipu	743791	380286	382829	7280	191348
青铜峡市	Qingtongxia	1592103	837907	788610	129015	533611
盐 池 县	Yanchi	2202460	1069601	679426	57258	703303
同 心 县	Tongxin	990176	469996	378818	76403	279492
固 原 市	**Guyuan**	**6524656**	**1377777**	**1540989**	**224250**	**1137432**
原 州 区	Yuanzhou	4023676	469569	654190	76480	351776
西 吉 县	Xiji	456004	118494	217228	34081	287504
隆 德 县	Longde	771800	172611	217188	38184	142381
泾 源 县	Jingyuan	219175	114534	155682	22364	157832
彭 阳 县	Pengyang	1054001	502569	296701	53141	197939
中 卫 市	**Zhongwei**	**8578541**	**4053636**	**2420722**	**365352**	**1918231**
沙坡头区	Shapotou	3006976	1226171	979710	174462	810216
中 宁 县	Zhongning	4886758	2597808	1107707	159849	1034599
海 原 县	Haiyuan	684807	229657	333305	31041	73416
不分地区	**Not Classified by Region**	**2964224**	**574038**	**625732**		**209393**

6-10 续表 continued

单位:万元、平方米、个 (10 000 yuan,sq.m,unit)

地 区	Region	本年施工房屋面积 Floor Space of Buildings Under Construction This Year	本年竣工房屋面积 Floor Space of Buildings Completed This Year	本年竣工房屋价值 Value of Buildings Completed This Year	施工项目个数 Number of Projects Under Construction	本年新开工 Started This Year	本年投产项目个数 Number of Project Put into Use This Year
全区总计	**Total**	**72349611**	**14705646**	**3155077**	**2965**	**2120**	**1919**
银川市	**Yinchuan**	**39483533**	**8142378**	**1900106**	**677**	**444**	**334**
银川市	District	25255708	5339256	1380964	310	165	119
永宁县	Yongning	4739888	904056	180371	100	78	66
贺兰县	Helan	6565499	1019602	199843	144	130	97
灵武市	Lingwu	2922438	879464	138928	123	71	52
石嘴山市	**Shizuishan**	**9125634**	**1178403**	**261394**	**709**	**492**	**544**
石嘴山市	District	7217685	821413	189176	458	303	369
平罗县	Pingluo	1907949	356990	72218	251	189	175
吴忠市	**Wuzhong**	**9503775**	**1615628**	**299095**	**615**	**483**	**410**
利通区	Litong	3105931	522712	94797	171	130	97
红寺堡区	Hongsipu	1494217			88	59	52
青铜峡市	Qingtongxia	2815683	701582	115442	188	178	160
盐池县	Yanchi	977822	127559	28051	66	44	33
同心县	Tongxin	1110122	263775	60805	102	72	68
固原市	**Guyuan**	**6110110**	**2180967**	**392641**	**522**	**379**	**376**
原州区	Yuanzhou	3002876	1141545	215137	136	100	84
西吉县	Xiji	805579	288193	65317	91	57	53
隆德县	Longde	1153416	224713	39972	118	94	84
泾源县	Jingyuan	462662	292563	43676	66	55	64
彭阳县	Pengyang	685577	233953	28539	111	73	91
中卫市	**Zhongwei**	**8124284**	**1585995**	**301426**	**365**	**265**	**200**
沙坡头区	Shapotou	4293871	1091436	219229	124	99	67
中宁县	Zhongning	3012650	444246	74922	113	82	60
海原县	Haiyuan	817763	50313	7275	128	84	73
不分地区	**Not Classified by Region**	**2275**	**2275**	**415**	**77**	**57**	**55**

6-11 各市县按登记注册类型划分的固定资产投资(2012年)

Investment in Fixed Assets in Urban Area by Registration Status by City and Country(2012)

单位:万元 (10 000 yuan)

地区	Region	投资总计 Total Investment	按登记注册类型划分 Grouped by Registration Status				
			内资合计 Total Domestic Investment	国有 State-owned	集体 Collective-owned	国有联营 Collective Joint Venture	其他联营 Other Joint Venture
全区总计	**Total**	**20456885**	**20051358**	**5618992**	**49131**	**303**	**2500**
银川市	**Yinchuan**	**8898934**	**8557886**	**1153004**	**6300**	**303**	**2000**
银川市	District	3675923	3395237	541773		303	
永宁县	Yongning	1009404	968798	167934			
贺兰县	Helan	1026784	1012028	94454	6300		2000
灵武市	Lingwu	3186823	3181823	348843			
石嘴山市	**Shizuishan**	**3319964**	**3308585**	**728575**	**15385**		**500**
石嘴山市	District	2315252	2311193	539640			500
平罗县	Pingluo	1004712	997392	188935	15385		
吴忠市	**Wuzhong**	**3650544**	**3649044**	**1502502**	**20324**		
利通区	Litong	1420861	1420861	536630	10744		
红寺堡区	Hongsipu	382829	382829	152203			
青铜峡市	Qingtongxia	788610	787110	372959	9450		
盐池县	Yanchi	679426	679426	260194			
同心县	Tongxin	378818	378818	180516	130		
固原市	**Guyuan**	**1540989**	**1540989**	**971657**	**5007**		
原州区	Yuanzhou	654190	654190	319057	3127		
西吉县	Xiji	217228	217228	144842	1880		
隆德县	Longde	217188	217188	145583			
泾源县	Jingyuan	155682	155682	102401			
彭阳县	Pengyang	296701	296701	259774			
中卫市	**Zhongwei**	**2420722**	**2420722**	**725192**	**2115**		
沙坡头区	Shapotou	979710	979710	282072	2115		
中宁县	Zhongning	1107707	1107707	215142			
海原县	Haiyuan	333305	333305	227978			
不分地区	**Not Classified by Region**	**625732**	**574132**	**538062**			

6-11 续表 continued

单位：万元 (10 000 yuan)

地 区	Region	按登记注册类型划分 Grouped by Registration Status							
		国有独资公司 State Sole Funded Corporations	其他有限责任公司 Other Limited Liability Corporations	股份有限公司 Share Holding Corporations Ltd.	私营 Private	其他内资 Others	港澳台投资 Hongkong, Macao and Taiwan Investment	外商投资 Foreign Investment	个体经营 Self-employed
全区总计	**Total**	**1545759**	**3322149**	**1289206**	**8084789**	**138529**	**169552**	**220219**	**15756**
银 川 市	**Yinchuan**	**1206544**	**1645897**	**743292**	**3698892**	**101654**	**169552**	**165260**	**6236**
银 川 市	District	270478	653624	109532	1808513	11014	161552	119134	
永 宁 县	Yongning	20309	324289	14300	441966			40606	
贺 兰 县	Helan	33385	536435	3000	245814	90640	8000	520	6236
灵 武 市	Lingwu	882372	131549	616460	1202599			5000	
石嘴山市	**Shizuishan**	**247486**	**599179**	**358151**	**1356787**	**2522**		**3359**	**8020**
石嘴山市	District	247486	525246	330973	667348			3359	700
平 罗 县	Pingluo		73933	27178	689439	2522			7320
吴 忠 市	**Wuzhong**	**60446**	**536312**	**59532**	**1464825**	**5103**			**1500**
利 通 区	Litong		90500	16500	763284	3203			
红寺堡区	Hongsipu		125626	12020	92980				
青铜峡市	Qingtongxia	33655	14495	18920	335731	1900			1500
盐 池 县	Yanchi	26791	298151	12092	82198				
同 心 县	Tongxin		7540		190632				
固 原 市	**Guyuan**	**5234**	**80430**	**37771**	**411640**	**29250**			
原 州 区	Yuanzhou	5234	29464	17576	279732				
西 吉 县	Xiji		6268	7938	56300				
隆 德 县	Longde		42860	1434	27311				
泾 源 县	Jingyuan		1338	9460	21833	20650			
彭 阳 县	Pengyang		500	1363	26464	8600			
中 卫 市	**Zhongwei**	**24156**	**459844**	**66770**	**1142645**				
沙坡头区	Shapotou	19473	331531	47835	296684				
中 宁 县	Zhongning	4683	107036	18935	761911				
海 原 县	Haiyuan		21277		84050				
不分地区	**Not Classified by Region**	**1893**	**487**	**23690**	**10000**			**51600**	

6-12 各市县按资金来源划分的固定资产投资(2012年)

Investment in Fixed Assets by Sources of Funds by City and Country(2012)

单位:万元 (10 000 yuan)

地 区	Region	本年资金来源小计 Total Funds This Year	国家预算内资金 State Budget	国内贷款 Domestic Loans	利用外资 Foreign Investment	自筹资金 Self-raising Funds	其他资金来源 Others
全区总计	**Total**	**19471054**	**1769669**	**4650152**	**50553**	**10212894**	**2787786**
银川市	**Yinchuan**	**8689303**	**272951**	**2043699**	**17125**	**4388652**	**1966876**
银川市	District	4027064	181307	541789	15500	1674997	1613471
永宁县	Yongning	981876	20322	60450	1625	863651	35828
贺兰县	Helan	986140	38889	91252		644433	211566
灵武市	Lingwu	2694223	32433	1350208		1205571	106011
石嘴山市	**Shizuishan**	**3000976**	**325570**	**501494**		**1931481**	**242431**
石嘴山市	District	2065462	211792	343565		1310102	200003
平罗县	Pingluo	935514	113778	157929		621379	42428
吴忠市	**Wuzhong**	**3575866**	**347776**	**1273581**		**1806971**	**147538**
利通区	Litong	1487224	105668	607822		706064	67670
红寺堡区	Hongsipu	405197	68689	97397		234621	4490
青铜峡市	Qingtongxia	626272	46955	38297		490885	50135
盐池县	Yanchi	773752	51049	455480		254271	12952
同心县	Tongxin	283421	75415	74585		121130	12291
固原市	**Guyuan**	**1502138**	**398798**	**260163**	**1028**	**639390**	**202759**
原州区	Yuanzhou	632890	102694	173541		262846	93809
西吉县	Xiji	179250	31039	26960		78226	43025
隆德县	Longde	217388	83371	5393		95496	33128
泾源县	Jingyuan	143899	51428	2136		60216	30119
彭阳县	Pengyang	328711	130266	52133	1028	142606	2678
中卫市	**Zhongwei**	**2118794**	**314076**	**320339**	**16500**	**1263719**	**204160**
沙坡头区	Shapotou	832435	59504	174177		469210	129544
中宁县	Zhongning	933244	77618	92832	16500	676955	69339
海原县	Haiyuan	353115	176954	53330		117554	5277
不分地区	**Not Classified by Region**	**583977**	**110498**	**250876**	**15900**	**182681**	**24022**

6-13 各市县按构成划分的固定资产投资(2012 年)

Investment in Fixed Assets by Composition of Fund by City and Country(2012)

单位:万元 (10 000 yuan)

地　区	Region	投资总计 Total Investment	按构成划分 By Composition of Funds			
			建筑工程 Construction	安装工程 Installation	设备工器具购置 Purchase of Equipment and Instruments	其他费用 Others
全区总计	**Total**	**20456885**	**12625844**	**1711473**	**4382488**	**1737080**
银 川 市	**Yinchuan**	**8898934**	**5335127**	**790929**	**1620486**	**1152392**
银 川 市	District	3675923	2587940	239321	240340	608322
永 宁 县	Yongning	1009404	832797	45887	88790	41930
贺 兰 县	Helan	1026784	756914	66333	131912	71625
灵 武 市	Lingwu	3186823	1157476	439388	1159444	430515
石嘴山市	**Shizuishan**	**3319964**	**2112744**	**270030**	**715099**	**222091**
石嘴山市	District	2315252	1523788	139349	474757	177358
平 罗 县	Pingluo	1004712	588956	130681	240342	44733
吴 忠 市	**Wuzhong**	**3650544**	**2032990**	**349895**	**1121586**	**146073**
利 通 区	Litong	1420861	673591	208802	502439	36029
红寺堡区	Hongsipu	382829	264793	34507	79154	4375
青铜峡市	Qingtongxia	788610	524187	30568	187263	46592
盐 池 县	Yanchi	679426	301866	63452	271582	42526
同 心 县	Tongxin	378818	268553	12566	81148	16551
固 原 市	**Guyuan**	**1540989**	**1349607**	**38732**	**82347**	**70303**
原 州 区	Yuanzhou	654190	537937	16553	52402	47298
西 吉 县	Xiji	217228	194319	4108	15970	2831
隆 德 县	Longde	217188	205200	960	800	10228
泾 源 县	Jingyuan	155682	147011	5520	2781	370
彭 阳 县	Pengyang	296701	265140	11591	10394	9576
中 卫 市	**Zhongwei**	**2420722**	**1302669**	**198830**	**796321**	**122902**
沙坡头区	Shapotou	979710	532343	73041	313785	60541
中 宁 县	Zhongning	1107707	528905	89252	437630	51920
海 原 县	Haiyuan	333305	241421	36537	44906	10441
不分地区	**Not Classified by Region**	**625732**	**492707**	**63057**	**46649**	**23319**

6-14 各市县分行业固定资产投资(2012 年)

Investment in Fixed Assets by Sector by City and Country(2012)

单位:万元 (10 000 yuan)

地区	Region	投资总计 Total Investment	按国民经济行业分 By Sector 农林牧渔业 Agriculture, Forestry, Animal Husbandry and Fishery	采矿业 Mining	制造业 Manufacturing	电力、燃气及水的生产和供应业 Production and Supply of Electricity, Gas and Water	建筑业 Construction	交通运输、仓储和邮政业 Transport, Storage and Post
全区总计	**Total**	**20456885**	**605490**	**1636227**	**6279822**	**2262991**	**313136**	**995144**
银川市	**Yinchuan**	**8898934**	**103507**	**859257**	**2937961**	**555565**	**29420**	**158971**
银川市	District	3675923	6989	276672	338670	117849	15216	96218
永宁县	Yongning	1009404	47607		350271	56626		17040
贺兰县	Helan	1026784	40896	16775	275889	29915	14204	14456
灵武市	Lingwu	3186823	8015	565810	1973131	351175		31257
石嘴山市	**Shizuishan**	**3319964**	**72902**	**238358**	**1349831**	**266081**	**83106**	**213325**
石嘴山市	District	2315252	47895	210785	811645	217829	36373	167498
平罗县	Pingluo	1004712	25007	27573	538186	48252	46733	45827
吴忠市	**Wuzhong**	**3650544**	**193253**	**309994**	**820364**	**968549**	**99934**	**95730**
利通区	Litong	1420861	41978	141032	484372	257033	18002	30880
红寺堡区	Hongsipu	382829	24583	17103	54090	122703	65069	14390
青铜峡市	Qingtongxia	788610	63012		233883	134452	13821	7110
盐池县	Yanchi	679426		144859	31871	348466	3042	35520
同心县	Tongxin	378818	63680	7000	16148	105895		7830
固原市	**Guyuan**	**1540989**	**139441**	**100185**	**108920**	**136169**	**47256**	**177726**
原州区	Yuanzhou	654190	28104	29750	40849	87948		48297
西吉县	Xiji	217228	11710		35000	23192	1301	54339
隆德县	Longde	217188	32407		14830	4922	20904	38020
泾源县	Jingyuan	155682	34724		7878	13139		110
彭阳县	Pengyang	296701	32496	70435	10363	6968	25051	36960
中卫市	**Zhongwei**	**2420722**	**94411**		**1062746**	**312684**	**53420**	**49780**
沙坡头区	Shapotou	979710	13785		390932	167958	28738	19651
中宁县	Zhongning	1107707	61861		619404	98037	16602	5789
海原县	Haiyuan	333305	18765		52410	46689	8080	24340
不分地区	**Not Classified by Region**	**625732**	**1976**	**128433**		**23943**		**299612**

6-14 续表 1 continued

单位:万元 (10 000 yuan)

地 区	Region	信息传输、软件和信息技术服务业 Information Transmission, Software and Services	批发和零售业 Wholesale and Retail Trades	住宿和餐饮业 Hotels and Catering Services	金融业 Financial Intermediation	房地产业 Real Estate	租赁和商务服务业 Leasing and Business Services	科学研究和技术服务业和地质勘查业 Scientific Research and Technical Services
全区总计	**Total**	**114678**	**535534**	**131705**	**6865**	**5589771**	**80293**	**9885**
银 川 市	**Yinchuan**	**36580**	**118701**	**33296**		**3384899**	**53090**	**2900**
银 川 市	District	31580	9680			2440987	41090	600
永 宁 县	Yongning		13371	22664		401863		1500
贺 兰 县	Helan		87951	10632		415786	12000	800
灵 武 市	Lingwu	5000	7699			126263		
石嘴山市	**Shizuishan**		**98626**	**42301**	**1921**	**621000**	**21479**	**2850**
石嘴山市	District		91426	41801		459321	3990	
平 罗 县	Pingluo		7200	500	1921	161679	17489	2850
吴 忠 市	**Wuzhong**		**168391**	**10457**		**692082**	**3864**	**800**
利 通 区	Litong		126855	3500		297022		
红寺堡区	Hongsipu		29930	2500		17909		
青铜峡市	Qingtongxia		7032	4457		193403	2800	
盐 池 县	Yanchi		934			78440		800
同 心 县	Tongxin		3640			105308	1064	
固 原 市	**Guyuan**		**72956**	**26930**	**4944**	**376721**	**1373**	**2040**
原 州 区	Yuanzhou		55706	26930	4944	205627		
西 吉 县	Xiji		3670			42218		
隆 德 县	Longde		4580			41030		
泾 源 县	Jingyuan		9000			28108	1373	540
彭 阳 县	Pengyang					59738		1500
中 卫 市	**Zhongwei**		**76860**	**18721**		**515069**		**1295**
沙坡头区	Shapotou		35000	18471		239923		
中 宁 县	Zhongning		41860			207779		735
海 原 县	Haiyuan			250		67367		560
不分地区	**Not Classified by Region**	**78098**					**487**	

6-14 续表 2 continued

单位:万元 (10 000 yuan)

地 区	Region	水利、环境和公共设施管理业 Management of Water Conservancy, Environment and Public Facilities	居民服务、修理和其他服务业 Services to Households, Repair and Other Services	教 育 Education	卫生和社会工作 Health and Social Work	文化、体育和娱乐业 Culture, Sports and Entertainment	公共管理、社会保障和社会组织 Public Management and Organizations, Social Securities
全区总计	**Total**	**1082850**	**99659**	**291469**	**110948**	**80261**	**230157**
银 川 市	**Yinchuan**	**334349**	**81345**	**73277**	**58690**	**29481**	**47645**
银 川 市	District	159803	8374	56367	22215	21824	31789
永 宁 县	Yongning	17940	70861				9661
贺 兰 县	Helan	55470	1360	9880	36475		4295
灵 武 市	Lingwu	101136	750	7030		7657	1900
石嘴山市	**Shizuishan**	**176253**	**3619**	**75431**	**12670**	**23046**	**17165**
石嘴山市	District	123987	1780	62591	5689	20160	12482
平 罗 县	Pingluo	52266	1839	12840	6981	2886	4683
吴 忠 市	**Wuzhong**	**170411**	**11446**	**39381**	**16689**	**4120**	**45079**
利 通 区	Litong	13918	3600	2289		380	
红寺堡区	Hongsipu	150	7846	850	2283		23423
青铜峡市	Qingtongxia	103086		10254	9960	2940	2400
盐 池 县	Yanchi	12994		11214	3796		7490
同 心 县	Tongxin	40263		14774	650	800	11766
固 原 市	**Guyuan**	**166300**	**3249**	**62948**	**10923**	**12981**	**89927**
原 州 区	Yuanzhou	50064		14699	907	3320	57045
西 吉 县	Xiji	28320		11920	2295		3263
隆 德 县	Longde	28005		21601	3090	3261	4538
泾 源 县	Jingyuan	36898	2150	8009	990	6400	6363
彭 阳 县	Pengyang	23013	1099	6719	3641		18718
中 卫 市	**Zhongwei**	**142354**		**40432**	**11976**	**10633**	**30341**
沙坡头区	Shapotou	44589		11339	6700		2624
中 宁 县	Zhongning	32281		14273	1626	7460	
海 原 县	Haiyuan	65484		14820	3650	3173	27717
不分地区	**Not Classified by Region**	**93183**					

6-15 各市县房地产开发企业(单位)土地开发及购置(2012年)
Land Development and Purchase of Enterprises for Real Estate Development by City and Country(2012)

地 区	Region	土地购置费用(万元) Total Value of Land Purchased (10 000 yuan)	本年土地购置面积(万平方米) Land Space Purchased This Year(10 000 sq.m)	本年土地成交价款(万元) Land Transaction Price This Year(10 000 yuan)
全区总计	**Total**	**430339**	**4256860**	**317685**
银 川 市	**Yinchuan**	**307351**	**1795468**	**177345**
银 川 市	District	267851	1397925	157476
永 宁 县	Yongning	14470	47312	2849
贺 兰 县	Helan	20660	167140	6005
灵 武 市	Lingwu	4370	183091	11015
石嘴山市	**Shizuishan**	**41720**	**574105**	**21238**
石嘴山市	District	31445	393175	14428
平 罗 县	Pingluo	10275	180930	6810
吴 忠 市	**Wuzhong**	**27616**	**326409**	**21472**
利 通 区	Litong	6883	153066	14021
红寺堡区	Hongsipu	535		
盐 池 县	Yanchi	4720	3513	227
同 心 县	Tongxin	7254		
青铜峡市	Qingtongxia	8224	169830	7224
固 原 市	**Guyuan**	**20284**	**481906**	**51210**
原 州 区	Yuanzhou	15933	321158	42218
西 吉 县	Xiji			
隆 德 县	Longde		160748	8992
泾 源 县	Jingyuan			
彭 阳 县	Pengyang	4351		
中 卫 市	**Zhongwei**	**33368**	**1078972**	**46420**
沙坡头区	Shapotou	20416	431728	27423
中 宁 县	Zhongning	3270	183363	14059
海 原 县	Haiyuan	9682	463881	4938

6-16 各市县房地产开发企业(单位)投资完成情况(2012年)
Investment Actually Completed by Enterprises for Real Estate Development by City and Country(2012)

单位:万元 (10 000 yuan)

地区	Region	本年完成投资额 Investment Completed This Year	住宅 Residential Buildings	办公楼 Office Buildings	商业营业用房 Houses for Business Use	其他 Others
全区总计	**Total**	**4291529**	**2794871**	**108440**	**830146**	**558072**
银川市	**Yinchuan**	**2757023**	**1755066**	**86558**	**498339**	**417060**
银川市	District	2102546	1344427	73014	353444	331661
永宁县	Yongning	135760	69121	2785	39714	24140
贺兰县	Helan	396854	270760	5551	70257	50286
灵武市	Lingwu	121863	70758	5208	34924	10973
石嘴山市	**Shizuishan**	**484864**	**311471**	**16112**	**91794**	**65487**
石嘴山市	District	404511	257971	13612	75079	57849
平罗县	Pingluo	80353	53500	2500	16715	7638
吴忠市	**Wuzhong**	**379499**	**262560**	**1441**	**81765**	**33733**
利通区	Litong	159173	117568	76	26720	14809
红寺堡区	Hongsipu	9310	7280		830	1200
盐池县	Yanchi	50836	36894		11214	2728
同心县	Tongxin	68614	39173	50	25373	4018
青铜峡市	Qingtongxia	91566	61645	1315	17628	10978
固原市	**Guyuan**	**214317**	**119173**	**1257**	**85344**	**8543**
原州区	Yuanzhou	142158	68008	1257	66385	6508
西吉县	Xiji	17506	9813		6568	1125
隆德县	Longde	28847	24434		3539	874
泾源县	Jingyuan	16783	9157		7590	36
彭阳县	Pengyang	9023	7761		1262	
中卫市	**Zhongwei**	**455826**	**346601**	**3072**	**72904**	**33249**
沙坡头区	Shapotou	227916	168108	1561	37801	20446
中宁县	Zhongning	175143	147452	791	17407	9493
海原县	Haiyuan	52767	31041	720	17696	3310

6-17 各市县房地产开发经营情况(2012年)
Operating Statistics for Real Estate Development by City and Country(2012)

单位:万元 (10 000 yuan)

地区	Region	经营总收入 Total Revenue	土地转让收入 Land Transferred	商品房屋销售收入 Commercia-lized Buildings Sold	商品房出租收入 Commercia-lized Buildings Leased	其他收入 Others	经营税金及附加 Operating Tax and Extra Charges	利润总额 Total Profit
全区总计	**Total**	**2776060**	**5013**	**2661308**	**35066**	**74674**	**174097**	**166268**
银川市	**Yinchuan**	**2036619**		**1941274**	**20924**	**74421**	**128454**	**147605**
银川市	District	1630601		1555270	16503	58828	104299	112308
永宁县	Yongning	121964		105027	2620	14317	7836	18741
贺兰县	Helan	226798		224928	1801	69	13268	19256
灵武市	Lingwu	57256		56050		1207	3051	-2701
石嘴山市	**Shizuishan**	**233224**	**119**	**230891**	**2196**	**18**	**15791**	**-6640**
石嘴山市	District	151042	119	148727	2178	18	11476	-10630
平罗县	Pingluo	82182		82164	18		4316	3991
吴忠市	**Wuzhong**	**278479**	**4894**	**272529**	**998**	**59**	**15664**	**13421**
利通区	Litong	174285	4894	168613	779		9721	8739
红寺堡区	Hongsipu	4687		4687			278	-314
盐池县	Yanchi	22432		22373		59	1232	-623
同心县	Tongxin	9888		9706	182		527	-396
青铜峡市	Qingtongxia	67187		67150	37		3907	6016
固原市	**Guyuan**	**85072**		**75048**	**10020**	**3**	**5055**	**600**
原州区	Yuanzhou	68350		58346	10004		4175	-186
西吉县	Xiji	5481		5477	1	3	349	890
隆德县	Longde	3939		3931	8		227	-590
泾源县	Jingyuan	6837		6837			278	478
彭阳县	Pengyang	465		457	8		25	8
中卫市	**Zhongwei**	**142666**		**141565**	**927**	**173**	**9133**	**11282**
沙坡头区	Shapotou	98889		97857	926	107	5589	13247
中宁县	Zhongning	43680		43679	2		3541	-1292
海原县	Haiyuan	96		30		66	3	-673

6-18 各市县商品房屋销售情况(2012 年)

Sale of Commercialized Buildings by City and Country(2012)

地区	Region	商品房屋销售面积(平方米) Floor Space of Commercialized Buildings Sold(sq.m)	住宅 Residential Buildings	商品房屋销售额(万元) Total Sale of Commercialized Buildings (10 000 yuan)	住宅 Residential Buildings
全区总计	**Total**	**8044266**	**7075675**	**3175781**	**2561936**
银川市	**Yinchuan**	**4502610**	**3883346**	**2059736**	**1626057**
银川市	District	2405466	1933703	1367377	1005886
永宁县	Yongning	660330	605379	188361	163705
贺兰县	Helan	1138650	1091252	412707	386727
灵武市	Lingwu	298164	253012	91291	69739
石嘴山市	**Shizuishan**	**1019775**	**914454**	**313686**	**259532**
石嘴山市	District	618407	546600	206473	169564
平罗县	Pingluo	401368	367854	107213	89968
吴忠市	**Wuzhong**	**1041406**	**953423**	**348532**	**307116**
利通区	Litong	394842	376196	144554	135663
红寺堡区	Hongsipu	46320	46320	11106	11106
盐池县	Yanchi	121796	87744	41017	27511
同心县	Tongxin	138972	128744	40183	35718
青铜峡市	Qingtongxia	339476	314419	111672	97118
固原市	**Guyuan**	**663201**	**594159**	**208775**	**167284**
原州区	Yuanzhou	437971	410832	140330	124106
西吉县	Xiji	60192	38707	22137	10622
隆德县	Longde	57555	55455	15079	13649
泾源县	Jingyuan	88943	75783	17033	14762
彭阳县	Pengyang	18540	13382	14196	4145
中卫市	**Zhongwei**	**817274**	**730293**	**245052**	**201947**
沙坡头区	Shapotou	433562	387164	137106	114078
中宁县	Zhongning	357316	317470	101388	81546
海原县	Haiyuan	26396	25659	6558	6323

主要统计指标解释

［全社会固定资产投资］ 固定资产投资额是以货币表现的在一定时期内建造和购置固定资产的工作量以及与此有关的费用的总称，它是反映固定资产投资规模、结构、和发展速度的综合性指标。

现行国家统计制度规定，2011 年全社会固定资产投资包括固定资产投资和农户投资。其中，固定资产投资统计范围为城乡计划总投资 500 万元及以上项目投资（包括基本建设投资、更新改造投资、其他投资）、房地产投资。

［施工项目］ 是指报告期内进行过建筑或安装施工活动的项目。凡是报告期内施过工的建设项目，不论施工时间长短，均作为施工项目统计。施工项目个数可以反映一定时期固定资产投资实际规模，与同期建成投产的建设项目个数相比，可以从建设速度的角度反映固定资产投资的效果。施工项目按建设阶段分为：本年正式施工项目、本年收尾项目和以前年度全部停缓建项目。

［建成投产项目］ 是指报告期内按设计文件规定建成主体工程和相应配套的辅助设施，形成生产能力或工程效益，经过验收合格，并且已正式投入生产或交付使用的建设项目。建成投产项目个数是反映报告期建设成果和考核投资效果的重要依据。建成投产项目分为全部建成投入生产项目和部分建成投入生产项目。

［房屋施工面积］ 是指报告期内施工的全部房屋建筑面积。包括本期新开工的面积和上期开工跨入本期继续施工的房屋面积，以及上期已停建在本期恢复施工的房屋面积。本期竣工和本期施工后又停续建的房屋，其建筑面积仍计入本期房屋施工面积中。

［房屋竣工面积］ 是指在报告期内房屋建筑按照设计要求已全部完工。达到住人和使用条件，经验收鉴定合格（或达到竣工验收标准），正式移交给使用单位的各栋房屋建筑面积的总和。

［新增固定资产］ 新增固定资产（又称交付使用的固定资产），是指已经完成建造和购置过程，并已交付生产或使用单位的固定资产价值。新增固定资产是反映固定资产投资活动成果的价值量指标，只有已经完成建造和购置过程，并正式移交生产、使用单位的固定资产才能计算新增固定资产。没有安装的需要安装的设备、正在施工的建设工程等都不能计算新增固定资产。

［房地产开发投资］ 指各种登记注册类型的房地产开发公司在一定时期内用于房屋建造、土地开发以及配套服务设施的投资，是全社会固定资产投资的重要组成部分。

［本年资金来源］ 指固定资产投资单位在报告期内收到的，用于固定资产投资的各种货币资金。包括国家预算内资金、国内贷款、债券、利用外资、自筹资金和其他资金。

第七篇 Chapter7

能源 Energy

责任编辑：马宏德

资料整理：马宏德　王增沈　朱庆武　王　伟　马春艳　佘　媛　杨则南

Coordinator: Ma Hongde

Data Compilation: Ma Hongde　Wang Zengshen　Zhu Qingwu　Wang Wei　Ma Chunyan　She Yuan　Yang Zenan

7-1 主要年份一次能源生产量和构成

Production of Primary Energy and Its Composition in Main Years

年份 Year	一次能源生产量（万吨标准煤） Primary Energy Production (10 000 tons of SCE)		占能源生产总量的比重(%) As percentage of Primary Energy Production(%)							
			原煤 Raw Coal		原油 Crude Oil		天然气 Natural Gas		水电、风电及光伏发电 Hydro-power, Wind Power and Photovoltaic	
1958	86.4		100.0							
1965	219.9		100.0							
1970	348.3		97.0						3.0	
1975	580.4		92.1		1.3				6.6	
1978	806.4		88.5		7.0				4.5	
1980	810.8		85.5		10.0				4.5	
1985	973.1		89.6		5.9				4.5	
1990	1115.2		92.4		3.3		0.1		4.2	
1995	1132.1		93.4		4.9		0.7		1.0	
1996	1251.6		92.2		6.4		0.6		0.8	
1997	1319.0		90.4		8.7		0.2		0.7	
1998	1300.5		86.9		12.2		0.1		0.8	
1999	1290.5		84.7		14.2		0.1		0.9	
2000	1339.7	(1362.7)	84.3	(89.2)	14.8	(14.6)	0.1	(0.1)	0.8	(2.4)
2001	1409.0	(1438.4)	82.4	(81.2)	16.8	(16.6)	0.1	(0.1)	0.7	(2.1)
2002	1594.9	(1616.7)	81.4	(80.3)	17.7	(17.5)	0.3	(0.3)	0.6	(1.9)
2003	1903.9	(1924.1)	82.3	(81.5)	16.6	(16.4)	0.6	(0.6)	0.5	(1.5)
2004	1759.8	(1777.4)	99.0	(97.8)	0.3	(0.3)			0.7	(1.9)
2005	1927.8	(1971.5)	98.6	(96.4)	0.3	(0.3)			1.1	(3.3)
2006	2370.2	(2415.9)	98.7	(96.8)	0.3	(0.3)			1.0	(2.9)
2007	2824.9	(2867.6)	98.8	(97.3)	0.4	(0.4)			0.8	(2.3)
2008	3181.7	(3229.6)	98.7	(97.2)	0.4	(0.4)			0.9	(2.4)
2009	4095.7	(4146.5)	98.9	(97.7)	0.4	(0.4)			0.7	(1.9)
2010	4912.4	(4973.1)	99.0	(97.8)	0.2	(0.2)			0.8	(2.0)
2011	5859.0	(5928.2)	99.0	(97.9)	0.2	(0.2)			0.8	(1.9)
2012	6235.7	(6358.5)	98.5	(96.6)	0.2	(0.2)			1.3	(3.2)

注：1995—2012 年电力折标系数采用当量热值折算，括号内为按照等价值折算。2004 年及以后不包括长庆油田宁夏分部数据。

a)From 1995 to 2012,the coefficient for conversion of electric power into SCE is calculated on the basis of the data on average coal consumption in generating electric power in the same year.Data in brackets were converted on the basis of equal caloric value.From 2004,data in this table excluding Changqing oil field in Ningxia.

7-2 主要年份能源消费总量和构成

Total Consumption of Energy and Its Composition in Main Years

年份 Year	能源消费总量 (万吨标准煤) Total Energy Consumption (10 000 tons of SCE)	占能源消费总量(%) As Percentage of Total Energy Consumption			
		煤炭 Coal	石油 Petroleum	天然气 Nature Gas	水电、风电 Hydro-power,Wind Power and Photovoltaic
1958					
1970					
1975					
1978					
1980	320.0	73.4	3.8		22.8
1985	420.4	65.6	7.6	0.3	26.4
1990	707.3	57.6	9.2	0.1	33.1
1995	775.2	75.0	10.2	0.2	14.6
1996	808.8	74.8	9.7	0.2	15.3
1997	814.0	73.9	10.5	0.1	15.5
1998	816.9	70.9	12.8	0.2	16.1
1999	823.1	69.6	13.0	0.2	17.2
2000	1162.0 (1179.4)	89.0 (87.3)	9.9 (9.8)	0.2 (0.1)	0.9 (2.8)
2001	1208.1 (1228.4)	89.1 (87.6)	9.9 (9.8)	0.2 (0.1)	0.8 (2.5)
2002	1355.3 (1378.5)	89.2 (87.8)	9.9 (9.7)	0.2 (0.2)	0.7 (2.3)
2003	1980.9 (2014.8)	87.8 (86.9)	6.6 (6.6)	5.1 (5.1)	0.5 (1.4)
2004	2283.1 (2322.2)	85.9 (84.8)	10.0 (9.8)	3.6 (3.9)	0.5 (1.5)
2005	2506.9 (2536.1)	87.2 (85.6)	8.4 (8.3)	3.5 (3.5)	0.9 (2.6)
2006	2803.4 (2829.8)	87.5 (86.1)	7.9 (7.8)	3.8 (3.7)	0.8 (2.4)
2007	3058.9 (3077.3)	87.4 (86.0)	7.9 (7.9)	3.9 (3.9)	0.8 (2.2)
2008	3229.7 (3229.3)	86.7 (85.2)	7.9 (7.9)	4.5 (4.5)	0.9 (2.4)
2009	3355.9 (3387.7)	86.4 (85.0)	8.0 (7.9)	4.7 (4.7)	0.9 (2.4)
2010	3732.8 (3681.1)	86.8 (85.0)	7.4 (7.4)	4.8 (4.9)	1.0 (2.7)
2011	4782.1 (4316.3)	88.5 (85.6)	5.6 (6.2)	5.0 (5.6)	0.9 (2.6)
2012	4960.8 (4562.4)	86.4 (82.5)	6.6 (7.2)	5.4 (5.9)	1.6 (4.4)

注:1980–1999 为工业能源消费量,2000 年及以后能源消费量为全社会能源消费量(当量值),括号内为按等价值折算。

a)From 1980 to 1999,data in this table refers to industrial energy consumption.Since 2000, energy consumption refers to total energy consumption in the whole region.It was calculated on the basis of the data on average coal consumption in generating electric power in the same year.

7-3 主要年份每亿元工业总产值能源、电力消费量

Energy and Electricity Consumption per 100 Million Yuan of Gross Industrial Output Value in Main Years

年份 Year	能源消费量(万吨标准煤) Energy Consumption(10 000 tons of SEC)			电力消费量(万千瓦小时) Electricity Consumption(10 000 kwh)		
	工 业 Industry	重工业 Heavy Industry	轻工业 Light Industry	工 业 Industry	重工业 Heavy Industry	轻工业 Light Industry
1985	11.99	15.25	4.14	8935.00	11751.00	2154.00
1990	12.17	15.63	4.28	10858.00	14765.00	1945.00
1995	5.20	6.04	1.83	5992.00	7097.00	1541.00
2000	4.21	4.91	1.35	6201.00	7310.00	1598.00
2005	2.87	3.49	0.75	3294.43	4213.00	903.00
2006	2.52	2.91	0.68	3568.28	4130.00	844.00
2007	2.28	2.57	0.78	3391.89	3905.04	767.53
2008	1.81	2.02	0.67	2762.40	3128.36	791.49
2009	1.75	2.00	0.60	2776.10	3210.51	779.94
2010	1.63	1.89	0.48	2685.49	3120.51	701.97
2011	1.55	1.74	0.43	2427.21	2741.96	615.81
2012	1.35	1.51	0.38	2211.15	2483.52	557.29

注:1995—2000 年工业总产值按 1990 年不变价计算。2005 年及以后工业总产值按当年价格计算。

a)From 1995 to 2000, industrial output value was calculated at 1990 constant prices,and from 2005 at current prices .

7-4 主要年份单位能源、电力消费实现的工业总产值

Gross Industrial Output Value per Unit of Energy and Electricity Consumption in Main Years

单位:元 (yuan)

年份 Year	每吨能源消费实现的工业总产值 Gross Industrial Output Value of Energy Consumption per TCE			每千瓦小时电力消费实现的工业总产值 Gross Industrial Output Value of Electricity Consumption per kwh		
	工 业 Industry	重工业 Heavy Industry	轻工业 Light Industry	工 业 Industry	重工业 Heavy Industry	轻工业 Light Industry
1985	834.00	656.00	2415.00	1.12	0.85	4.64
1990	821.67	639.77	2337.33	0.92	0.68	5.14
1995	1922.36	1655.68	5475.75	1.67	1.41	6.49
2000	2375.20	2035.24	7402.35	1.61	1.37	6.26
2005	3480.83	2865.33	13333.33	3.08	2.37	11.08
2006	3973.79	3438.93	14721.26	2.80	2.42	11.85
2007	4394.33	3894.33	12797.94	2.95	2.56	13.03
2008	5528.46	4948.63	14982.95	3.62	3.20	12.63
2009	5716.50	4999.93	16742.34	3.60	3.11	12.82
2010	6134.97	5291.01	20833.33	3.72	3.20	14.25
2011	6466.91	5744.88	23372.98	4.12	3.65	16.24
2012	7397.51	6615.85	26178.12	4.52	4.03	17.94

注:1995—2000 年工业总产值按 1990 年不变价计算。2005 年及以后工业总产值按当年价格计算。

a)From 1995 to 2000, industrial output value was calculated at 1990 constant prices,and from 2005 at current prices.

7-5 规模以上工业企业能源购进、消费与库存情况(2012 年)

能源名称	Energy	计量单位	Unit
原煤	Coal	吨	ton
无烟煤	Anthracite	吨	ton
炼焦烟煤	Coking Bituminous Coal	吨	ton
一般烟煤	General Bituminous	吨	ton
褐煤	Lignite	吨	ton
洗精煤	Clean Coal	吨	ton
其他洗煤	Other Washing Coal	吨	ton
煤制品	Coal Products	吨	ton
焦炭	Coke	吨	ton
其他焦化产品	Other Coking Products	吨	ton
焦炉煤气	Coking Gas	万立方米	10 000 cu.m
高炉煤气	Blast Furnace Gas	万立方米	10 000 cu.m
转炉煤气	Converter Gas	万立方米	10 000 cu.m
发生炉煤气	Producer Gas	万立方米	10 000 cu.m
天然气	Natural Gas	万立方米	10 000 cu.m
液化天然气	Liquefied Natural Gas	吨	ton
煤层气(煤田)	Coal Bed Methane	万立方米	10 000 cu.m
原油	Crude Oil	吨	ton
汽油	Gasoline	吨	ton
煤油	Kerosene	吨	ton
柴油	Diesel Oil	吨	ton
燃料油	Fuel Oil	吨	ton
液化石油气	Liquefied Petroleum Gas	吨	ton
炼厂干气	Net Gas of Plant	吨	ton
石脑油	Naphtha	吨	ton
润滑油	Lubricating Oil	吨	ton
石蜡	Paraffin	吨	ton
溶剂油	Solvent Oil	吨	ton
石油焦	Petroleum Coke	吨	ton
石油沥青	Petroleum Pitch	吨	ton
其他石油制品	Other Petroleum Products	吨	ton
热力	Heat	百万千焦	million kilo-joule
电力	Electricity	万千瓦时	10 000 kwh
煤矸石用于燃料	Coal Gangue as Fuel	吨	ton
余热余压	Waste Heat and Excess Pressure	百万千焦	million kilo-joule
生物质废料用于燃料	Biomass Waste for Fuel	吨	ton
其他燃料	Other Feul	吨标准煤	tons of SCE
能源合计	Total Energy	吨标准煤	tons of SCE

Energy Purchase, Consumption and Inventory of Industrial Enterprises above Designated Size(2012)

年初库存量 Inventory at the Beginning of the Year	购进实物量 Physical Quantity Purchased	消费量 Consumption		年末库存量 Inventory at the Year End
		合计 Total	工业生产消费 Industry	
8043324	93098634	95843284	95690537	7853451
855261	10623537	10756461	10751663	726561
762524	10516188	13622846	13622648	393183
6424818	71912022	71421251	71275069	6728824
721	46888	42726	41157	4883
2610230	3948890	6747092	6746260	359048
30459	876998	1065948	1065912	36432
199	5753	5277	5233	700
62837	973099	1100833	1100833	47590
3692	62215	59003	59003	7879
	1183	86013	86001	
		85757	85757	
	1755	2732	2732	
	142630	142127	141832	
	50	50	48	
25243	4340724	4241072	4241072	117055
86	6141	6628	3380	66
4	161	137	137	28
3949	68868	70215	65637	3454
8942	195858	202533	202533	2238
4601	13551	21321	21321	303
316	4668	4607	4607	377
8	547	549	548	6
62662	522111	469783	469783	82215
533	10844	10590	10590	839
2082	123022	123061	122950	2042
	3077028	18100573	17809767	
	5735223	6618815	6573078	
115036	1963878	2228023	2228023	58502
		2516978	2494632	
	60	60		
216044	2134347	2168993	2158917	158411
		91143834	90950647	

7-5 续表 1

能源名称	Energy	计量单位	Unit	加工转换投入合计 Input in Processing	火力发电 Thermal Power
原煤	Raw Coal	吨	ton	88727980	48464758
无烟煤	Anthracite	吨	ton	10488438	
炼焦烟煤	Coking Bituminous Coal	吨	ton	13575387	
一般烟煤	General Bituminous	吨	ton	64636939	48464758
褐煤	Lignite	吨	ton	27216	
洗精煤	Clean Coal	吨	ton	5716187	
其他洗煤	Other Washing Coal	吨	ton	886738	543078
煤制品	Coal Products	吨	ton		
焦炭	Coke	吨	ton		
其他焦化产品	Other Coking Products	吨	ton		
焦炉煤气	Coking Gas	万立方米	10 000 cu.m	12305	12305
高炉煤气	Blast Furnace Gas	万立方米	10 000 cu.m	6477	6477
转炉煤气	Converter Gas	万立方米	10 000 cu.m		
发生炉煤气	Producer Gas	万立方米	10 000 cu.m		
天然气	Natural Gas	万立方米	10 000 cu.m	35758	5638
液化天然气	Liquefied Natural Gas	吨	ton		
煤层气(煤田)	Refinery Gas	万立方米	10 000 cu.m		
原油	Crude Oil	吨	ton	4241072	
汽油	Gasoline	吨	ton		
煤油	Kerosene	吨	ton		
柴油	Diesel Oil	吨	ton	1895	1871
燃料油	Fuel Oil	吨	ton	200044	3989
液化石油气	Liquefied Petroleum Gas	吨	ton	6858	
炼厂干气	Refinery Gas	吨	ton		
石脑油	Naphtha	吨	ton		
润滑油	Lubricating Oil	吨	ton		
石蜡	Paraffin	吨	ton		
溶剂油	Solvent Oil	吨	ton		
石油焦	Petroleum coke	吨	ton		
石油沥青	Petroleum pitch	吨	ton		
其他石油制品	Other Petroleum Products	吨	ton	101592	
热力	Heat	百万千焦	million kilo-joule		
电力	Electricity	万千瓦时	10 000 kwh		
煤矸石用于燃料	Coal Gangue as Fuel	吨	ton	1953091	1882790
余热余压	Waste Heat and Excess Pressure	百万千焦	million kilo-joule	1718273	1718273
生物质废料用于燃料	Biomass Waste for Fuel	吨	ton		
其他燃料	Other Feul	吨标准煤	tons of SCE	13766	
能源合计	Total Energy	吨标准煤	tons of SCE	70667211	29686037

continued

供热 Heating Supply	原煤入洗 Washing-dressing Coal	炼焦 Coking	炼油 Petroleum Refining	制气 Gas Making	天然气液化 Natural Gas Liquefying	能源加工转换产出 Output in Processing	回收利用 Recycling
3498526	33948407	2816289					
	10488438						
	11400238	2175149					
3498526	12032515	641140					
	27216						
		5716187				19194502	
99814		243846				9627818	
							9883
						6117759	
						322947	
						113486	
							85367
							977
5130					24990		
						145707	
			4241072				
						1740309	
						22120	
24						1820026	
			196055			107984	
			6858			254258	
						529	
						88868	
			101592			10383	
						53943524	
						9580751	
70301						252722	
							2786318
			13766				
2227026	24745341	7195300	6506630		306877	50476702	288874

7-6 主要能源品种按工业行业分组消费量(2012 年)

指 标	Item
总 计	**Total**
采矿业	**Mining**
煤炭开采和洗选业	Mining and Washing of Coal
石油和天然气开采业	Extraction of Petroleum and Natural Gas
黑色金属矿采选业	Mining and Processing of Ferrous Metal Ores
有色金属矿采选业	Mining and Processing of Non-ferrous Metal Ores
非金属矿采选业	Mining and Processing of Non-metal Ores
开采辅活动	Non-mining Activities
其他采矿业	Mining of Other Ores
制造业	**Manufacturing**
农副食品加工业	Processing of Food from Agricultural Products
食品制造业	Manufacture of Foods
酒、饮料和精制茶制造业	Manufacture of Wine,Beverages and Refined Tea
烟草制造业	Manufacture of Tobacco
纺织业	Manufacture of Textile
纺织服装、服饰业	Manufacture of Textile Wearing Apparel
皮革、毛皮、羽毛及其制品和制鞋业	Manufacture of Leather, Fur, Feather with Related Products and Footware
木材加工及木、竹、藤、棕、草制品业	Processing of Timber,Manufacture of Wood, Bamboo, Rattan, Palm and Straw Products
家具制造业	Manufacture of Furniture
造纸及纸制品业	Manufacture of Paper and Paper Products
印刷和记录媒介复制业	Printing,Reproduction of Recording Media
文教、工美、体育和娱乐用品制造业	Manufacture of Articles For Culture,Education and Sport Activities
石油加工、炼焦和核燃料加工业	Processing of Petroleum,Coking and Nuclear Fuel
化学原料和化学制品制造业	Manufacture of Raw Chemical Materials and Chemical Products
医药制造业	Manufacture of Medicines
化学纤维制造业	Manufacture of Chemical Fibres
橡胶和塑料制品业	Manufacture of Rubber and Plastics
非金属矿物制品业	Manufacture of Non-metallic Mineral Products
黑色金属冶炼和压延加工业	Smelting and Pressing of Ferrous Metals
有色金属冶炼和压延加工业	Smelting and Pressing of Non-ferrous Metals
金属制品业	Manufacture of Metal Products
通用设备制造业	Manufacture of General Purpose Machinery
专用设备制造业	Manufacture of Special purpose Machinery
汽车制造业	Manufacture of Automotive
铁路、船舶、航空航天和其他运输设备制造业	Manufacture of Railways, Shipbuilding, Aerospace and Other Transportation Equipment
电气机械和器材制造业	Manufacture of Electrical Machinery and Equipment
计算机、通信和其他电子设备制造业	Manufacture of Computers,Communication Equipment and Other Electronic Equipment
仪器仪表及文化、办公用机械制造业	Manufacture of Measuring Instruments and Machinery for Cultural Activity and Office Work
其他制造业	Other Manufacturing
废弃资源综合利用业	Recycling and Disposal of Waste
金属制品、机械和设备修理业	Repairing of Metal products,Machinery and Equipment
电力、燃气及水的生产和供应业	**Electric Power,Gas and Water Production and Supply**
电力、热力的生产和供应业	Production and Supply of Electric Power and Heat Power
燃气生产和供应业	Production and Supply of Gas
水的生产和供应业	Production and Supply of Water

Major Consumption of Energy by Industries(2012)

综合能源消费量(吨标准煤) Comprehensive Energy Consumption (tons of SCE)		原 煤(吨) Raw Coal (ton)				
当量值 Current Value	等价值 Equivalent Value		烟煤 Anthracite	炼焦烟煤 Coking Bituminous Coal	一般烟煤 General Bituminous	褐煤 Lignite
40185071	**35102712**	**95843284**	**10756461**	**13622846**	**71421251**	**42726**
1414413	**1835208**	**26725642**	**10434737**	**9225692**	**7037997**	**27216**
1405028	1825084	26717259	10434737	9225692	7029614	27216
806	1276	695			695	
8580	8849	7688			7688	
21048575	**30811700**	**21258944**	**321724**	**4397154**	**16524556**	**15510**
29748	55299	24632	267		21218	3147
654278	703646	1076806	957		1075849	
30702	40247	43274			43274	
11	28					
16161	22850	17415	285		17130	
1028	1353					
2063	2594	2354			2354	
1393	3627	42			42	
1082	1951					
455592	461221	820438			820438	
2981	6026	1292			1292	
1540704	1657358	10046342	8639	4249723	5787980	
8318785	10330629	6128378	284594	14823	5827398	1563
299941	326089	520022			520022	
64098	89488	3459			3459	
2150452	2537465	2284473	11013	104015	2158645	10800
3723662	6295452	73998	15970		58028	
3642779	8087285	145263		28593	116670	
33709	54521	7623			7623	
21948	39857	5523			5523	
39475	63538	46578			46578	
560	1366	40			40	
19	42					
16148	26090	10993			10993	
842	2626					
417	1050					
17722083	**2455803**	**47858698**			**47858698**	
17610474	2280057	47659360			47659360	
70054	99623					
41555	76123	199338			199338	

7-6 续表1

指 标	Item
总　计	**Total**
采矿业	**Mining**
煤炭开采和洗选业	Mining and Washing of Coal
石油和天然气开采业	Extraction of Petroleum and Natural Gas
黑色金属矿采选业	Mining and Processing of Ferrous Metal Ores
有色金属矿采选业	Mining and Processing of Non-ferrous Metal Ores
非金属矿采选业	Mining and Processing of Non-metal Ores
开采辅活动	Non-mining Activities
其他采矿业	Mining of Other Ores
制造业	**Manufacturing**
农副食品加工业	Processing of Food from Agricultural Products
食品制造业	Manufacture of Foods
酒、饮料和精制茶制造业	Manufacture of Wine,Beverages and Refined Tea
烟草制造业	Manufacture of Tobacco
纺织业	Manufacture of Textile
纺织服装、服饰业	Manufacture of Textile Wearing Apparel
皮革、毛皮、羽毛及其制品和制鞋业	Manufacture of Leather, Fur, Feather with Related Products and Footware
木材加工及木、竹、藤、棕、草制品业	Processing of Timber,Manufacture of Wood, Bamboo, Rattan, Palm and Straw Products
家具制造业	Manufacture of Furniture
造纸及纸制品业	Manufacture of Paper and Paper Products
印刷和记录媒介复制业	Printing,Reproduction of Recording Media
文教、工美、体育和娱乐用品制造业	Manufacture of Articles For Culture,Education and Sport Activities
石油加工、炼焦和核燃料加工业	Processing of Petroleum,Coking and Nuclear Fuel
化学原料和化学制品制造业	Manufacture of Raw Chemical Materials and Chemical Products
医药制造业	Manufacture of Medicines
化学纤维制造业	Manufacture of Chemical Fibres
橡胶和塑料制品业	Manufacture of Rubber and Plastics
非金属矿物制品业	Manufacture of Non-metallic Mineral Products
黑色金属冶炼和压延加工业	Smelting and Pressing of Ferrous Metals
有色金属冶炼和压延加工业	Smelting and Pressing of Non-ferrous Metals
金属制品业	Manufacture of Metal Products
通用设备制造业	Manufacture of General Purpose Machinery
专用设备制造业	Manufacture of Special purpose Machinery
汽车制造业	Manufacture of Automotive
铁路、船舶、航空航天和其他运输设备制造业	Manufacture of Railways, Shipbuilding, Aerospace and Other Transportation Equipment
电气机械和器材制造业	Manufacture of Electrical Machinery and Equipment
计算机、通信和其他电子设备制造业	Manufacture of Computers,Communication Equipment and Other Electronic Equipment
仪器仪表及文化、办公用机械制造业	Manufacture of Measuring Instruments and Machinery for Cultural Activity and Office Work
其他制造业	Other Manufacturing
废弃资源综合利用业	Recycling and Disposal of Waste
金属制品、机械和设备修理业	Repairing of Metal products,Machinery and Equipment
电力、燃气及水的生产和供应业	**Electric Power,Gas and Water Production and Supply**
电力、热力的生产和供应业	Production and Supply of Electric Power and Heat Power
燃气生产和供应业	Production and Supply of Gas
水的生产和供应业	Production and Supply of Water

continued

洗精煤(吨) Clean Coal (ton)	其他洗煤(吨) Other Washing Coal (ton)	煤制品(吨) Coal Products (ton)	焦 炭(吨) Coke(ton)	其他焦化产品(吨) Other Coking Products (ton)	焦炉煤气 (万立方米) Coking Gas (10 000 cu.m)
6747092	**1065948**	**5277**	**1100833**	**59003**	**86013**
73297	**28279**			**8794**	
73297	28279			8794	
6673794	**394776**	**5277**	**1100833**	**50210**	**86013**
113					
5499579	243846			5525	80764
442917	13920	2010	71258	19861	1241
	76277				
454201	14484			24124	
276925	27585	3267	1022456	700	4007
			6781		
	18664				
59					
			97		
			240		
	642892				
	642892				

7-6 续表 2

指 标	Item
总 计	**Total**
采矿业	**Mining**
煤炭开采和洗选业	Mining and Washing of Coal
石油和天然气开采业	Extraction of Petroleum and Natural Gas
黑色金属矿采选业	Mining and Processing of Ferrous Metal Ores
有色金属矿采选业	Mining and Processing of Non-ferrous Metal Ores
非金属矿采选业	Mining and Processing of Non-metal Ores
开采辅活动	Non-mining Activities
其他采矿业	Mining of Other Ores
制造业	**Manufacturing**
农副食品加工业	Processing of Food from Agricultural Products
食品制造业	Manufacture of Foods
酒、饮料和精制茶制造业	Manufacture of Wine,Beverages and Refined Tea
烟草制造业	Manufacture of Tobacco
纺织业	Manufacture of Textile
纺织服装、服饰业	Manufacture of Textile Wearing Apparel
皮革、毛皮、羽毛及其制品和制鞋业	Manufacture of Leather, Fur, Feather with Related Products and Footware
木材加工及木、竹、藤、棕、草制品业	Processing of Timber,Manufacture of Wood, Bamboo, Rattan, Palm and Straw Products
家具制造业	Manufacture of Furniture
造纸及纸制品业	Manufacture of Paper and Paper Products
印刷和记录媒介复制业	Printing,Reproduction of Recording Media
文教、工美、体育和娱乐用品制造业	Manufacture of Articles For Culture,Education and Sport Activities
石油加工、炼焦和核燃料加工业	Processing of Petroleum,Coking and Nuclear Fuel
化学原料和化学制品制造业	Manufacture of Raw Chemical Materials and Chemical Products
医药制造业	Manufacture of Medicines
化学纤维制造业	Manufacture of Chemical Fibres
橡胶和塑料制品业	Manufacture of Rubber and Plastics
非金属矿物制品业	Manufacture of Non-metallic Mineral Products
黑色金属冶炼和压延加工业	Smelting and Pressing of Ferrous Metals
有色金属冶炼和压延加工业	Smelting and Pressing of Non-ferrous Metals
金属制品业	Manufacture of Metal Products
通用设备制造业	Manufacture of General Purpose Machinery
专用设备制造业	Manufacture of Special purpose Machinery
汽车制造业	Manufacture of Automotive
铁路、船舶、航空航天和其他运输设备制造业	Manufacture of Railways, Shipbuilding, Aerospace and Other Transportation Equipment
电气机械和器材制造业	Manufacture of Electrical Machinery and Equipment
计算机、通信和其他电子设备制造业	Manufacture of Computers,Communication Equipment and Other Electronic Equipment
仪器仪表及文化、办公用机械制造业	Manufacture of Measuring Instruments and Machinery for Cultural Activity and Office Work
其他制造业	Other Manufacturing
废弃资源综合利用业	Recycling and Disposal of Waste
金属制品、机械和设备修理业	Repairing of Metal products,Machinery and Equipment
电力、燃气及水的生产和供应业	**Electric Power,Gas and Water Production and Supply**
电力、热力的生产和供应业	Production and Supply of Electric Power and Heat Power
燃气生产和供应业	Production and Supply of Gas
水的生产和供应业	Production and Supply of Water

continued

高炉煤气（万立方米） Blast Furnace Gas (10 000 cu.m)	转炉煤气（万立方米） Converter Gas (10 000 cu.m)	发生炉煤气（万立方米） Producer Gas (10 000 cu.m)	天然气（万立方米） Natural Gas (10 000 cu.m)	液化天然气（吨） Liquefied Natural Gas (ton)	原油（吨） Crude Oil (ton)	汽油（吨） Gasoline (ton)	煤油（吨） Kerosene (ton)
85757	**2732**		**142127**	**50**	**4241072**	**6628**	**137**
						1316	**6**
						1278	6
						38	
85757	**2732**		**106315**	**50**	**4241072**	**3983**	**131**
			85			457	
			411	48		210	
			18			96	
			43			94	
			81			55	
					1	49	
			27			31	
			56			32	
			16			59	1
			12			72	
6087					4241072	69	
30974			90870			736	
						40	
			9			98	
			1865			280	
48696	2732		1182			133	3
			10301			175	7
			356			140	
			548	2		362	97
			230			242	24
						11	
						3	
			204			389	
						150	
			35812			**1330**	
			10659			1005	
			25037			105	
			116			219	

7-6 续表 3

指 标	Item
总 计	**Total**
采矿业	**Mining**
煤炭开采和洗选业	Mining and Washing of Coal
石油和天然气开采业	Extraction of Petroleum and Natural Gas
黑色金属矿采选业	Mining and Processing of Ferrous Metal Ores
有色金属矿采选业	Mining and Processing of Non-ferrous Metal Ores
非金属矿采选业	Mining and Processing of Non-metal Ores
开采辅活动	Non-mining Activities
其他采矿业	Mining of Other Ores
制造业	**Manufacturing**
农副食品加工业	Processing of Food from Agricultural Products
食品制造业	Manufacture of Foods
酒、饮料和精制茶制造业	Manufacture of Wine,Beverages and Refined Tea
烟草制造业	Manufacture of Tobacco
纺织业	Manufacture of Textile
纺织服装、服饰业	Manufacture of Textile Wearing Apparel
皮革、毛皮、羽毛及其制品和制鞋业	Manufacture of Leather, Fur, Feather with Related Products and Footware
木材加工及木、竹、藤、棕、草制品业	Processing of Timber,Manufacture of Wood, Bamboo, Rattan, Palm and Straw Products
家具制造业	Manufacture of Furniture
造纸及纸制品业	Manufacture of Paper and Paper Products
印刷和记录媒介复制业	Printing,Reproduction of Recording Media
文教、工美、体育和娱乐用品制造业	Manufacture of Articles For Culture,Education and Sport Activities
石油加工、炼焦和核燃料加工业	Processing of Petroleum,Coking and Nuclear Fuel
化学原料和化学制品制造业	Manufacture of Raw Chemical Materials and Chemical Products
医药制造业	Manufacture of Medicines
化学纤维制造业	Manufacture of Chemical Fibres
橡胶和塑料制品业	Manufacture of Rubber and Plastics
非金属矿物制品业	Manufacture of Non-metallic Mineral Products
黑色金属冶炼和压延加工业	Smelting and Pressing of Ferrous Metals
有色金属冶炼和压延加工业	Smelting and Pressing of Non-ferrous Metals
金属制品业	Manufacture of Metal Products
通用设备制造业	Manufacture of General Purpose Machinery
专用设备制造业	Manufacture of Special purpose Machinery
汽车制造业	Manufacture of Automotive
铁路、船舶、航空航天和其他运输设备制造业	Manufacture of Railways, Shipbuilding, Aerospace and Other Transportation Equipment
电气机械和器材制造业	Manufacture of Electrical Machinery and Equipment
计算机、通信和其他电子设备制造业	Manufacture of Computers,Communication Equipment and Other Electronic Equipment
仪器仪表及文化、办公用机械制造业	Manufacture of Measuring Instruments and Machinery for Cultural Activity and Office Work
其他制造业	Other Manufacturing
废弃资源综合利用业	Recycling and Disposal of Waste
金属制品、机械和设备修理业	Repairing of Metal products,Machinery and Equipment
电力、燃气及水的生产和供应业	**Electric Power,Gas and Water Production and Supply**
电力、热力的生产和供应业	Production and Supply of Electric Power and Heat Power
燃气生产和供应业	Production and Supply of Gas
水的生产和供应业	Production and Supply of Water

continued

柴油(吨) Diesel Oil (ton)	燃料油(吨) Fuel Oil (ton)	液化石油气(吨)Lequefied Petroleum Gas (ton)	炼厂干气(吨) Refinery Gas (ton)	石脑油(吨) Naphtha (ton)	润滑油(吨) Lubricating Oil (ton)	石油焦(吨) Petroleum Coke (ton)
70215	**202533**	**21321**		**4607**	**549**	**469783**
35324					**341**	
33365					341	
1959						
30963	**198544**	**21321**		**4607**	**208**	**469783**
202						
93						
17						
12						
40						
433	163				3	
174						
4593	198381	21321		4607		
3501						
177						
381						
11977					12	2527
2178						17727
6150						449529
102						
236						
244					193	
11						
167						
274						
3929	**3989**					
3902	3989					
27						

7-6 续表 4

指 标	Item
总 计	**Total**
采矿业	**Mining**
煤炭开采和洗选业	Mining and Washing of Coal
石油和天然气开采业	Extraction of Petroleum and Natural Gas
黑色金属矿采选业	Mining and Processing of Ferrous Metal Ores
有色金属矿采选业	Mining and Processing of Non-ferrous Metal Ores
非金属矿采选业	Mining and Processing of Non-metal Ores
开采辅活动	Non-mining Activities
其他采矿业	Mining of Other Ores
制造业	**Manufacturing**
农副食品加工业	Processing of Food from Agricultural Products
食品制造业	Manufacture of Foods
酒、饮料和精制茶制造业	Manufacture of Wine,Beverages and Refined Tea
烟草制造业	Manufacture of Tobacco
纺织业	Manufacture of Textile
纺织服装、服饰业	Manufacture of Textile Wearing Apparel
皮革、毛皮、羽毛及其制品和制鞋业	Manufacture of Leather, Fur, Feather with Related Products and Footware
木材加工及木、竹、藤、棕、草制品业	Processing of Timber,Manufacture of Wood, Bamboo, Rattan, Palm and Straw Products
家具制造业	Manufacture of Furniture
造纸及纸制品业	Manufacture of Paper and Paper Products
印刷和记录媒介复制业	Printing,Reproduction of Recording Media
文教、工美、体育和娱乐用品制造业	Manufacture of Articles For Culture,Education and Sport Activities
石油加工、炼焦和核燃料加工业	Processing of Petroleum,Coking and Nuclear Fuel
化学原料和化学制品制造业	Manufacture of Raw Chemical Materials and Chemical Products
医药制造业	Manufacture of Medicines
化学纤维制造业	Manufacture of Chemical Fibres
橡胶和塑料制品业	Manufacture of Rubber and Plastics
非金属矿物制品业	Manufacture of Non-metallic Mineral Products
黑色金属冶炼和压延加工业	Smelting and Pressing of Ferrous Metals
有色金属冶炼和压延加工业	Smelting and Pressing of Non-ferrous Metals
金属制品业	Manufacture of Metal Products
通用设备制造业	Manufacture of General Purpose Machinery
专用设备制造业	Manufacture of Special purpose Machinery
汽车制造业	Manufacture of Automotive
铁路、船舶、航空航天和其他运输设备制造业	Manufacture of Railways, Shipbuilding, Aerospace and Other Transportation Equipment
电气机械和器材制造业	Manufacture of Electrical Machinery and Equipment
计算机、通信和其他电子设备制造业	Manufacture of Computers,Communication Equipment and Other Electronic Equipment
仪器仪表及文化、办公用机械制造业	Manufacture of Measuring Instruments and Machinery for Cultural Activity and Office Work
其他制造业	Other Manufacturing
废弃资源综合利用业	Recycling and Disposal of Waste
金属制品、机械和设备修理业	Repairing of Metal products,Machinery and Equipment
电力、燃气及水的生产和供应业	**Electric Power,Gas and Water Production and Supply**
电力、热力的生产和供应业	Production and Supply of Electric Power and Heat Power
燃气生产和供应业	Production and Supply of Gas
水的生产和供应业	Production and Supply of Water

continued

石油沥青(吨) Petroleum Pitch (ton)	其他石油制品(吨) Other Petroleum Products (ton)	热 力(百万千焦) Heat (million kilo-joule)	电 力(万千瓦时) Electricity (10 000 kwh)	煤矸石用于燃料(吨) Coal Gangue as Fuel (ton)	生物质废料用于燃料(吨) Biomass Waste as Fuel(ton)	余热余压(百万千焦) Waste Heat and Excess Pressure (million kilo-joule)	其他燃料(吨标准煤) Other Feul (tons of SCE)
10590	**123061**	**18100573**	**6618815**	**2228023**	**60**	**2516978**	**2168993**
	2906		**181197**	**875179**			
	2906		180802	875179			
			252				
			144				
10590	**120155**	**18100573**	**5767115**	**1153797**	**60**	**2516978**	**2168993**
			12196		60		
		8643827	72936				
			3280				
			9				
			3090				
			97				
			253				
			1033				
			375				
		1090820	60654	52700			
			1484				
	120082		131446	222232			13766
	26	4368990	1414109	859716		785031	1233121
		3243670	58912				
			13359				
10444			222312	19149		1718273	7165
146			1370568			13674	882978
		681429	2367421				31867
			10737				1
	47	66446	8359				
			8428				
			421				
			12				
		742	4719				
		4649	565				96
			339				
			670503	**199046**			
			636575	199046			
			15515				
			18412				

7-7 各市县规模以上工业能源消耗表(2012年)

Consumption of Energy on Industry above Designated Size by City and Country(2012)

指 标	Item	综合能源消费量(吨标准煤) Overall Energy Consumption (tons of SCE)		单位产值能耗(吨标准煤/万元) Energy Consumption per Unit of Gross Industrial Output Value (tons of SCE/10 000 yuan)	
		当量值 Current Value	等价值 Equivalent Value	当量值 Current Value	等价值 Equivalent Value
全区总计	**Total**	**40185071**	**35102712**	**1.35**	**1.18**
银 川 市	**Yinchuan**	**16644195**	**11473520**	**1.04**	**0.71**
银 川 市	District	3550895	3467983	0.43	0.42
永 宁 县	Yongning	1146244	1309572	1.05	1.20
贺 兰 县	Helan	355342	490394	0.33	0.45
灵 武 市	Lingwu	11591714	6194918	2.03	1.09
石嘴山市	**Shizuishan**	**10140610**	**9693497**	**1.57**	**1.50**
石嘴山市	District	7319568	5687771	1.62	1.26
平 罗 县	Pingluo	2821042	3967390	1.45	2.04
吴 忠 市	**Wuzhong**	**7506138**	**6464944**	**2.03**	**1.75**
利 通 区	Litong	625208	894262	0.59	0.84
红寺堡区	Hongsipu	971	2505	0.05	0.12
盐 池 县	Yanchi	257775	296418	0.96	1.10
同 心 县	Tongxin	7855	9352	0.05	0.06
青铜峡市	Qingtongxia	6614330	5262406	3.05	2.42
固 原 市	**Guyuan**	**878614**	**236424**	**2.48**	**0.67**
原 州 区	Yuanzhou	808326	145368	5.60	1.01
西 吉 县	Xiji	6341	10477	0.12	0.20
隆 德 县	Longde	5981	7105	0.64	0.76
泾 源 县	Jingyuan	55187	67121	2.09	2.55
彭 阳 县	Pengyang	2779	6353	0.02	0.05
中 卫 市	**Zhongwei**	**5014688**	**7323309**	**1.62**	**2.37**
沙坡头区	Shapotou	2370706	3494699	1.82	2.69
中 宁 县	Zhongning	2642635	3797611	1.51	2.18
海 原 县	Haiyuan	1346	2458	0.03	0.05

注:1)石嘴山市、灵武市和原州区产值和综合能源消费量中包括神华宁煤集团有限公司、宁夏发电集团有限公司的数据;

2)由于等价值折算系数不同,各地区相加数与全区数不等。

a)Data of overall energy consumption were calculated on the basis of the data on average coal consumption in generating electric power in the same year.Data of Shizuishan District, Lingwu and Yuanzhou included Shenhua NCPP limited liability corporations and Ningxia Electric Power Group Co.Ltd.

主要统计指标解释

[能源生产总量]　指一定时期内一次能源生产量的总和，是观察能源生产水平、规模、构成和发展速度的总量指标。一次能源生产量包括原煤、原油、天然气、水电及其他动力能（如风能、地热能等）发电量。不包括低热值燃料生产量、生物质能、太阳能等利用和由一次能源加工转换而成的二次能源产量。

[能源消费总量]　指一定时期内物质生产部门，非物质生产部门和生活消费的各种能源的总和，是观察能源消费水平、构成和增长速度的总量指标。能源消费总量包括原煤、原油及其制品、天然气、电力。不包括低热值燃料、生物质能和太阳能等的利用。能源消费总量分为三部分。即终端能源消费量、能源加工转换损失量和损失量。

第八篇 Chapter8

财政金融保险

Covernment Finance, Financial Intermediation and Insurance

责任编辑：张学武

资料整理：张学武　马　潇　万自梅　圣希明　杨　柳　阎丽芬

Coordinator：Zhang xuewu

Data Compilation：Zhang xuewu　Ma Xiao　Wan Zimei　Sheng Ximing　Yang Liu　Yan Lifen

8-1 公共财政收支决算总表
Public Financial Revenue and Expenditure Balance Sheet

单位:万元 (10 000 yuan)

指 标	Item	2012
本年财政收入合计	**Total Government Revenue This Year**	**2639569**
税收收入	**Total Tax Revenue**	**2070171**
1、增值税	Value-added Tax	262329
2、营业税	Business Tax	924759
3、企业所得税	Corporate Income Tax	253904
4、企业所得税退税	Corporate Income Tax Rebate	
5、个人所得税	Individual Income Tax	66777
6、资源税	Resource Tax	40967
7、固定资产投资方向调节税	Regulatory Taxes on Investment in Fixed Assets	
8、城市维护建设税	City Maintenance and Construction Tax	130752
9、房产税	House Property Tax	41888
10、印花税	Stamp Tax	35639
11、城镇土地使用税	Urban Land Use Tax	76978
12、土地增值税	Land Appreciation Tax	59078
13、车船税	Tax on Vehicles and Boat Operation	20436
14、耕地占用税	Farm Land Occupation Tax	31288
15、契税	Deed Tax	125142
16、烟叶税	Tobacco Leaf Tax	234
17、其他税收收入	Other Tax Revenue	
非税收入	**Total Non-tax Revenue**	**569398**
18、专项收入	Special Program Recipts	124183
19、行政事业性收费收入	Charge of Administrative and Institutional Units	187037
20、罚没收入	Penalty Receipts	54650
21、国有资本经营收入	Operating Income of State-owned Capital	63597
22、国有资源(资产)有偿使用收入	Income from National Resources Paid Using	92548
23、其他收入	Other Income	47383

8-1 续表 continued

单位:万元 (10 000 yuan)

指　标	Item	2012
本年财政支出合计	**Total Government Expenditure This Year**	**8643616**
1、一般公共服务	Expenditure for General Public Services	614428
2、外交	Expenditure for Foreign Affairs	
3、国防	Expenditure for National Defense	14088
4、公共安全	Expenditure for Public Security	409659
5、教育	Expenditure for Education	1064541
6、科学技术	Expenditure for Science and Technology	96084
7、文化体育与传媒	Expenditure for Culture,Sports and Media	144441
8、社会保障和就业	Expenditure for Social Safety Net and Employment Effort	896035
9、医疗卫生	Expenditure for Medical and Health Care	460892
10、环境保护	Expenditure for Environment Protection	353727
11、城乡社区事务	Expenditure for Urban and Rural Community Affairs	1096330
12、农林水事务	Expenditure for Agriculture,Forestry and Water Conservancy	1397982
13、交通运输	Expenditure for Transportation	510212
14、资源勘探电力信息等事务	Expenditure for Resource Exploration,Electricity and Information Technology	269865
15、商业服务业等事务	Expenditure for Business Service Industry Affairs	145664
16、金融监管等事务支出	Expenditure for Financial Supervision Affairs	49486
17、地震灾后恢复重建支出	Expenditure for Post-Earthquakes Recovery and Reconstruction	
18、国土资源气象等事务	Expenditure for Land Resources And Meteorology Affairs	88002
19、住房保障支出	Expenditure for Affordable Houses	562316
20、粮油物资储备管理事务	Expenditure for Reserve for Cereals and Oils	29633
21、预备费	Expenditure for Rerveed Fee	
22、国债还本付息支出	Interest Payments on Government Bonds	274467
23、其他支出	Other Expenditure	165764

8-2 地方公共财政收入

Local Public Financial Revenue in Main Years

单位：万元 (10 000 yuan)

年 份 Year	地方公共财政收入 Local Public Revenue	工商税收 Industrial and Commercial Tax	农牧业税 Agriculture and Animal Husbandry Tax	企业所得税 Corporate Income Tax	国有企业亏损补贴 Subsidies to Loss-making Enterprises	企业所得税退税 Corporate Income Tax Rebate
1955	2891	1028	1155			
1958	5774	1683	1680			
1960	10469	2763	887			
1970	9894	5006	1049			
1975	22324	10172	963			
1978	31603	13163	995			
1980	20353	13514	827			
1985	29075	25655	1092	8900	-9999	
1990	62307	56481	2649	8805	-12266	-1668
1995	89792	67672	4901	7690	-1817	-532
2000	208244	148958	9318	26147	-967	-2464
2001	275745	163307	10797	60084	-557	-852
2002	264714	192083	8757	18412	-241	
2003	300310	219847	7480	16846	-11	
2004	374677	276898	5440	21364		
2005	477216	341609	333	26077		
2006	613570	417266		32246		-229

8-2 续表 continued

单位：万元 (10 000 yuan)

年 份 Year	地方公共财政收入 Local Public Revenue	税收收入 Total Tax Revenue	增值税 Value-added Tax	营业税 Business Tax	企业所得税 Corporate Income Tax	非税收入 Total Non-tax Revenue
2007	800312	587871	141997	230485	45767	212441
2008	950090	777432	183793	300884	62400	172658
2009	1115755	907389	168098	389831	92946	208366
2010	1535507	1267854	202475	562367	140805	267653
2011	2199767	1771261	244000	801126	241746	428506
2012	2639569	2070171	262329	924759	253904	569398

注：2007 年以后财政收支科目有变化。

a)Since 2007, the item of local government revenue was adjusted.

8-3 地方公共财政支出

Local Public Financial Expenditure in Main Years

单位:万元 (10 000 yuan)

年份 Year	地方公共财政支出 Local Public Expenditure	基本建设 Capital Construction	企业技术改造 Technological Upgrading of Enterprises	支援农业 Expenditure for Surporting Rural Production	工交商事业 Industry, Transportation and Commerce	科教文卫 Science, Education, Culture and Health Care	城市维护 City Maintenance	社会抚恤救济 Social Pension Relief	行政管理 Administrative
1955	3802				2505	411		111	773
1958	12434	6254		621	2796	888	6	88	1012
1960	30270	17851		3709	1388	2060	17	427	1540
1965	11171	3708	78	1722	185	1988	286	284	1368
1970	16855	8226		1299	163	2500	365	240	1692
1975	37050	13840		5553	442	4990	543	579	2467
1978	57755	21982	2979	9574	653	7569	592	1082	2923
1980	57528	16719	3582	13489	800	10052	1230	1554	4770
1985	98526	22024	4067	15027	1987	22183	3375	1900	7118
1990	149616	14610	5322	20015	2177	36659	4714	2099	12660
1995	229963	15941	7021	28698	3390	65413	7408	3473	27619
2000	608380	93938	32790	48034	5708	127026	17710	8843	45521
2001	935787	379901	51947	69084	11489	188948	19515	20464	60843
2002	1145650	255018	32809	82093	11109	199973	24797	21318	69594
2003	1057793	203563	39719	86025	13276	220032	27957	26717	77326
2004	1230177	205213	32627	183572	16152	241744	43181	27844	87671
2005	1602509	384608	33440	175688	21129	293055	59852	35847	106901
2006	1932089	389413	40952	212857	29599	369315	81276	52366	129959

8-3 **续表** continued

单位:万元 (10 000 yuan)

年份 Year	地方公共财政支出 Local Public Expenditure	一般公共服务 Expenditure for General Public Services	教育 Expenditure for Education	文化体育与传媒 Expenditure for Culture, Sports and Media	社会保障和就业 Expenditure for Social Safety Net and Employment Effort	医疗卫生 Expenditure for Medical and Health Care	城乡社区事务 Expenditure for Urban and Rural Community Affairs	农林水事务 Expenditure for Agriculture, Forestry and Water Conservancy	工业商业金融等事务 Expenditure for Industry, Commerce and Banking
2007	2418545	383921	473068	70629	254973	114174	174252	279206	163873
2008	3246064	423470	540553	70925	370490	171073	333778	451996	220537
2009	4323624	469657	635025	90306	476765	229169	425640	686819	422695
2010	5575285	517664	815869	160933	350312	340180	618913	942262	786214
2011	7059096	519551	1030173	139377	719470	410933	815137	1121904	945279
2012	8643616	614428	1064541	144441	896035	460892	1096330	1397982	1419433

注:2007 年以后财政收支科目有变化。

a)Since 2007, the item of local government expenditure was adjusted.

8-4 地方公共财政收支占地区生产总值比重

Proportion of Lublic Revenue and Expenditure to GDP

年 份 Year	地方公共财政收入 (亿元) Local Government Revenue (100 million yuan)	地方公共财政支出 (亿元) Local Government Expenditure (100 million yuan)	地区生产总值 (亿元) Gross Demestic Products (100 million yuan)	地方公共财政收入占生产总值比重(%) Ratio of Local Government Revenue to GDP(%)	地方公共财政支出占生产总值比重(%) Retio of Local Government Expenditure to GDP (%)
1978	3.16	5.78	13.00	24.31	44.43
1979	3.05	6.30	14.36	21.24	43.85
1980	2.04	5.75	15.96	12.78	36.04
1985	2.91	9.85	30.27	9.61	32.55
1990	6.23	14.96	64.84	9.61	23.07
1995	8.98	23.00	175.19	5.13	13.13
1996	12.68	29.52	202.90	6.25	14.55
1997	14.07	33.63	224.59	6.26	14.97
1998	17.75	45.12	245.44	7.23	18.38
1999	18.84	49.53	264.58	7.12	18.72
2000	20.82	60.84	295.02	7.06	20.62
2001	27.57	93.58	337.44	8.17	27.73
2002	26.47	114.57	377.16	7.02	30.38
2003	30.03	105.78	445.36	6.74	23.75
2004	37.47	123.02	537.11	6.98	22.90
2005	47.72	160.25	612.61	7.79	26.16
2006	61.36	193.21	725.90	8.45	26.62
2007	80.03	241.85	919.11	8.71	26.31
2008	95.01	324.61	1203.92	7.89	26.96
2009	111.58	432.36	1353.31	8.24	31.95
2010	153.55	557.53	1689.65	9.09	33.00
2011	219.98	705.91	2102.21	10.46	33.58
2012	263.96	864.36	2341.29	11.27	36.92

8-5 金融机构信贷资金平衡表

Balance Sheet of Credit Funds of Financial Institutions

单位：万元 (10 000 yuan)

指　　标	Item	2012
资金来源合计	**Funds Sources**	**36746317**
各项存款	**Total Deposits**	**34954122**
单位存款	Corporate Deposits	16723938
个人存款	Personal Deposits	16880481
财政性存款	Fiscal Deposits	1252646
临时性存款	Temporary Deposits	84628
委托存款	Designated Deposits	2659
其他类存款	Other Deposits	9771
其　他	Other Items	-5803290
资金运用合计	**Funds Uses**	**36746317**
各项贷款	**Total Loans**	**33395828**
短期贷款	Short-term Loans	12816705
个人贷款及透支	Personal Loans and Overdrafts	4301580
单位普通贷款及透支	Ordinary Loans and Overdrafts of Corporate	7577376
银团贷款	Syndicated Loans	21500
贸易融资	Trade Finance	916250
中长期贷款	Medium & Long-term Loans	19494195
个人贷款	Personal Loans	4409799
单位普通贷款	Ordinary Loans and Overdrafts of Corporate	13820257
普通并购贷款	General M & A Loans	31000
银团贷款	Syndicated Loans	1233139
票据融资	Bill Financing	1074311
有价证券及投资	**Portfolio Investment**	**1475329**
外汇买卖	**Foreign Exchange Trading**	**834081**

注：金融机构包括人民银行、政策性银行、国有独资商业银行、邮政储蓄机构、其他商业银行、城市合作银行、农村信用社、城市信用社、信托投资公司、租赁公司、财务公司等。

a)Financial Institutions in the tabal include the People's Bank of China, policy banks, state sole funded commercial banks, postal savings institutions, other commericial banks, urban cooperative banks, rural credit cooperatives, urban credit cooperatives, financial trust and investment companies, financial leasing companies, finance companies.

8-6 主要年份金融机构各项存贷款余额

Total Deposits and Loans of Financial Institutions in Main Years

单位:亿元 (100 million yuan)

年份 Year	各项存款 Total Deposits	储蓄存款 Saving Deposits	人均储蓄存款余额(元) Savings Deposits Per Capita (yuan)	各项贷款 Total Loans	短期贷款 Short-term Loans	中长期贷款 Medium & Long-term Loans	票据融资 Bill Financing
1993	102.76	61.45	1251	135.32	87.09	38.59	
1994	140.44	85.68	1715	170.49	101.85	55.78	
1995	180.19	115.19	2267	210.49	128.77	69.05	
1996	223.99	144.80	2802	256.08	156.01	85.87	
1997	262.41	168.86	3216	303.04	190.17	105.22	
1998	295.82	192.37	3611	339.98	202.81	129.09	
1999	343.87	211.60	3919	366.36	212.15	143.95	
2000	396.49	229.35	4179	383.23	206.91	164.54	
2001	468.87	257.97	4617	441.39	202.12	229.56	3.57
2002	578.16	306.75	5406	524.56	230.69	281.22	10.02
2003	746.35	377.70	6559	681.61	288.02	365.08	25.14
2004	841.16	425.52	7287	762.14	308.39	425.37	25.24
2005	985.34	509.50	8607	833.88	344.38	458.63	26.87
2006	1131.22	581.14	9686	983.37	410.26	532.52	38.94
2007	1278.52	613.96	10115	1184.57	472.84	650.65	59.71
2008	1590.58	794.06	12933	1402.56	534.14	796.53	71.36
2009	2058.49	967.72	15572	1917.40	683.41	1156.54	77.26
2010	2573.64	1170.25	18644	2398.70	702.92	1608.16	87.38
2011	2966.87	1351.30	21240	2860.58	944.83	1800.47	114.41
2012	3495.41	1679.43	26106	3339.58	1281.67	1949.42	107.43

8-7 保险公司主要业务指标

Major Statistics for Insurance Company

单位:万元 (10 000 yuan)

指 标	Item	2001	2005	2010	2011	2012
保费收入	**Premium**	**62362**	**157392**	**527466**	**553367**	**626883**
财产险	Property Insurance	19917	45838	175020	218794	264735
机动车辆保险	Motor Vehicle Insurance	14537	37580	153046	192703	225332
人身意外伤害险	Personal Accident Insurance	3343	5688	14249	16903	16758
健康险	Health Insurance	1350	22368	43625	50651	58312
寿险	Life Insurance	37753	83498	294573	267020	287077
各项赔款和给付	**Payment**	**16223**	**38727**	**116770**	**147483**	**199863**
财产险	Property Insurance	9199	22375	76511	90058	131638
机动车辆保险	Motor Vehicle Insurance	6783	18506	66179	80771	109042
人身意外伤害险	Personal Accident Insurance	1158	1494	3544	4403	4825
健康险	Health Insurance	886	5983	12730	14552	16964
寿险	Life Insurance	4980	8875	23985	38470	46436
退保金	Insurance Withdrawn	1926	8487	21774	21607	24175
手续费及佣金支出	Service Charges	7020	16120	53424	51720	53038
业务及管理费	Operating Expenses	8284	15634	51764	64687	79399
利润(税前)	Profits(before tax)	9341	11190	-21923	-6740	-4797
银行存款	Bank Deposits	18050	16776	19731	6632	11554
活期	Demand	7553	11776	19731	6632	11554
定期	Time	10497	5000			
应收保费	Premiums receivable	109	5462	15598	16519	17615
资产总额	Total Assets	116768	340058	1060625	1278749	1534812
所有者权益	Owners' Equity	-3260	-10015	-100037	-64683	-75895

8-8 各市县金融机构存贷款余额(2012 年)

The Balance of Deposits/Loans of Financial Institutions by City and Country(2012)

单位:亿元 (100 million yuan)

地区	Region	存款 Deposits	储蓄存款 Saving Deposits	贷款 Loans
全区总计	**Total**	**34954122**	**16794275**	**33395828**
银川市	**Yinchuan**	**21082811**	**9014685**	**22829704**
银川市	District	18122923	7097383	19772863
永宁县	Yongning	877009	615993	775919
贺兰县	Helan	736268	547719	620840
灵武市	Lingwu	1346610	753590	1660082
石嘴山市	**Shizuishan**	**4877739**	**2837740**	**3628702**
石嘴山市	District	3878237	2198910	2926717
平罗县	Pingluo	999502	638830	701986
吴忠市	**Wuzhong**	**3726032**	**2158307**	**3144850**
市辖区	District	1776110	1040760	1456816
盐池县	Yanchi	510330	270077	258488
同心县	Tongxin	396865	203455	176230
青铜峡市	Qingtongxia	1042727	644015	1253316
固原市	**Guyuan**	**2293895**	**1222050**	**1276720**
原州区	Yuanzhou	1053431	578739	752131
西吉县	Xiji	436509	225880	181266
隆德县	Longde	275540	174110	119929
泾源县	Jingyuan	174219	95558	80137
彭阳县	Pengyang	354196	147764	143257
中卫市	**Zhongwei**	**2973645**	**1561493**	**2515851**
沙坡头区	Shapotou	1345538	750118	1069501
中宁县	Zhongning	1249779	635235	1341392
海原县	Haiyuan	378327	176140	104958

注:2011 年以后吴忠市市辖区数据包含利通区和红寺堡。

8-9 各市县地方公共财政收入

Local Public Financial Revenue by Prefecture, City and Country

单位：万元 (10 000 yuan)

地 区	Region	1978	1980	1985	1995	2000	2005	2010	2011	2012
全区总计	**Total**	**30225**	**19389**	**28064**	**85740**	**197082**	**477216**	**1535507**	**2199767**	**2639569**
区 级	**Autonomous Regional Level**	**14502**	**10237**	**6228**	**37174**	**50592**	**130904**	**384429**	**546301**	**672106**
地市县级	**Prefecture Level**	**15723**	**9152**	**21836**	**48566**	**146490**	**346312**	**1151078**	**1653466**	**1967463**
银 川 市	**Yinchuan**	**7267**	**3880**	**13172**	**26402**	**83064**	**181645**	**640368**	**966202**	**1131320**
银 川 市	District	5466	2396	10545	20868	24832	44311	150824	206395	244566
永 宁 县	Yongning	401	410	604	1674	4299	8129	42091	75064	91101
贺 兰 县	Helan	375	365	614	1673	4218	7325	55158	93361	112730
灵 武 市	Lingwu	1025	709	1409	2187	6257	11452	103414	141809	137703
石嘴山市	**Shizuishan**	**4141**	**2125**	**4957**	**9555**	**29192**	**72900**	**216460**	**263831**	**297937**
石嘴山市	District	3141	1413	3651	723	8827	14796	45689	51939	63516
平 罗 县	Pingluo	1000	712	1306	2360	6194	21036	51965	68241	76568
吴 忠 市	**Wuzhong**	**3398**	**2122**	**2897**	**8689**	**24610**	**50177**	**156690**	**219148**	**287426**
利 通 区	Litong	1598	783	1504	3230	5413	8978	12628	19041	27847
红寺堡区	Hongsipu						1850	5474	8388	10907
盐 池 县	Yanchi	213	224	290	539	2549	4971	23492	36470	57956
同 心 县	Tongxin	241	198	139	697	1455	3423	8941	12230	17014
青铜峡市	Qingtongxia	1346	917	964	4052	11162	20856	53619	68681	79102
固 原 市	**Guyuan**	**1182**	**833**	**538**	**3208**	**7874**	**14024**	**52581**	**79788**	**103345**
原 州 区	Yuanzhou	602	479	308	1274	3017	2220	9594	14967	20169
西 吉 县	Xiji	245	156	102	380	1058	1803	4460	8460	9505
隆 德 县	Longde	123	106	6	603	1781	1204	3290	4636	6378
泾 源 县	Jingyuan	63	45	22	206	545	1080	2535	3531	4597
彭 阳 县	Pengyang			65	436	651	1319	9066	16519	20269
中 卫 市	**Zhongwei**	**1081**	**1109**	**1236**	**4764**	**12912**	**27566**	**84979**	**124497**	**147435**
沙坡头区	Shapotou	516	564	462	2892	7425	15572	42555	63333	73434
中 宁 县	Zhongning	375	374	774	1670	4487	10395	36472	54660	65420
海 原 县	Haiyuan	190	171		202	1000	1599	5952	6504	8581

注：1.各县(区、市)合计数不等于大市数据，大市包含市本级数据；

2.沙坡头区数据包含中卫市本级。

8-10 各市县地方公共财政支出
Local Public Financial Expenditure by Prefecture, City and Country

单位:万元 (10 000 yuan)

地 区	Region	1978	1980	1985	1995	2000	2005	2010	2011	2012
全区总计	**Total**	**57485**	**57163**	**97811**	**229963**	**608020**	**1602509**	**5575285**	**7059096**	**8643616**
区 级	**Autonomous Regional Level**	**30989**	**29029**	**48071**	**92232**	**266998**	**718290**	**1605095**	**2000263**	**2231298**
地市县级	**Prefecture Level**	**26496**	**28134**	**49740**	**137731**	**341022**	**884219**	**3970190**	**5058833**	**6412318**
银 川 市	**Yinchuan**	**6794**	**6669**	**12224**	**42953**	**110739**	**353762**	**1199157**	**1472546**	**1867446**
银 川 市	District	3915	3411	6974	28798	29658	152513	285922	365452	438868
永 宁 县	Yongning	935	898	1454	4190	7910	21859	140892	180797	206078
贺 兰 县	Helan	1073	1300	1587	4077	7818	21387	136129	163715	225419
灵 武 市	Lingwu	871	1060	2209	5888	15498	33666	217375	253272	342965
石嘴山市	**Shizuishan**	**3861**	**3561**	**6233**	**23364**	**50874**	**149331**	**614539**	**648406**	**777175**
石嘴山市	District	2513	2212	4089	3714	18783	40298	162447	148990	190568
平 罗 县	Pingluo	1348	1349	2144	6982	11589	46954	183737	202261	227146
吴 忠 市	**Wuzhong**	**4964**	**5830**	**10138**	**27021**	**61721**	**150714**	**724924**	**966068**	**1399324**
利 通 区	Litong	1724	1652	3260	8234	12046	25671	48368	74942	102394
红寺堡区	Hongsipu						10906	60782	115570	142014
盐 池 县	Yanchi	1100	1467	2578	3922	12561	26806	119543	175361	209240
同 心 县	Tongxin	1042	1675	2389	5353	14519	34122	180538	229261	300557
青铜峡市	Qingtongxia	1098	1036	1911	7522	15805	40048	164900	218102	259627
固 原 市	**Guyuan**	**7032**	**7565**	**13578**	**26417**	**77143**	**185472**	**786629**	**1081060**	**1359933**
原 州 区	Yuanzhou	2747	3210	3927	6955	19851	43043	141508	186667	227775
西 吉 县	Xiji	1471	1959	3191	6129	16873	38614	184889	258553	316371
隆 德 县	Longde	972	1042	1659	4166	12249	24900	118627	142897	171967
泾 源 县	Jingyuan	468	545	1228	1997	7181	16357	70234	102210	117061
彭 阳 县	Pengyang			2025	3394	12605	26098	124768	168121	213969
中 卫 市	**Zhongwei**	**3845**	**4509**	**7567**	**17976**	**40545**	**110946**	**584159**	**775183**	**1008440**
沙坡头区	Shapotou	1624	1742	2908	7878	15896	46362	233508	302723	394290
中 宁 县	Zhongning	1074	1054	1736	5170	9608	30941	175274	237504	312803
海 原 县	Haiyuan	1147	1713	2923	4928	15041	33643	175377	234956	301347

注:1.各县(区、市)合计数不等于大市数据,大市包含市本级数据;

2.沙坡头区数据包含中卫市本级。

主要统计指标解释

［财政收入］ 指国家财政参与社会产品分配所取得的收入，是实现国家职能的财力保证。主要包括：

(1)各项税收：包括国内增值税、国内消费税、进口货物增值税和消费税、出口货物退增值税和消费税、营业税、企业所得税、个人所得税、资源税、城市维护建设税、房产税、印花税、城镇土地使用税、土地增值税、车船税、船舶吨税、车辆购置税、关税、耕地占用税、契税、烟叶税等。

(2)非税收入：包括专项收入、行政事业性收费、罚没收入和其他收入。

［财政支出］ 指国家财政将筹集起来的资金进行分配使用，以满足经济建设和各项事业的需要。主要包括：

(1)一般公共服务：指政府提供基本公共管理与服务的支出，包括人大事务、政协事务、政府办公厅(室)及相关机构事务、发展与改革事务、统计信息事务、财政事务、税收事务、审计事务、海关事务、人力资源事务、纪检监察事务、人口与计划生育事务、商贸事务、知识产权事务、工商行政管理事务、国土资源事务、海洋管理事务、测绘事务、地震事务、气象事务、民族事务、宗教事务、港澳台侨事务、档案事务、共产党事务、民主党派事务及工商联事务、群众团体事务、彩票事务等。

(2)外交：指政府外交事务支出，包括外交行政管理、驻外机构、对外援助、国际组织、对外合作与交流、边界勘界联检等方面的支出。

(3)国防：指政府用于国防方面的支出，包括用于现役部队、预备役部队、民兵、国防科研事业、专项工程、国防动员等方面的支出。

(4)公共安全：指政府维护社会公共安全方面的支出，包括武装警察、公安、国家安全、检察、法院、司法行政、监狱、劳教、国家保密、缉私警察等。

(5)教育：指政府教育事务支出，包括教育行政管理、学前教育、小学教育、初中教育、普通高中教育、普通高等教育、初等职业教育、中专教育、技校教育、职业高中教育、高等职业教育、广播电视教育、留学生教育、特殊教育、干部继续教育、教育机关服务等。

(6)科学技术：指用于科学技术方面的支出，包括科学技术管理事务、基础研究、应用研究、技术研究与开发、科技条件与服务、社会科学、科学技术普及、科技交流与合作等。

(7)文化教育与传媒：指政府在文化、文物、体育、广播影视、新闻出版等方面的支出。

(8)社会保障和就业：指政府在社会保障与就业方面的支出，包括社会保障和就业管理事务、民政管理事务、财政对社会保险基金的补助、补充全国社会保障基金、行政事业单位离退休、企业改革补助、就业补助、抚恤、退役安置、社会福利、残疾人事业、城市居民最低生活保障、其他城镇社会救济、农村社会救济、自然灾害生活救助、红十字事务等。

(9)医疗卫生：指政府医疗卫生方面的支出，包括医疗卫生管理事务支出、医疗服务支出、医疗保障支出、疾病预防控制支出、卫生监督支出、妇幼保健支出、农村卫生支出等。

(10)环境保护：指政府环境保护支出，包括环境保护管理事务支出、环境监测与监察支出、污染治理支出、自然生态保护支出、天然林保护工程支出、退耕还林支出、风沙荒漠治理支出、退牧还草支出、已垦草原退耕还草、能源节约利用、污染减排、可再生能源和资源综合利用等支出。

(11)城乡社区事务：指政府城乡社区事务支出，包括城乡社区管理事务支出、城乡社区规划与管理支出、城乡社区公共设施支出、城乡社区住宅支出、城乡社区环境卫生支出、建设市场管理与监督支出等。

(12)农林水事务:指政府农林水事务支出,包括农业支出、林业支出、水利支出、扶贫支出、农业综合开发支出等。

(13)交通运输:指政府交通运输和邮政业方面的支出,包括公路运输支出、水路运输支出、铁路运输支出、民用航空运输支出、邮政业支出等。

(14)工业商业金融等事务:指政府对工业、商业及金融等方面的支出,包括采掘业支出、制造业支出、建筑业支出、工业和信息产业监管支出、国有资产监管支出、商业流通事务支出、金融业监管支出、旅游业管理与服务支出等。

[中央财政收入和地方财政收入] 指按现行分税制财政体制划分的中央本级收入和地方本级收入。属于中央财政的收入包括关税,进口货物增值税和消费税,出口货物退增值税和消费税,消费税,铁道部门、各银行总行、各保险公司总公司等集中交纳的营业税和城市维护建设税,增值税75%部分,纳入共享范围的企业所得税60%部分,未纳入共享范围的中央企业所得税、中央企业上交的利润,个人所得税60%部分,车辆购置税,船舶吨税,证券交易印花税97%部分,海洋石油资源税,中央非税收入等。属于地方财政的收入包括营业税(不含铁道部门、各银行总行、各保险公司总公司集中交纳的营业税),地方企业上交利润,城市维护建设税(不含铁道部门、各银行总行、各保险公司总公司集中交纳的部分),房产税,城镇土地使用税,土地增值税,车船税,耕地占用税,契税,烟叶税,印花税,增值税25%部分,纳入共享范围的企业所得税40%部分,个人所得税40%部分,证券交易印花税3%部分,海洋石油资源税以外的其他资源税,地方非税收入等。

[中央财政支出和地方财政支出] 指根据政府在经济和社会活动中的不同职责,划分中央和地方政府的责权,按照政府的责权划分确定的支出。中央财政支出包括一般公共服务,外交支出,国防支出,公共安全支出,以及中央政府调整国民经济结构、协调地区发展、实施宏观调控的支出等。地方财政支出包括一般公共服务,公共安全支出,地方统筹的各项社会事业支出等。

第九篇 Chapter1

物价指数

Price Indices

责任编辑：王振权　张淑兰

资料整理：王振权　张淑兰　张　明　王明珠　孙惠玲　苏玉英　胡　明　刘晓鹏

Coordinator: Wang Zhenquan　Zhang Shulan

Data Compilation: Wang Zhenquan　Zhang Shulan　Zhang Ming　Wang Mingzhu　Sun Huiling　Su Yuying　Hu Ming　Liu Xiaopeng

9-1 居民消费价格指数(2012年)

Consumer Price Indices(2012)

(以上年价格为100) (preceding Year =100)

项目名称	Item	全区 Ceneral	城市 Urban Household	农村 Rural Household
居民消费价格总指数	**Consumer Price Index**	**102.0**	**102.2**	**101.7**
服务项目价格指数	**Service Items Price Index**	**102.0**	**101.9**	**102.3**
消费品价格指数	**Consumer Goods Price Index**	**102.0**	**102.2**	**101.6**
食品	**Food**	**104.5**	**104.9**	**103.7**
粮食	Grain	101.0	101.8	100.0
淀粉及制品	Starches and Products	95.8	100.1	86.4
干豆类及豆制品	Beans and Bean Products	100.1	100.8	98.1
油脂	Oil or Fat	103.0	105.4	100.6
肉禽及其制品	Meat,Poultry and Processed Products	104.8	105.7	102.8
蛋	Eggs	97.7	97.1	99.0
水产品	Aquatic Products	107.2	106.6	110.6
菜	Vegetables	108.7	104.6	117.3
调 味 品	Flavoring	103.0	102.7	103.4
糖	Carbohydrate	104.4	104.3	104.5
茶及饮料	Tea and Beverages	104.3	103.7	106.0
干鲜瓜果	Dried and Fresh Melons and Fruits	96.4	95.6	98.6
糕点饼干面包	Cake,Biscuit and Bread	104.5	104.4	104.7
液体乳及乳制品	Milk and Processed Products	103.6	104.0	101.9
在外用膳食品	Dining Out	109.4	110.3	106.2
其他食品	Other Food	105.1	105.5	104.5
烟酒	**Tobacco,Liquor and Articles**	**101.5**	**101.3**	**101.8**
烟草	Tobacco	100.0	100.0	100.0
酒	Liquor	104.4	103.8	106.4
衣着	**Clothing**	**103.0**	**102.7**	**104.1**
服装	Garments	102.6	102.6	102.7
衣着材料	Clothing Material	105.2	103.5	108.4
鞋袜帽	Footgear and Hats	103.8	102.3	107.5
衣着加工服务费	Clothing Manufacturing Services	110.0	109.7	112.8
家庭设备用品及维修服务	**Household Facilities , Articles and Services**	**100.2**	**99.9**	**101.0**
耐用消费品	Durable Consumer Goods	99.5	99.9	98.6
室内装饰品	Interior Decorations	101.0	101.6	99.6
床上用品	Bed Articles	95.4	92.3	103.1
家庭日用杂品	Daily Use Household Articles	102.1	101.6	103.6
家庭服务及加工维修服务	Household Services and Maintenance and Renovation	102.7	101.3	108.1
医疗保健和个人用品	**Health Care and Personal Articles**	**101.6**	**101.6**	**101.7**
医疗保健	Health Care	100.8	100.7	100.9
个人用品及服务	Personal Articles and Service	103.6	103.5	103.9
交通和通信	**Transportation and Communication**	**99.5**	**99.5**	**99.5**
交通	Transportation	101.7	101.8	101.7
通信	Communication	96.3	96.4	96.0
娱乐教育文化用品及服务	**Recreation,Education , Culture Articles and Service**	**98.6**	**98.0**	**100.3**
文娱用耐用消费品及服务	DurableConsumerGoodsforCulturalandRecreationalUseandServices	87.3	85.7	92.9
教育	Education	103.2	103.6	102.2
文化娱乐类	Cultural and Recreational	101.0	101.0	101.2
旅游	Touring and Outing	99.7	99.1	103.8
居住	**Residence**	**100.8**	**101.8**	**98.8**
建房及装修材料	Building and Building Decoration Materials	96.9	97.8	96.0
住房租金	Renting	110.2	112.0	97.1
自有住房	Private Housing	101.9	101.4	103.4
水、电、燃料	Water,Electricity and Fuels	102.2	102.9	100.5

9-2 商品零售价格指数(2012年)
Retail Price Indices(2012)

(以上年价格为100) (preceding Year =100)

项目名称	Item	全区 General	城市 Urban Household	农村 Rural Household
商品零售价格总指数	**Retail Price Index**	**101.0**	**100.9**	**101.7**
食品	**Food**	**104.6**	**104.6**	**103.9**
粮食	Grain	101.7	102.1	100.1
淀粉及制品	Starches and Products	97.2	98.8	86.9
干豆类及豆制品	Beans and Bean Products	96.3	96.1	97.4
油脂	Oil or Fat	105.4	106.3	100.9
肉禽及其制品	Meat,Poultry and Processed Products	105.1	105.4	103.0
蛋	Eggs	98.4	98.2	99.9
水产品	Aquatic Products	106.7	106.7	109.7
菜	Vegetables	103.3	102.0	115.6
调味品	Flavoring	102.5	102.5	102.6
糖	Carbohydrate	104.1	104.1	105.3
干鲜瓜果	Dried and Fresh Melons and Fruits	96.7	96.3	101.0
糕点饼干面包	Cake,Biscuit and Bread	102.4	102.4	104.4
液体乳及乳制品	Milk and Processed Products	103.5	103.5	102.3
在外用膳食品	Dining Out	110.9	111.3	105.9
其他食品	Others Food	104.9	105.0	104.2
饮料、烟酒	**Beverages,Tobacco,Liquor and Articles**	**102.0**	**101.9**	**103.2**
茶及饮料	Tea and Beverages	102.3	102.2	105.7
烟草	Tobacco	100.0	100.0	100.0
酒	Liquor	103.5	103.2	106.8
服装、鞋帽	**Garments,Shoes and Hats**	**102.9**	**102.8**	**104.3**
服装	Garments	103.1	103.1	103.3
鞋袜帽	Footgear and Hats	103.3	102.9	107.2
其他	Others	94.9	94.4	103.1
纺织品	**Textiles**	**94.1**	**93.4**	**104.2**
衣着材料	Clothing	103.2	102.9	106.8
床上用品	Bedding	91.0	90.3	103.0
家用电器及音像器材	**Household Appliances,Music and Video Equipment**	**93.4**	**93.3**	**94.6**
家庭设备	Household Facilities	99.9	100.1	96.6
文娱用耐用消费品	DurableConsumerGoodsforCulturalandRecreationalUseandServices	83.9	83.3	92.2

9-2 续表 1 continued

项目名称	Item	全区 General	城市 Urban Household	农村 Rural Household
专业音像器材	Professional AV Facilities	99.8	99.9	98.4
文化办公用品	**Cultural and Office Appliances**	**96.4**	**96.4**	**97.7**
日用品	**Articles for Daily Use**	**101.7**	**101.5**	**103.6**
日用百货	General Merchandise for Daily Use	100.6	100.5	101.2
日用杂品	Miscellaneous for Daily Use	100.1	99.8	102.6
洗涤用品	Washing Articles	103.7	103.3	109.7
其他日用品	Other Articles	100.4	100.4	100.8
体育娱乐用品	**Sports and Recreation Articles**	**99.3**	**99.2**	**100.7**
体育用品	Sports Articles	101.1	101.0	102.1
娱乐用品	Recreation Articles	97.9	97.9	98.6
交通、通信用品	**Trans portation and Communication Appliances**	**93.8**	**93.7**	**94.3**
交通运输机械	Transport Machinery	99.5	99.4	101.1
通信器材	Communication Apparatus	84.0	83.8	85.5
家具	**Furniture**	**99.2**	**99.1**	**100.2**
化妆品	**Cosmetics**	**101.6**	**101.5**	**102.5**
金银珠宝	**Gold ,Silver and Jewel**	**94.5**	**94.2**	**99.8**
中西药品及医疗保健用品	**Traditional Chinese and Western Medicine sand Health Care Articles**	**101.6**	**101.6**	**101.2**
医疗器具及用品	Medical Apparatus and Article	107.8	108.0	102.8
中药材及中成药	Traditional Chinese Medicinal Materials and Medicines	104.1	104.0	105.2
西药	Western Medicines	97.8	97.8	98.3
保健器具及用品	Health Care Apparatus and Articles	106.4	106.9	103.3
书报杂志及电子出版物	**Books,Newspapers,Magazines and Electronic Publications**	**102.9**	**102.9**	**103.2**
教材及参考书	Teaching Materials and Reference Books	107.6	108.3	104.6
书报杂志	Books,Newspapers and Magazines	100.9	100.8	102.2
电子音像制品	Electromin Publications	95.9	95.5	98.1
燃料	**Feuls**	**102.5**	**102.8**	**100.6**
煤炭及制品	Coal and Processed Products	98.6	98.6	98.6
石油及制品	Petroleum and Processed Products	103.6	103.6	103.5
建筑材料及五金电料	**Building Materials and Hardware**	**97.7**	**97.8**	**97.6**
建筑装璜材料	Building Decoration Materials	95.4	95.7	94.5
五金电料	Hardware	101.8	100.9	105.7

9-3 各月居民消费价格指数(2012年)
Monthly Consumer Price Indices(2012)

(以上年价格为100) (preceding Year =100)

月份 Month	居民消费价格总指数 Consumer Price Indices	食品 Food	烟酒及用品 Tobacco, Liquor and Articles	衣着 Clothing	家庭设备用品及维修服务费 Household Facilities, Articles and Services	医疗保健和个人用品 Health Care and Personal Articles	交通和通信 Transportation and Communication	娱乐教育文化用品及服务 Recreation, Education and Culture Articles	居住 Residence
一月 Jan.	102.2	106.8	102.1	98.5	100.4	101.7	99.9	98.3	100.3
二月 Feb.	101.9	105.1	102.0	100.8	101.2	101.5	100.2	98.0	100.1
三月 Mar.	102.2	104.8	101.8	101.7	100.9	101.6	100.8	99.4	100.5
四月 Apr.	102.1	104.9	101.7	102.7	99.7	101.4	100.4	99.3	100.0
五月 May	102.1	105.3	101.7	102.7	100.2	101.5	100.3	98.6	99.7
六月 June	101.0	102.6	101.8	102.1	99.3	101.3	99.3	98.6	99.6
七月 July	100.6	100.4	101.7	102.9	100.0	101.1	98.6	99.1	101.2
八月 Aug.	101.7	103.6	101.7	103.3	99.9	101.3	98.7	99.1	101.2
九月 Sept.	101.8	104.1	101.2	103.5	100.1	101.5	98.9	98.0	101.2
十月 Oct.	102.0	103.9	100.6	104.5	99.3	101.7	98.8	98.4	101.7
十一月 Nov.	102.6	105.0	100.7	106.2	100.8	102.0	99.1	97.9	101.5
十二月 Dec.	104.1	108.1	100.6	107.7	100.9	102.8	98.9	98.4	102.6

9-4 各月商品零售及农业生产资料价格指数(2012年)
Monthly Price Indices for Retail and Agricultural Production (2012)

(以上年价格为100) (preceding Year =100)

月份 Month	商品零售价格总指数 Retail Price Indices	食品 Food	饮料、烟酒 Beverages, Tobacco and Liquor	服装、鞋帽 Garments, Shoes and Hats	纺织品 Textiles	家用电器及音像器材 Household Appliances, Music and Video Equipment	文化办公用品 Cultural and Office Appliances	日用品 Articles for Daily Use	体育娱乐用品 Sports and Recreation Articles
一月 Jan.	101.3	106.6	102.3	97.3	87.6	93.7	96.9	104.9	98.4
二月 Feb.	101.4	104.6	102.3	100.8	94.9	94.9	96.8	105.0	98.3
三月 Mar.	101.6	104.9	102.1	102.1	92.5	94.4	96.5	104.9	98.7
四月 Apr.	101.4	104.9	102.2	103.2	89.4	92.6	96.1	104.7	99.5
五月 May	101.1	105.7	102.1	102.5	90.7	93.6	95.7	101.3	99.2
六月 June	99.6	102.7	102.3	101.7	89.6	92.2	95.7	100.9	99.4
七月 July	99.1	100.7	102.3	102.6	96.1	93.0	95.9	100.7	99.2
八月 Aug.	100.2	104.2	102.4	103.0	94.3	93.0	96.0	100.3	99.3
九月 Sept.	100.2	103.8	101.8	102.9	95.8	92.8	96.5	99.7	99.4
十月 Oct.	100.7	103.9	101.3	104.8	95.5	91.8	96.7	99.3	99.5
十一月 Nov.	101.7	105.1	101.4	106.7	102.4	93.9	96.9	99.4	100.5
十二月 Dec.	103.2	107.7	101.4	107.9	102.1	94.6	97.4	100.4	100.5

9-4 续表 continued

(以上年价格为 100) (preceding Year =100)

月份 Month	交通、通信用品 Transportation and Communication Appliances	家具 Furniture	化妆品 Cosmetics	金银珠宝 Gold, Silver and Jewelry	中西药品及医疗保健用品 Traditional Chinese and Western Medicines and Health Care Articles	书报杂志及电子出版物 Books, Newspapers, Magazines and Electronic Publications	燃料 Feuls	建筑材料及五金电料 Building Materials and Hardware	农业生产资料价格指数 Agricultural Production Index
一月 Jan.	93.2	103.0	101.4	95.1	102.9	101.9	103.7	98.6	112.4
二月 Feb.	93.9	102.9	100.9	100.8	102.5	101.9	103.7	98.4	112.3
三月 Mar.	94.1	102.1	101.3	99.8	102.5	102.5	104.2	99.1	111.1
四月 Apr.	94.5	101.0	101.5	97.3	102.2	102.5	104.2	97.9	111.2
五月 May	94.3	99.8	101.7	93.3	101.4	102.6	102.4	97.3	111.3
六月 June	93.7	98.2	101.2	93.0	100.4	103.1	99.7	97.4	107.7
七月 July	93.7	96.8	101.6	91.4	99.9	103.3	98.9	96.8	105.4
八月 Aug.	93.8	97.0	101.7	88.5	100.4	103.3	99.1	96.4	105.1
九月 Sept.	93.3	97.0	101.7	89.0	100.3	103.4	101.7	96.3	104.2
十月 Oct.	93.1	97.2	101.8	92.6	100.6	103.4	104.9	97.7	103.3
十一月 Nov.	93.5	97.7	101.9	94.6	101.5	103.6	104.3	97.7	103.6
十二月 Dec.	94.1	97.9	101.9	100.3	104.6	103.8	103.6	99.2	104.5

9-5 主要年份全区工业生产者出厂价格指数
Producer Price Indices in Main Years

指标	Item	2011	2012
全部工业品	**Total Industry Products**	**109.5**	**97.4**
轻工业	**Light Industry**	**114.4**	**100.4**
以农产品为原料	Raw Material of Agricultural Products	114.8	101.3
以非农产品为原料	Raw Material of Non-agricultural Products	111.6	94.7
重工业	**Heavy Industry**	**108.6**	**96.9**
采掘	Mining & Quarrying	107.3	97.8
原料	Raw Material	109.6	97.4
加工	Process	106.6	95.3
生产资料	**Means of Production**	**109.4**	**97.4**
采掘	Mining & Quarrying	107.3	97.8
原料	Raw Material	109.6	97.5
加工	Processing	109.5	97.2
生活资料	**Consumer Goods**	**110.4**	**97.9**
食品	Food	108.7	100.4
衣着	Clothing	124.8	111.4
一般日用品	Articles for Daily Use	114.1	90.0
耐用消费品	Durable Consumer Goods	100.6	99.7
按工业部门分	**By Industry Branch**		
冶金工业	Metallurgy Industry	115.6	91.3
电力工业	Electric Power Industry	101.1	102.9
煤炭及炼焦工业	Coal and Coking Industry	108.7	96.5
石油工业	Petroleum Industry	113.5	107.2
化学工业	Chemistry Industry	111.9	92.0
机械工业	Machinery Industry	102.7	99.9

9-5 续表1 continued

指标	Item	2011	2012
建筑材料工业	Building Materials Industry	97.9	93.7
森林工业	Forest Industry	100.5	100.4
食品工业	Food Industry	108.8	100.6
纺织工业	Textile Industry	126.4	102.9
缝纫工业	Sewing Industry	110.1	105.5
皮革工业	Leather Industry	129.5	113.0
造纸工业	Papermaking Industry	107.3	98.5
文教艺术用品工业	Culture and Education Articles Industry	101.9	101.7
其它工业	Other Industry	104.8	96.8
按工业行业分	**By Industry Sector**		
煤炭开采和洗选业	Mining and Washing of Coal	110.2	96.9
石油和天然气开采业	Extraction of Petroleum and Natural Gas	128.9	113.2
黑色金属矿采选业	Mining and Dressing of Ferrous Metal	124.4	88.4
有色金属矿采选业	Mining and Dressing of Non-ferrous Metal		
非金属矿采选业	Mining and Processing of Non-ferrous Metal Ores	103.3	106.5
其他采矿业	Other Mining and Dressing		
农副食品加工业	Processing of Food from Agricultural Products	113.6	99.2
食品制造业	Manufacture of Foods	110.3	96.6
饮料制造业	Manufacture of Beverages	106.9	103.4
烟草制品业	Processing of Tobacco	100.3	101.1
纺织业	Manufacture of Textile	126.2	102.9
纺织服装、鞋、帽制造业	Manufacture of Textile Wearing Apparel,Footware and Caps	103.0	102.2
皮革、毛皮、羽毛(绒)及其制品业	Manufacture of Leather,Fur,Feather and Related Products	129.5	113.0
木材加工及木、竹、藤、棕、草制品业	Processing of Timber,Manufacture of Wood,Bamboo,Rattan, Palm and Straw Products	98.9	100.3
家具制造业	Manufacture of Furniture	102.0	100.4
造纸及纸制品业	Manufacture of Paper and Paper Products	107.3	98.5
印刷业和记录媒介的复制	Printing,Reproduction of Recording Media	102.2	101.7
文教体育用品制造业	Manufacture of Articles For Culture,Education and Sport Activities		
石油加工、炼焦及核燃料加工业	Processing of Petroleum,Coking,Processing of Nuclear Fuel	110.1	103.2
化学原料及化学制品制造业	Manufacture of Raw Chemical Materials and Chemical Products	111.1	93.6

9-5 续表 2 continued

指标	Item	2011	2012
医药制造业	Manufacture of Medicines	106.8	88.7
化学纤维制造业	Manufacture of Chemical Fibers		
橡胶制品业	Manufacture of Rubber	117.8	85.1
塑料制品业	Manufacture of Plastics	104.9	97.7
非金属矿物制品业	Manufacture of Non-metallic Mineral Products	100.2	94.4
黑色金属冶炼及压延加工业	Smelting and Pressing of Ferrous Metals	110.5	92.9
有色金属冶炼及压延加工业	Smelting and Pressing of Non-ferrous Metals	119.0	90.1
金属制品业	Manufacture of Metal Products	107.3	96.1
通用设备制造业	Manufacture of General Purpose Machinery	103.9	100.3
专用设备制造业	Manufacture of Special Purpose Machinery	104.8	100.3
交通运输设备制造业	Manufacture of Transport Equipment	104.1	97.8
电气机械及器材制造业	Manufacture of Electrical Machinery and Equipment	99.0	98.8
通信设备、计算机及其他电子设备制造业	Manufacture of Communication Equipment,Computers and Other Electronic Equipment	108.1	94.0
仪器仪表及文化、办公用机械制造业	Manufacture of Measuring Instruments and Machinery for Cultural Activity and Office Work	101.2	102.7
工艺品及其他制造业	Manufacture of Artwork and Other Manufacturing		
废弃资源和废旧材料回收加工业	Recycling and Pressing of Abandoned Resources and Waste and Scrap		
电力、热力的生产和供应业	Production and Supply of Electric Power,Steam and Hot Water	101.1	102.9
燃气生产和供应业	Production and Supply of Gas	99.4	111.0
水的生产和供应业	Production and Supply of Tap Water	100.5	100.1
全部原材料	**Total Raw Materials**	**112.8**	**99.5**
燃料、动力类	Fuels and Powers	112.2	101.3
黑色金属材料类	Ferrous Metals Materials	108.7	92.5
钢材	Steels	109.9	93.0
其它	Others	105.4	91.1
有色金属材料和电线类	Non-Ferrous Metals Materials and Electric Wires	111.8	91.4
化工原料类	Chemical Raw Materials	117.0	100.3
木材及纸浆类	Timbers and Pulps	104.1	98.2
建筑材料及非金属矿类	Building Materials and Non-metallic Mineral	120.2	100.5
其它工业原材料及半成品类	Other Industry Rawmaterials and Semi-manufactures	109.5	101.5
农副产品类	Agricultural Products	115.3	101.3
纺织原料类	Textile Raw Materials	108.5	98.5

9-6 主要年份全区居民消费价格总指数

年份 Year	以 1957 年价格为 100 Year of 1957=100	以 1965 年价格为 100 Year of 1965=100	以 1970 年价格为 100 Year of 1970=100	以 1978 年价格为 100 Year of 1978=100	以 1980 年价格为 100 Year of 1980=100
1958	102.4				
1960	109.9				
1965	103.5				
1970	109.1	105.3			
1975	110.7	106.9	101.5		
1980	133.6	129.0	122.4	109.8	
1985	159.0	153.6	145.8	130.8	119.1
1990	265.3	256.2	243.2	218.2	198.7
1991	282.1	272.4	258.6	231.9	211.2
1992	305.5	295.0	280.0	251.2	228.7
1993	349.1	337.2	320.1	287.1	261.4
1994	429.8	415.1	394.0	353.4	321.8
1995	503.3	486.0	461.4	413.8	376.8
1996	537.5	519.1	492.7	442.0	402.4
1997	557.9	538.8	511.5	458.8	417.7
1998	557.9	538.8	511.5	458.8	417.7
1999	550.7	531.8	504.8	452.8	412.3
2000	548.5	529.7	502.8	451.0	410.6
2001	557.3	538.2	510.8	458.2	417.2
2002	553.9	534.9	507.8	455.5	414.7
2003	563.3	544.0	516.4	463.2	421.8
2004	584.2	564.2	535.5	480.4	437.4
2005	592.9	572.6	543.6	487.6	443.9
2006	604.2	583.5	553.9	496.8	452.4
2007	636.8	615.0	583.8	523.7	476.8
2008	691.0	667.3	633.4	568.2	517.3
2009	695.8	672.0	637.8	572.1	520.9
2010	724.3	699.5	664.0	595.6	542.3
2011	770.0	743.6	705.8	633.1	576.5
2012	785.4	758.5	719.9	645.8	588.0

Consumer Price Indices in Main Years

以1985年价格为100 Year of 1985=100	以1990年价格为100 Year of 1990=100	以1995年价格为100 Year of 1995=100	以2000年价格为100 Year of 2000=100	以2005年价格为100 Year of 2005=100	以上年价格为 100 Preceding Year =100
					102.4
					104.3
					97.7
					100.8
					100.6
					108.1
					108.6
166.9					107.1
177.4	106.3				106.3
192.1	115.1				108.3
219.6	131.6				114.3
270.3	162.0				123.1
316.5	189.7				117.1
338.0	202.6	106.8			106.8
350.9	210.3	110.9			103.8
350.9	210.3	110.9			100.0
346.3	207.5	109.4			98.7
344.9	206.7	109.0			99.6
350.4	210.0	110.7	101.6		101.6
348.3	208.8	110.1	101.0		99.4
354.3	212.3	111.9	102.7		101.7
367.4	220.2	116.1	106.5		103.7
372.9	223.5	117.8	108.1		101.5
380.0	227.7	120.1	110.2	101.9	101.9
400.5	240.0	126.5	116.1	107.4	105.4
434.5	260.4	137.3	126.0	116.5	108.5
437.6	262.2	138.2	126.9	117.3	100.7
455.5	273.0	143.9	132.1	122.2	104.1
484.2	290.2	153.0	140.4	129.9	106.3
493.9	296.0	156.0	143.2	132.5	102.0

9-7 主要年份全区城市居民消费价格总指数

年份 Year	以 1957 年价格为 100 Year of 1957=100	以 1965 年价格为 100 Year of 1965=100	以 1970 年价格为 100 Year of 1970=100	以 1978 年价格为 100 Year of 1978=100	以 1985 年价格为 100 Year of 1985=100
1958	102.4				
1960	109.9				
1965	103.5				
1970	109.1	105.3			
1975	110.7	106.9	101.5		
1980	133.6	129.0	122.4	109.8	
1985	159.9	154.5	146.6	131.5	
1990	268.9	259.6	246.5	221.1	168.1
1995	529.8	511.6	485.6	435.6	331.2
1996	564.7	545.4	517.7	464.3	353.1
1997	586.7	566.6	537.9	482.5	366.8
1998	586.7	566.6	537.9	482.5	366.8
1999	581.5	561.5	533.0	478.1	363.5
2000	579.7	559.8	531.4	476.7	362.4
2001	587.3	567.1	538.3	482.9	367.2
2002	583.7	563.7	535.1	480.0	365.0
2003	592.5	572.2	543.1	487.2	370.4
2004	612.0	591.1	561.1	503.3	382.7
2005	621.8	600.5	570.0	511.3	388.8
2006	632.4	610.7	579.7	520.0	395.4
2007	664.7	641.9	609.3	546.5	415.5
2008	717.2	692.6	657.4	589.7	448.4
2009	719.3	694.7	659.4	591.5	449.7
2010	746.3	720.7	684.1	613.6	466.6
2011	789.6	762.5	723.8	649.2	493.6
2012	806.9	779.3	739.7	663.5	504.5

Consumer Price Index of Urban Households in Main Years

以 1990 年价格为 100 Year of 1990=100	以 1995 年价格为 100 Year of 1995=100	以 2000 年价格为 100 Year of 2000=100	以 2005 年价格为 100 Year of 2005=100	以上年价格为 100 Preceding Year=100
				102.4
				104.3
				97.7
				100.8
				100.6
				108.1
				108.6
				105.5
197.0				117.3
210.0	106.6			106.6
218.2	110.8			103.9
218.2	110.8			100.0
216.3	109.8			99.1
215.6	109.4			99.7
218.4	110.9	101.3		101.3
217.1	110.2	100.7		99.4
220.4	111.8	102.2		101.5
227.6	115.5	105.6		103.3
231.3	117.4	107.3		101.6
235.2	119.4	109.1	101.7	101.7
247.2	125.5	114.7	106.9	105.1
266.8	135.4	123.7	115.3	107.9
267.6	135.8	124.1	115.7	100.3
277.6	140.9	128.7	120.0	103.7
293.7	149.0	136.2	127.0	105.8
300.1	152.3	139.2	129.8	102.2

9-8 主要年份全区农村居民消费价格总指数

年份 Year	以1957年价格为100 Year of 1957=100	以1965年价格为100 Year of 1965=100	以1970年价格为100 Year of 1970=100	以1978年价格为100 Year of 1978=100	以1980年价格为100 Year of 1980=100
1958	102.4				
1960	109.9				
1965	103.5				
1970	109.1	105.3			
1975	110.7	106.9	101.5		
1980	133.6	129.0	122.4	109.8	
1985	156.9	151.5	143.8	129.0	108.3
1990	259.5	250.6	237.8	213.3	179.1
1995	468.7	452.6	429.6	385.4	323.6
1996	501.0	483.9	459.3	412.0	345.9
1997	518.6	500.8	475.4	426.4	358.0
1998	517.5	499.8	474.4	425.5	357.3
1999	507.7	490.3	465.4	417.5	350.5
2000	505.2	487.8	463.1	415.4	348.7
2001	516.3	498.6	473.3	424.5	356.4
2002	513.7	496.1	470.9	422.4	354.6
2003	524.0	506.0	480.3	430.8	361.7
2004	547.5	528.8	501.9	450.2	378.0
2005	554.1	535.1	507.9	455.6	382.5
2006	566.9	547.4	519.6	466.1	391.3
2007	600.3	579.7	550.3	493.6	414.4
2008	659.7	637.1	604.8	542.5	455.4
2009	669.6	646.7	613.8	550.6	462.3
2010	700.7	676.7	642.3	576.1	483.7
2011	751.8	726.1	689.2	618.2	519.0
2012	764.6	738.4	700.9	628.7	527.8

Consumer Price Index of Rural Households in Main Years

以 1985 年价格为 100 Year of 1985=100	以 1990 年价格为 100 Year of 1990=100	以 1995 年价格为 100 Year of 1995=100	以 2000 年价格为 100 Year of 2000=100	以 2005 年价格为 100 Year of 2005=100	以上年价格为 100 Preceding Year =100
					102.4
					104.3
					97.7
					100.8
					100.6
					108.1
					108.3
165.4					109.0
298.8	180.6				116.4
319.4	193.1	106.9			106.9
330.5	199.9	110.6			103.5
329.9	199.5	110.4			99.8
323.6	195.7	108.3			98.1
322.0	194.7	107.8			99.5
329.1	199.0	110.2	102.2		102.2
327.4	198.0	109.6	101.7		99.5
334.0	201.9	111.8	103.7		102.0
349.0	211.0	116.8	108.4		104.5
353.2	213.6	118.2	109.7		101.2
361.3	218.5	120.9	112.2	102.3	102.3
382.6	231.4	128.1	118.8	108.3	105.9
420.5	254.3	140.8	130.6	119.1	109.9
426.8	258.1	142.9	132.6	120.8	101.5
446.6	270.0	149.5	138.7	126.5	104.6
479.2	289.8	160.4	148.8	135.7	107.3
487.4	294.7	163.1	151.4	138.0	101.7

9-9 主要年份全区商品零售价格总指数

年份 Year	以 1957 年价格为 100 Year of 1957=100	以 1965 年价格为 100 Year of 1965=100	以 1970 年价格为 100 Year of 1970=100	以 1978 年价格为 100 Year of 1978=100	以 1980 年价格为 100 Year of 1980=100
1958	101.0				
1960	105.6				
1965	100.0				
1970	102.8	102.8			
1975	102.6	102.6	99.8		
1980	118.7	118.7	115.4	107.2	
1985	139.6	139.5	135.7	126.0	117.6
1990	228.0	228.0	221.8	205.9	192.1
1995	405.2	405.1	394.2	365.9	341.4
1996	432.4	432.3	420.6	390.5	364.3
1997	441.9	441.8	429.8	399.1	372.3
1998	430.8	430.7	419.1	389.1	363.0
1999	421.8	421.7	410.3	380.9	355.4
2000	411.7	411.6	400.4	371.8	346.9
2001	411.7	411.6	400.4	371.8	346.9
2002	405.5	405.4	394.4	366.2	341.7
2003	403.5	403.4	392.4	364.4	340.0
2004	414.8	414.7	403.4	374.6	349.5
2005	416.4	416.3	405.0	376.1	350.9
2006	421.8	421.7	410.3	380.9	355.4
2007	439.1	439.0	427.1	396.6	370.0
2008	476.5	476.4	463.4	430.3	401.5
2009	474.1	474.0	461.1	428.1	399.5
2010	489.2	489.1	475.9	441.8	412.2
2011	515.1	515.0	501.1	465.2	434.1
2012	520.3	520.2	506.1	469.9	438.4

Retail Price Index in Main Years

以 1985 年价格为 100 Year of 1985=100	以 1990 年价格为 100 Year of 1990=100	以 1995 年价格为 100 Year of 1995=100	以 2000 年价格为 100 Year of 2000=100	以 2005 年价格为 100 Year of 2005=100	以上年价格为 100 Preceding Year =100
					101.0
					103.0
					97.6
					100.5
					100.3
					105.8
					107.8
163.4					104.2
290.4	177.7				115.3
309.8	189.6	106.7			106.7
316.6	193.8	109.0			102.2
308.7	188.9	106.3			97.5
302.2	185.0	104.1			97.9
295.0	180.5	101.6			97.6
295.0	180.5	101.6	100.0		100.0
290.6	177.8	100.1	98.5		98.5
289.1	176.9	99.6	98.0		99.5
297.2	181.9	102.4	100.8		102.8
298.4	182.6	102.8	101.2		100.4
302.3	185.0	104.1	102.5	101.3	101.3
314.7	192.6	108.4	106.7	105.5	104.1
341.4	208.9	117.6	115.7	114.4	108.5
339.7	207.9	117.0	115.2	113.8	99.5
350.6	214.5	120.7	118.8	117.5	103.2
369.1	225.9	127.1	125.1	123.7	105.3
372.8	228.2	128.4	126.4	124.9	101.0

9-10 主要年份全区城市商品零售价格总指数

年份 Year	以 1957 年价格为 100 Year of 1957=100	以 1965 年价格为 100 Year of 1965=100	以 1970 年价格为 100 Year of 1970=100	以 1978 年价格为 100 Year of 1978=100	以 1980 年价格为 100 Year of 1980=100
1958	101.7				
1960	106.8				
1965	102.1				
1970	107.4	105.2			
1975	109.1	106.8	101.5		
1980	132.4	129.7	123.3	110.0	
1985	158.1	154.9	147.2	131.4	119.4
1990	261.1	255.7	243.0	216.9	197.1
1995	469.8	460.2	437.2	390.3	354.7
1996	499.4	489.1	464.8	414.9	377.0
1997	510.4	499.9	475.0	424.0	385.3
1998	496.6	486.4	462.2	412.6	374.9
1999	488.6	478.6	454.8	406.0	368.9
2000	477.9	468.1	444.8	397.0	360.8
2001	479.3	469.5	446.1	398.2	361.9
2002	472.6	462.9	439.9	392.7	356.8
2003	468.8	459.2	436.3	389.5	354.0
2004	478.7	468.9	445.5	397.7	361.4
2005	481.1	471.2	447.7	399.7	363.2
2006	486.8	476.9	453.1	404.5	367.6
2007	504.9	494.5	469.9	419.5	381.2
2008	540.7	529.6	503.2	449.2	408.2
2009	537.5	526.4	500.2	446.5	405.8
2010	552.2	540.9	514.0	458.8	417.0
2011	579.8	568.0	539.7	481.8	437.8
2012	585.1	573.1	544.5	486.1	441.7

Retail Price Index of Urban Households in Main Years

以 1985 年价格为 100 Year of 1985=100	以 1990 年价格为 100 Year of 1990=100	以 1995 年价格为 100 Year of 1995=100	以 2000 年价格为 100 Year of 2000=100	以 2005 年价格为 100 Year of 2005=100	以上年价格为 100 Preceding Year =100
					101.7
					103.0
					97.5
					100.8
					100.7
					108.2
					108.5
165.1					102.3
297.1	179.9				114.7
315.8	191.3	106.3			106.3
322.7	195.5	108.6			102.2
314.0	190.2	105.7			97.3
309.0	187.1	104.0			98.4
302.2	183.0	101.7			97.8
303.1	183.6	102.0	100.3		100.3
298.9	181.0	100.6	98.9		98.6
296.5	179.6	99.8	98.1		99.2
302.7	183.3	101.9	100.2		102.1
304.2	184.2	102.4	100.7		100.5
307.9	186.5	103.6	101.9	101.2	101.2
319.2	193.4	107.5	105.6	104.9	103.7
341.9	207.1	115.1	113.1	112.4	107.1
339.9	205.8	114.4	112.5	111.7	99.4
349.2	211.5	117.6	115.6	114.8	102.7
366.7	222.1	123.4	121.3	120.5	105.0
370.0	224.1	124.5	122.4	121.6	100.9

9-11 主要年份全区农村商品零售价格总指数

年份 Year	以 1957 年价格为 100 Year of 1957=100	以 1965 年价格为 100 Year of 1965=100	以 1970 年价格为 100 Year of 1970=100	以 1978 年价格为 100 Year of 1978=100	以 1980 年价格为 100 Year of 1980=100
1958	100.0				
1960	101.8				
1965	111.9				
1970	111.6	99.8			
1975	109.4	97.8	98.0		
1980	122.6	109.6	109.8	105.1	
1985	139.9	125.1	125.3	120.0	114.1
1990	225.5	201.6	202.0	193.4	183.9
1995	391.9	350.3	351.1	336.2	319.7
1996	420.9	376.3	377.1	361.0	343.4
1997	429.7	384.2	385.0	368.6	350.6
1998	420.7	376.1	376.9	360.9	343.2
1999	408.1	364.8	365.6	350.0	332.9
2000	397.5	355.3	356.1	340.9	324.3
2001	395.9	353.9	354.7	339.6	323.0
2002	389.5	348.2	349.0	334.1	317.8
2003	389.9	348.6	349.4	334.5	318.1
2004	406.3	363.2	364.0	348.5	331.5
2005	406.7	363.6	364.4	348.9	331.8
2006	414.0	370.1	371.0	355.2	337.8
2007	436.4	390.1	391.0	374.3	356.0
2008	490.9	438.9	439.9	421.1	400.5
2009	490.9	438.9	439.9	421.1	400.5
2010	512.9	458.5	459.5	439.9	418.4
2011	552.9	494.3	495.4	474.3	451.1
2012	562.3	502.7	503.8	482.3	458.7

Retail Price Index of Rural Households in Main Years

以1985年价格为100 Year of 1985=100	以1990年价格为100 Year of 1990=100	以1995年价格为100 Year of 1995=100	以2000年价格为100 Year of 2000=100	以2005年价格为100 Year of 2005=100	以上年价格为100 Preceding Year =100
					100.0
					101.0
					97.7
					100.0
					100.0
					104.0
					106.1
161.2					105.7
280.1	173.8				115.9
300.8	186.7	107.4			107.4
307.2	190.6	109.7			102.1
300.7	186.6	107.4			97.9
291.7	181.0	104.1			97.0
284.1	176.3	101.4			97.4
283.0	175.6	101.0	99.6		99.6
278.4	172.8	99.4	98.0		98.4
278.7	172.9	99.5	98.1		100.1
290.4	180.2	103.7	102.2		104.2
290.7	180.4	103.8	102.3		100.1
295.9	183.6	105.7	104.2	101.8	101.8
311.9	193.6	111.4	109.8	107.3	105.4
350.9	217.7	125.3	123.5	120.7	112.5
350.9	217.7	125.3	123.5	120.7	100.0
366.6	227.5	130.9	129.0	126.1	104.5
395.2	245.2	141.1	139.1	135.9	107.8
401.9	249.4	143.5	141.5	138.2	101.7

9-12 主要年份全区农业生产资料价格总指数

年份 Year	以 1957 年价格为 100 Year of 1957=100	以 1965 年价格为 100 Year of 1965=100	以 1970 年价格为 100 Year of 1970=100	以 1978 年价格为 100 Year of 1978=100	以 1980 年价格为 100 Year of 1980=100
1978	92.7	91.8	99.7		
1980	94.8	93.9	102.0	102.3	101.5
1985	108.6	107.5	116.8	117.1	116.2
1990	171.0	169.3	187.3	187.8	186.3
1995	347.9	344.4	380.9	382.1	379.1
1996	379.2	375.4	415.2	416.5	413.2
1997	372.4	368.6	407.8	409.0	405.7
1998	357.9	354.2	391.9	393.0	389.9
1999	334.3	330.8	366.0	367.1	364.2
2000	320.9	317.6	351.4	352.4	349.6
2001	327.3	324.0	358.4	359.5	356.6
2002	338.8	335.3	370.9	372.0	369.1
2003	336.7	333.3	368.7	369.8	366.9
2004	382.2	378.3	418.5	419.7	416.4
2005	417.7	413.5	457.4	458.8	455.1
2006	421.1	416.8	461.0	462.4	458.8
2007	472.5	467.6	517.3	518.9	514.7
2008	596.2	590.1	652.8	654.8	649.6
2009	574.2	568.3	628.7	630.6	625.6
2010	599.5	593.4	656.4	658.4	653.1
2011	683.4	676.4	748.3	750.5	744.6
2012	735.4	727.8	805.1	807.6	801.2

Agricultural Production Index in Main Years

以1985年价格为100 Year of 1985=100	以1990年价格为100 Year of 1990=100	以1995年价格为100 Year of 1995=100	以2000年价格为100 Year of 2000=100	以2005年价格为100 Year of 2005=100	以上年价格为100 Preceding Year=100
					99.7
					101.5
					103.8
160.4					105.6
326.2	203.4				130.4
355.6	221.7	109.0			109.0
349.2	217.7	107.0			98.2
335.6	209.2	102.9			96.1
313.4	195.4	96.1			93.4
300.9	187.6	92.2			96.0
306.9	191.4	94.1	102.0		102.0
317.6	198.1	97.4	105.6		103.5
315.7	196.9	96.8	104.9		99.4
358.4	223.5	109.9	119.1		113.5
391.7	244.2	120.1	130.2		109.3
394.8	246.2	121.0	131.2	100.8	100.8
443.0	276.2	135.8	147.2	113.1	112.2
559.1	348.6	171.4	185.8	142.7	126.2
538.4	335.7	165.0	178.9	137.4	96.3
562.1	350.5	172.3	186.8	143.5	104.4
640.8	399.6	196.4	213.0	163.6	114.0
689.5	429.9	211.4	229.2	176.0	107.6

9-13 分市县居民消费价格指数(2012年)

(以上年价格为100)

分类名称	Item	银川市区 Yinchuan
居民消费价格总指数	**Consumer Price Index**	**102.6**
消费品价格指数	**Consumer Goods Price Index**	**102.5**
食品	**Food**	**105.3**
粮食	Grain	101.7
淀粉及制品	Starches and Products	105.0
干豆类及豆制品	Beans and Bean Products	102.1
油脂	Oil or Fat	106.7
肉禽及其制品	Meat,Poultry and Processed Products	104.9
蛋	Eggs	97.9
水产品	Aquatic Products	106.7
菜	Vegetables	99.0
调 味 品	Flavoring	102.3
糖	Carbohydrate	102.8
茶及饮料	Tea and Beverages	102.7
干鲜瓜果	Dried and Fresh Melons and Fruits	97.9
糕点饼干面包	Cake,Biscuit and Bread	104.2
液体乳及乳制品	Milk and Processed Products	104.5
在外用膳食品	Dining Out	112.6
其他食品	Others Food	106.5
烟酒	**Tobacco,Liquor and Articles**	**101.2**
烟草	Tobacco	100.0
酒	Liquor	104.1
衣着	**Clothing**	**104.0**
服　装	Garments	103.9
衣着材料	Clothing Material	101.4
鞋袜帽	Footgear and Hats	104.3
衣着加工服务费	Clothing Manufacturing Services	113.9
家庭设备用品及维修服务	**Household Facilities, Articles and Services**	**99.7**
耐用消费品	Durable Consumer Goods	99.6
室内装饰品	Interior Decorations	99.9
床上用品	Bed Articles	86.0
家庭日用杂品	Daily Use Household Articles	101.7
家庭服务及加工维修服务	Household Services and Maintenance and Renovation	101.7
医疗保健和个人用品	**Health Care and Personal Articles**	**101.4**
医疗保健	Health Care	100.2
个人用品及服务	Personal Articles and Service	103.8
交通和通信	**Transportation and Communication**	**99.2**
交通	Transportation	101.5
通信	Communication	95.0
娱乐教育文化用品及服务	**Recreation,Education , Culture Articles and Service**	**98.4**
文娱用耐用消费品及服务	Durable Consumer Goods for Cultural and Recreational Use and Services	81.8
教育	Education	105.3
文化娱乐类	Cultural and Recreational	100.5
旅游	Touring and Outing	99.7
居住	**Residence**	**102.7**
建房及装修材料	Building and Building Decoration Materials	98.0
租房	Renting	115.4
自有住房	Private Housing	102.4
水、电、燃料	Water,Electricity and Fuels	103.2

Consumer Price Indices by City and Country(2012)

(preceding Year =100)

石嘴山市区 Shizuishan	利通区 Litong	原州区 Yuanzhou	沙坡头区 Shapotou	平罗县 Pingluo	海原县 Haiyuan
101.9	**101.0**	**101.9**	**102.0**	**101.3**	**104.2**
102.0	**101.3**	**102.1**	**101.8**	**101.2**	**104.8**
103.0	**105.6**	**105.0**	**103.7**	**101.3**	**109.0**
103.6	97.2	99.3	103.3	97.4	99.9
93.8	94.2	71.9	96.5	96.8	90.6
94.9	103.6	92.7	100.8	98.4	101.8
102.8	103.1	100.6	101.2	99.8	102.7
103.0	114.9	103.1	105.6	98.2	115.9
97.5	89.1	98.4	98.8	104.0	103.2
106.1	105.5	106.7	115.8	102.9	110.6
115.7	115.1	122.6	108.4	117.6	133.6
103.9	103.8	101.8	104.7	103.5	100.2
110.4	101.8	108.6	102.0	104.1	100.2
106.3	105.3	102.9	104.6	110.9	100.0
89.6	96.5	103.9	91.9	98.1	119.7
109.8	104.1	105.9	103.1	105.1	104.0
102.1	102.2	102.0	101.8	102.8	99.3
102.9	104.2	112.0	106.3	98.5	111.1
100.2	109.4	105.2	103.8	105.4	100.7
101.1	**101.8**	**102.4**	**102.0**	**102.6**	**101.3**
100.0	100.0	100.9	100.0	100.0	100.0
103.5	105.1	105.9	105.6	108.8	105.0
101.6	**95.5**	**104.7**	**102.0**	**106.6**	**102.1**
101.7	96.5	100.7	102.1	106.6	102.8
111.2	105.0	113.0	101.6	107.6	102.1
100.6	91.8	115.1	101.5	106.8	99.7
107.4	104.7	126.2	103.8	105.3	107.8
101.0	**100.5**	**99.7**	**101.1**	**103.4**	**103.2**
100.3	100.1	95.5	99.2	101.6	100.2
104.5	108.1	98.4	99.4	103.3	104.9
100.3	100.5	105.1	100.9	103.9	99.5
101.2	101.5	103.3	101.7	107.0	107.1
103.5	92.8	108.3	114.8	103.9	116.6
102.5	**102.1**	**101.8**	**101.2**	**101.7**	**101.9**
102.2	102.3	101.5	100.5	100.6	101.7
103.1	101.6	102.5	102.9	106.5	102.6
101.7	**100.6**	**99.2**	**101.0**	**99.9**	**99.1**
103.0	102.5	101.8	102.9	102.6	101.4
99.7	98.0	95.0	98.0	96.2	95.9
99.3	**95.7**	**99.5**	**100.0**	**101.6**	**100.6**
97.5	81.9	90.8	92.1	97.9	95.5
100.3	101.7	102.0	102.1	101.9	101.7
100.9	104.7	100.8	100.9	102.3	103.3
98.5	96.1	101.8	104.3	108.4	100.0
101.5	**97.8**	**97.2**	**101.2**	**97.8**	**103.1**
100.9	91.8	92.9	98.7	97.1	101.9
106.2	92.5	86.5	104.9	102.4	101.1
101.2	95.6	99.6	101.9	100.2	101.0
101.3	104.0	100.9	101.9	97.1	105.1

9-14 分市县商品零售价格指数(2012年)

(以上年价格为100)

分类名称	Item	银川市区 Yinchuan
商品零售价格总指数	**Retail Price Index**	**100.6**
食品	**Food**	**104.9**
粮食	Grain	102.2
淀粉及制品	Starches and Products	105.0
干豆类及豆制品	Beans and Bean Products	95.2
油脂	Oil or Fat	107.2
肉禽及其制品	Meat,Poultry and Processed Products	104.3
蛋	Eggs	99.0
水产品	Aquatic Products	106.7
菜	Vegetables	98.1
调味品	Flavoring	102.4
糖	Carbohydrate	103.9
干鲜瓜果	Dried and Fresh Melons and Fruits	97.9
糕点饼干面包	Cake,Biscuit and Bread	103.2
液体乳及乳制品	Milk and Processed Products	104.1
在外用膳食品	Dining Out	113.0
其他食品	Other Food	106.5
饮料、烟酒	**Beverages,Tobacco,Liquor and Articles**	**102.0**
茶及饮料	Tea and Beverages	102.1
烟草	Tobacco	100.0
酒	Liquor	103.1
服装、鞋帽	**Garments,Shoes and Hats**	**103.6**
服装	Garments	103.7
鞋袜帽	Footgear and Hats	104.5
其他	Others	93.3
纺织品	**Textiles**	**89.3**
衣着材料	Clothing	99.1
床上用品	Bedding	86.8

Retail Price Indices by City and Country(2012)

(preceding Year =100)

石嘴山市区 Shizuishan	利通区 Litong	原州区 Yuanzhou	沙坡头区 Shapotou	平罗县 Pingluo	海原县 Haiyuan
101.5	**101.0**	**101.3**	**100.7**	**101.2**	**104.1**
102.7	**105.8**	**105.3**	**103.9**	**101.0**	**108.0**
103.6	97.0	99.3	102.2	97.9	99.9
93.8	94.2	71.9	96.5	96.8	90.6
94.9	103.8	92.7	100.6	95.1	101.7
102.8	102.9	100.6	101.4	99.8	102.7
103.0	114.0	103.0	103.5	98.8	115.7
97.4	89.0	98.4	98.7	104.2	103.4
106.1	105.2	106.7	114.9	102.9	109.8
115.7	114.1	122.6	108.4	114.5	131.9
103.9	103.7	101.8	104.4	102.3	100.7
110.4	101.9	108.6	102.0	106.4	100.2
89.6	95.8	103.9	92.9	97.9	120.2
109.8	103.9	105.9	102.9	105.3	104.0
102.1	102.4	102.0	105.3	101.5	99.3
102.9	106.7	112.0	106.4	98.9	111.1
100.2	109.4	105.2	103.8	105.4	100.7
102.4	**102.7**	**102.1**	**102.4**	**105.2**	**101.0**
105.7	104.1	102.9	104.2	111.7	100.0
100.0	100.0	100.0	100.0	100.0	100.0
103.5	105.6	105.9	105.5	109.0	105.0
101.1	**95.7**	**104.5**	**102.4**	**106.7**	**101.9**
101.2	96.8	100.7	102.6	106.9	102.8
100.7	92.2	115.1	101.5	107.3	99.5
100.0	100.0	143.0	100.0	96.5	100.0
102.3	**102.4**	**107.2**	**101.4**	**104.6**	**101.5**
111.2	105.6	113.0	103.5	107.4	102.3
99.3	100.2	105.2	100.2	103.2	100.9

9-14 续表 1

(以上年价格为 100)

分类名称	Item	银川市区 Yinchuan
家用电器及音像器材	**Household Appliances,Music and Video Equipment**	**92.5**
家庭设备	Household Facilities	100.0
文娱用耐用消费品	Durable Consumer Goods for Cultural and Recreational Use and Services	80.4
专业音像器材	Professional AV Facilities	100.2
文化办公用品	**Cultural and Office Appliances**	**95.8**
日用品	**Articles for Daily Use**	**100.2**
日用百货	General Merchandise for Daily Use	100.2
日用杂品	Miscellaneous for Daily Use	99.8
洗涤用品	Washing Articles	100.6
其他日用品	Other Articles	99.8
体育娱乐用品	**Sports and Recreation Articles**	**98.9**
体育用品	Sports Articles	100.8
娱乐用品	Recreation Articles	97.5
交通、通信用品	**Transportation and Communication Appliances**	**92.2**
交通运输机械	Transport Machinery	98.2
通信器材	Communication Apparatus	81.3
家具	**Furniture**	**97.6**
化妆品	**Cosmetics**	**100.9**
金银珠宝	**Gold ,Silver and Jewel**	**90.9**
中西药品及医疗保健用品	**Traditional Chinese and Western Medicines and Health Care Articles**	**101.5**
医疗器具及用品	Medical Apparatus and Article	108.1
中药材及中成药	Traditional Chinese Medicinal Materials and Medicines	103.4
西药	Western Medicines	97.5
保健器具及用品	Health Care Apparatus and Articles	108.5
书报杂志及电子出版物	**Books,Newspapers,Magazines and Electronic Publications**	**104.5**
教材及参考书	Teaching Materials and Reference Books	114.0
书报杂志	Books,Newspapers and Magazines	100.0
电子音像制品	Electromin Publications	99.7
燃料	**Feuls**	**103.7**
煤炭及制品	Coal and Processed Products	103.5
石油及制品	Petroleum and Processed Products	103.7
建筑材料及五金电料	**Building Materials and Hardware**	**97.8**
建筑装璜材料	Building Decoration Materials	96.8
五金电料	Hardware	99.6

continued

(preceding Year =100)

石嘴山市区 Shizuishan	利通区 Litong	原州区 Yuanzhou	沙坡头区 Shapotou	平罗县 Pingluo	海原县 Haiyuan
99.5	**93.3**	**91.4**	**92.2**	**99.2**	**98.1**
99.7	100.3	90.2	99.1	100.4	100.3
99.3	82.5	92.1	88.6	97.5	95.0
99.7	99.7	97.4	98.3	100.0	100.0
98.0	**97.2**	**97.4**	**94.6**	**99.5**	**98.1**
101.8	**102.1**	**102.1**	**101.2**	**105.2**	**102.1**
101.6	101.6	102.0	98.2	101.8	100.3
100.0	100.1	101.6	101.0	103.5	106.3
103.9	106.3	108.0	104.1	111.2	104.6
101.5	100.3	95.6	101.0	104.1	100.2
100.3	**103.4**	**99.4**	**103.6**	**100.9**	**100.0**
100.5	103.6	98.4	104.8	103.3	100.0
100.0	103.2	100.0	99.9	96.0	100.0
100.1	**96.0**	**87.7**	**94.4**	**94.7**	**94.2**
101.0	101.1	92.6	97.3	104.6	99.7
98.1	87.6	79.9	90.1	85.9	83.8
100.8	**100.1**	**100.3**	**99.3**	**102.3**	**100.3**
103.0	**100.5**	**102.2**	**101.5**	**106.4**	**100.7**
101.8	**99.3**	**89.6**	**100.5**	**104.3**	**105.8**
102.4	**103.3**	**102.8**	**96.7**	**101.7**	**101.6**
105.1	110.3	103.1	98.8	108.3	100.0
105.2	109.4	104.8	103.0	107.1	105.3
100.5	99.0	101.5	92.0	98.3	97.5
103.6	101.5	100.0	103.5	100.7	130.0
98.8	**103.8**	**101.7**	**104.3**	**104.0**	**105.8**
101.0	102.7	102.8	107.9	104.2	108.7
101.9	107.6	100.0	98.7	105.9	108.3
88.7	100.0	100.0	99.9	94.6	95.7
102.0	**96.7**	**99.8**	**102.3**	**98.3**	**105.6**
100.0	73.9	96.9	101.8	93.5	106.9
103.2	106.6	105.1	103.0	103.1	103.9
98.3	**94.8**	**94.6**	**94.8**	**98.0**	**102.1**
97.0	90.9	91.4	93.8	94.8	98.7
102.1	104.1	106.3	100.7	107.4	110.4

主要统计指标解释

［**居民消费价格指数(CPI)**］ 居民消费价格指数是度量一组代表性消费商品及服务项目价格水平随着时间而变动的相对数，反映居民家庭购买的消费品及服务价格水平的变动情况。它是宏观经济分析和决策、价格总水平监测和调控以及国民经济核算的重要指标。其按年度计算的变动率通常被用来作为反映通货膨胀(或紧缩)程度的指标。

［**商品零售价格指数**］ 商品的零售价格是商品在流通过程中最后一个环节的价格，是工业、商业、餐饮业和其他零售企业向城乡居民、机关团体出售生活消费品和办公用品的价格。商品零售价格调查的任务是系统地调查、搜集和整理市场商品零售价格资料，编制商品零售价格指数，以此反映市场商品零售价格的变动趋势和变动程度。其目的在于掌握商品价格的变动趋势，为国家宏观调控和国民经济核算提供参考依据。同时，还可以在此基础上编制其他派生价格指数。

［**农业生产资料价格指数**］ 农业生产资料价格是农业生产资料在流通领域的最后一个环节价格，是工业、商业及其他单位和个人向农民出售农业生产资料的价格。农业生产资料价格调查的任务是系统地调查、搜集和整理市场农业生产资料价格资料，编制农业生产资料价格指数，据此测定全国市场农业生产资料价格变动趋势和变动程度。其目的在于掌握农业生产资料的平均价格水平，为国家制定经济政策提供依据；同时，为研究城乡市场流通和国民经济核算提供参考依据。

第十篇 居民生活

Chapter10 People′s Living Conditions

责任编辑：潘　勤　哈金才

资料整理：潘　勤　哈金才　胡卫忠　朱幼平　王　娟　赵美兰　黄亚萍　马志明　龚淑玲　苏春燕

Coordinator: Pan Qin　Ha Jincai

Data Compilation: Pan Qin　Ha Jincai　Hu Weizhong　Zhu Youping　Wang Juan　Zhao Meilan　Huang Yaping　Ma Zhiming　Gong Shuling　Su ChunYan

10-1 主要年份全区城镇居民家庭人口和收支情况

Number of Households, Income and Expenditure of Uran Households in Main Years

年份 Year	平均每户家庭人口(人) Average Household Size (person)	平均每户就业人口(人) Average Number of Employed Persons per Household (person)	每一就业者负担系数 Number of Dependents per Employee	人均家庭总收入(元) per Capita Total Income (yuan)	工资性收入(元) Income from Wages and Salaries (yuan)	经营净收入(元) Net Business Income (yuan)	财产性收入(元) Income from Properties (yuan)	转移性收入(元) Income from Transfer (yuan)	人均可支配收入(元) Per Capita Disposable Income (yuan)
1980	4.97	2.36	2.09	464					464
1985	4.16	2.16	1.92	735	640	4		91	735
1990	3.64	1.86	1.96	1434	1113	12	8	302	1421
1995	3.22	1.84	1.75	3383	2778	54	39	511	3383
1996	3.19	1.76	1.81	3612	2940	61	32	578	3612
1997	3.20	1.59	2.01	3855	2732	230	42	851	3837
1998	3.18	1.53	2.08	4144	2925	224	49	945	4112
1999	3.13	1.52	2.06	4505	3078	208	82	1138	4473
2000	3.08	1.50	2.05	4945	3459	305	41	1140	4912
2001	3.08	1.48	2.08	5566	3908	365	40	1253	5544
2002	3.02	1.40	2.16	6409	4367	405	41	1597	6067
2003	2.95	1.37	2.15	6991	4671	441	82	1797	6530
2004	2.91	1.35	2.16	7749	5166	495	60	2027	7218
2005	2.89	1.33	2.17	8745	5772	957	64	1952	8094
2006	2.85	1.32	2.16	10002	6451	979	89	2483	9177
2007	2.86	1.36	2.10	11793	7668	1183	147	2795	10859
2008	2.92	1.36	2.15	14119	8794	1857	183	3285	12932
2009	2.90	1.34	2.16	15551	9597	2036	281	3636	14025
2010	2.87	1.37	2.09	17537	10821	2238	190	4288	15344
2011	2.79	1.34	2.08	19655	12397	2367	198	4692	17579
2012	2.82	1.36	2.07	21902	13966	2523	161	5253	19831

10-1 续表 1 continued

年份 Year	人均消费性支出(元) per Capita Consumption Expenditure (yuan)	食品(元) Food (yuan)	衣着(元) Clothing (yuan)	家庭设备用品及服务(元) Household Facilities, Articles and Services (yuan)	医疗保健(元) Health Care and Medical Services (yuan)	交通和通讯(元) Transport and Communi-cations (yuan)	教育文化娱乐服务(元) Education, Cultural and Recreation Service (yuan)	居住(元) Residence (yuan)	其它商品和服务(元) Other Goods and Services (yuan)
1980	403								
1985	645	304	112	51	8	18	86	30	36
1990	1212	640	180	113	33	27	90	58	71
1995	2866	1336	491	195	131	195	261	153	104
1996	3039	1384	527	195	172	229	275	152	105
1997	3271	1423	542	209	233	209	330	218	109
1998	3380	1420	514	187	245	249	394	262	109
1999	3548	1386	481	205	317	289	455	298	118
2000	4201	1509	562	290	327	407	565	381	157
2001	4595	1577	572	313	410	487	589	479	168
2002	5105	1774	578	343	453	557	711	483	206
2003	5330	1919	585	363	451	585	645	561	221
2004	5821	2156	637	364	441	647	651	660	265
2005	6404	2229	777	417	536	706	770	711	259
2006	7206	2445	874	481	579	775	847	891	314
2007	7817	2761	994	481	646	859	863	911	302
2008	9558	3353	1179	597	817	1096	1044	1069	404
2009	10280	3432	1261	637	922	1364	1076	1128	461
2010	11334	3768	1417	716	890	1575	1286	1182	500
2011	12896	4483	1702	885	978	1638	1441	1247	521
2012	14067	4769	1876	1193	929	1063	2110	1516	611

10-2 主要年份全区城镇居民家庭分类平均每人消费性支出

Per Capital Annual Living Expenditure of Urban Households in Main Years

单位:元 (yuan)

指　　标	Item	2000	2010	2011	2012
消费性支出	**Consumption Expenditure**	**4201**	**11334**	**12896**	**14067**
食 品	**Food**	**1509**	**3768**	**4483**	**4769**
粮　食	Grain	187	343	395	389
油　脂	Oil and Fats	66	112	126	124
肉禽及制品	Meat,Poultry and Processed Products	282	626	783	982
蛋	Eggs	37	57	66	66
水产品	Aquatic Products	41	70	80	81
蔬　菜	Vegetables	159	371	402	423
烟　草	Tobacco	95	240	268	260
酒和饮料	Liquor and Beverages	69	166	187	193
奶及奶制品	Milk and Processed Products	59	177	218	243
衣 着	**Clothing**	**562**	**1417**	**1702**	**1876**
服装	Garments	377	1052	1266	1399
家庭设备用品及服务	**Household Facilities,Articles and Services**	**389**	**716**	**885**	**929**
耐用消费品	Durable Consumer Goods	228	318	370	373
室内装饰品	Articles for Interior Decoration	21	22	42	40
床上用品	Bed Articles	19	51	66	69
家庭日用杂品	Household Articles for Daily Use	74	289	366	401
医疗保健	**Health Care and Medical Services**	**327**	**890**	**978**	**1063**
药品费	Drug Charges	259	559	589	603
交通和通信	**Transport and Communications**	**372**	**1575**	**1638**	**2110**
交通	Transport	143	1030	1041	1468
通信	Communications	228	545	596	642
教育文化娱乐服务	**Education,Culture and Recreation Services**	**536**	**1286**	**1441**	**1516**
文化娱乐用品	Recreation Articles	168	371	422	387
教育	Education	256	484	567	581
居 住	**Residence**	**282**	**1182**	**1247**	**1193**
住房	Housing	73	320	356	304
水电燃料及其它	Water,Electricity,Fuels and Others	210	782	799	797
其它商品和服务	**Other Goods and Services**	**231**	**500**	**521**	**611**

10-3 主要年份全区城镇居民家庭平均每人购买主要商品数量

Per Capital Annual Purchases of Major Commodities of Urban Households in Main Years

品　种	Item	单位	Unit	1985	1990	2000	2010	2011	2012
粮食	Grain	千克	kg	137.00	159.96	80.15	79.49	81.84	77.09
鲜菜	Fresh Vegetables	千克	kg	152.00	164.16	114.90	110.87	110.96	101.75
食用植物油	Edible Vegetable Oil	千克	kg	7.40	9.72	7.67	7.75	7.88	7.57
猪肉	Pork	千克	kg	9.00	10.56	8.26	7.28	6.51	7.26
牛羊肉	Beef and Mutton	千克	kg	7.10	10.44	10.22	9.43	10.27	9.48
禽类	Poultry	千克	kg	1.40	2.28	4.51	6.62	7.14	6.60
鲜蛋	Fresh Eggs	千克	kg	4.50	3.48	8.30	6.67	6.47	7.26
鱼	Fish	千克	kg	2.90	4.92	3.51	3.64	3.63	3.26
食糖	Sugar	千克	kg	3.60	3.36	1.70			
卷烟	Cigarette	盒	pack	47.00	52.68	33.35			
酒类	Liquor	千克	kg	3.70	5.64	4.61	4.35	4.44	4.01
男式服装	Men's Clothing	件	suit			2.28			
女式服装	Women's Clothing	件	suit			3.86			
各式童装	Children's Wear	件	suit			1.89			
鞋类	Footwear	双	pair			3.02	3.17	2.97	3.09
水	Water	吨	ton			22.34	22.27	22.31	21.51
电	Electricity	度	kwh			205.85	408.85	432.98	450.37
煤炭	Coal	千克	kg	544.00	384.70	137.60	46.05	38.61	35.21
液化石油气	Liquefied Petroleum Gas	千克	kg	0.70	5.27	13.22	6.77	5.26	3.82
管道煤气	Pipeline Gas	立方米	cm.q			2.32	3.84	1.41	0.65

注:1. 2010 年粮食包括大米、面粉和其他粮食及制品;

2. 2010 年家禽包括鸡、鸭和其他禽类及制品;

3. 2010 年鲜蛋不包含蛋制品;

4. 2010 年酒类包括白酒、果酒、啤酒和其它酒。

a)Data of Grain includes rice,flour and other products of grain in 2010.

b)Data of Poultry includes chickens,ducks and other products of poultry in 2010.

c)Data of egg products are not included in Fresh Eggs in 2010.

d)Data of Liquor includes liquor,fruit wine,beer and other liquor.

10-4 主要年份全区城镇居民家庭主要耐用消费品百户拥有情况

Statistics of Major Durable Consumer Goods Owned Per 100 Urban Households in Main Years

指 标	Item	2000	2010	2011	2012
成套家具(套)	Furniture (set)				
摩托车(辆)	Motorcycle (unit)	15.48	19.19	20.86	21.86
自行车(辆)	Bicycle (unit)	181.00			
助力车(辆)	Powered Bicycle (unit)		24.71	26.68	28.08
家用汽车(辆)	Automobile (unit)		7.00	12.40	16.67
洗衣机(台)	Washing Machine (set)	87.00	94.32	93.32	95.42
电风扇(台)	Electric Fans (set)	63.00			
电冰箱(台)	Refrigerator (set)	72.00	88.65	89.64	92.06
冰柜(台)	Ice Chest (set)	3.00			
彩色电视机(台)	Color Television (set)	109.00	105.24	102.74	102.11
影碟机(台)	Video Disc Player (set)	34.00			
录音机(台)	Recorder (set)	37.00			
录放像机(台)	Video Tape Recorder (set)	10.00			
家用电脑(台)	Computer (set)	4.00	51.32	59.39	64.43
组合音响(套)	Hi-Fi Stereo Component System (set)	19.00	17.81	12.97	12.52
摄像机(架)	Video Camera (set)	0.50	3.24	4.55	5.49
照相机(架)	Camera (set)	28.00	20.31	22.76	22.58
钢琴(架)	Piano (unit)	0.70	1.31	0.93	1.11
其他中高档乐器(件)	Secondary and Top Grade Musical Instrument (set)	4.00	5.37	3.10	3.57
微波炉(台)	Microwave Oven (unit)	7.00	42.10	43.83	42.73
空调器(台)	Air Conditioner (unit)	1.00	10.19	12.04	10.87
取暖器(台)	Heat Utensil (unit)				
电炊具(台)	Electric Cooking Utensils (unit)	137.00			
淋浴热水器(台)	Water Heater for Shower (unit)	40.00	75.07	81.56	84.15
排油烟机(台)	Ventilator (unit)	44.00			
消毒碗柜(台)	Disinfection Cupboard (unit)		2.16	3.67	3.28
洗碗机(台)	Dishwasher (unit)		0.43	0.55	0.31
饮水机(台)	Machine for Drink (unit)				
吸尘器(台)	Dust Collector (unit)	8.00			
健身器材(套)	Body-building Apparatus (unit)	6.00	1.52	1.40	1.25
固定电话(部)	Telephone (unit)	85.00	63.00	56.31	54.86
移动电话(部)	Mobile Telephone (set)	14.00	185.48	197.05	203.23
传真机(部)	Facsimile (unit)				
接入有线电视网络的电视机(台)	Television of Lined Network (set)		95.88	92.25	92.89
接入互连网的计算机(台)	Internet Computer (set)		39.67	45.78	51.70
接入互连网的移动电话(部)	Internet Mobile Telephone (set)		1.36	12.08	26.69

10-5 城镇居民家庭按可支配收入不等距九组分组资料(2012年)

单位:元/人

指标名称	Indicator	总计 Average	最低收入户 (10%) Lowest Income Households	更低收入户 (5%) Lower Income Households
人口与就业(人/户)	**Population and Employment(person/household)**			
家庭人口数	Household Size	2.80	3.34	3.38
有收入者人数	Number of Income	1.79	1.19	1.07
就业人口数	Number of Employed	1.36	1.03	0.88
国有经济单位职工人数	State-owned Unit	0.56	0.10	0.06
负担系数	Dependents Coefficient	2.07	3.22	3.82
家庭总收入	**Total Income**	**21902.24**	**6463.99**	**5259.70**
可支配收入	Disposable Income	19831.41	5439.06	4115.99
工资性收入	Income from Wages and Salaries	13965.62	3800.74	3109.26
经营净收入	Business Income	2522.84	1466.13	637.92
财产性收入	Income from Properties	160.88	41.61	80.36
转移性收入	Income from Transfer	5252.90	1155.52	1432.16
出售财物收入	**Proceeds from Sales of Belongings**	**249.26**	**1310.38**	**2637.30**
出售住房收入	Sale of Housing	246.25	1306.60	2633.70
出售其他物品收入	Sale of Other	3.01	3.78	3.60
借贷收入	**Credit Income**	14496.07	7372.55	8003.16
提取储蓄存款	Draw Saving Deposits	14160.52	6977.48	7614.35
借入款	Borrowed	201.26	344.99	310.77
收回借出款	Recover Loans	4.79		
收回储蓄性保险本	Recover of Principal Insurance Savings	17.34		
兑售有价证券	Income from Securities	0.18		
收回投资本金	Recouping Investment Principal	2.35		
住房贷款	Repayment of House Loan	98.40		
汽车贷款	Repayment of Auto Loan			
教育贷款	Repayment of Education Loan	3.49	11.36	
其他贷款	Repayment of Other Loans	0.97		
其他借贷收入	Other Credit Income	6.74	38.72	78.04
家庭总支出	**Total Expenditure**	**19240.41**	**10840.73**	**10894.38**
消费性支出	Consumption Expenditure	14079.75	7756.94	6473.89
财产性支出	Property Expenditure	187.19	18.94	2.80
转移性支出	Transfer Expenditures	2461.10	784.71	645.10
社会保障支出	Social Security Expenditure	1918.33	933.21	1057.56
购房与建房支出	Expenditures of Purchasing and Building Houses	594.03	1346.94	2715.02
借贷支出	**Credit Expenditures**	**17410.21**	**4302.70**	**5004.78**

Statistics of Urban Households by Income Percentile(2012)

(yuan/person)

低收入户(10%) Low Income Households	中等偏下收入户(20%) Lower Middle Income Households	中等收入户(20%) Middle Income Households	中等偏上收入户(20%) Upper Middle Income Households	高收入户(10%) High Income Households	最高收入户(10%) Highest Income Households	更高收入户(5%) Higher Income Households
3.19	3.14	2.90	2.51	2.31	2.14	2.10
1.43	1.74	2.00	1.92	1.97	1.95	1.89
1.33	1.52	1.52	1.30	1.32	1.28	1.39
0.28	0.35	0.52	0.79	0.91	0.94	0.99
2.42	2.08	1.92	1.92	1.77	1.69	1.51
10425.37	**14839.19**	**21159.44**	**29191.62**	**37210.88**	**50824.41**	**58380.99**
9196.10	13592.88	19280.13	26180.37	33639.16	46838.60	53971.80
6620.67	9269.78	12621.15	19453.84	24433.15	33101.15	39252.53
2380.89	3234.32	3478.04	1890.00	1845.49	1781.35	3358.99
163.16	85.02	67.62	136.98	261.59	768.45	1497.49
1260.64	2250.07	4992.63	7710.80	10670.64	15173.46	14271.98
2.44	**0.44**	**381.77**	**2.58**	**2.45**	**281.77**	
		374.47			281.35	
2.44	0.44	7.30	2.58	2.45	0.42	
8559.58	7868.67	13644.02	19453.45	27640.39	30000.91	34560.07
8457.91	7823.26	13258.90	19113.52	26201.73	29870.91	34560.07
65.48	23.09	229.76	312.93	431.80	130.00	
9.22	12.02	4.89				
	8.70		16.89	149.70		
			1.01			
		11.35				
		139.12		850.07		
10.11			6.06			
	1.04		3.03	2.15		
16.85	0.56		0.01	4.95		
13125.53	**13298.97**	**19264.39**	**24001.17**	**29504.95**	**36002.94**	**40509.74**
9619.19	10617.30	14223.17	17406.48	19799.20	25863.81	28592.09
65.69	69.36	162.68	326.76	448.89	419.42	630.95
1255.57	1475.18	2094.97	3390.27	4671.00	6065.65	7347.82
1126.72	1137.13	1745.96	2818.30	3354.70	3654.06	3938.89
1058.35		1037.61	59.36	1231.14		
5863.93	**9418.43**	**15894.69**	**24625.19**	**35433.44**	**45150.07**	**52482.47**

10-5 续表 1

单位：元/人

指标名称	Indicator	总计 Average	最低收入户 (10%) Lowest Income Households	更低收入户 (5%) Lower Income Households
消费性支出	**Consumption Expenditure**	**14067.15**	**7756.81**	**6473.89**
食品	**Food**	4768.91	2680.68	2402.11
粮油类	Grain and Oil	622.09	473.30	412.76
肉禽蛋水产品类	Meat, Poultry and Eggs and Aquatic Products	981.53	598.65	534.97
蔬菜类	Vegetables	422.65	295.43	275.09
调味品	Condiment	58.93	46.18	41.78
糖烟酒饮料类	Sugar and Cigarette and Liquor and Beverage	500.02	265.12	240.98
干鲜瓜果类	Dried and Fresh Melons and Fruits	504.76	299.91	264.60
糕点、奶及奶制品	Cake and Milk and Processed Products	318.04	191.34	192.23
其他食品	Other Food	137.20	93.02	87.26
饮食服务	Food and Drink Services	1223.69	417.72	352.43
衣着	**Clothing**	**1875.70**	**876.95**	**800.74**
服装	Garments	1399.12	618.67	554.30
衣着材料	Clothing Material	9.69	10.53	6.12
鞋类	Shoes	406.15	213.61	206.27
其他衣着用品	Other Articles	50.47	29.15	29.41
衣着加工服务费	Clothing Processing Charges	10.27	5.00	4.63
居住	**Residence**	**1193.37**	**881.18**	**657.84**
住房	Housing	303.87	334.60	162.02
水电燃料及其他	Water, Electricity, Fuels and Others	797.25	506.41	461.38
居住服务费	Habitation Service Charge	92.25	40.17	34.44
家庭设备用品及服务	**Household Facilities, Articles and Services**	**929.01**	**502.09**	**362.17**
耐用消费品	Durable Consumer Goods	372.95	218.51	67.32
室内装饰品	Articles for Interior Decoration	40.01	11.93	16.78
床上用品	Bed Articles	69.44	38.63	32.40
家庭日用杂品	Household Articles for Daily Use	401.24	214.34	219.48
家具材料	Furniture Materials	2.65	0.01	0.01
家庭服务	Household Services	42.72	18.67	26.17
医疗保健	**Health Care and Medical Services**	**1063.09**	**761.06**	**767.75**
医疗器具	Medical Implement	15.68	14.18	17.54
保健器具	Health Care Implement	6.22	0.27	0.12
药品费	Drug Charges	602.75	467.53	438.19
滋补保健品	Health Products	112.31	36.39	20.21
医疗费	Medical Care Expenses	320.51	241.67	291.14
其他医疗保健支出	Other	5.62	1.04	0.55
交通和通信	**Transport and Communications**	**2110.41**	**1046.43**	**453.70**
交通	Transport	1468.29	754.00	215.34
通信	Communications	642.12	292.43	238.37
教育文化娱乐服务	**Education, Culture and Recreation Services**	**1515.91**	**852.42**	**874.76**
文化娱乐用品	Recreation Articles	386.81	181.86	173.03
文化娱乐服务	Recreation Services	547.95	148.76	206.26
教育	Education	581.15	521.80	495.47
其他商品和服务	**Other Goods and Services**	**610.74**	**156.00**	**154.83**
其他商品	Other Goods	443.19	95.25	88.08
服务	Services	167.56	60.75	66.74

continued

(yuan/person)

低收入户(10%) Low Income Households	中等偏下收入户(20%) Lower Middle Income Households	中等收入户(20%) Middle Income Households	中等偏上收入户(20%) Upper Middle Income Households	高收入户(10%) High Income Households	最高收入户(10%) Highest Income Households	更高收入户(5%) Higher Income Households
9618.98	**10608.22**	**14186.65**	**17394.73**	**19791.96**	**25861.55**	**28592.09**
3659.39	3933.78	4863.25	5885.95	6540.50	7154.60	7527.93
572.05	539.87	618.79	745.18	733.88	757.74	766.24
794.56	821.28	1011.58	1205.32	1293.56	1350.30	1306.13
359.07	365.11	428.62	504.12	530.33	549.92	564.65
49.29	49.22	55.77	72.65	81.81	72.17	69.23
414.49	420.87	499.23	594.49	792.81	672.13	687.95
387.12	418.60	500.14	620.51	671.44	794.99	827.83
261.89	269.37	333.73	386.54	408.39	430.18	408.28
111.39	115.51	151.62	150.37	185.83	182.50	190.17
709.55	933.95	1263.76	1606.77	1842.44	2344.68	2707.44
1178.98	**1390.35**	**1846.11**	**2250.83**	**2996.14**	**3808.39**	**4354.49**
829.05	999.76	1364.05	1716.62	2272.21	2984.04	3433.70
5.12	6.90	8.50	11.00	23.34	8.82	13.14
304.03	326.70	413.01	457.08	607.63	722.27	810.59
35.40	48.28	50.08	54.56	74.75	75.58	84.05
5.38	8.72	10.47	11.57	18.21	17.67	13.02
936.49	**1010.96**	**1195.57**	**1311.10**	**1430.75**	**2036.45**	**2002.52**
271.38	252.01	342.27	243.25	149.22	670.35	530.72
615.07	690.54	771.26	945.59	1120.73	1181.43	1223.19
50.04	68.41	82.05	122.26	160.80	184.67	248.61
743.33	**713.43**	**914.20**	**1057.80**	**1301.45**	**1814.92**	**2357.46**
359.75	267.68	363.24	395.33	504.18	772.50	1222.82
20.79	33.22	52.59	37.88	22.40	119.81	185.95
62.07	53.76	54.02	92.13	103.31	124.51	137.26
272.35	334.50	411.30	451.70	614.09	688.98	624.23
	6.24	3.17	2.07		2.28	4.24
28.38	18.02	29.88	78.68	57.47	106.83	182.96
660.29	**615.92**	**1331.95**	**1284.01**	**1319.19**	**1910.33**	**1941.99**
4.42	2.46	26.21	16.10	49.77	7.72	4.67
1.45	4.95	11.07	10.42	2.33	6.70	7.70
373.82	360.54	765.96	776.51	816.56	776.09	600.74
31.62	52.03	79.54	111.20	99.46	630.28	791.62
248.32	193.21	436.06	367.47	336.75	483.01	530.21
0.67	2.72	13.11	2.31	14.32	6.52	7.04
1180.88	**1467.94**	**1914.04**	**2764.18**	**3451.86**	**4499.53**	**5049.52**
689.69	851.66	1228.99	2088.31	2681.45	3378.64	3758.91
491.20	616.28	685.05	675.87	770.41	1120.90	1290.61
898.73	**1083.71**	**1617.31**	**2011.79**	**1891.74**	**2830.27**	**3236.89**
196.17	313.83	360.97	559.45	545.89	671.66	628.15
118.07	293.80	671.30	786.26	639.56	1524.44	1920.42
584.49	476.08	585.05	666.08	706.28	634.17	688.32
360.88	**392.14**	**504.22**	**829.07**	**860.33**	**1807.06**	**2121.29**
266.40	292.95	373.33	569.75	617.81	1369.24	1493.03
94.49	99.19	130.88	259.33	242.52	437.82	628.26

10-6 主要年份全区城镇居民家庭居住情况

指　标	Item	1985
平均每户居住面积(平方米/户)	**Average Floor Space Per Household(sq.m/household)**	
建筑面积	Building Space	69.58
使用面积	Living Space	52.20
按房屋产权分的家庭比重(%)	**Percentage of Household by House Property Right(%)**	**100.00**
租赁公房	Public House Leasing	
租赁私房	Private House Leasing	
原有私房	Inhered Private House	
房改私房	Reformed Private House	
商品房	Commercial Residential Building	
其他	Others	
按用水情况分的家庭比重(%)	**Percentage of Household by Water Using(%)**	**100.00**
无自来水	No Tap Water	8.25
独用自来水	Private Tap Water	82.75
公用自来水	Public Tap Water	9.00
按卫生设备分的家庭比重(%)	**Percentage of Household by Sanitary Equipment(%)**	**100.00**
无卫生设备	No Sanitary Equipment	33.75
有厕所浴室	Having Bathroom	2.00
有厕所无浴室	Having Toilet but No Shower	26.50
公有卫生设备	Public Sanitary Equipment	37.75
按取暖设备分的家庭比重(%)	**Percentage of Household by Heating Installation(%)**	
有取暖设备户(暖气)	Having Heating Installation(heater)	17.75
按炊用燃料使用情况分的家庭比重(%)	**Percentage of Household by Fuel Using(%)**	100.00
管道煤气(天然气)	Piped Gas(Natural Gas)	
液化石油气	Liquefied Petroleum Gas	1.52
煤	Coal	98.48
其它	Others	
家庭通讯设备使用情况	**Using of Household Communication Apparatus**	
每百户拥有固定电话(部/百户)	Number of Fixed Phone Per 100 Households(set/100 households)	
每百户拥有移动电话(部/百户)	Number of Mobile Phone Per 100 Households(set/100 households)	
每百户接入互联网的计算机(台/百户)	Number of Computers Accessed to Internet Per 100 Households (set/100 households)	

Housing Conditions of Urban Households in Main Years

1990	1995	2000	2005	2010	2011	2012
66.56	66.36	77.03	75.45	82.96	84.21	85.39
49.93	49.78	57.79	56.83			
100.00	**100.00**	**100.00**	**100.00**	**100.00**	**100.00**	**100.00**
			5.37	2.99	2.52	2.96
			3.67	6.78	7.25	6.74
			4.60	4.71	6.43	5.93
			53.26	30.19	22.10	20.33
			30.67	54.97	61.52	62.18
			2.42	0.37	0.19	1.86
100.00	**100.00**	**100.00**	**100.00**	**100.00**	**100.00**	**100.00**
3.82	1.64	1.80	0.69	1.02	1.35	1.52
90.18	94.91	97.20	99.03	98.93	98.59	98.42
6.00	3.65	1.00	0.29	0.05	0.06	0.06
100.00	**100.00**	**100.00**	**100.00**	**100.00**	**100.00**	**100.00**
48.36	18.91	15.30	9.46	5.36	2.09	1.98
8.36	20.36	21.20	61.73	74.50	81.45	83.97
37.64	52.36	60.40	27.29	19.80	15.40	12.48
5.64	8.37	3.10	1.52	0.35	1.06	1.57
100.00	**100.00**	**100.00**	**100.00**	**100.00**	**100.00**	**100.00**
37.82	62.18	76.70	88.57	88.88	90.43	89.65
100.00	**100.00**	**100.00**	**100.00**	**100.00**	**100.00**	**100.00**
	3.28	5.78	11.78	40.72	48.39	53.16
15.27	56.73	73.48	75.63	45.66	35.41	31.20
83.82	37.09	16.21	10.17	3.23	2.69	2.75
0.91	2.90	4.53	2.42	10.40	13.52	12.89
	38.91	85.42	85.10	63.00	56.31	54.86
		13.56	122.67	185.48	197.05	203.23
			14.49	39.67	45.78	51.70

10-7 调查市县城镇居民家庭主要耐用消费品百户拥有情况(2012年)

指标名称	Indicator	单位	unit	全区 Total	银川市区 Yinchuan
摩托车	Motorcycle	辆	unit	21.86	15.26
助力车	Powered Bicycle	辆	unit	28.08	19.48
家用汽车	Automobile	辆	unit	16.67	18.51
洗衣机	Washing Machine	台	set	95.42	93.51
电冰箱	Refrigerator	台	set	92.06	93.83
彩色电视机	Color Television	台	set	102.11	101.62
家用电脑	Computer	台	set	64.43	70.45
组合音响	Hi-Fi Stereo Component System	套	set	12.52	9.74
摄像机	Video Camera	架	set	5.49	7.14
照相机	Camera	架	set	22.58	25.32
钢琴	Piano	架	unit	1.11	1.30
其它中高档乐器	Secondary and Top Grade Musical Instrument	件	set	3.57	2.60
微波炉	Microwave Oven	台	unit	42.73	55.84
空调器	Air Conditioner	台	unit	10.87	12.66
淋浴热水器	Water Heater for Shower	台	unit	84.15	90.58
消毒碗柜	Disinfection Cupboard	台	set	3.28	1.95
洗碗机	Dishwasher	台	set	0.31	
健身器材	Body-building Apparatus	套	set	1.25	1.30
固定电话	Telephone	部	unit	54.86	60.06
移动电话	Mobile Telephone	部	set	203.23	206.17
信息化调查(每百户)	**Informationization Survey (Per 100 household)**				
接入互联网的移动电话	Internet Mobile Telephone	部	set	26.69	37.01
接入有线电视网络的电视机	Lined Netwok Television	台	set	92.89	96.10
接入互联网的计算机	Internet Computer	台	set	51.70	56.17

Statistics of Major Durable Consumer Goods Owned Per 100 Urban Households by City and Country(2012)

石嘴山市区 Shizuishan	平罗县 Pingluo	利通区 Litong	原州区 Yuanzhou	沙波头区 Shapotou	海原县 Haiyuan
25.47	23.53	21.79	14.29	26.47	60.00
34.78	35.29	42.31	40.00	25.49	12.00
18.63	15.69	12.18	20.00	10.78	10.00
99.38	96.08	89.74	98.10	97.06	100.00
96.89	90.20	91.03	89.52	93.14	66.00
100.00	101.96	98.72	107.62	100.98	118.00
63.98	56.86	60.26	67.62	63.73	44.00
9.94	11.76	19.23	20.00	15.69	22.00
4.97	3.92	3.85	6.67	2.94	4.00
22.98	25.49	14.74	28.57	14.71	10.00
		3.21	0.95	1.96	2.00
1.24	1.96	3.85	21.90	2.94	6.00
32.92	29.41	43.59	40.00	42.16	14.00
18.01	3.92	6.41	1.90	13.73	2.00
80.75	80.39	91.03	82.86	88.24	36.00
4.97	3.92	1.92	0.95	9.80	2.00
1.24				0.98	
		3.21	2.86	3.92	
60.25	49.02	37.82	50.48	53.92	48.00
195.03	193.14	202.56	217.14	214.71	212.00
27.95	10.78	10.26	35.24	28.43	4.00
97.52	96.08	87.18	70.48	77.45	96.00
53.42	43.14	47.44	57.14	50.98	36.00

10-8 调查市县城镇居民家庭收支基本情况(2012年)

单位:元/人

指 标	Indicator	全区 Total	银川市区 Yinchuan
期初手存现金	**Initial Hand Deposit in Cash**	**228.14**	**217.56**
家庭总收入	**Total Income**	**21902.24**	**24151.96**
可支配收入	Disposable Income	19831.41	21900.50
工资性收入	Income from Wages and Salaries	13965.62	14510.67
工资及补贴收入	Laborage and Allowance Income	13815.54	14282.26
其他劳动收入	Other Income from Work	150.07	228.42
经营净收入	Business Income	2522.84	2765.40
财产性收入	Income from Properties	160.88	199.25
利息收入	Interest	17.76	9.82
股息与红利收入	Dividend and Bonus	24.61	44.65
保险收益	Insurance Profit	1.93	
其它投资收入	Other Investment	1.84	
出租房屋收入	Lease House Income	114.49	144.79
知识产权收入	Intelletual Property		
其他财产性收入	Other Properties	0.25	
转移性收入	Income from Transfer	5252.90	6676.64
养老金或离退休金	Annuities and Pension	4712.40	6052.63
社会救济收入	Social Relief	112.32	107.81
最低生活保障收入	Living Ensure at lest	66.19	63.53
辞退金	Dismiss		
赔偿收入	Compensate	0.99	
保险收入	Insurance	13.35	22.93
失业保险金	Insurance of Unemployment	12.89	22.93
赡养收入	Maintenance Income	130.15	91.92
捐赠收入	Gift Income	116.79	146.65
提取住房公积金	Draw Money of Housing Accumulation Fund	32.93	41.99
记帐补贴	Allowance of Charge Account	124.13	206.71
其他转移性收入	Other Transfer	9.83	6.01
出售财物收入	**Proceeds from Sales of Belongings**	**249.26**	**0.49**
出售住房收入	Sale of Housing	246.25	
出售其他物品收入	Sale of Other	3.01	0.49
借贷收入	**Credit Income**	**14496.07**	**15588.24**
提取储蓄存款	Draw Saving Deposits	14160.52	15416.82
借入款	Borrowed	201.26	166.45
收回借出款	Recover Loans	4.79	
收回储蓄性保险本	Recover of Principal Insurance Savings	17.34	4.96
兑售有价证券	Income from Securities	0.18	

Statistics of Income and Expenditure of Urban Households by City and Country (2012)

(yuan/person)

石嘴山市区 Shizuishan	平罗县 Pingluo	利通区 Litong	原州区 Yuanzhou	沙波头区 Shapotou	海原县 Haiyuan
184.14	**358.01**	**245.74**	**140.83**	**223.39**	**183.49**
23432.63	**18669.87**	**20394.22**	**20230.28**	**20889.91**	**16244.48**
20694.98	17121.63	18801.21	18451.13	18867.13	14867.42
15275.91	12467.06	12743.23	13707.29	14593.86	11903.46
15230.24	12413.97	12696.03	13529.47	14307.74	11712.55
45.67	53.09	47.20	177.82	286.11	190.91
2490.63	2492.27	2753.43	2434.32	2141.82	1275.00
34.98	111.33	178.52	321.79	168.34	215.62
14.73	24.63	39.39	5.06	36.24	13.91
11.25	8.71	6.67	61.08		
	11.49		4.72		
			32.25		
9.00	66.50	132.46	214.33	132.10	201.70
			4.35		
5631.11	3599.21	4719.04	3766.87	3985.89	2850.40
5133.22	3298.48	4385.07	2704.46	3449.78	2268.17
43.79	94.92	86.47	321.73	22.11	333.41
14.94	71.23	45.40	128.42	13.41	258.52
		9.29		0.17	
19.87	5.55	1.78			
18.37	5.55				
231.75	39.01	87.32	349.10	84.79	210.23
94.75	72.66	69.30	309.26	104.64	13.75
				243.76	
92.24	69.67	70.93	76.62	69.65	24.84
15.50	18.91	8.89	5.69	10.97	
1.73	**0.56**	**14.89**	**2592.98**	**1436.36**	
			2579.95	1434.71	
1.73	0.56	14.89	13.03	1.65	
14788.51	**12235.69**	**11111.68**	**17707.47**	**19570.58**	**9246.48**
14666.16	11963.45	10913.09	16361.87	17984.23	9225.46
88.60	161.24	165.24	1225.86	155.13	
	26.12		17.74		
11.25	84.71	11.11			
			3.22		

10-8 续表 1

单位：元/人

指 标	Indicator	全区 Total	银川市区 Yinchuan
收回投资本金	Recouping Investment Principal	2.35	
住房贷款	Repayment of House Loan	98.40	
汽车贷款	Repayment of Auto Loan		
教育贷款	Repayment of Education Loan	3.49	
其他贷款	Repayment of Other Loans	0.97	
其他借贷收入	Other Credit Income	6.74	
家庭总支出	**Total Expenditure**	**19240.41**	**20896.25**
消费性支出	Consumption Expenditure	14079.75	16398.92
财产性支出	Property Expenditures	187.19	259.03
非生产性贷款利息支出	Interest of Non-productive Loans	155.91	234.18
其它	Other	31.28	24.85
转移性支出	Transfer Expenditures	2461.10	2209.21
交纳所得税	Individual Income-tax	28.37	43.86
捐赠支出	Gift Expenditures	1615.23	1449.12
购买彩票	Buy Lottery Expenditures	10.03	14.65
赡养支出	Support Expenditures	661.42	608.60
在外就学子女费用	Cost of Schooling Children away from Home	383.85	301.68
各种非储蓄性保险支出	Non-saving-deposits Insurance	73.90	59.24
车辆保险支出	Vehicle Insurance	57.12	56.77
其它转移性支出	Others	72.15	33.73
社会保障支出	Social Security Expenditures	1918.33	2000.90
个人交纳的养老基金	Annuities	736.60	809.14
个人交纳的住房公积金	Housing Accumulation Fund	892.37	843.42
个人交纳的医疗基金	Medical Accumulation Fund	232.03	277.21
个人交纳的失业基金	Disemployed Accumulation Fund	52.99	63.59
其它社会保障支出	Others	4.34	7.54
购房与建房支出	Expenditures of Purchasing and Building Houses	594.03	28.19
购房	Purchasing Houses	594.03	28.19
建房	Building Houses		
借贷支出	**Credit Expenditures**	**17410.21**	**18837.57**
存入储蓄款	Saving Deposits	16222.84	17630.95
借出款	Lending	22.14	0.62
归还借款	Repayment of Loans	129.49	114.97
储蓄性保险支出	Saving-purpose Insurance Costs	208.87	332.43
购买有价证券	Purchase of Securities	0.47	
其它投资支出	Other Investment Expenditure	83.80	
归还住房贷款	Repayment of House Loan	592.90	751.74
归还汽车贷款	Repayment of Auto Loan	8.63	5.38
归还教育贷款	Repayment of Education Loan		
归还其它贷款	Repayment of Other Loans	14.61	
其它借贷支出	Other Credit Expenditures	126.47	1.49
期末手存现金	**Final Hand Deposit in Cash**	**227.13**	**226.64**

continued

(yuan/person)

石嘴山市区 Shizuishan	平罗县 Pingluo	利通区 Litong	原州区 Yuanzhou	沙波头区 Shapotou	海原县 Haiyuan
		22.22			
				1427.74	
			38.70		21.02
			12.75	3.48	
22.50	0.17	0.02	47.32		
19393.61	**16860.50**	**16540.18**	**21064.24**	**22682.73**	**13089.41**
14058.53	12110.15	12459.03	12494.41	13244.54	9444.53
92.34	180.21	108.32	305.85	222.43	14.60
17.13	171.16	108.32	303.11	123.14	14.60
75.21	9.06		2.74	99.29	
2598.76	2323.67	2486.73	3913.63	2715.62	2278.07
1.43	31.58	35.98	11.79	32.21	
1823.24	1484.00	1880.67	2377.84	1385.05	1449.48
1.91	8.07	18.83	9.48	5.06	0.28
640.99	660.20	433.33	926.56	1025.77	792.27
211.28	390.52	276.54	679.56	842.95	781.02
98.28	108.23	56.12	34.70	118.55	30.45
48.07	103.50	41.49	25.51	82.43	3.78
32.92	31.60	61.80	553.27	148.98	5.58
2643.98	1446.99	1486.09	1690.73	1920.92	1352.21
1103.13	541.83	486.31	420.64	810.36	315.46
1226.11	699.28	783.20	1005.20	819.01	848.47
244.89	180.63	183.24	205.78	217.84	156.91
68.65	25.25	32.64	54.32	60.88	31.38
1.21		0.70	4.81	12.82	
	799.48		2659.61	4579.22	
	799.48		2659.61	4579.22	
18797.02	**14088.78**	**15038.35**	**19425.90**	**19238.08**	**12397.60**
16909.58	13133.36	14401.06	17885.57	17978.53	12289.08
47.75	47.55		112.14	1.39	
33.00	199.49	43.77	670.72	105.72	5.68
121.22	138.25	206.75	105.23	169.31	
		4.44			
466.58		4.44	0.97		
536.36	544.55	366.20	511.48	895.22	
	21.60		60.17		
13.53			54.66	40.72	102.84
669.00	3.99	11.69	24.94	47.19	
216.86	**315.58**	**190.71**	**181.43**	**202.12**	**187.64**

10-9 主要年份全区农村居民家庭基本情况

年份 Year	调查户数(户) Number of Households Surveyed (household)	调查户常住人口(人) Number of Permanent Residents in the Households Surveyed (person)	平均每户常住人口(人) Average Number of Permanent Residents per Household (person)	平均每户整半劳动力(人) Average Number of Able-bodied and Semi-able-bodied Labours per Household (person)	整半劳动力占常住人口比重(%) Able-bodied Labours as Percentage of Permanent Residents (%)
1985	1090	6588	6.04	3.02	49.92
1990	990	5753	5.80	3.00	50.90
1991	990	5561	5.60	3.00	52.60
1992	990	5434	5.50	2.90	53.10
1993	990	5358	5.40	3.00	56.20
1994	990	5377	5.40	3.10	57.70
1995	1050	5517	5.30	3.10	58.20
1996	1050	5398	5.14	3.06	59.48
1997	1050	5302	5.00	3.00	59.70
1998	1050	5118	4.87	2.86	58.60
1999	1050	5036	4.80	2.82	58.76
2000	600	2850	4.75	2.81	59.05
2001	600	2826	4.71	2.81	59.70
2002	600	2813	4.69	2.82	60.18
2003	600	2769	4.62	2.80	60.67
2004	600	2759	4.59	2.78	60.46
2005	600	2720	4.53	2.79	61.43
2006	600	2703	4.51	2.80	62.20
2007	600	2642	4.40	2.78	63.21
2008	600	2648	4.41	2.79	63.26
2009	600	2587	4.31	2.75	63.86
2010	600	2559	4.27	2.76	64.63
2011	800	3417	4.27	2.76	64.65
2012	800	3416	4.27	2.75	64.31

Statistics of Rural Households in Main Years

劳动力中 Culture Level of Labours					
不识字或识字很少比重(%) Illiterate or Semi-illiterate(%)	小学程度比重(%) Primary School (%)	初中程度比重(%) Junior Middle School (%)	高中程度比重(%) Senior Middle School (%)	中专程度比重(%) Special Secondary School (%)	大专及以上(%) College and Higher School (%)
43.36	27.58	23.75	5.17	0.14	
37.30	30.20	27.10	5.35	0.10	
35.20	30.90	27.50	5.95	0.15	
34.40	30.50	28.80	6.03	0.21	
32.30	30.50	30.20	6.57	0.40	
31.20	30.60	31.20	6.52	0.44	
26.60	32.30	33.10	7.50	0.50	
23.98	32.64	36.16	6.88	0.34	
23.50	31.78	37.05	6.98	0.69	
21.57	31.24	38.21	8.47	0.51	
20.82	30.15	38.90	9.83	0.30	
19.48	30.30	39.10	9.10	2.02	
17.84	30.05	41.20	9.07	1.84	
16.89	30.30	41.94	8.74	2.13	
16.31	30.54	42.14	8.93	2.08	
15.77	28.84	44.72	8.69	1.98	
21.13	31.90	40.04	5.03	0.72	0.60
20.24	31.49	40.95	6.19	0.60	0.54
20.00	30.84	39.82	7.72	0.84	0.78
18.69	31.16	40.36	8.18	0.78	0.83
17.98	29.96	42.13	8.29	0.67	0.97
18.50	28.48	41.29	9.01	1.03	1.69
15.28	33.27	41.42	6.81	1.33	1.89
14.35	32.67	41.81	7.34	1.80	2.03

10-9 续表 1

年份 Year	年内新建房屋价值（元/平方米） Value of Newly-built Houses (yuan/sq.m)	年末住房面积（平方米/人） Floor Space of Lliving Houses at Year-end (sq.m/person)	砖木结构面积 Brick and Wood Structure	钢筋混泥土结构面积 Reinforced Concrete Structure
1985	21.83	11.83	0.03	
1990	61.70	13.62	1.04	0.02
1991	63.08	13.97	1.60	0.02
1992	70.29	14.64	1.94	0.02
1993	102.85	15.42	2.87	0.13
1994	62.84	16.33	3.32	0.06
1995	149.15	19.67	5.91	0.17
1996	156.02	16.12	5.32	
1997	212.34	16.76	6.14	0.34
1998	175.00	17.30	7.57	0.31
1999	185.13	18.18	8.94	0.17
2000	218.02	17.98	7.15	0.64
2001	190.02	18.84	8.47	0.54
2002	218.55	19.23	8.46	0.59
2003	226.18	20.12	9.20	0.71
2004	203.57	21.38	10.72	0.56
2005	286.49	21.03	11.15	0.95
2006	264.75	21.64	11.90	0.90
2007	311.27	23.04	13.38	0.78
2008	484.98	23.06	13.45	0.87
2009	343.37	24.46	14.92	1.28
2010	486.61	24.89	15.40	1.81
2011	668.04	24.38	16.59	1.73
2012	649.68	25.86	17.19	2.96

continued

年末生产固定资产原值（元/户）Original Value of Productive Fixed Assets at Year-end (yuan/household)				
	农业原值 Agriculture	工业原值 Industry	建筑业原值 Construction	交通运输业原值 Transport
1170.70	732.92	37.30		250.43
2128.90	924.24	84.51		849.10
2354.70	1212.29	69.02		703.88
2482.90	1245.45	90.64		778.41
2757.10	1415.81	95.98		744.42
3366.40	1767.70	112.19		863.06
5153.02	2991.02	111.06		1236.99
5426.09	3146.21	226.61		1102.58
6824.99	3487.40	122.58		1290.86
6722.50	3704.03	121.34		1399.85
7086.46	3849.89	134.43		1552.03
10168.09	6051.06	480.93	4.50	1658.58
11069.85	6270.36	520.44	1.67	2199.25
12024.13	6983.16	576.17	4.00	2288.58
13058.17	7925.36	554.65	1.11	2388.79
13735.07	9743.20	822.65	1.28	2430.17
14811.19	7296.87	604.72	21.05	3527.30
15368.15	7492.11	466.25	76.88	3806.57
16917.74	8154.97	485.40	20.85	4717.09
18244.68	9359.18	475.70	20.85	4366.96
21310.13	10642.49	575.45	24.30	5253.33
23405.21	10745.15	544.09	24.30	7676.17
21417.95	10333.78	286.88	220.10	5212.56
24266.19	11192.61	221.80	445.88	5323.59

10-10 主要年份全区农村居民家庭纯收入来源情况
Statistics of Net Income of Rural Households by Source in Main Years

单位：元/人 (yuan/person)

年份 Year	全年纯收入 Net Income	工资性收入 Wage Income	家庭经营收入 Household Business Income	财产性及转移收入 Property and Transfer Income
1985	326	63	241	34
1990	594	79	494	21
1991	608	97	489	22
1992	619	114	477	27
1993	667	134	504	28
1994	910	146	726	38
1995	1037	178	810	48
1996	1416	209	1152	56
1997	1545	263	1230	52
1998	1756	368	1314	75
1999	1791	423	1278	90
2000	1724	484	1121	119
2001	1823	528	1180	116
2002	1917	527	1265	125
2003	2043	592	1255	196
2004	2320	618	1506	196
2005	2509	702	1562	245
2006	2760	823	1662	275
2007	3181	1021	1862	297
2008	3681	1260	2032	389
2009	4048	1519	2112	418
2010	4675	1788	2422	465
2011	5410	2164	2730	515
2012	6180	2511	3072	598

10-11 主要年份农村居民家庭平均每人生活消费支出
Per Capita Annual Expenditure of Rural Households in Main Years

单位：元/人 (yuan/person)

年份 Year	生活消费支出 Living Expenditure	食品 Food	衣着 Clothing	居住 Residence	家庭设备、用品及服务 Household Facilities, Article and Service	医疗保健 Medicine and Health Care	交通和通讯 Transport, Post and Telecommunications	文教娱乐 Cultural, Educational, Recreational Article and Services	其他商品和服务 Other Commodities and Services
1985	264	155	33	31	21	8	1	15	2
1990	486	275	51	66	29	17	12	34	2
1991	519	293	58	63	37	21	10	33	4
1992	561	323	53	74	32	23	10	40	6
1993	606	342	55	80	37	27	15	42	7
1994	831	486	67	106	47	29	26	51	18
1995	1058	609	84	146	59	44	31	71	13
1996	1234	730	94	156	67	55	31	79	21
1997	1282	688	105	201	64	68	39	97	20
1998	1350	713	105	217	69	77	53	97	19
1999	1330	676	103	199	76	75	53	121	27
2000	1417	691	97	227	62	89	80	145	26
2001	1381	644	97	223	61	98	96	132	30
2002	1418	633	98	204	70	123	111	148	31
2003	1637	680	109	286	56	116	171	178	40
2004	1927	809	122	325	65	187	155	217	46
2005	2094	923	143	346	77	199	178	178	51
2006	2247	929	159	415	104	188	226	169	57
2007	2529	1019	184	451	109	239	266	192	68
2008	3095	1288	217	582	124	319	299	193	72
2009	3348	1395	256	502	169	356	366	217	86
2010	4013	1542	303	776	188	418	444	241	101
2011	4727	1763	380	935	265	445	483	324	132
2012	5633	1991	488	1088	321	518	653	393	181

10-12 主要年份全区农村居民家庭现金收入情况

Statistics of Per Capita Cash Income of Rural Households in Main Years

单位：元/人 (yuan/person)

年份 Year	全年现金收入 Annual Cash Income	工资性收入 Wage Income	家庭经营收入 Household Business Income	财产及转移性收入 Property and Transfer Income
1985	285	50	206	29
1990	581	79	449	53
1991	638	97	487	54
1992	660	114	490	56
1993	692	133	493	66
1994	943	146	719	77
1995	1252	178	996	78
1996	1454	209	1152	93
1997	1808	263	1426	120
1998	1988	368	1468	152
1999	2112	423	1505	184
2000	2169	484	1535	150
2001	2295	528	1623	145
2002	2457	526	1760	171
2003	2625	592	1862	170
2004	2979	618	2224	137
2005	3463	702	2546	215
2006	3729	823	2673	232
2007	4317	1021	3061	235
2008	5004	1260	3393	351
2009	5380	1519	3497	364
2010	5879	1788	3655	436
2011	7034	2164	4370	500
2012	8247	2511	5092	644

10-13 主要年份全区农村居民家庭现金支出情况

Statistics of Per Capita Cash Expenditure of Rural Households in Main Years

单位:元/人 (yuan/person)

年份 Year	全年现金支出 Annual Cash Expenditure	生产费用支出 Expenditure for Production	税费支出 Expenditure for Taxes and Fees	生活消费支出 Living Expenditure	财产及转移性支出 Property and Transfer Expenditure
1985	275	95	8	153	19
1990	554	192	20	300	42
1991	604	218	19	320	47
1992	651	240	24	335	51
1993	714	257	26	376	56
1994	947	352	33	485	77
1995	1354	581	36	654	83
1996	1497	601	61	737	97
1997	1656	655	66	821	115
1998	1822	704	81	893	143
1999	1895	714	83	922	175
2000	2032	813	66	1017	136
2001	2168	896	55	1036	180
2002	2262	939	39	1079	205
2003	2457	963	31	1273	190
2004	2861	1132	26	1489	214
2005	3427	1489	3	1649	287
2006	3644	1518	4	1825	298
2007	4307	1820	8	2116	363
2008	5114	2152	1	2560	402
2009	5424	2181	1	2782	460
2010	6130	2101	3	3447	579
2011	7795	2642	2	4210	941
2012	9219	3016	1	5172	1031

10-14 主要年份全区农村居民家庭生活消费现金支出

Per Capita Cash Consumption Expenditure of Rural Households in Main Years

单位:元/人　　(yuan/person)

年份 Year	生活消费现金支出 Cash Consumption Expenditure	食品 Food	衣着 Clothing	居住 Residence	家庭设备、用品及服务 Household Facilities, Article and Service	医疗保健 Medicine and Health Care	交通和通讯 Transport, Post and Telecommunications	文教娱乐 Cultural, Educational, Recreational Article and Service	其他商品和服务 Other Commodities and Services
1985	153	48	33	26	21	8	1	15	2
1990	300	94	51	61	29	17	12	34	2
1991	320	100	58	56	37	21	11	33	4
1992	335	102	52	70	32	23	10	40	6
1993	376	119	55	73	37	27	15	42	7
1994	485	150	67	96	47	29	26	51	18
1995	654	215	84	137	59	44	31	71	13
1996	737	243	94	147	67	55	31	79	21
1997	821	238	105	190	64	68	39	97	20
1998	893	270	105	203	69	77	53	97	19
1999	922	277	103	190	76	75	53	121	27
2000	1017	303	97	216	62	89	80	145	26
2001	1036	307	97	215	61	98	96	132	30
2002	1079	304	98	194	70	123	111	148	31
2003	1273	324	109	278	56	116	171	178	40
2004	1489	380	122	316	65	187	155	217	46
2005	1649	484	143	338	77	199	178	178	51
2006	1825	524	159	398	104	188	226	169	57
2007	2116	622	184	435	109	239	266	192	68
2008	2560	768	217	567	124	319	299	193	72
2009	2782	834	256	497	169	356	366	217	86
2010	3447	975	303	776	188	418	444	241	101
2011	4210	1245	380	935	265	445	483	324	132
2012	5172	1530	488	1088	321	518	653	393	181

10-15 主要年份全区农村居民家庭主要食物消费情况
Statistics of Major Foods Consumption of Rural Households in Main Years

单位：公斤/人 (kg/person)

年份 Year	谷物和薯类 Cereal and Tubers	细粮 Flour and Rice	蔬菜及制品 Vegetables and Related Products	豆类及制品 Soybeans and Related Products	植物油 Vegetable Oil	动物油 Animal Fat	猪肉 Pork	牛羊肉 Beef and Mutton
1985	261.07	229.45	102.99		3.77	0.89	5.39	1.86
1990	254.88	217.78	83.49	0.89	4.94	0.59	5.89	2.84
1991	272.70	233.80	76.36		5.13	0.46	6.87	3.32
1992	267.87	233.37	93.79		5.90	0.45	6.23	2.53
1993	264.36	234.76	70.97		6.11	0.45	5.56	2.09
1994	260.21	236.41	63.63		5.67	0.41	5.40	1.96
1995	274.67	234.68	76.27	0.58	6.78	0.39	5.45	2.01
1996	277.40	236.73	72.47		6.38	0.40	6.24	2.66
1997	255.53	225.37	70.27	0.53	6.46	0.13	6.84	3.13
1998	262.94	236.33	97.32	0.77	6.94	0.72	6.85	3.53
1999	250.60	223.88	83.08	1.02	7.08	0.94	7.93	3.51
2000	248.63	223.44	91.19	1.20	6.55	0.55	8.29	3.27
2001	236.54	216.21	82.64	0.94	7.20	0.85	7.16	3.11
2002	235.25	216.85	74.59	1.07	7.27	0.61	8.01	3.01
2003	224.09	212.89	84.38	1.25	7.14	0.08	7.81	3.52
2004	226.67	216.74	79.82	0.87	6.99	0.19	7.42	4.42
2005	233.18	220.95	82.68	0.91	7.80	0.09	7.74	5.50
2006	212.12	199.75	76.53	0.75	6.37	0.09	8.01	5.40
2007	202.58	192.81	76.50	0.80	6.14	0.14	7.83	4.53
2008	213.64	195.36	74.77	0.74	7.83	0.12	7.39	4.71
2009	202.05	190.03	75.86	0.76	9.47	0.11	7.86	6.24
2010	203.42	192.76	73.67	0.69	8.92	0.08	7.50	5.98
2011	201.62	191.40	77.64	1.15	8.43	0.13	6.04	6.69
2012	180.14	172.27	69.95	1.31	8.53	0.07	6.02	5.62

10-15 续表 1 continued

单位：公斤/人 (kg/person)

年份 Year	奶及奶制品 Milk and Dairy Products	家禽 Poultry	水产品 Aquatic Products	食糖 Sugar	酒 Liquor	糖果 Candy	糕点 Cake	水果 Fruit
1985	0.23	0.29	0.06	1.29	0.69	0.68		
1990	0.02	0.33	0.23	1.58	0.86	0.14	0.39	3.05
1991	0.61	0.44	0.24	1.47	0.87	0.13	0.30	4.03
1992	0.95	0.57	0.29	1.61	0.79	0.13	0.29	4.25
1993	0.21	0.71	0.27	1.44	0.93	0.16	0.30	8.97
1994	0.28	0.60	0.29	1.52	0.81	0.16	0.31	8.35
1995	0.29	0.81	0.35	1.32	0.92	0.13	0.27	10.09
1996	0.46	0.79	0.39	1.47	1.02	0.13	0.25	19.24
1997	0.57	0.98	0.37	1.56	1.02	0.14	0.27	23.96
1998	0.61	1.45	0.40	1.70	1.08	0.14	0.25	46.77
1999	0.78	1.43	0.54	2.08	1.16	0.18	0.26	37.69
2000	0.88	1.85	0.51	1.57	1.63	0.17	0.23	39.01
2001	0.87	2.26	0.63	1.50	1.65	0.16	0.31	40.95
2002	1.41	2.74	0.77	1.75	1.83	0.17	0.26	40.90
2003	2.22	2.81	0.51	1.62	2.02	1.35	2.37	26.36
2004	2.77	2.37	0.33	1.56	2.12	1.22	2.17	22.07
2005	2.92	2.50	0.45	1.38	2.97			21.82
2006	2.61	2.78	0.58	1.32	3.08			16.90
2007	5.00	3.48	0.67	1.47	3.12			23.92
2008	6.52	4.52	0.70	1.46	3.04			20.19
2009	4.98	4.45	0.77	1.54	3.09			29.97
2010	4.48	4.51	0.74	1.38	3.22			21.61
2011	6.17	5.49	0.61	1.13	3.18			21.79
2012	7.01	5.98	0.74	1.06	3.20			25.27

10-16 主要年份全区农村居民家庭主要耐用物品拥有情况

Statistics of Major Durable Goods Owned of Rural Households in Main Years

单位:百户均 (per 100 household)

年份 Year	自行车(辆) Bicycle (unit)	电风扇(台) Electric Fan (set)	洗衣机(台) Washing Machine (set)	电冰箱(台) Refrigerator (set)	摩托车(辆) Motorcycle (unit)	彩色电视机(台) Color TV set (set)	收录机(台) Radio-cassette Recorder (set)	照相机(台) Camera (unit)
1985	125.23	0.28	3.67		1.10	2.94	8.26	0.28
1990	170.20	5.40	19.60	0.20	2.70	17.90	25.60	0.50
1991	164.20	8.40	24.10	0.70	2.30	22.60	30.50	0.40
1992	168.50	8.70	24.10	0.70	1.80	25.80	29.90	0.50
1993	172.40	10.80	25.50	1.30	2.50	31.10	33.60	0.90
1994	173.50	12.70	27.30	1.40	3.20	35.60	35.40	1.10
1995	176.57	11.60	29.43	2.48	5.81	35.71	38.38	0.95
1996	177.52	14.38	30.00	2.76	7.43	39.71	40.67	1.52
1997	180.00	14.48	31.24	3.33	8.38	47.24	41.90	1.43
1998	174.76	14.57	31.62	4.19	12.00	49.71	42.00	1.52
1999	174.48	14.86	31.62	5.14	15.14	54.48	42.57	1.33
2000	162.83	21.33	37.55	6.00	25.83	67.00	35.50	3.33
2001	166.67	25.83	40.00	7.17	29.17	71.17	38.00	3.17
2002	166.33	26.83	42.33	9.50	36.50	78.17	39.00	3.50
2003	164.67	26.67	44.33	8.83	45.50	84.33	37.17	3.00
2004	168.50	26.83	48.33	10.00	50.67	91.00	31.83	5.67
2005	120.33	25.50	44.50	10.17	63.50	92.67	17.00	3.17
2006	121.67	27.67	49.33	12.33	67.33	98.67	17.00	2.33
2007	118.83		56.67	14.67	71.50	107.83		2.83
2008	123.67		63.17	18.67	78.33	115.17		2.67
2009	118.67		70.33	27.67	83.67	120.33		2.67
2010	116.67		76.17	35.33	85.83	118.83		5.83
2011	108.00		84.75	52.13	86.50	119.13		2.13
2012	109.75		91.63	61.13	85.25	123.25		2.63

10-17 各市县(区)城镇居民人均可支配收入

Per Capita Annual Disposable Income of Urban Households by City and Country

单位:元 (yuan)

地区	Region	2011	2012	增加额 Incremental	增长 Growth(%)
全 区	**Total**	**17579**	**19831**	**2252**	**12.8**
银川市	**Yinchuan**	**19203**	**21620**	**2416**	**12.6**
兴庆区	Xingqing	21235	23809	2574	12.1
西夏区	Xixia	16356	18526	2170	13.3
金凤区	Jinfeng	18156	20466	2310	12.7
灵武市	Yongning	17203	19530	2327	13.5
贺兰县	Helan	17290	19570	2280	13.2
永宁县	Lingwu	17523	19909	2386	13.6
石嘴山市	**Shizuishan**	**17928**	**20294**	**2366**	**13.2**
大武口区	Dawukou	19377	21908	2531	13.1
惠农区	Huinong	16377	18398	2021	12.3
平罗县	Pingluo	15125	17122	1996	13.2
吴忠市	**Wuzhong**	**15753**	**17845**	**2092**	**13.3**
利通区	Litong	16649	18801	2153	12.9
红寺堡区	Hongsipu	12047	13719	1672	13.9
盐池县	Yanchi	14379	16238	1859	12.9
同心县	Tongxin	12602	14430	1829	14.5
青铜峡市	Qingtongxia	16572	18760	2188	13.2
固原市	**Guyuan**	**14879**	**16854**	**1975**	**13.3**
原州区	Yuanzhou	16311	18451	2140	13.1
隆德县	Longde	13492	15282	1791	13.3
西吉县	Xiji	12798	14568	1770	13.8
彭阳县	Pengyang	13260	15039	1779	13.4
泾源县	Jingyuan	13121	14906	1786	13.6
中卫市	**Zhongwei**	**15866**	**17867**	**2001**	**12.6**
沙坡头区	Shapotou	16718	18867	2149	12.9
中宁县	Zhongning	14774	16582	1808	12.2
海原县	Haiyuan	13251	14867	1616	12.2

10-18 各市县农民家庭平均每人纯收入来源情况(2012 年)

Per Capital Annual Income of Rural Households by City and Country(2012)

单位:元 (yuan)

地　区	Region	纯收入 Net Income	按纯收入来源分 Grouped by Source					
			工资性收入 Wages Income	家庭经营收入 Income from Household Operations	一产业纯收入 Primary Industry	非农产业纯收入 Non-agriculture	财产性收入 Property Income	转移性收入 Transfer Income
全　区	**Total**	**6180.32**	**2510.53**	**3071.52**	**2578.92**	**492.60**	**101.55**	**496.73**
川　区	**Plain**	**7870.79**	**2901.55**	**4395.53**	**3340.35**	**1055.18**	**145.09**	**428.62**
山　区	**Mountain Area**	**4590.54**	**2052.92**	**2134.78**	**1884.00**	**250.78**	**26.86**	**375.97**
银川市	**Yinchuan**	**8067.95**	**2924.52**	**4562.70**	**3227.77**	**1334.93**	**176.93**	**403.80**
兴庆区	Xingqing	8834.17	2250.49	5606.86	4107.41	1499.45	556.91	419.91
西夏区	Xixia	5827.79	2668.24	2456.84	1530.04	926.80	207.91	494.80
金凤区	Jinfeng	7866.11	3351.47	4023.83	2133.01	1890.82	243.50	247.31
永宁县	Yongning	7764.16	2834.17	4510.06	3531.63	978.43	100.91	319.03
贺兰县	Helan	8201.63	2278.76	5269.95	4042.46	1227.49	116.81	536.11
灵武市	Lingwu	8617.75	3794.56	4310.09	2659.76	1650.33	111.91	401.19
石嘴山市	**Shizuishan**	**7966.71**	**2763.50**	**4535.48**	**3802.43**	**733.05**	**201.84**	**465.89**
大武口区	Dawukou	6475.65	4162.17	1851.58	539.99	1311.59	208.37	249.83
惠农区	Huinong	8381.63	3287.54	4557.53	3580.13	977.40	134.95	401.60
平罗县	Pingluo	8167.44	2361.68	5065.16	4504.77	560.39	216.53	524.07
吴忠市	**Wuzhong**	**6370.32**	**2352.51**	**3513.01**	**2823.48**	**689.53**	**99.45**	**405.35**
利通区	Litong	8804.06	3169.39	5160.16	3553.96	1606.19	85.73	388.78
红寺堡区	Hongsipu	4615.71	2850.38	1459.57	1299.33	160.23	33.39	272.38
盐池县	Yanchi	4792.54	952.66	3089.47	2997.00	92.47	82.41	667.99
同心县	Tongxin	4532.86	1832.06	2339.23	2126.91	212.33	25.81	335.75
青铜峡市	Qingtongxia	8655.65	3151.36	4793.24	3721.52	1071.71	309.17	401.88
固原市	**Guyuan**	**4690.46**	**2192.16**	**2073.82**	**1804.51**	**269.31**	**21.13**	**403.36**
原州区	Yuanzhou	4792.63	2351.88	2033.01	1704.01	329.00	12.76	394.98
西吉县	Xiji	4658.45	2195.11	2180.54	1991.06	189.48	3.39	279.41
隆德县	Longde	4672.15	2143.31	1767.09	1454.15	312.94	90.68	671.07
泾源县	Jingyuan	4314.74	1849.06	1985.01	1759.09	225.92	19.80	460.88
彭阳县	Pengyang	4798.22	2162.98	2187.53	1864.76	322.76	17.97	429.74
中卫市	**Zhongwei**	**5927.43**	**2449.99**	**3053.49**	**2509.45**	**544.04**	**45.78**	**378.18**
沙坡头区	Shapotou	7000.40	3106.81	3277.35	2797.80	479.56	39.76	576.48
中宁县	Zhongning	6956.71	2306.62	4248.68	3302.78	945.91	82.68	318.72
海原县	Haiyuan	4225.33	1966.63	1990.27	1678.85	311.42	24.50	243.93

10-19 主要年份各市县农民家庭平均每人纯收入

Per Capital Annual Income of Rural Households by City and Country in Main Years

单位:元 (yuan)

地 区	Region	1985	1990	1995	2000	2005	2010	2011	2012
全 区	**Total**	**326**	**594**	**1037**	**1724**	**2509**	**4675**	**5410**	**6180**
川 区	**Plain**	**419**	**805**	**1530**	**2701**	**3584**	**6011**	**6907**	**7871**
山 区	**Mountain Area**	**200**	**363**	**600**	**987**	**1687**	**3416**	**3964**	**4591**
银川市	**Yinchuan**	**466**	**979**	**1683**	**2712**	**3493**	**6161**	**7070**	**8068**
兴庆区	Xingqing					4017	6820	7804	8834
西夏区	Xixia					2333	4337	5050	5828
金凤区	Jinfeng					3488	6008	6900	7866
永宁县	Yongning	467	977	1648	2543	3375	5896	6792	7764
贺兰县	Helan	408	993	1629	2561	3534	6214	7163	8202
灵武市	Lingwu	433	769	1513	2705	3597	6581	7570	8618
石嘴山市	**Shizuishan**	**434**	**813**	**1534**	**2719**	**3556**	**6060**	**6974**	**7967**
大武口区	Dawukou						4944	5673	6476
惠农区	Huinong	405	781	1493	2760	3687	6390	7351	8382
平罗县	Pingluo	460	839	1484	2601	3640	6186	7141	8167
吴忠市	**Wuzhong**	**355**	**648**	**1213**	**2194**	**2891**	**5041**	**5573**	**6370**
利通区	Litong	354	726	1384	2853	3974	6761	7771	8804
红寺堡区	Hongsipu							4028	4616
盐池县	Yanchi	365	534	821	1136	2005	3669	4149	4793
同心县	Tongxin	221	427	812	1194	1710	3421	3942	4533
青铜峡市	Qingtongxia	414	753	1529	2812	4019	6549	7565	8656
固原市	**Guyuan**	**195**	**352**	**553**	**928**	**1715**	**3477**	**4044**	**4690**
原州区	Yuanzhou	248	395	628	933	1727	3546	4138	4793
西吉县	Xiji	166	338	447	902	1740	3459	4016	4658
隆德县	Longde	187	383	631	1082	1696	3478	4034	4672
泾源县	Jingyuan	215	246	457	971	1508	3168	3678	4315
彭阳县	Pengyang	156	369	657	896	1764	3556	4146	4798
中卫市	**Zhongwei**					**2537**	**4439**	**5178**	**5927**
沙坡头区	Shapotou	341	702	1381	2495	3349	5358	6187	7000
中宁县	Zhongning	370	632	1470	2648	3307	5288	6076	6957
海原县	Haiyuan	201	333	470	877	1446	3111	3627	4225

注:1. 2003 年、2004 年部分市县(区)数据按最新区划调整重新进行了测算,具体包括川区、山区、银川市、石嘴山市、吴忠市、固原市、中卫市、平罗县、中宁县、同心县。2003 年以前市县(区)数是原区划数未作调整。

2. 2008 年,因区划调整,原州区黑城镇、甘城乡划归海原县;海原县兴隆乡划归同心县,徐套乡划归中宁县,兴仁乡划归沙坡头区,因此对原州区、海原县、同心县、中宁县、沙坡头区的数据进行了调整,同时对川区、山区、吴忠市、固原市、中卫市的数据也进行了相应调整。2009 年以后数据按新区划调整口径。

a)2003 and 2004, data were adjusted according newly division of some county and city, include Plain, Mountain Area, Yinchuan, Shizuishan, Wuzhong, Guyuan, Zhongwei, Pingluo, Zhongning and Tongxin.data were not adjusted on original division before 2003.

b)2008, Leicheng town, Gancheng town of Country Yuanzhou were allocated Country Haiyuan, Xinlong town of Country Haiyuan were allocated Country Tongxin, Xutao town of Country Haiyuan were allocated Country Zhongning, Xingren town of Country Haiyuan were allocated Country Shapotou, data of Country Yuanzhou, Country Haiyuan, Country Tongxin, Country Zhongning and Country Shapotou were adjusted, at the same time, data of Plain, Mountain area, Wuzhong, Guyuan, Zhongwei were adjusted.From 2009, data are newly division.

10-20 主要年份各市县农民家庭平均每人生活消费支出
Per Capital Consumption Expenditure of Rural Households by City and Country in Main Years

单位：元/人 (yuan/person)

地　区	Region	1985	1990	1995	2000	2005	2010	2011	2012
全区总计	**Total**	**264**	**486**	**1058**	**1417**	**2094**	**4013**	**4727**	**5633**
川　区	**Plain**	**320**	**657**	**1395**	**1939**	**2712**	**4914**	**6008**	**6851**
山　区	**Mountain Area**	**186**	**295**	**743**	**906**	**1624**	**3003**	**3827**	**4316**
银川市	**Yinchuan**	**383**	**810**	**1449**	**1886**	**2836**	**5394**	**6707**	**7089**
兴庆区	Xingqing					2699	5923	7007	7055
西夏区	Xixia					2175	5021	6203	7169
金凤区	Jinfeng					2749	6562	6922	8073
永宁县	Yongning	384	887	1446	1666	2871	4520	5757	6392
贺兰县	Helan	331	682	1620	2095	3164	6003	8006	8147
灵武市	Lingwu	319	594	1374	1770	2757	5277	6504	6561
石嘴山市	**Shizuishan**	**312**	**656**	**1438**	**2102**	**3187**	**4930**	**6041**	**7222**
大武口区	Dawukou						5109	6061	7261
惠农区	Huinong	299	735	1361	2469	3425	4753	5849	6464
平罗县	Pingluo	324	656	1391	2027	3126	4941	6081	7389
吴忠市	**Wuzhong**	**275**	**531**	**1201**	**1641**	**2107**	**3763**	**4604**	**5410**
利通区	Litong	286	694	1310	2345	2494	4255	5099	6274
红寺堡区	Hongsipu							5209	5699
盐池县	Yanchi	317	469	1038	1231	2513	3496	4658	5122
同心县	Tongxin	188	342	901	958	1384	3149	3770	4347
青铜峡市	Qingtongxia	294	622	1566	1849	2470	4363	5499	6330
固原市	**Guyuan**	**186**	**288**	**709**	**854**	**1680**	**3085**	**3793**	**4248**
原州区	Yuanzhou	227	330	692	985	1716	3002	4160	4209
西吉县	Xiji	181	270	622	965	1653	3332	3651	3869
隆德县	Longde	185	324	857	1110	1680	2969	3802	4384
泾源县	Jingyuan	164	221	540	804	1835	3202	4114	4982
彭阳县	Pengyang	164	297	824	753	1592	2767	3469	4549
中卫市	**Zhongwei**					**1986**	**3877**	**4916**	**5670**
沙坡头区	Shapotou	256	495	1351	1600	2142	4775	6065	7035
中宁县	Zhongning	282	472	1065	1982	2898	4932	5541	6574
海原县	Haiyuan	176	254	683	678	1288	2422	3453	3797

注：1.2003 年以前吴忠市农民人均生活消费支出包括中卫、中宁两县；

2.2003 年以前惠农区农民人均生活消费支出为原惠农县数据。

a)Before 2003, data of city wuzhong included county zhongwei and zhongning.

b)Before 2003, data of huinong district refered to the former county huinong.

10-21 各市县农村居民家庭平均每百户耐用消费品拥有量(2012 年)

地 区	Region	洗衣机(台) Washing Machine (unit)	电冰箱(台) Refrigerator (unit)	空调机(台) Air Conditioner (unit)	抽油烟机(台) Ventilator (unit)	微波炉(台) Microwave Oven (unit)	热水器(台) Water Heater (unit)	自行车(辆) Bicycle (unit)
全 区	**Total**	**91.63**	**61.13**	**0.88**	**8.88**	**6.13**	**23.38**	**109.75**
川 区	**Plain**	**96.46**	**66.63**	**0.69**	**10.70**	**8.10**	**30.74**	**169.18**
山 区	**Mountain Area**	**84.98**	**48.29**	**0.44**	**1.32**	**3.79**	**17.40**	**49.43**
银川市	**Yinchuan**	**100.68**	**79.96**	**0.58**	**16.10**	**16.25**	**37.35**	**163.23**
兴庆区	Xingqing	98.33	88.33		18.33	16.67	43.33	168.33
西夏区	Xixia	95.00	78.33	5.00	5.00	6.67	36.67	125.00
金凤区	Jinfeng	100.00	90.00		22.00	30.00	10.00	142.00
永宁县	Yongning	106.00	65.00	1.00	20.00	12.00	32.00	215.00
贺兰县	Helan	98.00	79.00		4.00	21.00	39.00	147.00
灵武市	Lingwu	101.00	91.00		25.00	13.00	50.00	139.00
石嘴山市	**Shizuishan**	**82.82**	**55.67**	**0.23**	**3.09**	**2.62**	**18.84**	**186.85**
大武口区	Dawukou	98.00	80.00	2.00	8.00	4.00	30.00	196.00
惠农区	Huinong	91.67	75.00				40.00	220.00
平罗县	Pingluo	78.00	47.00		3.00	3.00	12.00	177.00
吴忠市	**Wuzhong**	**94.79**	**74.62**	**0.49**	**6.54**	**3.41**	**33.83**	**102.77**
利通区	Litong	104.00	90.00	1.00	13.00	6.00	49.00	160.00
红寺堡区	Hongsipu	90.00	62.50		5.00	5.00	26.25	35.00
盐池县	Yanchi	73.75	72.50	1.25			25.00	16.25
同心县	Tongxin	92.00	74.00		2.00		25.00	46.00
青铜峡市	Qingtongxia	105.00	59.00		10.00	7.00	35.00	203.00
固原市	**Guyuan**	**84.41**	**33.51**	**0.61**	**1.39**	**6.03**	**14.31**	**61.08**
原州区	Yuanzhou	86.00	45.00		1.00	4.00	5.00	67.00
西吉县	Xiji	83.00	30.00	2.00	1.00	8.00	21.00	51.00
隆德县	Longde	92.50	26.25		3.75	6.25	15.00	83.75
泾源县	Jingyuan	91.67	38.33		3.33	5.00	5.00	45.00
彭阳县	Pengyang	76.00	27.00			6.00	20.00	61.00
中卫市	**Zhongwei**	**91.58**	**54.78**	**0.77**	**6.09**	**3.34**	**19.81**	**116.88**
沙坡头区	Shapotou	94.00	52.00	2.00	11.00	6.00	19.00	165.00
中宁县	Zhongning	97.50	52.50		6.67	2.50	26.67	152.50
海原县	Haiyuan	84.00	60.00			1.00	15.00	32.00

Number of Durable Consumer Goods Owned Per 100 Rural Households by City and Country(2012)

摩托车(辆) Motorcycle (unit)	电话机(部) Telephone (set)	移动电话(部) Mobile Telephone (set)	彩色电视机(台) Color TV Set (unit	黑白电视机(台) Black and White TV Set(unit)	摄像机(台) Video Camera (unit)	影碟机(台) Video Disc Player (set)	照相机(台) Camera (unit)	家用计算机(台) Computer (set)
85.25	**28.38**	**242.75**	**123.25**	**1.88**	**2.00**	**41.50**	**2.63**	**14.88**
84.29	**25.25**	**240.96**	**121.34**	**1.87**	**3.48**	**34.59**	**4.09**	**20.72**
85.00	**28.51**	**243.97**	**118.71**	**2.62**	**0.51**	**48.23**	**0.92**	**9.06**
77.27	**26.84**	**237.76**	**123.23**	**0.45**	**5.82**	**33.04**	**4.96**	**21.11**
61.67	38.33	216.67	118.33		16.67	25.00	6.67	40.00
61.67	46.67	203.33	96.67		6.67	21.67	8.33	23.33
68.00	18.00	178.00	108.00			10.00	2.00	14.00
66.00	40.00	266.00	132.00		2.00	23.00	5.00	30.00
85.00	7.00	238.00	123.00		4.00	60.00	7.00	19.00
98.00	26.00	250.00	130.00	2.00	9.00	31.00	2.00	6.00
87.24	**25.21**	**229.18**	**101.99**	**0.23**	**0.95**	**23.52**	**3.81**	**8.87**
66.00	42.00	246.00	114.00	2.00	2.00	68.00	24.00	42.00
93.33	18.33	245.00	105.00			20.00	1.67	15.00
89.00	24.00	222.00	99.00		1.00	17.00	1.00	2.00
88.15	**16.67**	**253.97**	**127.29**		**0.67**	**47.87**	**1.61**	**18.04**
81.00	31.00	247.00	138.00		1.00	41.00	3.00	29.00
83.75	3.75	286.25	117.50			51.25	2.50	15.00
93.75	11.25	275.00	118.75			5.00		8.75
97.00	12.00	234.00	122.00			69.00		12.00
82.00	12.00	263.00	130.00		2.00	62.00	3.00	20.00
78.00	**35.33**	**234.03**	**117.43**	**3.77**	**0.91**	**49.73**	**1.43**	**9.90**
84.00	29.00	249.00	121.00	6.00		71.00		9.00
91.00	49.00	221.00	120.00	3.00	3.00	25.00	1.00	8.00
66.25	41.25	260.00	118.75			47.50	3.75	17.50
48.33	25.00	203.33	116.67	11.67		56.67		11.67
73.00	24.00	232.00	109.00	1.00		58.00	3.00	8.00
93.09	**28.44**	**249.36**	**121.50**	**4.83**	**2.82**	**35.57**	**2.71**	**16.79**
80.00	13.00	256.00	118.00	10.00		40.00	4.00	28.00
110.00	41.67	228.33	128.33		10.00	20.83	4.17	19.17
94.00	35.00	260.00	120.00	3.00		43.00		2.00

主要统计指标解释

1、有关历年收入指标说明

1992年至1996年同时使用生活费收入和可支配收入。

可支配收入=实际收入-个人所得税-家庭生产副业支出

生活费收入=实际收入-赡养、赠送支出-记账补贴-亲友搭伙费-家庭生产副业支出

1997年开始可支配收入指标口径改变为：可支配收入=实际收入-个人所得税-家庭生产副业支出-记账补贴

随着社会保障体系的逐步建立，个人交纳的社会保障支出逐年增加，2002年之后可支配收入指标口径为：

可支配收入=家庭总收入-交纳个人所得税-个人交纳的社会保障支出-记账补贴。

其中家庭总收入口径小于实际收入，从2002年之后家庭总收入中不包括出售财物收入。"历年宁夏城镇居民家庭人口和收支情况表" 中的收支指标已做了同口径调整。

2、有关消费指标的说明

从2002年以后"旅游消费支出"中旅馆住宿费仍归在"杂项商品和服务"中，与旅游有关的交通、伙食等其他花费分别归入相应的消费支出项目中。同时，针对无法拆分的团体旅游花费，增加了团体旅游消费指标。

3、2002年之前城镇住户调查指标体系作过多次大范围调整，"历年宁夏城镇居民家庭人口和收支情况表"中大部分数据是按2002年指标口径调整的结果。

[现住房总建筑面积] 指调查户现住房的总建筑面积。现住房计算总建筑面积时以房屋产权证或租赁证为准，建筑面积也可按使用面积×1.333计算得出。应扣除住房中专门用于出租的建筑面积。

[家庭人口] 指居住在一起，经济上合在一起共同生活的家庭成员。凡计算为家庭人口的成员其全部收支都应包括在调查表中。

[家庭总收入] 指调查户中生活在一起的所有家庭成员在调查期得到的工资性收入、经营净收入、财产性收入、转移性收入的总和，不包括出售财物和借贷收入。收入的统计标准以实际发生的数额为准，无论收入是补发还是预发，只要是调查期得到的都应如实计算，原则上不作分摊。考虑到对样本量小的市县影响较大，大笔收入可以分摊记入，但要尽量减少分摊次数，并要在本年度内分摊完毕。

[可支配收入] 指调查户可用于最终消费支出和其他非义务性支出以及储蓄的总和，即居民家庭可以用来自由支配的收入。它是家庭总收入扣除经营性支出、交纳的个人所得税、个人交纳的社会保障费以及调查户的记账补贴后的收入。计算公式为：

可支配收入= 家庭总收入-经营性支出-交纳个人所得税-个人交纳的社会保障支出-记账补贴

[工资性收入] 指就业人员通过各种途径得到的全部劳动报酬，包括所从事主要职业的工资以及从事第二职业、其他兼职和零星劳动得到的其他劳动收入。

[经营净收入] 指家庭成员从事生产经营活动所获得的净收入。是全部生产经营收入中扣除生产成本和税金后所得的收入。如当期收入小于生产费用的开支，其差额记入"其他借贷支出"中。

[财产性收入] 指家庭拥有的动产(如银行存款、有价证券)、不动产(如房屋、土地等)所获得的收入。包括出让财产使用权所获得的利息、租金、专利收入；财产营运所获得的红利收入、财产增值收益等。

[转移性收入] 指国家、单位、社会团体对居民家庭的各种转移支付和居民家庭间的收入转移。包

括政府对个人收入转移的离退休金、失业救济金、赔偿等；单位对个人收入转移的辞退金、保险索赔、住房公积金、家庭间的赠送和赡养等。

［**家庭总支出**］ 指家庭除借贷支出以外的全部实际支出。包括消费性支出、财产性支出、转移性支出、社会保障支出、购房与建房支出。支出统计是以实际购得的商品或服务的总价值填报，不论其付款方式是一次付清、分期付款、还是赊购，只要商品或服务已被消费就要按其总价值计量。如果采用分期付款或赊购形式，则要在借贷收入类相应的项目填入实付款与总的应付款的差额。

［**消费性支出**］ 指调查户用于本家庭日常生活的全部支出，包括食品、衣着、居住、家庭设备用品及服务、医疗保健、交通和通信、娱乐教育文化服务、其他商品和服务八大类等。包括用于赠送的商品或服务。消费支出按商品(服务)的用途分类，详细解释见消费支出表。

［**食品**］ 指居民为摄取身体所需要的营养和满足某种嗜好而购买的各种消费品，包括在商店、集市、工作单位食堂和饮食业购买的主食、副食、烟草、酒、饮料以及干鲜瓜果、糖果、糕点、奶制品等。

［**衣着**］ 指各种穿着用品及加工穿着品的各种材料，包括棉、麻、丝、毛和各种人造纤维、合成纤维纺织的各种布匹、呢绒、绸缎及其加工的服装，各种鞋、袜、帽及其他零星穿着用品等。

［**居住**］ 指与居住有关的支出，包括住房、水、电、燃料方面的支出。

［**家庭设备用品及服务**］ 指家庭各类日用消费品及家庭服务。包括日用耐用消费品、室内装饰品、床上用品、家庭日用杂品、家具、家庭服务。不含个人用品和服务。

［**医疗保健**］ 指用于医疗和保健的药品、用品和服务费用。包括医疗器具、保健用品、医药费、滋补保健品、医疗保健服务及其他医疗保健费用。实行医疗改革的单位，医疗基金(医保卡)支付的全部费用记入工资及补贴收入中，同时记入相应的医疗保健支出中。个人先现金支付然后到单位报销的医疗费在记入相应消费的同时，如果是在职职工则记入工资性收入，如果是离退休职工则记入离退休金中。

［**交通和通信**］ 指用于交通和通信工具及相关的各种服务费、维修费等支出。

［**教育文化娱乐服务**］ 指调查户用于教育和文化娱乐方面的支出。

［**其他商品和服务**］ 指无法直接归入上述各类支出以外的个人用品和其他商品与服务支出。

［**服务性消费支出**］ 指调查户用于本家庭支付社会提供的各种文化和生活方面的非商品性服务费用。包括为别人付款的服务。服务消费与商品消费不同，其特点在于其劳动过程和消费过程在时间与空间上的统一。

服务性消费支出=食品加工服务费用+在外饮食 *50%+衣着加工服务费+ 家庭服务+医疗费+交通工具服务支出+交通费+通信服务+文化娱乐服务费+教育费用+房租+住房装潢支出 *40%+居住服务费+其他服务费

这一指标是派生的，由计算机根据各类消费支出的性质自动生成。

［**社会保障支出**］ 指调查户家庭成员参加国家法律、法规规定的社会保障项目中由个人交纳的保障支出。不包括职工所在单位交纳的那部分社会保障金。

［**非现金收入**］ 指居民从工作单位、政府部门、社会团体和个人(农业居民和海外亲朋)等处免费或低价(扣除自付部分)得到的各种商品及服务，自产的各种农副产品也包括其中。共分八类：食品、衣着、居住、家庭设备用品及服务、医疗保健、交通和通信、娱乐教育文化服务、其他商品和服务。

［**生产性固定资产**］ 是指生产过程中使用年限较长、单位价值较高，并在使用过程中保持原有物质形态的资产，包括厂房、机器设备等。农民家庭使用的固定资产，需同时具备两个条件，即使用年限在两年以上，单位价值在 50 元以上。在乡村企业及其他部门中，规定单位价值在 200 元以上，使用年限在一年以上。如果企业的主要设备虽低于 200 元，但使用年限在一年以上，也划为固定资产。

［**固定资产原值**］ 是指固定资产当初的购进价、新建价或开始转为固定资产的价值。自繁自养的幼畜成龄转作役畜、产品畜、种畜，按市场同类牲畜的平均价格计价。国家奖励和外单位赠送的固定资产按购置同类固定资产的价格参照其新旧程度酌情计价。

［**住房面积**］ 是指农村住户自有或租用的住房

面积。房屋中的起居室、厨房或放置灶具的地方包括在内。但不包括仓库等作为生产用途房屋面积。

[住房价值] 指房屋当初购买或新建时的价值。新建房屋的价值可按实际消耗的建筑材料和人工的报酬计算,有的地方,人工不要报酬,只管吃喝,可将吃喝的费用,当作报酬,计入房价内。原有房屋,按房屋质量和新旧程度,根据当地实际情况进行估价。对原有房屋进行大翻修的,也应考虑在内。

[家庭常住人口] 指全年经常在家或在家居住6个月以上,而且经济和生活与本户连成一体的人口。外出从业人员在外居住时间虽然在6个月以上,但收入主要带回家中,经济与本户连为一体,仍视为家庭常住人口;在家居住,生活和本户连成一体的国家职工、退休人员也为家庭常住人口。但是现役军人、中专及以上(走读生除外)的在校学生、以及常年在外(不包括探亲、看病等)且已有稳定的职业与居住场所的外出从业人员,不应当作家庭常住人口。家庭常住人口主要作为计算农村住户平均每人收入、消费和积累水平及分析家庭人口状况的依据。

[在校学生人数] 指调查期内常住人口中所有正在学校就读的学生。不包括利用业余时间学习的夜校、电大、函授学校的学生。

[整、半劳动力] 是指男子18周岁到50周岁,女子18周岁到45周岁;半劳动力是指男子16周岁到17周岁,51周岁到60周岁;女子16周岁到17周岁,46周岁到55周岁,同时具有劳动能力的人。虽然在劳动年龄之内,但已丧失劳动能力的人,不应算为劳动力;超过劳动年龄,但能经常参加劳动,计入半劳动力数内。常住人口中的职工,若这些职工为劳动力,就包括在本户的整半劳动力中。

[总收入] 指调查期内农村住户和住户成员从各种来源渠道得到的收入总和。按收入的性质划分为工资性收入、家庭经营收入、财产性收入和转移性收入。

[工资性收入] 指农村住户成员受雇于单位或个人,靠出卖劳动而获得的收入。

在非企业组织中劳动得到的收入指农村住户成员在不具备企业性质的行政事业单位和各种组织中劳动得到的收入。包括村干部和民办教师的工资(奖金、补贴),乡及以上行政、事业单位工作人员的工资(奖金、补贴)等。

在本地劳动得到的收入指农村住户成员在住户所属乡(镇)地域范围内受雇于单位或个人,靠出卖劳动而获得的收入。

常住人口外出从业得到的收入指农村住户成员到住户所属乡(镇)地域范围以外从业得到的收入。

[家庭经营收入] 指农村住户以家庭为生产经营单位进行生产筹划和管理而获得的收入。

农村住户家庭经营活动按行业划分为农业、林业、牧业、渔业、工业、建筑业、交通运输业邮电业、批发和零贸易餐饮业、社会服务业、文教卫生业和其他家庭经营。

[财产性收入] 指金融资产或有形非生产性资产的所有者向其他机构单位提供资金或将有形非生产性资产供其支配,作为回报而从中获得的收入。

[转移性收入] 指农村住户和住户成员无须付出任何对应物而获得的货物、服务、资金或资产所有权等,不包括无偿提供的用于固定资本形成的资金。一般情况下,指农村住户在二次分配中的所有收入。总支出指农村住户用于生产、生活和再分配的全部支出。家庭经营费用支出、购置生产性固定资产支出、生产性固定资产折旧、税费支出、生活消费支出、财产性支出和转移性支出。

[家庭经营费用支出] 指农村住户以家庭为基本生产经营单位从事生产经营活动而消费的商品和服务、自产自用产品。所消费的未计算为住户收入的自产自用产品,不计算为费用支出;库存的化肥、农药也不计算为本期费用支出。

[购置生产性固定资产支出] 指农村住户用于建造和购置生产性固定资产所支出的费用。

[生产性固定资产折旧]指农村住户在家庭经营生产活动中,因使用固定资产,而转移到新产品中的那部分固定资产价值。在农村住户调查中,生产性固定资产的使用年限定为15年。

[税费支出] 指农村住户以现金和实物形式缴纳的从事生产经营活动的各种税费支出。

[生活消费支出] 指农村住户用于物质生活和精神生活方面的支出。生活消费支出包括食品支出、衣着支出、居住支出、家庭设备用品及服务支出、医疗保健支出、交通和通讯支出、文化教育娱乐用品及服务支出、其他商品和服务支出。

[食品消费支出] 指农村居民年内消费各类食

品支出。包括主食、副食、其他食品、在外饮食和食品加工费支出。

[衣着消费] 指农村住户各种穿着用品及加工穿着用品的各种材料。包括棉花、丝棉、化纤棉、驼毛、棉布、各种化纤布、绸、缎、呢绒、各类成衣、棉、毛、丝、麻纺织品,背心、汗衫、棉毛衫裤、卫生衫裤、袜子等针织品,毛线、毛线织品、各种鞋、帽等消费品及衣着的加工修理费(指农村住户为加工或修补服装、鞋帽等衣着所支付的服务费)。但不包括用各种布料做的床上用品,室内装饰品。

[居住消费] 指与农村住户居住有关的所有支出。包括新建(购)房屋、房屋维修、居住服务、租赁住房所付的租金、生活用水、生活用电、用于生活的燃料等支出。

[家庭设备、用品及服务] 指农村住户消费的各种耐用消费品、其他家庭用品及用品的加工修理费用。

[医疗保健] 指农村住户用于医疗和保健的药品、医疗器械和服务费用。包括医药卫生保健用品、医疗保健服务费和医疗卫生设备、用品加工修理费等。

[交通通讯消费] 指农村住户用于交通和通讯的工具、各种服务费、维修费用支出。

[文教娱乐用品及服务] 指农村住户用于文化、教育、娱乐方面的支出。包括文化教育娱乐用品支出和文化教育娱乐服务支出。

[其他商品和服务消费] 指上述各类支出以外的商品和服务支出。

[财产性支出] 为获得其他住户财产(包括无形资产)的使用权而支付的各种费用。

[转移性支出] 指农村住户和住户成员没有获得任何对应物而支出的货物、服务、资金或资产所有权等,不包括无偿提供的用于固定资本形成的资金。一般情况下,指农村住户在二次分配中的所有支出。

[纯收入] 指农村住户当年从各个来源得到的总收入相应地扣除所发生的费用后的收入总和。纯收入主要用于再生产投入和当年生活消费支出,也可用于储蓄和各种非义务性支出。“农民人均纯收入”按人口平均的纯收入水平,反映的是一个地区或一个农户农村居民的平均收入水平。计算方法:

纯收入=总收入-家庭经营费用支出-税费支出-生产性固定资产折旧-赠送农村外部亲友支出

[可支配收入] 指农村住户获得的经过初次分配与再分配后的收入。可支配收入可用于住户的最终消费、非义务性支出以及储蓄。计算方法:

农村住户可支配收入=农村住户总收入-家庭经营费用支出-税费支出-生产性固定资产折旧-财产性支出-转移性支出

[现金收入] 指农村住户和住户成员在调查期内得到以现金形态表现的收入。按来源分成工资性收入、家庭经营现金收入、财产性收入、转移性收入。

[现金支出] 指农村住户在调查期内用于生产、生活和再分配所支付的现金。包括家庭经营费用支出、缴纳的税费、购买生产性固定资产、生活消费、财产性和转移性支出。

第十一篇 Chapter11

农业 Agriculture

责任编辑：门建军

资料整理：门建军　马　宏　张蓓蓓　马雪莲

Coordinator: Men Jianjun

Data Compilation: Men Jianjun　Ma Hong　Zhang Beibei　Ma Xuelian

11-1 农村基层基本情况
Basic Statistics on Rural Areas

年份 Year	乡镇数（个）Number of Township and Town Governments (unit)	乡数（个）Villages (unit)	镇数（个）Towns (unit)	村民委员会（个）Number of Villagers' Committees (unit)	乡村从业人员（人）Number of Rural Labor Force (person)	男 Male	女 Female	农林牧渔业从业人员（人）Number of Labor Force by Agriculture, Forestry, Animal Husbandry & Fishery (person)
1978	246			2 168	923 593			866 250
1979	247			2 189	938 000			893 000
1980	251			2 285	988 053			947 634
1985	279	256	23	2 393	1 204 841	635 125	569 716	1 085 839
1990	288	248	40	2 501	1 409 341	733 813	675 528	1 244 241
1995	295	238	57	2 595	1 625 340	859 131	766 209	1 374 338
1996	299	241	58	2 586	1 687 083	885 106	801 977	1 390 544
1997	299	239	60	2 592	1 765 858	924 490	841 368	1 453 785
1998	299	239	60	2 602	1 811 661	951 043	860 618	1 465 591
1999	299	238	61	2 607	1 865 154	1 017 345	847 809	1 527 878
2000	309	245	64	2 692	1 979 117	1 030 471	948 646	1 531 310
2001	291	233	58	2 732	2 157 431	1 050 519	1 106 912	1 527 646
2002	293	234	59	2 664	2 205 431	1 061 159	1 144 272	1 505 141
2003	188	96	92	2 627	2 084 846	1 089 837	995 009	1 458 228
2004	188	95	93	2 527	2 099 335	1 099 325	1 000 010	1 439 822
2005	191	97	94	2 382	2 119 845	1 105 616	1 014 229	1 406 424
2006	187	93	94	2 362	2 119 891	1 108 714	1 011 177	1 365 360
2007	191	93	98	2 311	2 145 829	1 127 558	1 018 271	1 377 190
2008	191	93	98	2 308	2 187 344	1 150 221	1 037 123	1 330 237
2009	191	93	98	2 319	2 184 155	1 152 847	1 031 308	1 275 900
2010	192	93	99	2 319	2 180 276	1 147 579	1 032 697	1 250 915
2011	193	92	101	2 283	2 185 736	1 144 385	1 041 351	1 239 417
2012	192	91	101	2 263	2 142 942	1 137 595	1 005 347	1 204 700

11-2 农业机械拥有量
Major Agriculture Machinery

年份 Year	农业机械总动力（万瓦特）Total Agricultural Machinery Power (10 000w)	大中型拖拉机（混合台）Number of Large and Mediumsized Agricultural Tractors (unit)	小型及手扶拖拉机（台）Small and Walking Tractors (unit)	大中型配套农具（部）Number of Large and Mediumsized Farm Machinery (unit)	农用排灌动力机械（混合台）Number of Diesel Engines (unit)	联合收割机（台）Combine Harvester (unit)
1978		4 655	12 088			147
1979		5 478	15 114			190
1980		5 811	16 442			252
1985		5 848	42 384	6 622	9 003	215
1990	191 105	5 966	83 934	6 084	10 611	169
1991	202 687	6 200	93 400	6 011	11 449	233
1992	212 126	5 481	100 245	6 030	10 653	245
1993	217 581	4 693	105 319	5 598		228
1994	228 601	4 433	110 137	5 236		294
1995	241 463	3 822	115 196	4 780		307
1996	255 986	3 667	119 880			
1997	288 432	3 588	129 023		12 951	473
1998	316 183	3 620	132 335			634
1999	377 934	3 897	149 470			1 346
2000	380 633	4 774	157 061			1 689
2001	407 623	4 887	163 059			1 856
2002	447 513	5 734	169 856	8 083		1 996
2003	486 339	7 534	167 005	9 516	20 857	1 994
2004	528 493	12 084	169 150	13 613	26 325	1 955
2005	555 144	13 245	168 563	14 127	25 173	2 191
2006	592 197	15 207	169 951	18 469	26 158	2 718
2007	629 779	15 414	170 327	29 006	27 357	3 095
2008	657 846	18 752	173 062	33 673	29 818	3 374
2009	702 548	22 121	178 935	43 656	27 565	4 983
2010	729 125	27 962	179 866	51 489	27 733	6 333
2011	768 740	32 085	184 148	61 449	37 033	6 014
2012	811 291	37 837	182 957	70 771	37 081	6 876

11-3 农业施肥量及农村用电量

Consumption of Chemical Fertilizers and Electricity in Rural Areas

年份 Year	化肥施用量（万吨） Consumption of Chemical Fertilizers（10 000 tons）	氮肥 Nitrogenous Fertilizer	磷肥 Phosphate Fertilizer	钾肥 Potash Fertilizer	复合肥 Compound Fertilizer	农村用电量（万千瓦小时） Electricity Consumed in Rural Areas（10 000 kwh）
1978	22.8					10 541
1979	20.1					12 255
1980	17.7					15 134
1985	23.2					19 478
1990	46.1	32.1	9.2	0.1	4.7	38 570
1991	48.8	33.4	9.9	0.2	5.3	45 293
1992	51.9	35.4	10.0	0.3	6.2	48 676
1993	50.8	33.8	10.3	0.3	6.4	47 733
1994	55.2	35.8	12.4	0.3	6.7	53 795
1995	61.7	39.6	14.4	0.3	7.4	55 631
1996	67.8	43.7	15.8	0.2	8.1	65 476
1997	69.2	43.9	16.1	0.2	9.0	72 665
1998	74.5	46.2	18.1	0.4	9.8	73 474
1999	75.5	46.5	17.8	0.5	10.7	77 597
2000	76.9	46.9	18.3	0.6	11.1	79 392
2001	78.4	48.2	17.8	0.8	11.6	78 616
2002	79.5	48.8	17.9	0.8	11.8	82 273
2003	80.1	46.9	15.6	1.1	12.5	85 800
2004	84.2	47.9	19.5	1.6	15.2	89 980
2005	86.9	46.0	20.2	1.8	18.9	92 507
2006	90.6	48.2	21.4	2.2	18.8	101 059
2007	95.5	50.1	22.0	2.4	21.1	106 276
2008	95.9	50.2	22.8	2.9	20.1	109 471
2009	96.7	50.2	22.0	3.4	21.1	101 055
2010	102.6	53.5	22.7	3.4	22.9	109 588
2011	103.3	53.3	23.2	3.7	23.1	120 090
2012	106.6	54.7	24.1	3.5	24.3	127 507

注：化肥施用量为实物量。

a)Data on Consumption of Chemical Fertilizers refer to the Practical quantity.

11-4 农林牧渔业总产值、中间消耗及增加值

Gross Output, Intermediate Consumption and Added Value of Agriculture, Forestry, Animal Husbandry and Fishery

单位:万元 (10 000 yuan)

指 标	Item	1995	2000	2005	2010	2011	2012
农林牧渔业总产值	**Gross Output Value of Agriculture, Forestry, Animal Husbandry and Fishery**	**565 493**	**777 525**	**1 379 973**	**3 059 382**	**3 546 803**	**3 851 490**
农 业	Agriculture	381 301	469 905	789 410	1 951 448	2 236 051	2 404 647
林 业	Forestry	9 688	31 137	55 645	86 774	93 206	97 655
牧 业	Animal Husbandry	162 897	257 488	459 969	821 343	975 986	1 057 236
渔 业	Fishery	11 607	18 995	39 781	80 376	102 370	133 627
农林牧渔服务业	Output Value of Services for Agriculture, Forestry, Animal Husbandry and Fishery			35 168	119 441	139 190	158 325
农林牧渔业中间消耗	**Intermediate consumption of Agriculture, Forestry, Animal Husbandry and Fishery**	**211 539**	**318 047**	**657 556**	**1 466 481**	**1 705 435**	**1 857 453**
农 业	Agriculture	128 952	162 335	318 105	846 148	970 670	1 045 801
林 业	Forestry	3 674	15 463	34 658	55 925	60 127	63 162
牧 业	Animal Husbandry	69 122	125 528	258 738	472 026	561 582	609 221
渔 业	Fishery	5 546	9 274	22 879	49 383	62 947	82 194
农林牧渔服务业	Output Value of Services for Agriculture, Forestry, Animal Husbandry and Fishery			5 134	42 999	50 109	57 075
农林牧渔业增加值	**Value-added of Agriculture, Forestry, Animal Husbandry and Fishery**	**353 954**	**459 478**	**722 417**	**1 592 901**	**1 841 368**	**1 994 037**
农 业	Agriculture	248 581	303 291	463 478	1 105 300	1 265 381	1 358 846
林 业	Forestry	5 987	15 628	20 770	30 849	33 079	34 493
牧 业	Animal Husbandry	93 356	131 024	198 719	349 317	414 404	448 015
渔 业	Fishery	6 030	9 535	16 761	30 993	39 423	51 433
农林牧渔服务业	Output Value of Services for Agriculture, Forestry, Animal Husbandry and Fishery			22 689	76 442	89 081	101 250

注:本表按当年价格计算。

a)Data in this table are calculated at current price.

11-5 主要年份农林牧渔业总产值

Gross Output Value of Agriculture, Forestry, Animal Husbandry and Fishery in Main Years

单位:万元　　(10 000 yuan)

年份 Year	农林牧渔业总产值 Gross Output of Agriculture, Forestry, Animal Husbandry and Fishery	农业 Agriculture	林业 Forestry	牧业 Animal Husbandry	渔业 Fishery	农林牧渔服务业 Output Value of Services for Agriculture, Forestry, Animal Husbandry and Fishery
1950	11 445	8 939	17	2 488		
1955	20 140	15 937	87	4 117		
1960	17 897	14 674	407	2 787	30	
1965	30 489	25 044	395	5 013	37	
1970	27 970	22 708	474	4 759	29	
1975	46 002	36 710	1 089	8 182	22	
1978	48 133	37 893	1 505	8 714	22	
1980	64 139	52 945	2 441	8 699	54	
1985	120 164	88 619	8 035	22 903	607	
1990	246 887	175 113	13 186	53 974	4 614	
1995	565 493	381 301	9 688	162 897	11 607	
2000	777 525	469 905	31 137	257 488	18 995	
2001	852 989	493 901	34 999	302 896	21 193	
2002	924 917	528 801	51 391	320 370	24 355	
2003	1 005 247	541 303	74 569	363 502	25 873	
2004	1 255 202	712 966	61 978	412 390	35 868	32 000
2005	1 379 973	789 410	55 645	459 969	39 781	35 168
2006	1 481 763	905 543	50 245	419 817	41 159	65 000
2007	1 829 477	1 111 213	56 894	532 784	51 586	77 000
2008	2 272 018	1 311 389	74 756	730 697	60 376	94 800
2009	2 435 033	1 467 825	83 828	706 736	70 456	106 189
2010	3 059 382	1 951 448	86 774	821 343	80 377	119 441
2011	3 546 803	2 236 051	93 206	975 986	102 370	139 190
2012	3 851 490	2 404 647	97 655	1 057 236	133 627	158 325

注:1.2006-2007 年数据与第二次全国农业普查进行了衔接;

2.本表按当年价格计算。

a)From 2006 to 2007, agricultural products were adjusted according to the Second National Agricultural Censes.

b)Data in this table are calculated at current price.

11-6 农林牧渔业总产值指数
Agriculture, Forestry, Animal Husbandry and Fishery Related Indices

(按可比价格计算,以1952年为100) (constant price, 1952=100)

年份 Year	农林牧渔业总产值 Gross Output Value of Agriculture, Forestry, Animal Husbandry and Fishery	农业 Agriculture	林业 Forestry	牧业 Animal Husbandry	渔业 Fishery	农林牧渔服务业 Output Value of Services for Agriculture, Forestry, Animal Husbandry and Fishery
1950	72.76	72.95	30.51	76.59		
1955	128.03	128.34	150.75	124.45		
1960	122.77	106.92	666.22	121.24		
1965	179.40	163.24	573.90	194.81		
1970	166.33	146.06	686.78	183.94		
1975	220.59	203.97	820.03	215.94		
1978	232.97	208.11	1 119.27	228.72		
1980	253.48	238.03	1 222.06	205.21		
1985	384.50	332.53	2 308.96	362.98		
1990	480.99	435.55	1 400.54	515.51		
1995	563.14	475.08	695.60	808.94		
2000	829.92	631.53	1 327.03	1 380.49		
2001	896.16	668.80	1 054.14	1 339.12		
2002	965.91	713.41	2 213.55	1 595.05		
2003	1 049.80	730.28	3 211.84	1 809.79		
2004	1 131.68	828.87	2 758.97	1 855.03		
2005	1 201.84	886.06	2 477.56	1 994.16		
2006	1 283.57	942.77	2 237.24	2 157.68		
2007	1 373.42	1 001.22	2 499.00	2 308.72		
2008	1 493.85	1 092.97	3 012.49	2 447.12		
2009	1 616.34	1 186.96	3 377.00	2 601.29		
2010	1 742.42	1 304.47	3 498.57	2 697.53		
2011	1 831.28	1 373.61	3 757.46	2 773.06		
2012	1 941.16	1 450.53	3 937.82	2 908.94		

11-7 农林牧渔业总产值指数

Agriculture, Forestry, Animal Husbandry and Fishery Related Indices

(按可比价格计算,以上年为100) (Constant price, preceding year=100)

年份 Year	农林牧渔业总产值 Gross Output Value of Agriculture, Forestry, Animal Husbandry and Fishery	农业 Agriculture	林业 Forestry	牧业 Animal Husbandry	渔业 Fishery	农林牧渔服务业 Output Value of Services for Agriculture, Forestry, Animal Husbandry and Fishery
1950	106.5	106.2		103.1		
1960	84.1	77.6	105.5	99.4	93.3	
1965	114.8	111.8	109.5	127.3	108.8	
1970	97.3	93.5	107.2	104.2	91.0	
1975	96.7	90.3	131.2	112.2	101.4	
1978	112.5	112.5	138.8	102.5	108.3	
1980	114.1	123.2	98.8	93.9	106.5	
1985	102.5	102.8	79.0	125.6	138.2	
1990	104.3	101.0	127.3	109.4	108.0	
1995	105.6	100.5	101.5	118.9	109.9	
2000	103.8	97.7	128.4	112.5	114.7	
2001	108.0	105.9	109.3	111.0	111.8	
2002	107.8	106.7	152.6	104.1	117.7	
2003	108.7	102.4	145.1	113.5	106.2	
2004	107.8	113.5	85.9	102.5	117.9	110.0
2005	106.2	106.9	89.8	107.5	104.2	108.3
2006	106.8	106.4	90.3	108.2	114.1	115.3
2007	107.0	106.2	111.7	107.0	110.1	112.5
2008	108.8	109.2	120.5	106.0	109.7	113.0
2009	108.2	108.6	112.1	106.3	111.5	111.3
2010	107.8	109.9	103.6	103.7	111.2	108.0
2011	105.1	105.3	107.4	102.8	115.6	109.6
2012	106.0	105.6	104.8	104.9	116.3	111.5

11-8 耕地面积、造林面积和播种面积

Cultivated Areas, Afforested Areas and Sown Area

单位:万公顷 (10 000 hectare)

年份 Year	年末耕地面积 Cultivated Land at Year End	水 田 Paddy Fields	旱 田 Dry Fields	水浇地 Irrigated Fields	当年造林面积 Afforestation Area This Year	农作物总播种面积 Total Sown Area	粮食作物播种面积 Sown Area of Grain Crops
1950	71.7					50.4	43.9
1955	83.9				0.1	70.7	59.2
1960	93.2				0.7	94.3	77.1
1965	92.3				1.2	90.9	77.2
1970	90.6				0.5	88.3	77.0
1975	91.4				0.6	88.0	75.8
1978	89.1				1.4	90.2	76.4
1980	89.6				1.1	89.6	75.7
1985	79.5	14.1	65.4	10.3	4.0	82.8	65.0
1990	79.6	17.5	62.1	8.5	0.9	88.9	72.4
1995	80.7	17.1	63.6	10.6	2.6	95.6	76.2
2000	129.3	19.8	109.5	20.0	8.2	102.4	81.5
2001	129.9	21.1	108.8	19.5	9.9	98.1	75.5
2002	121.2	21.2	100.0	19.8	18.2	107.9	81.2
2003	111.9	18.2	93.7	23.0	29.5	112.9	80.4
2004	110.5	15.2	95.3	25.5	16.3	115.8	79.2
2005	111.4	17.0	94.4	25.3	11.2	109.9	77.6
2006	111.6	16.3	95.3	22.2	5.5	110.9	79.4
2007	111.7	19.0	92.7	23.6	5.7	119.0	85.6
2008	112.8	19.3	93.5	24.1	9.0	121.0	82.6
2009	113.6	19.0	94.6	26.5	9.0	122.7	82.7
2010	113.5	18.8	94.7	24.2	9.5	124.8	84.4
2011	113.3	18.9	94.4	24.3	9.0	126.0	85.2
2012	113.2	18.8	94.3	24.3	9.5	128.0	82.8

注:1.2000 年以后的耕地面积为土地详查数;

2.2006-2007 年数据与第二次全国农业普查进行了衔接。

a)Since 2000, the cultivated land detailed survey for the number.

b)From 2006 to 2007, agricultural products were adjusted according to the Second National Agricultural Censes.

11-9 主要农产品产量
Output of Major Farm Products

单位:万千克 (10 000 kg)

年份 Year	粮食 Grain	稻谷 Rice	小麦 Wheat	玉米 Corn	油料 Oil-bearing Crops
1950	33 512	5 012	6 877		2 111
1955	62 061	11 145	17 922		4 181
1960	46 701	8 557	18 648		1 310
1965	83 334	13 215	37 540	660	3 088
1970	72 036	16 634	22 176		2 852
1975	109 470	26 965	46 843	2 041	2 446
1978	116 981	27 785	47 901	5 698	2 568
1980	120 357	32 915	49 469	8 545	3 599
1985	139 534	41 889	58 553	14 214	5 338
1990	191 703	54 300	78 000	37 600	6 243
1995	203 253	46 153	68 870	60 849	5 591
2000	252 742	62 376	74 462	81 955	6 990
2001	274 795	61 821	83 603	94 772	7 345
2002	301 914	65 669	96 116	104 272	10 880
2003	270 174	37 042	75 614	119 926	13 175
2004	290 488	52 462	80 419	117 689	13 801
2005	299 809	61 058	79 414	121 415	12 209
2006	322 410	76 600	83 300	127 100	8 433
2007	323 500	60 500	61 600	146 600	7 747
2008	329 240	66 381	64 074	149 940	13 557
2009	340 703	64 554	73 563	156 382	13 647
2010	356 510	69 986	70 333	165 805	20 845
2011	358 947	70 755	62 976	172 456	18 410
2012	375 034	71 326	62 045	191 177	18 032

注:1.2000 年起粮食总产量及稻谷、小麦、玉米产量为抽样调查数;

2.2006-2007 年数据与第二次全国农业普查进行了衔接。

a)Data in this table are obtained from the sample surveys on total grain, rice, wheat and corn after 2000.

b)From 2006 to 2007, agricultural products were adjusted according to the Second National Agricultural Censes.

11-10 主要农产品产量及单位面积产量

指 标	Item	1990		2000	
		总产量（吨）Total Yield (ton)	单位产量（千克/公顷）Unit Yield (kg/hectare)	总产量（吨）Total Yield (ton)	单位产量（千克/公顷）Unit Yield (kg/hectare)
粮 食	Grain	1 917 028	2 655	2 527 416	3 132
稻 谷	Rice	543 000	9 004	623 764	8 130
小 麦	Wheat	780 000	2 540	744 618	2 546
玉 米	Corn	376 000	4 980	819 549	6 252
大 豆	Soybean	24 477	638	30 226	804
薯 类	Tubers	83 574	1 898	162 206	2 138
油 料	Oil-bearing Crops	62 434	642	69 897	891
胡麻籽	Rapeseeds	43 766	647	25 190	619
药 材	Medicinal Materials	369	1 726	15 852	2 588
蔬 菜	Vegetables	668 768	41 808	1 504 057	30 553
瓜果类	Melons	142 742	36 851	280 266	23 820
水 果	Fruits	55 208	2 070	193 155	4 402
苹 果	Apples	34 768	1 620	159 462	7 340

注：粮食总产量及稻谷、小麦、玉米、薯类产量为抽样数，其余为全面统计数据。

Output of Major Farm Products Per Hectare

2010		2011		2012	
总产量 （吨） Total Yield （ton）	单位产量 （千克/公顷） Unit Yield （kg/hectare）	总产量 （吨） Total Yield （ton）	单位产量 （千克/公顷） Unit Yield （kg/hectare）	总产量 （吨） Total Yield （ton）	单位产量 （千克/公顷） Unit Yield （kg/hectare）
3 565 096	4 224	3 589 471	4 211	3 750 337	4 528
699 862	8 416	707 553	8 429	713 259	8 457
703 325	3 327	629 759	3 116	620 447	3 467
1 658 047	7 422	1 724 557	7 440	1 911 770	7 775
9 546	583	7 318	585	8 302	526
425 016	1 915	445 208	1 983	422 442	1 958
208 453	2 110	184 097	2 077	180 321	2 040
66 911	1 327	74 805	1 567	74 025	1 544
48 388	5 196	63 201	5 491	62 110	5 746
4 074 160	40 187	4 387 053	40 887	4 711 062	42 224
1 639 426	20 398	1 648 193	20 058	1 700 648	20 906
649 158	5 434	724 650	5 801	804 731	6 177
354 421	8 766	408 903	10 107	489 412	12 294

a)Data in this table are obtained from the sample surveys on total grain, rice, wheat, corn and tubers. The rest of comprehensive statistics.

11-11 主要畜产品产量

指　标	Item	单位	Unit
当年出栏肉猪头数	Slaghtered Fattened Hogs This Year	万头	10 000 heads
当年出售和自宰的肉用牛	Beef Cattle for Sale and Self-use This Year	万头	10 000 heads
当年出售和自宰的肉用羊	Mutton Sheep for Sale and Self-use This Year	万头	10 000 heads
当年出售和自宰的家禽	Poultry for Sale and Self-use This Year	万只	10 000 heads
当年肉类总产量	Total Output of Meat This Year	万吨	10 000 tons
猪肉产量	Pork	万吨	10 000 tons
牛肉产量	Beef	万吨	10 000 tons
羊肉产量	Mutton	万吨	10 000 tons
奶类产量	Milk	万吨	10 000 tons
牛奶	Cow Milk	万吨	10 000 tons
山羊毛产量	Goat Wool	吨	ton
绵羊毛产量	Sheep Wool	吨	ton
羊绒产量	Cashmere	吨	ton
蜂蜜产量	Honey	吨	ton
禽蛋产量	Poultry Eggs	万吨	10 000 tons
水产品产量	Aquatic Products	吨	ton

11-12 造林面积

指　标	Item	单位	Unit
当年造林面积	Afforestation Area This Year	公顷	hectare
按主要林种用途分	Grouped by Different Use of Forest		
用材林	Timber Forest	公顷	hectare
经济林	Economic Forest	公顷	hectare
防护林	Windbreak	公顷	hectare
薪炭林	Firewood Forest	公顷	hectare
在当年造林面积中:飞机播种	Aircraft Seeding	公顷	hectare
村及村以下合作组织及农用木材采伐量	Logging of Village and Under Village Level Cooperative Association and Agriculture Use	立方米	cu.m

Output of Major Livestock Products

1980	1990	2000	2010	2011	2012
32.7	59.1	147.1	120.2	99.7	103.3
0.5	4.4	28.2	52.1	52.0	57.0
42.9	104.7	234.0	425.3	443.9	474.9
		1 859.5	1 135.1	1 148.0	1 141.0
1.9	6.8	19.0	25.7	25.3	26.5
1.5	4.1	9.3	8.5	7.3	7.7
0.0	0.5	3.3	7.5	7.5	7.9
0.4	1.7	3.3	7.3	7.9	8.5
0.4	4.1	23.6	84.5	96.1	103.5
0.4	4.1	23.6	84.5	96.1	103.5
336	290	715	535	623	796
2 675	3 780	4 703	6 889	7 612	8 317
139	158	364	378	448	450
427	517	807	826	864	946
	2.2	7.6	7.2	7.3	6.2
309	10 217	36 983	90 035	105 422	123 538

Afforested Areas

1980	1990	2000	2010	2011	2012
11 761	9 402	81 583	94 932	90 478	94 814
5 079	2 648		1 608	1 630	
257	338	10 528	25 153	21 472	9 006
5 457	5 573	71 035	68 121	67 376	85 808
	842				
		17 235			
21 708	242 811	12 146	3 587	2 312	3 977

11-13 各市县农村基层基本情况(2012年)

Basic Statistics on Grassroots Units by City and Country(2012)

地区	Region	农村基层组织(个) Primary Organization of Rural Area (unit)			农村基础设施(个) Infrastructure of Rural Area(unit)			乡村从业人员(人) Number of Rural Labor Force (person)	农林牧渔业 Agriculture, Forestry, Animal Husbandry and Fishery
		乡镇数 Number of Township and Town Govern-ments	镇数 Towns	村委会数 Villager's Committees	自来水受益村 Number of Villages Benefit from Using Tap Water	通汽车村 Number of Villages Openning Bus Line	通电话村 Number of Villages Openning Telephone		
全区总计	**Total**	**192**	**101**	**2 263**	**1 575**	**2 260**	**2 261**	**2 142 942**	**1 204 700**
银川市	**Yinchuan**	**27**	**21**	**271**	**248**	**271**	**271**	**350 249**	**202 191**
银川市	District	8	6	71	71	71	71	93 125	59 693
永宁县	Yongning	6	5	69	49	69	69	90 482	51 242
贺兰县	Helan	5	4	59	59	59	59	79 786	51 964
灵武市	Lingwu	8	6	72	69	72	72	86 856	39 292
石嘴山市	**Shizuishan**	**20**	**11**	**193**	**193**	**193**	**193**	**168 004**	**94 958**
石嘴山市	District	7	4	50	50	50	50	51 279	18 568
平罗县	Pingluo	13	7	143	143	143	143	116 725	76 390
吴忠市	**Wuzhong**	**43**	**29**	**515**	**365**	**512**	**515**	**513 868**	**284 683**
利通区	Litong	12	8	105	98	105	105	143 277	63 514
红寺堡区	Hongsipu	4	2	62	62	62	62	74 187	53 667
盐池县	Yanchi	8	4	96	73	96	96	61 613	33 444
同心县	Tongxin	11	7	170	50	167	170	134 504	72 102
青铜峡市	Qingtongxia	8	8	82	82	82	82	100 287	61 956
固原市	**Guyuan**	**62**	**19**	**836**	**502**	**836**	**836**	**572 974**	**353 624**
原州区	Yuanzhou	11	7	150	108	150	150	145 768	87 611
西吉县	Xiji	19	3	303	82	303	303	196 108	115 498
隆德县	Longde	13	3	118	116	118	118	70 961	49 205
泾源县	Jingyuan	7	3	109	101	109	109	44 240	22 983
彭阳县	Pengyang	12	3	156	95	156	156	115 897	78 327
中卫市	**Zhongwei**	**40**	**21**	**448**	**267**	**448**	**446**	**537 847**	**269 244**
沙坡头区	Shapotou	12	10	160	116	160	160	181 424	98 309
中宁县	Zhongning	11	6	120	75	120	118	156 952	93 141
海原县	Haiyuan	17	5	168	76	168	168	199 471	77 794

11-14 各市县农用化肥施用量(2012年)
Consumption of Chemical Fertilizers by City and Country(2012)

单位:吨 (ton)

地 区	Region	农用化肥施用量 Consumption of Chemical Fertilizer	氮 肥 Nitrogenous Fertilizer	磷 肥 Phosphate Fertilizer	钾 肥 Potash Fertilizer	复合肥 Compound Fertilizer
全区总计	**Total**	**1 065 993**	**547 253**	**240 842**	**35 230**	**242 668**
银 川 市	**Yinchuan**	**249 526**	**155 028**	**35 978**	**8 942**	**49 578**
银 川 市	District	80 419	49 660	14 718	3 556	12 485
永 宁 县	Yongning	55 711	37 861	5 451	2 098	10 301
贺 兰 县	Helan	73 852	49 133	9 760	2 255	12 704
灵 武 市	Lingwu	39 544	18 374	6 049	1 033	14 088
石嘴山市	**Shizuishan**	**183 349**	**99 214**	**32 193**	**8 984**	**42 958**
石嘴山市	District	47 688	28 038	8 736	840	10 074
平 罗 县	Pingluo	135 661	71 176	23 457	8 144	32 884
吴 忠 市	**Wuzhong**	**243 068**	**139 899**	**43 638**	**9 224**	**50 307**
利 通 区	Litong	66 717	37 252	13 794	4 402	11 269
红寺堡区	Hongsipu	34 712	14 263	6 443	150	13 856
盐 池 县	Yanchi	12 482	6 159	1 978	995	3 350
同 心 县	Tongxin	35 658	21 388	7 565	295	6 410
青铜峡市	Qingtongxia	93 499	60 837	13 858	3 382	15 422
固 原 市	**Guyuan**	**190 099**	**44 586**	**104 758**	**862**	**39 893**
原 州 区	Yuanzhou	27 260	8 163	9 073	224	9 800
西 吉 县	Xiji	87 531	13 065	57 463	200	16 803
隆 德 县	Longde	23 931	6 229	15 337		2 365
泾 源 县	Jingyuan	7 431	1 745	1 011	432	4 243
彭 阳 县	Pengyang	43 946	15 384	21 874	6	6 682
中 卫 市	**Zhongwei**	**199 951**	**108 526**	**24 275**	**7 218**	**59 932**
沙坡头区	Shapotou	51 595	27 561	6 157	2 773	15 104
中 宁 县	Zhongning	127 690	72 162	11 404	4 430	39 694
海 原 县	Haiyuan	20 666	8 803	6 714	15	5 134

注:按实物量计算。

a)Data refer to the practical quantity.

11-15 各市县农林牧渔业总产值(2012 年)
Gross Output Value of Agriculture, Forestry, Animal Husbandry and Fishery by City and Country(2012)

单位:万元　　(按现行价格计算)(calculated at current price)　　(10 000 yuan)

地　区	Region	农林牧渔业总产值 Gross Output Value of Agriculture, Forestry, Animal Husbandry and Fishery	农 业 Agriculture	林 业 Forestry	牧 业 Animal Husbandry	渔 业 Fishery	农林牧渔服务业 Output Value of Services for Agriculture, Forestry, Animal Husbandry and Fishery	农林牧渔业总产值指数(上年=100) Indices of Gross Output (preceding year=100)
全区总计	**Total**	**3 851 490**	**2 404 647**	**97 655**	**1 057 236**	**133 627**	**158 325**	**106.0**
银 川 市	**Yinchuan**	**951 769**	**591 855**	**14 732**	**235 317**	**62 908**	**46 956**	**106.0**
银 川 市	District	305 752	175 056	3 070	87 659	14 037	25 930	104.1
永 宁 县	Yongning	221 642	154 046	2 425	48 309	10 062	6 800	106.6
贺 兰 县	Helan	252 756	173 609	1 009	36 359	34 866	6 912	107.4
灵 武 市	Lingwu	171 620	89 144	8 229	62 990	3 943	7 314	106.8
石嘴山市	**Shizuishan**	**419 402**	**290 316**	**5 361**	**73 208**	**37 244**	**13 273**	**105.0**
石嘴山市	District	118 136	75 166	2 550	25 731	9 216	5 473	103.7
平 罗 县	Pingluo	301 266	215 150	2 811	47 477	28 028	7 800	105.5
吴 忠 市	**Wuzhong**	**915 022**	**473 179**	**23 574**	**369 785**	**14 227**	**34 256**	**106.8**
利 通 区	Litong	284 004	127 844	3 028	136 246	2 836	14 050	107.8
红寺堡区	Hongsipu	70 041	50 548	4 773	12 239		2 480	106.1
盐 池 县	Yanchi	109 652	41 529	9 038	53 546	83	5 456	105.6
同 心 县	Tongxin	191 503	102 221	3 765	80 717		4 800	106.6
青铜峡市	Qingtongxia	259 822	151 038	2 970	87 037	11 308	7 470	106.6
固 原 市	**Guyuan**	**793 117**	**497 184**	**42 409**	**211 106**	**197**	**42 221**	**106.8**
原 州 区	Yuanzhou	230 319	158 452	7 942	51 434		12 491	107.6
西 吉 县	Xiji	217 250	151 680	5 875	47 411	197	12 088	107.1
隆 德 县	Longde	87 545	54 757	3 233	25 265		4 290	107.8
泾 源 县	Jingyuan	57 790	15 572	11 051	23 126		8 040	106.6
彭 阳 县	Pengyang	200 213	116 723	14 308	63 870		5 312	105.0
中 卫 市	**Zhongwei**	**772 180**	**552 113**	**11 579**	**167 819**	**19 051**	**21 618**	**104.6**
沙坡头区	Shapotou	318 211	236 148	5 128	54 510	13 967	8 458	101.5
中 宁 县	Zhongning	279 740	197 650	3 830	65 275	5 027	7 958	106.8
海 原 县	Haiyuan	174 230	118 315	2 621	48 034	58	5 202	107.1

11-16 各市县农林牧渔业增加值（2012 年）
Value-added of Agriculture, Forestry, Animal Husbandry and Fishery by City and Country(2012)

单位：万元　　（按现行价格计算）(calculated at current price)　　(10 000 yuan)

地　区	Region	农林牧渔业增加值 Value Added of Agriculture, Forestry, Animal Husbandry and Fishery	农 业 Agriculture	林 业 Forestry	牧 业 Animal Husbandry	渔 业 Fishery	农林牧渔服务业 Output Value of Services for Agriculture, Forestry, Animal Husbandry and Fishery	农林牧渔业增加值指数（上年=100） Indices of Value Added of Agriculture, Forestry, Animal Husbandry and Fishery (preceding year=100)
全区总计	**Total**	**1 994 037**	**1 358 846**	**34 493**	**448 015**	**51 433**	**101 250**	**105.8**
银川市	**Yinchuan**	**509 518**	**357 212**	**5 193**	**93 704**	**23 401**	**30 008**	**105.7**
银川市	District	169 972	112 120	1 101	35 020	5 118	16 613	104.9
永宁县	Yongning	120 003	92 397	820	18 565	3 879	4 342	106.7
贺兰县	Helan	131 524	99 803	356	14 161	12 813	4 391	106.5
灵武市	Lingwu	88 019	52 893	2 915	25 958	1 591	4 662	104.9
石嘴山市	**Shizuishan**	**223 737**	**169 594**	**1 931**	**29 028**	**14 728**	**8 456**	**104.7**
石嘴山市	District	61 377	43 643	936	9 762	3 562	3 474	103.4
平罗县	Pingluo	162 360	125 951	995	19 266	11 165	4 983	105.2
吴忠市	**Wuzhong**	**468 910**	**263 047**	**8 475**	**169 999**	**5 469**	**21 920**	**106.3**
利通区	Litong	147 860	66 888	1 123	69 697	1 160	8 992	107.4
红寺堡区	Hongsipu	36 679	28 757	1 428	4 907		1 587	105.4
盐池县	Yanchi	52 065	22 659	3 343	22 538	33	3 492	105.4
同心县	Tongxin	90 951	51 423	1 512	34 951		3 065	106.3
青铜峡市	Qingtongxia	141 354	93 320	1 068	37 906	4 276	4 784	105.7
固原市	**Guyuan**	**381 208**	**251 648**	**14 962**	**87 493**	**72**	**27 034**	**106.8**
原州区	Yuanzhou	111 540	81 555	2 838	19 171		7 976	107.6
西吉县	Xiji	106 235	75 764	2 184	20 496	72	7 718	107.1
隆德县	Longde	39 540	24 537	1 197	11 046		2 761	107.7
泾源县	Jingyuan	24 454	6 960	3 989	8 318		5 188	105.8
彭阳县	Pengyang	99 440	62 832	4 754	28 462		3 392	105.6
中卫市	**Zhongwei**	**410 665**	**317 345**	**3 934**	**67 791**	**7 763**	**13 832**	**105.3**
沙坡头区	Shapotou	174 644	142 201	1 623	19 655	5 766	5 399	103.5
中宁县	Zhongning	145 395	110 651	1 349	26 338	1 977	5 081	106.4
海原县	Haiyuan	90 625	64 494	962	21 798	21	3 352	107.1

11-17 各市县农作物播种面积（2012年）

单位：公顷

地区	Region	农作物总播种面积 Total Sown Area	粮食播种面积 Sown Area of Grain Crops					
			合计 Total	稻谷 Rice	小麦 Wheat	玉米 Corn	薯类 Tubers	豆类 Soybeans
全区总计	**Total**	**1 280 275**	**828 271**	**84 340**	**178 980**	**245 896**	**215 702**	**39 673**
银川市	**Yinchuan**	**165 457**	**121 144**	**46 327**	**23 991**	**45 538**		**5 129**
银川市	District	42 086	27 711	12 118	3 018	12 575		
永宁县	Yongning	43 704	35 388	7 001	11 043	16 598		746
贺兰县	Helan	50 318	32 886	15 714	7 761	9 069		183
灵武市	Lingwu	29 349	25 159	11 494	2 169	7 296		4 200
石嘴山市	**Shizuishan**	**97 811**	**66 909**	**13 205**	**15 200**	**37 899**		**585**
石嘴山市	District	27 146	13 089	654	3 118	9 286		11
平罗县	Pingluo	70 665	53 820	12 551	12 082	28 613		574
吴忠市	**Wuzhong**	**309 366**	**213 396**	**14 405**	**49 225**	**66 108**	**30 350**	**10 699**
利通区	Litong	39 639	25 241	5 831	7 190	10 525		1 695
红寺堡区	Hongsipu	33 059	22 127		3 357	10 311	4 670	953
盐池县	Yanchi	81 526	44 800		2 387	8 553	9 020	1 034
同心县	Tongxin	109 344	80 617		25 590	18 480	16 660	3 920
青铜峡市	Qingtongxia	45 798	40 611	8 574	10 701	18 239		3 097
固原市	**Guyuan**	**386 425**	**265 933**		**69 239**	**50 725**	**120 672**	**15 925**
原州区	Yuanzhou	113 494	57 357		12 029	12 769	27 928	1 634
西吉县	Xiji	150 081	117 751		28 613	9 590	67 680	7 694
隆德县	Longde	39 427	25 536		7 656	4 053	10 320	3 347
泾源县	Jingyuan	13 584	9 178		3 540	1 480	3 801	350
彭阳县	Pengyang	69 839	56 111		17 401	22 833	10 943	2 900
中卫市	**Zhongwei**	**321 216**	**160 889**	**10 403**	**21 325**	**45 626**	**64 680**	**7 335**
沙坡头区	Shapotou	77 903	22 757	5 671	4 743	9 379		2 655
中宁县	Zhongning	91 184	39 375	4 732	4 835	25 470		1 647
海原县	Haiyuan	152 129	98 757		11 747	10 777	64 680	3 033

Total Sown Areas of Farm Crops by City and Country(2012)

(hectare)

其他经济作物 Other Economic Crop					
油料 Oil-bearing Crops	药材 Medicinal Materials	蔬菜 Vegetables	瓜果类 Melons and Fruits	其他农作物 Other Farm Crops	青饲料 Succulence
88 382	**10 810**	**111 574**	**81 349**	**120 344**	**71 989**
2 025	**681**	**29 795**	**4 494**	**4 669**	**2 614**
378		8 737	753	2 554	1 127
306	681	4 869	1 579	407	146
509		14 164	1 306	1 231	1 035
832		2 025	856	477	306
5 534	**860**	**12 999**	**401**	**2 823**	**642**
1 763		3 923	128	2 823	642
3 771	860	9 076	273		
25 905	**5 449**	**16 764**	**12 447**	**28 292**	**19 399**
727		4 645	2 822	6 202	6 202
3 047	420	3 015	1 110	1 668	1 668
11 070	4 987	1 326	3 021	16 252	9 429
10 620	30	4 320	4 347	4 067	2 100
441	12	3 458	1 147	103	
37 793	**3 820**	**28 961**	**1 074**	**43 134**	**30 330**
15 331		13 621	288	21 597	11 660
13 713	200	5 000		13 417	13 417
4 466	3 012	4 167	193	2 053	2 053
1 233	293	680		2 200	1 358
3 050	315	5 493	593	3 867	1 842
17 125		**23 055**	**62 933**	**41 426**	**19 004**
2 411		12 923	34 921	2 794	
3 020		5 544	22 284	12 853	6 857
11 694		4 588	5 728	25 779	12 147

11-18 各市县主要农作物产量(2012 年)

单位:吨

地 区	Region	粮食产量 Output of Grain					
		合计 Total	稻谷 Rice	小麦 Wheat	玉米 Corn	薯类 Tubers	豆类 Soybeans
全区总计	**Total**	**3 750 337**	**713 259**	**620 447**	**1 911 770**	**422 442**	**36 762**
银川市	**Yinchuan**	**886 341**	**397 456**	**118 398**	**366 833**		**2 688**
银川市	District	224 651	98 735	13 892	112 024		
永宁县	Yongning	248 061	65 563	54 107	127 760		631
贺兰县	Helan	246 254	132 504	40 294	72 052		438
灵武市	Lingwu	167 375	100 654	10 105	54 997		1 619
石嘴山市	**Shizuishan**	**455 116**	**92 645**	**70 207**	**291 991**		**264**
石嘴山市	District	89 190	4 461	14 549	70 165		6
平罗县	Pingluo	365 926	88 184	55 658	221 826		258
吴忠市	**Wuzhong**	**938 516**	**132 018**	**167 833**	**559 639**	**48 555**	**5 921**
利通区	Litong	184 787	49 505	49 159	85 623		500
红寺堡区	Hongsipu	106 973		14 550	76 922	13 512	455
盐池县	Yanchi	88 964		2 148	60 173	13 507	637
同心县	Tongxin	277 812		47 324	195 500	21 536	2 935
青铜峡市	Qingtongxia	279 980	82 513	54 652	141 421		1 394
固原市	**Guyuan**	**803 273**		**189 173**	**293 027**	**288 978**	**22 028**
原州区	Yuanzhou	184 770		29 078	83 233	67 319	1 678
西吉县	Xiji	273 174		70 811	40 535	150 036	7 489
隆德县	Longde	95 100		26 700	22 388	37 268	8 586
泾源县	Jingyuan	29 810		9 860	5 705	13 852	383
彭阳县	Pengyang	220 419		52 724	141 166	20 503	3 892
中卫市	**Zhongwei**	**667 091**	**91 140**	**74 836**	**400 280**	**84 909**	**5 861**
沙坡头区	Shapotou	150 703	49 228	22 632	76 196		2 269
中宁县	Zhongning	298 462	41 912	24 012	229 977		1 258
海原县	Haiyuan	217 926		28 192	94 107	84 909	2 334

Output of Major Farm Products by City and Country(2012)

(ton)

其他经济作物产量 Output of Other Economic Crops					
油 料 Oil-bearing Crops	胡 麻 Benne	向日葵 Helianthus	药 材 Medicinal Materials	蔬 菜 Vegetable	瓜果类 Melons and Fruits
180 321	**74 025**	**94 272**	**62 110**	**4 711 062**	**1 700 648**
6 479	**174**	**6 182**	**7 168**	**1 411 762**	**253 312**
1 216		1 093		437 033	42 414
760	174	586	7 168	242 513	84 350
1 641		1 641		654 319	67 488
2 862		2 862		77 897	59 060
24 524	**1 614**	**22 910**	**33 090**	**733 799**	**24 494**
6 440	224	6 216		177 908	3 629
18 084	1 390	16 694	33 090	555 891	20 865
47 757	**16 079**	**24 619**	**8 605**	**568 852**	**299 167**
2 455		2 455		235 270	96 918
7 633	529	7 104	5 795	57 752	21 803
13 897	812	6 026	2 710	18 374	61 698
22 375	14 738	7 637	100	68 591	49 948
1 397		1 397		188 865	68 800
66 804	**42 486**	**22 446**	**13 247**	**1 374 943**	**40 930**
37 148	15 389	21 759		760 970	12 810
16 430	16 200	230	300	329 330	
7 370	7 250	120	10 390	106 300	8 700
1 796	793		1 587	7 671	
4 060	2 854	337	970	170 672	19 420
34 757	**13 672**	**18 115**		**621 706**	**1 082 745**
4 750	2 166	2 236		450 343	627 177
5 461	398	4 277		90 550	372 898
24 546	11 108	11 602		80 813	82 670

11-19 各市县主要牲畜存、出栏数(2012年)

Number of Animals on Hand and Slaughtered by City and Country(2012)

地区	Region	当年存栏数(万头、万只) Number of Animals on Hand This Year (10 000 heads)				当年出栏数(万头、万只) Number of Animals Slaughtered This Year (10 000 heads)		
		牛 Cattle and Buffaloes	奶牛 Cow	猪 Hog	羊 Sheep	牛 Cattle and Buffaloes	猪 Hog	羊 Sheep
全区总计	**Total**	**94.4**	**32.9**	**69.5**	**506.4**	**57.0**	**103.3**	**474.9**
银川市	**Yinchuan**	**19.0**	**13.5**	**15.5**	**61.5**	**9.8**	**21.6**	**81.9**
银川市	District	8.4	7.6	3.5	7.6	3.1	3.6	9.8
永宁县	Yongning	3.9	1.5	3.7	11.4	2.8	5.9	14.1
贺兰县	Helan	3.7	2.4	1.7	11.1	1.7	3.1	10.0
灵武市	Lingwu	2.9	2.0	6.6	31.4	2.2	9.1	48.0
石嘴山市	**Shizuishan**	**4.5**	**1.8**	**3.7**	**54.2**	**3.5**	**5.4**	**49.6**
石嘴山市	District	1.9	1.3	0.8	16.2	0.9	1.4	16.4
平罗县	Pingluo	2.6	0.5	2.8	38.0	2.6	4.0	33.3
吴忠市	**Wuzhong**	**24.6**	**15.9**	**16.9**	**212.9**	**12.0**	**25.0**	**184.8**
利通区	Litong	13.3	12.5	1.2	24.8	3.0	2.0	26.5
红寺堡区	Hongsipu	2.0	0.1	0.7	21.4	1.7	1.1	13.1
盐池县	Yanchi	0.3	0.1	4.9	81.6	0.1	4.8	62.2
同心县	Tongxin	4.7		0.5	64.9	5.5	0.4	58.2
青铜峡市	Qingtongxia	4.2	3.2	9.7	20.3	1.6	16.7	24.8
固原市	**Guyuan**	**37.3**	**0.1**	**16.1**	**79.0**	**25.1**	**19.9**	**78.4**
原州区	Yuanzhou	8.3	0.1	3.5	28.2	4.9	3.5	27.2
西吉县	Xiji	10.0		4.6	23.5	6.1	6.0	16.3
隆德县	Longde	4.0		4.0	3.9	2.9	5.1	4.8
泾源县	Jingyuan	6.5		0.3	4.0	5.5	0.5	6.0
彭阳县	Pengyang	8.5		3.6	19.3	5.7	4.8	24.1
中卫市	**Zhongwei**	**9.1**	**1.6**	**17.3**	**98.7**	**6.6**	**31.4**	**80.3**
沙坡头区	Shapotou	2.0	0.7	5.6	16.9	1.6	7.1	15.8
中宁县	Zhongning	3.5	1.0	10.1	30.3	1.8	22.8	25.1
海原县	Haiyuan	3.6		1.6	51.5	3.2	1.6	39.4

11-20 各市县主要畜产品产量(2012 年)

Output of Major Livestock Products by City and Country(2012)

地　区	Region	肉类总产量(万吨) Total Output of Meat(10 000 tons)				牛奶产量(万吨) Milk (10 000 tons)	禽蛋产量(万吨) Poultry Eggs (10 000 tons)
		合计 Total	猪肉 Pork	牛肉 Beef	羊肉 Mutton		
全区总计	**Total**	**26.5**	**7.7**	**7.9**	**8.5**	**103.5**	**6.2**
银川市	**Yinchuan**	**5.0**	**1.6**	**1.4**	**1.4**	**40.1**	**2.1**
银川市	District	1.1	0.3	0.4	0.2	21.5	0.8
永宁县	Yongning	1.3	0.4	0.4	0.2	5.9	0.8
贺兰县	Helan	0.7	0.2	0.2	0.2	5.9	0.4
灵武市	Lingwu	1.9	0.6	0.3	0.8	6.7	0.1
石嘴山市	**Shizuishan**	**2.0**	**0.4**	**0.5**	**0.8**	**5.5**	**0.4**
石嘴山市	District	0.6	0.1	0.1	0.3	3.8	0.1
平罗县	Pingluo	1.4	0.3	0.4	0.5	1.6	0.3
吴忠市	**Wuzhong**	**7.4**	**1.8**	**1.6**	**3.4**	**52.7**	**1.5**
利通区	Litong	1.1	0.1	0.4	0.4	42.4	0.1
红寺堡区	Hongsipu	0.6	0.1	0.2	0.2	0.1	
盐池县	Yanchi	1.7	0.4		1.2	0.3	0.1
同心县	Tongxin	2.0		0.8	1.1		0.1
青铜峡市	Qingtongxia	2.0	1.2	0.2	0.4	9.8	1.1
固原市	**Guyuan**	**7.1**	**1.5**	**3.5**	**1.4**	**0.2**	**0.3**
原州区	Yuanzhou	1.7	0.3	0.7	0.5	0.2	0.2
西吉县	Xiji	1.7	0.5	0.8	0.3		0.1
隆德县	Longde	1.0	0.4	0.4	0.1		
泾源县	Jingyuan	1.0		0.8	0.1		
彭阳县	Pengyang	1.8	0.4	0.8	0.4		
中卫市	**Zhongwei**	**5.1**	**2.3**	**0.9**	**1.4**	**5.2**	**1.9**
沙坡头区	Shapotou	1.2	0.5	0.2	0.3	2.1	1.5
中宁县	Zhongning	2.5	1.7	0.2	0.4	3.1	0.2
海原县	Haiyuan	1.4	0.1	0.4	0.8		0.2

11-21 各市县渔业生产情况(2012 年)

Output of Basic Indicators on Fishery by City and Country(2012)

地　区	Region	水产品总产量(吨) Total Aquatic Products (ton)	养殖捕捞量 Artificially Cultured	天然捕捞量 Naturally Grown	养殖面积(公顷) Area for Breeding Aquatics (hectare)	池塘养殖 Ponds
全区总计	**Total**	**123 538**	**123 320**	**218**	**45 426**	**16 044**
银川市	**Yinchuan**	**60 323**	**60 228**	**95**	**15 701**	**7 698**
银川市	District	14 700	14 673	27	5 371	1 926
永宁县	Yongning	8 803	8 800	3	1 536	843
贺兰县	Helan	33 800	33 735	65	7 606	4 317
灵武市	Lingwu	3 020	3 020		1 188	612
石嘴山市	**Shizuishan**	**37 500**	**37 440**	**60**	**17 593**	**4 483**
石嘴山市	District	10 330	10 330		6 285	1 510
平罗县	Pingluo	27 170	27 110	60	11 308	2 973
吴忠市	**Wuzhong**	**14 055**	**14 008**	**47**	**6 473**	**2 002**
利通区	Litong	2 350	2 338	12	1 367	334
红寺堡区	Hongsipu					
盐池县	Yanchi	70	70		407	20
同心县	Tongxin					
青铜峡市	Qingtongxia	11 635	11 600	35	4 699	1 648
固原市	**Guyuan**	**220**	**220**		**458**	
原州区	Yuanzhou					
西吉县	Xiji	220	220		458	
隆德县	Longde					
泾源县	Jingyuan					
彭阳县	Pengyang					
中卫市	**Zhongwei**	**11 440**	**11 424**	**16**	**5 201**	**1 861**
沙坡头区	Shapotou	8 500	8 500		2 616	1 120
中宁县	Zhongning	2 890	2 874	16	2 285	714
海原县	Haiyuan	50	50		300	27

主要统计指标解释

［乡村实有劳动力］ 指乡村人口实际参加各种行业劳动并取得实物或货币收人的劳动力人数。包括劳动年龄内实际参加劳动的人口和不足或超过劳动年龄实际参加劳动的人口数。不包括户口在家的在外学生和丧失劳动能力的人。也不包括待业人员和家务劳动者。

［年末实有耕地面积］ 按照《土地利用现状调查技术规程》(以下简称《土地规程》),耕地是指种植农作物的土地,包括新开荒地、休闲地、轮歇地、草田轮作地;以种植农作物为主间有零星果树、桑树或其他树木的土地;耕种三年以上的河滩地、海涂。耕地中包括宽小于2.0米的沟、渠、路、田埂。年末实有耕地指当年10月31日的耕地面积数。

［农用机械总动力］ 是指主要用于农、林、牧、渔业的各种动力机械动力总和,包括耕作机械、农用排灌机械、收获机械、植保机械、林业机械、畜牧机械、渔业机械、农产品加工机械、农用运输机械、其他农业机械。按能源又分为柴油、汽油、电力和其他动力。总动力按法定计算单位千瓦计算。

(注:1马力=0.735千瓦)

［有效灌溉面积］ 是指具有一定的水源,地块比较平整,灌溉工程或设备已经配套,在一般年景下当年能够进行正常灌概的耕地面积。

［农作物播种面积］ 是指实际种植或移植有农作物的面积。包括耕地和非耕地上的播种面积;混种、间种只计算一次,复、套在同一亩地上每复种、套种一次算一亩;播种面积还包括秋冬播面积。播种面积在统计范围看,包括全社会口径,即按在地原则统计。从时间范围看,从1月1日至12月31日都要统计在内。

［造林面积］ 是指报告期内在荒山、荒地、沙丘等一切可以造林的土地上,采用人工播种、植苗、飞机播种等方法新植的成片乔木林和灌木林,经过检查验收符合“造林技术规程”要求株数,成活率达85%以上的面积。四旁植树如一侧在四行以上,连续面积0.066公顷(一亩)以上,应统计在造林面积内。

在造林面积中,不包括补植面积、治沙种草面积、经济林垦复面积、迹地更新面积和低产林改造面积。

［肉类总产量］ 是指当年出栏并已屠宰的畜禽肉产量,即屠宰后除去头蹄下水带骨肉的重量,也叫胴体重。

［农林牧渔业增加值］ 农林牧渔业增加值可以客观反映农林牧渔业企业或行业的投入、产出、效益、速度和收入等情况。它与农林牧渔业总产值相比,一个最大的优点在于避免了中间产品的重复计算。计算结果是社会最终产品的价值,因此它能客观反映企业单位或行业对社会的贡献。也是计算各项经济效益指标的重要依据。

农林牧渔业增加值=农林牧渔业总产值-中间物质消耗-对非物质生产部门的劳务消耗。

第十二篇 Chapter12

工业 Industry

责任编辑:吴　苏

资料整理:吴　苏　吕　莹　卜宁飞　周　涛　刘聚才　石艳君　张　倩

Coordinator: Wu Su

Data Compilation: Wu Su　Lv Ying　Bu Ningfei　Zhou Tao　Liu Jucai　Shi Yanjun　Zhang Qian

12-1 全部工业总产值

Gross Industrial Output Value

单位：万元 (10 000 yuan)

年份 Year	工业总产值 Gross Industrial Output Value	按经济类型分 Grouped by Economic Type		按轻重工业分 Grouped by Light & Heavy Industries		按企业规模分 Grouped by Size of Enterprises			
		国有及国有控股企业 State-owned and State-holding Enterprises	集体企业 Collective-owned Enterprises	轻工业 Light Industry	重工业 Heavy Industry	大型企业 Large Enterprises	中型企业 Medium-sized Enterprises	小型企业 Small Enterprises	微型企业 Micro-enterprises
1950	1350	186		1315	35				
1955	3703	1612		3374	329				
1960	23773	20915	2858	13519	10254				
1965	20346	16317	4029	10531	9815				
1970	50052	44875	5177	16562	33490				
1975	111708	97010	14698	32344	79364				
1978	138485	114664	23821	34453	104032	30359	38220	69906	
1980	139179	121539	17354	37525	101654	32318	41236	65625	
1985	243007	196586	39104	72723	170284	73307	49927	119773	
1990	647403	509009	109895	179605	467858	204786	126578	316099	
1995	1734852	1177702	229501	361446	1373406	685169	335848	713835	
2000	2939383	1745801	140993	683696	2255687	1274549	483886	1180948	
2001	3273074	1927432	141839	765954	2507120	1458181	540156	1274737	
2002	3720196	2101200	98458	905675	2814521	1922167	294874	1503155	
2003	4714293	2539302	82954	1106599	3607694	1581230	1317414	1815649	
2004	5536557	3082623	48761	925091	4611466	2136124	1987942	1412491	
2005	6715450	3753424	19099	1238558	5476892	2572854	2423097	1719498	
2006	8596964	4375364	14164	1466089	7130876	3622447	2714588	2259929	
2007	10707114	5184832	20680	1751178	8955936	4213436	3812571	2681107	
2008	13690370	6676647	24372	2165690	11524680	5410355	4486653	3793363	
2009	14644914	7092454	11662	2692423	11952491	5572301	5279519	3793095	
2010	19243865	9622326	5093	3153090	16090775	7625387	6848766	4769712	
2011	24914433	12767303	27394	3580861	21333572	14668035	5083482	5050089	112827
2012	30239996	15674988	23347	4243477	25996519	17930758	6397482	5753228	158527

注：1.工业总产值按当年价格计算，2004 年起为规模以上工业企业口径；2012 年规模以上口径为主营业务收入 2000 万元以上；2.1995 年以前年份国有及国有控股企业为国有工业企业口径（下表同）。

a) Gross industrial output value is calculated at current prices. Since 2004, data in this table were above designated size. Since 2011 industrial enterprises above designated size are those with annual revenue from principal business over 20 million yuan.

b) Before 1995, state-owned and state holding industrial enterprises were state-owned enterprises. The same applies to the tables following.

12-2 规模以上工业企业增加值(2012年)
Value-added of Industrial Enterprises above Designated Size(2012)

指 标	Item	工业增加值(万元) Value-added of Industry (10 000 yuan)
全区总计	**Total**	**8182390**
在总计中:国有及国有控股企业	**Of Which: State-owned and State-holding Enterprises**	**4511885**
在总计中:私营企业	**Of Which: Private Enterprises**	**1928425**
在总计中:大中型企业	**Of Whitch: Large and Medium-sized Enterprises**	**6516154**
按经济类型分	**Grouped by Economic Type**	
国有企业	State-owned Enterprises	1175702
集体企业	Collective-owned Enterprises	2050
股份合作企业	Cooperative Enterprises	6601
股份制企业	Share-holding Enterprises	6758163
外商及港澳台商投资企业	Enterprises with Funds from Foreign, Hong Kong, Macao and Taiwan	191109
其他企业	Other Enterprises	48764
按轻重工业分	**Grouped by Light&Heavy Industries**	
轻工业	Light Industry	984521
重工业	Heavy Industry	7197869

注:2012年规模以上工业指年主营业务收入2000万元以上工业企业。

a)Industrial enterprises above designated size refers to enterprises with annual sales revenue over 20 million yuan .

12-2 续表 1 continued

指　　标	Item	工业增加值（万元）Value-added of Industry（10 000 yuan）
按国民经济经济行业分	**Grouped by Industrial Sector**	
煤炭开采和洗选业	Mining and Washing of Coal	2051252
石油和天然气开采业	Extraction of Petroleum and Natural Gas	7207
非金属矿采选业	Mining and Processing of Nonmetal Ores	3465
农副食品加工业	Processing of Food from Agricultural Products	111760
食品制造业	Manufacture of Foods	223310
酒、饮料和精制茶制造业	Manufacture of Wine, Beverages and Refined Tea	98294
烟草制造业	Manufacture of Tobacco	579
纺织业	Manufacture of Textile	192742
纺织服装、服饰业	Manufacture of Textile Wearing Apparel	78456
皮革、毛皮、羽毛及其制品和制鞋业	Manufacture of Leather, Fur, Feather with Related Products and Footware	23522
木材加工竹、藤、棕、草制品业	Processing of Timber, Manufacture of Wood, Bamboo, Rattan, Palm and Straw Products	19507
家具制造业	Manufacture of Furniture	8902
造纸及纸制品业	Manufacture of Paper and Paper Products	84425
印刷和记录媒介复制业	Printing, Reproduction of Recording Media	8664
石油加工、炼焦和核燃料加工业	Processing of Petroleum, Coking, Processing of Nuclear Fuel	1086489
化学原料及化学制品制造业	Manufacture of Raw Chemical Materials and Chemical Products	781480
医药制造业	Manufacture of Medicines	111938
橡胶和塑料制品业	Manufacture of Rubber and Plastics	33003
非金属矿物质制品业	Manufacture of Non-metallic Mineral Products	353939
黑色金属冶炼及压延加工业	Smelting and Pressing of Ferrous Metals	394967
有色金属冶炼及压延加工业	Smelting and Pressing of Non-ferrous Metals	607892
金属制品业	Manufacture of Metal Products	51337
通用设备制造业	Manufacture of General Purpose Machinery	86626
专用设备制造业	Manufacture of Special Purpose Machinery	111816
汽车制造业	Manufacture of Automotive	9233
铁路、船舶、航空航天和其他运输设备制造业	Manufacture of Railways, Shipbuilding, Aerospace and Other Transportation Equipment	3154
电气机械及器材制造业	Manufacture of Electrical Machinery and Equipment	115090
计算机、通信和其他电子设备制造业	Manufacture of Computer, Communication and other Eletronic Equitment	1658
仪器仪表制造业	Manufacture of Measuring Instruments	39829
金属制品、机械和设备修理业	Manufacture of Metal Products, Machinery and Equipment Repairing	15
电力、热力的生产和供应业	Production and Supply of Electric Power and Heet Power	1407761
燃气生产和供应业	Production and Supply of Gas	34086
水的生产和供应业	Production and Supply of Water	39993

12-3 主要工业产品产量
Output of Major Industrial Products

年份 Year	原 煤 (万吨) Coal (10 000 tons)	发电量 (亿千瓦时) Electricity (100million kwh)	火力发电量 Thermal Power	风力发电量 Hydropower	钢 材 (万吨) Rolled Steel (10 000 tons)	铝 (万吨) Aluminum (10 000 tons)	轮胎外胎 (万条) Tires (10 000 tires)	合成氨 (万吨) Synthetic Ammonia (10 000 tons)	农用化肥 (万吨) Chemical Fertilizers (10 000tons)	金属切削机 床 (台) Metal-cutting Machine Tools (unit)
1978	999.00	16.51			2.78	1.83	30.09	6.77	5.30	1402
1980	971.00	19.43			4.12	2.26	29.30	7.95	5.57	1194
1985	1214.00	24.14			3.88	2.92	34.34	9.20	6.71	1671
1990	1443.10	55.96			4.75	6.01	63.50	34.32	27.74	1308
1995	1480.30	107.77			7.58	10.13	164.67	47.59	41.49	994
2000	1581.00	136.61			5.59	11.69	193.32	73.49	59.52	969
2001	1635.70	150.30			1.08	15.82	181.94	80.84	73.58	1298
2002	1818.19	171.02			1.24	26.09	224.31	93.31	76.13	1816
2003	2194.80	206.13			12.68	26.89	241.53	90.55	76.30	1953
2004	2354.59	260.05			14.09	27.42	293.57	95.67	75.78	3397
2005	2589.77	312.87			9.21	35.82	304.56	88.15	83.94	3353
2006	3153.68	388.42			21.80	55.82	389.59	86.68	77.94	3663
2007	3729.90	451.16			41.46	60.00	395.54	93.25	86.35	5136
2008	4234.71	462.56	439.84		33.18	60.35	337.16	105.16	109.16	3898
2009	5509.53	478.96	454.60		38.01	65.55	225.62	103.09	91.77	2949
2010	6613.61	585.82	550.09		33.03	91.51	210.44	100.74	95.17	5741
2011	7932.29	937.03	908.33	6.90	76.51	118.36	188.38	115.89	92.66	6346
2012	8597.66	1005.91	954.70	26.51	109.14	152.35	141.91	115.79	87.99	3739

注:1978-2003 年为全部工业口径,2004 年及以后为规模以上口径。

a)From 1978 to 2003, the data on industry refer to total industrial enterprises. Since 2004, industrial enterprises were above designated size.

12-3 **续表** 1 continued

年份 Year	起重设备（吨）Lifting Appliances (ton)	轴承（万套）Bearing (10 000 sets)	初级形态的塑料（万吨）Primary Plastic (10 000 tons)	水泥（万吨）Cement (10 000 tons)	碳化钙（万吨）Calcium Carbide (10 000 tons)	饮料酒（千升）Alcoholic Drink (kiloliter)	机制纸（万吨）Machine-made Paper (10 000 tons)	原油加工量（万吨）Crude Oil Processing (10 000 tons)	塑料制品（吨）Plastic Products (ton)
1978	1503	171.89		27.66		2700	0.97		2878
1980	2104	132.60		29.27		2785	0.99		2632
1985	3714	62.80		61.62		12816	2.47		5584
1990	7004	197.57		95.74		26300	6.68		7783
1995	5140	274.00		140.11		48858	13.98		15459
2000	3308	557.45		280.25		57639	23.71		16750
2001	4414	621.17		318.69		67281	30.85		13111
2002	3733	522.83		377.24		89412	28.58		13144
2003	15724	391.47		494.13		76112	33.01		13549
2004	11670	352.67		582.79		104018	39.62		8018
2005	11005	307.54		567.58		113622	45.58		8557
2006	12330	244.13		699.08		107453	46.45		18384
2007	15347	334.16		808.40		130330	50.62		20164
2008	17077	223.86	45.10	884.76	204.46	130303	69.02	190.61	53530
2009	14700	203.13	44.44	1064.50	243.34	159215	77.32	192.54	76605
2010	12209	230.64	47.76	1357.45	237.41	196156	78.92	220.37	74968
2011	18929	227.10	48.23	1455.46	273.10	211408	72.35	127.49	97248
2012	16593	400.80	94.54	1605.29	309.48	196226	57.06	448.70	107802

12-3 续表 2 continued

年份 Year	乳制品（万吨）Dairy（10 000 tons）	羊绒（吨）Cashmere（ton）	钽（公斤）Tantalum（kg）	铌（公斤）Niobium（kg）	生铁（万吨）Pig Iron（10 000 tons）	铁合金（万吨）Ferroalloy（10 000 tons）	卷烟（万箱）Cigarettes（10 000 boxes）	食用植物油（万吨）Edible Vegetable Oil（10 000tons）	石墨及碳素制品（万吨）Graphite and Carbon Products（10 000 tons）
1978					3.88		1.80	0.69	1.75
1980					0.61		1.75	0.73	1.64
1985			8396	8243	1.31	0.63	1.21	1.50	2.69
1990			5231	5769	5.54	7.79	4.47	2.19	6.51
1995			32526	7673	7.29	15.32	3.50	4.17	20.77
2000			205436	81742	6.85	25.34	3.12	5.36	31.14
2001			215041	17763	7.06	24.53	2.61	4.85	30.77
2002		2101.50	90887	22636	8.80	23.44	2.30	4.99	23.81
2003		2406.43	103788	30633	14.72	43.06	2.00	5.51	27.66
2004		3807.01	130753	33581	18.61	58.80	2.30	0.14	31.43
2005		4693.47	158634	48467	24.08	49.52	11.5(亿支)	0.48	51.53
2006		5267.62	225617	70563	39.34	81.92	13(亿支)	0.71	75.74
2007		6093.26	299202	100642	42.51	96.46	25(亿支)	1.05	79.15
2008	13.11	7244.35	380337	55849	32.77	86.43	30(亿支)	0.71	92.39
2009	13.57	9468.71	296649	95870	36.18	83.59	35(亿支)	1.14	89.79
2010	13.41	11536.84	409193	94358	39.13	107.32	50(亿支)	2.53	59.43
2011	25.20	14848.46	310998	158616	91.85	178.42		6.34	50.64
2012	56.56		271174	133820	80.67	198.13		6.02	65.48

12-4 规模以上工业企业职工人数

Number of Industrial Enterprises above Designated Size of Staff

单位:人 (person)

指　　标	Item	2012
全区总计	**Total**	**315841**
按登记注册类型分	**By Status of Registration**	
内资企业	Domestic Funded	300872
国有企业	State-owned Enterprises	27803
集体企业	Collective-owned Enterprises	370
股份合作企业	Cooperative Enterprises	1837
联营企业	Joint Ownership Enterprises	40
有限责任公司	Limited Liability Corporations	130347
股份有限公司	Share-holding Corporations Limited	39747
私营企业	Private Enterprises	95760
其他企业	Other Enterprises	4968
港、澳、台商投资企业	Enterprises with Funds from Hong Kong, Macao and Taiwan	3924
外商投资企业	Foreign Funded Enterprises	11045
按行业分	**Grouped by Sector**	
采矿业	**Mining**	**69992**
煤炭开采和洗选业	Mining and Washing of Coal	69478
石油和天然气开采业	Extraction of Petroleum and Natural Gas	284
黑色金属矿采选业	Mining and Processing of Ferrous Metal Ores	99
非金属矿采选业	Mining and Processing of Nonmetal Ores	131
制造业	**Manufacturing**	**212235**
农副食品加工业	Processing of Food from Agricultural Products	6897
食品制造业	Manufacture of Foods	9685
酒、饮料和精制茶制造业	Manufacture of Wine, Beverages and Refined Tea	3783
烟草制造业	Manufacture of Tobacco	29
纺织业	Manufacture of Textile	10133
纺织服装、服饰业	Manufacture of Textile Wearing Apparel	917
皮革、毛皮、羽毛及其制品和制鞋业	Manufacture of Leather, Fur, Feather with Related Products and Footware	828
木材加工竹、藤、棕、草制品业	Processing of Timber, Manufacture of Wood, Bamboo, Rattan, Palm and Straw Products	316
家具制造业	Manufacture of Furniture	335
造纸及纸制品业	Manufacture of Paper and Paper Products	10316
印刷和记录媒介复制业	Printing, Reproduction of Recording Media	1570
石油加工、炼焦和核燃料加工业	Processing of Petroleum, Coking, Processing of Nuclear Fuel	22963
化学原料及化学制品制造业	Manufacture of Raw Chemical Materials and Chemical Products	34725
医药制造业	Manufacture of Medicines	5790
橡胶和塑料制品业	Manufacture of Rubber and Plastics	4540
非金属矿物质制品业	Manufacture of Non-metallic Mineral Products	16225
黑色金属冶炼及压延加工业	Smelting and Pressing of Ferrous Metals	27747
有色金属冶炼及压延加工业	Smelting and Pressing of Non-ferrous Metals	27043
金属制品业	Manufacture of Metal Products	4193
通用设备制造业	Manufacture of General Purpose Machinery	8334
专用设备制造业	Manufacture of Special Purpose Machinery	7430
汽车制造业	Manufacture of Automotive	1331
铁路、船舶、航空航天和其他运输设备制造业	Manufacture of Railways, Shipbuilding, Aerospace and Other Transportation Equipment	155
电气机械及器材制造业	Manufacture of Electrical Machinery and Equipment	5804
仪器仪表制造业	Manufacture of Measuring Instruments	1116
废弃资源综合利用业	Recycling and Disposal of Waste	30
电力、燃气及水的生产和供应业	**Production and Supply of Electric Power, Gas and Water**	**33614**
电力、热力的生产和供应业	Production and Supply of Electric Power and Heet Power	30330
燃气生产和供应业	Production and Supply of Gas	1274
水的生产和供应业	Production and Supply of Water	2010

12-5 规模以上国有、私营企业分行业单位数和工业总产值(2012 年)

单位:个、万元

指　　标	Item
全区总计	**Total**
采矿业	**Mining**
煤炭开采和洗选业	Mining and Washing of Coal
石油和天然气开采业	Extraction of Petroleum and Natural Gas
黑色金属矿采选业	Mining and Processing of Ferrous Metal Ores
非金属矿采选业	Mining and Processing of Nonmetal Ores
制造业	**Manufacturing**
农副食品加工业	Processing of Food from Agricultural Products
食品制造业	Manufacture of Foods
酒、饮料和精制茶制造业	Manufacture of Wine, Beverages and Refined Tea
烟草制品业	Manufacture of Tobacco
纺织业	Manufacture of Textile
纺织服装、服饰业	Manufacture of Textile Wearing Apparel
皮革、毛皮、羽毛及其制品和制鞋业	Manufacture of Leather, Fur, Feather with Related Products and Footware
木材加工和木、竹、藤、棕、草制品业	Processing of Timber, Manufacture of Wood, Bamboo, Rattan, Palm and Straw Products
家具制造业	Manufacture of Furniture
造纸及纸制品业	Manufacture of Paper and Paper Products
印刷和记录媒介复制业	Printing, Reproduction of Recording Media
石油加工、炼焦和核燃料加工业	Processing of Petroleum, Coking, Processing of Nuclear Fuel
化学原料及化学制品制造业	Manufacture of Raw Chemical Materials and Chemical Products
医药制造业	Manufacture of Medicines
橡胶和塑料制品业	Manufacture of Rubber and Plastics
非金属矿物质制品业	Manufacture of Non-metallic Mineral Products
黑色金属冶炼及压延加工业	Smelting and Pressing of Ferrous Metals
有色金属冶炼及压延加工业	Smelting and Pressing of Non-ferrous Metals
金属制品业	Manufacture of Metal Products
通用设备制造业	Manufacture of General Purpose Machinery
专用设备制造业	Manufacture of Special Purpose Machinery
汽车制造业	Manufacture of Automotive
铁路、船舶、航空航天和其他运输设备制造业	Manufacture of Railways, Shipbuilding, Aerospace and Other Transportation Equipment
电气机械及器材制造业	Manufacture of Electrical Machinery and Equipment
仪器仪表制造业	Manufacture of Measuring Instruments
废弃资源综合利用业	Recycling and Disposal of Waste
电力、燃气及水的生产和供应业	**Production and Supply of Electric Power, Gas and Water**
电力、热力的生产和供应业	Production and Supply of Electric Power and Heet Power
燃气生产和供应业	Production and Supply of Gas
水的生产和供应业	Production and Supply of Water

Number of State-owned and State-holding Enterprises and Private Enterprises above Designated Size and Gross Industrial Output Value by City and County(2012)

(unit, 10 000 yuan)

国有及国有控股企业 State-owned and State-holding Enterprises		私营企业 Private Enterprises	
企业单位数 Number of Enterprises	工业总产值 Gross Industrial Output Value	企业单位数 Number of Enterprises	工业总产值 Gross Industrial Output Value
102	**15674988**	**542**	**8265020**
7	**3523348**	**58**	**622058**
5	3514836	54	605463
		1	7341
		2	7599
2	8512	1	1655
48	**6314498**	**479**	**7621461**
3	8872	50	355372
2	174459	26	323330
2	5390	3	62689
1	2394		
		48	769572
1	10703		
		11	71906
		3	38442
		1	29054
2	172576	5	19753
2	9310	4	22214
1	2913883	25	1199529
6	377268	68	1139512
		6	29413
		17	68448
11	276360	74	621309
2	30706	72	1338375
4	1915661	11	1014934
1	2403	9	60825
5	51304	13	102894
3	334283	10	54201
		4	75422
		2	9518
2	28927	12	181437
		4	30075
		1	3242
47	**5837143**	**5**	**21502**
37	5669640	4	14333
3	111981	1	7169
7	55521	0	0

12-6 规模以上工业企业主要经济指标(2012年)

单位:个、万元

指标	Item	企业单位数 Number of Enterprises
总计	**Total**	**865**
在总计中:亏损企业	Of Which:Loss-suffering Enterprises	303
按轻重工业分	**Grouped by Light & Heavy Industries**	
轻工业	Light Industry	254
重工业	Heavy Industry	611
按企业规模分	**Grouped by Size of Enterprises**	
大型企业	Large Enterprises	49
中型企业	Medium-sized Enterprises	123
小型企业	Small Enterprises	646
微型企业	Micro-enterprises	47
按登记注册类型分组	**Grouped by Status of Registration**	
内资企业	Domestic Funded	829
国有企业	State-owned Enterprises	38
中央企业	Central	14
地方企业	Local	24
集体企业	Collective-owned Enterprises	2
股份合作企业	Cooperative Enterprises	3
联营企业	Joint Ownership Enterprises	1
国有联营企业	State Joint Ownership Enterprises	1
集体联营企业	Collective Joint Ownership Enterprises	
国有与集体联营企业	Joint State-collective Enterprises	
其他联营企业	Other Joint Ownership Enterprises	
有限责任公司	Limited Liability Corporations	204
国有独资公司	State Sole Funded Corporations	14
股份有限公司	Share-holding Corporations Limited	22
私营企业	Private Enterprises	542
港、澳、台商投资企业	Enterprises with Funds from Hong Kong,Macao and Taiwan	10
外商投资企业	Foreign Funded Enterprises	26

Main Economic Indicators of Industrial Enterprises above Designated Size (2012)

(unit, 10 000 yuan)

工业总产值 Gross Industrial Output Value	资产合计 Total Assets	流动资产合计 Total Working Capitals	固定资产原价 Original Value of Fixed Assets	流动负债合计 Total Working Liabilities	非流动负债合计 Total Non-current Liabilities
30239996	**48601883**	**17483333**	**29510859**	**19726859**	**11518780**
8587815	11193116	4602123	6870645	6020118	1786762
4243477	6446590	3062963	2689034	3104601	660389
25996519	42155293	14420370	26821825	16622258	10858391
17930758	29739353	9634974	19293454	11760115	7237148
6397482	10106172	3885688	6122726	3889137	2921466
5753228	8163993	3811157	3683371	3937742	1287306
158527	592365	151515	411309	139866	72860
29174604	47213494	16745158	28868435	19026677	11398921
4589112	7878119	1349674	6880482	2384006	3105041
3758583	4362705	747409	4531811	1792803	1258148
830528	3515414	602266	2348672	591203	1846892
23347	11867	8253	4470	10094	
88717	83912	36926	50070	52784	222
2424	3812	3227	798	3629	
2424	3812	3227	798	3629	
9875637	20333787	6165480	14009018	7236278	5923454
4047216	10476371	2590566	7261865	3125561	3432012
5939764	5404439	1857270	4369865	2328825	946987
8265020	12241305	6738279	3226554	6127797	1351580
323951	404176	219012	121712	230752	60134
741441	984213	519163	520712	469431	59725

12-6 续表 1

单位:个、万元

指　　标	Item	所有者权益 Owners' Equities
总　　计	**Total**	**16126913**
在总计中:亏损企业	Loss-suffering Enterprises	2617407
按轻重工业分	**Grouped by Light & Heavy Industries**	
轻工业	Light Industry	2597414
重工业	Heavy Industry	13529498
按企业规模分	**Grouped by Size of Enterprises**	
大型企业	Large Enterprises	10157522
中型企业	Medium-sized Enterprises	3071093
小型企业	Small Enterprises	2757816
微型企业	Micro-enterprises	140482
按登记注册类型分组	**Grouped by Status of Registration**	
内资企业	Domestic Funded	15565189
国有企业	State-owned Enterprises	2387087
中央企业	Central	1309969
地方企业	Local	1077118
集体企业	Collective-owned Enterprises	1773
股份合作企业	Cooperative Enterprises	29547
联营企业	Joint Ownership Enterprises	183
国有联营企业	State Joint Ownership Enterprises	183
集体联营企业	Collective Joint Ownership Enterprises	
国有与集体联营企业	Joint State-collective Enterprises	
其他联营企业	Other Joint Ownership Enterprises	
有限责任公司	Limited Liability Corporations	6846955
国有独资公司	State Sole Funded Corporations	3918798
股份有限公司	Share-holding Corporations Limited	2110581
私营企业	Private Enterprises	3953829
港、澳、台商投资企业	Enterprises with Funds from Hong Kong, Macao and Taiwan	113134
外商投资企业	Foreign Funded Enterprises	448589

continued

(unit, 10 000 yuan)

实收资本 Paid-up Capital	主营业务收入 Revenue from Principal Business	主营业务成本 Cost of Principal Business	主营业务税金及附加 Taxes and Other Charges on Principal Business	利润总额 Total Profits	本年应交增值税 Value-added Tax Payable
8329619	**29814552**	**25407693**	**620311**	**1312215**	**974770**
2534974	8515468	7940717	470303	-503996	159346
1319218	3970200	3333653	16594	227603	82856
7010401	25844352	22074040	603717	1084612	891914
4571640	17756993	14858826	560154	876765	682119
1988626	6214423	5404027	36860	221769	166903
1645506	5651984	4983789	22797	209786	123221
123848	191151	161052	500	3895	2527
7932734	28816620	24595384	610584	1243695	949273
1306058	4578340	4260390	26095	65046	165527
602423	3735754	3545770	15488	27762	129728
703635	842586	714621	10607	37284	35799
1220	23494	22851	9	-542	93
2503	92754	87882	82	1112	899
589	4526	5413	1	-3	
589	4526	5413	1	-3	
3302032	10116969	7988910	96184	826015	499061
1477076	4232055	2835301	75464	662034	313466
1169293	5869678	5121638	455012	-40369	128001
2052415	7831313	6811510	32827	390222	152581
68260	280005	221456	1305	33608	3155
328625	717928	590852	8422	34912	22341

12-7 分行业规模以上工业企业主要经济指标(2012 年)

单位:个、万元

指 标	Item
总 计	**Total**
采矿业	**Mining**
煤炭开采和洗选业	Mining and Washing of Coal
石油和天然气开采业	Extraction of Petroleum and Natural Gas
黑色金属矿采选业	Mining and Processing of Ferrous Metal Ores
非金属矿采选业	Mining and Processing of Nonmetal Ores
制造业	**Manufacturing**
农副食品加工业	Processing of Food from Agricultural Products
食品制造业	Manufacture of Foods
酒、饮料和精制茶制造业	Manufacture of Wine, Beverages and Refined Tea
烟草制造业	Manufacture of Tobacco
纺织业	Manufacture of Textile
纺织服装、服饰业	Manufacture of Textile Wearing Apparel
皮革、毛皮、羽毛及其制品和制鞋业	Manufacture of Leather, Fur, Feather with Related Products and Footware
木材加工竹、藤、棕、草制品业	Processing of Timber, Manufacture of Wood, Bamboo, Rattan, Palm and Straw Products
家具制造业	Manufacture of Furniture
造纸及纸制品业	Manufacture of Paper and Paper Products
印刷和记录媒介复制业	Printing, Reproduction of Recording Media
石油加工、炼焦和核燃料加工业	Processing of Petroleum, Coking, Processing of Nuclear Fuel
化学原料及化学制品制造业	Manufacture of Raw Chemical Materials and Chemical Products
医药制造业	Manufacture of Medicines
橡胶和塑料制品业	Manufacture of Rubber and Plastics
非金属矿物质制品业	Manufacture of Non-metallic Mineral Products
黑色金属冶炼及压延加工业	Smelting and Pressing of Ferrous Metals
有色金属冶炼及压延加工业	Smelting and Pressing of Non-ferrous Metals
金属制品业	Manufacture of Metal Products
通用设备制造业	Manufacture of General Purpose Machinery
专用设备制造业	Manufacture of Special Purpose Machinery
汽车制造业	Manufacture of Automotive
铁路、船舶、航空航天和其他运输设备制造业	Manufacture of Railways, Shipbuilding, Aerospace and Other Transportation Equipment
电气机械及器材制造业	Manufacture of Electrical Machinery and Equipment
仪器仪表制造业	Manufacture of Measuring Instruments
废弃资源综合利用业	Recycling and Disposal of Waste
电力、燃气及水的生产和供应业	**Production and Supply of Electric Power, Gas and Water**
电力、热力的生产和供应业	Production and Supply of Electric Power and Heet Power
燃气生产和供应业	Production and Supply of Gas
水的生产和供应业	Production and Supply of Water

Main Economic Indicators of Industrial Enterprises above Designated Size by Sector(2012)

(unit,10 000 yuan)

企业单位数 Number of Enterprises	工业总产值 Gross Industrial Output Value	资产合计 Total Assets	流动资产合计 Total Working Capitals
865	**30239996**	**48601883**	**17483333**
73	**4342898**	**9917700**	**2681610**
66	4312838	9854570	2642928
2	12294	36786	17951
2	7599	12018	7738
3	10167	14327	12994
730	**19849085**	**26742266**	**12916853**
76	754373	608087	291868
40	1088076	1008923	394338
16	261183	395795	242970
1	2394	2100	1780
53	1111791	2093820	1487775
1	10703	14866	8319
13	93549	61849	40048
4	46775	29558	8977
1	29054	9186	3664
13	321353	1117704	266640
7	40127	50621	27459
28	4312318	5805925	2450435
105	2544281	2876837	1269366
12	305194	654820	170778
27	286292	247647	126954
115	1115553	2267396	1009363
93	2200354	2531975	1524118
20	3558829	4673367	2184170
16	284007	335654	162011
28	350695	627290	357870
21	513891	580904	415176
4	75422	66280	29464
2	9518	14306	8817
28	434682	572549	359213
5	95432	91436	74225
1	3242	3370	1057
62	**6048013**	**11941917**	**1884870**
47	5810001	11203901	1780922
8	182491	441917	66884
7	55521	296099	37064

12-7 续表 1

单位：个、万元

指　标	Item
总　计	**Total**
采矿业	**Mining**
煤炭开采和洗选业	Mining and Washing of Coal
石油和天然气开采业	Extraction of Petroleum and Natural Gas
黑色金属矿采选业	Mining and Processing of Ferrous Metal Ores
非金属矿采选业	Mining and Processing of Nonmetal Ores
制造业	**Manufacturing**
农副食品加工业	Processing of Food from Agricultural Products
食品制造业	Manufacture of Foods
酒、饮料和精制茶制造业	Manufacture of Wine, Beverages and Refined Tea
烟草制造业	Manufacture of Tobacco
纺织业	Manufacture of Textile
纺织服装、服饰业	Manufacture of Textile Wearing Apparel
皮革、毛皮、羽毛及其制品和制鞋业	Manufacture of Leather, Fur, Feather with Related Products and Footware
木材加工竹、藤、棕、草制品业	Processing of Timber, Manufacture of Wood, Bamboo, Rattan, Palm and Straw Products
家具制造业	Manufacture of Furniture
造纸及纸制品业	Manufacture of Paper and Paper Products
印刷和记录媒介复制业	Printing, Reproduction of Recording Media
石油加工、炼焦和核燃料加工业	Processing of Petroleum, Coking, Processing of Nuclear Fuel
化学原料及化学制品制造业	Manufacture of Raw Chemical Materials and Chemical Products
医药制造业	Manufacture of Medicines
橡胶和塑料制品业	Manufacture of Rubber and Plastics
非金属矿物质制品业	Manufacture of Non-metallic Mineral Products
黑色金属冶炼及压延加工业	Smelting and Pressing of Ferrous Metals
有色金属冶炼及压延加工业	Smelting and Pressing of Non-ferrous Metals
金属制品业	Manufacture of Metal Products
通用设备制造业	Manufacture of General Purpose Machinery
专用设备制造业	Manufacture of Special Purpose Machinery
汽车制造业	Manufacture of Automotive
铁路、船舶、航空航天和其他运输设备制造业	Manufacture of Railways, Shipbuilding, Aerospace and Other Transportation Equipment
电气机械及器材制造业	Manufacture of Electrical Machinery and Equipment
仪器仪表制造业	Manufacture of Measuring Instruments
废弃资源综合利用业	Recycling and Disposal of Waste
电力、燃气及水的生产和供应业	**Production and Supply of Electric Power, Gas and Water**
电力、热力的生产和供应业	Production and Supply of Electric Power and Heet Power
燃气生产和供应业	Production and Supply of Gas
水的生产和供应业	Production and Supply of Water

continued

(unit, 10 000 yuan)

固定资产原价 Original Value of Fixed Assets	流动负债合计 Total Working Liabilities	非流动负债合计 Total Non-current Liabilities	所有者权益 Owners' Equities	实收资本 Paid-up Capital
29510859	**19726859**	**11518780**	**16126913**	**8329619**
6452888	**3145580**	**2919147**	**3811833**	**1255515**
6440077	3120912	2919147	3776992	1238805
4575	10195		22970	14086
6026	5979		6040	621
2210	8495		5832	2003
11828222	**13442951**	**3119900**	**9179744**	**5097202**
303326	257761	33129	302523	111438
561171	509849	94861	384196	243290
140867	199324	14261	164847	59771
562	1161	74	865	197
301750	983088	69039	1019136	332918
6465	8514	2063	4289	1000
20747	29014		31390	10912
21398	7464	1072	20922	9509
5390	2896	5879	412	5000
600666	693941	229185	193283	240233
23774	29028	1955	18939	15409
2384615	2450165	1019538	1860084	1359853
1815759	1456826	217776	1058056	454365
418866	241284	114382	296886	124896
204902	156454	13477	75341	92187
1132765	890589	212965	1080612	394662
719021	1688145	220234	546558	437869
2387186	2762685	744013	1133501	695587
154412	139229	42706	153719	64052
308244	312528	47515	258805	151138
139674	295220	12483	266649	103014
10254	26913	300	39067	21000
2297	4365		9349	2300
148818	233984	20517	231845	156928
13285	61651	2477	25976	9624
2008	876		2495	50
11229748	**3138329**	**5479734**	**3135336**	**1976902**
10718619	2848273	5309496	2860398	1780398
244036	235259	74797	129076	40472
267093	54796	95441	145862	156032

12-7 续表 2

单位：个、万元

指　　标	Item
总　　计	**Total**
采矿业	**Mining**
煤炭开采和洗选业	Mining and Washing of Coal
石油和天然气开采业	Extraction of Petroleum and Natural Gas
黑色金属矿采选业	Mining and Processing of Ferrous Metal Ores
非金属矿采选业	Mining and Processing of Nonmetal Ores
制造业	**Manufacturing**
农副食品加工业	Processing of Food from Agricultural Products
食品制造业	Manufacture of Foods
酒、饮料和精制茶制造业	Manufacture of Wine,Beverages and Refined Tea
烟草制造业	Manufacture of Tobacco
纺织业	Manufacture of Textile
纺织服装、服饰业	Manufacture of Textile Wearing Apparel
皮革、毛皮、羽毛及其制品和制鞋业	Manufacture of Leather, Fur, Feather with Related Products and Footware
木材加工竹、藤、棕、草制品业	Processing of Timber, Manufacture of Wood,Bamboo,Rattan,Palm and Straw Products
家具制造业	Manufacture of Furniture
造纸及纸制品业	Manufacture of Paper and Paper Products
印刷和记录媒介复制业	Printing,Reproduction of Recording Media
石油加工、炼焦和核燃料加工业	Processing of Petroleum,Coking,Processing of Nuclear Fuel
化学原料及化学制品制造业	Manufacture of Raw Chemical Materials and Chemical Products
医药制造业	Manufacture of Medicines
橡胶和塑料制品业	Manufacture of Rubber and Plastics
非金属矿物质制品业	Manufacture of Non-metallic Mineral Products
黑色金属冶炼及压延加工业	Smelting and Pressing of Ferrous Metals
有色金属冶炼及压延加工业	Smelting and Pressing of Non-ferrous Metals
金属制品业	Manufacture of Metal Products
通用设备制造业	Manufacture of General Purpose Machinery
专用设备制造业	Manufacture of Special Purpose Machinery
汽车制造业	Manufacture of Automotive
铁路、船舶、航空航天和其他运输设备制造业	Manufacture of Railways, Shipbuilding, Aerospace and Other Transportation Equipment
电气机械及器材制造业	Manufacture of Electrical Machinery and Equipment
仪器仪表制造业	Manufacture of Measuring Instruments
废弃资源综合利用业	Recycling and Disposal of Waste
电力、燃气及水的生产和供应业	**Production and Supply of Electric Power,Gas and Water**
电力、热力的生产和供应业	Production and Supply of Electric Power and Heet Power
燃气生产和供应业	Production and Supply of Gas
水的生产和供应业	Production and Supply of Water

continued

(unit, 10 000 yuan)

主营业务收入 Revenue from Principal Business	主营业务成本 Cost of Principal Business	主营业务税金及附加 Taxes and Other Charges on Principal Business	利润总额 Total Profits	本年应交增值税 Value-added Tax Payable
29814552	**25407693**	**620311**	**1312215**	**974770**
4588816	**3080759**	**77210**	**735628**	**330717**
4553278	3055031	76489	733362	329792
12114	7975	628	1700	577
10854	10088	21	-144	166
12570	7665	72	711	183
19174171	**16816413**	**512877**	**420150**	**407828**
759491	683379	1510	27964	12339
977918	798758	2018	47098	19772
191515	122150	8624	50909	13610
2466	1830	9	93	62
1168205	984261	1206	115819	11734
12625	9609	40	303	668
87454	83214	126	7872	2076
51855	43227	15	5161	325
24470	14954	198	399	189
291883	277222	616	-55206	5776
42725	36748	79	1957	944
3941978	3296865	460954	-10640	63072
2347796	2152106	4991	8892	58288
214340	163674	1469	13027	9545
301749	284158	1347	-12952	6465
1077616	929599	5601	14411	40837
2258907	2122092	6226	-6324	33855
3736100	3453386	8819	38828	71897
256991	219583	1527	13901	6597
348186	278996	1427	37892	13043
513798	393777	2748	59383	24704
45000	36390	4	14050	395
8803	6207	58	2037	374
433710	371441	2990	31746	8500
75820	50756	266	13196	2730
2771	2033	10	336	33
6051565	**5510521**	**30225**	**156438**	**236224**
5796010	5312448	28136	147288	227068
193985	153024	1614	6505	6003
61570	45049	475	2645	3154

12-8 大中型工业企业主要经济指标(2012 年)

单位:个、万元

指标	Item	企业单位数 Number of Enterprises
总　计	**Total**	**172**
亏损企业	Loss-suffering Enterprises	59
按轻重工业分	**Grouped by Light & Heavy Industries**	
轻工业	Light Industry	37
重工业	Heavy Industry	135
按企业规模分	**Grouped by Size of Enterprises**	
大型企业	Large Enterprises	49
中型企业	Medium-sized Enterprises	123
按登记注册类型分组	**Grouped by Status of Registration**	
内资企业	Domestic Funded	158
国有企业	State-owned Enterprises	12
中央企业	Central	5
地方企业	Local	7
集体企业	Collective-owned Enterprises	1
股份合作企业	Cooperative Enterprises	1
联营企业	Joint Ownership Enterprises	
国有联营企业	State Joint Ownership Enterprises	
集体联营企业	Collective Joint Ownership Enterprises	
国有与集体联营企业	Joint State-collective Enterprises	
其他联营企业	Other Joint Ownership Enterprises	
有限责任公司	Limited Liability Corporations	63
国有独资公司	State Sole Funded Corporations	7
股份有限公司	Share-holding Corporations Limited	17
私营企业	Private Enterprises	61
其他企业	Other Enterprises	3
港、澳、台商投资企业	Enterprises with Funds from Hong Kong, Macao and Taiwan	3
外商投资企业	Foreign Funded Enterprises	11

Main Economic Indicators of Large & Medium-Sized Industrial Enterprises (2012)

(unit, 10 000 yuan)

工业总产值 Gross Industrial Output Value	资产合计 Total Assets	流动资产合计 Total Working Capitals	固定资产原价 Original Value of Fixed Assets	流动负债合计 Total Working Liabilities	非流动负债合计 Total Non-current Liabilities
24328241	**39845525**	**13520662**	**25416179**	**15649252**	**10158614**
6685044	8200517	3204440	5396917	4135779	1572522
2493351	4395887	1935490	1853622	2129497	527530
21834889	35449638	11585171	23562558	13519755	9631084
17930758	29739353	9634974	19293454	11760115	7237148
6397482	10106172	3885688	6122726	3889137	2921466
23560290	38760158	12947826	24898717	15107894	10048258
4381257	7021052	1211211	6262249	2087215	2762923
3693081	3914491	690794	4230474	1676191	1027840
688176	3106561	520417	2031776	411024	1735083
20404	9002	5690	3823	7980	
83390	77011	32252	47519	49503	27
8621941	17222955	5235696	12101209	6104828	5137086
4008344	10154596	2538983	7113452	3019867	3309400
5877223	5272101	1783026	4331086	2271963	923090
4316636	7986830	4153949	1852030	3754304	1154644
259439	1171207	526002	300802	832101	70488
192623	288535	151652	67162	164553	53345
575328	796831	421184	450300	376805	57011

12-8 续表 1

单位:万元

指　　标	Item	所有者权益 Owners´ Equities
总　计	**Total**	**13228615**
亏损企业	Loss-suffering Enterprises	1944740
按轻重工业分	**Grouped by Light & Heavy Industries**	
轻工业	Light Industry	1681523
重工业	Heavy Industry	11547092
按企业规模分	**Grouped by Size of Enterprises**	
大型企业	Large Enterprises	10157522
中型企业	Medium-sized Enterprises	3071093
按登记注册类型分组	**Grouped by Status of Registration**	
内资企业	Domestic Funded	12797364
国有企业	State-owned Enterprises	2170714
中央企业	Central	1210461
地方企业	Local	960254
集体企业	Collective-owned Enterprises	1022
股份合作企业	Cooperative Enterprises	26617
联营企业	Joint Ownership Enterprises	
国有联营企业	State Joint Ownership Enterprises	
集体联营企业	Collective Joint Ownership Enterprises	
国有与集体联营企业	Joint State-collective Enterprises	
其他联营企业	Other Joint Ownership Enterprises	
有限责任公司	Limited Liability Corporations	5861101
国有独资公司	State Sole Funded Corporations	3825329
股份有限公司	Share-holding Corporations Limited	2059457
私营企业	Private Enterprises	2472993
其他企业	Other Enterprises	205459
港、澳、台商投资企业	Enterprises with Funds from Hong Kong, Macao and Taiwan	70636
外商投资企业	Foreign Funded Enterprises	360615

continued

(10 000 yuan)

实收资本 Paid-up Capital	主营业务收入 Revenue from Principal Business	主营业务成本 Cost of Principal Business	主营业务税金及附加 Taxes and Other Charges on Principal Business	利润总额 Total Profits	本年应交增值税 Value-added Tax Payable
6560265	**23971417**	**20262852**	**597014**	**1098534**	**849022**
1920217	6660941	6135577	463472	-359348	130013
925371	2278577	1859752	10963	106213	54077
5634895	21692840	18403100	586051	992321	794944
4571640	17756993	14858826	560154	876765	682119
1988626	6214423	5404027	36860	221769	166903
6274421	23247398	19684337	588859	1039854	829247
1128774	4371517	4107098	24863	35470	155543
508437	3670807	3510243	15085	11693	125905
620337	700710	596855	9778	23777	29638
1160	20404	19910		-555	
1079	87364	83862	54	464	670
2684001	8885013	6950500	90380	763308	463681
1391727	4193726	2813549	75423	657172	313175
1131187	5797531	5062447	454693	-45185	125132
1252821	3910002	3282193	18782	287907	82322
75400	175567	178328	88	-1555	1898
41540	160730	118310	438	23000	1748
244305	563290	460206	7717	35680	18027

12-9 大中型工业企业分行业主要经济指标(2012年)

单位:个、万元

指　　标	Item
总　计	**Total**
采矿业	**Mining**
煤炭开采和洗选业	Mining and Washing of Coal
制造业	**Manufacturing**
农副食品加工业	Processing of Food from Agricultural Products
食品制造业	Manufacture of Foods
酒、饮料和精制茶制造业	Manufacture of Wine, Beverages and Refined Tea
纺织业	Manufacture of Textile
纺织服装、服饰业	Manufacture of Textile Wearing Apparel
家具制造业	Manufacture of Furniture
造纸及纸制品业	Manufacture of Paper and Paper Products
印刷和记录媒介复制业	Printing, Reproduction of Recording Media
石油加工、炼焦和核燃料加工业	Processing of Petroleum, Coking, Processing of Nuclear Fuel
化学原料及化学制品制造业	Manufacture of Raw Chemical Materials and Chemical Products
医药制造业	Manufacture of Medicines
橡胶和塑料制品业	Manufacture of Rubber and Plastics
非金属矿物质制品业	Manufacture of Non-metallic Mineral Products
黑色金属冶炼及压延加工业	Smelting and Pressing of Ferrous Metals
有色金属冶炼及压延加工业	Smelting and Pressing of Non-ferrous Metals
金属制品业	Manufacture of Metal Products
通用设备制造业	Manufacture of General Purpose Machinery
专用设备制造业	Manufacture of Special Purpose Machinery
汽车制造业	Manufacture of Automotive
电气机械及器材制造业	Manufacture of Electrical Machinery and Equipment
仪器仪表制造业	Manufacture of Measuring Instruments
电力、燃气及水的生产和供应业	**Production and Supply of Electric Power, Gas and Water**
电力、热力的生产和供应业	Production and Supply of Electric Power and Heet Power
燃气生产和供应业	Production and Supply of Gas
水的生产和供应业	Production and Supply of Water

Main Economic Indicators of Large & Medium-Sized Industrial Enterprises by City and Country(2012)

(unit,10 000 yuan)

企业单位数 Number of Enterprises	工业总产值 Gross Industrial Output Value	资产合计 Total Assets	流动资产合计 Total Working Capitals
172	**24328241**	**39845525**	**13520662**
11	**3902619**	**9239971**	**2207181**
11	3902619	9239971	2207181
141	**14850924**	**21299553**	**9828890**
3	125302	87328	36511
6	883816	762282	288912
4	150714	187034	130927
7	686284	1556211	1048626
1	10703	14866	8319
1	29054	9186	3664
4	254685	1010568	219268
2	19842	22238	14402
12	4105457	5633133	2355989
29	1849299	2269894	944432
5	259329	573049	135866
3	182219	157955	70686
13	364301	1302550	492077
23	1472238	1827784	1129340
8	3356391	4466084	2066094
2	169831	234595	98804
7	248096	410801	234454
4	391287	462870	336108
1	36000	13527	2032
5	190718	236295	155508
1	65357	61303	56874
20	**5574698**	**9306001**	**1484591**
17	5484999	9063224	1486841
1	67882	119685	-19157
2	21817	123092	16907

12-9 续表 1

单位：个、万元

指　　标	Item
总　计	**Total**
采矿业	**Mining**
煤炭开采和洗选业	Mining and Washing of Coal
制造业	**Manufacturing**
农副食品加工业	Processing of Food from Agricultural Products
食品制造业	Manufacture of Foods
酒、饮料和精制茶制造业	Manufacture of Wine, Beverages and Refined Tea
纺织业	Manufacture of Textile
纺织服装、服饰业	Manufacture of Textile Wearing Apparel
家具制造业	Manufacture of Furniture
造纸及纸制品业	Manufacture of Paper and Paper Products
印刷和记录媒介复制业	Printing, Reproduction of Recording Media
石油加工、炼焦和核燃料加工业	Processing of Petroleum, Coking, Processing of Nuclear Fuel
化学原料及化学制品制造业	Manufacture of Raw Chemical Materials and Chemical Products
医药制造业	Manufacture of Medicines
橡胶和塑料制品业	Manufacture of Rubber and Plastics
非金属矿物质制品业	Manufacture of Non-metallic Mineral Products
黑色金属冶炼及压延加工业	Smelting and Pressing of Ferrous Metals
有色金属冶炼及压延加工业	Smelting and Pressing of Non-ferrous Metals
金属制品业	Manufacture of Metal Products
通用设备制造业	Manufacture of General Purpose Machinery
专用设备制造业	Manufacture of Special Purpose Machinery
汽车制造业	Manufacture of Automotive
电气机械及器材制造业	Manufacture of Electrical Machinery and Equipment
仪器仪表制造业	Manufacture of Measuring Instruments
电力、燃气及水的生产和供应业	**Production and Supply of Electric Power, Gas and Water**
电力、热力的生产和供应业	Production and Supply of Electric Power and Heet Power
燃气生产和供应业	Production and Supply of Gas
水的生产和供应业	Production and Supply of Water

continued

(10 000 yuan)

固定资产原价 Original Value of Fixed Assets	流动负债合计 Total Working Liabilities	非流动负债合计 Total Non-current Liabilities	所有者权益 Owners´ Equities	实收资本 Paid-up Capital
25416179	**15649252**	**10158614**	**13228615**	**6560265**
6313141	**2658552**	**2865499**	**3697036**	**1149357**
6313141	2658552	2865499	3697036	1149357
9786582	**10568717**	**2848905**	**7101821**	**3936053**
44017	27105	26094	27184	14410
459757	400838	75132	268850	171824
71926	88675	7243	81087	35309
205327	704505	67991	762315	256741
6465	8514	2063	4289	1000
5390	2896	5879	412	5000
543549	627708	209757	173103	219771
9799	16321		5718	5000
2324806	2333980	1019018	1809223	1336125
1556657	1055374	191878	903426	291367
383868	206708	113305	253035	99550
161036	107953	7000	43002	60421
698484	415409	172639	711301	200746
489143	1245942	139004	389722	319593
2315237	2639929	736396	1056681	650906
119588	72786	36692	125117	37595
221227	208447	24715	171599	97919
112976	246519	10981	202970	73397
4184	5296		8232	6000
50554	106717	2163	91308	52981
2592	47096	957	13250	400
9316457	**2421984**	**4444210**	**2429757**	**1474855**
9177696	2379081	4356315	2317779	1358105
30519	27151	67827	24707	8166
108241	15752	20067	87272	108585

12-9 续表 2

单位:个、万元

指　　标	Item
总　计	**Total**
采矿业	**Mining**
煤炭开采和洗选业	Mining and Washing of Coal
制造业	**Manufacturing**
农副食品加工业	Processing of Food from Agricultural Products
食品制造业	Manufacture of Foods
酒、饮料和精制茶制造业	Manufacture of Wine, Beverages and Refined Tea
纺织业	Manufacture of Textile
纺织服装、服饰业	Manufacture of Textile Wearing Apparel
家具制造业	Manufacture of Furniture
造纸及纸制品业	Manufacture of Paper and Paper Products
印刷和记录媒介复制业	Printing, Reproduction of Recording Media
石油加工、炼焦和核燃料加工业	Processing of Petroleum, Coking, Processing of Nuclear Fuel
化学原料及化学制品制造业	Manufacture of Raw Chemical Materials and Chemical Products
医药制造业	Manufacture of Medicines
橡胶和塑料制品业	Manufacture of Rubber and Plastics
非金属矿物质制品业	Manufacture of Non-metallic Mineral Products
黑色金属冶炼及压延加工业	Smelting and Pressing of Ferrous Metals
有色金属冶炼及压延加工业	Smelting and Pressing of Non-ferrous Metals
金属制品业	Manufacture of Metal Products
通用设备制造业	Manufacture of General Purpose Machinery
专用设备制造业	Manufacture of Special Purpose Machinery
汽车制造业	Manufacture of Automotive
电气机械及器材制造业	Manufacture of Electrical Machinery and Equipment
仪器仪表制造业	Manufacture of Measuring Instruments
电力、燃气及水的生产和供应业	**Production and Supply of Electric Power, Gas and Water**
电力、热力的生产和供应业	Production and Supply of Electric Power and Heet Power
燃气生产和供应业	Production and Supply of Gas
水的生产和供应业	Production and Supply of Water

continued

(10 000 yuan)

主营业务收入 Revenue from Principal Business	主营业务成本 Cost of Principal Business	主营业务税金及附加 Taxes and Other Charges on Principal Business	利润总额 Total Profits	本年应交增值税 Value-added Tax Payable
23971417	**20262852**	**597014**	**1098534**	**849022**
4033636	**2575102**	**75298**	**739387**	**320930**
4033636	2575102	75298	739387	320930
14361417	**12521916**	**493247**	**250056**	**310126**
125461	105598	378	8882	5908
789110	640901	1639	39573	15803
109553	65205	6294	21907	10335
719024	582735	559	83578	5917
12625	9609	40	303	668
24470	14954	198	399	189
228976	220127	539	-54167	4937
22057	20156	16	818	453
3751859	3119708	460121	-3104	56820
1722062	1569153	3899	7259	43388
172507	136844	989	5848	7751
202464	200641	1127	-18299	4737
383482	335855	2663	-5110	20480
1528819	1425589	1707	14450	22632
3514962	3243780	8714	35036	69933
163888	142914	491	8741	4769
246663	194697	1062	32390	10242
384520	288314	1997	46563	19843
36000	27716		2232	
169713	144208	641	11544	3598
53204	33214	172	11214	1724
5576363	**5165834**	**28469**	**109091**	**217965**
5466246	5085144	27080	103398	213933
84404	59706	1157	8052	3099
25713	20983	232	-2358	934

12-10 各市县规模以上工业企业单位数

Number of Industrial Enterprises above Designated Size by City and Country

单位：个 (unit)

地　区	Region	2011			2012		
		合计 Total	轻工业 Light Industry	重工业 Heavy Industry	合计 Total	轻工业 Light Industry	重工业 Heavy Industry
全区总计	**Total**	**764**	**223**	**541**	**865**	**254**	**611**
银 川 市	**Yinchuan**	**277**	**107**	**169**	**326**	**124**	**202**
银 川 市	District	109	29	80	123	35	88
永 宁 县	Yongning	29	10	19	34	10	24
贺 兰 县	Helan	84	32	52	96	35	61
灵 武 市	Lingwu	55	36	19	73	44	29
石嘴山市	**Shizuishan**	**224**	**6**	**218**	**232**	**7**	**225**
石嘴山市	District	122	2	120	127	1	126
平 罗 县	Pingluo	102	4	98	105	6	99
吴 忠 市	**Wuzhong**	**170**	**77**	**93**	**190**	**82**	**108**
利 通 区	Litong	65	29	36	70	31	39
红寺堡区	Hongsipu	2	1	1	4	1	3
盐 池 县	Yanchi	25	10	15	27	10	17
同 心 县	Tongxin	14	14		15	14	1
青铜峡市	Qingtongxia	64	23	41	74	26	48
固 原 市	**Guyuan**	**20**	**13**	**7**	**25**	**18**	**7**
原 州 区	Yuanzhou	7	3	4	10	6	4
西 吉 县	Xiji	3	3		5	5	
隆 德 县	Longde	3	2	1	3	2	1
泾 源 县	Jingyuan	3	2	1	3	2	1
彭 阳 县	Pengyang	4	3	1	4	3	1
中 卫 市	**Zhongwei**	**73**	**20**	**53**	**91**	**23**	**68**
沙坡头区	Shapotou	39	7	32	51	8	43
中 宁 县	Zhongning	29	10	19	35	12	23
海 原 县	Haiyuan	5	3	2	5	3	2
其　他	**Others**	**1**		**1**	**1**		**1**

12-11 各市县规模以上工业总产值
Output of Major Industrial Products by City and Country

单位：万元 (10 000 yuan)

地　区	Region	2011			2012		
		合计 Total	轻工业 Light Industry	重工业 Heavy Industry	合计 Total	轻工业 Light Industry	重工业 Heavy Industry
全区总计	**Total**	**24914433**	**3580861**	**21333572**	**30239996**	**4243477**	**25996519**
银川市	**Yinchuan**	**10031464**	**2160715**	**7870749**	**13771916**	**2745582**	**11026334**
银川市	District	6046238	327179	5719059	8483442	522392	7961050
永宁县	Yongning	946682	646256	300426	1087063	783123	303941
贺兰县	Helan	811479	362274	449205	1115541	459797	655743
灵武市	Lingwu	2227064	825006	1402059	3085870	980270	2105601
石嘴山市	**Shizuishan**	**5015216**	**55221**	**4959995**	**5288620**	**46642**	**5241978**
石嘴山市	District	3335420	5436	3329983	3347147	3112	3344035
平罗县	Pingluo	1679797	49785	1630012	1941473	43530	1897943
吴忠市	**Wuzhong**	**4060500**	**842826**	**3217674**	**4489324**	**899652**	**3589672**
利通区	Litong	982372	372291	610081	1071915	383828	688086
红寺堡区	Hongsipu	10160	5569	4591	14202	6852	7350
盐池县	Yanchi	294667	30301	264366	299014	27462	271552
同心县	Tongxin	200591	200591		175821	145721	30100
青铜峡市	Qingtongxia	2572710	234074	2338636	2928372	335789	2592584
固原市	**Guyuan**	**203650**	**70436**	**133214**	**272372**	**114976**	**157396**
原州区	Yuanzhou	40373	14266	26106	62761	37601	25161
西吉县	Xiji	32234	32234		52470	52470	
隆德县	Longde	7504	5467	2037	9364	6738	2626
泾源县	Jingyuan	24429	11217	13211	26369	9864	16505
彭阳县	Pengyang	99111	7252	91860	121407	8303	113104
中卫市	**Zhongwei**	**2570924**	**451663**	**2119261**	**3055644**	**436625**	**2619020**
沙坡头区	Shapotou	1082015	329580	752435	1299247	290603	1008644
中宁县	Zhongning	1451216	90541	1360675	1708223	100308	1607916
海原县	Haiyuan	37693	31542	6151	48174	45714	2460
其　他	**Others**	**3032679**		**3032679**	**3362120**		**3362120**

12-12 各市县规模以上工业企业主要经济指标(2012年)

Main Economin Indicators on Industrial Enterprises above Designated Size by City and Country(2012)

单位:个、万元 (unit,10 000 yuan)

地区	Region	企业单位数 Number of Enterprises	亏损企业 Loss-suffering Enterprises	资产总计 Total Assets	流动资产 Working Capitals	固定资产 Fixed Assets	固定资产原值 Original Value of Fixed Assets
全区总计	**Total**	**865**	**303**	**48601883**	**17483333**	**23613784**	**29510859**
银川市	**Yinchuan**	**326**	**74**	**20309433**	**6890600**	**10489347**	**12779878**
银川市	District	123	38	10350601	3078211	5669628	7904681
永宁县	Yongning	34	6	1412202	509109	780463	945051
贺兰县	Helan	96	18	984687	431623	353043	409489
灵武市	Lingwu	73	12	7561943	2871657	3686213	3520657
石嘴山市	**Shizuishan**	**232**	**119**	**6826664**	**3487015**	**2839414**	**3686612**
石嘴山市	District	127	67	4661487	2219086	2126057	2903458
平罗县	Pingluo	105	52	2165177	1267929	713356	783154
吴忠市	**Wuzhong**	**190**	**63**	**6698630**	**2513406**	**3541570**	**4579255**
利通区	Litong	70	25	2156486	872451	878740	867085
红寺堡区	Hongsipu	4	3	336413	25529	294673	295468
盐池县	Yanchi	27	12	338214	150204	135927	145740
同心县	Tongxin	15	1	296209	239813	32466	36727
青铜峡市	Qingtongxia	74	22	3571309	1225409	2199765	3234235
固原市	**Guyuan**	**25**	**4**	**526617**	**158086**	**353289**	**266705**
原州区	Yuanzhou	10	4	85940	36050	47371	55545
西吉县	Xiji	5		56483	25100	31318	28871
隆德县	Longde	3		26137	12977	11785	14674
泾源县	Jingyuan	3		34947	10589	13303	20123
彭阳县	Pengyang	4		323110	73370	249511	147492
中卫市	**Zhongwei**	**91**	**43**	**5875680**	**2615149**	**2182152**	**2218296**
沙坡头区	Shapotou	51	25	2706822	988030	1255266	1117155
中宁县	Zhongning	35	16	3145564	1609545	924460	1099613
海原县	Haiyuan	5	2	23295	17574	2426	1528
其他	**others**	**1**		**8364859**	**1819077**	**4208012**	**5980113**

12-12 **续表** 1 continued

单位:万元 (10 000 yuan)

地 区	Region	累计折旧 Accumulated Depreciation	流动负债 Working Liabilities	非流动负债合计 Total Non-current Liabilities	所有者权益 Owners´ Equities	实收资本 Total Capital Hold	国家资本 National
全区总计	**Total**	**8331217**	**19726859**	**11518780**	**16126913**	**8329619**	**2052170**
银 川 市	**Yinchuan**	**3360528**	**7095504**	**5660262**	**6882394**	**3907636**	**993618**
银 川 市	District	2535102	3504229	2896862	3881293	2257885	807681
永 宁 县	Yongning	251085	688460	175400	518525	184501	1887
贺 兰 县	Helan	100182	393666	107307	416535	245123	7000
灵 武 市	Lingwu	474159	2509150	2480693	2066041	1220127	177050
石嘴山市	**Shizuishan**	**1134808**	**3680952**	**720693**	**2274833**	**1112935**	**131917**
石嘴山市	District	976982	2197895	629770	1795519	854422	130388
平 罗 县	Pingluo	157826	1483058	90924	479314	258513	1529
吴 忠 市	**Wuzhong**	**1364907**	**3237840**	**1181497**	**2017331**	**1054714**	**101627**
利 通 区	Litong	146722	1148361	344359	623981	421418	28459
红寺堡区	Hongsipu	9937	81503	4251	72762	70050	4500
盐 池 县	Yanchi	28787	144960	43339	143273	64187	3377
同 心 县	Tongxin	5320	108810	21048	166351	46194	
青铜峡市	Qingtongxia	1174141	1754208	768500	1010965	452864	65292
固 原 市	**Guyuan**	**57210**	**124190**	**178034**	**207181**	**153191**	**126624**
原 州 区	Yuanzhou	11315	28880	4490	46108	28900	23879
西 吉 县	Xiji	3589	18958	13967	16066	7600	620
隆 德 县	Longde	2889	14489		11649	4050	
泾 源 县	Jingyuan	6836	4213	18	27510	17028	7713
彭 阳 县	Pengyang	32582	57650	159559	105849	95612	94412
中 卫 市	**Zhongwei**	**641663**	**3195058**	**1085419**	**1466504**	**1098097**	**206891**
沙坡头区	Shapotou	265207	1569614	464622	581249	563123	177318
中 宁 县	Zhongning	376254	1614447	620797	876838	525788	29573
海 原 县	Haiyuan	202	10997		8417	9187	
其 他	**other**	**1772101**	**2393316**	**2692875**	**3278668**	**1003047**	**491493**

12-12 续表 2 continued

单位：万元 (10 000 yuan)

地　区	Region	主营业务收入 Revenue from Principal Business	主营业务成本 Cost of Principal Business	主营业务税金及附加 Taxes and Other Charges on Principal Business	管理费用 Overhead Charges	利息支出 Interest Expenses	利润总额 Total Profits	亏损企业亏损总额 Losses Value of Loss-suffering Enterprises
全区总计	**Total**	**29814552**	**25407693**	**620311**	**1247967**	**1058456**	**1312215**	**503996**
银川市	**Yinchuan**	**13390579**	**11591084**	**498827**	**444821**	**461906**	**459822**	**177822**
银川市	District	8501495	7573686	468601	238363	214605	82677	143954
永宁县	Yongning	913982	772467	3220	63231	30750	47248	4386
贺兰县	Helan	954090	775935	9897	51141	10954	81371	5141
灵武市	Lingwu	3021012	2468996	17109	92085	205597	248527	24341
石嘴山市	**Shizuishan**	**5457880**	**4901104**	**22038**	**201893**	**163420**	**106158**	**78608**
石嘴山市	District	3551525	3174069	18960	152526	94116	105842	49444
平罗县	Pingluo	1906355	1727035	3078	49366	69304	316	29164
吴忠市	**Wuzhong**	**4399199**	**4003874**	**18431**	**112646**	**164743**	**46436**	**138406**
利通区	Litong	980273	800534	2094	45940	30828	81096	18217
红寺堡区	Hongsipu	12875	10557	58	2663	2840	-3597	6093
盐池县	Yanchi	248412	218492	6602	9374	6757	-199	5827
同心县	Tongxin	172180	148132	358	3438	6365	15359	184
青铜峡市	Qingtongxia	2985460	2826159	9319	51231	117953	-46222	108084
固原市	**Guyuan**	**258931**	**186753**	**3337**	**14197**	**9335**	**28123**	**3415**
原州区	Yuanzhou	58084	51565	246	2808	1845	-893	3415
西吉县	Xiji	50781	39674	681	1581	852	5692	
隆德县	Longde	8976	7701	41	514	221	209	
泾源县	Jingyuan	21398	17498	114	818	27	2084	
彭阳县	Pengyang	119692	70315	2255	8476	6391	21031	
中卫市	**Zhongwei**	**2904177**	**2632261**	**6540**	**92635**	**142578**	**17949**	**105745**
沙坡头区	Shapotou	1229896	1143650	3083	56580	77247	-24456	87709
中宁县	Zhongning	1635593	1447606	3415	35762	65331	42073	17702
海原县	Haiyuan	38688	41005	42	294		333	335
其　他	**Other**	**3403786**	**2092617**	**71139**	**381776**	**116473**	**653727**	

12-12 续表 3 continued

单位:万元 (10 000 yuan)

地　区	Region	利税总额 Total Profits and Taxes	本年应交增值税 Value-added Taxes Payable	应交所得税 Income Taxes Payable	本年应付职工薪酬 Employee Earnings Payable This Year	全部职工年平均人数(人) Annual Average Employed Persons (person)
全区总计	**Total**	**2911447**	**974770**	**235168**	**2160667**	**315841**
银 川 市	**Yinchuan**	**1289036**	**329033**	**50662**	**635908**	**101939**
银 川 市	District	750294	198328	23792	406507	54253
永 宁 县	Yongning	74970	23923	7653	60162	11046
贺 兰 县	Helan	120757	29453	4998	45258	13769
灵 武 市	Lingwu	343016	77328	14220	123982	22871
石嘴山市	**Shizuishan**	**276831**	**146412**	**35069**	**324363**	**70163**
石嘴山市	District	237132	112209	30514	255057	49257
平 罗 县	Pingluo	39699	34203	4555	69306	20906
吴 忠 市	**Wuzhong**	**190428**	**125212**	**14957**	**233081**	**45455**
利 通 区	Litong	105178	21662	7566	60338	14924
红寺堡区	Hongsipu	-3238	302	201	5320	781
盐 池 县	Yanchi	12468	6064	401	9070	3096
同 心 县	Tongxin	17986	2269		3019	1584
青铜峡市	Qingtongxia	58035	94915	6789	155334	25070
固 原 市	**Guyuan**	**47385**	**15894**	**3906**	**37504**	**5778**
原 州 区	Yuanzhou	289	936	124	3330	913
西 吉 县	Xiji	7205	801	37	3549	1180
隆 德 县	Longde	327	77	30	409	227
泾 源 县	Jingyuan	3255	1056	71	1161	470
彭 阳 县	Pengyang	36310	13024	3645	29055	2988
中 卫 市	**Zhongwei**	**87509**	**62827**	**6088**	**152003**	**36092**
沙坡头区	Shapotou	8517	29836	3678	71123	19052
中 宁 县	Zhongning	78145	32518	2401	80475	16822
海 原 县	Haiyuan	847	472	10	405	218
其　他	**Other**	**1020258**	**295392**	**124486**	**777809**	**56414**

12-13 各市县规模以上国有及国有控股与私营企业工业总产值(2012年)

Gross Industrial Output Value of State-owned and State-holding Industrial Enterprises, Private Enterprises by City and Country(2012)

单位:个、万元 (unit,10 000yuan)

地区	Region	国有及国有控股企业 State-owned and State-holding Enterprises			私营企业 Private Enterprises		
		企业单位数 Number of Enterprises	亏损企业 Number of Loss-suffering Enterprises	总产值 Gross Output Value	企业单位数 Number of Enterprises	亏损企业 Number of Loss-suffering Enterprises	总产值 Gross Output Value
全区总计	**Total**	**102**	**31**	**15674988**	**542**	**208**	**8265020**
银川市	**Yinchuan**	**38**	**10**	**8048300**	**196**	**44**	**3194137**
银川市	District	29	9	7095634	46	15	422645
永宁县	Yongning	1		3763	21	4	159152
贺兰县	Helan				67	14	754093
灵武市	Lingwu	8	1	948904	62	11	1858248
石嘴山市	**Shizuishan**	**19**	**3**	**1548076**	**174**	**103**	**2318392**
石嘴山市	District	17	2	1528169	81	55	950658
平罗县	Pingluo	2	1	19907	93	48	1367735
吴忠市	**Wuzhong**	**27**	**10**	**2206391**	**103**	**33**	**1176194**
利通区	Litong	9	4	55111	37	14	518523
红寺堡区	Hongsipu	1	1	997			
盐池县	Yanchi	2	1	7430	24	10	286631
同心县	Tongxin				15	1	175821
青铜峡市	Qingtongxia	15	4	2142853	27	8	195219
固原市	**Guyuan**	**5**	**2**	**136826**	**14**	**1**	**80603**
原州区	Yuanzhou	2	2	4823	6	1	44032
西吉县	Xiji				3		21270
隆德县	Longde				3		9364
泾源县	Jingyuan	1		16505	1		2560
彭阳县	Pengyang	2		115498	1		3376
中卫市	**Zhongwei**	**12**	**6**	**373275**	**55**	**27**	**1495694**
沙坡头区	Shapotou	7	3	219893	26	13	405236
中宁县	Zhongning	5	3	153382	26	13	1073791
海原县	Haiyuan				3	1	16667
其他	**Other**	**1**		**3362120**			

12-14 各市县规模以上国有及国有控股工业企业主要经济指标(2012 年)
Main Financial Indicators on State-owned and State-holding Industrial Enterprises above Designated Size by City and Country(2012)

单位:万元 (10 000 yuan)

地 区	Region	流动资产 Working Capitals	固定资产 Fixed Assets	固定资产原值 Original Value of Fixed Assets	资产总计 Total Assets	流动负债 Working Liabilities
全区总计	**Total**	**6040303**	**16300546**	**21697122**	**26635853**	**8408350**
银川市	**Yinchuan**	**1824724**	**7094396**	**9262215**	**10229913**	**2491070**
银川市	District	1468596	4845625	6784417	7453684	2022893
永宁县	Yongning	14543	8457	7515	25255	19684
贺兰县	Helan					
灵武市	Lingwu	341585	2240314	2470283	2750974	448493
石嘴山市	**Shizuishan**	**1119878**	**1434655**	**2084592**	**2762270**	**1049729**
石嘴山市	District	1112296	1417689	2076162	2737148	1042151
平罗县	Pingluo	7582	16966	8430	25122	7578
吴忠市	**Wuzhong**	**880458**	**2330532**	**3214159**	**3344718**	**1657830**
利通区	Litong	108892	386013	280865	505272	155420
红寺堡区	Hongsipu	94	53327	53327	64747	66007
盐池县	Yanchi	15073	28867	31906	66199	21558
同心县	Tongxin					
青铜峡市	Qingtongxia	756399	1862325	2848060	2708500	1414845
固原市	**Guyuan**	**83688**	**286480**	**197014**	**371004**	**62436**
原州区	Yuanzhou	4096	28023	34779	32629	4478
西吉县	Xiji					
隆德县	Longde					
泾源县	Jingyuan	7840	11128	16882	19295	1082
彭阳县	Pengyang	71751	247329	145353	319080	56877
中卫市	**Zhongwei**	**312478**	**946471**	**959030**	**1563089**	**753970**
沙坡头区	Shapotou	246957	772206	648675	1317611	695802
中宁县	Zhongning	65521	174266	310355	245478	58168
海原县	Haiyuan					
其 他	**Other**	**1819077**	**4208012**	**5980113**	**8364859**	**2393316**

12-14 续表 1 continued

单位：万元 (10 000 yuan)

地　区	Region	非流动负债合计 Non-current Liabilities	所有者权益 Owners' Equities	实收资本 Total Capital Hold	国家 National	主营业务收入 Revenue from Principal Business	主营业务成本 Cost of Principal Business
全区总计	**Total**	**9329543**	**8883275**	**4478299**	**2009081**	**15821759**	**13172796**
银 川 市	**Yinchuan**	**4413269**	**3324850**	**2076339**	**968686**	**7992781**	**7082141**
银 川 市	District	2636358	2793710	1602067	790155	7037815	6320741
永 宁 县	Yongning	1589	3982	3000	1480	5021	2053
贺 兰 县	Helan						
灵 武 市	Lingwu	1775322	527159	471272	177050	949945	759347
石嘴山市	**Shizuishan**	**594610**	**1109054**	**511354**	**119404**	**1671552**	**1449700**
石嘴山市	District	588168	1097952	510598	118647	1655680	1435806
平 罗 县	Pingluo	6442	11102	757	757	15872	13894
吴 忠 市	**Wuzhong**	**993735**	**688071**	**434411**	**97224**	**2262854**	**2136101**
利 通 区	Litong	222337	127515	116641	28459	52628	28857
红寺堡区	Hongsipu	51	-1311	4500	4500	997	4260
盐 池 县	Yanchi	34969	9672	4012	3082	6575	5065
同 心 县	Tongxin						
青铜峡市	Qingtongxia	736378	552195	309258	61183	2202655	2097919
固 原 市	**Guyuan**	**162907**	**145661**	**125384**	**125384**	**135814**	**85904**
原 州 区	Yuanzhou	3330	24821	23259	23259	5161	6064
西 吉 县	Xiji						
隆 德 县	Longde						
泾 源 县	Jingyuan	18	18195	7713	7713	16393	14176
彭 阳 县	Pengyang	159559	102645	94412	94412	114261	65664
中 卫 市	**Zhongwei**	**472148**	**336971**	**327764**	**206891**	**354970**	**326333**
沙坡头区	Shapotou	373628	248181	270275	177318	206037	187758
中 宁 县	Zhongning	98520	88790	57489	29573	148933	138574
海 原 县	Haiyuan						
其　他	**other**	**2692875**	**3278668**	**1003047**	**491493**	**3403786**	**2092617**

12-14 续表 2 continued

单位:万元 (10 000 yuan)

地　区	Region	主营业务税金及附加 Taxes and Other Charges on Principal Business	管理费用 Overhead Charges	利税总额 Total Profits and Taxes	利润总额 Total Profits	应交所得税 Income Tax Payable	本年应付职工薪酬 Wages Payable This Year
全区总计	**Total**	**563357**	**712376**	**1970400**	**726013**	**166476**	**1440335**
银 川 市	**Yinchuan**	**470493**	**167802**	**755929**	**76943**	**15170**	**317647**
银 川 市	District	461903	141841	659442	34592	15606	293949
永 宁 县	Yongning	383	657	5029	2603	263	518
贺 兰 县	Helan						
灵 武 市	Lingwu	8206	25304	91458	39747	-700	23180
石嘴山市	**Shizuishan**	**10450**	**89977**	**153369**	**76412**	**17903**	**150134**
石嘴山市	District	10414	89205	153149	76537	17791	149402
平 罗 县	Pingluo	36	772	220	-125	112	732
吴 忠 市	**Wuzhong**	**7859**	**32697**	**36849**	**-53990**	**4786**	**127936**
利 通 区	Litong	35	3193	7010	6132	250	6305
红寺堡区	Hongsipu	8	1157	-2334	-2342		3409
盐 池 县	Yanchi	11	722	-761	-771	16	886
同 心 县	Tongxin						
青铜峡市	Qingtongxia	7806	27625	32933	-57008	4520	117336
固 原 市	**Guyuan**	**2358**	**9908**	**37224**	**20649**	**3705**	**31377**
原 州 区	Yuanzhou	63	909	-1728	-1972		1639
西 吉 县	Xiji						
隆 德 县	Longde						
泾 源 县	Jingyuan	74	711	2911	1804	71	842
彭 阳 县	Pengyang	2221	8288	36041	20817	3634	28897
中 卫 市	**Zhongwei**	**1057**	**30216**	**-33229**	**-47728**	**426**	**35432**
沙坡头区	Shapotou	556	27806	-40579	-46886	243	23610
中 宁 县	Zhongning	501	2410	7349	-841	183	11822
海 原 县	Haiyuan						
其　他	**Other**	**71139**	**381776**	**1020258**	**653727**	**124486**	**777809**

12-15 各市县规模以上私营工业企业主要财务指标(2012年)

Main Financial Indicators on Private Enterprises above Designated Size by City and Country(2012)

单位:万元 (10 000 yuan)

地　区	Region	流动资产 Working Capitals	固定资产 Fixed Assets	固定资产原值 Original Value of Fixed Assets	资产总计 Total Assets	流动负债 Working Liabilities	所有者权益 Owners′ Equities	实收资本 Total Capital Hold
全区总计	**Total**	**6738279**	**3479866**	**3226554**	**12241305**	**6127797**	**3953829**	**2052415**
银川市	**Yinchuan**	**2919448**	**1882484**	**1550928**	**5895474**	**2361232**	**2071419**	**1008625**
银川市	District	460614	210042	244407	847459	331767	384187	165258
永宁县	Yongning	102737	79027	76658	207213	78293	97647	52332
贺兰县	Helan	267824	231065	260428	661422	238762	290694	165144
灵武市	Lingwu	2088272	1362351	969435	4179380	1712410	1298891	625892
石嘴山市	**Shizuishan**	**1495399**	**553064**	**637687**	**2254148**	**1575025**	**537523**	**296242**
石嘴山市	District	544808	226209	251412	838233	609323	194996	141388
平罗县	Pingluo	950590	326855	386275	1415915	965701	342527	154855
吴忠市	**Wuzhong**	**646433**	**333423**	**373072**	**1075227**	**489348**	**499372**	**265134**
利通区	Litong	195482	138301	157229	380171	184040	153332	133343
红寺堡区	Hongsipu							
盐池县	Yanchi	130756	106854	113263	252630	113252	127986	51089
同心县	Tongxin	239813	32466	36727	296209	108810	166351	46194
青铜峡市	Qingtongxia	80383	55801	65854	146218	83246	51704	34507
固原市	**Guyuan**	**47646**	**33242**	**35657**	**84259**	**39535**	**37874**	**11164**
原州区	Yuanzhou	24695	13438	13026	39836	16114	17406	4484
西吉县	Xiji	7042	5765	5531	12872	6785	5554	830
隆德县	Longde	12977	11785	14674	26137	14489	11649	4050
泾源县	Jingyuan	1700	676	916	2376	1577	800	800
彭阳县	Pengyang	1231	1578	1510	3038	572	2466	1000
中卫市	**Zhongwei**	**1629354**	**677654**	**629209**	**2932196**	**1662657**	**807641**	**471250**
沙坡头区	Shapotou	236147	213389	179634	484753	292269	171681	129138
中宁县	Zhongning	1387507	461954	448187	2436138	1366778	630738	336425
海原县	Haiyuan	5701	2311	1388	11306	3610	5221	5687

12-15 续表 1 continued

单位：万元 (10 000 yuan)

地 区	Region	主营业务收入 Revenue from Principal Business	主营业务成本 Cost of Principal Business	主营业务税金及附加 Taxes and Other Charges on Principal Business	管理费用 Overhead Charges	利税总额 Total Profits and Taxes	利润总额 Total Profits	应交所得税 Income Tax Payable
全区总计	**Total**	**7831313**	**6811510**	**32827**	**251857**	**578312**	**390222**	**37840**
银川市	**Yinchuan**	**3035382**	**2518028**	**14968**	**117469**	**351550**	**274092**	**18826**
银川市	District	449646	383919	1058	24914	42224	27638	3526
永宁县	Yongning	156575	134579	705	7224	17955	14429	1168
贺兰县	Helan	643464	526270	4748	35143	67953	47936	2410
灵武市	Lingwu	1785697	1473260	8457	50188	223418	184088	11724
石嘴山市	**Shizuishan**	**2249928**	**2078881**	**6537**	**61048**	**45880**	**449**	**9088**
石嘴山市	District	917689	856614	4301	29460	19317	-3504	5373
平罗县	Pingluo	1332239	1222267	2236	31589	26564	3953	3715
吴忠市	**Wuzhong**	**1097151**	**933306**	**8098**	**30995**	**111085**	**82667**	**6939**
利通区	Litong	508444	413433	1096	14255	69857	57729	5894
红寺堡区	Hongsipu							
盐池县	Yanchi	237065	210228	6359	7126	12715	724	385
同心县	Tongxin	172180	148132	358	3438	17986	15359	
青铜峡市	Qingtongxia	179462	161513	285	6176	10527	8855	660
固原市	**Guyuan**	**74223**	**60337**	**386**	**2661**	**5893**	**4541**	**191**
原州区	Yuanzhou	40193	33304	153	1671	1603	864	124
西吉县	Xiji	19581	15185	190	340	3820	3338	37
隆德县	Longde	8976	7701	41	514	327	209	30
泾源县	Jingyuan	2245	1210	2	13	18	4	
彭阳县	Pengyang	3228	2938		124	125	125	
中卫市	**Zhongwei**	**1374630**	**1220958**	**2839**	**39683**	**63904**	**28473**	**2796**
沙坡头区	Shapotou	358295	326245	1843	11707	18040	5842	2512
中宁县	Zhongning	1003176	881798	972	27843	45764	22693	279
海原县	Haiyuan	13159	12916	24	134	100	-63	5

12-16 各市县规模以下工业总产值(2012年)

Gross Industrial Output Value of Industrial Enterprises below Designed Size(2012)

地　区	Region	企业个数(个) Number of Enterprises (unit)	期末从业人员(人) Employed Persons at Year-end(person)	工业增加值(万元) Value-added of Industry (10000 yuan)	工业总产值(万元) Gross Industrial Output Value (10 000 yuan)
全区总计	**Total**	2746	83205	603940	1787484
银川市	**Yinchuan**	1157	33864	211185	634592
兴庆区	Xingqing	156	2642	16144	47774
西夏区	Xixia	206	6363	17484	56895
金凤区	Jinfeng	162	3577	27271	80700
永宁县	Yongning	282	9978	43552	129502
贺兰县	Helan	258	6753	91404	279866
灵武市	Lingwu	93	4550	15330	39855
石嘴山市	**Shizuishan**	627	13066	114941	340137
大武口区	Dawukou	230	3055	17447	51630
惠农区	Huinong	106	2559	24370	72118
平罗县	Pingluo	291	7453	73123	216388
吴忠市	**Wuzhong**	634	22157	112035	310919
利通区	Litong	91	5324	36880	98827
红寺堡区	Hongsipu	117	6092	19576	47620
盐池县	Yanchi	82	1590	13171	38977
同心县	Tongxin	41	2306	15036	44494
青铜峡市	Qingtongxia	303	6845	27372	81001
固原市	**Guyuan**	728	27082	91984	272203
原州区	Yuanzhou	158	6969	25112	72079
西吉县	Xiji	168	4685	19707	58317
隆德县	Longde	94	5031	12951	42450
泾源县	Jingyuan	49	991	4536	13422
彭阳县	Pengyang	258	9282	22647	61454
中卫市	**Zhongwei**	686	20894	73795	228996
沙坡头区	Shapotou	333	7686	31324	92696
中宁县	Zhongning	221	5912	19267	77637
海原县	Haiyuan	132	7297	23203	58664

注:总计是以全区为总体推算数,各市、县(区)合计数不等于全区总计。

a)Estimated on the basis of All Gross Industrial Output Value,the total of all cities and counties is not equal to the total number.

主要统计指标解释

［工业总产值］ 工业总产值是以货币形式表现的，工业企业在一定时期内生产的工业最终产品或提供工业性劳务活动的总价值量。它包括本期生产成品价值、加工费收入，在制品半成品期末期初差额价值三部分。计算工业总产值应遵循三条基本准则：(1)工业生产的原则：即凡是企业在报告期生产的经检验合格的产品，不管是否在报告期销售，均应包括在内。反之亦然，凡不是本企业生产的产品，均不计入本企业的工业总产值中。(2)最终产品的原则：即凡是计入工业总产值的产品必须是本企业生产的经检验合格，不需再进行任何加工的最终产品。如果企业有中间产品(半成品)对外销售，那么对外销售的中间产品有应视为企业的最终产品。(3) 工厂法原则：即工业总产值是以工业企业作为基本计算（核算)单位，即按企业的最终产品计算工业总产值。按这种方法计算的工业总产值不允许同一产品价值在企业内部重复计算，但允许企业间的重复计算。

［工业增加值］ 指工业企业在报告期内以货币形式表现的工业生产活动的最终成果，是企业全部生产活动的总成果扣除了在生产过程中消耗或转移的物质产品和劳务价值后的余额，是企业生产过程中新增加的价值。计算工业增加值通常采用三种方法。一是"生产法"，即从工业生产过程中产品和劳务价值形成的角度入手，提出生产环节中间投入的价值，从而得到新增价值的方法。其计算公式为：工业增加值 = 工业总产值 - 工业中间投入 + 本期应交增值税。二是"收入法"，即从工业生产过程中创造的原始收入初次分配的角度，对工业生产活动最终成果进行核算的一种方法。其计算公式为：工业增加值 = 固定资产折旧 + 劳动者报酬 + 生产税净额+营业盈余

目前工业统计主要采用"生产法"计算工业增加值。

［产品销售收入］ 产品销售收入是指企业销售产品和提供劳务等经营业务取得的收入总额。

［产品销售成本］ 产品销售成本是指企业在销售产品和提供劳务等主要经营业务过程中的实际成本。

［产品销售费用］ 产品销售费用是指企业在销售产品和提供劳务等过程中，发生的各项费用。包括包装费、运输费、保险费、展览费、广告费以及销售人员的工资、福利费、差旅费、办公费、折旧费等其他经费。

［产品销售税金及附加］ 产品销售税金是指企业销售产品、提供劳务等主要经营业务应负担的产品税、营业税、增值税、城市维护建设税、消费税、资源税和教育附加。

［管理费用］ 管理费用是指企业行政管理部门为组织和管理生产经营活动而发生的各种费用。包括公司经费、工会经费、职工教育经费、劳动保险费、待业保险费、董事会费、咨询费、审计费、诉讼费、排污费、税金、土地使用费、土地损失费、技术开发费、无形资产、咨询费、开办推销费、业务招待费、坏帐损失、存货盘亏等。

［财务费用］ 财务费用是指企业筹集生产经营过程中所需资金而发生的费用。包括利息支出(减去利息收入后的支出)、汇兑损失(减去汇兑收益后的损失)、金融机构手续费以及筹集生产经营资金发生的其他费用等。

［利润总额］ 利润总额是指企业在一定时期的最终经营成果，是企业的收入减去有关的成本与费用后的差额，收入大于相关的成本费用，企业就盈利，反之则亏损。

其计算公式为：利润总额 = 营业利润 + 投资净收益 + 补贴收入+营业外收支净额 + 以前年度损益调整

第十三篇 建筑业

Chapter13 Construction

责任编辑：崔　琳

资料整理：崔　琳　冯海江　黄　剑　刘晓龙　杨瑞博　马福燕

Coordinator：Cui Lin

Data Compilation：Cui Lin　Feng Haijiang　Huang Jian　Liu Xiaolong　Yang Ruibo　Ma Fuyan

13-1 全区建筑施工企业个数和职工人数

Number of Construction Enterprises and Employed Persons in Construction Enterprises

指 标	Item	1980	1985	1990	1995	2000	2005	2010	2011	2012
企业个数(个)	**Number of Enterprises(unit)**	**48**	**82**	**142**	**278**	**529**	**521**	**527**	**549**	**566**
国有企业	State-owned	21	54	67	111	162	72	50	47	51
集体企业	Collective-owned	27	28	75	156	142	33	14	14	13
私营企业	Private Enterprises					116	283	341	358	377
其他经济类型	Other Type of Economics				11	109	133	122	130	125
年末从业人数(人)	**Number of Persons Employed at Year End(person)**	**37246**	**53422**	**54367**	**58863**	**83980**	**76049**	**98258**	**102535**	**91235**
国有企业	State-owned	28769	45033	38947	36670	38258	22816	20743	18564	17254
集体企业	Collective-owned	8477	8389	15420	19831	16350	3710	1557	1681	1804
私营企业	Private Enterprises					8353	19678	49686	52968	43751
其他经济类型	Other Type of Economics				2362	21019	29845	26272	29322	28426

13-2 国有及国有控股建筑施工企业情况

Statistics on State-owned and State-holding Industrial Construction Enterprises

年份 Year	施工企业个数（个） Number of Construction Enterprises (unit)	年末从业人数（人） Number of Persons Employed at Year End(person)	建筑业总产值（万元） Gross Output Value (10 000 yuan)
1978	17	24750	10695
1980	23	28702	13477
1985	54	45033	34012
1990	67	38947	53326
1995	111	36670	150806
2000	179	41543	316320
2005	115	29386	475276
2009	83	24000	1006598
2010	79	28341	1290840
2011	79	28502	1470438
2012	82	21609	1463899

注:2000 年起为国有及国有控股建筑施工企业。

a)Since 2000,the figures of state-owned and collective-owned construction enterprises.

13-3 建筑企业生产情况(2012 年)
(总承包和专业承包建筑业企业)

指　标	Item	企业数(个) Number of Enterprises (unit)
总 计	**Total**	**541**
国有及国有控股企业	State-owned and State-holding Enterprises	80
按登记注册类型分组	**By Status of Registration**	
内资企业	Domestic Funded	537
国有企业	State-owned Enterprises	51
集体企业	Collective-owned Enterprises	12
股份合作企业	Cooperative Enterprises	1
联营企业	Joint Ownership Enterprises	
有限责任公司	Limited Liabilities Corporations	108
国有独资公司	State Sole Funded Corporations	12
其他有限责任公司	Other Limited Liabilities Corporations	96
股份有限公司	Share-holding Corporations Limited	9
私营企业	Private Enterprises	355
私营独资企业	Private-funded Enterprises	4
私营合伙企业	Private Partnership Enterprises	
私营有限责任公司	Private Limited Liabilities Corporations	344
私营股份有限公司	Private Share-holding Corporations Ltd.	7
港、澳、台商投资企业	Enterprises with Funds from Hong Kong, Macao and Taiwan	2
合资经营企业(港或澳、台资)	Joint-ventures Enterprises	1
港、澳、台商独资经营企业	Enterprises with Sole Investment	1
外商投资企业	Foreign Funded Enterprises	2
按建筑业行业分组	**Grouped by Branch**	
房屋和土木工程建筑业	Building and Civil Engineering	407
房屋工程建筑	Building	259
土木工程建筑	Civil Engineering	148
建筑安装业	Construction Installation	60
建筑装饰业	Construction Decoration	60
其他建筑业	Other Construction	14
按企业资质等级分组	**Grouped by Qualification Criteria**	
施工总承包	General Contractors	343
一 级	First Grade	14
二 级	Second Grade	103
三级及以下	Third Grade	226
专业承包	Professional Contractors	198
一 级	First Grade	9
二 级	Second Grade	67
三级及以下	Third Grade	122

Production Situation on Construction Enterprises(2012)
(General Construction Contractors and Professional Contractors)

建筑业总产值(千元) Total Output Value of Construction(1 000yuan)				竣工产值(千元) Output Value of Construction Completed (1 000 yuan)
合计 Total	建筑工程 Construction	安装工程 Installation	其他产值 Others	
46695268	**43700106**	**2226437**	**768725**	**35999681**
14637831	13632460	878439	126932	12052872
46118589	43123427	2226437	768725	35462515
11518881	10663663	740660	114558	9759141
1282111	1036400	43603	202108	1049597
99659	99659			61425
9193628	8245117	884537	63974	7104642
2224995	2203310	12850	8835	1657949
6968633	6041807	871687	55139	5446693
1883037	1859624	23413		1543506
22094574	21172265	534224	388085	15944204
264229	239129	22360	2740	128403
21487810	20619430	511244	357136	15603037
342535	313706	620	28209	212764
393854	393854			354341
393854	393854			354341
182825	182825			182825
44766031	42184440	1831737	749854	34605029
32876801	31897675	394143	584983	26756135
11889230	10286765	1437594	164871	7848894
893374	563950	322352	7072	653061
776932	701620	72348	2964	566638
258931	250096		8835	174953
42487176	40391448	1388024	707704	32605134
12775153	12199714	446120	129319	10686862
16394004	15530885	536184	326935	12646931
13318019	12660849	405720	251450	9271341
4208092	3308658	838413	61021	3394547
1097544	1097544			920149
1669244	1023065	628865	17314	1584773
1441304	1188049	209548	43707	889625

13-3 **续表 1**

指　标	Item	房屋建筑施工面积（平方米）Floor Space of Buildings under Construction (sq.m)
总 计	**Total**	**37367727**
国有及国有控股企业	State-owned and State-holding Enterprises	11794858
按登记注册类型分组	**By Status of Registration**	
内资企业	Domestic Funded	37143516
国有企业	State-owned Enterprises	9092639
集体企业	Collective-owned Enterprises	878903
股份合作企业	Cooperative Enterprises	198424
联营企业	Joint Ownership Enterprises	
有限责任公司	Limited Liabilities Corporations	6896121
国有独资公司	State Sole Funded Corporations	2470498
其他有限责任公司	Other Limited Liabilities Corporations	4425623
股份有限公司	Share-holding Corporations Limited	525536
私营企业	Private Enterprises	19551893
私营独资企业	Private-funded Enterprises	207156
私营合伙企业	Privata Partnership Enterprises	
私营有限责任公司	Private Limited Liabilities Corporations	19079943
私营股份有限公司	Private Share-holding Corporations Ltd.	264794
港、澳、台商投资企业	Enterprises with Funds from Hong Kong, Macao and Taiwan	224211
合资经营企业(港或澳、台资)	Joint-ventures Enterprises	224211
港、澳、台商独资经营企业	Enterprises with Sole Investment	
外商投资企业	Foreign Funded Enterprises	
按建筑业行业分组	**Grouped by Branch**	
房屋和土木工程建筑业	Building and Civil Engineering	36952573
房屋工程建筑	Building	36486572
土木工程建筑	Civil Engineering	466001
建筑安装业	Construction Installation	264896
建筑装饰业	Construction Decoration	113386
其他建筑业	Other Construction	36872
按企业资质等级分组	**Grouped by Qualification Criteria**	
施工总承包	General Contractors	37187544
一 级	First Grade	11173089
二 级	Second Grade	14274488
三级及以下	Third Grade	11739967
专业承包	Professional Contractors	180183
一 级	First Grade	
二 级	Second Grade	46619
三级及以下	Third Grade	133564

continued

房屋建筑竣工面积(平方米) Floor Space of Buildings Completed (sq.m)	住宅 Residence	竣工房屋价值(千元) Value of Buildings Completed (1 000 yuan)	住宅 Residence
15280551	**10079390**	**20637300**	**12925207**
4816155	2677317	7090155	3676823
15092873	9960646	20403543	12738546
3909667	2155916	5760116	2920807
478988	211596	581007	284656
57450	57450	61425	61425
2885696	1935288	4030013	2501818
824026	470601	1188534	675216
2061670	1464687	2841479	1826602
404017	252972	454415	276592
7357055	5347424	9516567	6693248
106420	38818	128403	56286
7140478	5201795	9239106	6494506
110157	106811	149058	142456
187678	118744	233757	186661
187678	118744	233757	186661
15108319	10019659	20361218	12848573
14952763	9918608	20206362	12754029
155556	101051	154856	94544
135360	59731	176266	76634
36872		99816	
15206779	10071494	20493612	12901519
4288835	2491819	6502585	3520247
6357979	4234816	8577227	5504573
4559965	3344859	5413800	3876699
73772	7896	143688	23688
36872		99816	
36900	7896	43872	23688

13-3 续表 2

指标名称	Item	自有机械设备年末总台数（台）Number of Machinery and Equipment Owned (set)
总 计	**Total**	**34413**
国有及国有控股企业	State-owned and State-holding Enterprises	8691
按登记注册类型分组	**By Status of Registration**	
内资企业	Domestic Funded	34413
国有企业	State-owned Enterprises	7021
集体企业	Collective-owned Enterprises	982
股份合作企业	Cooperative Enterprises	31
联营企业	Joint Ownership Enterprises	
有限责任公司	Limited Liabilities Corporations	7304
国有独资公司	State Sole Funded Corporations	1106
其他有限责任公司	Other Limited Liabilities Corporations	6198
股份有限公司	Share-holding Corporations Limited	1243
私营企业	Private Enterprises	17807
私营独资企业	Private-funded Enterprises	373
私营合伙企业	Private Partnership Enterprises	
私营有限责任公司	Private Limited Liabilities Corporations	16878
私营股份有限公司	Private Share-holding Corporations Ltd.	556
港、澳、台商投资企业	Enterprises with Funds from Hong Kong, Macao and Taiwan	
合资经营企业(港或澳、台资)	Joint-ventures Enterprises	
港、澳、台商独资经营企业	Enterprises with Sole Investment	
外商投资企业	Foreign Funded Enterprises	
按建筑业行业分组	**Grouped by Branch**	
房屋和土木工程建筑业	Building and Civil Engineering	31474
房屋工程建筑	Building	24006
土木工程建筑	Civil Engineering	7468
建筑安装业	Construction Installation	839
建筑装饰业	Construction Decoration	1843
其他建筑业	Other Construction	257
按企业资质等级分组	**Grouped by Qualification Criteria**	
施工总承包	General Contractors	29887
一 级	First Grade	7475
二 级	Second Grade	10683
三级及以下	Third Grade	11729
专业承包	Professional Contractors	4526
一 级	First Grade	707
二 级	Second Grade	2143
三级及以下	Third Grade	1676

continued

自有施工机械设备年末净值（千元） Net Value of Machinery and Equipment Owned（1 000 yuan）	自有施工机械设备年末总功率（千瓦） Total Power of Machinery and Equipment Owned （kw）	计算劳动生产率的平均人数（人） Average Staff to Calculate Labor Productivity（person）	年末从业人员（人） Number of Employed Persons at Year End （person）
1368734	**778920**	**185968**	**90164**
291647	196212	68916	21514
1368734	778920	183703	89165
246021	157808	51147	17254
54649	23341	4092	1747
1619	3002	938	115
310038	154683	41336	22947
27615	27200	13529	2773
282423	127483	27807	20174
107685	77389	5921	4210
648157	361132	80224	42832
5797	11435	890	393
624594	340132	78628	41930
17766	9565	706	509
		1600	332
		1600	332
		665	667
1251738	718135	176696	82453
726107	463312	137793	54309
525631	254823	38903	28144
34591	23507	5076	4968
16918	13450	3488	2116
65487	23828	708	627
1106248	638037	167866	75762
183455	150804	58238	13103
485109	260995	63260	34113
437684	226238	46368	28546
262486	140883	18102	14402
77773	21376	3883	2631
102780	63107	7086	6588
81933	56400	7133	5183

13-4 建筑企业财务状况(2012年)
(总承包和专业承包建筑业企业)

单位:千元

指　　标	Item	流动资产合　计 Total Circulating Funds	应收工程款 Project Receivable
总 计	**Total**	**36751909**	**13091503**
国有及国有控股企业	State-owned and State-holding Enterprises	9577115	4072319
按登记注册类型分组	**By Status of Registration**		
内资企业	Domestic Funded	36324974	12858583
国有企业	State-owned Enterprises	7565149	3279455
集体企业	Collective-owned Enterprises	552051	201206
股份合作企业	Cooperative Enterprises	303325	6953
联营企业	Joint Ownership Enterprises		
有限责任公司	Limited Liabilities Corporations	8008272	2407073
国有独资公司	State Sole Funded Corporations	1469426	599063
其他有限责任公司	Other Limited Liabilities Corporations	6538846	1808010
股份有限公司	Share-holding Corporations Limited	1882535	631568
私营企业	Private Enterprises	17998777	6323376
私营独资企业	Private-funded Enterprises	425066	314578
私营合伙企业	Private Partnership Enterprises		
私营有限责任公司	Private Limited Liabilities Corporations	17452424	5971507
私营股份有限公司	Private Share-holding Corporations Ltd.	121287	37291
港、澳、台商投资企业	Enterprises with Funds from Hong Kong, Macao and Taiwan	153380	40514
合资经营企业(港或澳、台资)	Joint-ventures Enterprises	153380	40514
港、澳、台商独资经营企业	Enterprises with Sole Investment		
外商投资企业	Foreign Funded Enterprises	273555	192406
按建筑业行业分组	**Grouped by Branch**		
房屋和土木工程建筑业	Building and Civil Engineering	34536582	12472411
房屋工程建筑	Building	24773037	8849555
土木工程建筑	Civil Engineering	9763545	3622856
建筑安装业	Construction Installation	1127104	324268
建筑装饰业	Construction Decoration	770325	199533
其他建筑业	Other Construction	317898	95291
按企业资质等级分组	**Grouped by Qualification Criteria**		
施工总承包	General Contractors	32000965	11787054
一 级	First Grade	9894407	4024050
二 级	Second Grade	11646929	4977581
三级及以下	Third Grade	10459629	2785423
专业承包	Professional Contractors	4750944	1304449
一 级	First Grade	830199	293357
二 级	Second Grade	2196502	672664
三级及以下	Third Grade	1724243	338428

Financial Indicators on Construction Enterprises(2012)
(General Construction Contractors and Professional Contractors)

(1 000 yuan)

竣工工程 Project Completed	存货 Stock	固定资产合计 Total Fixed Assets	固定资产原价 Original Value of Fixed Assets	累计折旧 Accumulated Depreciation	本年折旧 Depreciation This Year	在建工程 Construction in Process
6613281	**7329551**	**4850996**	**7001024**	**2811522**	**483693**	**449774**
2521856	1865994	1120736	1858607	882978	104382	105527
6400307	7296908	4679778	6761269	2707906	428022	449774
2148475	1672657	875486	1467911	703827	91025	80969
73592	43924	116878	136419	31152	1384	597
5932	62	18265	18264	16325	15466	
1261772	1675769	911406	1263074	486508	70824	86623
253542	107939	105973	162417	89775	4081	24558
1008230	1567830	805433	1100657	396733	66743	62065
272682	296786	289786	423477	227351	22584	91881
2634254	3606814	2459317	3440293	1239552	225796	189704
55967	28166	34332	38113	17236	2550	13455
2550894	3566112	2378402	3342260	1204362	220123	175811
27393	12536	46583	59920	17954	3123	438
21324	21446	5929	20822	14893	2027	
21324	21446	5929	20822	14893	2027	
191650	11197	165289	218933	88723	53644	
6234078	6798816	4506463	6528861	2647404	449008	427026
3893434	5001835	2795493	3655608	1218097	228832	260078
2340644	1796981	1710970	2873253	1429307	220176	166948
175826	291749	138922	184313	64696	14188	6811
139242	166619	105309	130300	40144	7207	13929
64135	72367	100302	157550	59278	13290	2008
5706036	6326471	4052029	5791414	2302159	399174	386822
2126238	1750297	1276366	1864125	814527	84442	226767
2385487	2359452	1277821	2086031	893234	173657	27858
1194311	2216722	1497842	1841258	594398	141075	132197
907245	1003080	798967	1209610	509363	84519	62952
262701	113581	114822	216830	109260	8066	
461293	439350	352121	549004	218088	47520	7423
183251	450149	332024	443776	182015	28933	55529

13-4 续表 1

单位：千元

指　标	Item	资产合计 Total Assets	流动负债合计 Total Liquid Liabilities
总 计	**Total**	**44670513**	**29590677**
国有及国有控股企业	State-owned and State-holding Enterprises	11558374	9002556
按登记注册类型分组	**By Status of Registration**		
内资企业	Domestic Funded	44053966	29334490
国有企业	State-owned Enterprises	8656283	7009582
集体企业	Collective-owned Enterprises	750818	356864
股份合作企业	Cooperative Enterprises	329378	299316
联营企业	Joint Ownership Enterprises		
有限责任公司	Limited Liabilities Corporations	9950073	6987467
国有独资公司	State Sole Funded Corporations	2193430	1576161
其他有限责任公司	Other Limited Liabilities Corporations	7756643	5411306
股份有限公司	Share-holding Corporations Limited	2321659	1861997
私营企业	Private Enterprises	22022246	12803814
私营独资企业	Private-funded Enterprises	505363	417652
私营合伙企业	Private Partnership Enterprises		
私营有限责任公司	Private Limited Liabilities Corporations	21334182	12295209
私营股份有限公司	Private Share-holding Corporations Ltd.	182701	90953
港、澳、台商投资企业	Enterprises with Funds from Hong Kong, Macao and Taiwan	159341	99159
合资经营企业(港或澳、台资)	Joint-ventures Enterprises	159341	99159
港、澳、台商独资经营企业	Enterprises with Sole Investment		
外商投资企业	Foreign Funded Enterprises	457206	157028
按建筑业行业分组	**Grouped by Branch**		
房屋和土木工程建筑业	Building and Civil Engineering	41904866	28211374
房屋工程建筑	Building	29675491	19908378
土木工程建筑	Civil Engineering	12229375	8302996
建筑安装业	Construction Installation	1302352	666212
建筑装饰业	Construction Decoration	940214	419763
其他建筑业	Other Construction	523081	293328
按企业资质等级分组	**Grouped by Qualification Criteria**		
施工总承包	General Contractors	38616321	26253983
一 级	First Grade	12526930	9634133
二 级	Second Grade	13552931	8786359
三级及以下	Third Grade	12536460	7833491
专业承包	Professional Contractors	6054192	3336694
一 级	First Grade	1001565	607732
二 级	Second Grade	2710137	1445944
三级及以下	Third Grade	2342490	1283018

continued

(1 000 yuan)

应付账款 Accounts Payable	非流动负债合计 Total Non-current Liabilities	负债合计 Total Liabilities	所有者权益合计 Owners′ Equity	实收资本 Paid-in Capitals	营业收入 Business Revenue	营业成本 Business Cost	营业税金及附加 Operating Tax and Extra Charges	主营业务税金及附加 Tax and Extra Charges on Principle Business
10056177	**1006120**	**30923344**	**13719896**	**8975892**	**48243736**	**43289897**	**1558851**	**1537138**
3702634	58539	9108781	2449593	1612613	15201899	14021606	480194	471653
9975584	994120	30655157	13371536	8772021	47554068	42669254	1537065	1515352
2862490	15249	7072195	1584088	1012104	11833788	10869269	372816	364498
95277	69	356933	393885	184087	1500934	1360967	53966	53860
11214	2729	302046	27332	20126	232731	212143	7893	5236
2118124	256686	7264745	2685328	1876694	9886140	8876480	318269	313367
631177	43290	1619451	573979	421525	2325699	2208504	72064	72064
1486947	213396	5645294	2111349	1455169	7560441	6667976	246205	241303
943313	15289	1883005	438654	349489	2508265	2275788	83635	83505
3940734	704098	13760783	8234190	5321462	21545511	19032765	698674	693074
320709		417652	87711	39023	430711	370606	14697	14697
3598314	704098	13252178	8054731	5198403	20850974	18424855	674262	668662
21711		90953	91748	84036	263826	237304	9715	9715
1855	12000	111159	48182	47871	465640	430487	15473	15473
1855	12000	111159	48182	47871	465640	430487	15473	15473
78738		157028	300178	156000	224028	190156	6313	6313
9756002	961580	29480469	12397124	7948663	46209411	41613833	1494749	1474740
6312853	827197	20965946	8682272	5160269	32752555	29627137	1059959	1047999
3443149	134383	8514523	3714852	2788394	13456856	11986696	434790	426741
168202	26854	710953	591399	393382	1082905	888541	35780	34150
86329	740	421648	518566	433758	693876	564813	23409	23335
45644	16946	310274	212807	200089	257544	222710	4913	4913
9022931	903197	27388978	11200070	7136963	43267618	39120349	1401552	1384939
4325766	463609	10097743	2429187	1272489	13786238	12723635	440488	439409
2964404	180809	9039998	4512933	2918999	16168505	14596255	525315	520886
1732761	258779	8251237	4257950	2945475	13312875	11800459	435749	424644
1033246	102923	3534366	2519826	1838929	4976118	4169548	157299	152199
328363	11414	619147	382418	322901	1014110	883584	36109	35858
365292	15790	1524485	1185652	726499	2238059	1800893	68258	65013
339591	75719	1390734	951756	789529	1723949	1485071	52932	51328

13-4 续表 2

单位：千元

指　标	Item	其他业务利润 Other Profits	管理费用 Management Expenses
总 计	**Total**	**119741**	**1595480**
国有及国有控股企业	State-owned and State-holding Enterprises	40645	469102
按登记注册类型分组	**By Status of Registration**		
内资企业	Domestic Funded	103507	1542865
国有企业	State-owned Enterprises	45529	396460
集体企业	Collective-owned Enterprises	625	38093
股份合作企业	Cooperative Enterprises		3431
联营企业	Joint Ownership Enterprises		
有限责任公司	Limited Liabilities Corporations	9146	381903
国有独资公司	State Sole Funded Corporations	1193	39366
其他有限责任公司	Other Limited Liabilities Corporations	7953	342537
股份有限公司	Share-holding Corporations Limited	4651	92856
私营企业	Private Enterprises	43556	627145
私营独资企业	Private-funded Enterprises		7217
私营合伙企业	Private Partnership Enterprises		
私营有限责任公司	Private Limited Liabilities Corporations	43556	616068
私营股份有限公司	Private Share-holding Corporations Ltd.		3860
港、澳、台商投资企业	Enterprises with Funds from Hong Kong, Macao and Taiwan	7809	15392
合资经营企业(港或澳、台资)	Joint-ventures Enterprises	7809	15392
港、澳、台商独资经营企业	Enterprises with Sole Investment		
外商投资企业	Foreign Funded Enterprises	8425	37223
按建筑业行业分组	**Grouped by Branch**		
房屋和土木工程建筑业	Building and Civil Engineering	103897	1453469
房屋工程建筑	Building	54607	794946
土木工程建筑	Civil Engineering	49290	658523
建筑安装业	Construction Installation	12822	75806
建筑装饰业	Construction Decoration	3021	49292
其他建筑业	Other Construction	1	16913
按企业资质等级分组	**Grouped by Qualification Criteria**		
施工总承包	General Contractors	71610	1228112
一 级	First Grade	14723	345565
二 级	Second Grade	35202	402410
三级及以下	Third Grade	21685	480137
专业承包	Professional Contractors	48131	367368
一 级	First Grade	711	37138
二 级	Second Grade	26558	209952
三级及以下	Third Grade	20862	120278

continued

(1 000 yuan)

税 金 Taxes	差旅费 Travel Expenses	工会经费 Labour Union Expenses	财务费用 Management Expenses	利息收入 Interest Income	利息支出 Interest Expenses	营业利润 Business Profits	补贴收入 Subsidy Income	营业外收入 Non-operating Income
64922	**64016**	**18132**	**352063**	**6987**	**300503**	**1312393**	**8356**	**96775**
15746	14903	3248	12059	1714	13914	189448	4213	44965
64699	62278	18044	347030	6695	295715	1322803	8356	94786
12957	11616	2365	10422	1470	12137	161492	3808	26127
1291	938	166	2770	34	2513	35916		982
2182	983	256	−7	7		9271		470
10920	11310	3707	81916	1394	75960	218850	930	25768
754	2452	711	82	277	841	−519	405	14862
10166	8858	2996	81834	1117	75119	219369	525	10906
2251	4382	349	10172	1563	9741	47449		1599
35078	32962	11189	241756	2226	195364	849788	3618	39816
547	380	108	5114	3	4804	31025		2981
34339	32368	11049	234567	2218	188486	812558	3618	36398
192	214	32	2075	5	2074	6205		437
91	439	87	3686	24	3709	602		87
91	439	87	3686	24	3709	602		87
132	1299	1	1347	268	1079	−11012		1902
59151	51708	15170	318037	5938	271808	1206280	8356	94720
37907	25496	11281	210607	2549	184593	949923	3533	53090
21244	26212	3889	107430	3389	87215	256357	4823	41630
2068	8157	1086	8960	440	8553	66153		1415
2931	3418	1710	18173	96	15354	34472		433
772	733	166	6893	513	4788	5488		207
55699	42715	13213	290592	4992	250688	1122033	4977	74377
18867	10295	3031	69997	1816	69379	149796	3172	35719
13676	14055	3543	117156	2607	101089	498056	527	24768
23156	18365	6639	103439	569	80220	474181	1278	13890
9223	21301	4919	61471	1995	49815	190360	3379	22398
1798	3313	128	10543	376	10313	42351	890	1347
3739	11560	3351	28970	970	21073	120189		1948
3686	6428	1440	21958	649	18429	27820	2489	19103

13-4 续表 3

单位：千元

指　　标	Item	营业外支出 Non-operating Expenses	利润总额 Total Profits
总 计	**Total**	**111621**	**1304465**
国有及国有控股企业	State-owned and State-holding Enterprises	36211	199301
按登记注册类型分组	**By Status of Registration**		
内资企业	Domestic Funded	109543	1314964
国有企业	State-owned Enterprises	22590	166189
集体企业	Collective-owned Enterprises	1033	35724
股份合作企业	Cooperative Enterprises	1374	8367
联营企业	Joint Ownership Enterprises		
有限责任公司	Limited Liabilities Corporations	36899	207654
国有独资公司	State Sole Funded Corporations	1161	13182
其他有限责任公司	Other Limited Liabilities Corporations	35738	194472
股份有限公司	Share-holding Corporations Limited	5056	43992
私营企业	Private Enterprises	42591	852977
私营独资企业	Private-funded Enterprises	79	33927
私营合伙企业	Private Partnership Enterprises		
私营有限责任公司	Private Limited Liabilities Corporations	42061	812858
私营股份有限公司	Private Share-holding Corporations Ltd.	451	6192
港、澳、台商投资企业	Enterprises with Funds from Hong Kong, Macao and Taiwan	150	539
合资经营企业(港或澳、台资)	Joint-ventures Enterprises	150	539
港、澳、台商独资经营企业	Enterprises with Sole Investment		
外商投资企业	Foreign Funded Enterprises	1928	-11038
按建筑业行业分组	**Grouped by Branch**		
房屋和土木工程建筑业	Building and Civil Engineering	96634	1211169
房屋工程建筑	Building	48837	958523
土木工程建筑	Civil Engineering	47797	252646
建筑安装业	Construction Installation	11180	56388
建筑装饰业	Construction Decoration	1841	33060
其他建筑业	Other Construction	1966	3848
按企业资质等级分组	**Grouped by Qualification Criteria**		
施工总承包	General Contractors	92049	1109745
一 级	First Grade	20708	165107
二 级	Second Grade	30264	497119
三级及以下	Third Grade	41077	447519
专业承包	Professional Contractors	19572	194720
一 级	First Grade	6959	36739
二 级	Second Grade	8264	113931
三级及以下	Third Grade	4349	44050

continued

(1 000 yuan)

应交所得税 Income Tax Payable	应付职工薪酬 Employee Benefits Payable	土地和固定资产支出 Land and Fixed Assets Expenses					
			土地购置 Land Purchasing	房屋和建筑物 Houses and Buildings	机器设备 Machinery and Equipment	运输工具 Means of Transport	其他费用 Other Expenses
398573	**6069059**	**376228**	**10097**	**101229**	**158380**	**53500**	**53022**
57845	2389871	58996		10197	23510	9079	16210
398301	5969524	376228	10097	101229	158380	53500	53022
39716	1787293	55531		10197	22147	8026	15161
13135	206874	1175			19		1156
4650	23614	18265		12860	1619	3786	
83174	1437867	86998		13828	37226	15166	20778
8940	507380	1376			1353	23	
74234	930487	85622		13828	35873	15143	20778
12133	166932	19838	2703	6998	8032	2056	49
245476	2346224	194421	7394	57346	89337	24466	15878
8106	40488						
236970	2270391	194335	7394	57346	89251	24466	15878
400	35345	86			86		
135	57673						
135	57673						
137	41862						
376638	5746114	352468	10097	101229	139515	50470	51157
265589	4572431	192961	7756	61800	90334	25507	7564
111049	1173683	159507	2341	39429	49181	24963	43593
9878	179030	4626			538	2630	1458
10357	114062	819			12	400	407
1700	29853	18315			18315		
316164	5526110	318729	9091	90599	127791	45591	45657
38259	2082884	28737	1697	586	16513	8177	1764
149879	2349361	101502		33688	37264	16804	13746
128026	1093865	188490	7394	56325	74014	20610	30147
82409	542949	57499	1006	10630	30589	7909	7365
47651	121246	4381			527	551	3303
24273	259969	32842			26300	3869	2673
10485	161734	20276	1006	10630	3762	3489	1389

13-5 劳务分包建筑业企业主要经济指标(2012 年)

指　　标	Item	企业数 (个) Number of Enterprises (unit)	建筑业总产值 (千元) Total Output Value of Construction (1 000 yuan)
总　计	**Total**	**25**	**108628**
国有及国有控股企业	State-owned and State-holding Enterprises	2	1163
按登记注册类型分组	**By Status of Registration**		
内资企业	Domestic Funded	25	108628
国有企业	State-owned Enterprises		
集体企业	Collective-owned Enterprises	1	2410
有限责任公司	Limited Liabilities Corporations	2	1163
国有独资公司	State Sole Funded Corporations	2	1163
其他有限责任公司	Other Limited Liabilities Corporations		
私营企业	Private Enterprises	22	105055
私营独资企业	Private-funded Enterprises		
私营有限责任公司	Private Limited Liabilities Corporations	22	105055
按建筑业行业中类分组	**Grouped by Branch**		
房屋和土木工程建筑业	Building and Civil Engineering	20	99245
房屋工程建筑	Building	20	99245
土木工程建筑	Civil Engineering		
建筑安装业	Construction Installation	5	9383
其他建筑	Others		
按企业资质等级分组	**Grouped by Qualification Criteria**		
劳务分包	Labor Service	25	108628
一级	First Grade	15	64865
二级	Second Grade	1	4709
三级及以下	Third Grade	9	39054

Main Indicators of Labour Subcontractors in Construction Industry(2012)

年末从业人员(人) Employed Persons at Year End(person)	从业人员工资总额(千元) Total Wages of Employed Persons (1 000 yuan)	从业人员年平均人数(人) Annual Average Number of Employed Persons(person)	利润总额(千元) Total Profits (1 000 yuan)	固定资产原价(千元) Original Value of Fixed Assets (1 000 yuan)	本年折旧(千元) Depreciation this Year (1 000 yuan)	资产总计(千元) Total Capital (1 000 yuan)
1071	**95764**	**2567**	**-781**	**3586**	**412**	**55675**
95	3401	91	797	880	-173	4696
1071	95764	2567	-781	3586	412	55675
57	750	40	19	1050		15363
95	3401	91	797	880	-173	4696
95	3401	91	797	880	-173	4696
919	91613	2436	-1597	1656	585	35616
919	91613	2436	-1597	1656	585	35616
928	91529	2438	-2416	2042	251	31264
928	91529	2438	-2416	2042	251	31264
143	4235	129	1635	1544	161	24411
1071	95764	2567	-781	3586	412	55675
497	66062	1615	-2432	1884	233	24779
5	80	5	0	154	16	1741
569	29622	947	1651	1548	163	29155

13-5 续表 1

单位：千元

指　　标	Item	负债合计 Total Liabilities	实收资本 Paid-in Capitals
总　计	**Total**	**41825**	**20100**
国有及国有控股企业	State-owned and State-holding Enterprises	11182	1666
按登记注册类型分组	**By Status of Registration**		
内资企业	Domestic Funded	41825	20100
国有企业	State-owned Enterprises		
集体企业	Collective-owned Enterprises	13949	1302
有限责任公司	Limited Liabilities Corporations	11182	1666
国有独资公司	State Sole Funded Corporations	11182	1666
其他有限责任公司	Other Limited Liabilities Corporations		
私营企业	Private Enterprises	16694	17132
私营独资企业	Private-funded Enterprises		
私营有限责任公司	Private Limited Liabilities Corporations	16694	17132
按建筑业行业中类分组	**Grouped by Branch**		
房屋和土木工程建筑业	Building and Civil Engineering	23243	15914
房屋工程建筑	Building	23243	15914
土木工程建筑	Civil Engineering		
建筑安装业	Construction Installation	18582	4186
其他建筑	Others		
按企业资质等级分组	**Grouped by Qualification Criteria**		
劳务分包	Labor Service	41825	20100
一级	First Grade	21743	12014
二级	Second Grade	114	100
三级及以下	Third Grade	19968	7986

continued

(1 000 yuan)

营业收入合计 Business Revenue	主营业务收入 Revenue from Principal Business	主营业务成本 Cost of Principal Business	营业税金及附加 Taxes and Other Charges on Principal Business	管理费用合计 Management Expenses	财务费用合计 Financial Expenses	营业利润 Business Profits	土地和固定资产支出 Land and Fixed Asset Expenditures
131312	**124897**	**122922**	**1456**	**7867**	**–34**	**–782**	**508**
12749	12230	7991	182	3783	–4	797	90
131312	124897	122922	1456	7867	–34	–782	508
2375	2375	2136	129	12		19	
12749	12230	7991	182	3783	–4	797	90
12749	12230	7991	182	3783	–4	797	90
116188	110292	112795	1145	4072	–30	–1598	418
116188	110292	112795	1145	4072	–30	–1598	418
112121	106015	109121	996	4647	–30	–2417	418
112121	106015	109121	996	4647	–30	–2417	418
19191	18882	13801	460	3220	–4	1635	90
131312	124897	122922	1456	7867	–34	–782	508
74945	74724	74197	671	2612	–38	–2520	264
5885		5839	201	93		–29	154
50482	50173	42886	584	5162	4	1767	90

13-6 建筑业企业概况
Main Indicators on Construction Enterprises

年份 Year	总计 Total	国有及国有控股 State-owned and State-holding Enterprises	集体经济 Collective-owned Enterprises
单位数(个)			
Number of Enterprises(unit)			
1990	142	67	75
1995	278	111	156
2000	529	179	142
2005	521	115	33
2006	519	112	32
2007	514	108	26
2008	530	86	21
2009	520	83	18
2010	527	79	14
2011	549	79	14
2012	566	82	13
从业人员(人)			
Number of Persons Employed(person)			
1990	54064	38644	15420
1995	93422	64116	29306
2000	83980	41543	16350
2005	76049	29386	3710
2006	76731	33900	2613
2007	68119	26719	2672
2008	66784	23234	2051
2009	70127	24000	1419
2010	98258	28341	1557
2011	102535	28502	1681
2012	91235	21609	1804
总产值(万元)			
Gross Output Value(10 000 yuan)			
1990	71583	52612	18971
1995	211506	150806	56325
2000	562352	316320	76941
2005	1131704	475276	38599
2006	1310086	598657	32506
2007	1551804	716282	41920
2008	1918994	814358	41328
2009	2597056	1006598	43643
2010	3433687	1290840	59793
2011	4289398	1470438	87641
2012	4680390	1463783	128452

13-7 建筑业企业主要经济指标

Main Economic Indicators on Construction Enterprises

指标	Item	单位	unit	1995	2000	2005	2010	2011	2012
建筑业企业个数	Number of Enterprises	个	unit	278	529	521	527	549	566
期末从业人员	Number of Employed Persons	人	person	99732	83980	76049	98258	102535	91235
自有施工机械设备台数	Number of Machinery and Equipment Owned	台	set	19523	38383	39677	33698	34902	34413
自有施工机械设备净价	Net Value of Machinery and Equipment Owned	万元	10 000 yuan	36034	92108	143251	153741	157526	136873
自有施工机械设备总功率	Total Power of Machinery and Equipment Owned	千瓦	kw	340200	668310	821548	809132	851604	778920
建筑业总产值	Gross Output Value of Construction	万元	10 000 yuan	211506	562352	1131704	343368	4289398	4680390
建筑工程	Construction	万元	10 000 yuan	168027	482922	980741	3166918	4004540	4380873
安装工程	Installation	万元	10 000 yuan	40036	71276	135591	213861	236490	222644
其他产值	Other Output Value	万元	10 000 yuan	3443	8154	15372	52908	48368	76873
竣工产值	Output Value of Construction Completed	万元	10 000 yuan	138743	427058	1006905	2500299	3469876	3599968
施工面积	Floor Space of Buildings under Construction	万平方米	10 000 sq.m	302.9	563.2	1056.6	2596.9	3367.4	3736.8
竣工面积	Floor Space of Buildings Completed	万平方米	10 000 sq.m	171.8	340.7	564.0	1076.4	1385.8	1528.1
利润总额	Total Profits	万元	10 000 yuan	358	13524	20802	88085	112898	130447
劳动生产率	Overall Labor Productivity								
按总产值计算	In Terms of Gross Output Value	元/人	yuan/person	22048	44864	74198	148529	176737	251093
技术装备率	Value of Machines per Laborer	元/人	yuan/person	3756	10968	18921	15647	15576	15002
动力装备率	Power of Machines per Laborer	千瓦/人	kw/person	3.55	7.96	10.85	8.23	8.42	8.54
房屋建筑面积竣工率	Rate of Floor Space of Buildings Completed	%	%	56.7	60.5	53.4	41.4	41.2	40.9
产值利润率	Ratio of Profit to Gross Output Value	%	%	0.2	2.4	1.8	2.6	2.6	2.8

注:2004 年以前为自有机械设备台数、净价和总功率。

a)Since 2004, statistics on machinery and equipment owned refer to construction machinery and equipment owned.

13-8 各市县建筑企业生产情况(2012年)
(总承包和专业承包建筑业企业)
Production Situation on Construction Enterprises by City and County(2012)
(General Construction Contractors and Professional Contractors)

地区	Region	企业数(个) Number of Enterprises (unit)	建筑业总产值(千元) Gross Output Value of Construction(1 000 yuan)				竣工产值 (千元) Output Value of Construction Completed (1 000 yuan)
			合计 Total	建筑工程 Construction	安装工程 Installation	其他产值 Others	
全区总计	**Total**	**541**	**46695268**	**43700106**	**2226437**	**768725**	**35999681**
银川市	**Yinchuan**	**331**	**28292496**	**26853448**	**1362833**	**76215**	**23449956**
银川市	District	290	24521979	23109659	1339812	72508	21455010
永宁县	Yongning	2	214655	214655			112353
贺兰县	Helan	19	1606210	1579482	23021	3707	809523
灵武市	Lingwu	20	1949652	1949652			1073070
石嘴山市	**Shizuishan**	**47**	**4979727**	**4791405**	**76675**	**111647**	**3866828**
石嘴山市	District	40	4267348	4082565	76675	108108	3299761
平罗县	Pingluo	7	712379	708840		3539	567067
吴忠市	**Wuzhong**	**73**	**6793471**	**6071671**	**546015**	**175785**	**4352215**
利通区	Litong	34	3808065	3564562	188367	55136	2512270
红寺堡区	Hongsipu	2	125825	92410		33415	92410
盐池县	Yanchi	9	1405570	1158174	233396	14000	871003
同心县	Tongxin	10	542452	534639		7813	293083
青铜峡市	Qingtongxia	18	911559	721886	124252	65421	583449
固原市	**Guyuan**	**42**	**3102628**	**2606661**	**164678**	**331289**	**2190115**
原州区	Yuanzhou	24	1962693	1719933	116441	126319	1351055
西吉县	Xiji	5	560241	311296	48237	200708	467592
隆德县	Longde	5	248716	248614		102	110684
泾源县	Jingyuan	4	123286	119126		4160	72872
彭阳县	Pengyang	4	207692	207692			187912
中卫市	**Zhongwei**	**48**	**3526946**	**3376921**	**76236**	**73789**	**2140567**
沙坡头区	Shapotou	27	1731684	1673451	58233		915556
中宁县	Zhongning	15	1356482	1264690	18003	73789	786231
海原县	Haiyuan	6	438780	438780			438780

13-8 **续表** 1 continued

地 区	Region	房屋建筑施工面积（平方米）Floor Space of Buildings under Construction(sq.m)	房屋建筑竣工面积（平方米）Floor Space of Buildings Completed(sq.m)	住宅 Residence	竣工房屋价值（千元）Value of Buildings Completed (1 000 yuan)	住宅 Residence
全区总计	**Total**	**37367727**	**15280551**	**10079390**	**20637300**	**12925207**
银 川 市	**Yinchuan**	**23852755**	**9487801**	**6330680**	**13061167**	**8347676**
银 川 市	District	21470739	8552931	5622969	11891201	7491745
永 宁 县	Yongning	344526	102718	98358	112353	105300
贺 兰 县	Helan	876823	349875	226831	481307	308354
灵 武 市	Lingwu	1160667	482277	382522	576306	442277
石嘴山市	**Shizuishan**	**4002096**	**1655327**	**1121204**	**2538876**	**1504776**
石嘴山市	District	3470318	1277050	769336	2142536	1137717
平 罗 县	Pingluo	531778	378277	351868	396340	367059
吴 忠 市	**Wuzhong**	**4818471**	**2385011**	**1726733**	**2641391**	**1819970**
利 通 区	Litong	3336147	1601368	1292529	1706300	1333736
红寺堡区	Hongsipu	18708	18708	5400	31689	5147
盐 池 县	Yanchi	501739	359026	210058	447063	290109
同 心 县	Tongxin	153424	97557	14856	144597	13078
青铜峡市	Qingtongxia	808453	308352	203890	311742	177900
固 原 市	**Guyuan**	**1429674**	**890735**	**340815**	**1178274**	**468789**
原 州 区	Yuanzhou	806800	466563	246259	639953	333785
西 吉 县	Xiji	337507	230036	39903	248449	65104
隆 德 县	Longde	104390	73859	16515	110684	25655
泾 源 县	Jingyuan	97666	49270	31227	62679	31805
彭 阳 县	Pengyang	83311	71007	6911	116509	12440
中 卫 市	**Zhongwei**	**3264731**	**861677**	**559958**	**1217592**	**783996**
沙坡头区	Shapotou	1864362	383420	259882	542110	383441
中 宁 县	Zhongning	993724	214654	158018	310860	222011
海 原 县	Haiyuan	406645	263603	142058	364622	178544

13-8 **续表 2** continued

地 区	Region	自有机械设备年末总台数（台）Number of Machinery and Equipment Owned (set)	自有施工机械设备年末净值（千元）Net Value of Machinery and Equipment Owned (1 000 yuan)	自有施工机械设备年末总功率（千瓦）Total Power of Machinery and Equipment Owned (kw)	计算劳动生产率的平均人数(人) Average Staff to Calculate Labor Productivity (person)	年末从业人员(人) Number of Employed Persons at Year End (person)
全区总计	**Total**	**34413**	**1368734**	**778920**	**185968**	**90164**
银 川 市	**Yinchuan**	**18277**	**641803**	**397420**	**118155**	**54273**
银 川 市	District	16169	466957	304240	103371	45303
永 宁 县	Yongning	25	1370	275	732	750
贺 兰 县	Helan	980	33930	55108	7570	2656
灵 武 市	Lingwu	1103	139546	37797	6482	5564
石嘴山市	**Shizuishan**	**2997**	**115857**	**80868**	**17001**	**7500**
石嘴山市	District	2753	103393	74347	13763	6956
平 罗 县	Pingluo	244	12464	6521	3238	544
吴 忠 市	**Wuzhong**	**4785**	**222396**	**120362**	**25637**	**12883**
利 通 区	Litong	2539	84468	38074	12035	5258
红寺堡区	Hongsipu	125	426	2233	381	430
盐 池 县	Yanchi	401	56107	15162	6685	3227
同 心 县	Tongxin	744	39281	27720	3539	1755
青铜峡市	Qingtongxia	976	42114	37173	2997	2213
固 原 市	**Guyuan**	**3738**	**184542**	**94903**	**10462**	**6508**
原 州 区	Yuanzhou	1637	102397	62274	5345	3703
西 吉 县	Xiji	435	33356	6123	1569	501
隆 德 县	Longde	1223	22914	14332	1611	967
泾 源 县	Jingyuan	259	23955	10156	595	271
彭 阳 县	Pengyang	184	1920	2018	1342	1066
中 卫 市	**Zhongwei**	**4616**	**204136**	**85367**	**14713**	**9000**
沙坡头区	Shapotou	3028	140687	53082	7716	3288
中 宁 县	Zhongning	1027	48588	21972	6234	5418
海 原 县	Haiyuan	561	14861	10313	763	294

13-9 各市县建筑企业财务状况(2012 年)
(总承包和专业承包建筑业企业)

Financial Indicators on Construction Enterprises by City and Country(2012)
(General Construction Contractors and Professional Contractors)

单位:千元 (1 000 yuan)

地 区	Region	流动资产合计 Total Circulating Funds	应收工程款 Project Receivable	竣工工程 Project Completed	存 货 Stock	固定资产合 计 Total Fixed Assets	固定资产原价 Original Value of Fixed Assets
全区总计	**Total**	**36751909**	**13091503**	**6613281**	**7329551**	**4850996**	**7001024**
银 川 市	**Yinchuan**	**22231496**	**8348306**	**4030087**	**3811166**	**2389375**	**3798481**
银 川 市	District	20108538	7390063	3881765	3308840	2084956	3288628
永 宁 县	Yongning	394767	348990	8320	13822	8761	11973
贺 兰 县	Helan	570780	174929	81425	145055	87366	126041
灵 武 市	Lingwu	1157411	434324	58577	343449	208292	371839
石嘴山市	**Shizuishan**	**4467660**	**1392887**	**905217**	**1516340**	**538136**	**702120**
石嘴山市	District	3945495	1349466	870796	1390988	477081	637356
平 罗 县	Pingluo	522165	43421	34421	125352	61055	64764
吴 忠 市	**Wuzhong**	**4125070**	**1658458**	**595006**	**559168**	**636987**	**847414**
利 通 区	Litong	2338002	944850	320654	394129	277164	350402
红寺堡区	Hongsipu	28558	11048		2074	16216	15916
盐 池 县	Yanchi	633154	220583	145661	128243	103887	219621
同 心 县	Tongxin	264844	93071	41437	5637	124020	116025
青铜峡市	Qingtongxia	860512	388906	87254	29085	115700	145450
固 原 市	**Guyuan**	**1446533**	**505291**	**356946**	**166155**	**413118**	**586453**
原 州 区	Yuanzhou	1182856	433559	294967	142418	273535	389591
西 吉 县	Xiji	103855	22758	18029	5324	43899	53238
隆 德 县	Longde	70073	30113	27384	10660	42201	59062
泾 源 县	Jingyuan	30688	12798	11466	3699	36844	57870
彭 阳 县	Pengyang	59061	6063	5100	4054	16639	26692
中 卫 市	**Zhongwei**	**4481150**	**1186561**	**726025**	**1276722**	**873380**	**1066556**
沙坡头区	Shapotou	2156176	576215	276664	594297	261716	348975
中 宁 县	Zhongning	2255917	589479	436211	653070	579335	676724
海 原 县	Haiyuan	69057	20867	13150	29355	32329	40857

13-9 续表 1 continued

单位:千元 (1 000 yuan)

地 区	Region	累计折旧 Accumulated Depreciation	本年折旧 Depreciation this Year	在建工程 Construction in Progress	资产合计 Total Assets	流动负债合计 Total Liquid Liabilities	应付账款 Accounts Payable
全区总计	**Total**	**2811522**	**483693**	**449774**	**44670513**	**29590677**	**10056177**
银川市	**Yinchuan**	**1657153**	**289637**	**170911**	**26340128**	**18080442**	**6759299**
银川市	District	1439729	257357	162138	23828361	16849787	6445110
永宁县	Yongning	5211	435		403734	301920	25336
贺兰县	Helan	39875	6919	102	688593	405623	151069
灵武市	Lingwu	172338	24926	8671	1419440	523112	137784
石嘴山市	**Shizuishan**	**286782**	**75235**	**89221**	**5273949**	**4235292**	**1097044**
石嘴山市	District	254189	57974	77728	4653293	3715209	1054725
平罗县	Pingluo	32593	17261	11493	620656	520083	42319
吴忠市	**Wuzhong**	**319910**	**42181**	**72859**	**4918000**	**2734834**	**1061067**
利通区	Litong	113216	19348	9841	2637657	1409259	382214
红寺堡区	Hongsipu	7200	1985	7500	44782	15070	3593
盐池县	Yanchi	115735	8769		757336	436575	81112
同心县	Tongxin	32742	2031	40405	424864	152006	82276
青铜峡市	Qingtongxia	51017	10048	15113	1053361	721924	511872
固原市	**Guyuan**	**232171**	**33439**	**2920**	**1968910**	**1217142**	**626279**
原州区	Yuanzhou	173707	27104	2221	1539875	1000433	544653
西吉县	Xiji	9479	1041	138	156449	107885	33731
隆德县	Longde	16861	1556		114120	33021	21615
泾源县	Jingyuan	21943	3517	438	75244	25286	3710
彭阳县	Pengyang	10181	221	123	83222	50517	22570
中卫市	**Zhongwei**	**315506**	**43201**	**113863**	**6169526**	**3322967**	**512488**
沙坡头区	Shapotou	104742	23515	13610	2509378	1558201	292928
中宁县	Zhongning	197753	15502	100253	3550798	1726291	193189
海原县	Haiyuan	13011	4184		109350	38475	26371

13-9 续表 2 continued

单位：千元 (1 000 yuan)

地 区	Region	非流动负债合计 Total Non-current Liabilities	负债合计 Total Liabilities	所有者权益合计 Owners´ Equity	实收资本 Paid-in Capitals	营业收入 Business Revenue	营业成本 Business Cost
全区总计	**Total**	**1006120**	**30923344**	**13719896**	**8975892**	**48243736**	**43289897**
银川市	**Yinchuan**	**358262**	**18659832**	**7653023**	**5552631**	**28379290**	**25570905**
银川市	District	289789	17308685	6492403	4791559	24879641	22483646
永宁县	Yongning	45000	346920	56814	46380	214600	201263
贺兰县	Helan	500	412123	276470	218161	1388100	1271819
灵武市	Lingwu	22973	592104	827336	496531	1896949	1614177
石嘴山市	**Shizuishan**	**178209**	**4417572**	**856377**	**741263**	**5380869**	**4914481**
石嘴山市	District	175480	3894759	758534	654719	4549969	4144528
平罗县	Pingluo	2729	522813	97843	86544	830900	769953
吴忠市	**Wuzhong**	**28153**	**2790280**	**2127720**	**1134027**	**6981714**	**6385651**
利通区	Litong	14126	1427303	1210354	568901	3629748	3337140
红寺堡区	Hongsipu		15070	29712	27828	90627	83337
盐池县	Yanchi	12000	457075	300261	241411	1498233	1393809
同心县	Tongxin	1529	153535	271329	107580	598743	547594
青铜峡市	Qingtongxia	498	737297	316064	188307	1164363	1023771
固原市	**Guyuan**		**1223467**	**745443**	**624691**	**3259976**	**2969243**
原州区	Yuanzhou		1000434	539441	451691	2013583	1806416
西吉县	Xiji		107885	48564	43905	560242	523104
隆德县	Longde		39065	75055	51535	289036	269086
泾源县	Jingyuan		25286	49958	46308	191818	179885
彭阳县	Pengyang		50797	32425	31252	205297	190752
中卫市	**Zhongwei**	**441496**	**3832193**	**2337333**	**923280**	**4241887**	**3449617**
沙坡头区	Shapotou	9696	1573617	935761	474340	2058859	1692809
中宁县	Zhongning	431800	2220101	1330697	388946	1746230	1382271
海原县	Haiyuan		38475	70875	59994	436798	374537

13-9 续表 3 continued

单位：千元 (1 000 yuan)

地区	Region	营业税金及附加 Operating Tax and Extra Charges	主营业务税金及附加 Tax and Extra Charges on Principle Business	其他业务利润 Other Profits	管理费用 Management Expenses	税金 Taxes	差旅费 Travel Expenses	工会经费 Labour Union Expenses
全区总计	**Total**	**1558851**	**1537138**	**119741**	**1595480**	**64922**	**64016**	**18132**
银川市	**Yinchuan**	**908422**	**899417**	**93398**	**949649**	**28409**	**36290**	**10455**
银川市	District	795883	787863	93331	833292	24575	34564	9864
永宁县	Yongning	6488	6488	40	3093	40	230	20
贺兰县	Helan	46244	46244	27	28986	1871	259	133
灵武市	Lingwu	59807	58822		84278	1923	1237	438
石嘴山市	**Shizuishan**	**176767**	**174030**	**8843**	**194442**	**10718**	**4525**	**1074**
石嘴山市	District	149647	149567	8826	178770	8013	3219	795
平罗县	Pingluo	27120	24463	17	15672	2705	1306	279
吴忠市	**Wuzhong**	**228902**	**222163**	**10873**	**166007**	**9399**	**7191**	**1818**
利通区	Litong	123572	120552	2705	67314	6822	1350	1314
红寺堡区	Hongsipu	3707	3707		3044	49	447	
盐池县	Yanchi	41544	38952	7809	48163	488	1858	131
同心县	Tongxin	20776	20776		10892	550	1866	110
青铜峡市	Qingtongxia	39303	38176	359	36594	1490	1670	263
固原市	**Guyuan**	**108170**	**104960**	**2998**	**121321**	**3938**	**5017**	**3643**
原州区	Yuanzhou	67160	67054	2996	99816	3211	3005	**3382**
西吉县	Xiji	18165	18165		7122	214	415	7
隆德县	Longde	9830	9830		6794	52	245	18
泾源县	Jingyuan	6340	6340		3618	157	188	9
彭阳县	Pengyang	6675	3571	2	3971	304	1164	227
中卫市	**Zhongwei**	**136590**	**136568**	**3629**	**164061**	**12458**	**10993**	**1142**
沙坡头区	Shapotou	61672	61650	2778	59778	3297	4159	427
中宁县	Zhongning	56066	56066	851	87818	9056	2974	715
海原县	Haiyuan	18852	18852		16465	105	3860	

13-9 续表 4 continued

单位：千元 (1 000 yuan)

地 区	Region	财务费用 Management Expenses	利息收入 Interest Income	利息支出 Interest Expenses	营业利润 Business Profits	补贴收入 Subsidy Income	营业外收入 Non-operating Income
全区总计	**Total**	**352063**	**6987**	**300503**	**1312393**	**8356**	**96775**
银川市	**Yinchuan**	**177513**	**4535**	**155201**	**718195**	**5519**	**56020**
银川市	District	152400	4023	134058	557507	5451	50672
永宁县	Yongning	1892	62	1982	1904		50
贺兰县	Helan	7000	33	6658	36632		3458
灵武市	Lingwu	16221	417	12503	122152	68	1840
石嘴山市	**Shizuishan**	**46484**	**1148**	**34525**	**37620**	**210**	**16827**
石嘴山市	District	46093	1107	34500	20746	210	15812
平罗县	Pingluo	391	41	25	16874		1015
吴忠市	**Wuzhong**	**24294**	**135**	**22815**	**166011**		**4148**
利通区	Litong	8049	-188	8042	91345		214
红寺堡区	Hongsipu	491	-37	528	-422		
盐池县	Yanchi	9585	329	8801	5034		423
同心县	Tongxin	1392	10	1252	8399		20
青铜峡市	Qingtongxia	4777	21	4192	61655		3491
固原市	**Guyuan**	**9832**	**492**	**6555**	**46469**	**2627**	**4558**
原州区	Yuanzhou	6486	393	4819	29799	1588	3400
西吉县	Xiji	81	72	158	11681	1039	1049
隆德县	Longde	756	2	191	2103		103
泾源县	Jingyuan	1243	13	1249	599		6
彭阳县	Pengyang	1266	12	138	2287		
中卫市	**Zhongwei**	**93940**	**677**	**81407**	**344098**		**15222**
沙坡头区	Shapotou	43833	362	36783	198689		5673
中宁县	Zhongning	49331	308	43835	134598		9549
海原县	Haiyuan	776	7	789	10811		

13-9 **续表** 5 continued

单位:千元 (1 000 yuan)

地　区	Region	营业外支出 Non-operating Expenses	利润总额 Total Profits	应交所得税 Income Tax Payable	应付职工薪酬 Employee Benefits Payable
全区总计	**Total**	**111621**	**1304465**	**398573**	**6069059**
银 川 市	**Yinchuan**	**54390**	**719970**	**216895**	**4026734**
银 川 市	District	44590	564013	169042	3642769
永 宁 县	Yongning	70	1884	1712	1186
贺 兰 县	Helan	1144	38667	21625	136835
灵 武 市	Lingwu	8586	115406	24516	245944
石嘴山市	**Shizuishan**	**7579**	**48237**	**25503**	**460338**
石嘴山市	District	5348	32578	16547	360249
平 罗 县	Pingluo	2231	15659	8956	100089
吴 忠 市	**Wuzhong**	**3000**	**167068**	**45131**	**877238**
利 通 区	Litong	1628	89840	23613	431464
红寺堡区	Hongsipu	142	-564	34	11866
盐 池 县	Yanchi	444	5013	1728	241171
同 心 县	Tongxin	111	8308	2480	90798
青铜峡市	Qingtongxia	675	64471	17276	101939
固 原 市	**Guyuan**	**5648**	**46279**	**53367**	**280784**
原 州 区	Yuanzhou	4491	28569	43004	111371
西 吉 县	Xiji	1098	12671	9357	46500
隆 德 县	Longde	26	2180	404	46728
泾 源 县	Jingyuan	13	592	158	36481
彭 阳 县	Pengyang	20	2267	444	39704
中 卫 市	**Zhongwei**	**41004**	**322911**	**57677**	**423965**
沙坡头区	Shapotou	22616	181746	32988	189861
中 宁 县	Zhongning	18296	130446	20982	172784
海 原 县	Haiyuan	92	10719	3707	61320

13-9 续表 6 continued

单位：千元 (1 000 yuan)

地　区	Region	土地和固定资产支出 Land and Fixed Assets Expenses	土地购置 Land Purchasing	房屋和建筑物 Houses and Buildings	机器设备 Machinery and Equipment	运输工具 Means of Transport	其他费用 Other Expenses
全区总计	**Total**	**376228**	**10097**	**101229**	**158380**	**53500**	**53022**
银川市	**Yinchuan**	**189232**	**2341**	**23107**	**109222**	**32444**	**22118**
银川市	District	153466	1697	13496	90257	29238	18778
永宁县	Yongning	7					7
贺兰县	Helan	12144	644		10222	712	566
灵武市	Lingwu	23615		9611	8743	2494	2767
石嘴山市	**Shizuishan**	**66064**	**6750**	**40718**	**9212**	**8641**	**743**
石嘴山市	District	47799	6750	27858	7593	4855	743
平罗县	Pingluo	18265		12860	1619	3786	
吴忠市	**Wuzhong**	**35918**	**1006**	**1533**	**13938**	**1658**	**17783**
利通区	Litong	35140	1006	1533	13456	1508	17637
红寺堡区	Hongsipu						
盐池县	Yanchi	146					146
同心县	Tongxin						
青铜峡市	Qingtongxia	632			482	150	
固原市	**Guyuan**	**13505**		**769**	**10342**	**1202**	**1192**
原州区	Yuanzhou	8692		769	7289	605	29
西吉县	Xiji	1279				119	1160
隆德县	Longde						
泾源县	Jingyuan	3534			3053	478	3
彭阳县	Pengyang						
中卫市	**Zhongwei**	**71509**		**35102**	**15666**	**9555**	**11186**
沙坡头区	Shapotou	49021		35102	8409	5401	109
中宁县	Zhongning	22488			7257	4154	11077
海原县	Haiyuan						

主要统计指标解释

价值量指标

[建筑业总产值] 是以货币表现的建筑业企业在一定时间内生产的建筑业产品和服务的总和。建筑业总产值包括三部分内容:①建筑工程产值;②设备安装工程产值;③其它产值。

它计算的价格原则上按施工单位和建设单位结算价格计算。

[建筑业增加值] 是指建筑企业在报告期内以货币表现的建筑业生产经营活动的最终成果。有两种计算方法:一是生产法、二是分配法(收入法)

①生产法计算公式:建筑业增加值=建筑业总产出-建筑业中间投入

②分配法(收入法)计算公式:建筑业增加值=固定资产折旧+劳动者报酬+生产税净额+营业盈余。

[竣工产值] 一般是以单位工程为对象,当该工程按照设计所规定的工程内容全部完成,达到了设计规定的交工条件,经有关部门检查验收鉴定合格的单位工程价值,即为竣工产值。

实物量指标

[房屋建筑面积] 是指房屋全部平面面积的总和。它一般通过房屋施工和竣工面积来具体体现。

[房屋施工面积] 是指报告期内施过工的全部房屋建筑面积,它包括本期新开工的面积、上期跨入本期继续施工的房屋面积、上期停缓建在本期恢复施工的房屋面积、本期竣工的房屋面积以及本期施工后又停续建的房屋面积。

[房屋新开工面积] 是指在报告期内新开工的各个房屋的建筑面积之和。

[房屋竣工面积] 是指在报告期内房屋建筑按照设计要求已全部完工,达到了使用条件经检查验收鉴定合格的房屋建筑面积。

财务指标

[实收资本] 是指企业在工商行政管理部门注册登记,并实际收到投资人投入的资本。企业筹集的资本金按其投资主体一般分为国家资本、集体资本、法人资本、个人资本、港澳台资本和外商资本六种。

[资产] 是企业拥有或控制的能以货币计量的经济资源,包括各种财产、债权和其他权利。

[负债] 是企业所承担的能以货币计量、将以资产或劳务偿付的债务。负债一般按其偿还期长短分为流动负债和长期负债。

[所有者权益] 是企业投资人对企业净资产的所有权,企业净资产等于企业全部资产减去全部负债后的余额。其中包括实收资本、资本公积、盈余公积和未分配利润四部分。

[工程结算收入(主营业务收入)] 指本企业承包工程实现的工程价款结算收入以及向发包单位收取的除工程价款以外按规定列作营业收入的各种款项,如:临时设施费、劳动保险费、施工机构调迁费等以及向发包单位收取的各种索赔款。

[工程结算成本(主营业务成本)] 指在报告期内与发包单位办理工程价款结算的已完工程实际成本。

第十四篇 运输邮电

Chapter14 Transport, Postal and Telecommunication Services

责任编辑：杨培林

资料整理：杨培林　徐学奎　文桂芳　邢　猛　杨　雯

Coordinator：Yang Peilin

Data Compilation：Yang Peilin　Xu Xuekui　Wen Guifang　Xing Meng　Yang Wen

14-1 主要年份交通运输工具和线路里程

Major Transport Conveyance and Line Mileage

年份 Year	载货汽车 (辆) Truck (unit)	载客汽车 (辆) Passenger Vehicles (unit)	铁　路 Railways		公路通车里程 (公里) Highway Mileage Open to Traffic(km)	民航通航里程 (公里) Length of Civil Aviation Routes(km)
			机车(台) Locomotive (unit)	客车(辆) Passenger Coaches (coach)		
1957	268	21			2241	
1958	978	29	24		2686	1300
1965	1368	85	73		3201	1300
1970	2731	506	99	9	3591	1300
1975	5296	1224	90	11	3916	1300
1978	7991	1920	100	8	5227	1300
1980	8867	2345	104	11	6848	1300
1985	12754	5149	92	41	7016	1300
1990	20471	8744	128	131	8200	1400
1995	30788	16419	203	171	8554	8683
2000	43496	37629	208	315	10171	16823
2001	45227	41079	208	307	10899	21242
2002	43051	48874	195	343	11245	27336
2003	59710	59590	209	345	11916	30101
2004	57831	60386	204	341	12456	28627
2005	68956	80384	196	328	13078	21248
2006	66276	95063	193	328	19903	21219
2007	71466	118249	196	287	20562	36253
2008	81072	148103	158	283	21008	44197
2009	107536	201143	222	402	21805	50602
2010	135235	272342	265	482	22518	54221
2011	165134	359295	308	313	24506	52388
2012	194082	459448	244		26522	61406

注:1.1965 年前载客汽车未包括小客车;

2.2006 年起公路通车里程包含村道。

a)Before 1965, Passenger Vehicles do not include minibus.

b)Since 2006, Length of highways include the village road.

14-2 主要年份运输线路长度
Length of Transportation Routes

单位:公里 (km)

年份 Year	铁路营业里程 Length of Railways in Operation	电气化里程 Electrified Railways	公路 Length of Highways			民航 Civil Aviation
				等级路 Standard Highways	等外路 Substandard Highways	
1978	437.7		5227			1300
1979	437.7		6848	5503	1345	1300
1980	437.7		6848	5503	1345	1300
1985	426.9		7016	5642	1374	1300
1990	427.0		8200	7400	800	1400
1995	792.6	437.1	8554	7922	632	8683
2000	790.2	716.9	10171	9649	522	16823
2001	790.2	716.9	10899	10723	176	21242
2002	790.2	716.9	11245	11081	164	27336
2003	790.2	716.9	11916	11770	146	30101
2004	790.2	716.9	12456	12325	131	28627
2005	708.3	669.0	13078	13001	77	21248
2006	705.9	667.5	19903	18102	1801	21219
2007	705.8	667.5	20562	18934	1627	36253
2008	705.8	667.5	21008	19403	1605	44197
2009	705.8	705.8	21805	20297	1509	50602
2010	1032.0	1032.0	22518	21198	1320	54221
2011	1029.0	1029.0	24506	23875	631	52388
2012	1308.3	1029.3	26522	26009	513	61406

注:1.2004 年以前铁路营业里程为银川铁路分局管辖长度;

2.2005 年起铁路数据由兰州铁路局重新核定划分;

3.2010 年铁路营业里程包括合资铁路,地方铁路因不通车没有统计在内。

a)Before 2004, Length of railways in operation refer to jurisdiction of yinchuan railroad bureau.

b)From 2005, data of railway were re-approved by Lanzhou Railway Bureau.

c)From 2010, data of Railway in operating include the data of Joint-venture enterprises, but local railways.

14-3 主要年份客货运输量

Passenger and Freight Traffic

年份 Year	客运量(万人) Passenger Traffic (10 000 persons)	铁路 Railways	公路 Highways	航空 Aviation	货运量 (万吨) Freight Traffic (10 000 tons)	铁路 Railways	公路 Highways	航空 Aviation
1952	4.6		4.3		19.8		12.2	
1957	39.1		39.1		96.3		88.0	
1958	52.4		52.4		201.8		191.8	
1965	142.8	74.8	68.0		640.0	376.6	257.1	
1970	226.6	103.5	123.1	0.0	878.9	499.0	374.4	
1975	364.5	128.0	236.3	0.2	1439.3	958.5	476.7	
1978	466.1	144.4	321.4	0.3	2175.0	1298.0	847.0	
1980	645.9	176.0	469.6	0.3	2302.0	1374.0	719.0	
1985	1349.0	217.0	1131.6	0.4	3610.0	1478.0	1912.0	
1990	2838.0	181.0	2655.0	2.0	3851.0	1512.0	2178.0	
1995	4565.0	195.0	4357.0	13.0	5220.0	1605.0	3519.0	0.04
2000	5537.0	271.0	5252.0	14.4	6880.0	2105.3	4531.0	0.06
2001	5823.0	282.0	5525.0	15.8	7287.0	2300.0	4694.0	0.06
2002	6125.4	278.0	5832.0	15.4	7544.9	2367.2	4894.0	0.12
2003	5904.2	277.0	5605.0	22.2	7878.5	2528.5	5048.0	0.17
2004	6722.9	329.0	6359.0	34.9	8724.9	2768.4	5326.0	0.26
2005	7107.0	309.0	6757.0	41.4	9340.0	2881.0	5648.0	0.58
2006	7600.0	357.0	7191.0	51.9	10239.0	3329.0	6029.0	0.45
2007	8208.0	382.0	7752.0	73.6	11445.0	3957.0	6583.0	0.46
2008	11899.0	457.0	11363.0	78.5	26162.0	4400.0	21762.0	0.44
2009	12657.9	513.0	12034.0	110.9	30323.0	5978.0	23263.0	0.54
2010	13599.2	539.0	12919.0	141.2	33597.9	6879.0	25453.0	1.42
2011	15145.4	543.0	14441.0	161.4	38068.4	7850.0	29016.0	0.81
2012	16389.0	535.0	15666.0	187.9	42246.8	8485.6	32646.0	0.90

注:1.1998 年后公路数据为抽样调查数。

2.2009 年后公路数据为新调查口径数据,货运量包括管道运输量。

a)Data of highways refer to sampling survey data since 1998.

b)From 2008,data of highways refer to highway and waterway transportation industry-wide statistical survey data of Department of Transportation .

14-4 主要年份客货周转量
Passenger and Freight Turnover Volume

年份 Year	旅客周转量 (万人公里) Passenger-kilometers (10 000 person-km)	铁路 Railways	公路 Highways	航空 Aviation	货物周转量 (万吨公里) Freight Ton-kilometers (10 000 ton-km)	铁路 Railways	公路 Highways
1952	1482		1402		3806		888
1957	6774		6774		6052		3694
1958	5991		5991		7827		6756
1965	17820	13100	4720		326605	318579	7894
1970	25051	17800	7251		413251	402684	10441
1975	35621	20140	15481		427026	409170	17787
1978	44223	23208	21015		562221	534901	27302
1980	61200	27737	33463		458925	430286	20693
1985	121000	45392	75608		619679	519235	79644
1990	192033	46810	145223		747893	598005	125898
1995	279190	55559	215721	7910	1150029	938271	201549
2000	575597	244662	313768	17167	2218627	1594496	568601
2001	551500	202100	333700	15600	2442700	1789300	584900
2002	568049	196539	355306	16204	2623417	1932317	614562
2003	551788	195534	335109	21145	2663245	1968396	630923
2004	651117	231455	381550	38112	2632894	1863592	645950
2005	669549	219490	402650	47409	2679933	1844278	677650
2006	730946	240847	431600	58499	2931456	2031313	721440
2007	804629	259878	465000	79751	3026090	2106674	781800
2008	959073	287354	575282	96437	7008728	2229354	4778724
2009	1048505	303971	610222	134312	7644774	2497308	4969734
2010	1163818	330502	653115	180201	8458987	2766437	5382659
2011	1339417	411057	723666	204694	9619559	3222669	6081181
2012	1441031	411493	796893	235275	10648697	3677422	7001227

14-5 主要年份邮电业务总量

Business Volume of Post and Telecommunication Services

年份 Year	邮电业务总量（万元）Business Volume of Postal and Telecommunication (10 000 yuan)	函件（万件）Number of Letters (10 000 pcs)	报刊期发数（万份）Issue of Newspapers and Magazines (10 000 copies)	电话用户总数(万户) Number of Telephone Subscribers (10 000 subscriber)	移动电话用户（万户）Number of Mobile Telephone Subscribers (10 000 subscriber)	国际互联网络用户(万户) Number of Internet Users (10000 subscriber)	长途电话（万次）Long-distance Calls (10 000 times)
1952	75.3	104.1		0.02			6.5
1957	197.4	324.2		0.15			11.9
1958	287.8	380.9	14.5	0.23			18.6
1965	586.2	639.1	19.2	0.70			41.5
1970	690.9	863.7	9.8	0.76			37.6
1975	979.0	990.7	33.5	1.05			68.0
1978	1165.0	1168.7	45.0	1.30			77.0
1980	1279.4	1474.5	68.4	1.60			88.1
1985	1908.2	1792.0	125.1	2.80			150.8
1990	4357.7	2054.3	85.4	5.11			353.5
1995	22859.6	2270.9	70.3	21.64	0.69		2708.3
2000	143401.0	2021.0	61.7	70.01	20.44	3.44	8772.0
2001	163400.0	2631.0	48.5	113.07	41.73	8.53	8123.0
2002	218810.4	3052.0	45.0	158.14	73.68	17.45	5052.4
2003	288775.8	2642.0	42.8	223.87	123.54	22.23	11620.3
2004	392397.0	2093.7	43.3	278.16	158.60	32.08	9104.9
2005	485984.0	3018.4	61.4	319.97	181.08	59.10	10709.6
2006	615246.3	3304.8	41.8	362.42	218.56	29.12	11209.5
2007	800382.2	2049.5	44.1	408.31	268.13	32.39	48413.0
2008	961661.0	3091.6	48.2	444.81	323.30	36.98	51216.8
2009	1200030.0	2395.0	50.9	504.90	390.40	41.82	50453.0
2010	1561769.9	2087.6	54.9	562.70	450.80	48.80	
2011	578421.3	1411.3	52.8	633.30	524.80	53.94	
2012	656680.5	1145.9	59.0	710.40	605.44	60.91	

注:1.邮电业务总量2000年以前为1990年不变价计算,2001-2010年按2000年不变价计算,2011年起按2010年不变价计算。

2.2001年起电话机总数中包括移动电话用户。

a)The business volume of postal and telecomunication services before 2000 was calculated at 1990 constant prices while 2011-2010 was calculated at 2000 constant prices and that since 2011 was calculated at 2010 constant prices.

b)Number of Telephone Subscribers included mobile phone users since 2001.

主要统计指标解释

[货运量] 指一定时期(年、季、月)内,以重量单位(吨)计算的由各种运输工具实际完成运输过程的货物数量。货运量包括:铁路货运量、公路货运量、水运货运量、民航货运量和管道运输量。

[货物周转量] 指一定时期(年、季、月)内,由各种运输工具实际完成运送过程的,以综合运量和运距的复合单位(吨公里)计算的货物总运输量。它是反映货物运输量的另一个指标。货物周转量中包括铁路、公路、水运、航空、管道等各种运输工具完成的货物周转量。

[客运量] 指分别按各类运输方式计算的实际运送的旅客人数。包括:铁路客运量、公路客运量、水运客运量、空运客运量。

[旅客周转量] 指由各种运输方式在一定时期(年、季、月)内实际运送的每位旅客乘车(船、民用飞机)里程的综合数,计算单位是“人公里”。

[民用汽车] 由公安交通监理部门所掌管的领有本地区民用车辆牌照的普通载货汽车、专用载货汽车、载客汽车、其他专用汽车、特种汽车等。不包括拖拉机、摩托车、其他机动车等。

[载客汽车] 指用于运送旅客的汽车。可分为大型及小型两种,凡车长6米及以上或乘座人数(驾驶员除外)为20人及以上者为大型载客汽车。

[营运汽车] 指领有公安交通监理部门核发的车辆牌照、并经当地工商行政管理机关核准,领取营业执照,参加营业性运输的载客和载货汽车,包括使用权属于公路运输企业的租入、借入、代管的营运汽车。计算单位为“辆”。

[邮电业务总量] 即邮电专业产品量。邮电业务量按专业分类包括函件、机要文件、包件、汇票、报刊发行、邮政快件、特快专递、邮政储蓄、集邮、公众电报、用户电报、传真、长途电话、出租电路、市话无线寻呼、移动电话、分组交换数据通信、出租代维等。

[移动电话用户] 指在邮电部门登记、通过移动电话交换机进入移动电话网、占有移动电话号码的电话用户,按实际办理登记手续进入邮电部门移动电话网的户数进行统计,一部(台)移动电话统计为一户。

[计算机互联网(INTERNET)用户] 计算机互联网是一个连接计算机网的网络,范围遍及全世界,包括局域网、城域网和广域网,旨在实现计算机资源共享。它分为两大类,一类是学术范围的非盈利性的网络,另一类是商业性或非学术性的网络。接入这个网络的用户,称为INTERNET用户。

第十五篇 批发零售和住宿餐饮业

Chapter15 Wholesale, Retail, Housing and Catering

责任编辑：何胜兰

资料整理：何胜兰　岳洪涛　温　静　周　莹　勉　伟　郝　静

Coordinator: He Shenglan

Data Compilation: He Shenglan　Yue Hongtao　Wen Jing　Zhou Ying　Mian Wei　Hao Jing

15-1 限额以上批发业法人单位数和年末从业人员数(2012 年)

Number of Corporation Enterprises and Engaged Persons above Designated Size of Wholesale(2012)

指 标	Item	法人单位数(个) Number of Corporate Unit (unit)	年末从业人员数(人) Engaged Persons (person)
批发业合计	**Wholesale Trade**	**196**	**10574**
国有及国有控股	State-owned and State-holding Enterprises	32	5670
按登记注册类型分组	**Grouped by Registration Status**		
内资企业	Domestic Funded Enterprises	193	10061
国有企业	State-owned Enterprises	19	2438
集体企业	Collective-owned Enterprises	2	171
股份合作	Cooperative Enterprises		
联营企业	Joint-venture Enterprises	1	9
有限责任公司	Limited Liability Corporations	40	1471
国有独资企业	State Sole Funded Corporations	1	50
其他有限责任公司	Other Limited Liability Corporations	39	1421
股份有限公司	Share-holding Corporations Ltd.	7	2832
私营企业	Private Enterprises	119	2862
其他企业	Other Enterprises	5	278
外商投资企业	Foreign Funded Enterprises	3	513
按国民经济行业分组	**Grouped by Sector**		
农、林、牧产品批发业	Wholesale of Farm Produce, Forestry and Animal Husbandry Products	7	175
食品、饮料及烟草制品批发业	Wholesale of Food, Beverages and Tobaccos	18	2440
米、面制品及食用油批发业	Wholesale of Rice, Flour and Edible Oil	3	220
烟草制品批发业	Wholesale of Tobaccos	5	1222
纺织、服装及家庭用品批发业	Wholesale of Textiles, Garments and Household Consumer Articles	4	139
服装批发业	Wholesale of Garments	2	72
文化、体育用品及器材批发业	Wholesale of Culture, Sports Appliances and Equipments	4	159
医药及医疗器材批发业	Wholesale of Medicines and Medical Appliances	5	331
矿产品、建材及化工产品批发业	Wholesale of Mineral Products, Building Materials and Chemical Products	111	5582
机械设备、五金产品及电子产品批发业	Wholesale of Machinery, Hardware and Electronic Equipment	38	1375
其他批发业	Other Wholesale not Classified Elsewhere	9	373

15-2 限额以上零售业法人单位数和年末从业人员数(2012年)

Number of Corporation Enterprises and Engaged Persons above Designated Size of Retail Trades(2012)

指　标	Item	法人单位数(个) Number of Corporate Unit (unit)	年末从业人员数(人) Engaged Persons (person)
零售业合计	**Total**	**236**	**25390**
国有及国有控股	State-owned and State-holding Enterprises	27	2084
按登记注册类型分组	**Grouped by Registration Status**		
内资企业	Domestic Funded Enterprises	235	25308
国有企业	State-owned Enterprises	22	1150
集体企业	Collective-owned Enterprises	1	16
股份合作企业	Cooperative Enterprises	1	240
有限责任公司	Limited Liability Corporations	63	9173
国有独资企业	State Sole Funded Corporations		
其他有限责任公司	Other Limited Liability Corporations	63	9173
股份有限公司	Share-holding Corporations Ltd.	6	3425
私营企业	Private Enterprises	137	10927
其他企业	Other Enterprises	5	377
外商投资企业	Foreign Funded Enterprises	1	82
按国民经济行业分组	**Grouped by Sector**		
综合零售业	Integrated Retail	33	11534
百货零售业	Retail of General Merchandise	26	6300
超级市场零售业	Retail of Supermarkets	5	4719
食品、饮料、烟草制品专门零售业	Retail of Food, Beverages and Tobaccos	4	315
纺织、服装及日用品专门零售业	Special Retail of Textiles, Garments and Daily Consumer Articles	8	1482
服装零售业	Retail of Garments	7	1351
文化、体育用品及器材专门零售业	Retail of Culture, Sports Appliances and Equipments	21	701
图书、报刊零售	Retail of Books, Newspapers and Periodicals	15	461
医药及医疗器材专门零售业	Retail of Medicines and Medical Appliances	21	2013
汽车、摩托车、燃料及零配件专门零售业	Retail of Motor Vehicles, Motorcycles, Fuel and Parts	100	6777
汽车零售业	Retail of Motor Vehicles	74	5402
机动车燃料零售业	Retail of Fuel of Motor Vehicles	16	1195
家用电器及电子产品专门零售业	Special Retail of Household Electric Appliances and Electronic Products	40	1863
家用视听设备零售	Retail of Household Audiovisual Equipment	8	213
日用家电设备零售	Retail of Household Appliances	7	745
计算机、软件及辅助设备零售业	Retail of Computer, Software and Assistant Appliances	22	617
通讯设备零售业	Retail of Communication Equipments	3	288
五金、家具及室内装饰材料专门零售业	Special Retail of Hardware, Furniture and Decoration Materials	5	356
货摊、无店铺及其他零售业	Stall, Non-shop and Other Retails	4	349

15-3 限额以上批发业法人企业商品销售总额(2012 年)
Commodity Sales of Wholesale and Retail Trades above Designated Size (2012)

单位:万元 (10 000 yuan)

指　标	Item	销售总额 Total Sales Value	批发额 Wholesale Value	零售额 Retail Value
批发业合计	**Wholesale Trade**	**7117383**	**6606916**	**510467**
国有及国有控股	State-owned and State-holding Enterprises	5262267	4785056	477212
按登记注册类型分组	**Grouped by Registration Status**			
内资企业	Domestic Funded Enterprises	7069811	6560312	509499
国有企业	State-owned Enterprises	842738	790059	52679
集体企业	Collective-owned Enterprises	43112	42301	811
联营企业	Joint-venture Enterprises	5214	5214	
有限责任公司	Limited Liability Corporations	1256668	1251525	5143
国有独资企业	State Sole Funded Corporations	17092	17092	
其他有限责任公司	Other Limited Liability Corporations	1239576	1234433	5143
股份有限公司	Share-holding Corporations Ltd.	3926255	3501722	424533
私营企业	Private Enterprises	941587	918443	23144
其他企业	Other Enterprises	54237	51047	3190
外商投资企业	Foreign Funded Enterprises	47572	46604	968
按国民经济行业分组	**Grouped by Sector**			
农、林、牧产品批发业	Wholesale of Agriculture, Forestry and Animal Husbangry Products	20106	18704	1402
食品、饮料及烟草制品批发业	Wholesale of Food, Beverages and Tobaccos	644143	642091	2053
米、面制品及食用油批发业	Wholesale of Rice, Flour and Edible Oil	15467	15467	
烟草制品批发业	Wholesale of Tobaccos	527803	527803	
纺织、服装及日用品批发业	Wholesale of Textiles, Garments and Daily Consumer Articles	33219	20745	12474
服装批发业	Wholesale of Garments	28177	15704	12474
文化、体育用品及器材批发业	Wholesale of Culture, Sports Appliances an Equipments	22697	22442	256
医药及医疗器材批发业	Wholesale of Medicines and Medical Appliances	49717	48217	1501
矿产品、建材及化工产品批发业	Wholesale of Mineral Products, Building Materials and Chemical Products	5970781	5480526	490255
机械设备、五金产品及电子产品批发业	Wholesale of Machinery, Hardware and Electronic Equipment	248768	248061	707
其他批发业	Other Wholesale not Classified Elsewhere	127951	126131	1820

15-4 限额以上零售业法人企业商品销售总额(2012 年)

Commodity Sales of Wholesale and Retail Trades above Designated Size (2012)

单位:万元 (10 000 yuan)

指　标	Item	销售总额 Total Sales Value	批发额 Wholesale Value	零售额 Retail Value
零售业合计	**Retail Trade**	**3394794**	**849759**	**2545035**
国有及国有控股	State-owned and State-holding Enterprises	900763	639032	261731
按登记注册类型分组	**Grouped by Registration Status**			
内资企业	Domestic Funded Enterprises	3389704	848372	2541332
国有企业	State-owned Enterprises	53057	2390	50667
集体企业	Collective-owned Enterprises	2959		2959
股份合作企业	Cooperative Enterprises	9977		9977
有限责任公司	Limited Liability Corporations	1130322	87860	1042462
国有独资企业	State Sole Funded Corporations			
其他有限责任公司	Other Limited Liability Corporations	1130322	87860	1042462
股份有限公司	Share-holding Corporations Ltd.	1103711	618646	485065
私营企业	Private Enterprises	1065173	137947	927226
其他企业	Other Enterprises	24505	1529	22976
外商投资企业	Foreign Funded Enterprises	5090	1387	3703
按零售行业小类分组	**Grouped by Retail Industry Sub-categories**			
综合零售	Integrated Retail	757832	7773	750059
百货零售	Retail of General Merchandise	486778	101	486677
超级市场零售	Retail of Supermarkets	263656	7672	255984
食品、饮料及烟草制品专门零售	Retail of Food, Beverages and Tobaccos	4299	1100	3199
纺织、服装及日用品专门零售	Special Retail of Textiles, Garments and Daily Consumer Articles	48041		48041
服装零售业	Retail of Garments	40861		40861
文化、体育用品及器材专门零售业	Retail of Culture, Sports Appliances and Equipments	34264	161	34103
体育用品及器材零售业	Retail of Sports Appliances and Equipment	6033		6033
图书、报刊零售业	Retail of Books, Newspapers and Periodicals	22115	161	21954
医药及医疗器材专门零售业	Retail of Medicines and Medical Appliances	264754	67860	196894
药品零售业	Retail of Medicines	264754	67860	196894
汽车、摩托车、燃料及零配件专门零售业	Retail of Motor Vehicles, Motorcycles, Fuel and Parts	1994094	728064	1266030
汽车零售业	Retail of Motor Vehicles	1140470	99092	1041378
机动车燃料零售业	Retail of Fuel of Motor Vehicles	832105	625932	206173
家用电器及电子产品专门零售业	Special Retail of Household Electric Appliances and Electronic Products	269686	42558	227128
家用视听设备零售	Retail of Household Audiovisual Equipment	24593	603	23990
日用家电设备零售	Retail of Household Appliances	168165	18049	150116
计算机、软件及辅助设备零售业	Retail of Computer, Software and Peripherals	64081	21737	42345
通信设备零售业	Retail of Communication Equipment	12847	2170	10677
五金、家具及室内装饰材料专门零售业	Special Retail of Hardware, Furniture and Decoration Materials	8325		8325
货摊、无店铺及其他零售业	Stall, Non-shop and Other Retails	13498	2243	11255

15-5 限额以上住宿业法人单位数和年末从业人员数(2012 年)
Number of Corporation Enterprises and Engaged Persons of Star-rated Hotels at Year-end(2012)

指　标	Item	法人单位数(个) Number of Corporate Unit (unit)	年末从业人员数(人) Engaged Persons (person)
总　计	**Total**	**75**	**9357**
国有及国有控股	State-owned and State-holding Enterprises	11	2207
按登记注册类型分组	**Grouped by Registration Status**		
内资企业	Demestic Enterprises	74	9251
国有企业	State-owned Enterprises	4	964
集体企业	Collective-owned Enterprises		
有限责任公司	Limited Liabilities Corporations	19	2764
其他有限责任公司	Other Limited Liabilities Corporations	18	2606
股份有限公司	Share-holding Corporations Ltd.		
私营企业	Private Enterprises	48	5251
其他企业	Other Enterprises	3	272
外商投资企业	Foreign Funded Enterprises	1	106
按住宿行业小类分组	**Grouped by Sector**		
旅游饭店	Tourist Hotel	62	8589
一般旅馆	Fonda	12	688
其他住宿服务	Others	1	80

15-6 限额以上餐饮业法人单位数和年末从业人员数(2012 年)
Number of Corporation Enterprises and Engaged Persons above Designated Size of Catering Services(2012)

指　标	Item	法人单位数(个) Number of Corporate Unit (unit)	从业人员总数(人) Engaged Persons (person)
总　计	**Total**	**94**	**10230**
国有及国有控股	State-owned and State-holding Enterprises	3	384
按登记注册类型分组	**Grouped by Registration Status**		
内资企业	Demestic Enterprises	93	9899
国有企业	State-owned Enterprises	1	94
集体企业	Collective-owned Enterprises		
有限责任公司	Limited Liabilities Corporations	14	1598
国有独资企业	State Sole Funded Corporations		
其他有限责任公司	Other Limited Liabilities Corporations	14	1598
股份有限公司	Share-holding Corporations Ltd.	1	148
私营企业	Private Enterprises	72	7544
私营独资企业	Private-funded Enterprises	9	801
私营合伙企业	Private Partnership Enterprises	1	50
私营有限责任公司	Private Limited Liability Corporations	60	6404
其他企业	Other Enterprises	5	515
外商投资企业	Foreign Funded Enterprises	1	331
按餐饮行业小类分组	**Grouped by Sector**		
正　餐	Restaurant	91	10062
快　餐	Fast Food	2	128
其他餐饮业	Others	1	40

15-7 限额以上住宿业法人企业经营情况(2012 年)

Business of Enterprises above Designated Size of Hotels(2012)

单位:万元 (10 000 yuan)

指 标	Item	营业额 Business Revenue	客房收入 From Hotel Rooms	餐费收入 From Meals	商品销售额 From Commodities	其他收入 Other Income
总 计	**Total**	**101292**	**46805**	**44911**	**3179**	**6396**
国有及国有控股	State-owned and State-holding Enterprises	32680	14385	12884	814	4597
按登记注册类型分组	**Grouped by Registration Status**					
内资企业	Demestic Enterprises	98986	46177	43233	3179	6396
国有企业	State-owned Enterprises	16333	7416	6931	68	1919
集体企业	Collective-owned Enterprises					
联营企业	Joint-venture Enterprises					
有限责任公司	Limited Liabilities Corporations	29535	12165	12674	1516	3180
国有独资公司	State Sole Funded Corporations	1759	1288	456	14	1
其他有限责任公司	Other Limited Liabilities Corporations	27777	10877	12218	1502	3179
股份有限公司	Share-holding Corporations Ltd.					
私营企业	Private Enterprises	50545	25608	22415	1263	1259
其他企业	Other Enterprises	2573	989	1213	332	39
外商投资企业	Foreign Funded Enterprises	2306	628	1678		
按餐饮行业小类分组	**Grouped by Sector**					
旅游饭店	Tourist Hotel	92626	43037	40421	2884	6284
一般旅馆	Fonda	8026	3256	4362	295	113
其他住宿服务	Others	640	512	128		
按星级分组	**Grouped by Star**					
五星	Five star	10040	5303	3176		1561
四星	Four star	40121	16742	20325	1525	1529
三星	Stree star	32726	12624	15878	1346	2878
二星	Tow star	1947	1486	446		15
一星	One star					
其他	Others	16458	10650	5086	308	414

15-8 限额以上餐饮业法人企业经营情况(2012年)

Business of Enterprises above Designated Size of Catering Servies(2012)

单位:万元 (10 000 yuan)

指 标	Item	营业额 Business Revenue	客房收入 From Hotel Rooms	餐费收入 From Meals	商品销售额 From Commodities	其他收入 Other Income
总 计	**Total**	**115331**	**9371**	**95250**	**6557**	**4153**
国有及国有控股	State-owned and State-holding Enterprises	5024	1573	3207	109	135
按登记注册类型分组	**Grouped by Registration Status**					
内资企业	Demestic Enterprises	108810	9371	88729	6557	4153
国有企业	State-owned Enterprises	595	188	286	82	39
集体企业	Collective-owned Enterprises					
股份合作企业	Cooperative Enterprises					
有限责任公司	Limited Liabilities Corporations	18127	2410	12917	750	2050
国有独资企业	State Sole Funded Corporations					
其他有限责任公司	Other Limited Liabilities Corporations	18127	2410	12917	750	2050
股份有限责任公司	Share-holding Corporations Ltd.	1907	713	1187		8
私营企业	Private Enterprises	83448	5429	70902	5407	1709
私营独资企业	Private-funded Enterprises	7042	234	6368	391	49
私营合伙企业	Private Partnership Enterprises	907		694	196	17
私营有限责任公司	Private Limited Liability Corporations	72313	5195	60660	4815	1643
私营股份有限公司	Private Share-holding Corporations Ltd.	3186		3181	5	
外商投资企业	Foreign Funded Enterprises	6521		6521		
按住宿行业小类分组	**Grouped by Sector**					
正 餐	Restaurant	114306	9371	94225	6557	4153
快 餐	Fast Food	755		755		
其他餐饮业	Others	270		270		
按经营形式分组	**Grouped by Business Form**					
独立门店	Independent Stores	112891	9371	92963	6435	4123
连锁总店	Distributor Chain	2021		1868	122	31
连锁门店	Chain Stores					
其他	Others	419		419		

15-9 限额以上批发和零售业法人企业财务状况(2012 年)

单位:万元

指 标	Item	资产总计 Total Assets
总 计	**Total**	**3755224**
批发业	**Wholesale Trade**	**2512530**
国有及国有控股	State-owned and State-holding Enterprises	848836
按登记注册类型分组	**Grouped by Registration Status**	
内资企业	Domestic Funded Enterprises	2456859
国有企业	State-owned Enterprises	346724
集体企业	Collective-owned Enterprises	53576
联营企业	Joint-venture Enterprises	3608
有限责任公司	Limited Liability Corporations	702564
国有独资公司	State Sole Funded Corporations	11413
其他有限责任公司	Other Limited Liability Corporations	691151
股份有限公司	Share-holding Corporations Ltd.	402549
私营企业	Private Enterprises	897494
其他企业	Other Enterprises	50344
外商投资企业	Foreign Funded Enterprises	55671
按批发行业小类分组	**Grouped by Sector**	
农、林、牧产品批发	Wholesale of Agriculture, Forentry Animal Husbangdry Products	28353
食品、饮料及烟草制品批发	Wholesale of Food, Beverages and Tobaccos	322906
纺织、服装及日用品批发	Wholesale of Textiles, Garments and Daily Consumer Articles	39239
文化、体育用品及器材批发	Wholesale of Culture, Sports Appliances and Equipments	36000
医药及医疗器材批发	Wholesale of Medicines and Medical Appliances	21086
矿产品、建材及化工产品批发	Wholesale of Mineral Products, Building Materials and Chemical Products	1666338
机械设备、五金产品及电子产品批发	Wholesale of Machinery, Hardware and Electronic Equipment	195187
其他批发	Other Wholesale not Classified Elsewhere	203421

Financial Indicators of Wholesale and Retail Enterprises above Designated Size(2012)

(10 000 yuan)

固定资产 Fixed Assets	流动资产 Working Capitals	负债合计 Total Liabilities	所有者权益 Total Owners' Equities	主营业务收入 Revenue from Principal Business	利润总额 Total Profits
521389	**2766946**	**2810233**	**944991**	**9032255**	**121305**
329613	**1856056**	**1832553**	**679978**	**6711369**	**95916**
231769	427953	543649	305187	4981607	97234
323888	1809859	1808031	648828	6670073	88306
57955	263517	130217	216507	780380	68633
5064	45664	47726	5850	41604	279
882	2576	1596	2012	5215	-387
21590	661766	606238	96326	1215030	2984
4411	6183	7073	4340	17092	-31
17178	655583	599165	91986	1197938	3015
163598	76365	340821	61728	3716272	27586
70935	718487	649659	247835	858317	-13374
3864	41484	31774	18570	53256	2586
5726	46197	24521	31150	41296	7610
3984	24369	26288	2065	20017	-19
46399	260945	83301	239605	556408	75224
10383	27121	15728	23511	29322	2461
1874	25753	10036	25964	19517	403
1652	17926	19029	2057	44829	148
230981	1201390	1378003	288336	5691965	25677
10916	168527	160232	34956	226541	-1714
23426	130027	139937	63484	122771	-6264

15-9 续表 1

单位:万元

指　标	Item	资产总计 Total Assets
零售业	**Retail Trade**	**1242694**
国有及国有控股	State-owned and State-holding Enterprises	107035
按登记注册类型分组	**Grouped by Registration Status**	
内资企业	Domestic Funded Enterprises	1238854
国有企业	State-owned Enterprises	35658
集体企业	Collective-owned Enterprises	79
股份合作企业	Cooperative Enterprises	7777
联营企业	Joint Ownership Enterprises	
有限责任公司	Limited Liability Corporations	625153
国有独资公司	State Sole Funded Corporations	
其他有限责任公司	Other Limited Liability Corporations	625153
股份有限公司	Share-holding Corporations Ltd.	42893
私营企业	Private Enterprises	513984
其他企业	Other Enterprises	13311
外商投资企业	Foreign Funds Enterprises	3840
按零售行业小类分组	**Grouped by Sector**	
综合零售	Integrated Retail	274256
百货零售	Retail of General Merchandise	120518
超级市场零售	Retail of Supermarkets	146203
食品、饮料及烟草制品专门零售	Retail of Food, Beverages and Tobaccos	4098
纺织、服装及日用品专门零售	Special Retail of Textiles, Garments and Daily Consumer Articles	36022
文化、体育用品及器材专门零售	Retail of Culture, Sports Appliances and Equipments	28808
医药及医疗器材专门零售	Retail of Medicines and Medical Appliances	149762
药品零售	Retail of Medicines	149762
汽车、摩托车、燃料及零配件专门零售	Retail of Motor Vehicles, Motorcycles, Fuel and Parts	610052
汽车零售	Retail of Motor Vehicles	508259
家用电器及电子产品专门零售	Special Retail of Household Electric Appliances and Electronic Products	114360
家用视听设备零售	Retail of Household Audiovisual Equipment	12694
日用家电设备零售	Retail of Household Appliances	59295
计算机、软件及辅助设备零售业	Retail of Computer, Software and Assistant Appliances	38220
通信设备零售	Retail of Communication Equipments	4151
五金、家具及室内装饰材料专门零售业	Special Retail of Hardware, Furniture and Decoration Materials	18171
货摊、无店铺及其他零售业	Stall, Non-shop and Other Retails	7165

continued

(10 000 yuan)

固定资产 Fixed Assets	流动资产 Working Capitals	负债合计 Total Liabilities	所有者权益 Total Owners' Equities	主营业务收入 Revenue from Principal Business	利润总额 Total Profits
191776	**910890**	**977680**	**265014**	**2320886**	**25390**
30639	68524	77101	29934	371742	4292
190560	908701	976419	262435	2316688	25644
11907	21691	20524	15134	45357	1154
6	73	136	–57	2959	–3
3358	3720	4259	3518	8743	596
88061	442309	482984	142168	1014420	16925
88061	442309	482984	142168	1014420	16925
19221	15428	41753	1139	286460	–554
67343	414769	416320	97665	935128	7535
664	10711	10442	2869	23621	–10
1216	2189	1261	2579	4198	–254
79462	162765	210775	63481	405667	5644
55425	52463	104506	16013	140379	–799
22943	106933	99327	46876	256687	8924
1209	2692	2569	1529	3010	–106
2799	29086	35986	36	42532	–2683
9005	18476	16931	11877	29707	453
11253	128913	122917	26845	232908	3579
11253	128913	122917	26845	232908	3579
79017	447605	485960	124093	1352654	18166
52801	411029	404376	103883	1018731	16582
5065	101379	82684	31676	233719	4623
835	11789	11073	1621	17780	–70
2073	54783	40125	19170	145341	4851
2024	30803	28680	9541	59660	–138
133	4004	2806	1345	10939	–21
1443	16342	16283	1889	8624	–4916
2524	3632	3576	3589	12065	630

15-10 限额以上住宿和餐饮业法人企业财务状况(2012 年)

单位:万元

指 标	Item	资产总计 Total Assets
总 计	**Total**	**494935**
住宿业	**Hotels**	**258945**
国有及国有控股	State-owned and State-holding Enterprises	42795
按登记注册类型分组	**Grouped by Registration Status**	
内资企业	Demestic Enterprises	234290
国有企业	State-owned Enterprises	12681
集体企业	Collective-owned Enterprises	
联营企业	Joint-venture Enterprises	
有限责任公司	Limited Liabilities Corporations	54672
股份有限公司	Share-holding Corporations Ltd.	
私营企业	Private Enterprises	154459
其他企业	Other Enterprises	12478
外商投资企业	Foreign Funds Enterprises	24655
按住宿行业中类分组	**Grouped by Sector**	
旅游饭店	Tourist Hotel	243851
一般旅馆	Fonda	13516
其他住宿服务	Others	1578
餐饮业	**Catering Services**	235989
国有及国有控股	State-owned and State-holding Enterprises	18749
按登记注册类型分组	**Grouped by Registration Status**	
内资企业	Demestic Enterprises	218864
国有企业	State-owned Enterprises	3984
集体企业	Collective-owned Enterprises	
有限责任公司	Limited Liabilities Corporations	76101
股份有限公司	Share-holding Corporations Ltd.	5074
私营企业	Private Enterprises	122796
其他企业	Other Enterprises	10908
外商投资企业	Foreign Funded Enterprises	17126

Financial Status of Accommodation and Catering Enterprises above Designated Size(2012)

(10 000 yuan)

固定资产 Fixed Assets	流动资产 Working Capitals	负债合计 Total Liabilities	所有者权益 Total Owners' Equities	主营业务收入 Revenue from Principal Business	利润总额 Total Profits
283380	**203965**	**354705**	**140229**	**212838**	**-10114**
178451	**102203**	**186296**	**72650**	**101088**	**-5959**
91427	13287	33304	9491	32622	-5309
176097	81914	176402	57888	98782	-5730
70589	9273	9372	3309	16312	-286
29470	14984	36793	17879	29467	-4710
67903	54542	119321	35138	50504	-869
8135	3116	10915	1563	2499	135
2354	20289	9894	14762	2306	-229
169457	97548	179304	64547	92506	-6127
7609	4462	5826	7691	7943	168
1385	193	1166	412	640	
104930	101762	168410	67579	111750	-4154
16068	2515	17045	1704	5024	-172
98429	91137	153954	64910	105229	-4229
3650	195	2573	1411	595	-4
40804	19462	59699	16403	14467	-1373
2333	2733	3431	1644	1984	270
45472	64479	82152	40645	83449	-2705
6170	4269	6100	4808	4734	-417
6501	10625	14456	2670	6521	75

15-11 社会消费品零售总额
Total Retail Sales of Consumer Goods

单位：万元 (10 000 yuan)

指　标	Item	2010	2011	2012
社会消费品零售总额	**Total Retail Sales of Consumer Goods**	**4035917**	**4775815**	**5488341**
按经营地分	**By Location**			
城镇	Urban	3667428	4364663	5023125
城区	City	2618663	3097544	3567268
乡村	Rural	368489	411152	465216
按商品形态分	**By the Form of Merchandies**			
餐饮收入额	Catering Business Income	662111	755621	818980
商品零售额	Retail Sales of Consumer Goods	3373806	4020194	4669360
按行业分	**By Sector**			
批发业和零售业	Wholesale and Retail Trade	3363105	4008483	4663421
限额以上	Above Designated Size	1986231	2502243	3118320
限额以下	Under Designated Size	1376874	1506240	1533707
住宿业和餐饮业	Hotels and Catering Services	672812	767332	824920
限额以上	Above Designated Size	138131	161234	158053
限额以下	Under Designated Size	634681	606098	639607

注：从 2010 年起，社会消费品零售总额统计采用新的分组，即按经营单位所在地分组，由"市、县、县以下"改为"城镇、乡村"。

15-12 社会消费品零售总额构成
Composition of Total Retail Sales of Consumer Goods

年份 Year	社会消费品零售总额(万元) Total Retail Sales of Consumer Goods (10 000 yuan)				构成(%)总额=100 Composition(%) Total=100		
		市 City	县 Country	县以下 Under Country Level	市 City	县 Country	县以下 Under Country Level
1978	50421	27515	11219	11687	54.57	22.25	23.18
1979	57433	30554	11946	14933	53.20	20.80	26.00
1980	67442	35073	13418	18951	52.00	19.90	28.10
1985	131489	73374	33582	24533	55.80	25.54	18.66
1990	253039	151760	67380	33899	59.97	26.63	13.40
1995	626362	439318	104839	82205	70.14	16.74	13.12
2000	1005417	725167	128268	151982	72.13	12.76	15.12
2001	1101937	797154	139427	165356	72.34	12.65	15.01
2002	1212131	885559	150302	176270	73.06	12.40	14.54
2003	1345465	908498	231236	205731	67.52	17.19	15.29
2004	1535176	1149426	177620	208130	74.87	11.57	13.56
2005	1743393	1312342	195627	235424	75.28	11.22	13.50
2006	1989647	1484290	254595	250762	74.60	12.79	12.61
2007	2333234	1749533	304180	279521	74.98	13.04	11.98
2008	2851516	2127112	414502	309902	74.59	14.54	10.87

15-12 续表 1 continued

年份 Year	社会消费品零售总额(万元) Total Retail Sales of Consumer Goods (10 000 yuan)				构成(%)总额=100 Composition(%) Total=100		
		城镇 Urban	城区 City	乡村 Rural	城镇 Urban	城区 City	乡村 Rural
2009	3392995	3061125	2286104	331870	90.22	67.38	9.78
2010	4035917	3663035	2666659	372882	90.76	66.07	9.24
2011	4775815	4364663	3097545	411152	91.39	64.86	8.61
2012	5488341	5023125	3567268	465216	91.52	65.00	8.48

注:1.1995-2005 年按经济普查口径进行调整。

2.2011 年,按《统计上划分城乡的规定》将城乡分类分为城镇、城区和乡村,对 2009 年分组进行调整。

a)From 1995 to 2005, data in this table were adjusted according to the National Economic Census.

15-12 续表 2 continued

年份 Year	分行业社会消费品零售总额(万元) Total Retail Sales of Consumer Goods by Sector (10 000 yuan)			构成(%)总额=100 Composition(%) Total=100		
	批发业和零售业 Wholesale and Retail Trade	住宿业和餐饮业 Hotels and Catering Services	其他行业 Others	批发业和零售业 Wholesale and Retail Trade	住宿业和餐饮业 Hotels and Catering Services	其他行业 Others
1978	42826	1521	6074	84.93	3.02	12.05
1979	47975	1743	7715	83.53	3.04	13.43
1980	55358	2131	9953	82.08	3.16	14.76
1985	104624	4763	22102	79.57	3.62	16.81
1990	186189	12136	54714	73.58	4.80	21.62
1995	564011	40925	21426	90.04	6.53	3.43
1996	641738	49507	40346	87.72	6.77	5.51
1997	726512	56181	9620	91.69	7.09	1.22
1998	774691	72024	12945	90.11	8.38	1.51
1999	804759	96814	19982	87.33	10.50	2.17
2000	866068	112459	26890	86.14	11.18	2.68
2001	932642	142485	26810	84.64	12.93	2.43
2002	1008468	176397	27266	83.20	14.55	2.25
2003	1100584	218901	25980	81.80	16.27	1.93
2004	1245331	259813	30032	81.12	16.92	1.96
2005	1412247	300223	30923	81.00	17.20	1.80
2006	1629337	327636	32674	81.89	16.47	1.64
2007	1909093	396156	27985	81.82	16.98	1.20
2008	2340097	483938	27481	82.07	16.97	0.96

15-12 续表 3 continued

年份 Year	分行业社会消费品零售总额(万元) Total Retail Sales of Consumer Goods by Sector (10 000 yuan)		构成(%)总额=100 Composition(%) Total=100	
	批发业和零售业 Wholesale and Retail Trade	住宿业和餐饮业 Hotels and Catering Services	批发业和零售业 Wholesale and Retail Trade	住宿业和餐饮业 Hotels and Catering Services
2009	2812734	580261	82.90	17.10
2010	3375671	660246	83.64	16.36
2011	4008483	767332	83.93	16.07
2012	4663421	824920	84.97	15.03

15-13 各市县社会消费品零售总额(2012年)

Total Retail Sales of Consumer Goods by City and Country(2012)

单位:万元 (10 000 yuan)

地区	Region	社会消费品零售总额 Total Retail Sales of Consumer Goods	批发业和零售业 Wholesale and Retail Trades			住宿业和餐饮业 Hotels and Catering Services
				限额以上 Above Designated Size	限额以下 Under Designated Size	
银川市	**Yinchuan**	**3160226**	**2831744**	**2408464**	**423281**	**328482**
兴庆区	Xingqing	1635428	1445677	1231111	214566	189751
西夏区	Xixia	204576	162677	94680	67997	41899
金凤区	Jinfeng	357722	310188	300660	9528	47534
永宁县	Yongning	126930	105560	31702	73858	21370
贺兰县	Helan	729027	718750	698358	20393	10277
灵武市	Lingwu	106543	88892	51953	36939	17651
石嘴山市	**Shizuishan**	**771394**	**608116**	**252118**	**355442**	**163279**
大武口区	Dawukou	349371	269307	182160	87147	80064
惠农区	Huinong	243938	206824	44680	162145	37114
平罗县	Pingluo	178085	131985	25278	106150	46101
吴忠市	**Wuzhong**	**684249**	**517408**	**232408**	**285000**	**166840**
利通区	Litong	346663	242898	108691	134207	103765
红寺堡区	Hongsipu	30634	27259	16331	10928	3375
盐池县	Yanchi	83746	66764	44753	22011	16982
同心县	Tongxin	81459	75147	24384	50763	6312
青铜峡市	Qingtongxia	141747	105341	38249	67091	36406
固原市	**Guyuan**	**432550**	**342711**	**88023**	**251156**	**89838**
原州区	Yuanzhou	210345	166725	59453	107272	43620
西吉县	Xiji	103138	81253	12162	69090	21885
隆德县	Longde	39930	34938	5116	29823	4992
泾源县	Jingyuan	26707	18758	6313	12445	7949
彭阳县	Pengyang	52430	41038	4979	32526	11392
中卫市	**Zhongwei**	**439923**	**363441**	**137309**	**218829**	**76482**
沙坡头区	Shapotou	239175	190414	65640	124774	48761
中宁县	Zhongning	136090	115666	57818	57364	20424
海原县	Haiyuan	64658	57361	13851	36691	7297

15-14 各市县主要年份社会消费品零售总额

Total Retail Sales of Consumer Goods by City and Country in Main Years

单位:万元 (10 000 yuan)

地区	Region	1978	1980	1990	2000	2010	2011	2012
全区总计	**Total**	**50421**	**67442**	**253039**	**1005417**	**4035918**	**4775815**	**5488341**
银川市	**Yinchuan**	**18314**	**24996**	**113096**	**529391**	**2249954**	**2744705**	**3160226**
兴庆区	Xingqing					1233280	1456027	1635428
西夏区	Xixia					154500	178874	204576
金凤区	Jinfeng					272607	313374	357722
永宁县	Yongning	1381	1771	6525	18493	96431	110998	126930
贺兰县	Helan	1348	1893	7081	17388	419048	592218	729027
灵武市	Lingwu	2228	3711	11644	31360	74087	93215	106543
石嘴山市	**Shizuishan**	**10764**	**13673**	**47302**	**161071**	**574112**	**672829**	**771394**
大武口区	District					268288	311685	349371
惠农区	Huinong					165233	193903	243938
平罗县	Pingluo	2873	3800	13062	39939	140591	167241	178085
吴忠市	**Wuzhong**	**9045**	**11367**	**44316**	**154227**	**508996**	**596767**	**684249**
利通区	Litong	3548	4331	21124	73592	259232	301881	346663
红寺堡区	Hongsipu				4633	23034	26830	30634
盐池县	Yanchi	1224	1617		18365	61426	73067	83746
同心县	Tongxin	1349	1898	5914	21066	60432	71291	81459
青铜峡市	Qingtongxia	2924	3521	12291	36571	104873	123698	141747
固原市	**Guyuan**	**6175**	**9036**	**22967**	**75621**	**322133**	**377374**	**432549**
原州区	Yuanzhou	3419	5350	10480	39658	155662	183293	210345
西吉县	Xiji	1384	2031	5092	13613	77665	90095	103138
隆德县	Longde	979	1129	3055	9518	29686	34837	39930
泾源县	Jingyuan	393	526	1695	4694	19879	23346	26707
彭阳县	Pengyang			2645	8138	39241	45803	52430
中卫市	**Zhongwei**	**6123**	**8370**	**25358**	**85107**	**327478**	**384139**	**439923**
沙坡头区	Shapotou	2908	3823	13450	46540	178511	208859	239175
中宁县	Zhongning	2186	2614	8721	27930	101845	118779	136090
海原县	Haiyuan	1029	1933	3187	10637	47122	56501	64658

15-15 各市县限额以上批发和零售业商品销售总额(2012年)
Commodity Sales of Wholesale and Retail Enterprises above Designated Size by City and Country(2012)

单位:万元　　(10 000 yuan)

地　区	Region	法人企业(个) Number of Corporation Enterprises (unit)	年末从业人数(人) Engaged Persons (person)	销售总额 Total Sales Value	批发额 Wholesale Value	零售额 Retail Value
全区总计	**Total**	**432**	**35964**	**10512177**	**7456675**	**3055502**
银川市	**Yinchuan**	**281**	**24329**	**8242776**	**5717517**	**2525260**
兴庆区	xingqing	125	11192	2037337	845188	1192148
西夏区	xixia	21	1269	988691	835642	153049
金凤区	jinfeng	44	6046	3371796	3006178	365619
永宁县	Yongning	31	1075	424934	362416	62518
贺兰县	Helan	52	4162	966586	233836	732750
灵武市	Lingwu	8	585	453433	434257	19175
石嘴山市	**Shizuishan**	**40**	**3187**	**706127**	**540866**	**165261**
大武口区	dawukou	25	2483	652983	510817	142166
惠农区	huinong	9	539	30999	10903	20096
平罗县	Pingluo	6	165	22145	19146	2999
吴忠市	**Wuzhong**	**47**	**2990**	**614604**	**458202**	**156402**
利通区	Litong	30	2573	577480	435037	142443
红寺堡	Hongsipu	2	29	1383		1383
盐池县	Yanchi	2	96	2491	492	1998
同心县	Tongxin	4	86	10937	6161	4776
青铜峡市	Qingtongxia	9	206	22314	16511	5802
固原市	**Guyuan**	**19**	**1365**	**266382**	**181782**	**84600**
原州区	Yuanzhou	12	1155	258015	180970	77046
西吉县	Xiji	5	164	6708	735	5974
隆德县	Longde					
泾源县	Jingyuan					
彭阳县	Pengyang	2	46	1659	78	1581
中卫市	**Zhongwei**	**45**	**4093**	**682287**	**558309**	**123978**
沙坡头区	Shapotou	31	2783	170047	123420	46626
中宁县	Zhongning	10	684	502039	434889	67150
海原县	Haiyuan	4	626	10202		10202

15-16 各市县限额以上住宿和餐饮业经营情况(2012年)

Business of Hotels and Accommodation above Designated Size by City and Country(2012)

单位:万元 (10 000 yuan)

地区	Region	法人企业(个) Number of Corporation Enterprises (unit)	年末从业人数(人) Engaged Persons (person)	营业额 Business Revenue	客房收入 From Hotel Rooms	餐费收入 From Meals	商品销售额 From Commodities	其他收入 Other Revenue
全区总计	**Total**	**169**	**19587**	**216623**	**56176**	**140160**	**9736**	**10550**
银川市	**Yinchuan**	**89**	**11444**	**143420**	**39038**	**91942**	**4645**	**7796**
兴庆区	Xingqing	62	7750	89400	26632	55432	3410	3925
西夏区	Xixia	3	270	2774	431	2220	27	96
金凤区	Jinfeng	15	2185	36348	8658	25326	659	1706
永宁县	Yongning	2	384	5057	948	2218	42	1849
贺兰县	Helan	4	594	6747	1596	4428	507	216
灵武市	Lingwu	3	261	3094	772	2317		5
石嘴山市	**Shizuishan**	**20**	**1650**	**15122**	**1854**	**11748**	**683**	**838**
大武口区	Dawukou	15	1483	13987	1491	11038	625	834
惠农区	Huinong	2	65	602	102	444	51	4
平罗县	Pingluo	3	102	533	261	266	6	
吴忠市	**Wuzhong**	**17**	**2155**	**21766**	**4329**	**14412**	**1561**	**1464**
利通区	Litong	10	1412	11756	2217	7115	1326	1098
红寺堡区	Hongsipu	1	63	423	163	238	22	
盐池县	Yanchi	2	306	4885	1209	3669		8
同心县	Tongxin							
青铜峡市	Qingtongxia	4	374	4702	741	3391	213	358
固原市	**Guyuan**	**13**	**1596**	**15809**	**3392**	**11577**	**727**	**113**
原州区	Yuanzhou	8	1068	12057	2558	9104	325	70
西吉县	Xiji	1	70	220		196	24	
隆德县	Longde	2	153	1218	364	802	44	7
泾源县	Jingyuan							
彭阳县	Pengyang	2	305	2315	469	1475	335	36
中卫市	**Zhongwei**	**30**	**2742**	**20505**	**7563**	**10483**	**2121**	**339**
沙坡头区	Shapotou	23	2028	15700	5534	8409	1545	211
中宁县	Zhongning	5	454	3310	1024	1689	501	95
海原县	Haiyuan	2	260	1495	1005	385	74	32

主要统计指标解释

[**社会消费品零售总额**] 指国民经济各行业直接售给城乡居民和社会集团的消费品总额。它是反映各行业通过多种商品流通渠道向居民和社会集团供应的生活消费品总量，是研究国内零售市场变化情况、反映经济景气程度的重要指标。

社会消费品零售总额包括：

1.售给城乡居民作为生活用的商品和修建房屋用的建筑材料；

2.售给社会集团的各种办公用品和公用消费品；

3.售给机关、团体、学校、部队、企业、事业单位的职工食堂和旅店(招待所)附设专门供本店旅客食用,不对外营业的食堂的各种食品、燃料;企业、单位和国营农场直接售给本单位职工和职工食堂的自己生产的产品；

4.售给部队干部、战士生活用的粮食、副食品、衣着品、日用品、燃料；

5.售给来华的外国人、华侨、港澳台同胞的消费品；

6.居民自费购买的中西药品、中药材及医疗用品；

7.报社、出版社直接售给居民和社会集团的报纸、图书、杂志,集邮公司出售的新、旧纪念邮票、特种邮票、首日封、集邮册、集邮工具等；

8.旧货寄售商店自购、自销部分的商品；

9.煤气公司、液化石油气站售给居民和社会集团的煤气灶具和罐装液化石油气；

10.农民售给非农业居民和社会集团的商品

社会消费品零售总额不包括售给国民经济各部门企业、事业单位(包括国有经济的农场)生产经营用的各种原材料、燃料、设备、工具等,售给批发零售贸易业、餐饮业作为转卖用的商品,旧货寄售商店受托寄售卖出的商品,服务业的营业收入,邮局出售邮票的收入,自来水、电力、煤气生产(供应)单位的产品供应收入,也不包括农民之间的商品销售。

[**商品销售额**] 指对本单位以外的单位和个人出售的商品金额(包括售给本单位消费用的商品,含增值税),本指标反映批发和零售业在国内市场上销售商品以及出口商品的总量。

商品销售包括:(1)售给城乡居民和社会集团消费用的商品;(2)售给农业、工业、建筑业、运输邮电业、服务业、公用事业等国民经济各行业用于生产、经营用的商品，包括售予批发和零售业作为转卖或加工后转卖的商品;(3)对国(境)外直接出口的商品。

商品销售不包括:(1)未通过买卖行为付出的商品,如随机构变动移交给其他企业单位的商品、借出的商品、归还受其他单位委托代保管的商品、付出的加工原料和赠送给其他单位的样品等;(2)经本单位介绍,由买卖双方直接结算,本单位只收取手续费的业务;(3)购货退回的商品;(4)商品损耗和损失;(5)出售本单位自用的废旧物资。

商品销售是指商品已经售出、商品所有权已经转移给买方后，以收到货款或取得收取货款的证据时作为商品销售。(1)采取直接收款方式的,在实际收到货款或取得收款的凭证时作为商品销售；采取托收承付和委托银行收款结算方式的，在发出商品并办妥托收手续时作为商品销售；采用分期收款方式的,按合同约定的收款日期作为商品销售;采用预收货款方式的，在商品发出时作为商品销售;(2)委托其他单位代销商品，以收到代销单位的销售清单时作为商品销售。在交款提货的情况下,如货款已经收到,只要账单和提货单已经交给买方,不论商品是否发出,都应作为商品销售;(3)出口商品销售,陆路以取得承运货物收据或铁路联运运单、海运以取得出口装船提单、空运以取得运单并在银行办理了交单作业作为商品销售。预收货款不通过银行交单的,取得以上提单、运单后作为商品销售。出口商品一律以离岸价(FOB)计算商品销售,如按到岸价(CIF)对外成交的,应扣除商品离境后发生的由我方负担的国外运费、保险费、佣金(不包括不易按商品认定的累计佣金)、银行财务费和对外理赔款等作为商品销售;(4)自营进口商品销售,企业与境内用户签订合同实行货到结算的,在商品到达我国境内港口取得船舶到港通知,企业向订货单位开出结算凭证时作为商品销售;合同规定对境内实行单向结算的,企业凭境外账单向订货单位开出结算凭证时作为商品销售;已先期到达并存放在相应的仓储企业单位库存的进口商品,企业凭出库单向用户开出结算凭证后作为商品销售。

[批发额] 指售给国民经济各行业用于生产、经营用的商品金额。

商品批发包括:(1)售给农业、工业、建筑业等行业用于生产的各种机器设备、工具、原料、材料、燃料、建筑材料,售给农民的农业生产资料,售给交通运输、仓储和邮政业用于业务活动的设备、车辆和燃料等;(2)售给计算机服务和软件业、科研和地质勘查业、水利环境和公共设施管理业等行业用于生产经营、勘察设计、科研试验等业务经营使用的商品,售给批发和零售业、住宿和餐饮业使用的各种设备、工具、原材料、燃料、仓储运输用的商品;(3)售给居民服务业和其他服务业各种营业用品,如售给理发业的理发工具、毛巾等,日用品修理业的设备、工具、材料、零配件等,售给民政部门救灾用的商品等;(4)售给批发和零售业作为转卖用的商品;售给餐饮业用于烹饪、调制加工后出售的商品和转卖的商品;售给服务业转卖的商品;(5)出口的商品。

(注:出口指直接向国(境)外出口商品和委托外贸企业代理出口的商品金额,商品出口不包括售给外贸企业出口或加工后出口的商品,以及在国内市场以外币销售的商品。外贸企业只统计自主经营出口的商品,不包括受托代理出口的商品。)

[零售额] 指售给城乡居民用于生活消费和社会集团用于公共消费的商品金额。

商品零售包括:(1)售给城乡居民的各种生活消费品,售给入境旅游的外国人、华侨、港澳台同胞的各类商品;(2)售给行政事业单位、社会团体、军队和武警等机构的商品,以及以零售方式售给各类企业的商品。具体包括:用于非生产和社会交往的办公用品,如通讯设备、计算器具和设备、电讯网络设备、文印设备、音像视听器材和设备、纸张、本册、文具及装订文印材料、家具、日用电器、针纺织品、清洁卫生用品、文体用品、奖品、纪念品、礼品等;供内部人员乘坐的交通工具和燃料;用于办公设施修缮的各类配件、材料、工具等;用于取暖和防暑降温的设备、燃料、材料及食品等;专用于教学的用品和设备;非营利医疗机构的中、西药品、中药材和医疗设备器材;非专用的劳动保护用品;不对外营业的内部食堂用的餐具、炊具、设备、清洁卫生工具和食品、燃料等;军队、武警用于其人员生活的衣着品和个人用品;其他各类非生产性设备和用品。

商品零售不包括:(1)售给城乡居民已确知是用于生产、经营的商品;(2)售给各类农业生产者的生产资料类商品,如农机、农药化肥、农膜、种子饲料等商品;(3)售给企业单位生产用具及生产上专用的劳动保护用品。

[期末商品库存额] 对于批发和零售业法人企业和个体经营户,是指取得所有权的全部商品金额(含增值税);对于批发和零售业产业活动单位,是指期末实际在库且归属法人具有所有权的全部商品金额(含增值税)。这个指标反映批发和零售业的商品库存情况,以及对市场商品供应的保证程度。

库存商品包括:(1)存放在本单位(如门市部、批发站、采购站、经营处)的仓库、货场、货柜和货架中的商品;(2)挑选、整理、包装中的商品;(3)已记入购进而尚未运到本单位的商品,即发货单或银行承兑凭证已到而货未到的商品;(4)寄放他处的商品,如因购货方拒绝付款而暂时存在购货方的商品;(5)委托其他单位代销(未作销售或调出)尚未售出的商品;(6)代其他单位购进尚未交付的商品。

库存商品不包括:(1)所有权不属于本单位的商品,如商品已作销售但买方尚未取走的商品,代替他人保管、运输、加工的商品,代其他单位销售(未做购进或调入)而未售出的商品;(2)委托外单位加工的商品(包括本单位所属加工厂和其他生产单位加工生产尚未收回成品的商品);(3)外贸企业代理其他单位从国外进口,尚未付给订货单位的商品;(4)代国家储备部门保管的商品。

库存商品金额可以采用进价或售价进行核算。

采用进价核算的商品,应按商品进货原则(或实际采购成本)计算期末库存;采用售价核算的商品,应按商品的售价计算期末库存。购入的商品,在商品到达验收入库后计算期末库存(对已记入购进尚未运到的商品,也可计算期末库存);对于月终尚未开出承兑商业汇票的入库商品,按应付给供货单位的价款暂估计算期末库存;年度终了,凡已转入库存和已作销售的进口商品,属于国外以离岸价格成交、有应付未付国外运保费的,应先估计期末库存,委托其他单位代销的商品包括在期末库存中;委托外单位加工的商品,在发出商品时作减少期末库存,当加工商品收回时增加期末库存(包括商品进货原价、加工费用、加工税金等)。

[营业额] 指住宿和餐饮业单位在经营活动中因提供服务或销售商品等取得的全部收入,包括:客房收入、餐费收入、商品销售额(含增值税)和其他收入。不包括法人企业附营的其他行业产业活动单位的餐费收入、商品销售收入等各项收入。

[客房收入] 指住宿和餐饮业单位在经营活动中因提供住宿服务取得的收入。不包括法人企业附营的其他行业产业活动单位的客房收入。

[餐费收入] 指住宿和餐饮业单位因为顾客提供就餐服务取得的收入。包括:经烹饪、调制加工后出售的各种食品,如主食、炒菜、凉拌菜等的收入。不包括法人企业附营的其他行业产业活动单位的餐费收入。

[商品销售额] 指住宿和餐饮业单位出售商品的销售总额(含增值税)。不包括法人企业附营的其他行业产业活动单位的商品销售额。

[其他收入] 指营业额中除客房收入、餐费收入、商品销售额(含增值税)以外的其他收入。

第十六篇 Chapter16

对外经济贸易和旅游业

Foreign Trade Economic Cooperation and Tourism

责任编辑：何胜兰

资料整理：何胜兰　岳洪涛　温　静　周　莹　郝　静　勉　伟

Coordinator: He Shenglan

Data Compilation: He Shenglan　Yue Hongtao　Wen Jing　Zhou Ying　Hao Jing　Mian Wei

16-1 进出口贸易总额
The Value of Imports and Exports

年份 Year	按人民币计算(万元) 10 000 yuan			按美元计算(万美元) USD 10 000		
	进出口总额 Toal Imports & Exports	出口总额 Toal Exports	进口总额 Toal Imports	进出口总额 Toal Imports & Exports	出口总额 Toal Exports	进口总额 Toal Imports
1958	1055	670	385	704	447	257
1965	1777	1556	221	1184	1037	147
1970	1551	1304	247	1034	869	165
1975	4048	3136	912	2699	2091	608
1978	4587	3406	1181	2962	2271	691
1980	7041	6523	518	4674	4352	322
1985	17362	10930	6432	5426	3416	2010
1990	40547	36652	3895	8491	7679	812
1995	231651	200015	31636	27810	24012	3798
1996	194345	167753	26592	23438	20231	3207
1997	251269	208980	42289	30303	25203	5100
1998	259826	234282	25544	31309	28231	3078
1999	263236	205008	58228	31799	24765	7034
2000	366656	270998	95658	44292	32736	11556
2001	441035	291259	149776	53277	35184	18093
2002	366538	271545	94993	44285	32808	11477
2003	540676	423742	116934	65323	51195	14128
2004	751829	535026	216803	90839	64644	26195
2005	792936	563343	229593	96672	68711	27961
2006	1149400	753664	395736	143746	94300	49446
2007	1211271	832030	379241	158430	108850	49580
2008	1317616	881241	436375	188195	125868	62327
2009	820953	507607	313346	120156	74294	45862
2010	1330934	794462	536472	196049	117026	79023
2011	1476307	1033040	443267	228573	159943	68630
2012	1400266	1036718	363548	221667	164116	57551

注:1999 年起进出口数据为海关口径。

a)Data of exports and imports since 1999 are from Customs statistics.

16-2 按贸易方式和企业性质划分的进出口商品总额(2012年)
Total Imports and Exports by Trade Pattern(2012)

单位:万美元 (USD 10 000)

指　标	Item	进出口 Imports and Exports	出口 Exports	进口 Imports
总　额	**Total**	**221 667**	**164 116**	**57 551**
按贸易方式分	**Grouped by Trade Pattern**			
一般贸易	General Trade	218762	162490	56272
来料加工装配贸易	Processing and Assembly With Imported Material	1268	1133	135
进料加工贸易	Processing Trade With Imported Material	1522	484	1038
边境小额贸易	Border Trade			
其他	Others	115	9	106
按企业性质分	**Grouped by Economic Type of Enterprises**			
国有企业	State-owned Enterprises	78103	50494	27609
外商投资企业	Enterprises With Sole Fund	32800	21816	10984
私营	Private Enterprises	107862	88997	18865
集体及其他	Collective and Others	2902	2809	93

16-3 主要出口商品数量(2012 年)
Main Exported Commodities in Volume(2012)

指 标	Item	单位 Unit	数量 Quantity	指 标	Item	单位 Unit	数量 Quantity
铁合金	Iron Alloy	吨 Ton	46160	泰乐菌素	Tylosin	吨 Ton	1501
钽铌铍及制品	Tantalum and Products	吨 Ton	243	石墨制品	Graphite Products	吨 Ton	42758
金属镁	Magnesium	吨 Ton	5138	增炭剂	Recarburizer	吨 Ton	71411
碳化硅	Silicon Carbide	吨 Ton	29993	四环素及盐	Tetracycline and Salt	吨 Ton	1103
无毛绒	No Plush	吨 Ton	516	饲料添加剂	Feed additive	吨 Ton	46393
红霉素	Erythrocin	吨 Ton	934	羊绒纱线	Cashmere Yarn	吨 Ton	516
双氰胺	Dicyandiamide	吨 Ton	41729	除草剂	Herbicide	吨 Ton	3665
羊绒衫	Cashmere Sweater	百件 100 Units	17838	活性炭	Activated charcoal	吨 Ton	32288

16-4 进出口商品分国别(地区)总额

Value of Imports Exports by County (Region) of Origin

单位:万美元 (USD 10 000)

国家(地区)	Country(Region)	2011			2012		
		进出口 Imports and Exports	出口 Exports	进口 Imports	进出口 Imports and Exports	出口 Exports	进口 Imports
总　额	**Total**	**228573**	**159943**	**68630**	**221667**	**164116**	**57551**
亚　洲	**Asia**	**96751**	**69520**	**27231**	**96030**	**81784**	**14246**
日　本	Japan	37087	23077	14010	24241	14860	9381
印　度	India	13778	13698	80	13577	13514	63
印　尼	Indonesia	2756	1962	794	10608	9642	966
马来西亚	Malaysia	8170	1283	6887	8661	7855	806
香　港	Hong Kong, China	2087	1986	101	8464	8464	
韩　国	Korea	7401	5983	1418	7377	6630	747
非　洲	**Africa**	**12233**	**3147**	**9086**	**12767**	**3696**	**9071**
加　纳	Ghana	1849	41	1808	4697	105	4592
南　非	South Africa	3871	503	3368	2050	386	1665
欧　洲	**Europe**	**65639**	**47215**	**18424**	**56196**	**38517**	**17679**
德　国	Germany	13827	5467	8360	12643	4772	7871
意大利	Italy	12046	7726	4320	10225	6684	3541
俄罗斯	Russia	7928	4291	3637	7992	4179	3813
英　国	United Kingdom	5563	4972	591	5065	4702	363
荷　兰	Netherlands	4224	4193	31	4378	4330	48
法　国	French	4161	3744	417	4013	3355	658
拉丁美洲	**Latin America**	**9021**	**6703**	**2318**	**10093**	**8250**	**1843**
巴　西	Brazil	4784	2484	2300	4772	3006	1766
北美洲	**North America**	**35040**	**30784**	**4256**	**31613**	**29058**	**2555**
加拿大	Canada	3743	3482	261	3478	3249	229
美　国	United States	31296	27301	3995	28135	25808	2327
大洋洲	**Oceanic**	**9889**	**2574**	**7315**	**14968**	**2811**	**12157**
澳大利亚	Australia	8956	1977	6979	14144	2317	11827

16-5 外商投资企业协议投资额

Foreign Investment Agreements

单位：个、万美元 (unit,USD 10 000)

指　标	Item	2011		2012	
		合同个数 Number of Contracts	客方协议投资额 Total Amount of Agreements and Contracts	合同个数 Number of Contracts	客方协议投资额 Total Amount of Agreements and Contracts
总　计	**Total**	**15**	**38355**	**11**	**40300**
按投资方式分	**By Investment Mode**				
独资经营	Foreign Enterprises	6	10040	6	21944
合资经营	Joint Venture	9	28618	5	18356
合作经营	Cooperative Operation		-303		
股份制经营	Share-holding				
按国民经济部门分	**By Department**				
农、林、牧、渔业	Agriculture, Forestry, Animal Husbandry and Fishery	4	1243	1	159
工业	Industrial	6	13679	4	28358
批发和零售业	Wholesale and Retail Trade	2	56	2	3296
房地产业	Real Estate	1	4144		4998
金融业	Financial Intermediation	1	19230		
水利、环境和公共设施	Management of Water Conservancy, Environment and Public Facilities			1	1867
租赁和商务服务	Leasing and Business Services			2	1601
其他行业	Others	1	3	1	21

注：客方协议投资额指标负数时为企业减资。

a) A Negative balance of total amount of agreements and contracts indicates enterprise capital reduction.

16-6 分国别(地区)外商投资企业投资额(2012年)

Investment of Foreign Capital by Country and Region(2012)

单位:个、万美元 (unit,USD 10 000)

国家(地区)	Country(Region)	合同个数 Number of Contracts	客方协议投资额 Total Amount of Agreements and Contracts	实际投资额 Total Amount of Foregin Capital Actually Utilized
总计	**Total**	**11**	**40300**	**21820**
亚洲	**Asia**	**8**	**37938**	**15438**
中国香港	Hong Kong,China	7	31150	13096
菲律宾	Philippines	1	1500	
新加坡	Singapore		2960	874
日　本	Japan		-180	1448
中国台湾	Taiwan,China		2477	20
非洲	**Africa**		**18**	**175**
利比亚	Libya		18	175
欧洲	**Europe**		**102**	**1094**
法　国	France			1094
德　国	Germany		240	
拉美洲	**Latin America**		**-124**	**300**
英属维尔京群岛	British Virgin Islands		-124	300
北美洲	**North America**	**3**	**925**	**53**
美　国	United States	3	925	53
大洋洲	**Oceania**		**794**	**160**
萨摩亚	Samoa		794	160

注:客方协议投资额指标负数时为企业减资。

a)A negative balance of total amount of agreements and contracts indicates enterprise capital reduction.

16-7 利用外资情况

Basic statistics on Utilization of Foreign Capital

指　　标	Item	1985	1995	2000	2005	2010	2011	2012
签订利用外资协议项目(个)	**New Signed Agreements on Foreign Capital to be Utilized (unit)**	**3**	**53**	**42**	**41**	**37**	**19**	**18**
对外借款	Foregin Loans		11	4	4	1		2
外商直接投资	Foregin Direct investment	1	42	32	32	25	15	11
外商其他投资	Other Foregin investment	2		6	5	11	4	5
签订利用外资协议额(万美元)	**Total Amount of Agreements and Contracts (USD 10 000)**	**344**	**5202**	**11067**	**20182**	**55210**	**38687**	**43601**
对外借款	Foreign Loans		2324	815	1030	25000		2512
外商直接投资	Foregin Direct investment	150	2878	9927	19053	28405	38355	40300
外商其他投资	Other Foregin investment	194		325	99	1805	332	789
实际利用外资额(万美元)	**Total Amount of Foregin Capital Actually Utilized (USD 10 000)**	**99**	**6715**	**9091**	**14107**	**23175**	**34226**	**34809**
对外借款	Foreign Loans	74	3510	7497	7296	14819	13845	12200
外商直接投资	Foregin Direct investment	25	3205	1283	6712	8090	20199	21820
外商其他投资	Other Foregin investment			311	99	266	182	789

16-8 借用国外资金情况(2012年)

Basic Statistics on Utilization of Foreign Loans(2012)

单位:万美元　　　　(USD 10 000)

指　　标	Item	上年末结转余额 Balance Brought Forward of Previous Year	新增借款本金 Newly Principal Loans	偿还本金 Repayment of Principal	本期末借款余额 Balance of Loans Current Period	偿付利息 Repayment of Interest
合　计	**Total**	**88468**	**12200**	**2330**	**97171**	**665**
外国政府贷款	Foreign Loans	43899	811	1102	42580	215
国际金融组织贷款	International Financial Organizations Loans	21811	10829	625	32015	208
外国银行商业贷款	Commercial Loans of Foreign Banks	21408	560	603	21277	242
买方信贷	Buyer's Credit	531			528	
对外发行债券	External Debt	819			771	

注:本表数据为区外汇管理局外债监测数。

a)Data in this table are from foreign debts monitoring of Administration of Foreign Exchange in Ningxia.

16-9 外贸商品出口额

Total Exports by Trade Pattern

单位：万元 (10 000 yuan)

指　标	Item	1980	1990	2000	2010	2011	2012
出口总额	**Total Exports Value**	**6528**	**36652**	**270998**	**794462**	**1033040**	**1036718**
按商品类别分	**By Commodity Category**						
农副产品	Agriculturals	2914	8102	9674	45296	42491	40928
轻纺产品	Textiles	1508	6985	47864	106483	142607	201007
工矿产品	Minerals	2106	21565	213460	642683	847942	794783

16-10 接待海外旅游者人数

Number of Tourists Overseas

单位：人次 (person-time)

指　标	Item	1990	1995	2000	2010	2011	2012
海外旅游人数总计	**Total**	**1950**	**3655**	**7807**	**17990**	**19479**	**18994**
外国人	**Foreigners**	**1348**	**2881**	**5792**	**12861**	**13659**	**14300**
日本	Japan	801	1379	1896	2459	2662	2864
美国	United States	82	187	392	1679	1638	1063
加拿大	Canada	10	50	151	450	490	517
英国	United Kingdom	38	84	353	408	553	269
法国	France	18	80	180	514	486	504
德国	Germany	87	126	298	1311	1398	825
意大利	Italy	24	82	59	276	184	269
独联体	Cis	8	6	104	125	158	65
澳大利亚	Australia	30	46	115	444	482	598
新西兰	New Zealand	2	28	10	84	103	158
港澳和台湾同胞	**Compatriots From HongKong, Macao and Taiwan**	**602**	**774**	**2015**	**5129**	**5820**	**4694**

16-11 旅游外汇收入情况

Basic Statistics on Foreign Exchange

单位：万元 (10 000 yuan)

指　标	Item	1990	1995	2000	2010	2011	2012
合　计	**Total**	**175**	**938**	**2252**	**4067**	**4026**	**3443**
商品性外汇收入	**Commodity Exchange Income**	**43**	**323**	**341**	**846**	**878**	**416**
商品销售收入	Commodity Sales Revenue	31	135	144	545	640	227
饮食销售收入	Food Sales	12	188	197	301	238	189
劳务性外汇收入	**Services of Foreign Exchange Earning**	**132**	**615**	**1911**	**3221**	**3148**	**3027**
长途交通费	Long Distance Transportation	54	143	1009	1440	1083	1670
宿费	Accommodation	21	276	410	638	688	575
其他	Others	57	196	492	1143	1377	782

16-12 各市县进出口贸易额
Total Value of Imports and Exports by City and County

单位:万美元　　　　(USD 10 000)

地　区	Region	2011 进出口 Imports and Exports	2011 进口 Imports	2011 出口 Exports	2012 进出口 Imports and Exports	2012 进口 Imports	2012 出口 Exports
全区总计	**Total**	**228573**	**68630**	**159943**	**221667**	**57551**	**164116**
银川市	**Yinchuan**	**137449**	**37730**	**99719**	**138632**	**28880**	**109752**
兴庆区	Xingqing	46204	8096	38108	46729	12903	33826
西夏区	Xixia	11350	2599	8751	14933	2437	12496
金凤区	Jinfeng	54482	24439	30043	47679	11947	35732
永宁县	Yongning	17107	1596	15511	21167	983	20184
贺兰县	Helan	147	9	138	653	480	173
灵武市	Lingwu	8159	991	7168	7471	130	7341
石嘴山市	**Shizuishan**	**60385**	**10108**	**50277**	**50004**	**9260**	**40744**
大武口区	Dawukou	37529	9747	27782	28911	9065	19846
惠农区	Huinong	11632	359	11273	9189	192	8997
平罗县	Pingluo	11224	2	11222	11904	3	11901
吴忠市	**Wuzhong**	**12864**	**8395**	**4469**	**21420**	**11776**	**9644**
利通区	Litong	3342	1479	1863	8298	458	7840
红寺堡区	Hongsipu						
盐池县	Yanchi	1		1	68		68
同心县	Tongxin	466		466	122		122
青铜峡市	Qingtongxia	9055	6916	2139	12932	11318	1614
固原市	**Guyuan**	**28**		**28**	**20**		**20**
原州区	Yuanzhou	26		26	14		14
西吉县	Xiji	1		1			
隆德县	Longde				6		6
泾源县	Jingyuan						
彭阳县	Pengyang	1		1			
中卫市	**Zhongwei**	**17847**	**12397**	**5450**	**11591**	**7635**	**3956**
沙坡头区	Shapotou	7282	3963	3319	1789	401	1388
中宁县	Zhongning	10565	8434	2131	9802	7234	2568
海原县	Haiyuan						

主要统计指标解释

[进出口总额] 指实际进出我国国境的货物总金额。包括来料加工装配进出口货物,补偿贸易进出口、代售国外商品的进口,在国外寄售商品和样品、展览品、转口的进出口商品。进口订货统计、进口交货统计,我国规定出口货物按离岸价格统计,进口货物按到岸价格统计。

[出口] 海关按经营单位统计的本地区出口总值,扣除来料加工装配贸易,境外驻本地区外交机构的出口总值、本地区出口商品退货总值和本地区代理外地区出口、加上外地区代理本地区出口后的总额。

[进口] 海关按经营单位统计的本地区进口总值,扣除来料加工装配贸易、境外驻本地区外交机构的进口总值、本地区进口商品退货总值和本地区代理外地区进口加上外地区代理本地区进口后的总值。

[利用外资] 指我国各级政府、部门、企业和其他经济组织通过对外借款、吸收外商直接投资及用其他方式筹措的境外现汇、设备、技术等。

[对外借款] 是我国利用外资的主要部分。包括我国通过外国政府贷款,国际金融组织贷款,外国银行商业贷款,出口信贷以及对外发行债券,股票等方式,从境外筹措的资金。

[外商直接投资] 指外国企业和经济组织或个人,按我国有关政策、法规,用现汇、实物、技术等在我国境内开办外商独资企业,与我国境内的企业或经济组织共同举办中外合资经营企业、合作经营企业或合作开发资源的投资以及政府有关部门批准的项目投资总额内,企业从境外借入的资金。

[外商其他投资] 指除对外借款和外商直接投资以外的,用其他方式吸收的投资,包括:补偿贸易、加工装配、国际租赁业务。

[旅游人数] 指来我区参观、访问、旅行、探亲、访友、休养、考察、参加会议和从事经济、科技、文化、教育、体育、宗教等活动的外国人、华侨、港澳和台湾同胞的人数。

[旅游外汇收入] 指为来我国旅游的外国人、华侨、港澳和台湾同胞提供商品和劳务而获得的外汇收入。包括供应商品、饮食和提供住宿、交通、邮电、文化娱乐、导游等各项服务所得到的全部外汇收入。

第十七篇 Chapter17

教育科技文化

Education,Science and Technology Culture

责任编辑:安蕊莉

资料整理:安蕊莉　朱庆武　康　磊　殷荣玉　王海群　慕　博

Coordinator: An Ruili

Data Compilation: An Ruili　Zhu Qingwu　Kang Lei　Yin Rongyu　Wang Haiqun　Mu Bo

17-1 各类学校基本情况
Basic Statistics for Schools in Main Years

指标	Item	单位	unit	1978	1980	1990
普通高等教育	**Higher Education**					
普通高等学校	Regular Institutions of Higher Education	所	unit	5	4	7
地方	Local	所	unit	5	4	6
教职工数	Teachers and Staff	人	person	1523	1896	3579
专任教师	Full-time Teachers	人	person	652	787	1609
毕业生数	Graduates	人	person	623	356	2213
招生数	New Enrollment	人	person	1234	1277	2324
在校学生数	Total Enrollment	人	person	2890	4156	7992
中等职业技术教育	**Vocational Secondary Education**					
中等专业学校	Specialized Secondary Education Schools	所	unit	14	20	26
技工学校	Technical Schools	所	unit			33
职业学校	Vocational Schools	所	unit			32
教职工数	Teachers and Staff	人	person	923	1744	5173
专任教师数	Full-time Teachers	人	person	446	801	2420
毕业生数	Graduates	人	person	1863	2571	10328
招生数	New Enrollment	人	person	2780	3450	12278
在校学生数	Total Enrollment	人	person	5198	8420	33021
普通中学教育	**Regular Secondary Education**					
普通中学	Regular Secondary Education Schools	所	unit	667	508	450
教职工数	Teachers and Staff	人	person	11856	14101	20635
专任教师数	Full-time Teachers	人	person	8759	10437	16182
毕业生数	Graduates	人	person	75977	63800	85054
招生数	New Enrollment	人	person	103214	79100	93667
在校学生数	Total Enrollment	人	person	232929	223747	284440
小学教育	**Primary Education**					
小学	Primary Schools	所	unit	5318	5107	4242
教职工数	Teachers and Staff	人	person	23429	25532	29685
专任教师数	Full-time Teachers	人	person	21559	22657	27165
毕业生数	Graduates	人	person	82305	75000	87189
招生数	New Enrollment	人	person	128425	123100	99938
在校学生数	Total Enrollment	人	person	612983	583687	667296
特殊教育	**Special Education**					
特殊教育学校	Special Education Schools	所	unit			1
在校学生数	Total Enrollment	人	person			202

17-1 续表 1 continued

指标	Item	单位	unit	2000	2010	2011	2012
普通高等教育	**Higher Education**						
普通高等学校	Regular Institutions of Higher Education	所	unit	5	15	16	16
地方	Local	所	unit	4	14	15	15
教职工数	Teachers and Staff	人	person	3996	9174	9637	10202
专任教师	Full-time Teachers	人	person	1894	5931	6156	6632
毕业生数	Graduates	人	person	3054	21011	20491	21832
招生数	New Enrollment	人	person	7107	26394	29493	32536
在校学生数	Total Enrollment	人	person	17163	83415	91383	100188
中等职业技术教育	**Vocational Secondary Education**						
中等专业学校	Specialized Secondary Education Schools	所	unit	25	23	23	21
技工学校	Technical Schools	所	unit	20			
职业学校	Vocational Schools	所	unit	29	13	13	13
教职工数	Teachers and Staff	人	person	6150	3388	3419	3468
专任教师数	Full-time Teachers	人	person	3532	2444	2474	2552
毕业生数	Graduates	人	person	11867	28493	29398	32461
招生数	New Enrollment	人	person	15731	42521	50433	36055
在校学生数	Total Enrollment	人	person	41719	101878	112500	104757
普通中学教育	**Regular Secondary Education**						
普通中学	Regular Secondary Education Schools	所	unit	433	337	329	314
教职工数	Teachers and Staff	人	person	23782	30496	32995	33747
专任教师数	Full-time Teachers	人	person	20145	27484	28210	29120
毕业生数	Graduates	人	person	89091	129659	146134	142708
招生数	New Enrollment	人	person	119559	151166	156136	154675
在校学生数	Total Enrollment	人	person	318263	449147	447436	450334
小学教育	**Primary Education**						
小学	Primary Schools	所	unit	3267	2027	1942	1896
教职工数	Teachers and Staff	人	person	36586	33849	32179	33415
专任教师数	Full-time Teachers	人	person	34694	33212	33295	34385
毕业生数	Graduates	人	person	104758	109658	112676	107655
招生数	New Enrollment	人	person	119419	101270	111230	104818
在校学生数	Total Enrollment	人	person	657352	653669	643293	618140
特殊教育	**Special Education**						
特殊教育学校	Special Education Schools	所	unit	3	7	7	8
在校学生数	Total Enrollment	人	person	414	1516	1535	1985

17-2 各级各类学校数
Number of Various Schools in Main Years

单位：所 (unit)

年份 Year	普通高等学校 Regular Institutions of Higher Education	中等学校 Secondary Education Schools	中等专业学校 Specialized Secondary Schools	普通中学 Regular Secondary Education Schools	职业中学 Vocational Secondary Education Schools	小学 Primary Schools	幼儿园 Kinder-garten	特殊教育 Special Education
1950		16	7	9		695		
1955		18	5	13		843	5	
1958	3	125	11	58	56	2968	28	
1965	1	166	4	56	106	7501	30	
1970	1	323	4	319		3380		
1975	3	414	8	406		6394	81	
1978	5	681	14	667		5318	92	
1980	4	528	20	508		5107	134	
1985	7	487	22	436	29	4359	157	1
1990	7	508	26	450	32	4242	213	1
1995	7	498	26	436	36	3843	337	5
2000	5	487	25	433	29	3267	340	3
2001	8	501	25	448	28	3011	124	6
2002	12	488	13	449	26	2912	139	6
2003	12	479	11	446	22	2816	167	6
2004	13	454	12	425	17	2630	212	6
2005	13	447	11	418	18	2527	208	6
2006	13	433	12	403	18	2373	219	6
2007	13	422	12	391	19	2276	228	6
2008	13	412	15	377	20	2202	286	6
2009	15	394	20	355	19	2131	334	6
2010	15	373	23	337	13	2027	373	7
2011	16	365	23	329	13	1942	440	7
2012	16	348	21	314	13	1896	527	8

17-3 各级各类学校教职工数

Number of Teachers and Staff in Various Schools in Main Years

单位：人 (person)

年份 Year	普通高等学校 Regular Institutions of Higher Education	中等专业学校 Specialized Secondary Schools	普通中学 Regular Secondary Education Schools	小学 Primary Schools	幼儿园 Kindergarten	特殊教育 Special Education
1950		125	143	1804		
1955		197	328	2455	28	
1958	129	523	894	6089	159	
1960	485	1507	1276	8193	330	
1965	597	251	1693	13733	308	
1970	719	240	3124	12901		
1975	1266	609	7002	22191	746	
1978	1523	923	11856	23429	650	
1980	1896	1744	14101	25532	836	
1985	3068	2227	16359	25407	2016	25
1990	3579	3023	20635	29685	2839	64
1995	3434	3075	22431	33305	3849	265
2000	3996	3000	23782	36586	3820	120
2001	4437	3030	24072	36143	3282	148
2002	4623	2849	24486	35634	3464	149
2003	5866	1579	25549	35833	3784	149
2004	6684	1436	25627	35076	4397	147
2005	7177	1225	25828	34663	4236	167
2006	7695	1533	26852	33981	4647	176
2007	7865	1297	27308	33763	4744	172
2008	8474	1483	27895	33457	5375	181
2009	8599	1757	29920	33979	6191	186
2010	9174	2161	30496	33849	7029	190
2011	9637	3419	32995	32179	8364	245
2012	10202	3468	33747	33415	10109	242

17-4 各级各类学校在校学生数

Number of Student Enrollment in Various Schools in Main Years

单位：人 (person)

年份 Year	普通高等学校 Regular Institutions of Higher Education	中等学校 Secondary Education Schools	中等专业学校 Specialized Secondary Schools	普通中学 Regular Secondary Education Schools	职业中学 Vocational Secondary Education Schools	小学 Primary Schools	幼儿园 Kinder-garten	特殊教育 Special Education
1950		2227	1027	1200		45058		
1955		5842	1524	4318		76219	225	
1958	329	22438	4069	15414	2955	250333	1624	
1960	1259	31388	9909	19792	1687	284970	2906	
1965	982	26680	1107	20047	5526	347246	2523	
1970		45919		45919		300589		
1975	1759	126495	4212	122283		596170	6360	
1978	2890	238127	5198	232929		612983	6224	
1980	4156	232120	8174	223747	246	583687	11046	
1985	6425	257762	8947	237917	10898	654208	32191	56
1990	7992	307697	11634	284440	11623	667296	45115	202
1995	10686	294356	12463	272305	9588	617547	83444	595
2000	17163	351170	19880	318263	12982	657352	93117	414
2001	23154	369090	22913	334786	11391	651082	86788	1397
2002	29301	396611	25721	358477	12413	663542	104000	1458
2003	35134	418595	27346	376437	14822	669503	102217	1420
2004	41448	432802	28182	387286	17331	677738	108625	1560
2005	48650	461048	34163	406422	20463	693207	102042	1455
2006	55931	480148	34752	421790	23606	696760	102552	1332
2007	62411	484479	36030	419074	29375	700737	106034	1370
2008	70454	506280	38536	429178	38566	688697	113279	1420
2009	78400	530301	51119	439575	39607	670621	124903	1476
2010	83415	551025	71838	449147	30821	653669	137856	1516
2011	91383	559936	76584	447436	35916	643293	148917	1535
2012	100188	555091	78345	450334	26412	618140	160254	1985

17-5 各级各类学校招生数

Number of New Students Enrollment in Various Schools in Main Years

单位：人　　(person)

年份 Year	普通高等学校 Regular Institutions of Higher Education	中等学校 Secondary Education Schools	中等专业学校 Specialized Secondary Schools	普通中学 Regular Secondary Education Schools	职业中学 Vocational Secondary Education Schools	小学 Primary Schools	特殊教育 Special Education
1950		1054	624	430		8561	
1955		2766	709	2057		15905	
1958	329	13828	2349	8606	2873	127048	
1960	501	15412	5977	8565	870	85668	
1965	310	11566	611	7577	3928	96252	
1970		26384		26384		98614	
1975	661	73761	2340	71421		131820	
1978	1234	105994	2780	103214		128425	
1980	1277	82550	3450	79100		123100	
1985	2371	88568	3854	79046	5668	117855	56
1990	2324	101878	3891	93667	4320	99938	
1995	2910	106184	4512	96885	4787	114619	34
2000	7107	133307	7973	119559	5775	119419	101
2001	8891	133260	6549	122578	4133	121790	288
2002	9434	140353	7583	127254	5516	130005	229
2003	11237	144301	9036	128757	6508	128779	126
2004	13701	152702	11688	134186	6828	123379	150
2005	14775	171608	15430	146888	9290	130365	159
2006	17389	170215	12518	147045	10652	120073	171
2007	21668	168454	15054	138536	14864	107474	160
2008	21746	195699	17423	156538	21738	110155	181
2009	23816	198300	23468	156519	18313	104390	187
2010	26394	193687	29232	151166	13404	101270	242
2011	29493	206569	35096	156136	15337	111230	93
2012	32536	190730	26752	154675	9303	104818	358

17-6 各级各类学校毕业生数

Number of Graduates in Various School in Main Years

单位：人 (person)

年份 Year	普通高等学校 Regular Institutions of Higher Education	中等学校 Secondary Education Schools	中等专业学校 Specialized Secondary Schools	普通中学 Regular Secondary Education Schools	职业中学 Vocational Secondary Education Schools	小学 Primary Schools
1950		263	124	139		1532
1955		1514	683	831		2897
1958		2641	946	1550	145	8622
1960		4554	1337	2930	287	11576
1965	371	4045	245	3785	15	12806
1970		13305		13305		33783
1975	513	38520	1506	37014		59457
1978	623	77840	1863	75977		82305
1980	356	66371	2571	63800		75000
1985	1530	70349	2802	66425	1122	68214
1990	2213	92727	3696	85054	3977	87189
1995	2717	87579	4177	79245	4157	89490
2000	3054	96876	4390	89091	3395	104758
2001	3177	99897	4627	91789	3481	104222
2002	3379	103818	4741	95612	3465	101970
2003	5461	121757	9907	108351	3499	96835
2004	7505	130481	8569	118589	3323	94419
2005	8817	136639	7878	123974	4787	104704
2006	11008	140799	8413	126878	5508	104005
2007	14076	150492	9909	134571	6012	96452
2008	15238	155036	11333	136116	7587	113757
2009	17075	155488	11349	137421	6718	111121
2010	21011	158189	18392	129695	10496	109658
2011	20491	175532	22315	146134	7083	112676
2012	21832	175169	23434	142708	9027	107655

17-7 高等学校基本情况(2012 年)
Basic Statistics on Higher Schools(2012)

单位:所,人 (unit,person)

项目	Item	学校数 Number of Schools	毕业生数 Graduates	招生数 New Enrollment	在校学生数 Total Enrollment	教职员工数 Teachers and Staff	专任教师 Full-time Teachers
总　　计	**Total**	**17**	**30709**	**47527**	**131003**	**10316**	**6700**
综合大学	Comprehensive Universities	3	6865	8138	27982	3776	2273
理工院校	Science and Engineering	5	4471	8976	25742	1969	1320
林业院校	Forestry	1		220	434	142	104
医药院校	Medicine	1	1136	1562	6127	1257	735
师范院校	Teacher Training	1	1706	1950	6062	549	394
民族院校	Minorities Colleges	2	3878	6090	19429	1459	1062
财经院校	Finance and Economics	2	2069	3276	8439	806	552
政法院校	Politics and Law	1	593	950	2225	244	192
成人高校	Institutions of Adult Higher Education	1	9991	16365	34563	114	68

注:高等学校中不含部委院校。

a)Number of new students enrollment not include change over to 1953 students by the five-year higher vocational.

17-8 成人教育基本情况(2012 年)
Basic Statistics on Adult Educations(2012)

单位:人 (person)

指　标	Item	毕业生数 Graduates	招生数 New Enrollment	在校学生数 Total Enrollment
总　计	**Total**	**13233**	**19940**	**45465**
成人高等教育	Institutions of Higher Education for Adult	9991	16365	34563
广播电视大学	Radio and Television University	1196	2076	4085
成人中等教育	Secondary Education for Adult	3242	3575	10902
中等专业学校	Specialized Secondary Schools	3242	3575	10902

17-9 学龄儿童入学率

Percentage of School-age Children Enrolled in Main Years

年 份 Year	学龄儿童(万人) Number of Children at School-age (10 000 persons)	在校学龄儿童(万人) Total Enrollment (10 000 persons)	入学率(%) Enrollment Ratio(%)
1978	50.61	46.15	91.19
1980	51.96	44.79	86.20
1985	52.62	48.13	91.48
1990	52.82	49.60	93.92
1995	52.44	50.45	96.21
2000	59.76	58.12	97.26
2001	59.27	57.40	96.84
2002	60.27	58.67	97.35
2003	60.43	58.89	97.45
2004	60.97	60.05	98.50
2005	62.49	61.00	99.04
2006	63.46	63.00	99.27
2007	62.97	62.74	99.63
2008	61.60	61.38	99.65
2009	59.79	59.58	99.65
2010	58.50	58.42	99.86
2011	57.90	57.80	99.80
2012	55.64	55.47	99.68

17-10 主要年份平均每万人口在校学生数

Number of Enrolled Students Per 10 000 Population in Main Years

单位:人 (person)

指 标	Item	1978	1980	1990	2000	2005	2010	2011	2012
大学生	University Students	8	11	17	31	82	133	189	156
中等职业教育	Secondary Vacational School Students	15	23	50	36	92	162	176	163
普通中学	Regular Secondary School Students	678	529	611	574	682	714	700	699
小学	Primary Students	1746	1582	1433	1186	1163	1039	1006	961

17-11 主要年份平均每一专任教师负担学生数

Average Number of Students Instructed by a Full-time Teacher in Main Years

单位:人 (person)

指 标	Item	1978	1980	1990	2000	2005	2010	2011	2012
大学生	University Students	4	5	5	9	12	18	20	15
中等职业教育	Secondary Vacational School Students	12	10	8	13	33	42	45	41
普通中学	Regular Secondary School Students	27	21	18	16	18	16	16	15
小学	Primary Students	28	26	25	19	21	20	19	18

17-12 主要年份地方国有企、事业单位各类专业技术人员

Number of Scientific and Technical Personnel in Local State-owned Enterprise and Institutions in Main Years

单位：人 (person)

指　标	Item	1985	1990	1995	2000	2005	2010	2011	2012
总　计	**Total**	**68787**	**117317**	**126679**	**140063**	**144401**	**124093**	**125591**	**121646**
工程技术人员	Engineering	11470	19524	20291	22283	21316	14273	15357	15566
农业技术人员	Agriculture	3673	6174	6173	7067	9583	9155	8699	8576
科学研究人员	Scientific Research	1091	991	830	722	716	667	868	1130
卫生技术人员	Health Care	11168	14758	16645	19830	20859	18895	19756	17795
教学人员	Teaching	30477	46138	54176	63216	68777	65386	67262	64515
会计人员	Accounting	5999	9323	7074	7768	6411	4269	3619	3775
统计人员	Statistics	1662	2508	1574	1286	711	300	277	218
经济人员	Economic	1442	13078	10053	8827	5843	5003	4164	4809
新闻、出版人员	Press and Publications	583	1061	1082	791	1361	1262	1464	1180
播音人员	Broadcast		58	64	114	134	162	151	102
翻译人员	Translate	55	96	67	64	29	22	20	18
体育人员	Sport	159	294	154	178	206	208	211	191
工艺美术人员	Arts and Crafts	14	111	85	188	75	39	43	86
律师、公证人员	Lawyer and Notary		247	171	182	117	71	62	67
图书、档案资料人员	Books and Archives	127	2103	1853	1605	1879	1662	1646	1183
艺术人员	Arts	867	853	794	1053	1340	1230	599	732
政工人员	Political and Ideological			5593	4889	5044	1489	1393	1693

17-13 地方国有企、事业单位各类专业技术人员构成
Composition of Scientific and Technical Personnel in Local State-owned Enterprises and Institutions

单位：人　　(person)

指标	Item	专业技术人员比重(%) Percentage (%)			每万人口中专业技术人员 Number of Scientific and Technical Personnel per 10 000 Population			每万职工中专业技术人员 Number of Scientific and Technical Personnel per 10 000 Staff		
		2010	2011	2012	2010	2011	2012	2010	2011	2012
总　计	**Total**	**100.0**	**100.0**	**100.0**	**196**	**196**	**189**	**2269**	**2219**	**1937**
工程技术人员	Engineering	11.5	12.2	12.8	23	24	24	261	271	248
农业技术人员	Agriculture	7.4	6.9	7.0	14	14	13	167	154	137
科学研究人员	Scientific Research	0.5	0.7	0.9	1	1	2	12	15	18
卫生技术人员	Health Care	15.2	15.7	14.6	30	31	28	345	349	283
教学人员	Teaching	52.7	53.6	53.0	103	105	100	1195	1188	1027
会计人员	Accounting	3.4	2.9	3.1	7	6	6	78	64	60
统计人员	Statistics	0.2	0.2	0.2				5	5	3
经济人员	Economic	4.0	3.3	4.0	8	7	7	91	74	77
新闻、出版人员	Press and Publications	1.0	1.2	1.0	2	2	2	23	26	19
播音人员	Broadcast	0.1	0.1	0.1				3	3	2
翻译人员	Translate	0.0	0.0	0.0						
体育人员	Sport	0.2	0.2	0.2				4	4	3
工艺美术人员	Arts and Crafts	0.0	0.0	0.1				1	1	1
律师、公证人员	Lawyer and Notary	0.1	0.0	0.1				1	1	1
图书、档案资料人员	Books and Archives	1.3	1.3	1.0	3	3	2	30	29	19
艺术人员	Arts	1.0	0.5	0.6	2	1	1	22	11	12
政工人员	Political and Ideological	1.2	1.1	1.4	2	2	3	27	25	27

注：《宁夏统计年鉴-2011》17-15 表、《宁夏统计年鉴-2012》17-13 表中 2010、2011 年份“每万职工中专业技术人员”数据以本表数据为准。

17-14 文化产业机构和人员数(2012年)
Cultural Institutions and Personnel(2012)

指　标	Item	机构数(个) Number of Institutions (unit)	人员数(人) Number of Persons Engaged (person)
艺术产业	Arts	23	740
艺术表演团体	Art Performance Troupes	16	595
戏曲、曲艺团体	Opera and Recitation and Ballad Troupes		
艺术表演场所	Art Centers	7	145
文物产业	Cultural Relics	34	609
博物馆	Museums	9	209
文物商店	Cultural Relics Store		
图书馆产业	Libraries	26	545
群众文化产业	Mass Culture	254	1139
文化馆	Cultural Centers	27	611
文化站	Cultural Stations	227	528
教育产业	Education	1	109
文化市场经营单位	Entertainment Operators	1506	4168
娱乐业	Entertainment	866	1768

17-15 图书、杂志、报纸出版情况
Publication of Books, Magazines and Newspapers

指　标	Item	单位	Unit	1978	1980	1990	2000	2010	2011	2012
图书	**Books**									
图书种类	Number of Publications	种	kind	184	193	449	649	905	1282	1714
图书印数	Printed Copies	万册	10 000 copies	1136	1433	1890	1649	1906	2082	2737
杂志	**Magazines**									
杂志种类	Number of Publications	种	kind		6	15	29	36	36	37
杂志印数	Printed Copies	万册	10 000 copies		51	71	169	1402	1610	1665
报纸	**Newspapers**									
报纸种类	Number of Publications	种	kind		1	9	19	15	15	19
报纸总印数	Printed Copies	万份	10 000 copies		2279	4561	6136	10806	10045	8878

17-16 全区科技活动基本情况
Basic Statistics on Scientific and Technological Activities

指　　标	Item	2010	2011	2012
研究与试验发展(R&D)投入情况	**Statistics on R&D Input**			
R&D人员全时当量(人年)	**Full-time Equivalent of R&D Personnel(man-year)**	**6378**	**7359**	**8073**
基础研究	Basic Research	1076	1145	1345
应用研究	Applied Research	1128	1206	1315
试验发展	Experimental Development	4175	5008	5413
R&D经费内部支出(万元)	**Intramural Expenditure on R&D(10 000 yuan)**	**115101**	**153184**	**182304**
# 基础研究	Basic Research	9861	13815	12239
应用研究	Applied Research	10336	14376	15962
试验发展	Experimental Development	94904	124993	154103
# 政府资金	Government Funds	26678	33677	41465
企业资金	Self-raised Funds by Enterprises	86519	114329	137446
R&D经费内部支出相当于国内生产总值比例(%)	Proportion of Intramural Expenditure on R&D to GDP(%)	0.68	0.73	0.78
科技产出及成果情况	**Statistics on S&T Outputs and Results**			
发表科技论文(篇)	Scientific Papers Issued (pieces)	7292	8077	7881
出版科技著作(种)	Publication on Science and Technology(kind)	113	113	108
专利申请受理数(件)	Number of Patents Application Accepted(piece)	682	676	1022
发明专利	Inventions	252	297	540
专利申请授权数(件)	Number of Patents Application Granted(piece)	44	46	46
发明专利	Inventions	19	27	31

注:此表数据来自于统计局科技综合年报,非全社会口径。

17-17 各类科技机构概况(2012 年)

指　标	Item	单位	Uint	县以上部门属研究与开发机构合计 State-owned Research and Development Institutions Above Country Level
机构数	Number of Institutions	个	unit	21
职工总数	Number of Staffs	人	person	855
从事科技活动人员	Personnel Engaged in S&T Activities	人	person	780
大学本科以上学历	Bachelor´s Degree and above	人	person	605
R&D 人员折合全时当量	R&D Personnel	人年	man-year	410
科技经费筹集额	Funding for S&T Activities	千元	1000 yuan	191112
政府拨款	Government Funds	千元	1000 yuan	179130
科技经费内部支出总额	Internal Expenditures on S&T Activities	千元	1000 yuan	167152
资产购建支出	Purchase or Consturction of Fixed Assets	千元	1000 yuan	24992
R&D 经费内部支出	Internal Expenditure on R&D	千元	1000 yuan	86904
固定资产	Fixed Assets	千元	1000 yuan	168329
课题数	Number of Projects	个	unit	263
课题经费支出	Expenditures on Projects	千元	1000 yuan	49709
R&D 课题经费支出	Expenditures on R&D Projects	千元	1000 yuan	41694
课题投入人员	Personnel Put into Projects	人年	man-year	409
R&D 课题投入人员	Personnel Put into R&D Projects	人年	man-year	358
专利申请受理	Number of Patents Application Acceptance	项	item	18
专利授权	Number of Patents Application Granted	项	item	8
科技论文	Scientific Papers	篇	pieces	323
科技专著	Scientific Monograph	种	kind	7

Basic Statistics on Scientific Research(2012)

自然科学和技术领域 Field of Natural Sciences and Technology	社会与人文科学领域 Field of Social Sciences and Humanities	科技信息和文献机构 Scientific-technical Information and Document Institutions	非政府部门属研究与开发机构和综合技术服务业有 R&D 活动的事业单位 The Non-governmental Research and Development Istitutions and Public Institutions which have Comprehensive Technical Service and R&D Activities	转制机构 Transformation Institutions
12	6	3	8	24
495	268	92	886	3309
462	228	90	409	1370
363	171	71	265	846
283	109	18	89	533
117722	54360	19030	22685	228899
105750	54350	19030	22635	138790
102332	51450	13370	39716	187953
18040	3782	3170	15311	33809
60177	25608	1119	6007	72406
133774	20889	13666	67731	638796
224	23	16	45	108
44083	5296	330	3823	61194
36321	5223	150	3774	58103
290	97	22	80	447
248	96	14	75	389
17		1		22
7		1		8
280	24	19	72	103
7				1

17-18 主要年份广播电视事业发展情况

Statistics on Broadcasting and TV Stations in Main Years

指　　标	Item	单位	Unit	2000	2010	2011	2012
广 播	**Broadcast**						
广播电台	Number of Broadcasting Stations	座	unit	11	5	5	5
广播发射台和转播台	Number of Transmission and Relaying Stations	座	unit	8	12	36	36
广播人口覆盖率	Listener Rate	%	%	85.20	92.92	93.50	95.20
节目套数	Program	套	unit	14	24	24	24
平均每日播音时间	Average Broadcast Time per Day	时:分	hour: minute	120:03	279:00	280:05	279:30
广播节目制作	Production of Broadcasting	小时	hour	20337	41011	44278	43826
新 闻	News	小时	hour	3180	8424	10094	9858
专 题	Featured	小时	hour	4206	7771	10290	10973
教 育	Education	小时	hour	62			
文 艺	Arts and Crafts	小时	hour	9490	12470	15975	16129
服务性	Services	小时	hour	3439	3479	6396	6864
电 视	**TV**						
电视台	Number of Television Stations	座	unit	7	4	2	2
电视发射台和转播台	TV Transmission and Relaying Stations	座	unit	43	26	26	26
电视人口覆盖率	Viewer Rate	%	%	86.00	95.95	98.60	98.9
节目套数	Program	套	unit	8	28	28	28
平均每周播出时间	Program Hours Per Week	时:分	hour: minute	483:21	2931:21	2944:28	2956:30
电视节目制作	Production of TV Programs	小时	hour	6365	28361	25111	23986
新 闻	News	小时	hour	1184	6299	5754	5883
专 题	Featured	小时	hour	770	7690	7180	7351
教 育	Education	小时	hour	42			
文 艺	Arts and Crafts	小时	hour	903	4658	3478	3666
服务性	Services	小时	hour	3466	5658	7146	7086

17-19 各市县各级各类学校数(2012 年)

Number of Various Schools by City and Country(2012)

单位:所 (unit)

地 区	Region	普通高等学校 Regular Institutions of Higher Education	中等专业学校 Specialized Secondary Schools	职业中学 Vocational Secondary Education Schools	普通中学 Regular Secondary Education Schools	高级中学 Senior High School	小 学 Primary Schools	幼儿园 Kindergarten
全区总计	**Total**	**16**	**21**	**13**	**314**	**63**	**1896**	**527**
银 川 市	**Yinchuan**	**13**	**15**	**4**	**68**	**23**	**213**	**197**
银 川 市	District	11	13	1	43	16	107	114
永 宁 县	Yongning	2	1	1	9	3	36	25
贺 兰 县	Helan		1	1	5	2	40	12
灵 武 市	Lingwu			1	11	2	30	46
石嘴山市	**Shizuishan**	**1**	**2**	**2**	**43**	**9**	**87**	**89**
大武口区	Dawukou	1	2	1	13	4	25	40
惠 农 区	Huinong				11	3	18	27
平 罗 县	Pingluo			1	19	2	44	22
吴 忠 市	**Wuzhong**	**1**	**1**	**2**	**62**	**11**	**343**	**93**
利 通 区	Litong	1			19	3	64	36
红 寺 堡	Hongsipu				4	1	61	13
盐 池 县	Yanchi			1	7	2	25	16
同 心 县	Tongxin		1		17	3	134	3
青铜峡市	Qingtongxia			1	15	2	59	25
固 原 市	**Guyuan**	**1**	**1**	**4**	**72**	**13**	**876**	**97**
原 州 区	Yuanzhou	1	1		15	4	169	62
西 吉 县	Xiji			1	27	3	361	3
隆 德 县	Longde			1	13	3	104	10
泾 源 县	Jingyuan			1	7	1	77	6
彭 阳 县	Pengyang			1	10	2	165	16
中 卫 市	**Zhongwei**		**2**	**1**	**69**	**7**	**377**	**51**
沙坡头区	Shapotou		1		25	2	76	24
中 宁 县	Zhongning		1		18	2	82	25
海 原 县	Haiyuan			1	26	3	219	2

17-20 各市县各级各类学校在校学生数(2012年)

Number of Enrolled Students in Various Schools by City and Country(2012)

单位:人 (person)

地区	Region	普通高等学校 Regular Institutions of Higher Education	中等专业学校 Specialized Secondary Schools	职业中学 Vocational Secondary Education Schools	普通中学 Regular Secondary Education Schools	高中 Senior High School	小学 Primary Schools	幼儿园 Kinder-garten
全区总计	**Total**	**100188**	**78345**	**26412**	**450334**	**157521**	**618140**	**160254**
银川市	**Yinchuan**	**86217**	**46130**	**11060**	**126085**	**51157**	**150600**	**50686**
银川市	District	79662	37112	5824	83571	37668	89370	27926
永宁县	Yongning	6555	6362	722	14444	4666	21146	6766
贺兰县	Helan		2656	179	12757	4202	18042	5861
灵武市	Lingwu			4335	15313	4621	22042	10133
石嘴山市	**Shizuishan**	**5540**	**8713**	**471**	**46063**	**16946**	**56091**	**19664**
大武口	Dawukou	5540	6223	471	19161	7151	21158	7789
惠农区	Huinong				11645	4724	13085	4866
平罗县	Pingluo		2490		15257	5071	21848	7009
吴忠市	**Wuzhong**	**2369**	**4006**	**5119**	**93628**	**30305**	**140650**	**37218**
利通区	Litong	2369	1691		27750	10527	38871	14157
红寺堡	Hongsipu				12776	2732	25451	3394
盐池县	Yanchi			973	10088	2866	13569	4259
同心县	Tongxin		772	1383	27110	8708	41252	7303
青铜峡市	Qingtongxia		1543	2763	15904	5742	21507	8105
固原市	**Guyuan**	**6062**	**7804**	**9567**	**107075**	**35418**	**147095**	**24238**
原州区	Yuanzhou	6062	7404	40	38112	13198	47308	10348
西吉县	Xiji		400	3407	29408	8367	51135	2249
隆德县	Longde			3038	14867	5527	15323	3341
泾源县	Jingyuan			534	6080	1110	12098	1931
彭阳县	Pengyang			2548	18608	7216	21231	6369
中卫市	**Zhongwei**		**11692**	**195**	**77483**	**23695**	**123704**	**28448**
沙坡头区	Shapotou		4950	195	27014	9790	32026	11648
中宁县	Zhongning		1555		24687	6815	36381	9558
海原县	Haiyuan		5187		25782	7090	55297	7242

17-21 主要年份各市县普通中学在校学生数

Number of Students in Regular Secondary Schools by City and Country in Main Years

单位：人 (person)

地 区	Region	1980	1990	2000	2010	2011	2012
全区总计	**Total**	**223747**	**284440**	**318263**	**449147**	**447436**	**450334**
银 川 市	**Yinchuan**	**59887**	**66154**	**76968**	**123435**	**123785**	**126085**
银 川 市	District	31848	28302	39826	82895	83114	83571
永 宁 县	Yongning	7759	11402	10784	13881	13832	14444
贺 兰 县	Helan	11342	11068	10720	12168	12367	12757
灵 武 市	Lingwu	8938	15382	15638	14491	14472	15313
石嘴山市	**Shizuishan**	**44804**	**51411**	**45207**	**47799**	**46517**	**46063**
石嘴山市	District	29852	30520	26226	32450	31363	30806
平 罗 县	Pingluo	13602	19064	17236	15349	15154	15257
陶 乐 县	Taole	1350	1827	1745			
吴 忠 市	**Wuzhong**	**32521**	**54272**	**59546**	**91189**	**91978**	**93628**
利 通 区	Litong	10347	17042	18083	25891	26804	27750
红寺堡区	Hongsipu				11032	12093	12776
盐 池 县	Yanchi	5195	11672	10783	16061	10301	10088
同 心 县	Tongxin	5114	9468	13979	11061	26708	27110
青铜峡市	Qingtongxia	11865	16090	16701	27144	16072	15904
固 原 市	**Guyuan**	**45869**	**62480**	**76903**	**108877**	**107438**	**107075**
原 州 区	Yuanzhou	23547	21971	26681	35617	37036	38112
西 吉 县	Xiji	10110	14848	19818	31617	30054	29408
隆 德 县	Longde	10066	10998	13671	16352	16188	14867
泾 源 县	Jingyuan	2146	2282	1889	6328	6162	6080
彭 阳 县	Pengyang		12381	14844	18963	17998	18608
中 卫 市	**Zhongwei**	**40666**	**50123**	**59639**	**77847**	**77718**	**77483**
沙坡头区	Shapotou	18306	21939	24694	28548	27261	27014
中 宁 县	Zhongning	14737	16840	20991	24152	24630	24687
海 原 县	Haiyuan	7623	11344	13954	25147	25827	25782

17-22 主要年份各市县小学在校学生数

Number of Enrolled Students in Primary Schools by City and Country in Main Years

单位：人 (person)

地　区	Region	1980	1990	2000	2010	2011	2012
全区总计	**Total**	**583687**	**667296**	**657352**	**653669**	**643293**	**618140**
银川市	**Yinchuan**	**123974**	**121948**	**136022**	**147438**	**148184**	**150600**
银川市	District	48231	46707	68750	87761	88318	89370
永宁县	Yongning	25597	23939	22018	19942	20234	21146
贺兰县	Helan	26400	20365	19321	17409	17641	18042
灵武市	Lingwu	23746	30937	25933	22371	21991	22042
石嘴山市	**Shizuishan**	**87064**	**79244**	**64363**	**56770**	**56237**	**56091**
石嘴山市	District	48964	42581	36168	35418	34759	34243
平罗县	Pingluo	34690	33159	24204	21352	21478	21848
陶乐县	Taole	3410	3504	3991			
吴忠市	**Wuzhong**	**101525**	**137930**	**125251**	**120557**	**141842**	**140650**
利通区	Litong	28267	31194	30527	36899	37923	38871
红寺堡区	Hongsipu				25653	26081	25451
盐池县	Yanchi	19843	23015	17339	22411	13491	13569
同心县	Tongxin	23753	50625	51991	13854	42807	41252
青铜峡市	Qingtongxia	29662	33096	25394	44151	21540	21507
固原市	**Guyuan**	**164001**	**214727**	**210543**	**175931**	**168306**	**147095**
原州区	Yuanzhou	83825	73604	68541	51916	50017	47308
西吉县	Xiji	41681	61231	68486	65872	63120	51135
隆德县	Longde	28278	23940	30013	19424	18761	15323
泾源县	Jingyuan	10217	12820	11187	12989	12560	12098
彭阳县	Pengyang		43132	32316	25730	23848	21231
中卫市	**Zhongwei**	**107123**	**113447**	**121173**	**130517**	**128724**	**123704**
沙坡头区	Shapotou	44314	33918	34932	32073	31924	32026
中宁县	Zhongning	30624	30162	30167	37780	37955	36381
海原县	Haiyuan	32185	49367	56074	60664	58845	55297

17-23 各市县平均每万人口在校学生数(2012 年)
Number of Enrolled Students Per 10 000 Population by City and Country (2012)

单位:人 (person)

地 区	Region	普通高等学校 Regular Institutions of Higher Education	中等专业学校 Specialized Secondary Schools	职业中学 Vocational Secondary Education Schools	普通中学 Regular Secondary Education Schools	小 学 Primary Schools
全区总计	**Total**	**156**	**122**	**41**	**700**	**961**
银川市	**Yinchuan**	**423**	**227**	**54**	**619**	**740**
银川市	District	603	281	44	633	677
永宁县	Yongning	296	287	33	651	953
贺兰县	Helan		117	8	561	793
灵武市	Lingwu			162	574	826
石嘴山市	**Shizuishan**	**75**	**118**	**6**	**624**	**760**
大武口区	Dawukou	190	213	16	656	724
惠农区	Huinong				617	693
平罗县	Pingluo		97		594	850
吴忠市	**Wuzhong**	**18**	**31**	**39**	**718**	**1079**
利通区	Litong	61	44		717	1005
红寺堡	Hongsipu				751	1496
盐池县	Tongxin			65	679	913
同心县	Qingtongxia		23	42	825	1255
青铜峡市	Yanchi		57	103	591	799
固原市	**Guyuan**	**48**	**62**	**76**	**853**	**1171**
原州区	Yuanzhou	144	176	1	904	1122
西吉县	Xiji		11	94	808	1405
隆德县	Longde			186	911	939
泾源县	Jingyuan			52	590	1173
彭阳县	Pengyang			125	912	1041
中卫市	**Zhongwei**		**106**	**2**	**704**	**1125**
沙坡头区	Shapotou		129	5	701	832
中宁县	Zhongning		49		777	1145
海原县	Haiyuan		131		649	1392

17-24 各市县小学毕业人数和毕业率(2012 年)

Number of Graduates and Graduation Rate of Primary School by City and Country(2012)

单位:人 (person)

地 区	Region	应届毕业班学生 This Year's Graduates		
		毕业班学生数 Students in Graduating Class	毕业生数 Graduates	毕业率(%) Graduation Rate(%)
全区总计	**Total**	**107764**	**107655**	**99.90**
银川市	**Yinchuan**	**25696**	**25623**	**99.72**
银川市	District	15287	15275	99.92
永宁县	Yongning	3418	3414	99.88
贺兰县	Helan	3135	3129	99.81
灵武市	Lingwu	3856	3805	98.68
石嘴山市	**Shizuishan**	**9982**	**9958**	**99.76**
石嘴山市	District	6322	6282	99.37
平罗县	Pingluo	3660	3676	100.44
吴忠市	**Wuzhong**	**23263**	**23251**	**99.95**
利通区	Litong	6047	6027	99.67
红寺堡区	Hongsipu	4166	4081	97.96
盐池县	Yanchi	3835	3902	101.75
同心县	Tongxin	2343	2343	100.00
青铜峡市	Qingtongxia	6872	6898	100.38
固原市	**Guyuan**	**26006**	**26006**	**100.00**
原州区	Yuanzhou	8697	8697	100.00
西吉县	Xiji	8680	8680	100.00
隆德县	Longde	2989	2989	100.00
泾源县	Jingyuan	1882	1882	100.00
彭阳县	Pengyang	3758	3758	100.00
中卫市	**Zhongwei**	**22817**	**22817**	**100.00**
沙坡头区	Shapotou	5596	5596	100.00
中宁县	Zhongning	6542	6542	100.00
海原县	Haiyuan	10679	10679	100.00

17-25 各市县文化产业机构数和人数(2012年)

Number of Cultural Institutions and Personnel by City and Country(2012)

地 区	Region	艺术产业 Arts		图书馆产业 Libraries		群众文化产业 Mass Culture	
		机构数(个) Number of Institutions (unit)	人数(人) Number of Persons Engaged (person)	机构数(个) Number of Institutions (unit)	人数(人) Number of Persons Engaged (person)	机构数(个) Number of Institutions (unit)	人数(人) Number of Persons Engaged (person)
全区总计	**Total**	**23**	**740**	**26**	**545**	**254**	**1139**
银川市	**Yinchuan**	**5**	**106**	**7**	**118**	**62**	**190**
兴庆区	Xingqing			1	4	16	22
西夏区	Xixia			1	7	10	26
金凤区	Jingfeng			1	8	8	20
永宁县	Yongning			1	12	8	19
贺兰县	Helan			1	18	9	42
灵武市	Lingwu	1	11	1	15	10	27
银川市本级	Prefecture Level	4	95	1	54	1	34
石嘴山市	**Shizuishan**	**2**	**30**	**4**	**50**	**26**	**130**
大武口区	Pingluo			1	5	4	20
惠农区	Huinong			1	8	7	38
平罗县	Pingluo	1	30	1	14	14	55
石嘴山市本级	Prefecture Level	1		1	23	1	17
吴忠市	**Wuzhong**	**5**	**150**	**5**	**117**	**51**	**231**
利通区	Litong					12	24
红寺堡	Hongsipu			1	3	4	23
盐池县	Yanchi	2	33	1	11	9	29
同心县	Tongxin			1	26	14	57
青铜峡市	Qingtongxia	1	60	1	27	10	57
吴忠市本级	Prefecture Level	2	57	1	50	2	41
固原市	**Guyuan**	**3**	**76**	**6**	**85**	**69**	**357**
原州区	Yuanzhou	1	14	1	31	12	59
西吉县	Xiji	1	42	1	16	20	103
隆德县	Longde			1	9	15	38
泾源县	Jingyuan			1	11	8	45
彭阳县	Pengyang	1	20	1	10	13	44
固原市本级	Prefecture Level			1	8	1	68
中卫市	**Zhongwei**	**3**	**81**	**3**	**40**	**45**	**120**
沙坡头区	Shapotou					12	23
中宁县	Zhongning	1	28	1	13	13	32
海原县	Haiyuan	2	53	1	13	19	50
中卫市本级	Prefecture Level			1	14	1	15
区直单位	Unit of Municipality Directly under the Central Government	5	297	1	135	1	111

17-25 续表 1 continued

地 区	Region	文物产业 Cultural Relics		文化市场经营单位 Entertainment Operators	
		机构数（个） Number of Institutions (unit)	人 数(人) Number of Persons Engaged (person)	机构数(个) Number of Institutions (unit)	人 数(人) Number of Persons Engaged (person)
全区总计	**Total**	**34**	**609**	**1506**	**4168**
银 川 市	**Yinchuan**	**8**	**219**	**433**	**1327**
兴 庆 区	Xingqing				
西 夏 区	Xixia				
金 凤 区	Jingfeng				
永 宁 县	Yongning	1	2	75	251
贺 兰 县	Helan	1	1	57	250
灵 武 市	Lingwu	1	14	111	343
银川市本级	Prefecture Level	5	202	190	483
石嘴山市	**Shizuishan**	**3**	**29**	**273**	**1047**
大武口区	Pingluo	1	6	104	424
惠 农 区	Huinong			100	289
平 罗 县	Pingluo	1	19	67	334
石嘴山市本级	Prefecture Level	1	4	2	0
吴 忠 市	**Wuzhong**	**6**	**47**	**372**	**838**
利 通 区	Litong				
红 寺 堡	Hongsipu			15	57
盐 池 县	Yanchi	2	11	51	108
同 心 县	Tongxin	2	7	33	103
青铜峡市	Qingtongxia	1	17	92	345
吴忠市本级	Prefecture Level	1	12	181	225
固 原 市	**Guyuan**	**9**	**70**	**106**	**288**
原 州 区	Yuanzhou	4	30	4	9
西 吉 县	Xiji	2	22	20	40
隆 德 县	Longde	1	6	20	69
泾 源 县	Jingyuan	1	4	11	52
彭 阳 县	Pengyang	1	8	4	10
固原市本级	Prefecture Level			47	108
中 卫 市	**Zhongwei**	**3**	**15**	**155**	**542**
沙坡头区	Shapotou			78	268
中 宁 县	Zhongning	1	5	63	239
海 原 县	Haiyuan	1	4	14	35
中卫市本级	Prefecture Level	1	6		
区直单位	Unit of Municipality Directly under the Central Government	5	229	167	126

主要统计指标解释

[普通高等学校] 指按国家规定审批程序批准举办,通过全国统一招生考试,招收高级中等学校毕业生或具有同等学历者,实施高等教育,培养高等专门人才的学校。包括大学、专门学院、高等专科学校和短期职业大学。

[成人高等学校] 指按照国家规定的审批程序批准举办,招收高中毕业或同等学历者,利用多种形式对成人实施高等教育、培养相当普通高等学校专科或本科毕业水平的专门人才的学校。包括广播电视大学、职工高等学校、农民高等学院、干部管理学院、教育学院、独立函授学院以及普通高等学校举办的函授、夜大学等。

[小学学龄儿童入学率] 指调查范围内已入小学学习的儿童占校内外学龄儿童总数(包括弱智儿童在内,但不包括盲聋哑儿童)的比重。

[专任教师] 指主要从事教育工作人员。包括临时(一年以内)调去帮助做其他工作的教学人员。不包括调离教学岗位,担任行政领导工作或其他工作的原教学人员;不包括兼任教师和代课教师。

[独立自然科学研究机构] 指具备下列三个条件:(1)行政上独立的组织形式;(2)财务上独立核算(3)有权与其他单位签订合同,从事自然科学技术研究的机构。

[优秀自然科学技术研究成果] 指自然科学技术研究成果中比较优秀的并经各级政府批准授奖的成果。分为国家级(发明奖、自然科学奖)、省级(部级)、地(市)级、县级。如省级是指经省科委审核批准并由省政府授奖的成果,一般设一、二、三、四等奖,每年颁发一次。

[自然科学技术人员] 指已取得科学技术职称或大学中专的理、工、农、医科系毕业,以及国民经济各部门从工作实践中提拔,从事理、工、农、医等自然科学技术的研究、教学、生产(事业)技术方面工作的专业人员和在机关、企业、事业单位中从事科学技术业务管理工作的专业人员。

[高级专业技术人员] 指专业技术人员中具有高级职称的人员,包括高级工程师、高级农艺师、正副教授、正副研究员、正副主任医师,高级会计师、高级统计师、正副编审、特、高级记者与播音员、正副译审、国家级和高级教练员、高级经济师、正副研究馆员、高级工艺美术师。

[中级专业技术人员] 指专业技术人员中具有中级职称的人员。包括工程师、农艺师、助理研究员、主治医师、讲师、会计师、统计师、编辑、记者、一级播音员、翻译、一级教练、经济师、馆员、工艺美术师。

[初级专业技术人员] 指专业技术人员中具有初级职称的人员。包括:助理工程师、助理会计师、助理统计师、助理编辑、助理记者、二级播音员、助理翻译、二级教练员、助理经济师、助理馆员、助理工艺美术师、技术员、医(护)士、会计员、统计员、三级播音员、三级教练员、经济员、管理员、工艺美术员。

[艺术表演团体] 指话剧、方言话剧、滑稽戏、儿童剧、砍剧、舞剧、乐团、合唱团、文工团、文宣队、乌兰牧骑、戏曲剧团、曲艺团、说唱团、杂技团、马戏团、木偶剧团、皮影团等专业艺术表演团体,不包括半工半艺、半农半艺和业余剧团以及电影制片厂附设的演员剧团。

[杂志、报纸] 指按规定经领导机关批准、由指定机关发给登记证的杂志和定期出版的报纸。杂志与报纸的划分是:单张、且在八开以上(含八开)者为报纸;装订成册、或虽未装订成册,但为十六开以下(含十六开)者为杂志。

杂志分为综合、哲学、社会科学、自然科学和技术、文化和教育、文学和艺术、少年儿童、画刊共七大类、报纸分为综合报和专业报二大类。

第十八篇 Chapter18

体育卫生民政司法

Sports, Public Health, Civil Administration and Judicature

责任编辑：安蕊莉

资料整理：安蕊莉　朱庆武　康　磊　殷荣玉　王海群　慕　博

Coordinator：An Ruili

Data Compilation：An Ruili　Zhu Qingwu　Kang Lei　Yin Rongyu　Wang Haiqun　Mu Bo

18-1 运动成绩统计表(世界比赛)
Athletic Performance (World Competition)

项目	Item	合计 Total	金 Gold	银 Silver	铜 Bronze	四 Fourth	五 Fifth	六 Sixth	七 Seventh	八 Eighth
合计	**Total**	**17**	**2**	**2**	**6**	**2**	**1**	**1**	**1**	**2**
田径	Track and Field Events	6			3	1	1			1
游泳	Swimming	1							1	
举重	Weightlifting	2			1	1				
国际式摔跤	International Wrestling	1			1					
中国式摔跤	Chinese Wrestling									
跆拳道	Taekwondo									
自行车	Bicycles									
射击	Shooting	5	1	1	1			1		1
足球	Football									
篮球	Basketball									
排球	Volleyball									
健美操	Aerobics									
武术	Wushu	2	1	1						
中国象棋	Chinese Chess									

18-2 运动成绩统计表(亚洲比赛)
Athletic Performance (Asian Games)

项目	Item	合计 Total	金 Gold	银 Silver	铜 Bronze	四 Fourth	五 Fifth	六 Sixth	七 Seventh	八 Eighth
合计	**Total**	**5**	**3**	**1**			**1**			
田径	Track and Field Events	1					1			
游泳	Swimming	2	2							
国际式摔跤	International Wrestling									
中国式摔跤	Chinese Wrestling									
跆拳道	Taekwondo									
自行车	Bicycles									
射击	Shooting	2	1	1						
足球	Football									
篮球	Basketball									
排球	Volleyball									
健美操	Aerobics									
武术	Wushu									
中国象棋	Chinese Chess									

18-3 运动成绩统计表(全国比赛)

Athletic Performance (National Competition)

项目	Item	合计 Total	金 Gold	银 Silver	铜 Bronze	四 Fourth	五 Fifth	六 Sixth	七 Seventh	八 Eighth
合计	**Total**	**221**	**50**	**46**	**32**	**18**	**21**	**18**	**18**	**18**
田径	Track and Field Events	42	15	11	12	1	1		1	1
游泳	Swimming	39	13	13	9	3		1		
水球	Water Polo	1							1	
举重	Weightlifting	25	6	3	1	2	5	2	2	4
国际式摔跤	International Wrestling	5	1	1	2				1	
跆拳道	Taekwondo	4		1	1		2			
自行车	Bicycles	17	3		1	1		5	3	4
射击	Shooting	21	1	3	1	2	3	6	4	1
赛艇	Rowing	3	2			1				
足球	Football									
篮球	Basketball									
排球	Volleyball									
健美操	Aerobics									
武术	Wushu	61	7	14	5	8	10	3	6	8
体育舞蹈	Dance Sports	3	2					1		

18-4 运动成绩统计表(省级比赛)

Athletic Performance (Provincial Competition)

项目	Item	合计 Total	金 Gold	银 Silver	铜 Bronze	四 Fourth	五 Fifth	六 Sixth	七 Seventh	八 Eighth
合计	**Total**	**871**	**235**	**194**	**155**	**93**	**100**	**89**	**2**	**3**
田径	Track and Field Events	336	60	69	54	41	57	52	1	2
游泳	Swimming	52	22	18	12					
举重	Weightlifting	199	78	44	27	22	16	11		1
国际式摔跤	International Wrestling	28	6	5	4	5	1	7		
中国式摔跤	Chinese Wrestling	77	17	15	18	10	8	9		
跆拳道	Taekwondo	17	5	4	3	5				
射击	Shooting	85	25	22	19	7	8	3	1	
足球	Football	4	2		1	1				
篮球	Basketball	7	2	1	2		2			
排球	Volleyball	8	2	3	2	1				
健美操	Aerobics	4	1	3						
武术	Wushu	43	7	10	13	1	6	6		
中国象棋	Chinese Chess	7	4				2	1		
体育舞蹈	Dance Sports	4	4							

18-5 政府命名群众体育场地统计表

Government Named Public Stadium

级别	Item	合计 Total	全民健身活动中心 National Fitness Activities Centers	户外健身场地设施 Outdoor Fitness Venues and Facilities				
				体育公园 Sports Parks	健身广场 Fitness Plazas	户外营地 Outdoor Camps	社区运动场 Community Stadiums	健身步道 Fitness Trails
数量(个)	Number(unit)	23	3	2	12		6	
占地面积(m^2)	Floor Space(m^2)	593015	84715	497700	7000		3600	
场地面积(m^2)	Building Area(m^2)	195290	38282	147602	6400		3006	
投入小计(万元)	Investment(10 000 yuan)	6860	2320	3700	720		120	

18-6 政府援建体育场地统计表

Government Aided Stadiums

级次	Item	场地设施数量(个/条) Number of Stadiums(unit)				
		小计 Subtotal	健身路径 Fitness Paths	村级农民体育健身工程 Village Fitness Projects	乡镇农民体育健身工程 Township Fitness Projects	其他 Others
国家	National	76	75		1	
省	Provincial	223	130	3	90	
地(市)	City	20	20			
县(区)	County	55	34		13	8

18-6 **续表** 1 continued

级次	Item	投入(万元) Investment(10 000 yuan)				场地规模(平方米) Scale(m^2)	
		小计 Subtotal	财政拨款 Financial Allocations	彩票公益金 Lottery	其他 Others	占地面积 Floor Space	场地面积 Building Area
国家	National	225		225		350	300
省	Provincial	5800		5800		41000	31000
地(市)	City	35	35				
县(区)	County	329	169	160		30000	20300

18-7 分单位类型、分人员类型体育系统从业人员数

单位:人

项目 Item	合计 Total	公务员 Civil Servants	教练员 Coaches			运动员 Athletes
			小计 Subtotal	在聘 In the Appointment	待聘 Stand Personnel	小计 Subtotal
总　计 Total	**1247**	**81**	**150**	**150**		**373**
体育行政机关 Administrative Agencies of Physical Culture and Sports	522	76	62	62		144
运动项目管理部门(优秀运动队) Sports Events Management Colleges	241		25	25		124
本科院校 Colleges						
职业、运动技术学院 Sports Technical Institutes						
体育运动学校 Physical Education and Sports Schools	113		21	21		
竞技体校 Competitive Sports School						
少儿体育运动学校(业余体校) Spare-time Sports School	149		14	14		105
单项运动学校 Physical Education and Sports Schools						
训练基地 Training Bases						
体育场馆 Stadium and Gymnasium	63		7	7		
体育科研机构 Science and Technology Institute	25					
其它事业单位 Other Institutions	90	5	3	3		
其它 Others	44		18	18		

Engaged Persons of Physical Education System

(person)

				科研人员 Research Staff	医务人员 Medical Personnel	文化教师 Culture Teachers	管理人员 Managers	工勤人员 Workers and Service Personnel	其他 Others
试训 On Trial	待训 On Training	职业过渡期 On Career Transition Period	其他 Others						
70	**299**	**4**		**13**	**6**	**27**	**147**	**93**	**357**
1	143				1		52	37	150
69	51	4		5	4		29	21	33
					1	27	10	22	32
	105						16	6	8
							19	1	36
				8			4	1	12
							12	4	66
							5	1	20

18-8 分项目、分等级运动员发展人数
Certified Athletes by Type of Sports and Technical Grade

单位：人 (person)

项目	Item	合计 Total	女 Female	国家级运动员 National Level	女 Female	一级运动员 First Grade	女 Female	二级运动员 Second Grade	女 Female
总　计	**Total**	**487**	**78**	**5**	**2**	**40**	**1**	**442**	**75**
田径	Track and Field Events	94	36			5		89	36
游泳	Swimming	2				1		1	
举重	Weightlifting	2				2			
中国式摔跤	Chinese Wrestling	63	10					63	10
跆拳道	Taekwondo	19	1	1		1		17	1
射击	Shooting	9	2			5	1	4	1
赛艇	Rowing	2				2			
足球	Football	96						96	
篮球	Basketball	99	12			14		85	12
排球	Volleyball	69	15					69	15
武术	Wushu	17	2	4	2	8		5	
围棋	Weiqi	7						7	
中国象棋	Chinese Chess	7				1		6	
登山	Mountaineering	1				1			

18-9 分项目、分等级裁判员发展人数
Certified Coaches by Type of Sports and Technical Grade

单位：人 (person)

项目	Item	合计 Total	女 Female	国家级 National Level	女 Female	一级 First Grade	女 Female	二级 Second Grade	女 Female
总　计	**Total**	**157**	**8**	**9**	**2**	**88**		**60**	**6**
田径	Track and Field Events	52	6	1		23		28	6
中国式摔跤	Chinese Wrestling	1		1					
跆拳道	Taekwondo	1		1					
射击	Shooting	1	1	1	1				
足球	Football	10						10	
篮球	Basketball	26				16		10	
排球	Volleyball	4				4			
沙滩排球	Beach Volleyball	1	1	1	1				
乒乓球	Table Tennis	5		1		4			
羽毛球	Badminton	11				11			
网球	Tennis	1				1			
武术	Wushu	2				2			
台球	Billiards	6				6			
毽球	Jianqiu	17		2		3		12	
门球	Gateball	10				10			
钓鱼	Fishing	8				8			
健美	Bodybuilding	1		1					

18-10 主要年份卫生机构数

Number of Health Care Institutions in Main Years

单位:个　　(unit)

年份 Year	总计 Total	医院、卫生院 Hospitals and Health Centers	医院 Hospital	疗养院、所 Sanatoriums	门诊部、所 Clinics	专科防治所、站 Specialized Prevention & Treatment Centers or Stations	疾病预防控制中心 Center for Disease Control and Prevention	妇幼保健所、站 Women and Children Care Agencies	其他卫生机构 Other Institutions
1950	156	6			134			2	14
1955	221	21		1	166		1	14	18
1958	314	81	37	1	194		20	17	1
1960	586	37	37	1	501	3	24	17	3
1965	607	124	30	4	429	4	20	22	4
1970	519	334			160	2	21		2
1975	736	282	47		406	1	22	18	7
1978	825	306	61		470	1	22	19	7
1980	916	305	60	1	552	2	23	21	12
1985	1057	303	69	2	685	6	24	21	16
1990	1163	177	82	3	894	8	29	27	25
1995	1026	368	91	2	564	11	31	26	24
2000	1361	380	97	2	887	9	28	25	30
2001	1266	387	106	2	785	9	28	25	30
2002	1393	390	110	2	905	9	27	25	35
2003	1499	401	122	2	930	6	28	25	107
2004	1483	400	132	2	993	4	25	22	37
2005	1463	400	134	1	900	4	25	21	112
2006	1553	369	131	1	1022	3	26	21	111
2007	1530	382	140	1	977	1	26	22	121
2008	1633	389	150	1	1058		25	22	138
2009	1601	394	158	1	1015		24	22	145
2010	1583	390	157	1	1003		25	22	142
2011	4143	391	156	1	1034		25	22	2670
2012	4136	369	141	1	1135		25	22	2584

注:2011 年以来按照社会统计报表制度,其他卫生机构包括村卫生室。

18-11 主要年份卫生机构床位数

Number of Beds in Health Care Institutions in Main Years

单位：张 (bed)

年　份 Year	总　计 Total	医　院 Hospitals	门诊部 Clinics	其他卫生机构 Other Health Care Institutions	每千人口医院床位数 Number of Beds of Hospitals and Health Centers per 1000 Population
1950	40	40			0.03
1955	332	282		50	0.17
1958	1377	1136	160	81	0.61
1960	1531	1421	30	80	0.67
1965	4155	2823	1072	260	1.28
1970	3729	3703	26		1.34
1975	6549	5921	616	12	1.81
1978	7517	6962	542	13	1.96
1980	7866	7184	604	78	1.92
1985	9567	8640	726	201	2.08
1990	10556	10045	226	285	2.16
1995	13099	12144	542	413	2.40
2000	13825	13229	117	479	2.35
2001	14434	12142	127	2165	2.16
2002	14782	13768	48	966	2.09
2003	15728	13143	96	2489	2.27
2004	16870	14087	108	2675	2.40
2005	17802	14780	174	2848	2.48
2006	18307	15729	44	2534	2.61
2007	18927	16488	12	2427	2.70
2008	20967	17721	9	3237	3.39
2009	22142	18791		3351	3.54
2010	23659	20258	9	3392	3.57
2011	25882	22114	9	3759	3.46
2012	27393	23509		3884	4.25

18-12 各类医院机构、床位及人员数(2012 年)
Number of Health Care Institutions, Beds and Persons(2012)

指 标	Item	机构数(个) Health Care Institutions (unit)	床位数(张) Beds (bed)	职工人数(人) Number of Staff (person)	卫生技术人员 Medical Technical Personnel	执业医师、助理执业医师 Licensed and Assistant Doctors
医院总计	**Hospitals**	**141**	**23509**	**27668**	**22891**	**7565**
市	City	105	17555	21711	17855	5732
县	County	36	5954	5957	5036	1833
综合医院	Ceneral Hospitals	90	18756	22912	18952	6105
中医医院	Hospitals Specialized in Chinese Medicine	19	3013	3038	2649	997
专科医院	Specialized Hospitals	27	1600	1525	1142	412
其他医院	Others	5	140	193	148	51

18-13 社会福利类收养性单位基本情况
Basic Statistics on Social Welfare and Salvation Institutions

指 标	Item	2011				2012			
		院 数(个) Number of Homes (unit)	工作人员(人) Number of Staff and Workers (person)	床位(张) Number of Beds (bed)	年末收养人数(人) Year-end Persons Adopted (person)	院数(个) Number of Homes (unit)	工作人员(人) Number of Staff and Workers (person)	床位(张) Number of Beds (bed)	年末收养人数(人) Year-end Persons Adopted (person)
全区总计	**Total**	**84**	**932**	**8019**	**5861**	**79**	**918**	**8241**	**5261**
光荣院、福利院	Homes for Disabled Veterans	18	501	1966	1574	19	523	2641	1124
其他收养性单位	Others	66	431	6053	4287	60	395	5600	4137

18-14 社会福利事业、企业单位和工作人员数

Number of Social Welfare Institutions & Enterprises and Personnel Engaged in Main Years

单位：个、人 (unit, person)

指标	Item	1990		2000		2010		2011		2012	
		单位 Enterprises	人数 Staff	单位 Enterprises	人数 Staff	单位 Enterprises	人数 Staff	单位 Enterprises	人数 Staff	单位 Enterprises	人数 Staff
全区总计	**Total**	**455**	**4343**	**450**	**3522**	**177**	**5826**	**178**	**7382**	**189**	**7578**
社会福利事业单位	Social Welfares Institutions	264	568	197	582	90	819	91	941	103	1094
民政部门办	By Civil Administration Department	11	170	13	277	72	437	78	718	61	438
社会办	By Social Department	253	398	184	305	6	26	6	39	42	656
社会福利企业单位	Social Welfares Enterprises	157	3599	211	2693	87	5007	87	6441	86	6484
烈士纪念建筑物管理单位	Units of Revolutionary Martyr Building Management	6	25	7	31	1	6	9	25	10	33
求助管理站	Relef Management Stations	5	81	7	81	2	10	10	78	11	77
殡仪服务单位	Funeral and Interment Institutions	23	70	28	135	3	34	36	265	38	224

18-15 主要年份享受救济人员情况

Persons Receiving Subsidies or Relief Funds in Main Years

单位：人 (person)

指标	Item	1980	1990	2000	2010	2011	2012
农村困难户得到救济人次数	Number of Persons Receiving Poor Relief in Rural Areas	404856	328483	88484	434784	581855	989534
城镇贫困户得到救济人次数	Number of Persons Receiving Poor Relief in Urban Areas	2907	4652	1792410	214174	246822	303848

18-16 主要年份律师、公证、调解工作基本情况

Basic Statistics on Lawyers, Notarization and Mediation in Main Years

项　目	Item	单位	Unit	1990	2000	2010	2011	2012
律师工作	**Lawyers**							
律师事务所	Number of Law Offices	个	unit	32	62	78	83	85
律师	Lawyers	人	person	223	722	993	1120	1263
担任法律顾问的单位	Legal Advisors	处	unit	515	767	1335	1423	2433
民事代理	Agent of Civil Cases	件	case	2617	5284	12904	10525	10962
刑事辩护	Defender of Criminal Cases	件	case	2050	2368	2949	3101	3807
非诉讼事件	Agent of Non-litigious Legal Affairs	件	case	270	1489	850	1387	1644
涉外法律事务	Legal Affairs	件	case			2	81	
解答法律询问	Agent of Legal Advisory	件	case	24521	36369	24582	32836	43054
代写法律事务文书	Agent of Legal Documents Written on Behalf of Clients	件	case	6165	10687	8577	11287	10576
公证工作	**Notarization**							
公证处	Number of Notary Offices	个	unit	26	30	21	21	21
公证员	Notaries Personnel	人	person	123	200	97	121	123
办理公证文书	Number of Notarized Documents	件	case	11087	66123	64291	62080	
人民调解工作	**Number of People's Mediation**							
专职司法助理员	Number of Full-time Judicial Assistants	人	person	347	444	421	463	492
人民调解委员会	Number of People's Mediation Committees	个	unit	3648	3604	3423	3260	3280
人民调解员	Number of Mediators	人	person	23477	26493	21892	18780	18722
调解民间纠纷	Number of Cicil Disputes Mediated	件	case	18506	19846	19965	29273	32547

18-17 火灾、交通事故情况(2012年)

Basic Statistics on Fire and Traffic Accidents (2012)

指　标	Item	火灾事故 Fire Accident	交通事故 Traffic Accidents
发生(起)	Fire Accidents(case)	3291	1769
死亡(人)	Deaths(person)		405
受伤(人)	Injuries(person)		2122
损失折款(万元)	Losses Converted into Cash(10 000yuan)	418	708
平均每起损失(元)	Average Loss of Fire(yuan)	1271	4004

18-18 各市县卫生机构数(2012年)

Number of Institutions by City and Country(2012)

单位:个 (unit)

地　区	Region	总计 Total	医院 Hospitals	卫生院 Health Center	疗养院 Sanatorium	门诊部、所 Clinics
全区总计	**Total**	**4136**	**141**	**228**	**1**	**1135**
银川市	**Yinchuan**	**903**	**53**	**38**	**1**	**452**
银川市	District	497	46	12	1	299
永宁县	Yongning	126	2	8		36
贺兰县	Helan	123	2	6		51
灵武市	Lingwu	157	3	12		66
石嘴山市	**Shizuishan**	**571**	**28**	**23**		**266**
石嘴山市	District	323	21	9		210
平罗县	Pingluo	248	7	14		56
吴忠市	**Wuzhong**	**825**	**29**	**49**		**160**
利通区	Litong	220	18	18		73
红寺堡区	Hongsipu	112	2	3		9
盐池县	Yanchi	139	2	8		24
同心县	Tongxin	212	2	11		25
青铜峡市	Qingtongxia	142	5	9		29
固原市	**Guyuan**	**1233**	**20**	**76**		**160**
原州区	Yuanzhou	330	11	11		84
西吉县	Xiji	385	3	25		40
隆德县	Longde	181	3	19		8
泾源县	Jingyuan	137	1	7		17
彭阳县	Pengyang	200	2	14		11
中卫市	**Zhongwei**	**604**	**11**	**42**		**97**
沙坡头区	Shapotou	190	7	10		23
中宁县	Zhongning	225	2	13		72
海原县	Haiyuan	189	2	19		2

18-18 续表 1 continued

单位:个 (unit)

地　区	Region	疾病预防控制中心 Centers for Disease Control and Prevention	妇幼保健所、室 Women and Children Care Agencies	卫生监督所 Health Supervision	采供血机构 Blood	其他卫生机构 Other Health Care Institutions
全区总计	**Total**	**25**	**22**	**25**	**5**	**2554**
银川市	**Yinchuan**	**8**	**5**	**8**	**1**	**337**
银川市	District	5	2	5	1	126
永宁县	Yongning	1	1	1		77
贺兰县	Helan	1	1	1		61
灵武市	Lingwu	1	1	1		73
石嘴山市	**Shizuishan**	**3**	**3**	**3**	**1**	**244**
石嘴山市	District	2	2	2	1	76
平罗县	Pingluo	1	1	1		168
吴忠市	**Wuzhong**	**5**	**5**	**5**	**1**	**571**
利通区	Litong	1	1	1	1	107
红寺堡区	Hongsipu	1	1	1		95
盐池县	Yanchi	1	1	1		102
同心县	Tongxin	1	1	1		171
青铜峡市	Qingtongxia	1	1	1		96
固原市	**Guyuan**	**6**	**6**	**6**	**1**	**958**
原州区	Yuanzhou	2	2	2	1	217
西吉县	Xiji	1	1	1		314
隆德县	Longde	1	1	1		148
泾源县	Jingyuan	1	1	1		109
彭阳县	Pengyang	1	1	1		170
中卫市	**Zhongwei**	**3**	**3**	**3**	**1**	**444**
沙坡头区	Shapotou	1	1	1	1	146
中宁县	Zhongning	1	1	1		135
海原县	Haiyuan	1	1	1		163

18-19 主要年份各市县医院数

Number of Hospitals by City and Country in Main Years

单位：个 (unit)

地 区	Region	2000	2005	2010	2011	2012
全区总计	**Total**	**97**	**134**	**157**	**156**	**141**
银川市	**Yinchuan**	**45**	**59**	**61**	**61**	**53**
银川市	District	28	45	47	49	46
永宁县	Yongning	5	4	4	2	2
贺兰县	Helan	3	2	2	2	2
灵武市	Lingwu	9	8	8	8	3
石嘴山市	**Shizuishan**	**24**	**27**	**33**	**32**	**28**
石嘴山市	District	18	22	25	24	21
平罗县	Pingluo	5	5	8	8	7
陶乐镇	Taole	1				
吴忠市	**Wuzhong**	**9**	**22**	**31**	**30**	**29**
利通区	Litong	2	9	19	18	18
红寺堡区	Hongsipu			2	2	2
盐池县	Yanchi	2	2	2	2	2
同心县	Tongxin	1	2	2	2	2
青铜峡市	Qingtongxia	4	9	6	6	5
固原市	**Guyuan**	**10**	**14**	**19**	**20**	**20**
原州区	Yuanzhou	4	8	11	11	11
西吉县	Xiji	2	2	3	3	3
隆德县	Longde	1	2	3	3	3
泾源县	Jingyuan	1	1	1	1	1
彭阳县	Pengyang	2	1	1	2	2
中卫市	**Zhongwei**	**9**	**12**	**13**	**13**	**11**
沙坡头区	Shapotou	4	6	7	7	7
中宁县	Zhongning	4	4	4	4	2
海原县	Haiyuan	1	2	2	2	2

18-20 各市县卫生机构人员数(2012年)

Number of Employed Persons in Health Institutions by City and Country (2012)

单位:人 (person)

地区	Region	总计 Total	卫生技术人员 Medical Technical Personnel	执业(助理)医师 Licensed (Assistant) Personnel	执业医师 Licensed Doctor	注册护士 Registered Nurse	其他 Others	每千人口执业医师数 Number of Medical Technical Personnel Per 1000 Population
全区总计	**Total**	**44049**	**34265**	**13011**	**11518**	**12504**	**8750**	**1.79**
银川市	**Yinchuan**	**19822**	**15952**	**5829**	**5393**	**6506**	**3617**	**2.65**
银川市	District	17007	13873	5021	4750	5786	3066	3.60
永宁县	Yongning	766	580	214	176	180	186	0.79
贺兰县	Helan	642	491	184	130	154	153	0.57
灵武市	Lingwu	1407	1008	410	337	386	212	1.26
石嘴山市	**Shizuishan**	**6560**	**5400**	**1879**	**1699**	**2072**	**1449**	**2.30**
石嘴山市	District	4888	4122	1358	1254	1660	1104	2.61
平罗县	Pingluo	1672	1278	521	445	412	345	1.73
吴忠市	**Wuzhong**	**7212**	**5397**	**2004**	**1624**	**1767**	**1626**	**1.25**
利通区	Litong	2999	2384	872	743	765	747	1.92
红寺堡区	Hongsipu	374	253	108	76	84	61	0.45
盐池县	Yanchi	806	471	240	202	114	117	1.36
同心县	Tongxin	1297	935	293	246	332	310	0.75
青铜峡市	Qingtongxia	1736	1354	491	357	472	391	1.33
固原市	**Guyuan**	**5649**	**3827**	**1913**	**1600**	**983**	**931**	**1.27**
原州区	Yuanzhou	2412	1778	858	744	529	391	1.77
西吉县	Xiji	1308	842	464	357	155	223	0.98
隆德县	Longde	768	463	205	192	142	116	1.18
泾源县	Jingyuan	462	293	147	108	55	91	1.05
彭阳县	Pengyang	699	451	239	199	102	110	0.98
中卫市	**Zhongwei**	**4806**	**3689**	**1386**	**1202**	**1176**	**1127**	**1.09**
沙坡头区	Shapotou	2332	1863	613	563	728	522	1.46
中宁县	Zhongning	1379	1084	433	358	316	335	1.13
海原县	Haiyuan	1095	742	340	281	132	270	0.71

18-21 主要年份各市县卫生技术人员数

Medical Technical Personnel in Health Care Institutions by City and Country in Main Years

单位：人 (person)

地　区	Region	1985	1990	1995	2000	2005	2010	2011	2012
全区总计	**Total**	**15528**	**19175**	**21223**	**19171**	**22817**	**29744**	**32054**	**34265**
银川市	**Yinchuan**	**6252**	**7876**	**8893**	**7840**	**9717**	**13667**	**14651**	**15952**
银川市	District	4693	6061	6942	5961	7845	11815	12515	13873
永宁县	Yongning	406	470	470	542	584	570	587	580
贺兰县	Helan	456	492	468	405	312	425	442	491
灵武市	Lingwu	697	853	1013	932	976	857	1107	1008
石嘴山市	**Shizuishan**	**3189**	**3748**	**4083**	**3172**	**3845**	**4720**	**5105**	**5400**
石嘴山市	District	2370	2954	3200	2349	2974	3543	3814	4122
平罗县	Pingluo	742	702	802	717	871	1177	1291	1278
陶乐县	Taole	77	92	81	106				
吴忠市	**Wuzhong**	**2147**	**2606**	**3019**	**3041**	**3648**	**4481**	**4760**	**5397**
利通区	Litong	846	1000	1169	1151	1598	2108	2226	2384
红寺堡区	Hongsipu					20	195	275	253
盐池县	Yanchi	688	824	934	983	1216	715	795	471
同心县	Tongxin	328	414	450	441	376	366	369	935
青铜峡市	Qingtongxia	285	368	466	466	438	1097	1095	1354
固原市	**Guyuan**	**2318**	**2850**	**3043**	**2915**	**3263**	**3774**	**4080**	**3827**
原州区	Yuanzhou	1125	1373	1328	1287	1482	1954	2099	1778
西吉县	Xiji	424	540	649	592	678	781	848	842
隆德县	Longde	373	465	485	424	426	446	457	463
泾源县	Jingyuan	181	198	237	207	250	238	257	293
彭阳县	Pengyang	215	274	344	405	427	355	419	451
中卫市	**Zhongwei**	**1632**	**2095**	**2185**	**2203**	**2344**	**3102**	**3458**	**3689**
沙坡头区	Shapotou	714	849	934	981	1092	1655	1815	1863
中宁县	Zhongning	514	759	768	645	715	885	918	1084
海原县	Haiyuan	404	487	483	577	537	562	725	742

18-22 各市县卫生机构床位数(2012年)

Number of Beds in Health Care Institution by City and County(2012)

单位:张 (bed)

地　区	Region	合计 Total	医院 Hospitals	疗养院 Sanatoriums	卫生院 Health Centers	门诊部 Clinics	妇幼保健院(所、站) Women and Children Care Agencies (unit)	其他卫生机构 Other Institutions
全区总计	**Total**	**27393**	**23509**	**100**	**2495**		**929**	**360**
银 川 市	**Yinchuan**	**12001**	**10917**	**100**	**437**		**356**	**191**
银 川 市	District	10512	9735	100	196		290	191
永 宁 县	Yongning	440	360		60		20	
贺 兰 县	Helan	388	247		121		20	
灵 武 市	Lingwu	661	575		60		26	
石嘴山市	**Shizuishan**	**4037**	**3616**		**252**		**51**	**118**
石嘴山市	District	3171	2898		132		26	115
平 罗 县	Pingluo	866	718		120		25	3
吴 忠 市	**Wuzhong**	**4177**	**3373**		**576**		**215**	**13**
利 通 区	Litong	1805	1582		120		100	3
红寺堡区	Hongsipu	163	100		28		30	5
盐 池 县	Yanchi	595	420		155		20	
同 心 县	Tongxin	609	470		124		15	
青铜峡市	Qingtongxia	1005	801		149		50	5
固 原 市	**Guyuan**	**4073**	**3362**		**484**		**212**	**15**
原 州 区	Yuanzhou	2174	1960		85		120	9
西 吉 县	Xiji	598	522		56		20	
隆 德 县	Longde	475	420		38		17	
泾 源 县	Jingyuan	185	120		50		15	
彭 阳 县	Pengyang	641	340		255		40	6
中 卫 市	**Zhongwei**	**3105**	**2241**		**746**		**95**	**23**
沙坡头区	Shapotou	1502	1280		176		25	21
中 宁 县	Zhongning	811	561		230		20	
海 原 县	Haiyuan	792	400		340		50	2

主要统计指标解释

［体育场］ 指有400米跑道(中心含足球场)。有固定道牙,跑道6条以上,并有固定看台的室外田径场地。以看台容纳观众人数分：甲级25000人以上,乙级15000-25000人,丙级5000-15000人,丁级5000人以下。

［等级裁判员］ 指经考核正式批准授予等级裁判员职称者,分为国际裁判、国家级、一级、二级、三级。

［等级运动员］ 指经考核正式批准授予等级运动员称号的运动员，分为国际级运动健将、运动健将、一级、二级、三级、少年级。

［优秀运动队］ 指各省、市、自治区体委、解放军、产业体协、运动技术学院和军事体育学校所居的各类运动队。不包括机关团体、厂矿等企业、事业单位所属的职工运动队。

［卫生机构］ 指各个部门(军事部门除外)、各种性质的设有专职卫生技术人员的卫生事业机构。包括医院、疗养院(所)、门诊部(所)、专科防治所(站)、卫生防疫站、妇幼保健所(站)、药品检验所(室)、其他卫生机构(包括急救站、中心血库、输血站、环境卫生监测站、生物制品研究所、精神病收容所、麻风村、卫生干部进修院(校))。

［医院］ 指名称为医院、设有固定床位能收容病人住院并能为病人提供医疗、护理服务的医疗机构。包括县及县以上医院、农村乡卫生院、其他医院三部分，按所属性质分为卫生部门、工业及其他部门、集体所有制三类。其中县及县以上医院按业务性质分为综合医院和专科医院。

［卫生技术人员］ 指卫生事业机构支付工资的全部固定职工和合同制职工中现任职务为卫生技术工作的人员。包括中医师、西医师、中西医结合高级医师、护师、中药师、西药师、检验师、其他技师、中医士、西医士、护士、助产士、中药剂士、西药剂士、检验士、其他技士、其他中医、护理员、中药剂员、西药剂员、检验员、其他初级卫生技术人员。

［医生］ 指经卫生部门审查合格,从事医疗工作的专业人员,分为中医医生和西医医生。包括卫生技术人员中的中医师、西医师、中西医结合高级医师、中医士、西医士和其他中医。

［社会福利企业单位］ 指以安置城镇有一定劳动能力的盲、聋、哑及肢体残疾人员就业为目的,享受国家减免税待遇的全民或集体所有制企业。包括民政部门管理和街道举办两类。

［城乡社会救济费］ 社会救济是指国家或集体用于生活困难的人员的财物支出。本指标包括城镇社会救济费、乡村社会救济费、精减退职的老职工救济费。

［公证人员］ 指在国家公证机关依法办理公证事务的司法人员。包括公证员、助理公证员和在公证处工作的其他人员。

［办理公证文书］ 指公证处在一定时期内办理的公证文书件数。公证文书系按司法部规定或批准的格式制作。包括国内公证和涉外公证两部分。其中国内公证分为经济合同公证和民事法律关系公证两大类。

第十九篇 Chapter19

环境保护 Environment Protection

责任编辑：马宏德

资料整理：马宏德　王增沈　王　伟　马春艳　佘　媛　杨则南

Coordinator: Ma Hongde

Data Compilation: Ma Hongde　Wang Zengshen　Wang Wei　Ma Chunyan
She Yuan　Yang Zenan

19-1 全区环境保护基本情况

Basic Statistics on Environmental Protection

指 标	Item	2005	2010	2011	2012
环保系统建设情况	**Situation of Environmental Protection Agencies**				
机构总数(个)	Number of Agencies(unit)	55	62	65	65
监测站	Monitoring Station	11	15	18	18
监察机构	Supervision Institution			24	24
人员总数(人)	Total Number of Staff and Workers(person)	713	1008	985	985
监测人员	Monitoring Personnel	243	306	336	336
监察人员	Supervision Personnel			290	290
污染排放与处理情况	**Pollution Discharge and Treatment**				
废水	**Waste Water**				
工业废水排放量(万吨)	Volume of Waste Water Discharge(10 000 tons)	21410.7	21977.5	18666.37	16547.81
城镇生活污水排放量(万吨)	Consumption Waste Water Discharge in Town (10 000 tons)	14406.0	18676.3	20137.99	22388.57
废气	**Waste Gas**				
工业废气排放量(亿标立方米)	Volume of Industrial Waste Gas Emission (100 million cu.m)	2844.46	16324.16	10055.93	9324.47
二氧化硫排放量(万吨)	Volume of Sulphur Dioxide Emission (10 000 tons)		31	41.04	40.66
工业	Industry	30.2	28.0	38.79	38.44
生活及其他	Consumption and Others	4.0	3.0	2.25	2.22
烟(粉)尘排放量(万吨)	Volume of Soot(Dust) Emission(10 000 tons)			21.55	19.83
工业	Industry	10.16	13.6	19.82	18.07
生活及其他	Consumption and Others	2.18	3.6	0.96	0.94
机动车	Motor Vehicle			0.76	0.82
工业二氧化硫产生量(万吨)	Volume of Sulphur Dioxide Produced (10 000 tons)			119.94	127.54
工业烟(粉)尘产生量(万吨)	Volume of Industrial Soot(Dust) Produced (10 000 tons)			2325.66	2114.10

19-1 续表 1 continued

指　标	Item	2005	2010	2011	2012
固体废物	**Solid Wastes**				
一般工业固体废物产生量(万吨)	Volume of General Industrial Solid Wastes Produced(10 000 tons)	718.75	2465.46	3349.05	2960.66
危险废物产生量(万吨)	Volume of Hazardous Wastes Produced (10 000 tons)		4.06	4.93	5.62
一般工业固体废物综合利用率(%)	Ratio of General Industrial Solid Wastes Utilized(%)	53.87	57.49	61.26	69.03
一般工业固体废物排放量(万吨)	Volume of General Industrial Solid Wastes Discharged(10 000 tons)	4.10	0.92	1.72	
工业污染治理项目及投资情况	**Investment Completed in the Treatment of Industrial Pollution**				
当年施工污染治理项目数(个)	Number of Projects for Pollution Treatment (unit)	76	21	112	60
污染治理项目本年完成投资额(万元)	Investment Completed in the Treatment of Pollution This Year (10 000yuan)	17709.8	40896.0	46091.15	69159.69
废水治理	Treatment of Waste Water	5327.0	23478.0	20016.89	14298.26
废气治理	Treatment of Waste Gas	9993.3	5618.0	23140.37	43542.97
固体废物治理	Treatment of Solid Waste	889.5		1110.59	5601.00
治理噪声	Treatment of Noise			18.00	
其他治理	Treatment of Other Pollution	1500.0	11800.0	1823.30	5717.46
生态环境保护情况	**Situation of Natural Protection**				
自然保护区(个)	Number of Nature Reserves(unit)	13	13	13	13
国家级	Nation Level	5	6	6	6
自然保护区面积(万公顷)	Area of Nature Reserves(10 000 hectares)	54.7	47.0	53.42	53.42

19-2 工业分行业废水排放及处理情况（2012 年）
Discharge and Treatment of Waste Water by Sector(2012)

行 业	Sector	汇总工业企业数（个）Number of Industrial Enterprises (unit)	工业废水治理设施数（套）Number of Facilities for Treatment of Waste Water (set)
煤炭开采和洗选业	Mining and Washing of Coal	49	45
石油和天然气开采业	Extraction of Petroleum and Natural Gas	1	1
非金属矿采选业	Mining and Processing of Non-metal Ores	6	3
农副食品加工业	Processing of Food from Agricultural Products	131	9
食品制造业	Manufacture of Foods	28	14
酒、饮料和精制茶制造业	Manufacture of Wine, Beverages and Refined Tea	17	6
烟草制品业	Manufacture of Tobacco	1	
纺织业	Manufacture of Textile	10	
皮革、毛皮、羽毛(绒)及其制品业	Manufacture of Leather, Fur, Feather and Related Products	11	10
造纸及纸制品业	Manufacture of Paper and Paper Products	19	19
石油加工、炼焦及核燃料加工业	Processing of Petroleum, Coking, Processing of Nuclear Fuel	26	27
化学原料及化学制品制造业	Manufacture of Raw Chemical Materials and Chemical Products	105	85
医药制造业	Manufacture of Medicines	9	8
橡胶和塑料制品业	Manufacture of Rubber and Plastics	1	2
非金属矿物制品业	Manufacture of Non-metallic Mineral Products	264	50
黑色金属冶炼及压延加工业	Smelting and Pressing of Ferrous Metals	66	22
有色金属冶炼及压延加工业	Smelting and Pressing of Non-ferrous Metals	23	4
金属制品业	Manufacture of Metal Products	4	4
通用设备制造业	Manufacture of General Purpose Machinery	1	1
专用设备制造业	Manufacture of Special Purpose Machinery	8	3
电气机械及器材制造业	Manufacture of Electrical Machinery and Equipment	6	3
计算机、通信和其他电子设备制造业	Manufacture of Computers, Communication Equipment and Other Electronic Equipment	1	
其他制造业	Other Manufacturing	2	
废弃资源综合利用业	Recycling and Disposal of Waste	2	
金属制品、机械和设备修理业	Metal Products, Machinery and Equipment Repair Industry	1	
电力、热力的生产和供应业	Production and Supply of Electric power and Heat Power	91	61

19-2 续表 1 continued

行 业	Sector	工业废水排放量（万吨）Volume of Industrial Waste Water Discharge (10 000 tons)	排入污水处理厂的量 Volume of Waste Water Discharged into Sewage Disposal Plants
煤炭开采和洗选业	Mining and Washing of Coal	1240.36	
石油和天然气开采业	Extraction of Petroleum and Natural Gas		
非金属矿采选业	Mining and Processing of Non-metal Ores	2.38	
农副食品加工业	Processing of Food from Agricultural Products	379.43	11.05
食品制造业	Manufacture of Foods	2665.38	52.24
酒、饮料和精制茶制造业	Manufacture of Wine, Beverages and Refined Tea	221.59	
烟草制品业	Manufacture of Tobacco	6.25	
纺织业	Manufacture of Textile	46.75	
皮革、毛皮、羽毛(绒)及其制品业	Manufacture of Leather, Fur, Feather and Related Products	9.22	
造纸及纸制品业	Manufacture of Paper and Paper Products	5021.58	
石油加工、炼焦及核燃料加工业	Processing of Petroleum, Coking, Processing of Nuclear Fuel	195.78	108.40
化学原料及化学制品制造业	Manufacture of Raw Chemical Materials and Chemical Products	3687.09	1016.45
医药制造业	Manufacture of Medicines	952.15	
橡胶和塑料制品业	Manufacture of Rubber and Plastics	40.57	40.57
非金属矿物制品业	Manufacture of Non-metallic Mineral Products	30.19	14.68
黑色金属冶炼及压延加工业	Smelting and Pressing of Ferrous Metals	241.66	53.10
有色金属冶炼及压延加工业	Smelting and Pressing of Non-ferrous Metals	510.55	4.50
金属制品业	Manufacture of Metal Products	68.31	
通用设备制造业	Manufacture of General Purpose Machinery	9.60	9.60
专用设备制造业	Manufacture of Special Purpose Machinery	9.03	2.85
电气机械及器材制造业	Manufacture of Electrical Machinery and Equipment	6.62	4.43
计算机、通信和其他电子设备制造业	Manufacture of Computers, Communication Equipment and Other Electronic Equipment	2.40	
其他制造业	Other Manufacturing		
废弃资源综合利用业	Recycling and Disposal of Waste	0.87	
金属制品、机械和设备修理业	Metal Products, Machinery and Equipment Repair Industry		
电力、热力的生产和供应业	Production and Supply of Electric power and Heat Power	56.22	

19-2 **续表** 2 continued

行 业	Sector	工业废水处理量（万吨）Volume of Industrial Waste Water Treated (10 000 tons)	化学需氧量排放量（吨）COD Discharged (ton)
煤炭开采和洗选业	Mining and Washing of Coal	2865.60	1778.82
石油和天然气开采业	Extraction of Petroleum and Natural Gas	13.32	
非金属矿采选业	Mining and Processing of Non-metal Ores	2.38	0.85
农副食品加工业	Processing of Food from Agricultural Products	199.98	22658.99
食品制造业	Manufacture of Foods	2497.40	8270.51
酒、饮料和精制茶制造业	Manufacture of Wine, Beverages and Refined Tea	108.50	4124.43
烟草制品业	Manufacture of Tobacco		21.14
纺织业	Manufacture of Textile		3461.44
皮革、毛皮、羽毛(绒)及其制品业	Manufacture of Leather, Fur, Feather and Related Products	10.20	21.32
造纸及纸制品业	Manufacture of Paper and Paper Products	6163.25	46024.49
石油加工、炼焦及核燃料加工业	Processing of Petroleum, Coking, Processing of Nuclear Fuel	761.33	508.24
化学原料及化学制品制造业	Manufacture of Raw Chemical Materials and Chemical Products	4642.06	6481.68
医药制造业	Manufacture of Medicines	951.94	3133.81
橡胶和塑料制品业	Manufacture of Rubber and Plastics	40.57	27.60
非金属矿物制品业	Manufacture of Non-metallic Mineral Products	25.29	24.76
黑色金属冶炼及压延加工业	Smelting and Pressing of Ferrous Metals	4599.87	155.42
有色金属冶炼及压延加工业	Smelting and Pressing of Non-ferrous Metals	21.80	604.48
金属制品业	Manufacture of Metal Products	374.92	155.37
通用设备制造业	Manufacture of General Purpose Machinery	9.60	10.56
专用设备制造业	Manufacture of Special Purpose Machinery	10.33	8.37
电气机械及器材制造业	Manufacture of Electrical Machinery and Equipment	22.83	1.71
计算机、通信和其他电子设备制造业	Manufacture of Computers, Communication Equipment and Other Electronic Equipment		5.68
其他制造业	Other Manufacturing		
废弃资源综合利用业	Recycling and Disposal of Waste		0.53
金属制品、机械和设备修理业	Metal Products, Machinery and Equipment Repair Industry		
电力、热力的生产和供应业	Production and Supply of Electric power and Heat Power	2063.65	18.45

19-3 工业分行业废气排放及处理情况(2012年)
Emission and Treatment of Waste Gas by Sector(2012)

行　业	Sector	废气治理设施数(套) Number of Facilities for Treatment of Waste Gas (set)	工业废气排放总量(亿标立方米) Total Volume of Industrial Waste Gas Emission (10 000 cu.m)
煤炭开采和洗选业	Mining and Washing of Coal	95	25.23
石油和天然气开采业	Extraction of Petroleum and Natural Gas		0.15
非金属矿采选业	Mining and Processing of Non-metal Ores	2	1.08
农副食品加工业	Processing of Food from Agricultural Products	27	3.35
食品制造业	Manufacture of Foods	46	154.28
酒、饮料和精制茶制造业	Manufacture of Wine, Beverages and Refined Tea	18	14.05
烟草制品业	Manufacture of Tobacco		0.30
纺织业	Manufacture of Textile	13	0.88
皮革、毛皮、羽毛(绒)及其制品业	Manufacture of Leather, Fur, Feather and Related Products	11	0.24
造纸及纸制品业	Manufacture of Paper and Paper Products	34	98.38
石油加工、炼焦及核燃料加工业	Processing of Petroleum, Coking, Processing of Nuclear Fuel	28	423.57
化学原料及化学制品制造业	Manufacture of Raw Chemical Materials and Chemical Products	252	994.25
医药制造业	Manufacture of Medicines	24	73.45
橡胶和塑料制品业	Manufacture of Rubber and Plastics	6	8.73
非金属矿物制品业	Manufacture of Non-metallic Mineral Products	454	815.35
黑色金属冶炼及压延加工业	Smelting and Pressing of Ferrous Metals	197	528.42
有色金属冶炼及压延加工业	Smelting and Pressing of Non-ferrous Metals	98	1522.69
金属制品业	Manufacture of Metal Products	9	4.05
通用设备制造业	Manufacture of General Purpose Machinery		3.66
专用设备制造业	Manufacture of Special Purpose Machinery	33	15.90
电气机械及器材制造业	Manufacture of Electrical Machinery and Equipment	6	0.95
计算机、通信和其他电子设备制造业	Manufacture of Computers, Communication Equipment and Other Electronic Equipment		
其他制造业	Other Manufacturing	3	0.75
废弃资源综合利用业	Recycling and Disposal of Waste	2	0.07
金属制品、机械和设备修理业	Metal Products, Machinery and Equipment Repair Industry	4	0.49
电力、热力的生产和供应业	Production and Supply of Electric power and Heat Power	404	4634.19

19-3 续表 1 continued

行　业	Sector	工业二氧化硫产生量（吨）Volume of Sulphur Dioxide Produced (ton)	工业二氧化硫排放量（吨）Volume of Sulphur Dioxide Emission (ton)
煤炭开采和洗选业	Mining and Washing of Coal	2153.94	2153.94
石油和天然气开采业	Extraction of Petroleum and Natural Gas	28.50	28.50
非金属矿采选业	Mining and Processing of Non-metal Ores	10.97	10.97
农副食品加工业	Processing of Food from Agricultural Products	626.13	626.13
食品制造业	Manufacture of Foods	24287.97	21479.81
酒、饮料和精制茶制造业	Manufacture of Wine, Beverages and Refined Tea	1072.28	1040.24
烟草制品业	Manufacture of Tobacco		
纺织业	Manufacture of Textile	110.62	110.62
皮革、毛皮、羽毛(绒)及其制品业	Manufacture of Leather, Fur, Feather and Related Products	20.36	20.36
造纸及纸制品业	Manufacture of Paper and Paper Products	11403.00	10849.06
石油加工、炼焦及核燃料加工业	Processing of Petroleum, Coking, Processing of Nuclear Fuel	15195.58	15195.58
化学原料及化学制品制造业	Manufacture of Raw Chemical Materials and Chemical Products	127325.20	74088.64
医药制造业	Manufacture of Medicines	10208.24	7981.09
橡胶和塑料制品业	Manufacture of Rubber and Plastics	322.00	322.00
非金属矿物制品业	Manufacture of Non-metallic Mineral Products	16139.47	16139.47
黑色金属冶炼及压延加工业	Smelting and Pressing of Ferrous Metals	11850.86	11850.86
有色金属冶炼及压延加工业	Smelting and Pressing of Non-ferrous Metals	24701.22	23310.24
金属制品业	Manufacture of Metal Products	276.24	276.24
通用设备制造业	Manufacture of General Purpose Machinery		
专用设备制造业	Manufacture of Special Purpose Machinery	628.66	628.66
电气机械及器材制造业	Manufacture of Electrical Machinery and Equipment	144.33	144.33
计算机、通信和其他电子设备制造业	Manufacture of Computers, Communication Equipment and Other Electronic Equipment		
其他制造业	Other Manufacturing	33.12	33.12
废弃资源综合利用业	Recycling and Disposal of Waste	7.95	7.95
金属制品、机械和设备修理业	Metal Products, Machinery and Equipment Repair Industry	36.81	36.81
电力、热力的生产和供应业	Production and Supply of Electric power and Heat Power	998451.02	175058.42

19-3 **续表** 3 continued

行　业	Sector	工业氮氧化物产生量（吨）Volume of Industrial Nitrogen Oxides Produced (ton)	工业氮氧化物排放量（吨）Volume of Industrial Nitrogen Oxides Discharged (ton)
煤炭开采和洗选业	Mining and Washing of Coal	516.77	516.77
石油和天然气开采业	Extraction of Petroleum and Natural Gas	3.60	3.60
非金属矿采选业	Mining and Processing of Non-metal Ores	7.99	7.99
农副食品加工业	Processing of Food from Agricultural Products	125.44	125.44
食品制造业	Manufacture of Foods	3771.75	3771.75
酒、饮料和精制茶制造业	Manufacture of Wine, Beverages and Refined Tea	144.09	144.09
烟草制品业	Manufacture of Tobacco	4.05	4.05
纺织业	Manufacture of Textile	24.97	24.97
皮革、毛皮、羽毛(绒)及其制品业	Manufacture of Leather, Fur, Feather and Related Products	6.79	6.79
造纸及纸制品业	Manufacture of Paper and Paper Products	3008.21	3008.21
石油加工、炼焦及核燃料加工业	Processing of Petroleum, Coking, Processing of Nuclear Fuel	3202.67	3202.67
化学原料及化学制品制造业	Manufacture of Raw Chemical Materials and Chemical Products	43756.34	43756.34
医药制造业	Manufacture of Medicines	2793.13	2793.13
橡胶和塑料制品业	Manufacture of Rubber and Plastics	220.00	220.00
非金属矿物制品业	Manufacture of Non-metallic Mineral Products	21635.00	21635.00
黑色金属冶炼及压延加工业	Smelting and Pressing of Ferrous Metals	1817.90	1817.90
有色金属冶炼及压延加工业	Smelting and Pressing of Non-ferrous Metals	1539.70	1539.70
金属制品业	Manufacture of Metal Products	86.64	86.64
通用设备制造业	Manufacture of General Purpose Machinery		
专用设备制造业	Manufacture of Special Purpose Machinery	76.53	76.53
电气机械及器材制造业	Manufacture of Electrical Machinery and Equipment	30.01	30.01
计算机、通信和其他电子设备制造业	Manufacture of Computers, Communication Equipment and Other Electronic Equipment		
其他制造业	Other Manufacturing	4.60	4.60
废弃资源综合利用业	Recycling and Disposal of Waste	2.00	2.00
金属制品、机械和设备修理业	Metal Products, Machinery and Equipment Repair Industry	13.26	13.26
电力、热力的生产和供应业	Production and Supply of Electric power and Heat Power	285660.83	258732.48

19-3 续表 3 continued

行　业	Sector	工业烟(粉)尘产生量(吨) Volume of Industrial Soot (Dust) Produced (ton)	工业烟(粉)尘排放量(吨) Volume of Industrial Soot (Dust) Emission (ton)
煤炭开采和洗选业	Mining and Washing of Coal	5043.70	580.55
石油和天然气开采业	Extraction of Petroleum and Natural Gas	3.28	3.28
非金属矿采选业	Mining and Processing of Non-metal Ores	460.34	81.21
农副食品加工业	Processing of Food from Agricultural Products	1336.16	297.60
食品制造业	Manufacture of Foods	123752.28	1783.63
酒、饮料和精制茶制造业	Manufacture of Wine, Beverages and Refined Tea	1583.70	309.52
烟草制品业	Manufacture of Tobacco		
纺织业	Manufacture of Textile	160.69	53.77
皮革、毛皮、羽毛(绒)及其制品业	Manufacture of Leather, Fur, Feather and Related Products	46.89	17.26
造纸及纸制品业	Manufacture of Paper and Paper Products	109061.99	3840.54
石油加工、炼焦及核燃料加工业	Processing of Petroleum, Coking, Processing of Nuclear Fuel	30281.68	3822.63
化学原料及化学制品制造业	Manufacture of Raw Chemical Materials and Chemical Products	1322063.38	31822.33
医药制造业	Manufacture of Medicines	105025.44	4343.49
橡胶和塑料制品业	Manufacture of Rubber and Plastics	5020.00	251.00
非金属矿物制品业	Manufacture of Non-metallic Mineral Products	2189226.22	25650.96
黑色金属冶炼及压延加工业	Smelting and Pressing of Ferrous Metals	4968652.04	46586.49
有色金属冶炼及压延加工业	Smelting and Pressing of Non-ferrous Metals	114395.35	5458.60
金属制品业	Manufacture of Metal Products	562.62	84.14
通用设备制造业	Manufacture of General Purpose Machinery		
专用设备制造业	Manufacture of Special Purpose Machinery	862.12	171.63
电气机械及器材制造业	Manufacture of Electrical Machinery and Equipment	262.20	28.59
计算机、通信和其他电子设备制造业	Manufacture of Computers, Communication Equipment and Other Electronic Equipment		
其他制造业	Other Manufacturing	215.14	67.80
废弃资源综合利用业	Recycling and Disposal of Waste	14.34	1.83
金属制品、机械和设备修理业	Metal Products, Machinery and Equipment Repair Industry	87.17	11.15
电力、热力的生产和供应业	Production and Supply of Electric power and Heat Power	11896135.29	40095.89

19-4 工业分行业工业固体废物产生及处理利用情况(2012 年)

Production, Treatment and Utilization of Industrial Solid Wastes by Sector (2012)

行　业	Sector	一般工业固体废物产生量(万吨) Volume of General Industrial Solid Wastes Produced (10 000 tons)	危险废物产生量(万吨) Volume of Hazardous Wastes Produced (10 000tons)
煤炭开采和洗选业	Mining and Washing of Coal	416.62	
石油和天然气开采业	Extraction of Petroleum and Natural Gas	0.02	
非金属矿采选业	Mining and Processing of Non-metal Ores	6.41	
农副食品加工业	Processing of Food from Agricultural Products	15.51	
食品制造业	Manufacture of Foods	52.65	
酒、饮料和精制茶制造业	Manufacture of Wine, Beverages and Refined Tea	4.33	
烟草制品业	Manufacture of Tobacco		
纺织业	Manufacture of Textile	0.26	0.0048
皮革、毛皮、羽毛(绒)及其制品业	Manufacture of Leather, Fur, Feather and Related Products	0.04	
造纸及纸制品业	Manufacture of Paper and Paper Products	41.10	
石油加工、炼焦及核燃料加工业	Processing of Petroleum, Coking, Processing of Nuclear Fuel	6.89	0.65
化学原料及化学制品制造业	Manufacture of Raw Chemical Materials and Chemical Products	413.44	3.48
医药制造业	Manufacture of Medicines	27.79	1.43
橡胶和塑料制品业	Manufacture of Rubber and Plastics	1.99	0.01
非金属矿物制品业	Manufacture of Non-metallic Mineral Products	44.69	
黑色金属冶炼及压延加工业	Smelting and Pressing of Ferrous Metals	164.05	
有色金属冶炼及压延加工业	Smelting and Pressing of Non-ferrous Metals	23.44	0.02
金属制品业	Manufacture of Metal Products	0.59	
通用设备制造业	Manufacture of General Purpose Machinery	0.46	
专用设备制造业	Manufacture of Special Purpose Machinery	0.76	0.01
电气机械及器材制造业	Manufacture of Electrical Machinery and Equipment	0.25	0.02
计算机、通信和其他电子设备制造业	Manufacture of Computers, Communication Equipment and Other Electronic Equipment		
其他制造业	Other Manufacturing	0.02	
废弃资源综合利用业	Recycling and Disposal of Waste	0.01	
金属制品、机械和设备修理业	Metal Products, Machinery and Equipment Repair Industry	0.10	
电力、热力的生产和供应业	Production and Supply of Electric power and Heat Power	1581.88	0.01

19-4 续表 1 continued

行　业	Sector	一般工业固体废物综合利用量（万吨）Volume of General Industrial Solid Wastes Utilized(10 000 tons)	一般工业固体废物贮存量（万吨）Volume of General Industrial Solid Wastes in Stocks (10 000 tons)
煤炭开采和洗选业	Mining and Washing of Coal	331.44	20.00
石油和天然气开采业	Extraction of Petroleum and Natural Gas	0.02	
非金属矿采选业	Mining and Processing of Non-metal Ores	6.01	
农副食品加工业	Processing of Food from Agricultural Products	15.33	
食品制造业	Manufacture of Foods	51.46	
酒、饮料和精制茶制造业	Manufacture of Wine, Beverages and Refined Tea	4.33	
烟草制品业	Manufacture of Tobacco		
纺织业	Manufacture of Textile	0.26	
皮革、毛皮、羽毛(绒)及其制品业	Manufacture of Leather, Fur, Feather and Related Products	0.04	
造纸及纸制品业	Manufacture of Paper and Paper Products	36.23	
石油加工、炼焦及核燃料加工业	Processing of Petroleum, Coking, Processing of Nuclear Fuel	4.36	0.53
化学原料及化学制品制造业	Manufacture of Raw Chemical Materials and Chemical Products	228.36	103.78
医药制造业	Manufacture of Medicines	23.73	
橡胶和塑料制品业	Manufacture of Rubber and Plastics	1.99	
非金属矿物制品业	Manufacture of Non-metallic Mineral Products	49.66	2.66
黑色金属冶炼及压延加工业	Smelting and Pressing of Ferrous Metals	164.58	
有色金属冶炼及压延加工业	Smelting and Pressing of Non-ferrous Metals	11.83	8.59
金属制品业	Manufacture of Metal Products	0.06	0.26
通用设备制造业	Manufacture of General Purpose Machinery	0.46	
专用设备制造业	Manufacture of Special Purpose Machinery	0.73	
电气机械及器材制造业	Manufacture of Electrical Machinery and Equipment	0.25	
计算机、通信和其他电子设备制造业	Manufacture of Computers, Communication Equipment and Other Electronic Equipment		
其他制造业	Other Manufacturing	0.02	
废弃资源综合利用业	Recycling and Disposal of Waste	0.01	
金属制品、机械和设备修理业	Metal Products, Machinery and Equipment Repair Industry	0.10	
电力、热力的生产和供应业	Production and Supply of Electric power and Heat Power	973.66	261.32

19-4 **续表** 2 continued

行　业	Sector	一般工业固体废物综合利用量（万吨）Volume of General Industrial Solid Wastes Utilized（10 000 tons）	一般工业固体废物贮存量（万吨）Volume of General Industrial Solid Wastes in Stocks（10 000 tons）
煤炭开采和洗选业	Mining and Washing of Coal	65.18	
石油和天然气开采业	Extraction of Petroleum and Natural Gas		
非金属矿采选业	Mining and Processing of Non-metal Ores	0.40	
农副食品加工业	Processing of Food from Agricultural Products	0.17	
食品制造业	Manufacture of Foods	1.18	
酒、饮料和精制茶制造业	Manufacture of Wine, Beverages and Refined Tea		
烟草制品业	Manufacture of Tobacco		
纺织业	Manufacture of Textile		
皮革、毛皮、羽毛(绒)及其制品业	Manufacture of Leather, Fur, Feather and Related Products		
造纸及纸制品业	Manufacture of Paper and Paper Products	4.88	
石油加工、炼焦及核燃料加工业	Processing of Petroleum, Coking, Processing of Nuclear Fuel	2.00	
化学原料及化学制品制造业	Manufacture of Raw Chemical Materials and Chemical Products	81.35	
医药制造业	Manufacture of Medicines	4.05	
橡胶和塑料制品业	Manufacture of Rubber and Plastics		
非金属矿物制品业	Manufacture of Non-metallic Mineral Products	0.65	
黑色金属冶炼及压延加工业	Smelting and Pressing of Ferrous Metals	0.01	
有色金属冶炼及压延加工业	Smelting and Pressing of Non-ferrous Metals	3.03	
金属制品业	Manufacture of Metal Products	0.26	
通用设备制造业	Manufacture of General Purpose Machinery		
专用设备制造业	Manufacture of Special Purpose Machinery	0.03	
电气机械及器材制造业	Manufacture of Electrical Machinery and Equipment		
计算机、通信和其他电子设备制造业	Manufacture of Computers, Communication Equipment and Other Electronic Equipment		
其他制造业	Other Manufacturing		
废弃资源综合利用业	Recycling and Disposal of Waste		
金属制品、机械和设备修理业	Metal Products, Machinery and Equipment Repair Industry		
电力、热力的生产和供应业	Production and Supply of Electric power and Heat Power	358.94	

19-5 各市县工业废水排放及处理情况(2012 年)

Discharge and Treatment of Industrial Waste Water by City and Country(2012)

地 区	Region	汇总工业企业数(个) Number of Industrial Enterprises (unit)	工业废水排放总量(万吨) Volume of Industrial Waste Water Discharge (10 000 tons)	排入污水处理厂的 Volume of Waste Water Discharged into Sewage Disposal Plants	废水治理设施数(套) Number of Facilities for Treatment of Waste Water (set)
全区总计	**Total**	**884**	**16547.81**	**1346.10**	**377**
银 川 市	**Yinchuan**	**141**	**5963.18**	**1285.18**	**81**
兴 庆 区	Xingqing	25	58.37		1
西 夏 区	Xixia	28	1317.15	1273.45	27
金 凤 区	Jinfeng	12	18.32	11.73	2
永 宁 县	Yongning	22	3042.40		15
贺 兰 县	Helan	32	1023.07		16
灵 武 市	Lingwu	22	503.87		20
石嘴山市	**Shizuishan**	**271**	**1230.47**	**60.91**	**174**
大武口区	Dawukou	49	110.32	19.18	23
惠 农 区	Huinong	83	462.60	41.73	63
平 罗 县	Pingluo	139	657.55		88
吴 忠 市	**Wuzhong**	**122**	**2703.12**		**50**
利 通 区	Litong	56	979.21		14
红寺堡区	Hongsipu	10	9.00		
盐 池 县	Yanchi	16	45.02		2
同 心 县	Tongxin	4	0.09		
青铜峡市	Qingtongxia	36	1669.81		34
固 原 市	**Guyuan**	**254**	**243.54**		**11**
原 州 区	Yuanzhou	47	47.76		7
西 吉 县	Xiji	134	117.03		
隆 德 县	Longde	31	11.22		1
泾 源 县	Jingyuan	4	3.73		
彭 阳 县	Pengyang	38	63.80		3
中 卫 市	**Zhongwei**	**74**	**4504.44**		**27**
沙坡头区	Shapotou	39	3918.95		15
中 宁 县	Zhongning	28	550.13		12
海 原 县	Haiyuan	7	35.36		
宁东地区	**Ningdong District**	**22**	**1903.06**		**34**

19-5 续表 1 continued

地 区	Region	工业废水处理量（万吨）Volume of Industrial Waste Water Treated (10 000 tons)	化学需氧量排放量（吨）COD Discharged (ton)	氨氮排放量（吨）Ammonia Nitrogen Discharge (ton)
全区总计	**Total**	**25384.82**	**105438.12**	**8609.06**
银 川 市	**Yinchuan**	**6630.88**	**16676.85**	**2779.87**
兴 庆 区	Xingqing	9.00	129.03	0.15
西 夏 区	Xixia	1595.54	1858.58	954.66
金 凤 区	Jinfeng	0.68	1249.29	6.33
永 宁 县	Yongning	2926.19	7985.93	1540.86
贺 兰 县	Helan	1003.78	4661.12	266.70
灵 武 市	Lingwu	1095.69	792.90	11.17
石嘴山市	**Shizuishan**	**7468.60**	**5465.12**	**1284.70**
大武口区	Dawukou	856.93	205.50	385.43
惠 农 区	Huinong	5738.15	1277.71	335.62
平 罗 县	Pingluo	873.53	3981.91	563.65
吴 忠 市	**Wuzhong**	**2447.62**	**33669.57**	**2587.15**
利 通 区	Litong	586.96	23510.37	1023.76
红寺堡区	Hongsipu		37.90	
盐 池 县	Yanchi	16.76	438.77	368.73
同 心 县	Tongxin		145.05	
青铜峡市	Qingtongxia	1843.89	9537.48	1194.66
固 原 市	**Guyuan**	**394.56**	**19903.22**	**80.66**
原 州 区	Yuanzhou	78.00	5476.60	22.28
西 吉 县	Xiji		12459.64	49.52
隆 德 县	Longde	1.70	1281.07	5.35
泾 源 县	Jingyuan		43.48	0.18
彭 阳 县	Pengyang	314.86	642.43	3.34
中 卫 市	**Zhongwei**	**4808.48**	**27357.43**	**1611.37**
沙坡头区	Shapotou	4601.68	18949.54	1216.77
中 宁 县	Zhongning	206.80	5247.87	384.62
海 原 县	Haiyuan		3160.02	9.98
宁东地区	**Ningdong District**	**3634.69**	**2365.92**	**265.31**

19-6 各市县工业废气排放及处理情况(2012 年)

Emission and Treatment of Industrial Waste Gas by City and Country(2012)

地 区	Region	废气治理设施数（套）Number of Facilities for Treatment of Waste Gas (set)	工业废气排放总量（亿标立方米）Total Volume of Industrial Waste Gas Emission (100 million cu.m)	工业二氧化硫产生量（吨）Volume of Sulphur Dioxide Produced (ton)	工业二氧化硫排放量（吨）Volume of Sulphur Dioxide Emission (ton)
全区总计	**Total**	**1766**	**9324.47**	**1275437.22**	**384377.93**
银 川 市	**Yinchuan**	**419**	**2063.45**	**362114.63**	**105742.61**
兴 庆 区	Xingqing	121	28.43	4094.99	4094.99
西 夏 区	Xixia	81	514.76	42935.22	21233.27
金 凤 区	Jinfeng	23	37.37	6489.56	1648.15
永 宁 县	Yongning	51	250.87	32312.02	26722.77
贺 兰 县	Helan	53	55.23	5241.69	5209.65
灵 武 市	Lingwu	90	1176.79	271041.15	46833.78
石嘴山市	**Shizuishan**	**545**	**1583.73**	**340894.4**	**91076.91**
大武口区	Dawukou	138	344.83	68351.24	17310.04
惠 农 区	Huinong	206	964.25	243918.75	50330.48
平 罗 县	Pingluo	201	274.65	28624.41	23436.39
吴 忠 市	**Wuzhong**	**395**	**2097.26**	**229204.75**	**65799.19**
利 通 区	Litong	137	184.20	11847.91	10367.96
红寺堡区	Hongsipu	2	2.76	398.29	398.29
盐 池 县	Yanchi	20	91.38	1894.07	1894.07
同 心 县	Tongxin	5	3.07	476.99	476.99
青铜峡市	Qingtongxia	231	1815.86	214587.48	52661.87
固 原 市	**Guyuan**	**110**	**308.70**	**54794.99**	**14657.31**
原 州 区	Yuanzhou	38	259.66	50125.02	9987.34
西 吉 县	Xiji	9	7.51	1645.56	1645.56
隆 德 县	Longde	15	7.20	1164.45	1164.45
泾 源 县	Jingyuan	35	17.74	696.06	696.06
彭 阳 县	Pengyang	13	16.59	1163.90	1163.90
中 卫 市	**Zhongwei**	**201**	**1430.79**	**73484.96**	**38441.63**
沙坡头区	Shapotou	143	691.63	23581.80	23581.80
中 宁 县	Zhongning	58	732.09	49670.80	14627.47
海 原 县	Haiyuan		7.07	232.36	232.36
宁东地区	**Ningdong District**	**96**	**1840.54**	**214943.48**	**68660.27**

19-6 续表 1 continued

地 区	Region	工业氮氧化物产生量（吨）Volume of Industrial Nitrogen Oxides Produced (ton)	工业氮氧化物排放量（吨）Volume of Industrial Nitrogen Oxides Discharged (ton)	工业烟(粉)尘产生量（吨）Volume of Industrial Soot(Dust) Produced (ton)	工业烟(粉)尘排放量（吨）Volume of Industrial Soot(Dust) Emission (ton)
全区总计	**Total**	**405763.13**	**378834.77**	**21141046.48**	**180716.40**
银 川 市	**Yinchuan**	**89294.22**	**75090.36**	**4286137.99**	**26347.75**
兴 庆 区	Xingqing	864.58	864.58	7586.36	984.45
西 夏 区	Xixia	23096.31	18026.61	392440.58	7914.12
金 凤 区	Jinfeng	3185.24	3185.24	31374.52	779.13
永 宁 县	Yongning	7343.95	7343.95	424992.25	4998.23
贺 兰 县	Helan	1796.74	1796.74	60975.05	5180.26
灵 武 市	Lingwu	53007.39	43873.24	3368769.23	6491.55
石嘴山市	**Shizuishan**	**102604.88**	**95667.15**	**8949362.33**	**71235.59**
大武口区	Dawukou	10683.08	10683.08	952649.22	16486.17
惠 农 区	Huinong	88273.42	81335.69	7711776.22	29233.58
平 罗 县	Pingluo	3648.38	3648.38	284936.88	25515.84
吴 忠 市	**Wuzhong**	**90063.65**	**87042.78**	**3881871.44**	**12394.14**
利 通 区	Litong	3838.22	3838.22	262301.84	2558.18
红寺堡区	Hongsipu	72.01	72.01	520.77	237.54
盐 池 县	Yanchi	2637.98	2637.98	306309.90	1392.66
同 心 县	Tongxin	61.47	61.47	2918.23	61.07
青铜峡市	Qingtongxia	83453.97	80433.10	3309820.71	8144.70
固 原 市	**Guyuan**	**9449.26**	**9449.26**	**457118.25**	**5862.75**
原 州 区	Yuanzhou	7982.61	7982.61	271127.94	2685.25
西 吉 县	Xiji	242.05	242.05	1145.87	873.54
隆 德 县	Longde	168.01	168.01	1710.59	1205.91
泾 源 县	Jingyuan	829.53	829.53	181863.70	704.99
彭 阳 县	Pengyang	227.06	227.06	1270.14	393.06
中 卫 市	**Zhongwei**	**37106.16**	**37106.16**	**1442718.42**	**39851.85**
沙坡头区	Shapotou	9277.18	9277.18	581777.29	33122.27
中 宁 县	Zhongning	27737.69	27737.69	859818.96	5607.42
海 原 县	Haiyuan	91.29	91.29	1122.17	1122.17
宁东地区	**Ningdong District**	**77244.96**	**74479.06**	**2123838.06**	**25024.32**

19-7 各市县工业固体废物产生及处理利用情况(2012 年)

Production, Treatment and Utilization of Industrial Solid Wastes by City and Country(2012)

地 区	Region	一般工业固体废物产生量(万吨) Volume of General Industrial Solid Wastes Produced (10 000 tons)	危险废物产生量(吨) Volume of Hazardous Wastes Produced (ton)	一般工业固体废物综合利用量(万吨) Volume of General Industrial Solid Wastes Utilized (10 000 tons)	危险废物综合利用量(吨) Volume of Hazardous Wastes Utilized (ton)	一般工业固体废物贮存量(万吨) Volume of General Industrial Solid Wastes in Stocks (10 000 tons)	危险废物贮存量(吨) Volume of Hazardous Wastes in Stocks (ton)
全区总计	**Total**	**2960.67**	**5.62**	**2043.78**	**3.66**	**397.98**	**1.17**
银川市	**Yinchuan**	**728.72**	**4.07**	**591.59**	**2.24**	**116.59**	**1.17**
兴庆区	Xingqing	4.19		4.19			
西夏区	Xixia	97.45	1.41	81.50	0.81	15.89	
金凤区	Jinfeng	12.52	0.01	6.11			
永宁县	Yongning	86.26	1.43	87.80	1.43	2.66	
贺兰县	Helan	21.12	1.20	15.72			1.16
灵武市	Lingwu	507.18	0.02	396.27	0.01	98.05	0.01
石嘴山市	**Shizuishan**	**639.56**	**1.36**	**412.69**	**1.35**	**6.78**	
大武口区	Dawukou	250.36	0.01	108.80		6.25	
惠农区	Huinong	249.71	1.32	164.40	1.32	0.53	
平罗县	Pingluo	139.49	0.03	139.49	0.03		
吴忠市	**Wuzhong**	**540.23**	**0.10**	**385.29**		**71.98**	
利通区	Litong	37.13		27.30		8.44	
红寺堡区	Hongsipu	1.01		1.01			
盐池县	Yanchi	22.17		11.34			
同心县	Tongxin	0.20		0.20			
青铜峡市	Qingtongxia	479.61	0.10	345.44		63.55	
固原市	**Guyuan**	**114.01**		**108.14**			
原州区	Yuanzhou	51.03		46.12			
西吉县	Xiji	1.56		0.69			
隆德县	Longde	3.48		3.48			
泾源县	Jingyuan	10.72		10.64			
彭阳县	Pengyang	47.21		47.21			
中卫市	**Zhongwei**	**250.20**		**238.30**		**5.75**	
沙坡头区	Shapotou	75.35		72.10		0.25	
中宁县	Zhongning	173.69		165.03		5.50	
海原县	Haiyuan	1.16		1.16			
宁东地区	**Ningdong District**	**688.05**	**0.09**	**307.77**	**0.06**	**196.88**	

19-7 **续表** 1 continued

地 区	Region	一般工业固体废物处置量（万吨）Volume of General Industrial Solid Wastes Treated (10 000 tons)	危险废物处置量（吨）Volume of Hazardous Wastes Treated (ton)	工业固体废物排放量（万吨）Volume of Industrial Solid Wastes Discharged (10 000 tons)	危险废物排放量（吨）Volume of Hazardous Wastes Discharged (ton)
全区总计	**Total**	**539.92**	**0.8**		
银川市	**Yinchuan**	**28.87**	**0.66**		
兴庆区	Xingqing				
西夏区	Xixia	0.06	0.61		
金凤区	Jinfeng	6.42	0.01		
永宁县	Yongning	4.08			
贺兰县	Helan	5.45	0.04		
灵武市	Lingwu	12.86	0.01		
石嘴山市	**Shizuishan**	**220.09**	**0.01**		
大武口区	Dawukou	135.31	0.01		
惠农区	Huinong	84.78			
平罗县	Pingluo				
吴忠市	**Wuzhong**	**82.86**	**0.10**		
利通区	Litong	1.40			
红寺堡区	Hongsipu				
盐池县	Yanchi	10.83			
同心县	Tongxin				
青铜峡市	Qingtongxia	70.64	0.10		
固原市	**Guyuan**	**17.92**			
原州区	Yuanzhou	16.97			
西吉县	Xiji	0.87			
隆德县	Longde				
泾源县	Jingyuan	0.08			
彭阳县	Pengyang				
中卫市	**Zhongwei**	**6.76**			
沙坡头区	Shapotou	3.61			
中宁县	Zhongning	3.16			
海原县	Haiyuan				
宁东地区	**Ningdong District**	**183.41**	**0.03**		

19-8 各市县生活污染物排放情况(2012 年)

Discharge of Pollutions from Daily Life by City and Country(2012)

地 区	Region	城镇生活污水排放量（万吨） Consumption Waste Water Discharge in City and Town (10 000 tons)	城镇处理生活污水量（万吨） Consumption Waste Water Treated (10 000 tons)	城镇生活污水中COD排放量（吨） COD Discharge Volume (ton)	城镇生活污水中氨氮排放量（吨） Ammonia Nitrogen Discharge from Consumption Waste Water in Urban Area (ton)
全区总计	**Total**	**22388.57**	**15964.54**	**20061.88**	**6617.28**
银 川 市	**Yinchuan**	**13706.55**	**10105.81**	**4413.72**	**3029.23**
兴 庆 区	Xingqing	4974.04	3605.70	1555.34	1546.38
西 夏 区	Xixia	2046.42	2228.23	635.10	435.88
金 凤 区	Jinfeng	2556.73	3325.02	771.58	529.55
永 宁 县	Yongning	1356.13	312.79	499.19	140.66
贺 兰 县	Helan	1392.14	173.99	511.37	232.19
灵 武 市	Lingwu	1381.10	460.08	441.15	144.57
石嘴山市	**Shizuishan**	**3130.02**	**2410.65**	**3846.25**	**1012.65**
大武口区	Dawukou	1500.29	986.77	1914.54	526.14
惠 农 区	Huinong	1026.33	972.84	1069.65	245.46
平 罗 县	Pingluo	603.40	451.04	862.06	241.06
吴 忠 市	**Wuzhong**	**2891.29**	**1734.09**	**3907.97**	**1003.59**
利 通 区	Litong	1363.93	1202.09	125.13	231.00
红寺堡区	Hongsipu	192.42		937.45	130.51
盐 池 县	Yanchi	204.60		1003.03	128.77
同 心 县	Tongxin	479.57		1185.52	325.28
青铜峡市	Qingtongxia	650.78	532.00	656.84	188.04
固 原 市	**Guyuan**	**907.21**	**671.04**	**3242.71**	**647.74**
原 州 区	Yuanzhou	429.24	317.86	1534.27	306.48
西 吉 县	Xiji	174.65	146.65	624.28	124.70
隆 德 县	Longde	98.28		351.28	70.17
泾 源 县	Jingyuan	66.25	136.09	236.79	47.30
彭 阳 县	Pengyang	138.79	70.44	496.09	99.10
中 卫 市	**Zhongwei**	**1530.85**	**1042.95**	**3519.74**	**781.35**
沙坡头区	Shapotou	765.43	679.52	1759.87	390.67
中 宁 县	Zhongning	505.18	363.43	1161.51	257.84
海 原 县	Haiyuan	260.24		598.36	132.83
宁东地区	**Ningdong District**	**222.65**		**1131.50**	**142.72**

19-8 续表 1 continued

地 区	Region	生活二氧化硫排放量（吨）Volume of Sulphur Dioxide Emission by Consumption（ton）	生活氮氧化物排放量（吨）Volume of Nitrogen Oxides Discharged by Consumption（ton）	生活烟尘排放量（吨）Volume of Consumption Soot Emission（ton）
全区总计	**Total**	**22252.64**	**2748.01**	**9430.07**
银 川 市	**Yinchuan**	**5613.06**	**1218.42**	**2971.62**
兴 庆 区	Xingqing	1922.36	462.71	1017.72
西 夏 区	Xixia	819.40	242.23	433.80
金 凤 区	Jinfeng	996.20	250.89	527.40
永 宁 县	Yongning	474.30	68.17	251.10
贺 兰 县	Helan	489.60	70.55	259.20
灵 武 市	Lingwu	911.20	123.87	482.40
石嘴山市	**Shizuishan**	**5375.40**	**445.60**	**1897.20**
大武口区	Dawukou	2092.94	179.14	674.11
惠 农 区	Huinong	1389.64	114.90	488.71
平 罗 县	Pingluo	1892.82	151.56	734.38
吴 忠 市	**Wuzhong**	**3245.97**	**334.53**	**1321.88**
利 通 区	Litong	1284.62	132.39	523.14
红寺堡区	Hongsipu	283.67	29.24	115.52
盐 池 县	Yanchi	301.62	31.08	122.83
同 心 县	Tongxin	706.99	72.86	287.92
青铜峡市	Qingtongxia	669.07	68.95	272.47
固 原 市	**Guyuan**	**3394.72**	**327.36**	**1473.12**
原 州 区	Yuanzhou	1606.19	154.89	697.00
西 吉 县	Xiji	653.54	63.02	283.60
隆 德 县	Longde	367.74	35.46	159.58
泾 源 县	Jingyuan	247.90	23.91	107.57
彭 阳 县	Pengyang	519.35	50.08	225.37
中 卫 市	**Zhongwei**	**4339.93**	**394.30**	**1641.15**
沙坡头区	Shapotou	2169.97	182.35	820.76
中 宁 县	Zhongning	1432.18	149.95	541.58
海 原 县	Haiyuan	737.79	62.00	278.81
宁东地区	**Ningdong District**	**283.56**	**27.80**	**125.10**

19-9 各市县工业污染治理项目及投资情况（2012 年）

Investment in Anti-industrial Pollution Projects(2012)

地区	Region	汇总工业企业数 Number of Industrial Enterprises	本年施工项目数 Projects Under Construction	废水治理项目 Treatment of Waste Water	废气治理项目 Treatment of Waste Gas	固体废物治理项目 Treatment of Solid Waste	其他治理项目 Other Treatment Projects
全区总计	**Total**	**61**	**60**	**9**	**40**	**5**	**6**
银川市	**Yinchuan**	**14**	**13**	**2**	**10**	**1**	
兴庆区	Xingqing						
西夏区	Xixia	5	5	1	4		
金凤区	Jinfeng	1	3		3		
永宁县	Yongning	3	3		2	1	
贺兰县	Helan						
灵武市	Lingwu	5	2	1	1		
石嘴山市	**Shizuishan**	**26**	**29**	**1**	**20**	**3**	**5**
大武口区	Dawukou	15	18		14	3	1
惠农区	Huinong	8	9	1	5		3
平罗县	Pingluo	3	2		1		1
吴忠市	**Wuzhong**	**12**	**11**	**4**	**6**		**1**
利通区	Litong	3					
红寺堡区	Hongsipu						
盐池县	Yanchi						
同心县	Tongxin						
青铜峡市	Qingtongxia	9	11	4	6		1
固原市	**Guyuan**	**1**	**1**		**1**		
原州区	Yuanzhou	1	1		1		
西吉县	Xiji						
隆德县	Longde						
泾源县	Jingyuan						
彭阳县	Pengyang						
中卫市	**Zhongwei**	**6**	**5**	**2**	**3**		
沙坡头区	Shapotou	5	4	2	2		
中宁县	Zhongning	1	1		1		
海原县	Haiyuan						
宁东地区	**Ningdong District**	**2**	**1**			**1**	

19-9 续表 1 continued

地 区	Region	施工项目本年完成投资额（万元）Investment Completed in Pollution Treatment Projects this Year (10 000 yuan)	废水治理项目 Treatment of Waste Water	废气治理项目 Treatment of Waste Gas	固体废物治理项目 Treatment of Solid Waste	其他治理项目 Other Treatment Projects	本年竣工项目数（个）Projects Completed (unit)
全区总计	**Total**	**69159.7**	**14298.3**	**43543.0**	**5601.0**	**5717.5**	**63**
银川市	**Yinchuan**	**27346.7**	**7909.3**	**17437.4**	**2000.0**		**19**
兴庆区	Xingqing						
西夏区	Xixia	15195.0	3900.0	11295.0			6
金凤区	Jinfeng	231.4		231.4			3
永宁县	Yongning	9900.0	2000.0	5900.0	2000.0		5
贺兰县	Helan						
灵武市	Lingwu	2020.3	2009.3	11.0			5
石嘴山市	**Shizuishan**	**21467.2**	**1198.0**	**11459.7**	**3101.0**	**5708.6**	**27**
大武口区	Dawukou	11103.3	1165.0	6835.4	3101.0	2.0	18
惠农区	Huinong	8393.9	33.0	4304.3		4056.6	7
平罗县	Pingluo	1970.0		320.0		1650.0	2
吴忠市	**Wuzhong**	**7379.8**	**606.0**	**6764.9**		**8.9**	**9**
利通区	Litong						
红寺堡区	Hongsipu						
盐池县	Yanchi						
同心县	Tongxin						
青铜峡市	Qingtongxia	7379.8	606.0	6764.9		8.9	9
固原市	**Guyuan**	**6000.0**		**6000.0**			**1**
原州区	Yuanzhou	6000.0		6000.0			1
西吉县	Xiji						
隆德县	Longde						
泾源县	Jingyuan						
彭阳县	Pengyang						
中卫市	**Zhongwei**	**6466.0**	**4585.0**	**1881.0**			**6**
沙坡头区	Shapotou	6364.0	4585.0	1779.0			5
中宁县	Zhongning	102.0		102.0			1
海原县	Haiyuan						
宁东地区	**Ningdong District**	**500.0**			**500.0**		**1**

主要统计指标解释

[自然保护区] 指对有代表性的自然生态系统、珍稀濒危野生动植物物种的天然分布区、水源涵养区、有特殊意义的自然历史遗迹等保护对象所在的陆地、陆地水体或海域,依法划出一定面积进行特殊保护和管理的区域。以县及县以上各级人民政府正式批准建立的自然保护区为准(包括“六五”以前由部门或“革委会”批准且现仍存在的自然保护区)。风景名胜区、文物保护区不计在内。

[工业废水排放量] 指经过企业厂区所有排放口排到企业外部的工业废水量。包括生产废水、外排的直接冷却水、超标排放的矿井地下水和与工业废水混排的厂区生活污水,不包括外排的间接冷却水(清污不分流的间接冷却水应计算在内)。

[工业废水排放达标量] 指报告期内废水中各项污染物指标都达到国家或地方排放标准的外排工业废水量,包括未经处理外排达标的,经废水处理设施处理后达标排放的,以及经污水处理厂处理后达标排放的。

[工业废水排放达标率] 指工业废水排放达标量占工业废水排放量的百分率。

[城镇生活污水排放量] 指城镇居民每年排放的生活污水。

[工业废气排放量] 指报告期内企业厂区内燃料燃烧和生产工艺过程中产生的各种排入大气的含有污染物的气体的总量。

[工业烟尘排放量] 指企业厂区内燃料燃烧过程中产生的烟气中夹带的颗粒物排放量。

[工业粉尘排放量] 指企业在生产工艺过程中排放的能在空气中悬浮一定时间的固体颗粒物排放量。

[工业固体废物产生量] 指报告期内企业在生产过程中产生的固体状、半固体状和高浓度液体状废弃物的总量,包括危险废物、冶炼废渣、粉煤灰、炉渣、煤矸石、尾矿、放射性废物和其他废物等。

[工业固体废物综合利用量] 指报告期内企业通过回收、加工、循环、交换等方式,从固体废物中提取或者使其转化为可以利用的资源、能源和其他原材料的固体废物量(包括当年利用往年的工业固体废物贮存量)。

[工业固体废物综合利用率] 指工业固体废物综合利用量占工业固体废物产生量(包括综合利用往年贮存量)的百分率。

[工业固体废物排放量] 指报告期内企业将所产生的固体废物排到固体废物污染防治设施、场所以外的数量。

[三废综合利用产品产值] 指报告期内利用“三废”作为主要原料生产的产品价值(现行价);已经销售或准备销售的应计算产品价值,留作生产自用的不应计算产品价值。

[环境污染与破坏事故] 指由于违反环境保护法规的经济社会活动与行为,以及意外因素的影响或不可抗拒的自然灾害等原因,致使环境受到污染,国家重点保护的野生动植物、自然保护区受到破坏,人体健康受到危害,社会经济和人民财产受到损失,造成不良社会影响的突发性事件。

第二十篇 Chapter 20

重点服务业企业调查主要数据

Main Service Enterprise Survey

责任编辑：杨培林

资料整理：杨培林　徐学奎　文桂芳　邢　猛　杨　雯

Coordinator：Yang Peilin

Data Compilation：Yang Peilin　Xu Xuekui　Wen Guifang　Xing Meng　Yang Wen

20-1 重点服务业企业调查主要数据

Main Service Enterprises Survey

单位：万元、个 (10 000 yuan, unit)

指标	Item	单位数 Number of Enterprises	营业收入 Revenue	
			2011	2012
总计	**Total**	**247**	**1300604.7**	**1481864.9**
交通运输、仓储和邮政业	**Transport, Storage and Post**	**72**	**477528.7**	**513919.3**
铁路运输业	Railway Transport	1	68246.4	80394.7
道路运输业	Road Transport	47	154962.5	168320.7
水上运输业	Water Transport	1	3304.5	4580.2
航空运输业	Air Transport	2	21820.2	26014.1
装卸搬运和运输代理业	Loading, Unloading and Transport Agency Services	4	23045.9	20031
仓储业	Storage	9	126127.7	135805.5
邮政业	Posts	8	80021.5	78773.1
信息传输、软件和信息技术服务业	**Information Transmission, Software and Information Technology Services**	**24**	**490677.6**	**559803.9**
电信、广播电视和卫星传输服务	Telecommunications, Broadcast, TV and Satellite Transmission Services	19	479888.3	548057.5
软件和信息技术服务业	Software and Information Technology Services	5	10789.3	11746.4
房地产业	**Real Estate**	**47**	**44835.5**	**49906.3**
物业管理	Property Management	45	41998.7	48089.4
房地产中介服务	Real Estate Services	2	2836.8	1816.9
租赁和商务服务业	**Leasing and Business Services**	**40**	**116383.0**	**151016.4**
租赁业	Leasing	1	108.7	78.5
商务服务业	Business Services	39	116274.3	150937.9
科学研究和技术服务业	**Scientific Research and Technical Services**	**32**	**108827.5**	**134415.9**
专业技术服务业	Professional Technical Services	31	108784.5	134367.4
科技推广和应用服务业	Services of Science and Technology Promotion and Application	1	43.0	48.5
水利、环境和公共设施管理业	**Management of Water Conservancy, Environment and Public Facilities**	**9**	**31063.3**	**36429.4**
生态保护和环境治理业	Ecological Protection and Environmental Management	1	285.1	319.4
公共设施管理业	Management of Public Facilities	8	30778.2	36110
居民服务、修理和其他服务业	**Services of Households, Repair and Other Services**	**4**	**2270.2**	**2397.2**
居民服务业	Services of Households	3	2088.9	2103.1
其他服务业	Other Services	1	181.3	294.1
教育	**Education**	**4**	**4521.7**	**6024.8**
卫生和社会工作	**Health and Social Affairs**	**10**	**11686.2**	**16700**
卫生	Health	10	11686.2	16700
文化、体育和娱乐业	**Culture, Sports and Entertainment**	**5**	**12811.0**	**11251.7**
新闻和出版业	Journalism and Publishing Activities	1	6556.0	4819.5
广播、电视、电影和影视录音制作业	Broadcasting, Television, Movies and Audiovisual Activities	1	3460.2	2811.2
娱乐业	Entertainment	3	2794.8	3621

20-1 续表 1 continued

单位:万元 (10 000 yuan)

指标	Item	本年折旧 Depreciation		营业税金及附加 Taxes and Other Charges	
		2011	2012	2011	2012
总计	**Total**	**245371.3**	**274063.0**	**35132.4**	**39984.2**
交通运输、仓储和邮政业	**Transport, Storage and Post**	**90400.7**	**109781.4**	**9237.8**	**10163.5**
铁路运输业	Railway Transport	42359.2	51890.4	2325.9	2546.9
道路运输业	Road Transport	34650.8	42685.4	5062.6	5079.2
水上运输业	Water Transport	214	247.3	109.8	151
航空运输业	Air Transport	4195.2	5359.2	834.1	1031.8
装卸搬运和运输代理业	Loading, Unloading and Transport Agency Services	729.6	797.0	243.2	364.7
仓储业	Storage	4561.8	4938.0		220.4
邮政业	Posts	3690.1	3864.1	662.2	769.5
信息传输、软件和信息技术服务业	**Information Transmission, Software and Information Technology Services**	**135122.0**	**142233.4**	**14418.2**	**16071.2**
电信、广播电视和卫星传输服务	Telecommunications, Broadcast, TV and Satellite Transmission Services	134766.9	141925.5	14173.5	15849.1
软件和信息技术服务业	Software and Information Technology Services	355.1	307.9	244.7	222.1
房地产业	**Real Estate**	**1290.4**	**1293.1**	**2138.3**	**2486.5**
物业管理	Property Management	890.1	863.9	1974.1	2378.5
房地产中介服务	Real Estate Services	400.3	429.2	164.2	108
租赁和商务服务业	**Leasing and Business Services**	**4839.7**	**6119.5**	**2407.1**	**3390.3**
租赁业	Leasing	15.5	15.5		
商务服务业	Business Services	4824.2	6104.0	2407.1	3390.3
科学研究和技术服务业	**Scientific Research and Technical Services**	**6022.3**	**6827.8**	**5365.3**	**5986.7**
专业技术服务业	Professional Technical Services	6021.1	6826.6	5365.3	5986.7
科技推广和应用服务业	Services of Science and Technology Promotion and Application	1.2	1.2		
水利、环境和公共设施管理业	**Management of Water Conservancy, Environment and Public Facilities**	**3605**	**3492.3**	**833.4**	**1199.6**
生态保护和环境治理业	Ecological Protection and Environmental Management	37.3	45.2		
公共设施管理业	Management of Public Facilities	3567.7	3447.1	833.4	1199.6
居民服务、修理和其他服务业	**Services of Households, Repair and Other Services**	**509.9**	**346.1**	**117.8**	**101.6**
居民服务业	Services of Households	509.3	345.5	107.8	85.4
其他服务业	Other Services	0.6	0.6	10.0	16.2
教育	**Education**	**1001.2**	**1184.8**	**40.9**	**38.9**
卫生和社会工作	**Health and Social Affairs**	**1816.1**	**2064.7**	**164.3**	**163.6**
卫生	Health	1816.1	2064.7	164.3	163.6
文化、体育和娱乐业	**Culture, Sports and Entertainment**	**764**	**719.9**	**409.3**	**382.3**
新闻和出版业	Journalism and Publishing Activities	410.8	325.4	39.4	13.1
广播、电视、电影和影视录音制作业	Broadcasting, Television, Movies and Audiovisual Activities	100.4	89.7	257.0	204.3
娱乐业	Entertainment	252.8	304.8	112.9	164.9

20-1 续表 2 continued

单位：万元 (10 000 yuan)

指标	Item	应交增值税 Value Added Tax Payable		营业利润 Profits	
		2011	2012	2011	2012
总计	**Total**	**8762.2**	**7681.8**	**169856.9**	**117275.2**
交通运输、仓储和邮政业	**Transport, Storage and Post**	**7471.8**	**6245.2**	**6653.8**	**456.8**
铁路运输业	Railway Transport			31059	34863.6
道路运输业	Road Transport	64.3	102.6	-5613.9	-16528.0
水上运输业	Water Transport			1441.3	2328.2
航空运输业	Air Transport	0.6	0.5	1071.8	1769.4
装卸搬运和运输代理业	Loading, Unloading and Transport Agency Services			**-221.5**	**-3.2**
仓储业	Storage	0.2	0.2	-6124.3	-7464.3
邮政业	Posts	7406.7	6141.9	-14958.6	-14508.9
信息传输、软件和信息技术服务业	**Information Transmission, Software and Information Technology Services**	**396.4**	**385.6**	**92026.3**	**85003.6**
电信、广播电视和卫星传输服务	Telecommunications, Broadcast, TV and Satellite Transmission Services			91347	83994.5
软件和信息技术服务业	Software and Information Technology Services	396.4	385.6	679.3	1009.1
房地产业	**Real Estate**	**290.5**	**355.6**	**-1004.0**	**-2914.2**
物业管理	Property Management	290.5	355.6	-1976.3	-2476
房地产中介服务	Real Estate Services			972.3	-438.2
租赁和商务服务业	**Leasing and Business Services**	**11.3**	**84.7**	**50953.0**	**6839.9**
租赁业	Leasing				
商务服务业	Business Services	11.3	84.7	50953.0	6839.9
科学研究和技术服务业	**Scientific Research and Technical Services**	**283**	**454.1**	**13859.7**	**17413.6**
专业技术服务业	Professional Technical Services	283	454.1	13858.7	17412.1
科技推广和应用服务业	Services of Science and Technology Promotion and Application			1	1.5
水利、环境和公共设施管理业	**Management of Water Conservancy, Environment and Public Facilities**	**0.3**	**0.3**	**6851.4**	**9119.5**
生态保护和环境治理业	Ecological Protection and Environmental Management			-977.2	-698.6
公共设施管理业	Management of Public Facilities	0.3	0.3	7828.6	9818.1
居民服务、修理和其他服务业	**Services of Households, Repair and Other Services**			**220.2**	**295.5**
居民服务业	Services of Households			238.9	293.2
其他服务业	Other Services			-18.7	2.3
教育	**Education**			**-1931.6**	**-1058.7**
卫生和社会工作	**Health and Social Affairs**			**-28.0**	**871.5**
卫生	Health			-28.0	871.5
文化、体育和娱乐业	**Culture, Sports and Entertainment**	**308.9**	**156.3**	**2256.1**	**1247.7**
新闻和出版业	Journalism and Publishing Activities	270.8	108.8	426.2	-249.3
广播、电视、电影和影视录音制作业	Broadcasting, Television, Movies and Audiovisual Activities	30.3	39.7	959.7	684.1
娱乐业	Entertainment	7.8	7.8	870.2	812.9

20-1 续表 3 continued

单位:万元 (10 000 yuan)

指标	Item	应付职工薪酬 Wages Payable 2011	2012	从业人员期末人数 Employed Persons at Year-end	从业人员平均人数 Annual Average Employed Persons
总计	**Total**	**218529.7**	**265594.8**	**51159**	**49545**
交通运输、仓储和邮政业	**Transport, Storage and Post**	**77481.1**	**98090.5**	**18228**	**17444**
铁路运输业	Railway Transport	9434.2	11066.1	1082	1007
道路运输业	Road Transport	30545.6	40769.9	10491	9800
水上运输业	Water Transport	236	246	77	77
航空运输业	Air Transport	7604.3	8179.3	1546	1536
装卸搬运和运输代理业	Loading, Unloading and Transport Agency Services	890.8	1538.9	340	343
仓储业	Storage	2362.9	2512.5	454	494
邮政业	Posts	26407.3	33777.8	4238	4187
信息传输、软件和信息技术服务业	**Information Transmission, Software and Information Technology Services**	**47638.6**	**51733.9**	**6497**	**6344**
电信、广播电视和卫星传输服务	Telecommunications, Broadcast, TV and Satellite Transmission Services	45555.8	49489.6	6042	5902
软件和信息技术服务业	Software and Information Technology Services	2082.8	2244.3	455	442
房地产业	**Real Estate**	**18362.2**	**22567.8**	**8189**	**7890**
物业管理	Property Management	17610.4	21666.1	8020	7723
房地产中介服务	Real Estate Services	751.8	901.7	169	167
租赁和商务服务业	**Leasing and Business Services**	**27008.7**	**34360**	**10054**	**9825**
租赁业	Leasing	42.5	34.2	30	30
商务服务业	Business Services	26966.2	34325.8	10024	9795
科学研究和技术服务业	**Scientific Research and Technical Services**	**35151.6**	**42122.7**	**4595**	**4528**
专业技术服务业	Professional Technical Services	35146.1	42117.2	4588	4521
科技推广和应用服务业	Services of Science and Technology Promotion and Application	5.5	5.5	7	7
水利、环境和公共设施管理业	**Management of Water Conservancy, Environment and Public Facilities**	**4817.9**	**6076.2**	**1383**	**1456**
生态保护和环境治理业	Ecological Protection and Environmental Management	256.2	207.1	49	49
公共设施管理业	Management of Public Facilities	4561.7	5869.1	1334	1407
居民服务、修理和其他服务业	**Services of Households, Repair and Other Services**	**754.9**	**1009.1**	**434**	**361**
居民服务业	Services of Households	587.8	737.2	312	242
其他服务业	Other Services	167.1	271.9	122	119
教育	**Education**	**2116.6**	**2554.9**	**408**	**393**
卫生和社会工作	**Health and Social Affairs**	**3236.8**	**4682.8**	**947**	**910**
卫生	Health	3236.8	4682.8	947	910
文化、体育和娱乐业	**Culture, Sports and Entertainment**	**1961.3**	**2396.9**	**424**	**394**
新闻和出版业	Journalism and Publishing Activities	1035.4	1219.1	84	84
广播、电视、电影和影视录音制作业	Broadcasting, Television, Movies and Audiovisual Activities	257.9	234.7	90	85
娱乐业	Entertainment	668	943.1	250	225

第二十一篇

Chapter21

宁夏农垦经济社会发展主要指标

Economic and Social Development of Agricultural Cultivation in Ningxia

责任编辑：夏龙金

资料整理：夏龙金　郭彦斌

Coordinator：Xia Longjin

Data Compilation：Xia Longjin　Guo Yanbin

21-1 宁夏农垦经济社会发展主要指标
Economic and Social Development of Agricultural Cultivation in Ningxia

指 标	Item	单 位	unit	2012	增减%
人口与就业	**Population and Employment**				
年末总户数	Number of Households at Year-end	户	household	40182	1.2
年末总人口	Population at Year-end	人	person	128781	1.7
回族人口	Hui	人	person	27466	7.8
人口自然增长率	Natural Growth Rate	‰	‰	2.89	
单位年末从业人数	Employment at Year-end	人	person	18730	-2.5
单位年末从业人员工资总额	Total Wages Bill of Staff and Workers	万元	10 000 yuan	46977.60	8.5
职工人均工资	Average Wage of Staff and Workers	元	yuan	23183	8.3
经济总量	**Economics**				
农垦生产总值(现价)	Gross Domestic Product(current price)	亿元	100 million yuan	18.08	11.0
第一产业	Primary Industry	亿元	100 million yuan	9.34	3.2
第二产业	Secondary Industry	亿元	100 million yuan	5.50	24.2
工业	Industry	亿元	100 million yuan	3.66	21.6
建筑业	Construction	亿元	100 million yuan	1.84	29.6
第三产业	Tertiary Industry	亿元	100 million yuan	3.23	14.9
农业	**Agriculture**				
农林牧渔业总产值(现价)	Gross Output Value of Agriculture, Forestry, Animal Husbandry and Fishery(current price)	亿元	100 million yuan	22.40	5.8
农业	Farming	亿元	100 million yuan	13.79	0.1
林业	Forestry	亿元	100 million yuan	0.39	-18.8
畜牧业	Animal Husbandry	亿元	100 million yuan	6.23	19.6
渔业	Fishery	亿元	100 million yuan	1.04	
为其服务业	Output Value of Services for Agriculture, Forestry, Animal Husbandry and Fishery	亿元	100 million yuan	0.92	35.3
农垦耕地面积	Cultivated Area	万亩	10 000 mu	59.42	

21-1 续表 1 continued

指 标	Item	单 位	unit	2012	增减%
粮食总产量	Output of Grain	万吨	10 000 tons	34.05	4.8
小麦总产量	Wheat	万吨	10 000 tons	1.51	-41.0
水稻总产量	Rice	万吨	10 000 tons	9.37	1.4
玉米总产量	Corn	万吨	10 000 tons	23.08	11.7
全年蔬菜产量	Output of Vegetable	万吨	10 000 tons	7.82	-16.7
设施蔬菜产量	Facilities Vegetable	万吨	10 000 tons	4.06	-16.8
设施农业建设面积	Facilities in Agriculture Area	万亩	10 000 mu	0.81	-1.2
水果总产量	Output of Fruit	万吨	10 000 tons	4.35	-7.1
牛存栏	Number of Cattle and Buffaloes on Hand	万头	10 000 heads	3.83	11.7
良种及改良乳牛	Breeding and Improved Breed Dairy Cows	万头	10 000 heads	3.38	11.9
生猪存栏	Number of Hogs on Hand	万头	10 000 heads	4.21	23.5
羊只存栏	Number of Sheep on Hand	万只	10 000 heads	7.05	2.8
山羊	Goat	万只	10 000 heads	2.15	0.5
绵羊	Sheep	万只	10 000 heads	4.90	3.8
牛出栏	Cattle and Buffaloes Slaughtered	万头	10 000 heads	1.03	19.8
生猪出栏	Hogs Slaughtered	万头	10 000 heads	4.95	-1.6
羊只出栏	Sheep Slaughtered	万只	10 000 heads	3.80	1.9
肉类总产量	Output of Meat	万吨	10 000 tons	0.60	-1.6
猪肉	Pork	万吨	10 000 tons	0.33	-10.8
羊肉	Mutton	万吨	10 000 tons	0.06	
牛肉	Beef	万吨	10 000 tons	0.14	16.7
牛奶产量	Output of Milk	万吨	10 000 tons	12.25	5.3
禽蛋产量	Output of Poultry Eggs	万吨	10 000 tons	0.11	-15.4
渔业养殖面积	Area for Breeding Aquatics	万亩	10 000 mu	10.53	
水产品产量	Output of Aquatic Products	万吨	10 000 tons	0.98	-3.0
农业机械总动力	Total Agricultural Machinery Power	万千瓦	10 000 kwh	25.55	5.3
柴油发动机动力	Diesel Engine Power	万千瓦	10 000 kwh	21.29	5.6
电动机动力	Motor Power	万千瓦	10 000 kwh	4.03	4.9

21-1 续表 2 continued

指 标	Item	单 位	unit	2012	增减%
工业	**Industry**				
工业总产值(现价)	Gross Industrial Output Value(current prices)	亿元	100 million yuan	9.97	7.6
工业销售产值(现价)	Industrial Sales Output Value(current prices)	亿元	100 million yuan	9.75	7.4
主要工业产品产量	Output of Major Industrial Products				
食油	Edible Oil	吨	ton	9	-30.8
大米	Rice	吨	ton	22870	175.7
液态杀菌奶	Sterilized Liquid Milk	吨	ton	20360	7.2
酸奶	Yoghourt	吨	ton	740	-9.3
饮料酒	Alcoholic Drink	千升	Kiloliter	159951	-3.8
白酒	Spirit	千升	Kiloliter	516	4.5
啤酒	Beer	千升	Kiloliter	153745	-5.2
葡萄酒	Wine	千升	Kiloliter	4045	13.5
西夏王	Xixia King	千升	Kiloliter	1505	11.5
混配合饲料	Compound Feed	吨	ton	27433	5.6
原煤	Raw Coal	吨	ton	30550	-53.2
机砖	Brick	万块	10 000 pieces	29267	-1.8
麦芽	Malt	吨	ton		
煅煤	Calcined Coal	吨	ton	28701	5.7
精洗煤	Fine Washing Coal	吨	ton	18407	6.5
碳化硅原料	Silicon Carbide Raw Materials	吨	ton	30875	-3.2
泡沫箱	Foam Box	套	unit	690591	-8.1
建筑业	**Construction**				
年末单位个数	Number of Units at Year End	个	unit	18	-21.7
国有	State-owned Unit			3	
年末从业人员	Number of Persons Employed at Year End	人	person	2343	-5.8
全年房屋建筑施工面积	Floor Space of Buildings under Construction	万平米	10 000 sq.m	33.24	11.0
全年房屋建筑竣工面积	Floor Space of Buildings Completed	万平米	10 000 sq.m	24.78	82.7
固定资产投资完成额	Investment in Fixed Assets	亿元	100 million yuan	13.06	28.8
基本建设	Infrastructure	亿元	100 million yuan	12.22	34.6
更新改造	Renovation and Reformation Investment	亿元	100 million yuan	0.84	-20.8
交通运输业	**Transportation**				
年末拥有主要运输工具数量	Number of Major Transport Conveyance at Year End	辆	coach	804	0.4
年末从业人员	Number of Persons Employed at Year End	人	person	1374	19.7
全年货运量	Freight Traffic	万吨	10 000 tons	157.90	-2.4
全年客运量	Passenger Traffic	万人	10 000 persons	317.16	4.8

21-1 续表 3 continued

指 标	Item	2012	增减%
商业	**Trade**		
营业网点个数(个)	Number of Business Branches(unit)	1089	1.3
国有	State-owned Units	56	7.7
年末从业人员(人)	Number of Persons Employed at Year End(person)	2167	5.1
消费品零售总额(亿元)	Total Retail Sales of Consumer Goods(100 million yuan)	2.77	-4.2
住宿和餐饮业	**Hotels and Catering Services**		
营业网点个数(个)	Number of Business Branches(unit)	382	2.4
国有	State-owned Units	6	20.0
年末从业人员(人)	Number of Persons Employed at Year End(person)	1937	10.6
营业收入总额(亿元)	Total Business Revenue(100 million yuan)	1.01	7.4
旅游业	**Tourism**		
接待游客人数(万人次)	Number of Tourists(10 000 person-time)	125.30	22.1
旅游收入(亿元)	Tourism Income(100 million yuan)	2.55	19.7
对外贸易	**Foreign Trade**		
出口商品总金额(万元)	Total Export Commodities in Value(10 000 yuan)	6029.45	-8.4
出口商品总产量(吨)	Total Export Commodities in Volume(ton)	13473	-11.4
蔬菜	Vegetable	13473	-11.4
教育	**Education**		
中等专业学校个数(个)	Number of Specialized Secondary Schools(unit)	1	
农垦教职工人数(人)	Teachers and Staff(person)	53	8.2
教师	Teachers	40	17.6
成人高等教学学生人数(人)	Number of Students in Adult Institutions of Higher Education(person)	726	41.8

第二十二篇 Chapter21

各省市区主要经济指标

Main Economic Indicators by Region

责任编辑：蔡川生

资料整理：蔡川生　袁　红　王丹玥　陈　婷　季　翔　焦　霙

Coordinator：Cai Chuansheng

Data Compilation：Cai Chuansheng　Yuan Hong　Wang Danyue　Chen Ting　Ji Xiang　Jiao Ying

22-1 各省市区地区生产总值及增长速度(2012年)
Gross Domestic Product and Its Growth Rate by Region(2012)

地 区	Region	地区生产总值(亿元) GDP (100 million yuan)	第一产业 Primary Industry	第二产业 Secondary Industry	第三产业 Tertiary Industry	地区生产总值比上年增长(%) GDP Growth Rate(%)	人均地区生产总值(元) Per Capita GDP (yuan)
全 国	**National**	**519322.1**	**52377.0**	**235318.6**	**231626.5**	**7.8**	**38449**
北 京	Beijing	17879.4	150.2	4059.3	13669.9	7.7	87475
天 津	Tianjin	12893.9	171.6	6663.8	6058.5	13.8	93173
河 北	Hebei	26575.0	3186.7	14003.6	9384.8	9.6	36584
山 西	Shanxi	12112.8	698.3	6731.6	4683.0	10.1	33628
内蒙古	Inner Mongolia	15880.6	1448.6	8801.5	5630.5	11.5	63886
辽 宁	Liaoning	24846.4	2155.8	13230.5	9460.1	9.5	56649
吉 林	Jilin	11939.2	1412.1	6376.8	4150.4	12.0	43415
黑龙江	Heilongjiang	13691.6	2113.7	6037.6	5540.3	10.0	35711
上 海	Shanghai	20181.7	127.8	7854.8	12199.2	7.5	85373
江 苏	Jiangsu	54058.2	3418.3	27122.0	23518.0	10.1	68347
浙 江	Zhejiang	34665.3	1667.9	17316.3	15681.1	8.0	63374
安 徽	Anhui	17212.1	2178.7	9404.8	5628.5	12.1	28792
福 建	Fujian	19701.8	1776.7	10187.9	7737.1	11.4	52763
江 西	Jiangxi	12948.9	1520.2	6942.6	4486.1	11.0	28800
山 东	Shandong	50013.2	4281.7	25735.7	19995.8	9.8	51768
河 南	Henan	29599.3	3769.5	16672.2	9157.6	10.1	31499
湖 北	Hubei	22250.5	2848.8	11193.1	8208.6	11.3	38572
湖 南	Hunan	22154.2	3004.2	10506.4	8643.6	11.3	33480
广 东	Guangdong	57067.9	2847.3	27701.0	26519.7	8.2	54095
广 西	Guangxi	13035.1	2172.4	6247.4	4615.3	11.3	27952
海 南	Hainan	2855.5	711.5	804.5	1339.5	9.1	32377
重 庆	Chongqing	11409.6	940.0	5975.2	4494.4	13.6	38914
四 川	Sichuan	23872.8	3297.2	12333.3	8242.3	12.6	29608
贵 州	Guizhou	6852.2	891.9	2677.5	3282.8	13.6	19710
云 南	Yunnan	10309.5	1654.6	4419.2	4235.7	13.0	22195
西 藏	Tibet	701.0	80.4	242.9	377.8	11.8	22936
陕 西	Shaanxi	14453.7	1370.2	8073.9	5009.7	12.9	38564
甘 肃	Gansu	5650.2	780.5	2600.1	2269.6	12.6	21978
青 海	Qinghai	1893.5	176.9	1092.3	624.3	12.3	33181
宁 夏	Ningxia	2341.3	199.4	1159.4	982.5	11.5	36394
新 疆	Xinjiang	7505.3	1320.6	3481.6	2703.2	12.0	33796

22-2 各省市区地区生产总值构成(2012年)

Composition of Grosss Domestic Product by Region(2012)

单位:%　　　　　　　　　　　　　　　　　　　　　　(%)

地 区	Region	地区生产总值 Gross Domestic Products	第一产业 Primary Industry	第二产业 Secondary Industry	第三产业 Tertiary Industry
全 国	**National**	**100.0**	**10.1**	**45.3**	**44.6**
北 京	Beijing	100.0	0.8	22.7	76.5
天 津	Tianjin	100.0	1.3	51.7	47.0
河 北	Hebei	100.0	12.0	52.7	35.3
山 西	Shanxi	100.0	5.8	55.6	38.7
内蒙古	Inner Mongolia	100.0	9.1	55.4	35.5
辽 宁	Liaoning	100.0	8.7	53.2	38.1
吉 林	Jilin	100.0	11.8	53.4	34.8
黑龙江	Heilongjiang	100.0	15.4	44.1	40.5
上 海	Shanghai	100.0	0.6	38.9	60.4
江 苏	Jiangsu	100.0	6.3	50.2	43.5
浙 江	Zhejiang	100.0	4.8	50.0	45.2
安 徽	Anhui	100.0	12.7	54.6	32.7
福 建	Fujian	100.0	9.0	51.7	39.3
江 西	Jiangxi	100.0	11.7	53.6	34.6
山 东	Shandong	100.0	8.6	51.5	40.0
河 南	Henan	100.0	12.7	56.3	30.9
湖 北	Hubei	100.0	12.8	50.3	36.9
湖 南	Hunan	100.0	13.6	47.4	39.0
广 东	Guangdong	100.0	5.0	48.5	46.5
广 西	Guangxi	100.0	16.7	47.9	35.4
海 南	Hainan	100.0	24.9	28.2	46.9
重 庆	Chongqing	100.0	8.2	52.4	39.4
四 川	Sichuan	100.0	13.8	51.7	34.5
贵 州	Guizhou	100.0	13.0	39.1	47.9
云 南	Yunnan	100.0	16.0	42.9	41.1
西 藏	Tibet	100.0	11.5	34.6	53.9
陕 西	Shaanxi	100.0	9.5	55.9	34.7
甘 肃	Gansu	100.0	13.8	46.0	40.2
青 海	Qinghai	100.0	9.3	57.7	33.0
宁 夏	Ningxia	100.0	8.5	49.5	42.0
新 疆	Xinjiang	100.0	17.6	46.4	36.0

22-3 各省市区年末总人口

Population by Region at the Year-end

单位：万人 (10 000 persons)

地 区	Region	2005	2006	2007	2008	2009	2010	2011	2012
全 国	**National**	**130756**	**131448**	**132129**	**132802**	**133474**	**134091**	**134735**	**135404**
北 京	Beijing	1538	1581	1633	1695	1755	1962	2019	2069
天 津	Tianjin	1043	1075	1115	1176	1228	1299	1355	1413
河 北	Hebei	6851	6898	6943	6989	7034	7194	7241	7288
山 西	Shanxi	3355	3375	3393	3411	3427	3574	3593	3611
内蒙古	Inner Mongolia	2386	2397	2405	2414	2422	2472	2482	2490
辽 宁	Liaoning	4221	4271	4298	4315	4319	4375	4383	4389
吉 林	Jilin	2716	2723	2730	2734	2740	2747	2749	2750
黑龙江	Heilongjiang	3820	3823	3824	3825	3826	3833	3834	3834
上 海	Shanghai	1778	1815	1858	1888	1921	2303	2347	2380
江 苏	Jiangsu	7475	7550	7625	7677	7725	7869	7899	7920
浙 江	Zhejiang	4898	4980	5060	5120	5180	5447	5463	5477
安 徽	Anhui	6120	6110	6118	6135	6131	5957	5968	5988
福 建	Fujian	3535	3558	3581	3604	3627	3693	3720	3748
江 西	Jiangxi	4311	4339	4368	4400	4432	4462	4488	4504
山 东	Shandong	9248	9309	9367	9417	9470	9588	9637	9685
河 南	Henan	9380	9392	9360	9429	9487	9405	9388	9406
湖 北	Hubei	5710	5693	5699	5711	5720	5728	5758	5779
湖 南	Hunan	6326	6342	6355	6380	6406	6570	6596	6639
广 东	Guangdong	9194	9304	9449	9544	9638	10441	10505	10594
广 西	Guangxi	4660	4719	4768	4816	4856	4610	4645	4682
海 南	Hainan	828	836	845	854	864	869	877	887
重 庆	Chongqing	2798	2808	2816	2839	2859	2885	2919	2945
四 川	Sichuan	8212	8169	8127	8138	8185	8045	8050	8076
贵 州	Guizhou	3730	3757	3762	3793	3798	3479	3469	3484
云 南	Yunnan	4450	4483	4514	4543	4571	4602	4631	4659
西 藏	Tibet	277	281	284	287	290	301	303	308
陕 西	Shaanxi	3720	3735	3748	3762	3772	3735	3743	3753
甘 肃	Gansu	2594	2606	2617	2628	2635	2560	2564	2578
青 海	Qinghai	543	548	552	554	557	563	568	573
宁 夏	Ningxia	596	604	610	618	625	633	639	647
新 疆	Xinjiang	2010	2050	2095	2131	2159	2185	2209	2233

注：1.全国数据包括中国人民解放军现役军人数，但不包括香港、澳门特别行政区和台湾地区数据；分省数据中未包括中国人民解放军现役军人数；

2.分地区数据均为常住人口。

3.2010 年数据为第六次全国人口普查数据推算数。

a)Data in this table do not include the population of Hong Kong SAR,Macao SAR and Taiwan Province.Total Population do not include the military personnel.

b)Data in this table refers to resident population.

c)Data of 2010 were Estimated due to the 6th National Population Census.

22-4 各省市区城镇非私营单位就业人数及平均工资(2012年)
Number of Employed Persons in State-owned Units and Average Wages by Region(2012)

地 区	Region	就业人员(人) Number of Employed Persons (person)	在岗职工平均工资(元) Average Wages of Staff and Workers(yuan)
全国总计	**National**	**152363715**	**47593**
北 京	Beijing	7173717	85307
天 津	Tianjin	2890714	62225
河 北	Hebei	6199464	39542
山 西	Shanxi	4360001	44943
内蒙古	Inner Mongolia	2707695	47053
辽 宁	Liaoning	5987272	42503
吉 林	Jilin	2854781	39092
黑龙江	Heilongjiang	4709834	38598
上 海	Shanghai	5557296	80191
江 苏	Jiangsu	8309369	51279
浙 江	Zhejiang	10701227	50813
安 徽	Anhui	4368291	46091
福 建	Fujian	6378556	44979
江 西	Jiangxi	3857934	39651
山 东	Shandong	11101706	42572
河 南	Henan	8811826	37958
湖 北	Hubei	5980034	40884
湖 南	Hunan	5674859	40028
广 东	Guangdong	13039847	50577
广 西	Guangxi	3579829	37614
海 南	Hainan	900790	40051
重 庆	Chongqing	3531876	45392
四 川	Sichuan	6408886	43110
贵 州	Guizhou	2694970	42733
云 南	Yunnan	3926735	38908
西 藏	Tibet	251857	58347
陕 西	Shaanxi	4112237	44330
甘 肃	Gansu	2113309	38440
青 海	Qinghai	616871	46827
宁 夏	Ningxia	674222	48961
新 疆	Xinjiang	2887710	45243

22-5 各省市区固定资产投资(2012 年)

Total Investment in Fixed Assets in the Whole Country by Region(2012)

地区	Region	全社会固定资产投资(亿元) Total Investment in Fixed Assets (100 million yuan)	固定资产投资(亿元) Investment in Fixed Assets (100 million yuan)	房地产开发投资额(亿元) Investment in Real Estate Development (100 million yuan)
全国总计	**National**	**374675.66**	**364835.07**	**71803.79**
北京	Beijing	6111.66	6064.15	3153.44
天津	Tianjin	7934.78	7913.26	1260.00
河北	Hebei	19661.28	19104.63	3086.52
山西	Shanxi	8863.26	8584.85	1010.45
内蒙古	Inner Mongolia	11858.19	11732.22	1291.44
辽宁	Liaoning	21836.28	21535.37	5455.82
吉林	Jilin	9711.40	9462.09	1310.03
黑龙江	Heilongjiang	9695.40	9376.10	1535.84
上海	Shanghai	5117.62	5114.64	2381.36
江苏	Jiangsu	30807.74	30427.25	6206.10
浙江	Zhejiang	17554.36	17000.96	5226.27
安徽	Anhui	15384.33	14902.31	3151.61
福建	Fujian	12423.06	12165.64	2824.12
江西	Jiangxi	11784.70	11388.92	969.62
山东	Shandong	31255.98	30319.76	4708.31
河南	Henan	21761.55	20870.16	3035.29
湖北	Hubei	15591.79	15162.21	2539.46
湖南	Hunan	14523.24	13966.26	2210.52
广东	Guangdong	18749.38	18248.04	5352.79
广西	Guangxi	9808.61	9345.18	1554.94
海南	Hainan	2126.31	2045.38	886.64
重庆	Chongqing	8732.26	8606.46	2508.35
四川	Sichuan	17036.55	16526.89	3266.40
贵州	Guizhou	5517.78	5304.93	1467.60
云南	Yunnan	7831.13	7553.51	1782.14
西藏	Tibet	670.52	670.52	6.87
陕西	Shaanxi	12044.55	11705.83	1835.93
甘肃	Gansu	5145.53	5040.53	561.02
青海	Qinghai	1848.42	1773.67	189.68
宁夏	Ningxia	2096.86	2033.03	429.15
新疆	Xinjiang	6158.38	5857.58	606.09
不分地区	Not Classified By Region	5032.73	5032.73	

注:固定资产投资为不含农户口径。

22-6 各省市区房地产开发企业(单位)土地购置及开发情况(2012年)

Land Development and Purchase of Enterprises for Real Estate Development by Region(2012)

地 区	Region	土地购置面积 (万平方米) Land Space Purchased (10000 sq.m)	土地成交价款 (亿元) Land Transaction Price (100 million yuan)	商品房销售面积 (万平方米) Floor Space of Commercialized Buildings Sold (10 000 sq.m)	商品房销售额 (亿元) Total Sale of Commercialized Buildings (100 million yuan)
全国总计	**National**	**35666.80**	**7409.64**	**111303.65**	**64455.79**
北 京	Beijing	305.99	224.65	1943.74	3308.56
天 津	Tianjin	299.75	56.41	1661.69	1365.53
河 北	Hebei	1760.99	306.01	5144.92	2303.90
山 西	Shanxi	718.36	97.39	1497.88	579.89
内蒙古	Inner Mongolia	902.76	107.62	2523.52	1022.80
辽 宁	Liaoning	3199.52	491.81	8827.95	4362.78
吉 林	Jilin	1539.01	277.68	2452.42	1016.95
黑龙江	Heilongjiang	929.91	127.60	3806.82	1548.30
上 海	Shanghai	300.62	135.09	1898.46	2669.49
江 苏	Jiangsu	3071.00	776.89	9019.18	6067.01
浙 江	Zhejiang	1256.11	650.29	4005.29	4262.66
安 徽	Anhui	2618.78	473.96	4828.81	2329.88
福 建	Fujian	925.64	320.32	3258.94	2817.70
江 西	Jiangxi	733.17	136.81	2397.10	1137.35
山 东	Shandong	2610.03	448.17	8632.76	4111.80
河 南	Henan	1742.63	216.73	5968.49	2286.67
湖 北	Hubei	1303.19	297.26	4037.85	2036.20
湖 南	Hunan	1106.29	183.34	5150.48	2085.23
广 东	Guangdong	1805.44	591.85	7898.99	6407.81
广 西	Guangxi	541.71	100.90	2759.26	1159.83
海 南	Hainan	333.62	45.74	931.84	735.57
重 庆	Chongqing	2183.07	550.71	4522.40	2297.35
四 川	Sichuan	892.22	157.99	6455.93	3517.72
贵 州	Guizhou	707.51	107.29	2186.95	900.08
云 南	Yunnan	1602.39	272.11	3237.75	1362.83
西 藏	Tibet	1.34	0.07	22.50	7.35
陕 西	Shaanxi	473.03	98.14	2755.59	1420.75
甘 肃	Gansu	419.33	47.05	978.44	349.32
青 海	Qinghai	197.03	25.90	262.96	106.46
宁 夏	Ningxia	425.69	31.77	804.43	317.58
新 疆	Xinjiang	760.67	52.10	1430.31	560.45

22-7 各省市区地方公共财政收入与支出(2012年)

Local Public Revenue and Expenditure by Region(2012)

单位:亿元　　　(100 million yuan)

地　区	Region	地方公共财政收入 Local Public Revenue	地方公共财政支出 Local Public Expenditure
地方总计	**National**	**61077.33**	**106947.45**
北　京	Beijing	3314.93	3685.31
天　津	Tianjin	1760.02	2148.05
河　北	Hebei	2084.25	4018.85
山　西	Shanxi	1516.39	2761.47
内蒙古	Inner Mongolia	1552.75	3429.81
辽　宁	Liaoning	3103.66	4538.15
吉　林	Jilin	1041.25	2471.20
黑龙江	Heilongjiang	1163.18	3171.53
上　海	Shanghai	3743.71	4184.02
江　苏	Jiangsu	5860.69	6996.59
浙　江	Zhejiang	3441.23	4161.88
安　徽	Anhui	1792.71	3936.69
福　建	Fujian	1776.21	2601.08
江　西	Jiangxi	1371.88	3014.50
山　东	Shandong	4059.43	5901.71
河　南	Henan	2040.57	5006.00
湖　北	Hubei	1822.63	3801.79
湖　南	Hunan	1782.15	4078.87
广　东	Guangdong	6228.20	7267.70
广　西	Guangxi	1165.98	2965.20
海　南	Hainan	409.44	918.58
重　庆	Chongqing	1705.10	3055.74
四　川	Sichuan	2421.30	5431.11
贵　州	Guizhou	1014.05	2752.90
云　南	Yunnan	1337.99	3573.41
西　藏	Tibet	86.58	905.34
陕　西	Shaanxi	1600.69	3326.91
甘　肃	Gansu	520.88	2063.44
青　海	Qinghai	186.40	1188.00
宁　夏	Ningxia	264.04	871.93
新　疆	Xinjiang	909.07	2719.71

22-8 各省市区居民消费价格指数(2012 年)

(上年=100)

地 区	Region	居民消费价格总指数 Consumer Price Index	食 品 Food	烟酒及用品 Tobacco, Liquor and Articles	衣 着 Clothing
全 国	**National**	**102.6**	**104.8**	**102.9**	**103.1**
北 京	Beijing	103.3	106.6	102.2	100.9
天 津	Tianjin	102.7	106.4	104.9	107.0
河 北	Hebei	102.6	103.8	104.7	104.7
山 西	Shanxi	102.5	104.2	103.1	102.1
内蒙古	Inner Mongolia	103.1	105.8	102.8	103.8
辽 宁	Liaoning	102.8	104.9	102.3	102.3
吉 林	Jilin	102.5	104.9	102.1	101.2
黑龙江	Heilongjiang	103.2	105.5	103.0	102.8
上 海	Shanghai	102.8	105.8	101.4	103.0
江 苏	Jiangsu	102.6	104.7	103.9	103.6
浙 江	Zhejiang	102.2	105.3	101.5	101.3
安 徽	Anhui	102.3	103.8	103.3	102.5
福 建	Fujian	102.4	104.6	102.4	105.0
江 西	Jiangxi	102.7	105.2	102.2	100.2
山 东	Shandong	102.1	103.5	102.8	103.3
河 南	Henan	102.5	103.6	103.4	103.2
湖 北	Hubei	102.9	105.4	103.0	102.5
湖 南	Hunan	102.0	103.3	102.0	101.1
广 东	Guangdong	102.8	105.6	102.6	104.0
广 西	Guangxi	103.2	105.2	103.1	103.6
海 南	Hainan	103.2	105.2	101.2	102.8
重 庆	Chongqing	102.6	104.7	107.1	102.2
四 川	Sichuan	102.5	104.2	102.7	109.7
贵 州	Guizhou	102.7	104.7	102.8	103.8
云 南	Yunnan	102.7	106.2	100.6	98.7
西 藏	Tibet	103.5	106.9	101.5	104.3
陕 西	Shaanxi	102.8	104.8	103.0	102.7
甘 肃	Gansu	102.7	104.1	103.0	102.6
青 海	Qinghai	103.1	106.6	102.8	98.4
宁 夏	Ningxia	102.0	104.5	101.5	103.0
新 疆	Xinjiang	103.8	107.6	105.6	101.9

Consumer Price Indices by Region(2012)

(preceding year=100)

家庭设备用品及服务 Household Facilities, Articles and Services	医疗保健和个人用品 Health Care and Personal Articles	交通和通信 Transportation and Communication	娱乐教育文化 Recreation, Education and Culture	居住 Residence
101.9	**102.0**	**99.9**	**100.5**	**102.1**
102.8	101.5	99.1	102.3	103.9
101.6	102.2	97.6	99.3	100.9
102.8	102.4	100.3	100.6	101.7
101.7	101.9	99.7	101.0	102.7
101.4	102.1	99.7	100.8	102.4
102.9	101.9	100.1	101.1	102.8
100.7	102.2	100.2	101.0	101.8
101.7	102.5	99.5	99.9	103.9
103.5	100.6	100.8	99.3	102.8
103.6	101.3	99.8	99.9	102.4
102.5	101.3	99.7	99.4	101.6
101.6	101.5	100.7	101.7	101.0
101.7	102.3	100.1	98.8	101.6
101.7	102.2	100.1	100.9	102.7
101.2	102.1	100.2	100.3	101.8
102.8	101.9	100.7	101.2	102.5
102.2	102.8	99.8	100.6	102.3
101.4	102.7	99.9	101.2	101.7
101.9	101.9	99.2	100.7	101.8
101.1	102.0	100.2	101.5	103.7
103.5	102.0	101.6	102.1	101.7
100.9	101.9	98.3	100.9	102.5
99.6	101.7	100.3	99.5	100.8
101.1	102.5	99.6	101.2	101.4
101.4	101.6	100.2	101.2	102.2
101.5	100.9	101.2	100.3	101.4
102.4	103.9	99.1	100.6	102.2
101.1	103.8	100.4	101.0	101.8
99.3	100.9	99.4	100.8	105.0
100.2	101.6	99.5	98.6	100.8
101.9	102.9	99.5	100.1	102.8

22-9 各省市区农业生产资料价格指数(2012年)

(上年=100)

地 区	Region	农业生产资料价格指数 Indices of Producers´ Price for Farm Products	农用手工工具 Farm hand Tools	饲料 Forage	产品畜 Production Livestock
全 国	**National**	**105.6**	**104.4**	**105.7**	**104.6**
北 京	Beijing				
天 津	Tianjin				
河 北	Hebei	108.2	105.4	106.5	110.9
山 西	Shanxi	105.4	108.9	102.9	111.4
内蒙古	Inner Mongolia	104.9	100.3	103.7	114.1
辽 宁	Liaoning	106.9	106.8	106.4	104.2
吉 林	Jilin	106.8	104.7	107.8	106.9
黑龙江	Heilongjiang	107.8	102.5	104.8	113.6
上 海	Shanghai				
江 苏	Jiangsu	104.6	104.7	104.9	100.3
浙 江	Zhejiang	104.2	103.1	107.6	89.5
安 徽	Anhui	105.3	107.3	108.9	104.8
福 建	Fujian	103.3	108.4	106.7	92.8
江 西	Jiangxi	106.6	106.9	105.3	106.6
山 东	Shandong	105.9	100.8	105.4	105.0
河 南	Henan	105.4	102.9	106.5	103.1
湖 北	Hubei	107.2	105.2	105.1	112.8
湖 南	Hunan	104.7	100.8	101.1	111.2
广 东	Guangdong	104.0	102.0	104.3	103.3
广 西	Guangxi	103.9	103.7	111.3	91.5
海 南	Hainan	104.3	101.4	103.8	103.0
重 庆	Chongqing				
四 川	Sichuan	104.7	105.6	103.1	106.0
贵 州	Guizhou	100.7	114.1	97.8	93.7
云 南	Yunnan	104.6	101.7	105.1	106.3
西 藏	Tibet	101.6	101.8	98.7	103.1
陕 西	Shaanxi	105.4	104.9	105.4	106.6
甘 肃	Gansu	105.2	103.2	103.8	136.5
青 海	Qinghai	108.7	97.6	105.4	128.4
宁 夏	Ningxia	107.6	106.1	108.9	114.7
新 疆	Xinjiang	106.2	101.5	107.7	109.6

Indices of Producers' Price for Farm Products by Region(2012)

(preceding year=100)

半机械化农具 Semi-mechanized Farm Tools	机械化农具 Mechanized Tools	化学肥料 Chemical Fertilizer	农药及农药械 Pesticide and Its Appliances	农用机油 Oil for Farm Machinery	其他农业生产资料 Other Means of Agricultural Production	农业生产服务 Service for Agricultural Production
102.1	**102.1**	**106.6**	**102.4**	**104.2**	**105.9**	**108.3**
107.3	106.7	108.5	107.3	106.2	111.1	110.0
100.0	101.4	106.4	101.9	103.9	103.5	109.4
102.8	102.7	105.8	111.5	101.7	104.2	102.2
101.3	102.0	108.5	102.9	104.4	111.6	106.6
99.8	102.4	107.6	107.9	103.3	101.7	117.0
100.9	101.9	108.3	100.9	103.0	113.6	111.5
100.6	100.9	105.4	101.2	104.6	104.2	107.7
104.1	101.3	103.5	100.4	103.2	101.5	111.0
100.8	103.1	103.5	101.1	103.7	107.5	109.0
103.4	101.0	105.5	101.8	102.4	102.8	109.1
105.8	106.6	105.8	102.0	103.9	106.9	120.5
100.7	101.7	108.3	102.7	106.9	103.8	105.8
104.6	100.5	106.0	101.4	104.2	107.9	107.1
103.5	101.9	109.6	101.6	106.1	105.9	107.0
103.2	101.6	106.7	101.1	106.1	106.6	104.4
101.4	101.6	105.5	100.7	101.5	105.0	107.0
101.2	101.4	104.8	103.6	106.3	105.8	106.7
102.8	101.1	105.4	103.0	102.6	105.0	109.9
100.3	100.5	104.8	102.1	105.1	103.1	112.2
97.0	99.5	105.6	106.4	100.8	97.9	103.1
101.3	101.1	106.5	101.8	103.8	102.7	106.1
101.5	103.5	100.5	100.0	105.8	99.3	100.9
105.2	104.7	105.7	102.7	102.9	106.9	105.8
100.8	100.4	103.1	106.5	101.7	102.8	100.9
103.4	99.9	108.1	99.5	106.0	100.4	115.7
102.4	105.6	106.6	104.2	105.0	105.7	107.5
101.2	101.6	107.6	100.7	103.2	108.0	105.4

22-10 各省市区城镇居民家庭人均收支情况(2012年)

Per Capita Annual Income and Expenditures of Urban Households by Region(2012)

地 区	Region	总收入(元) Total Income (yuan)	可支配收入 Disposable Income	总支出(元) Total Expenditures (yuan)	消费性支出 Expenditures for Consumption	非消费性支出 Non Expenditures for Consumption	恩格尔系数(%) Engle Coefficient(%)
全国总计	**National**	**26959**	**24565**	**22341**	**16674**	**5667**	**36.2**
北 京	Beijing	41103	36469	30828	24046	6782	31.3
天 津	Tianjin	32944	29626	29425	20024	9401	36.7
河 北	Hebei	21899	20543	16117	12531	3586	33.6
山 西	Shanxi	22100	20412	17105	12212	4893	31.6
内蒙古	Inner Mongolia	24791	23150	22563	17717	4845	30.8
辽 宁	Liaoning	25916	23223	23457	16594	6863	35.0
吉 林	Jilin	21660	20208	19728	14614	5114	31.7
黑龙江	Heilongjiang	19368	17760	17229	12984	4245	36.1
上 海	Shanghai	44755	40188	35432	26253	9179	36.8
江 苏	Jiangsu	32519	29677	26129	18825	7303	35.4
浙 江	Zhejiang	37995	34550	30640	21545	9095	35.1
安 徽	Anhui	23525	21024	21421	15012	6409	38.7
福 建	Fujian	30878	28055	25274	18593	6681	39.4
江 西	Jiangxi	21150	19860	16190	12776	3415	39.7
山 东	Shandong	28006	25755	20657	15778	4879	33.0
河 南	Henan	21897	20443	17300	13733	3568	33.6
湖 北	Hubei	22904	20840	20107	14496	5611	40.3
湖 南	Hunan	22805	21319	20121	14609	5512	37.2
广 东	Guangdong	34044	30227	29129	22396	6733	36.9
广 西	Guangxi	23209	21243	18889	14244	4645	39.0
海 南	Hainan	22810	20918	18290	14457	3833	45.4
重 庆	Chongqing	24811	22968	20984	16573	4411	41.5
四 川	Sichuan	22328	20307	19496	15050	4446	40.4
贵 州	Guizhou	20043	18701	17313	12586	4727	39.7
云 南	Yunnan	23000	21075	18447	13884	4564	39.4
西 藏	Tibet	20224	18028	14205	11184	3021	49.3
陕 西	Shaanxi	22606	20734	20003	15333	4670	36.2
甘 肃	Gansu	18498	17157	16767	12847	3920	35.8
青 海	Qinghai	19747	17566	16633	12346	4287	37.8
宁 夏	Ningxia	21902	19831	19240	14067	5173	33.9
新 疆	Xinjiang	20195	17921	18448	13892	4556	37.7

22-11 各省市区农村居民家庭人均收支情况(2012 年)

Per Capita Annual Income and Expenditures of Rural Households by Region(2012)

地 区	Region	总收入(元) Total Income (yuan)	纯收入 Net Income	现金收入 Cash Income	总支出(元) Total Expenditure (yuan)	生活消费 Living Consumption	现金支出 Cash Expenditure	恩格尔系数 (%) Engle Cofficient(%)
全国总计	**National**	**10991**	**7917**	**9787**	**9606**	**5908**	**8962**	**39.3**
北 京	Beijing	19132	16476	18902	15293	11879	15156	33.2
天 津	Tianjin	18019	14026	17609	12663	8337	12625	36.2
河 北	Hebei	11189	8081	10226	8927	5364	8665	33.9
山 西	Shanxi	8204	6357	7066	7946	5566	7588	33.4
内蒙古	Inner Mongolia	13647	7611	11065	13380	6382	12021	37.3
辽 宁	Liaoning	15275	9384	14171	13327	5998	12762	38.3
吉 林	Jilin	15019	8598	12675	14480	6186	13669	36.7
黑龙江	Heilongjiang	16558	8604	13397	14225	5718	13791	37.9
上 海	Shanghai	19078	17804	18868	14727	11971	14490	40.5
江 苏	Jiangsu	15347	12202	14524	13219	9138	12815	33.4
浙 江	Zhejiang	18631	14552	18382	15794	10653	15586	37.1
安 徽	Anhui	9630	7160	8505	8563	5556	8095	39.3
福 建	Fujian	12137	9967	11374	10132	7402	9683	46.0
江 西	Jiangxi	10040	7829	8797	7872	5129	7174	43.5
山 东	Shandong	13645	9447	12758	11463	6776	11116	34.3
河 南	Henan	9829	7525	8445	7852	5032	7586	33.8
湖 北	Hubei	10526	7852	9337	8924	5727	8149	37.6
湖 南	Hunan	10030	7440	8727	9357	5870	8378	43.9
广 东	Guangdong	12521	10543	11777	9796	7459	9173	49.1
广 西	Guangxi	8459	6008	7381	7753	4934	6828	42.3
海 南	Hainan	9844	7408	9337	7379	4776	7022	50.5
重 庆	Chongqing	9552	7383	8122	7942	5019	6974	44.2
四 川	Sichuan	9498	7001	8091	8366	5367	7174	46.8
贵 州	Guizhou	6444	4753	5078	6370	3902	5390	44.6
云 南	Yunnan	8188	5417	6693	7746	4561	6534	45.6
西 藏	Tibet	6986	5719	5395	3968	2968	3101	53.6
陕 西	Shaanxi	7999	5763	7209	8071	5115	7734	29.7
甘 肃	Gansu	6705	4507	5668	6657	4146	6056	39.8
青 海	Qinghai	7040	5364	6155	7407	5339	6678	34.8
宁 夏	Ningxia	9486	6180	8247	9707	5351	8961	35.3
新 疆	Xinjiang	13676	6394	12596	13536	5301	12872	35.7

22-12 各省市区农林牧渔业总产值及增长速度(2012年)

Gross Output Value of Farming,Forestry,Animal Husbandry and Fishery and Growth by Region(2012)

地区	Region	农林牧渔业总产值（亿元）Gross Output Value (100 million)	农业 Agriculture	林业 Forestry	牧业 Animal Husbandry	渔业 Fishery	农林牧渔业总产值比上年增长（%）Growth(%)
全国总计	**National**	**89453.05**	**46940.46**	**3447.08**	**27189.39**	**8706.01**	**4.9**
北京	Beijing	395.71	166.29	54.83	154.16	12.98	2.9
天津	Tianjin	375.62	195.99	2.79	105.01	61.66	3.2
河北	Hebei	5340.11	3095.29	77.88	1747.66	177.74	4.0
山西	Shanxi	1304.26	847.41	79.07	298.83	8.42	5.6
内蒙古	Inner Mongolia	2449.34	1171.97	97.76	1118.86	26.08	5.7
辽宁	Liaoning	4062.43	1539.65	128.68	1621.23	618.74	4.9
吉林	Jilin	2502.02	1166.58	98.10	1130.36	34.14	5.9
黑龙江	Heilongjiang	3952.31	2315.64	134.50	1350.68	77.92	6.7
上海	Shanghai	321.73	171.48	9.55	72.59	57.45	0.5
江苏	Jiangsu	5808.81	2966.72	99.75	1226.18	1235.40	4.8
浙江	Zhejiang	2658.66	1229.36	142.14	549.04	687.05	1.8
安徽	Anhui	3728.30	1867.64	209.50	1119.73	384.43	5.6
福建	Fujian	3007.40	1263.71	256.45	481.28	903.36	4.3
江西	Jiangxi	2399.26	1003.21	228.91	752.68	333.06	4.6
山东	Shandong	7945.76	3960.62	107.01	2285.92	1267.07	4.5
河南	Henan	6679.04	3958.95	140.85	2255.61	86.40	4.5
湖北	Hubei	4732.12	2488.06	100.05	1334.04	626.23	5.6
湖南	Hunan	4904.10	2651.69	259.97	1488.58	279.94	3.0
广东	Guangdong	4656.85	2229.27	222.74	1134.14	914.04	3.7
广西	Guangxi	3490.72	1724.00	245.26	1072.77	331.74	5.7
海南	Hainan	1082.15	460.72	137.85	214.14	236.27	6.3
重庆	Chongqing	1402.03	841.81	43.48	453.90	44.99	5.1
四川	Sichuan	5433.12	2764.90	151.50	2269.86	163.77	4.5
贵州	Guizhou	1436.61	864.86	54.19	421.55	28.21	9.3
云南	Yunnan	2680.22	1398.18	225.83	912.97	63.10	7.0
西藏	Tibet	118.33	53.39	2.56	59.02	0.22	3.6
陕西	Shaanxi	2303.20	1526.28	58.44	598.72	14.61	6.0
甘肃	Gansu	1358.16	984.24	20.07	231.72	1.80	6.4
青海	Qinghai	263.86	117.09	4.57	137.08	0.56	5.4
宁夏	Ningxia	385.15	240.46	9.77	105.72	13.36	6.0
新疆	Xinjiang	2275.67	1675.00	43.04	485.37	15.26	7.4

注：本表绝对数按当年价格计算，增长速度按可比价格计算。

a)Level data in this table are calculated at current prices ,Growth rate of GDP is calculated at constant prices.

22-13 各省市区主要农产品产量(2012年)
Major Product Output of Farming by Region(2012)

单位:万吨 (10 000 tons)

地 区	Region	粮 食 Grain	油 料 Oil-bearing Crops	棉 花 Cotton	糖 料 Suger Crops	蔬 菜 Vegetables	水 果 Melons
全国总计	**National**	**58958.0**	**3436.8**	**683.6**	**13485.4**	**70883.1**	**8952.4**
北 京	Beijing	113.8	1.3	0.03		279.9	34.0
天 津	Tianjin	161.8	0.6	5.8		447.7	27.6
河 北	Hebei	3246.6	142.8	56.4	59.4	7695.1	528.9
山 西	Shanxi	1274.1	19.6	4.7	40.8	1073.3	70.5
内蒙古	Inner Mongolia	2528.5	145.1	0.2	167.9	1476.3	228.1
辽 宁	Liaoning	2070.5	120.9	0.1	9.7	2977.6	261.4
吉 林	Jilin	3343.0	80.7	0.8	20.9	957.5	157.7
黑龙江	Heilongjiang	5761.5	22.5		273.1	866.4	211.8
上 海	Shanghai	122.4	1.7	0.4	1.0	406.9	39.0
江 苏	Jiangsu	3372.5	146.9	22.0	9.8	4984.6	514.8
浙 江	Zhejiang	769.8	38.3	3.0	70.1	1819.8	291.2
安 徽	Anhui	3289.1	227.7	29.4	20.6	2327.5	624.1
福 建	Fujian	659.3	28.1	0.01	56.5	1673.9	83.0
江 西	Jiangxi	2084.8	117.1	15.2	61.6	1213.1	201.0
山 东	Shandong	4511.4	351.0	69.8	0.01	9386.0	1400.7
河 南	Henan	5638.6	569.5	25.7	26.9	7011.7	1664.6
湖 北	Hubei	2441.8	319.7	54.5	31.1	3506.4	344.0
湖 南	Hunan	3006.5	207.8	25.1	73.8	3480.9	355.5
广 东	Guangdong	1396.3	96.6		1469.2	2982.7	111.0
广 西	Guangxi	1484.9	54.5	0.2	7829.7	2356.7	294.1
海 南	Hainan	199.5	10.4		415.9	499.0	94.1
重 庆	Chongqing	1138.5	50.1	0.01	11.9	1509.3	40.7
四 川	Sichuan	3315.0	287.8	1.3	61.5	3764.7	127.3
贵 州	Guizhou	1079.5	87.4	0.1	128.1	1375.6	57.7
云 南	Yunnan	1749.1	62.8	0.05	2043.8	1472.7	70.4
西 藏	Tibet	94.9	6.3			65.6	0.4
陕 西	Shaanxi	1245.1	60.3	6.7	0.2	1525.6	256.1
甘 肃	Gansu	1109.7	67.0	8.1	24.7	1460.4	205.3
青 海	Qinghai	101.5	35.2			158.7	2.3
宁 夏	Ningxia	375.0	18.0		0.01	471.1	170.1
新 疆	Xinjiang	1273.0	59.0	353.9	577.2	1656.0	485.4

注:水果产量为园林水果。

a)Output of fruits refers to garden fruits.

22-13 续表 1 continued

单位：万吨 (10 000 tons)

地区	Region	肉类 Meat	猪肉 Pork	牛肉 Beef	羊肉 Mutton	奶类 Milk
全国总计	**National**	**8387.2**	**5342.7**	**662.3**	**401.0**	**3868.6**
北京	Beijing	43.2	23.9	2.2	1.2	65.1
天津	Tianjin	45.8	29.2	3.3	1.5	68.2
河北	Hebei	442.9	259.0	55.3	28.7	479.0
山西	Shanxi	77.4	56.3	4.9	5.9	81.0
内蒙古	Inner Mongolia	245.8	73.9	51.2	88.6	930.7
辽宁	Liaoning	418.7	230.2	43.2	7.9	130.2
吉林	Jilin	260.0	132.7	45.0	4.1	49.1
黑龙江	Heilongjiang	216.2	128.4	39.7	12.1	565.0
上海	Shanghai	25.8	18.7	0.01	0.6	30.2
江苏	Jiangsu	396.5	228.8	3.5	7.6	61.3
浙江	Zhejiang	180.8	139.7	1.2	1.7	19.3
安徽	Anhui	397.7	249.7	18.1	14.6	24.1
福建	Fujian	200.8	155.6	2.5	2.0	15.4
江西	Jiangxi	311.1	237.3	12.1	1.1	12.6
山东	Shandong	764.2	376.7	67.0	33.1	294.1
河南	Henan	677.4	432.5	80.4	24.8	330.4
湖北	Hubei	412.3	317.3	18.9	8.2	15.7
湖南	Hunan	515.3	427.6	16.8	10.3	8.5
广东	Guangdong	443.2	276.4	6.7	0.9	13.9
广西	Guangxi	411.0	252.5	13.9	3.2	9.4
海南	Hainan	79.5	48.1	2.5	1.0	0.2
重庆	Chongqing	201.2	150.7	7.1	2.8	7.7
四川	Sichuan	670.2	496.4	29.3	24.0	72.2
贵州	Guizhou	190.3	156.1	13.0	3.5	5.1
云南	Yunnan	348.7	264.1	31.9	13.6	58.0
西藏	Tibet	25.2	1.5	15.1	8.5	25.6
陕西	Shaanxi	107.1	83.5	7.5	6.9	189.1
甘肃	Gansu	87.8	48.6	16.7	15.9	38.6
青海	Qinghai	30.5	9.4	9.6	10.4	29.4
宁夏	Ningxia	26.5	7.7	7.9	8.5	103.5
新疆	Xinjiang	134.2	30.2	36.2	48.0	136.3

22-14 各省市区规模以上工业企业主要经济指标(2012 年)

Main Economic Indicators of Industrial Enterprises above Designated Size by Region(2012)

单位:亿元 (100 million yuan)

地 区	Region	主营业务收入 Revenue from Principal Business	主营业务成本 Cost of Principal Business	主营业务税金及附加 Taxes and Other Charges on Principal Business	销售费用 Sales Expenditure	利润总额 Total Profits	税金总额 Total Taxes
全国总计	**National**	**915914.8**	**776396.3**	**14435.1**	**22150.9**	**55577.7**	**40939.0**
北 京	Beijing	16851.2	14307.4	262.8	753.6	1216.6	725.4
天 津	Tianjin	23570.4	20020.9	291.5	529.7	1940.0	1022.3
河 北	Hebei	43466.9	38061.1	416.7	653.8	2296.9	1498.2
山 西	Shanxi	17788.4	14919.6	158.2	473.6	806.5	964.2
内蒙古	Inner Mongolia	17898.7	14163.0	234.6	452.4	1754.2	903.3
辽 宁	Liaoning	47965.1	41293.7	856.0	944.1	1906.3	1965.1
吉 林	Jilin	19727.3	16236.9	489.9	660.7	1161.7	983.0
黑龙江	Heilongjiang	12295.6	9425.8	696.9	268.2	1201.0	1296.0
上 海	Shanghai	33738.3	28342.1	803.5	1186.5	2131.3	1637.3
江 苏	Jiangsu	117774.3	102325.3	972.4	2573.4	6881.8	4332.4
浙 江	Zhejiang	56729.9	48930.5	619.6	1331.9	2899.8	2089.0
安 徽	Anhui	27911.2	23978.9	351.2	673.8	1470.2	1072.8
福 建	Fujian	28892.9	24688.8	350.5	749.2	1779.2	1110.4
江 西	Jiangxi	22267.6	19320.2	228.6	343.6	1285.1	844.7
山 东	Shandong	116222.0	99445.4	1420.7	2142.7	7443.3	4647.4
河 南	Henan	51558.3	43975.0	631.3	972.1	3889.1	1966.8
湖 北	Hubei	31372.8	26798.5	632.4	877.5	1602.9	1402.2
湖 南	Hunan	27575.5	22097.8	738.6	714.5	1322.7	1726.6
广 东	Guangdong	92089.6	78823.6	1034.0	3045.8	4635.9	3134.6
广 西	Guangxi	14324.4	12260.1	292.7	316.8	749.0	713.3
海 南	Hainan	1686.1	1364.6	102.3	48.2	123.7	164.2
重 庆	Chongqing	12715.7	10871.4	172.7	340.4	608.3	579.5
四 川	Sichuan	31065.7	25541.0	528.7	884.3	2142.7	1749.4
贵 州	Guizhou	5686.2	4338.0	247.2	186.6	466.0	531.7
云 南	Yunnan	8662.8	6666.6	705.5	240.8	507.7	1131.5
西 藏	Tibet	89.6	73.4	1.6	4.2	13.1	8.5
陕 西	Shaanxi	16101.3	12101.6	508.9	384.3	1982.6	1341.8
甘 肃	Gansu	7587.8	6371.5	260.6	113.6	259.2	471.4
青 海	Qinghai	1951.4	1520.4	43.9	61.9	152.4	131.6
宁 夏	Ningxia	2972.6	2531.1	62.0	61.8	107.0	153.3
新 疆	Xinjiang	7375.3	5602.0	319.6	161.1	841.7	641.2

22-15 各省市区规模以上工业企业主要经济效益指标(2012年)
Main Economic Indicators of Industrial Enterprises above Designated Size by Region(2012)

地　区	Region	总资产贡献率(%) Ratio of Value Assets to Gross Industrial Output Value(%)	资产负债率(%) Assets-liability Ratio (%)	流动资产周转次数(次) Number of Times of Annual of Turnover Working Capitals (time)	成本费用利润率(%) Ratio of Profits to Industrial Cost(%)	产品销售率(%) Proportion of Products Sold (%)
全国总计	**National**	**15.3**	**57.8**	**2.7**	**6.6**	**98.0**
北　京	Beijing	8.0	51.8	1.6	7.6	99.1
天　津	Tianjin	17.1	63.8	2.4	9.1	98.9
河　北	Hebei	14.3	59.6	3.4	5.7	97.8
山　西	Shanxi	9.3	68.1	1.7	4.8	95.2
内蒙古	Inner Mongolia	15.4	59.5	2.4	11.3	97.2
辽　宁	Liaoning	13.6	58.0	3.3	4.3	97.9
吉　林	Jilin	18.1	53.4	3.6	6.5	98.4
黑龙江	Heilongjiang	21.3	56.7	2.3	11.5	97.7
上　海	Shanghai	13.2	50.2	1.9	6.8	99.3
江　苏	Jiangsu	15.9	57.4	2.7	6.3	98.3
浙　江	Zhejiang	11.6	60.2	1.8	5.4	97.4
安　徽	Anhui	14.2	60.0	3.1	5.7	97.8
福　建	Fujian	16.7	53.1	2.8	6.7	97.8
江　西	Jiangxi	21.4	55.8	4.5	6.3	99.3
山　东	Shandong	21.0	55.6	3.9	7.0	98.8
河　南	Henan	21.0	51.8	3.8	8.3	98.4
湖　北	Hubei	14.0	58.2	2.9	5.5	97.3
湖　南	Hunan	21.5	55.7	4.2	5.5	98.7
广　东	Guangdong	12.7	57.7	2.4	5.4	98.2
广　西	Guangxi	15.7	62.8	3.0	5.6	95.4
海　南	Hainan	16.8	50.7	2.3	8.3	99.2
重　庆	Chongqing	13.4	63.0	2.6	5.1	97.5
四　川	Sichuan	14.3	61.4	2.5	7.6	98.2
贵　州	Guizhou	15.5	64.6	2.0	9.4	95.0
云　南	Yunnan	15.8	63.9	1.8	6.8	95.0
西　藏	Tibet	5.6	31.1	0.7	15.0	102.2
陕　西	Shaanxi	19.5	56.0	2.0	14.6	95.9
甘　肃	Gansu	10.4	63.1	2.3	3.7	93.4
青　海	Qinghai	10.1	66.0	1.8	8.8	93.1
宁　夏	Ningxia	8.2	66.0	1.8	3.8	97.5
新　疆	Xinjiang	15.7	56.9	2.2	13.6	97.5

22-16 各省市区规模以上工业企业主要工业产品产量(2012 年)

Output of Major Products of Industrial Enterprises above Designated Size by Region(2012)

地 区	Region	原 油 (万吨) Crude Oil (10 000 tons)	天然气 (亿立方米) Natural Gas (100 million cu.m)	发电量 (亿千瓦小时) Electricity (100 million kwh)	生 铁 (万吨) Pig Iron (10 000 tons)	粗 钢 (万吨) Crude Steel (10 000 tons)	钢 材 (万吨) Rolled Steel (10 000 tons)	水 泥 (万吨) Cement (10 000 tons)	农用化肥 (万吨) Chemical Fertilizers (10 000 tons)
全国总计	**National**	**20747.8**	**1072.2**	**49377.7**	**65790.5**	**71716.0**	**95317.6**	**221000.0**	**7296.0**
北 京	Beijing			290.9		2.6	253.8	874.5	
天 津	Tianjin	3098.3	18.7	589.7	1974.6	2124.2	5708.6	784.3	11.8
河 北	Hebei	584.0	13.4	2372.9	16350.2	18048.4	20995.2	12809.8	184.3
山 西	Shanxi			2534.9	3996.5	3950.1	3797.6	4720.4	389.1
内蒙古	Inner Mongolia			3116.9	1326.4	1734.1	1661.8	5872.1	123.0
辽 宁	Liaoning	1000.0	7.2	1420.0	5311.2	5177.0	5916.1	5557.7	82.2
吉 林	Jilin	810.4	22.2	691.6	1000.8	1174.2	1229.5	3242.0	49.5
黑龙江	Heilongjiang	4001.5	33.7	846.8	674.7	697.6	610.2	3872.9	71.6
上 海	Shanghai	5.3	2.9	886.2	1800.4	1970.9	2340.8	794.7	2.6
江 苏	Jiangsu	194.5	0.6	3928.5	5871.9	7419.7	10989.2	16775.5	270.6
浙 江	Zhejiang			2773.9	1006.1	1305.2	3361.3	11539.6	27.8
安 徽	Anhui			1767.5	1926.6	2147.0	2765.4	10869.8	309.8
福 建	Fujian			1622.6	725.3	1318.6	2034.4	7197.6	45.9
江 西	Jiangxi			728.2	2027.0	2140.9	2368.9	7420.9	93.7
山 东	Shandong	2774.7	6.0	3195.2	6013.1	5957.0	7817.9	15386.0	1265.9
河 南	Henan	476.6	5.0	2643.0	2116.0	2215.8	3481.4	14805.1	403.8
湖 北	Hubei	78.9	1.7	2204.1	2407.1	2806.7	3558.4	10255.5	1142.9
湖 南	Hunan			1318.7	1706.4	1679.7	1847.5	10445.4	209.7
广 东	Guangdong	1209.3	83.5	3753.7	842.0	1228.5	2993.0	11384.3	41.6
广 西	Guangxi	2.3		1187.8	1298.1	1338.1	2142.4	9864.1	116.4
海 南	Hainan	19.0	1.8	198.5			20.9	1672.4	60.0
重 庆	Chongqing		0.4	597.7	517.3	545.6	1150.2	5499.6	206.4
四 川	Sichuan	17.5	242.1	2152.4	1670.2	1674.3	2281.6	13342.1	425.3
贵 州	Guizhou			1607.8	552.9	531.3	560.2	6100.5	499.5
云 南	Yunnan			1745.5	1582.8	1526.7	1600.0	7793.7	345.4
西 藏	Tibet			26.2				286.7	
陕 西	Shaanxi	3527.6	311.3	1341.3	803.1	828.7	1283.6	7552.7	97.9
甘 肃	Gansu	69.9	0.2	1103.0	746.6	810.2	883.0	3615.1	78.9
青 海	Qinghai	205.0	63.5	589.2	150.8	141.2	139.5	1371.0	357.0
宁 夏	Ningxia	2.3	1.5	1007.6	80.7	21.7	109.1	1605.3	88.0
新 疆	Xinjiang	2670.7	251.3	1135.5	1311.7	1138.2	1284.6	4025.8	295.6

22-17 各省市区能源消耗指标(2011年)
Indicators of Energy Consumption by Region(2011)

地区	Region	万元地区生产总值能耗 Energy Consumption per unit of GDP		万元工业增加值能耗上升或降低(±%)	万元地区生产总值电耗上升或降低(±%)
		指标值(吨标准煤/万元) Level (ton of SCE/10 000 yuan)	上升或降低(±%) Growth Rate (±%)	Growth Rate of Energy Consumption per Unit of Industrial Value-added(±%)	Growth Rate of Electricity Power Consumption per Unit of GDP(±%)
北京	Beijing	0.46	-6.9	-18.50	-6.10
天津	Tianjin	0.71	-4.3	-7.48	-7.48
河北	Hebei	1.30	-3.7	-6.68	-0.36
山西	Shanxi	1.76	-3.6	-5.82	0.03
内蒙古	Inner Mongolia	1.41	-2.5	-4.39	4.38
辽宁	Liaoning	1.10	-3.4	-5.02	-3.15
吉林	Jilin	0.92	-3.6	-4.19	-3.90
黑龙江	Heilongjiang	1.04	-3.5	-5.17	-4.43
上海	Shanghai	0.62	-5.3	-7.33	-4.42
江苏	Jiangsu	0.60	-3.5	-5.41	-0.14
浙江	Zhejiang	0.59	-3.1	-2.40	1.41
安徽	Anhui	0.75	-4.1	-9.54	-0.15
福建	Fujian	0.64	-3.3	-1.16	2.73
江西	Jiangxi	0.65	-3.1	-6.87	2.30
山东	Shandong	0.86	-3.8	-7.67	-0.58
河南	Henan	0.90	-3.6	-8.60	1.27
湖北	Hubei	0.91	-3.8	-6.88	-4.20
湖南	Hunan	0.89	-3.7	-8.61	-2.10
广东	Guangdong	0.56	-3.8	-5.13	-1.46
广西	Guangxi	0.80	-3.4	-6.13	-0.28
海南	Hainan	0.69	5.2	12.53	3.94
重庆	Chongqing	0.95	-3.8	-5.31	-1.63
四川	Sichuan	1.00	-4.2	-7.78	-1.87
贵州	Guizhou	1.71	-3.5	-8.02	-1.70
云南	Yunnan	1.16	-3.2	-9.92	5.47
西藏	Tibet				
陕西	Shaanxi	0.85	-3.6	-5.60	0.38
甘肃	Gansu	1.40	-2.5	-1.96	2.07
青海	Qinghai	2.08	9.4	9.62	6.24
宁夏	Ningxia	2.28	4.6	14.72	18.36
新疆	Xinjiang	1.63	7.0	9.28	14.69

22-18 各省市区建筑业主要经济指标(2012年)
Main Economic Indicators on Construction Enterprises by Region(2012)

地区	Region	总产值(亿元) Gross Output Value (100 million yuan)	施工面积(万平方米) Floor Space of Buildings under Construction (10 000 sq.m)	竣工面积(万平方米) Floor Space of Buildings Completed (10 000 sq.m)	企业个数(个) Number of Enterprises (unit)
全国总计	**National**	**135303.34**	**981489.77**	**345853.70**	**74042**
北京	Beijing	6564.80	42558.41	7694.87	3169
天津	Tianjin	3256.98	11732.09	2726.04	1414
河北	Hebei	4784.38	33742.84	11816.93	2304
山西	Shanxi	2622.16	10473.59	2872.61	1965
内蒙古	Inner Mongolia	1433.90	10754.11	3574.23	825
辽宁	Liaoning	7507.97	39367.09	16428.70	5506
吉林	Jilin	1958.61	11206.26	5907.21	1569
黑龙江	Heilongjiang	2367.39	8755.91	4133.80	2005
上海	Shanghai	4564.13	27059.48	5196.12	2842
江苏	Jiangsu	17927.23	161904.24	58446.82	8457
浙江	Zhejiang	17144.72	169186.03	54566.50	5479
安徽	Anhui	4185.11	33678.94	12743.34	2511
福建	Fujian	4399.93	41603.57	12119.75	2375
江西	Jiangxi	2729.89	19109.10	9880.07	1492
山东	Shandong	7203.75	58299.23	20819.57	5632
河南	Henan	6081.85	37557.50	15700.63	4295
湖北	Hubei	6865.67	39741.87	19812.59	2774
湖南	Hunan	4375.69	36344.05	12720.98	1892
广东	Guangdong	6343.44	42038.37	13496.25	4097
广西	Guangxi	1866.03	15545.73	4892.41	1056
海南	Hainan	279.99	2252.36	801.09	119
重庆	Chongqing	3934.14	26344.99	11126.60	2285
四川	Sichuan	6255.84	38916.10	15189.89	3200
贵州	Guizhou	1028.71	8189.32	1811.47	533
云南	Yunnan	2386.40	13488.20	5683.07	2018
西藏	Tibet	84.92	190.03	122.28	172
陕西	Shaanxi	3533.54	16881.54	5203.59	1232
甘肃	Gansu	1227.12	8972.60	4152.23	1086
青海	Qinghai	312.39	841.39	319.79	370
宁夏	Ningxia	461.93	3753.07	1491.76	508
新疆	Xinjiang	1614.74	11001.76	4402.49	860

22-19 各省市区客运量和旅客周转量(2012年)
Total Passenger Traffic and Passenger-kilometers by Region(2012)

地 区	Region	客运量(万人) Passenger Traffic (10 000 persons)	铁路 Railways	公路 Highways	水运 Waterways	旅客周转量(亿人公里) Total Passenger-Kilometers (100million psssenger-km)	铁路 Railways	公路 Highways	水运 Waterways
全国总计	**National**	**3804035**	**189337**	**3557010**	**25752**	**33383**	**9812**	**18468**	**77**
北 京	Beijing	142731	10398	132333		421	116	305	
天 津	Tianjin	27529	2970	24483	76	315	164	150	
河 北	Hebei	105064	7846	97218		1369	791	578	
山 西	Shanxi	39987	6208	33662	117	423	192	231	
内蒙古	Inner Mongolia	27630	4320	23310		436	172	264	
辽 宁	Liaoning	103283	12045	90650	588	977	542	427	8
吉 林	Jilin	72679	6263	66175	241	536	229	307	
黑龙江	Heilongjiang	52404	10524	41551	329	560	262	297	
上 海	Shanghai	10859	6758	3748	353	182	68	113	1
江 苏	Jiangsu	267710	11758	255358	594	1872	453	1418	1
浙 江	Zhejiang	233115	9144	220517	3454	1318	390	921	6
安 徽	Anhui	213432	6385	206888	159	1825	497	1328	
福 建	Fujian	82041	5295	75044	1702	556	185	369	3
江 西	Jiangxi	84240	6335	77650	255	956	584	372	
山 东	Shandong	265632	8347	254711	2574	1836	514	1310	12
河 南	Henan	207247	9213	197785	249	2084	774	1310	1
湖 北	Hubei	127079	8266	118369	444	1361	554	804	3
湖 南	Hunan	184336	8601	174386	1349	1637	780	854	3
广 东	Guangdong	574266	15031	556510	2725	2998	518	2470	10
广 西	Guangxi	90229	3310	86449	470	1048	188	858	2
海 南	Hainan	47117	1162	44374	1581	173	22	148	3
重 庆	Chongqing	156545	3040	152249	1256	598	116	471	11
四 川	Sichuan	277611	7997	266338	3276	1310	303	1005	3
贵 州	Guizhou	83527	3902	77172	2453	632	199	427	6
云 南	Yunnan	48456	2762	44839	855	569	96	470	2
西 藏	Tibet	3849	110	3739		33	10	23	
陕 西	Shaanxi	111773	5757	105647	369	898	409	489	1
甘 肃	Gansu	64361	2383	61884	94	666	380	286	
青 海	Qinghai	12692	544	12100	48	110	51	60	
宁 夏	Ningxia	16343	535	15666	142	121	41	80	
新 疆	Xinjiang	38331	2125	36206		536	210	325	
不分地区	Not Classified by Region	31936				5026			

注:不分地区为民航完成数。

a)The total passenger traffic not classified by region refers to that completed by civil aviation.

22-20 各省市区货运量和货物周转量(2012年)

Total Freight Traffic and Freight Ton-kilometers by Region(2012)

地 区	Region	货运量(万吨) Freight Traffic (10000 tons)	铁路 Railways	公路 Highways	水运 Waterways	货运周转量(亿吨公里) Freight Ton-kilometers (100 million ton-kms)	铁路 Railways	公路 Highways	水运 Waterways
全国总计	**National**	**4099400**	**390438**	**3188475**	**458705**	**173771**	**29187**	**59535**	**81708**
北 京	Beijing	26162	1237	24925		1001	861	140	
天 津	Tianjin	46015	7909	27735	10371	7844	513	318	7013
河 北	Hebei	219130	21010	195530	2590	10605	3962	6133	510
山 西	Shanxi	144608	71428	73150	30	3341	2139	1202	
内蒙古	Inner Mongolia	189942	64682	125260		5870	2571	3300	
辽 宁	Liaoning	206789	19803	174355	12631	11564	1405	2675	7483
吉 林	Jilin	54808	7347	47130	331	1596	621	974	1
黑龙江	Heilongjiang	65231	16591	47465	1175	2002	1066	929	8
上 海	Shanghai	94038	825	42911	50302	20373	18	288	20067
江 苏	Jiangsu	220007	7670	153698	58639	7904	399	1452	6053
浙 江	Zhejiang	191817	4607	113393	73817	9183	291	1526	7366
安 徽	Anhui	312437	12260	259461	40716	9818	937	7267	1614
福 建	Fujian	84345	3814	59431	21100	3871	177	771	2923
江 西	Jiangxi	127196	5562	113703	7931	3434	666	2560	207
山 东	Shandong	333603	23145	296754	13704	11078	1580	7059	2438
河 南	Henan	272115	12638	251772	7705	9490	2143	6863	484
湖 北	Hubei	122945	5882	97136	19927	4440	917	1565	1957
湖 南	Hunan	191052	5677	166670	18705	3977	1022	2392	562
广 东	Guangdong	256077	9306	189034	57737	9566	311	2435	6820
广 西	Guangxi	161356	6846	135112	19398	4111	860	1878	1372
海 南	Hainan	26880	752	16600	9528	1548	10	109	1429
重 庆	Chongqing	86474	2328	71272	12874	2653	182	732	1740
四 川	Sichuan	174349	8793	158396	7160	2238	809	1325	104
贵 州	Guizhou	52655	6665	44892	1098	1175	694	465	16
云 南	Yunnan	68735	5031	63239	465	1123	412	703	9
西 藏	Tibet	1127	85	1042		46	18	28	
陕 西	Shaanxi	136727	31942	104593	192	3192	1447	1745	1
甘 肃	Gansu	45832	6290	39517	25	2352	1457	895	
青 海	Qinghai	13484	3784	9700		528	247	281	
宁 夏	Ningxia	41113	8467	32646		1066	366	700	
新 疆	Xinjiang	58794	6840	51954		1614	791	824	
不分地区	Not Classified by Region	73558	1222		10553	15166	295		11530

注:不分地区合计中包括铁路行包运输、管道运输企业、民航运输企业及中远集团海外公司完成数。

a)The freight ton-kilometers not classified by region refers to railway baggage freight,civil aviation,pipelines and that completed by companies abroad under the China Ocean Shipping (Group) Company.

22-21 各省市区社会消费品零售总额(2012 年)
Total Retail Sales of Consumer Goods by Region(2012)

地 区	Region	社会消费品零售总额(亿元) Total Retail Sales of Consumer Goods (100 million yuan)	社会消费品零售总额比上年增长(%) Total Retail Sales of Consumer Goods Growth Rate (%)
全国总计	**National**	**210306.98**	**14.3**
北 京	Beijing	7702.82	11.6
天 津	Tianjin	3921.43	15.5
河 北	Hebei	9254.03	15.2
山 西	Shanxi	4506.81	15.5
内蒙古	Inner Mongolia	4572.55	14.6
辽 宁	Liaoning	9346.57	15.5
吉 林	Jilin	4772.94	15.9
黑龙江	Heilongjiang	5491.02	15.6
上 海	Shanghai	7412.32	8.8
江 苏	Jiangsu	18331.33	14.7
浙 江	Zhejiang	13588.34	13.0
安 徽	Anhui	5736.56	15.8
福 建	Fujian	7256.54	15.6
江 西	Jiangxi	4027.25	15.6
山 东	Shandong	19651.94	14.6
河 南	Henan	10915.62	15.5
湖 北	Hubei	9562.50	15.6
湖 南	Hunan	7921.89	15.1
广 东	Guangdong	22677.11	11.7
广 西	Guangxi	4516.59	15.6
海 南	Hainan	870.84	14.7
重 庆	Chongqing	4033.69	15.7
四 川	Sichuan	9268.61	15.8
贵 州	Guizhou	2027.65	15.8
云 南	Yunnan	3511.65	15.6
西 藏	Tibet	254.64	16.3
陕 西	Shaanxi	4383.75	15.7
甘 肃	Gansu	1906.54	15.7
青 海	Qinghai	476.04	16.0
宁 夏	Ningxia	548.83	14.9
新 疆	Xinjiang	1858.59	15.0

22-22 各省市区货物进出口总额(2012 年)
Total Imports and Exports by Region(2012)

单位:亿美元 (USD 100 million)

地区	Region	进出口总额 Total Imports and Exports	按经营单位所在地分 By Location		按境内目的地、货源地分 By Destination and Stationery	
			出口额 Exports	进口额 Imports	出口额 Exports	进口额 Imports
全国总计	**National**	**38667.6**	**20489.3**	**18178.3**	**20489.3**	**18178.3**
北京	Beijing	4079.2	596.5	3482.7	312.6	974.0
天津	Tianjin	1156.2	483.1	673.1	490.6	737.8
河北	Hebei	505.5	296.0	209.4	372.8	449.8
山西	Shanxi	150.4	70.2	80.3	84.5	81.4
内蒙古	Inner Mongolia	112.6	39.7	72.9	54.0	85.8
辽宁	Liaoning	1039.9	579.5	460.4	525.1	656.0
吉林	Jilin	245.7	59.8	185.9	60.3	184.5
黑龙江	Heilongjiang	378.2	144.4	233.9	99.1	183.0
上海	Shanghai	4365.4	2067.4	2298.0	1935.6	2405.4
江苏	Jiangsu	5480.9	3285.4	2195.6	3342.5	2545.5
浙江	Zhejiang	3122.3	2245.7	876.7	2447.1	1035.3
安徽	Anhui	393.3	267.5	125.7	206.5	123.1
福建	Fujian	1559.3	978.4	580.9	888.4	573.5
江西	Jiangxi	334.1	251.1	83.0	200.2	102.0
山东	Shandong	2455.4	1287.3	1168.1	1359.6	1606.8
河南	Henan	517.5	296.8	220.7	319.4	224.0
湖北	Hubei	319.6	194.0	125.6	187.5	136.8
湖南	Hunan	219.4	126.0	93.4	123.4	91.1
广东	Guangdong	9838.2	5741.4	4096.8	6363.0	4788.2
广西	Guangxi	294.7	154.7	140.1	92.1	316.5
海南	Hainan	143.3	31.4	111.9	28.1	117.6
重庆	Chongqing	532.0	385.7	146.3	310.5	141.9
四川	Sichuan	591.3	384.6	206.6	311.5	205.5
贵州	Guizhou	66.3	49.5	16.8	31.5	19.1
云南	Yunnan	210.0	100.2	109.9	54.2	66.9
西藏	Tibet	34.2	33.6	0.7	20.2	0.9
陕西	Shaanxi	148.0	86.5	61.5	85.0	66.9
甘肃	Gansu	89.0	35.7	53.3	18.3	53.4
青海	Qinghai	11.6	7.3	4.3	4.3	3.9
宁夏	Ningxia	22.2	16.4	5.8	18.7	8.0
新疆	Xinjiang	251.7	193.5	58.2	142.6	193.7

22-23 各省市区国际旅游接待情况(2012 年)

International Tourism by Region(2012)

地 区	Region	旅游人数(万人次) Domestic Tourists (10 000 person-times)		旅游外汇收入(亿美元) Foreign Exchange Earning from International Tourism (100 million USD)
			外国人 Foreigners	
北 京	Beijing	500.86	434.40	51.49
天 津	Tianjin	73.75	63.71	22.26
河 北	Hebei	129.32	106.71	5.45
山 西	Shanxi	189.18	120.42	7.20
内蒙古	Inner Mongolia	159.17	151.46	7.72
辽 宁	Liaoning	473.13	388.59	32.64
吉 林	Jilin	118.27	100.90	4.95
黑龙江	Heilongjiang	207.62	194.73	8.35
上 海	Shanghai	651.23	539.64	54.93
江 苏	Jiangsu	791.54	575.21	63.00
浙 江	Zhejiang	865.93	570.51	51.52
安 徽	Anhui	331.47	190.41	15.63
福 建	Fujian	493.67	167.01	42.26
江 西	Jiangxi	156.18	50.39	4.85
山 东	Shandong	469.91	342.23	29.24
河 南	Henan	190.77	118.74	6.11
湖 北	Hubei	264.72	192.96	12.03
湖 南	Hunan	224.55	90.64	9.28
广 东	Guangdong	3489.43	773.05	156.11
广 西	Guangxi	350.27	192.70	12.79
海 南	Hainan	81.58	51.97	3.48
重 庆	Chongqing	224.28	152.63	11.68
四 川	Sichuan	227.34	151.29	7.98
贵 州	Guizhou	70.50	30.42	1.69
云 南	Yunnan	457.84	329.77	19.47
西 藏	Tibet	19.49	17.46	1.06
陕 西	Shaanxi	335.24	233.66	15.97
甘 肃	Gansu	10.20	6.69	0.22
青 海	Qinghai	4.73	3.84	0.24
宁 夏	Ningxia	1.90	1.43	0.05
新 疆	Xinjiang	62.49	49.02	5.51